敦煌石窟丝路图像研究

沙武田 著

中华书局
ZHONGHUA BOOK COMPANY

图书在版编目(CIP)数据

敦煌石窟丝路图像研究/沙武田著. —北京:中华书局,2025.6. —(国家哲学社会科学成果文库). —ISBN 978-7-101-17164-8

Ⅰ. K879.414

中国国家版本馆 CIP 数据核字第 2025KC6021 号

书　　名	敦煌石窟丝路图像研究
著　　者	沙武田
丛 书 名	国家哲学社会科学成果文库
责任编辑	李碧玉
装帧设计	周　玉
责任印制	管　斌
出版发行	中华书局
	(北京市丰台区太平桥西里 38 号　100073)
	http://www.zhbc.com.cn
	E-mail:zhbc@zhbc.com.cn
印　　刷	北京盛通印刷股份有限公司
版　　次	2025 年 6 月第 1 版
	2025 年 6 月第 1 次印刷
规　　格	开本/787×1092 毫米　1/16
	印张 47¾　插页 2　字数 800 千字
国际书号	ISBN 978-7-101-17164-8
定　　价	480.00 元

《国家哲学社会科学成果文库》
出版说明

为充分发挥哲学社会科学优秀成果和优秀人才的示范引领作用，促进我国哲学社会科学繁荣发展，自 2010 年始设立《国家哲学社会科学成果文库》。入选成果经同行专家严格评审，反映新时代中国特色社会主义理论和实践创新，代表当前相关学科领域前沿水平。按照"统一标识、统一风格、统一版式、统一标准"的总体要求组织出版。

全国哲学社会科学工作办公室

2025 年 3 月

目 录

CONTENTS

.

序

　　沙武田教授寄给我他最新完成的书稿，让我作序。我虽然和他没有师生之缘，但他书稿的题目却深深吸引了我。"敦煌""丝绸之路"一直是我关注、研究的对象，而"石窟""图像"也是我感兴趣的地方。于是，我就应了下来，但很快就感到过于勇敢，因为本书七百多页，翻阅一遍也非易事，但既然应承下来，一定要做，况且这本书的内容我非常喜欢。

　　敦煌位于从长安到罗马的丝绸之路干道上，不论陆上丝路的哪条道，都总凑敦煌这个咽喉之地。因此，敦煌不仅仅是中国对外交往、对外经营的桥头堡，是中国文化西渐的输出地，同时也是各种外来文化进入中国的最初浸染地，不论是印度来的佛教，还是伊朗、中亚来的祆教、景教、摩尼教，都经过敦煌传入中原内地，还有动物、植物、金银器皿、香料、药材、棉毛衣料、锦绣织物等各种物质文化，也都在敦煌留下了多少不等的影响和印记。敦煌又得天独厚，由于种种机缘，敦煌莫高窟的数百个洞窟及其中的塑像、壁画得以留存至今，而1900年发现的藏经洞，封存着从公元5世纪初到11世纪初的大量经卷、文书、绢纸绘画。不论石窟还是藏经洞，都保存了大量与丝绸之路有关的图像、文献，有些就是行走在丝路上的旅人留下的文本，更多的是反映陆上丝路各种情形的图像和文字记录。

从敦煌学起步时，学者们就注意到了敦煌藏经洞文献中的丝路材料，比如1909年罗振玉刊布了慧超《往五天竺国传》《沙州都督府图经》《西州图经》《景教三威蒙度赞》等，1911年沙畹与伯希和合作解读《摩尼教残经》，1916年伯希和撰写《〈沙州都督府图经〉与蒲昌海的粟特聚落》，以后经过几代人的努力，藏经洞文献中的丝绸之路史料几乎发掘殆尽。然而，由于敦煌石窟早期的照片不够清晰和细致，研究丝路的学者又不易前往调查，因此丰富的敦煌壁画、雕像、各种语言的题记材料，是逐步被发现、解读、研究出来的，但迄今仍未穷尽，研究也不系统。

从1996年开始，甘肃会宁走出来的沙武田，开始到敦煌研究院考古研究所工作，很快熟悉了敦煌石窟的考古和壁画内容；以后又在兰州大学敦煌学研究所攻读硕士、博士学位，并从事博士后研究，对敦煌文献、藏经洞出土绘画又多有领悟。在同年龄的学者当中，沙武田还是一位十分勤奋的学者，从2006年到2024年，出版专著《敦煌画稿研究》《吐蕃统治时期敦煌石窟研究》《榆林窟第25窟——敦煌图像中的唐蕃关系》《归义军时期敦煌石窟考古研究》《敦煌石窟中的归义军历史——莫高窟第156窟研究》《敦煌西夏石窟艺术新论》《粟特人与敦煌莫高窟洞窟营建》，主编大型学术刊物《丝绸之路研究集刊》，以及《石窟考古专题丛书》多种，由此可以见出他对各个时段敦煌石窟的熟悉程度。

正是在这样的学术背景下，沙武田从敦煌走向丝绸之路的康庄大道，他的这部《敦煌石窟丝路图像研究》，是从形象史学的角度来研究以敦煌为中心的丝绸之路图像，举凡丝路上的商人兴贩、交通贸易、绢帛商品、胡旋乐舞、译经传法，以及丝路使者、罽宾僧人、朝鲜使臣、女性外道、行脚神僧等等，都从广泛收集敦煌的图像出发，汲取其他各种图像和文献材料，对相关图像做出系统的论述，虽然各个章节仍然是某个主题的个案研究，但聚合起来，就是一部整体展示敦煌石窟中丝绸之路图像的系统著作。读者通过此书，大体可以得知敦煌石窟展示的丝路图像全貌。

　　我也曾讨论过一些敦煌壁画中的丝路图像，如"新样文殊""瑞像图""于阗八大守护神"等，今细读沙武田兄这部大著，获益良多，因不揣浅陋，聊缀数言，是为序。

荣新江

2025 年 5 月 30 日于敦煌

绪 论

——敦煌与丝绸之路关系的新认识

据《汉书·西域传》记载,汉武帝时期在河西"列四郡、据两关"[1],第一时间把掌控国家向西向外通道的关口设在敦煌(图1),说明在当时人们的观念中,敦煌为丝路重镇,占据国家通道的关键位置;同时,由中原内地通西域,"自玉门、阳关出西域有两道"[2],这是从中原内地政治中心的角度,强调了敦煌的两关已然成为经营西域的节点。另一方面,敦煌在古人的认识当中,已然是丝路"咽喉"所在,隋代裴矩《西域图记》曰"故知伊吾、高昌、鄯善并西域之门户也。总凑敦煌,是其咽喉之地"[3],从西域的角度阐述了敦煌的重要性,所以古人很早就认识到敦煌在对外交通中的独特地位。

敦煌在丝路上的地位,是常识,也是大家熟知的历史。地理位置关系之外,敦煌石窟保存下来丰富而珍贵的洞窟壁画和藏经洞写本文献,则以考古一手资料

---

[1] (汉)班固:《汉书》卷96《西域传》,中华书局,1962年,第3873页。
[2] (汉)班固:《汉书》卷96《西域传》,第3872页。
[3] (唐)魏徵、令狐德棻:《隋书》卷67《裴矩传》,中华书局,1973年,第1580页。

图 1　敦煌两关遗址地理面貌（上：阳关烽燧遗址，下：玉门关小方盘城遗址。
敦煌研究院数字化中心吕爱先生拍摄）

图 2　丝绸之路路线示意图（来自网络）

和最真实的历史文化遗存佐证了敦煌在丝绸之路上的独特地位，即"华戎所交，一都会也"①。

丝绸之路是历史时期联通亚欧的人类文明大通道（图 2）。通过这条道路，来自世界文明古国希腊、罗马、波斯、大食、印度、中国的物质、文化、艺术、宗教得以互通，而敦煌留存下来的文化和艺术，则是历史时期这种文明互通的结果。敦煌因其地理位置，成为这条通道上不同文化艺术最频繁融合的历史发生地。

敦煌的文化和艺术，是丝绸之路多元交融的结果，也是丝路艺术最厚重的历史呈现；敦煌不仅是丝路明珠，也是丝路奇迹；敦煌更是今天传播丝路文化、弘扬传统文化最具说服力的文化宝库。

可以说敦煌是解读丝绸之路最具先天条件的地方，故敦煌在丝绸之路研究热潮中的使命被史无前例地摆在广大学人的面前。如何运用好敦煌的资料讲好丝路故事？如何阐释好敦煌与丝绸之路之间的关系？如何通过敦煌的研究把丝绸之路文明史完整呈现给世人？如何准确判断敦煌文化在东西方文明史中的价值和意义？如何把敦煌的文本与图像放在丝路文化交流的视野中进行新的阐释？诸如敦煌民族语言

_____

① （南朝宋）范晔：《后汉书》志第二十三《敦煌郡》注引《（敦煌）耆旧记》，中华书局，1965 年，第 3521 页。

文字文献的解读与研究、洞窟壁画中丝路特色图像的再研究等问题，成为敦煌研究的新使命，也是我们今天需要重新挖掘的敦煌文化的价值和意义所在。

敦煌石窟中保存下来的丰富壁画，则成为解读丝路最形象最直观的图像资料。如何在丝路的视角下重新审视这些图像，成为今天必须要解决的时代课题。

一　丝路对敦煌的意义

敦煌以弹丸之地，历史时期人口最多时也就是三万多人，出现在汉晋之际的敦煌郡（包括今天的瓜州），到了唐代的沙州（不包括瓜州），人口不到二万[①]。这样的一个小绿洲，能够创造并留给我们如此丰富的历史文化遗产，单莫高窟洞窟就达七百余窟，壁画五万余平方米，彩塑三千余身（图3、图4），实是人类历史发展中的奇迹，也是人类文化史长河中的一个谜。如果说大同云冈石窟、洛阳龙门石窟的兴建，分别依托于北魏和唐代的大都市甚至都城，因而创造出恢宏的文化遗产，作为皇家的信仰表达，是完全可以理解的历史结论；天水麦积山石窟则因为邻近长安，又是历史时期的丝路重镇秦州所在地，这里气候宜人，物产丰富，交通便利，东西南北通达，为佛教石窟寺的开凿提供了所需要的基本保障和优厚条件。那么，敦煌石窟奇迹的产生和保存，又是依托于什么条件呢？

究其原因，敦煌异乎寻常丰富文化遗产的创造与完好保存，其实与敦煌所处地理位置密不可分，或者说有直接的关联，是由敦煌处在人类古代交通大动脉丝绸之路关键地理位置所决定的。

丝绸之路肩负着古代欧亚大陆诸文明之间的交通，是中西商贸和文化交流之路，而位于河西走廊最西端的敦煌则是欧亚大陆多元文明与多重交通网络的交汇点。《汉书·地理志》东汉应劭解释："敦，大也。煌，盛也。"[②]唐人李吉甫在《元和郡县图志》中言："敦，大也。以其开广西域，故以盛名。"[③]说明早在汉唐

---

① （唐）李吉甫：《元和郡县图志》卷40"陇右道·沙州"条，中华书局，1983年，第1026页。
② （汉）班固：《汉书》卷28《地理志下》，第1614页。
③ （唐）李吉甫：《元和郡县图志》卷40"陇右道·沙州"条，第1026页。

图 3　莫高窟北凉第 275 窟主尊弥勒
菩萨彩塑像（敦煌研究院提供）

图 4　莫高窟唐代第 459 窟残存彩塑一铺（采自《伯希和
敦煌石窟图录》，该彩塑现已不存）

时期，历史上的这些有识之士已经充分认识到敦煌在对外交通中的地位，尤其强
调了敦煌对管理和经营西域的地缘作用。

　　历史时期，中原王朝对敦煌的重视与其在古代丝绸之路上所处的重要位置有
很大关系。丝绸之路从洛阳、长安出发，途径河西，"总凑敦煌"[1]，从敦煌出两关
之后分别沿着昆仑山北侧和天山南侧，分为南北二道。汉唐以来，丝绸之路无论
分为南北二道，还是南中北三道，总是从玉门关（唐时玉门关东移至瓜州锁阳城
西北）、阳关出西域，或由敦煌进入汉地。敦煌在历史时期一直是丝路必经地，
且是多条丝路的"总凑"之地，是无法绕过的丝路重镇。

　　由于独特的地理位置关系，敦煌一直是中原王朝经营西域的重镇。早在汉
代，就于河西"设四郡"的同时，在敦煌"据两关"，以阳关和玉门关作为当时

---

[1]（唐）魏徵、令狐德棻：《隋书》卷 67《裴矩传》，第 1580 页。

的海关。两关的意义除了军事的占据之外，更重要的是为对外交流提供一个驿站与窗口。这其实也正是玉门关和阳关的主要分工，玉门关负责军事[①]，阳关则属东来西去的商人、僧侣、使节往来的桥头堡，故有"阳关大道"一说。而在汉晋时期，敦煌的世家大族建功西域，为中原王朝经营和管理丝绸之路奉献了重要的力量，这一点也体现出敦煌的世家大族们的家国情怀与他们身处丝路桥头堡位置的边地担当精神。敦煌历史时期的张氏、索氏、李氏、曹氏、翟氏等均在西域有所建树，为维护西域和中原王朝的密切关系作出不可磨灭的贡献。

敦煌在丝路上独特的地理位置，也体现在文化关联、民族认同上。敦煌是西去的中原商人、行侣、使者、军人、诗人出西域的最后一站，离开了敦煌，其实是离开了汉文化的故土，进入文化完全不同的西域或更加遥远的中亚、印度、波斯、大食等地。虽然汉唐时期中原王朝有效管理西域甚至中亚，但是在西域和中亚，汉文化一直未占据主流位置，汉人的比例也无法达到理想的数据。反过来，对于东来的西域、中亚的商人、使者、僧侣，也有类似的文化情怀，进入敦煌，则进入胡人心目中充满诱惑的华夏大地，发达的汉文化和丰富的物质生活往往是他们沿丝路东来的主要目的。以至于自汉晋以来到隋唐，沿丝路各地有数量可观的入华胡人最后定居下来，形成了一个个的入华胡人聚居地，构成古代中国大量外来移民的奇特现象。这些人群渐渐汉化，融入汉人社会，最后胡汉不分。如唐前期在敦煌以西以楼兰为中心出现的新城（犂支城）、蒲桃城、萨毗城，即是由从中亚来的康国大首领康艳典带领族人所建（图 5）[②]，而到唐 8 世纪中叶形成于沙州城东的粟特胡人聚落中心"从化乡"，约 300 余户，近 1400 人[③]，成为敦煌历史上受丝路交通影响最具说服力的事例。

因此，在敦煌的历史时期，永远是不同心情、不同文化关怀、不同民族认

---

① 郑炳林、张静怡：《西汉敦煌郡的设置和敦煌城的修筑》，《敦煌学辑刊》2021 年第 2 期，第 3—13 页。

② 参见敦煌写本 S.0367《沙州伊州地志》残卷，录文见郑炳林：《敦煌地理文书汇辑校注》，甘肃教育出版社，1989 年，第 65—73 页；郝春文主编：《英藏敦煌社会历史文献释录》（第二卷），社会科学文献出版社，2003 年，第 174—180 页。

③［日］池田温：《8 世纪中叶における敦煌のソゲド人聚落》，《ユーラッア文化研究》1965 年第 1 号；另载池田温：《唐研究论文选集》，中国社会科学出版社，1999 年，第 3—67 页。

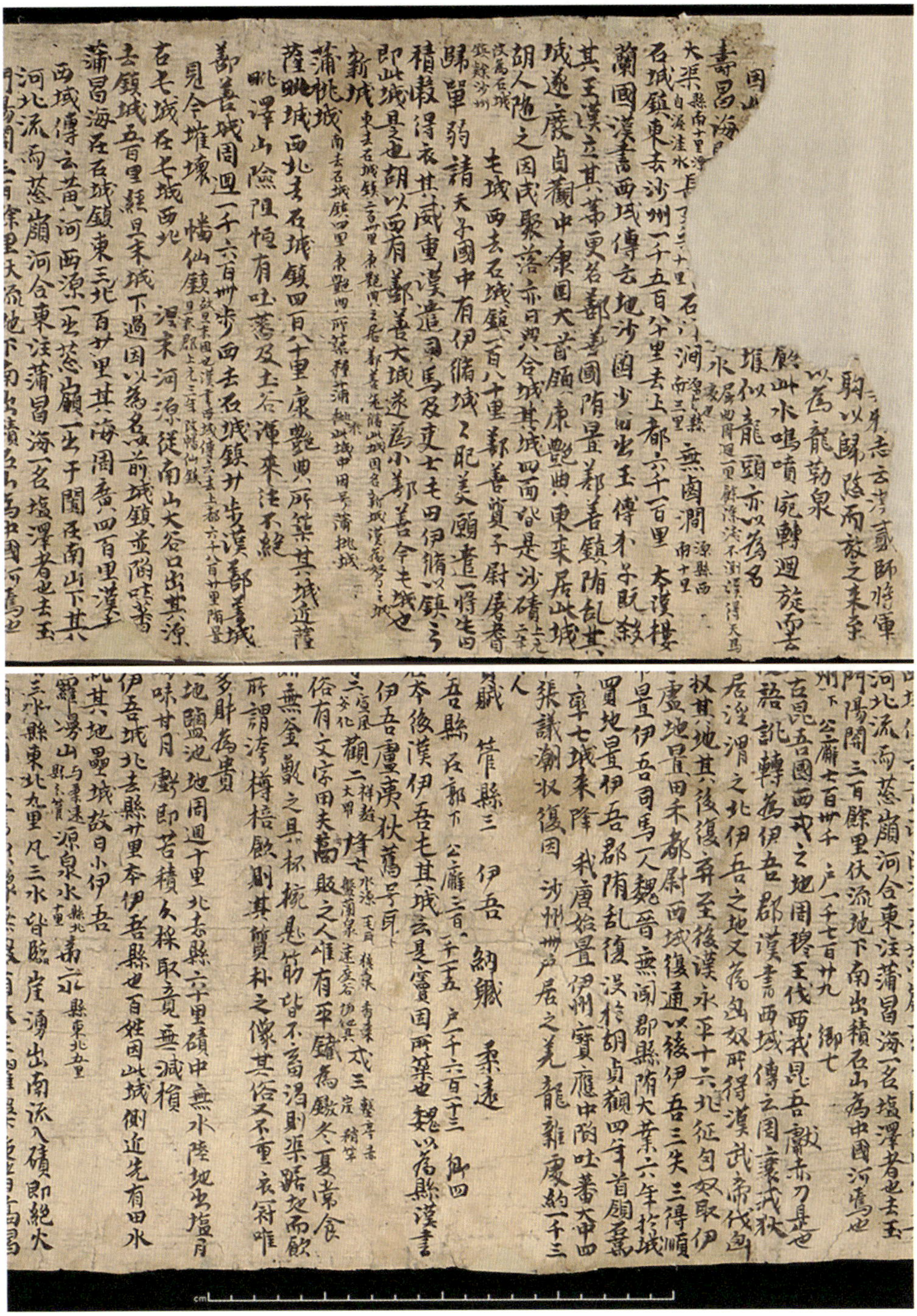

图 5　敦煌藏经洞写本 S.0367《沙州伊州地志》

（采自国际敦煌项目 IDP）

同、分属于东方和西方两个群体的人在交汇、融合，同时又受到敦煌周边多民族文化的渗透和影响。正是这种完全不同的文化碰撞和交融所产生的文明火花、思想光芒，使得敦煌的文化要比其他地方更加具有创造力，更加具有包容性，更加富于活力，更加丰富多元，也更加受到历史时期人们的热爱，故更加容易被有意地持续传承下来，最后形成像莫高窟这样的丝路艺术宝库，其中敦煌的家窟艺术便是多元文明结合的产物。这也是厚重的敦煌历史得以可持续发展并有序传承的深层次原因。

事实上，不仅仅如此，按照季羡林的观点，敦煌和新疆是古代世界四大文明交汇的唯一地区。因此，可以说，作为丝路交汇点的敦煌，有不同的文化、多元的文明在这里交融碰撞，正如古人总结的那样，敦煌乃"华戎所交一都会"，华戎交融的结果，最终铸就了敦煌灿烂的文化。

综观历史，单从历史地理决定论出发，结合人类文明受地理环境影响关系论断，敦煌的丝路"咽喉"交通位置和"华戎所交"文化现象，注定要成就其在历史上的文化高峰、艺术宝库、宗教殿堂的神圣地位。从这个角度来讲，丝路成就了敦煌。

二　丝路研究中的敦煌

丝路成就敦煌，敦煌则必然是丝路研究中的重大课题。因为敦煌是丝路上东西方文明、多民族文明碰撞交汇的一个地方，这样的地方在丝路上以敦煌的特征最为明显，其他地方并不完全具备这一特点。虽然像西域的于阗、龟兹、高昌及更远的中亚碎叶、撒马尔罕等地，也是历史时期民族汇聚、多元文化交融的地方，但是受地理位置和民族关系及传统文化的制约，汉人和汉文化在这些地方的影响较为有限。缺少了汉文化的影响和汉人的汇聚，所产生的丝路文明似乎是有一定的局限性的，至少缺少东方汉文化滋养的丝路文明，会有其文化构成因素上的先天不足。正因为如此，敦煌在历史时期作为中西文化交流的桥梁，在以汉文化为主导的文化融合中，形成的文化、艺术、宗教必然有其不一样的特性。而藏经洞发现的文物文献，以及敦煌洞窟中保存下来的精美壁画，除了本身作为丝路文明的产物之外，在学术研究方面也无疑为中西方之间架起了一座沟通互补的新桥梁。

我们知道，藏经洞文字文献材料的题材内容不仅限于中国和汉民族的历史和文化，还涉及我国境内不少古代民族，如乌孙、月氏、匈奴、羌族、鲜卑、楼兰、龟兹、于阗、粟特、突厥、吐蕃、吐谷浑、回鹘、龙家、嗢末、沙陀、黠戛斯、黑汗、西夏、蒙古等，几乎涵盖了历史时期曾经活跃在中国北方的主要民族。尤其是在藏经洞和莫高窟南北两区洞窟中出现的佉卢文、粟特文（图6）、突厥文、梵文、叙利亚文（图7）、龟兹文、焉耆文、婆罗谜文、吐蕃文、回鹘文、希伯来文、于阗文（图8）、西夏文、蒙古文等文字文献资料[①]，更把敦煌的丝路特点体现得淋漓尽致。而敦煌材料中涉及的古代印度、巴基斯坦、阿富汗，及中亚粟特地区各国，波斯、大食、朝鲜、日本等国的问题，也彰显了敦煌历史元素的国际性。丝路的研究涉及以上的民族、国家、语言、文字、宗教、艺术，而这些恰能在敦煌集中体现，因此对敦煌的研究具有难以想象的学术代表性。

敦煌材料具有广泛的民族性、国际性特点，正是丝绸之路上文化交流的主流现象，而这一现象的历史积淀则集中体现在了敦煌地区。反过来讲，敦煌无疑是丝绸之路研究的最重要对象。事实上，百余年来的国际敦煌学研究中，以敦煌资料为切入点从事中西交通史的研究成果非常丰富，不胜枚举。同时，我们也看到，在国际学术界对丝绸之路的研究过程中，敦煌资料一直是最核心的内容，可以不夸张地说，每一本研究丝绸之路的专著当中都少不了敦煌的影子。

因此，我们也看到，从事敦煌学研究的不仅有中国人，还有英、美、法、俄、德、匈牙利、芬兰、日本、印度、韩国等许多国家的学者，敦煌学的研究队伍可以说是一支国际联军。各国敦煌学者，尽管肤色不同，语言有别，甚至政治立场、思想观念各有不同，但在敦煌学研究上却有着共同的目标、共同的语言。

---

① 相关资料介绍分别参见：季羡林主编：《敦煌学大辞典》，上海辞书出版社，1998年；敦煌研究院编，彭金章、王建军著：《敦煌莫高窟北区石窟》全三卷，文物出版社，2000年、2004年。

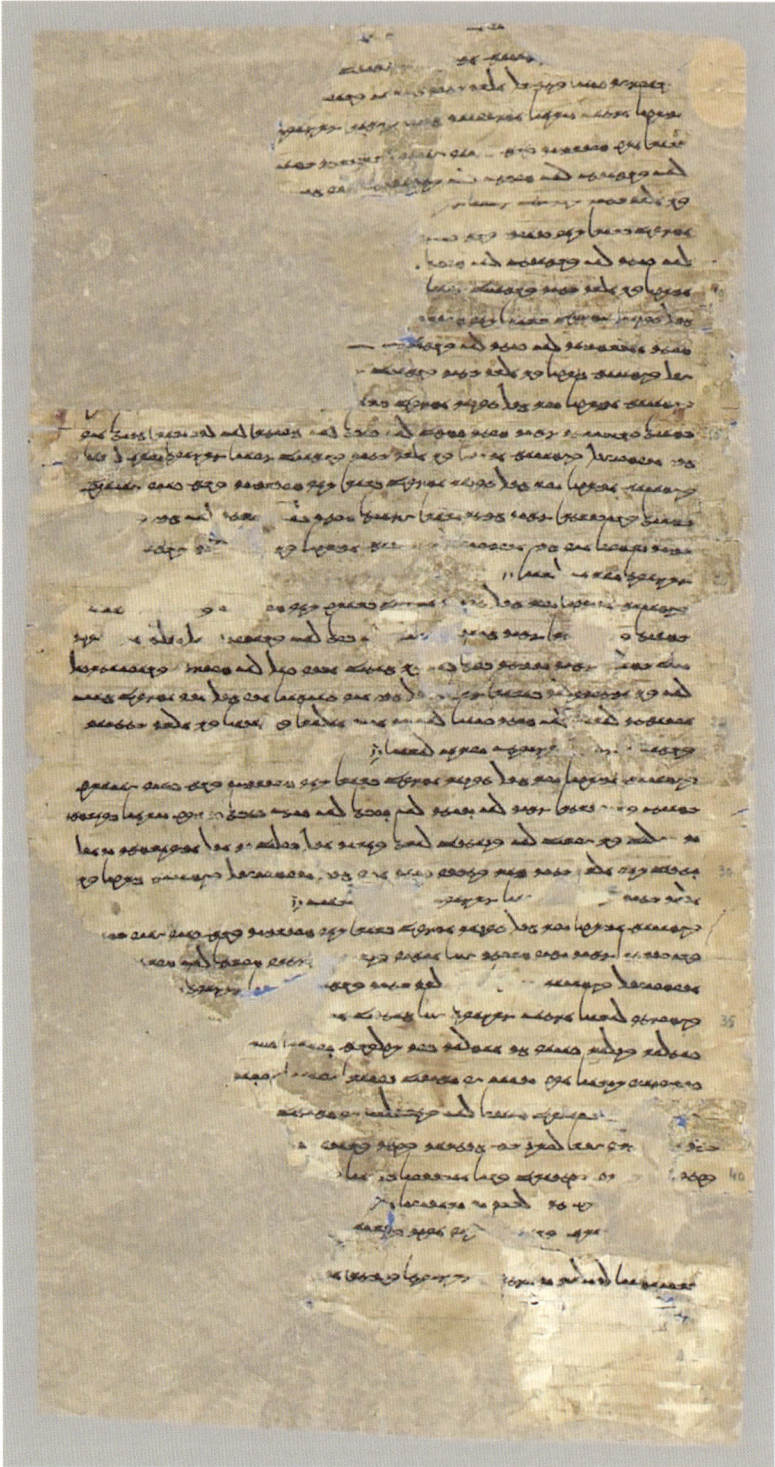

图 6　敦煌藏经洞粟特文写本（采自法国国家图书馆网页）

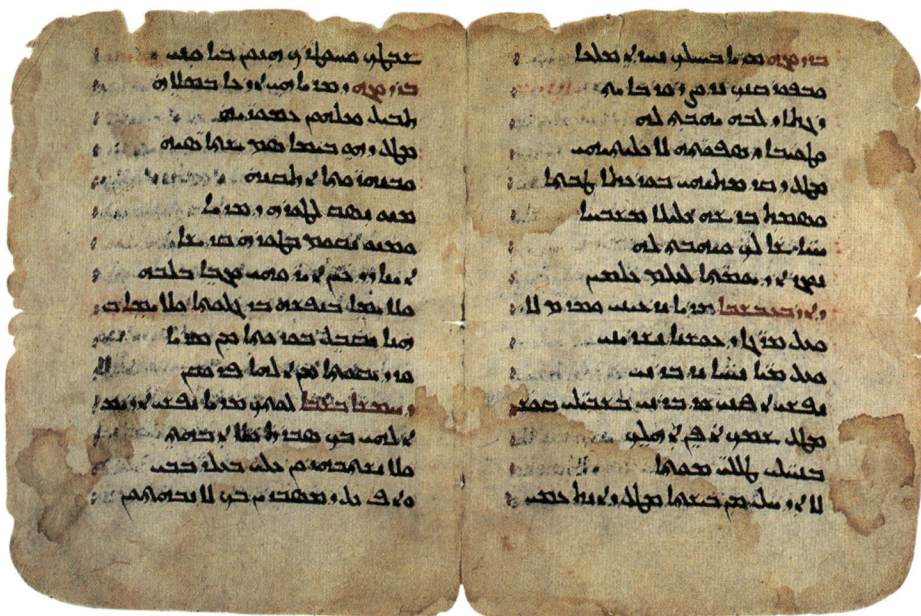

图 7　莫高窟北区洞窟出土叙利亚文写本（采自《敦煌莫高窟北区石窟》）

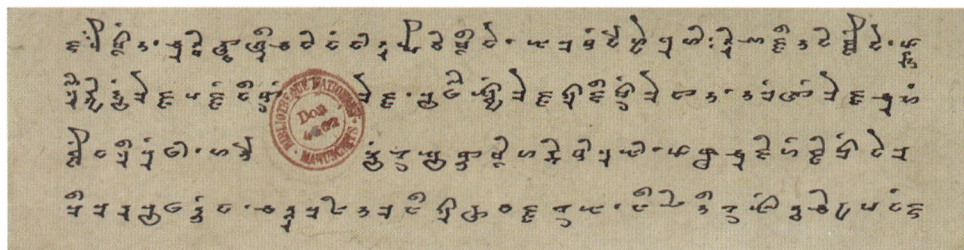

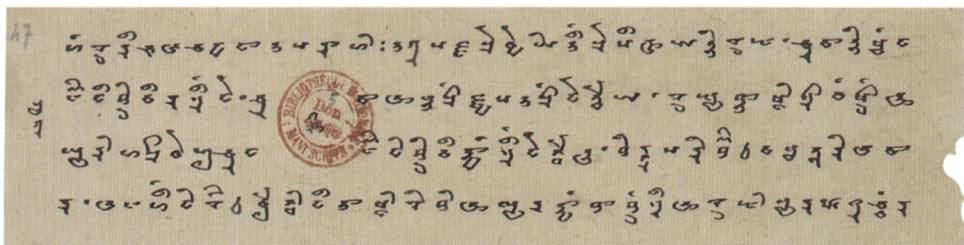

图 8　敦煌藏经洞于阗文写经 P.3513 金光明最胜王经写本（采自法国国家图书馆网页）

早在东西方观念对立、政治敌对时期，各国敦煌学者就已经结成了良师益友，成为东西方和解的先行者。近年来，国际敦煌学界更为频繁地往来交流，进一步加强了敦煌学的国际合作，通过合作交流，优势互补，敦煌学研究出现了突飞猛进的局面，成果累出，日新月异，大有目不暇接之势。敦煌学成为国际文化交流新的桥梁，打破了政治上的隔阂，如今更成为东西方合作的一支方面军，发挥着民间交往的巨大作用。

丝绸之路研究与敦煌学研究，可以说是你中有我，我中有你，二者之间存在着广泛而复杂的交叉性。但是从概念大小分析，丝绸之路的研究显然要大于敦煌学。当然敦煌学"以地名学"，又是国际"显学"，彰显的其实是敦煌学本身的广泛性和复杂性。敦煌学在很多方面的研究都可以纳入丝路研究的范畴，而丝路研究中敦煌学只能占据比较重要的位置，二者是不能相互取代的。但敦煌材料的多元性，敦煌在历史时期与丝路千丝万缕的关联，使得敦煌学的研究一定会影响到今天对丝路的认知和解读。

从这一点出发，今天的敦煌展现给我们的是新时代背景下敦煌的丝路新面貌、国际新现象、交融交汇的新精神，这些都是新时代背景下敦煌的新贡献，而这些新的贡献又必然要融入丝路大背景之中，否则局限在对敦煌本身的解读上，还是不能客观阐释敦煌文化应有的博大精深的丝路文化内涵。

三　丝路热背景下敦煌（学）新使命

敦煌的历史已有两千余年，敦煌学也有百年之久，但是新时代背景下的敦煌和敦煌学已然焕发全新的时代气息。这个新时代的气息即是丝绸之路及其研究热潮所带来的对今天敦煌及敦煌学的巨大冲击。

在百余年的敦煌学研究历程中，处处不乏丝路的影子，但那毕竟是学人自觉或不自觉的探索。总体而言，在敦煌学的研究中对丝路的关注、对丝路重要性的认识是不足的，学术界从未像今天一样形成如此强烈的丝路意识。

随着"一带一路"国家倡议和人类世界新的美好愿景的提出，丝绸之路研究成为学术新热点，国家、地方各级政府，高校及相关科研院所，都不愿错过这次丝路研究的时代机遇。特别是丝路沿线的省、市、州、县和高校、研究机构，更是积极地投身其中，以各种形式搭建丝路研究的平台，扩大丝路研究的范围，强化丝路研究的团队，寻找丝路研究的合作伙伴，发现丝路研究的问题，把丝路研究推向前所未有的良好境地。像传统的中亚研究、西北史地研究、西北边疆研究以及民族学、藏学、西夏学、敦煌学、吐鲁番学、简牍学、长安学等学科，更是与丝绸之路的研究紧密相结合，深化丝路研究的问题和方向，同时也促进了自身学科的发展，形成良性互动的机制。

在这个新时代学术的洪流中，凑热闹、赶场子的多，冷静下来观察，从事严肃学问，有的放矢，能够真正意义上从事丝绸之路相关问题研究的并不多，而可以解决问题的就更是少而又少了。大浪淘沙，丝绸之路研究热潮中鱼龙混杂，能够真正推进丝路研究，或者说丝路研究离不开的学科倒也不多，但其中敦煌学应该说是丝路研究的排头兵，更是必不可少的学科代表。

因为敦煌不仅仅是丝绸之路上的重镇，一个节点城市，还是丝绸之路上的"咽喉"，占据了丝路文明不同文化交融碰撞中的关键位置。还有一个不能忽视的关键因素是敦煌在历史时期所创造的丰富而多元的历史文化遗存，这是丝路其他任何地方所没有的文化优势。或者说正是丝路文化交流、交融、互动、互鉴、互通在敦煌开花的结果，以大量的文化遗存把敦煌定位在丝路上不可替代的关键位置，这是任何因素都不能改变的历史事实。

即使是汉唐长安城，虽然是丝路起点，但是作为汉唐盛世政治、经济、文化、宗教中心地位的都城，在强大的儒家文化与华夏文明的左右下，在传统的封建政治的规范下，外来文明只能是用来点缀的一朵朵小花，其影响过于微小，不能达到像在敦煌一样处处充满着浓郁的丝路风情，时时可见胡汉交融的影子。同时非常遗憾的是，作为政治目标，由于受战争等人为因素破坏严重，汉唐长安城没有留下像敦煌莫高窟如此规模庞大、可见可视的古代文化艺术宝藏，没有留下像敦煌藏经洞一样非常接地气的古代写本文献图书馆。因为正史典籍的记载更多是传统的政治、帝王将相、达官贵人的历史，那些曾经存在于长安、洛阳等大都

图 9　唐墓胡人俑几例（采自甘肃省博物馆等编《丝绸之路——大西北遗珍》）

市中普通老百姓的生活，外来胡人胡商市井生活中的丝路气息，是很难被记载下来的，但这些恰恰是敦煌资料的主流成分。

　　当然，我们不能忽视汉唐长安城中曾经发生过的胡汉交融的丝路景象，但是这些在整个汉唐长安城的生活中显得微不足道。汉唐长安城是丝路起点，但毕竟是汉唐皇帝的家园，是朝廷将相的庭院，是那些秉持传统汉人天下观人群的物质和精神阵地。那些高鼻深目多须的胡人（图 9），身着异装奇服，乘着中原人眼中视为稀奇之物种的骆驼（图 10），走在长安城的大街上，那些在西市酒肆中"招素手"叫卖的"胡姬"，包括唐长安城风靡一时的胡旋舞等带有浓厚异域色彩的文化艺术，在汉唐长安城整体的生活秩序中，更多的是生活的调味品。据最新的研究成果，唐长安城人口一度有可能达百万[①]，但胡人仅占 4

---

① 有关唐长安城相关研究，参见 [日] 妹尾达彦：《唐都长安城的人口数与城内人口分布》表 1，《中国古都研究》第十二辑，山西人民出版社，1998 年，第 182 页。另参考妹尾达彦著，高兵兵译：《长安的都市规划》，三秦出版社，2012 年；张天虹：《再论唐代长安人口的数量问题——兼评近 15 年来有关唐长安人口研究》，《唐都学刊》2008 年第 3 期，第 11—14 页。

图 10　唐墓骆驼俑几例（采自国家文
物局编《丝绸之路》）

万多。况且这些胡人极难从正面改变中原王朝政治的总体历史走向，更难在传
统文化的主流社会中担当主角。即使在唐代前期，胡风盛极一时，"蕃兵蕃将"
成为统治和维护唐王朝大厦的重要基石[1]，但是汉文化的大动脉，汉字文化圈的
总体趋势是汉化，而不是胡化。发生在唐帝国极盛时期的"安史之乱"，则是

———————
[1] 马驰:《唐代蕃将》，三秦出版社，2011 年。

以安禄山、史思明为代表的胡人对大唐王朝的一次毁灭性颠覆，也使得从此之后胡人在汉人社会中的地位一落千丈，往日不再重现。

敦煌虽然也是以汉文化为主体的文化遗存，但是其中充满着不同文化的浓厚气息，世界四大文明在这里交汇共存。这里的人口构成除了本地世家大族和汉人之外，还有一直生活在河西走廊的各少数民族，像匈奴人的后裔、羌人、氐人等，也有因丝路交通而来的中原汉人，还有来自中亚的粟特胡人，及更加遥远地区的印度人、波斯人、大食人，也有来自青藏高原的吐蕃人、吐谷浑人，以及漠北大迁徙而来的回鹘人和突厥人，有来自西域的于阗人、龟兹人、吐火罗人、焉耆龙家人，也有一直生活在祁连山的仲云人、嗢末人，他们在这片土地上共同创造出了充满不同文化特色的文明，为敦煌文化一次次注入新鲜而异样的血液，最终铸就敦煌独特的多元文化大厦。唐代诗人说"凉州七里十万家，胡人半解弹琵琶"，敦煌在唐代单城东从化乡的胡人就达1400余口，占据了整个沙州人口的十分之一，这还没有包括胡人以外的其他民族，可见敦煌的文化担当者的民族成分之复杂，最后必然导致文化的多元性。

而敦煌的这一特性恰是丝路的灵魂所在，是丝路文化交流的基本现象和主流方向，所以在今天"丝路热"的大背景中，敦煌成为提炼丝路精神的核心选择。丝路在历史时期成就了敦煌，今天的敦煌及其学术研究，则必然是当今时代影响丝路认识的最可选取的对象。

四　敦煌对丝路的意义

丝绸之路是古代东西方文明的大通道，从汉唐长安出发，可达希腊、罗马、波斯、大食，沿途大大小小的绿洲、城市、村庄、驿站不计其数，每一个城市都会以不同的方式记载丝路曾经的辉煌。但遗憾的是，丝路上很难有第二个地方像敦煌一样，能够保存如此丰富的历史文化遗产，或被历史时期人为破坏，或为流沙湮灭，或被战争摧毁，或成断垣残壁，或仅存历史遗痕……但敦煌却奇迹般完整保存下延续了一千多年时间的艺术宝库，且以完好的图像序列形象呈现中古的历史，配合以藏经洞无所不包的文字文献写经档案，这些珍贵的历史遗存足以证明，敦煌是丝路文化的高地。因此从这个意义上讲，敦煌又影响到丝路的历史，包括丝路历史存在感、丝路历史原貌呈现、丝路精神再现。具体而言，敦煌影响丝路，可以分别从历史与当代两个时间段来做些解析。

（一）历史时期敦煌对丝路的影响

敦煌是丝路桥头堡，在历史时期不仅是丝路通道必经之处，更是东来西去的商旅、使节、僧侣休整和进行商贸或宗教活动的重要地方。敦煌有现今可知国内丝路沿线规模最大、体系最完备的驿站悬泉置（驿）（图11），其中出土的汉晋简牍可以证明敦煌曾经在历史时期担当着丝路交通路线上的重要角色，这里曾经人来人往，迎来送往的活动颇为频繁[①]。而1908年斯坦因在敦煌长城烽燧下发现的8封粟特文古信札，则可证明4世纪前半叶，敦煌已经是从洛阳、长安，经金城、凉州，到敦煌，过楼兰，最后到达撒马尔罕的漫长丝路上完整贸易体系中的货物集散地和贸易中心之一[②]。据《魏书》卷十六《仓慈传》和敦煌写本P.3636所记（图12），作为敦煌太守的仓慈曾为丝路胡人在敦煌从事商业和其他活动提供重要的便利条件，给予政策优惠，鼓励"胡人嫁汉""汉人嫁胡"，使得敦煌在当时的丝路贸易呈现一派繁荣景象[③]。至于唐8世纪中叶敦煌沙州城东的丝路商业民族入华粟特胡人的聚居地"从化乡"的出现，则说明敦煌在丝路交通体系中成为流寓汉地胡人可以选择定居的理想家园，反映的是敦煌在这一时期对丝路繁荣的贡献。而吐蕃统治导致敦煌周边的粟特胡人城镇并入敦煌，敦煌又成为动乱时期胡人的避难所。一直到了晚唐五代宋归义军时期，以入华的曹氏为代表的中亚移民的后裔，经过长时间的汉

---

① 张德芳：《西北汉简中的丝绸之路》，《中原文化研究》2014年第5期，第26—35页；张德芳：《从出土汉简看汉王朝对丝绸之路的开拓与经营》，《中国社会科学》2021年第1期，第143—155页；葛承雍：《敦煌悬泉汉简反映的丝绸之路再认识》，《西域研究》2017年第2期，第107—113页。

② 陈国灿：《敦煌所出粟特文信札的书写地点和时间问题》，《魏晋南北朝隋唐史资料》第七辑，1985年，第10—18页；另载氏著《敦煌学史事新证》，甘肃教育出版社，2002年，第56—72页。

③ 施萍婷：《敦煌随笔之二》，《敦煌研究》1987年第1期，第47页。

图 11　敦煌悬泉置遗址（甘肃简牍博物馆提供）

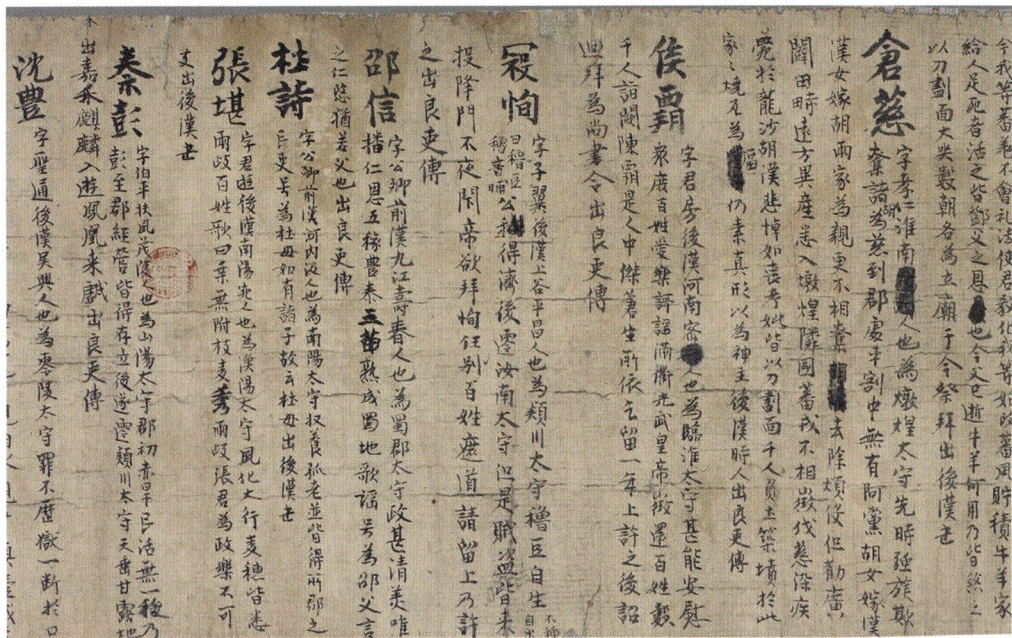

图 12　敦煌藏经洞写本 P.3636《三国志·仓慈传》（采自法国国家图书馆网页）

化，在敦煌居然成为地方统治者[①]，以归义军政权为依托，把丝路胡人在敦煌的地位提升到前所未有的境地。

正是以上的历史背景，让我们看到历史时期敦煌对丝路的重要影响，其实这一点也可以认为是敦煌艺术宝库之所以能够长久延续的另一层原因。至于以莫高窟为代表的佛教洞窟的绵延开凿，不同历史时期艺术图像的绘制，虽然表面上看是宗教的内容，但其核心的观念仍然可以理解为敦煌对丝路深刻影响的结果。具体的丝路影像，后面单独交代。

（二）当代敦煌对丝路的提升

这个问题较好理解，今天我们在敦煌召开的一个又一个与丝路有关的学术

---

① 荣新江：《敦煌归义军曹氏统治者为粟特后裔说》，《历史研究》2001 年第 1 期，第 65—72 页；冯培红：《敦煌曹氏族属与曹氏归义军政权》，《历史研究》2001 年第 1 期，第 73—86 页；荣新江：《中古中国与外来文明》，生活·读书·新知三联书店，2001 年，第 258—274 页；郑炳林主编：《敦煌归义军史专题研究续编》，兰州大学出版社，2003 年，第 163—189 页。

会议，其背后的文化内涵与源动力，都可以解读为敦煌对丝路的影响，至少可以理解为敦煌已经成为今天人们探讨丝路最直接的对象，敦煌可以触摸、可以观看的任何历史遗存，都构成今天敦煌影响丝路的直接原因。至于在敦煌的历史、考古、宗教、艺术、民族、语言、文字研究上对丝路的再构建，还原丝路历史面貌等工作，也都可以理解成为敦煌对丝路的影响。

五 丝路上敦煌的历史使命与文化担当

1900 年敦煌莫高窟藏经洞数以万卷古写本文书的发现（图13），引发了世界范围内探险家、考古学家对敦煌文物的盗取和挖掘。随着世界范围内对中亚、中国新疆、丝绸之路、佛教文化等感兴趣的学者对敦煌写本文献的研究，"敦煌学"作为 20 世纪初新兴的学科，掀开了国际汉学研究新的一页。更为重要的是，敦煌留存下来的这些中古时期的写本文书和档案资料，和敦煌洞窟壁画一样，成为那个独特时代西方发达世界重新认识优秀汉文化和中华文明的重要途径之一。也可以说，敦煌的新发现不仅给当时西方学术界带来了可供研究的珍贵资料，更展现了东方文明极具吸引力的全新文化气息。尽管其中掺杂有探险、猎奇甚至弱肉强食和掠夺的色彩，但更多还是体现了东方古代文明的独特魅力。

图 13　1908 年法国探险家伯希和在藏经洞挑选写本文物（采自《伯希和敦煌石窟图录》）

因此，从这个意义上来讲，敦煌一开始即有着一份厚重的文化担当，在近代中国积贫积弱的国际格局中，以敦煌的文物和艺术品为媒介，肩负着向世界阐释古代中华文化的重任。把曾经辉煌灿烂的汉文化、儒家文化通过敦煌的文化遗产展示给世人，这其实也是敦煌一直以来的神圣使命。

事实上，敦煌的这种文化使命一直到今天仍然发挥着其应有的作用。那些静静地躺在大英博物馆、法国国家图书馆、法国吉美亚洲艺术博物馆、俄罗斯圣彼得堡冬宫艾尔米塔什博物馆和俄罗斯国家科学院东方文献研究所等世界各地博物馆和研究机构的精美的敦煌文物和艺术品，以及完好地保存于莫高窟、榆林窟、西千佛洞、东千佛洞、五个庙石窟中的洞窟、彩塑和精美壁画，以其特有的方式讲述着东方文明古国的历史，展示着东方汉文化曾经的辉煌，描绘着丝绸之路上敦煌曾经繁华的面貌。毫无疑问，这些文物和艺术品成为新时代沟通中国与世界文化的桥梁。

今天的敦煌是国家弘扬传统文化，进行爱国主义教育的重要基地，因为敦煌洞窟壁画以极为形象和直观的方式，把自十六国北朝以来的历史以图像、影像的形式记录了下来，而图像的表达力、说服力、真实性、可靠性等特性又是文字文献资料所不能替代的。包括藏经洞写本文献在内，敦煌先民们在历史时期创造的这些珍贵文化遗产，由于被不可思议地完好保存了下来，加上其所具有的世界性、丰富性、精美性、民族性及其在历史时期的代表性，成为今天了解传统文化、理解历史变迁、增强民族文化自信的最好载体，这无疑也是敦煌的神圣使命。

那么，把这些珍贵的文化遗产放在历史应有的坐标中进行客观、科学的解读、阐释，使每一件敦煌的写本文献、每一座敦煌的洞窟和窟内每一幅精美壁画都能够回归历史本来面貌，成为某一段历史时期发生过的精彩或平凡的人物、事件的代言，使得这些文物文献成为有血有肉的平凡或不平凡的历史一部分，努力把数量庞杂的每一件敦煌文物分别镶嵌到其本来的历史墙壁上，最后串联起一部完整的敦煌区域史，进而为写就完整的中古史增砖添瓦——这些，也正是敦煌和敦煌学研究努力的方向和使命。

作为敦煌文化主体的洞窟壁画，不仅仅是表象的佛教图像和艺术品，除了作为供信众膜拜的宗教对象之外，其更深刻的文化价值则体现在其所涉及的历史、考古、宗教、艺术、绘画、民族、语言文字等多学科的研究。就其研究内容而言也是百科全书式的，可以涵盖古代社会人们生活的各个方面，包括服饰装扮、建筑、交通工具、家具、饮食、音乐舞蹈、体育、军事、农业、手工业、科技、商业活动、丝路交通、颜料、色彩等等，可以说是一部"形象的历史"（图14），是图像版的古代史。

对敦煌写本文献、洞窟壁画、简牍、墓葬、遗址的整理、解读、研究成为敦煌学的基本任务和使命。对任何一卷写本文书的探讨，必然是对不同历史问题的阐释；对任何一幅壁画的解读，也终究剥开的是不同时期社会历史的形象记忆。单纯的学术研究是对敦煌真实历史、社会、宗教、民族、文化的还原，是对敦煌文化所包含着的丰富的历史内涵的挖掘，是对大的中古史的补充、修订和完善。把敦煌的资料充分地运用到古代史研究的不同领域，属于在不同领域从事人文社科研究的学人们的使命和追求。这种追求的背后，是对中华文明史大厦的点滴构建，是对优秀传统文化的不断诠释，是对复杂多变的中古史的精彩描绘。

敦煌藏经洞每一件写本文献，都是不同历史时期不同阶层的人活动的结果，是对敦煌千百年来历史的点滴记载。这里有普通老百姓琐碎的日常生活，有中央政府和地方政府的档案文书，有丝路交通的往来信件与公文，有大量的寺院写经、寺院库房的账本、政府和寺院为出家人颁发的度牒，有传统的经、史、子、集典籍文献，有敦煌儿童学习的童蒙作品，有家族纠纷法律文书，有休妻书、放良文，有医方，有历日，不一而足。

同样，洞窟中的每一幅壁画，其实除了反映佛教经典的内容之外，画面中的人物、建筑、音乐、舞蹈、服饰、交通工具、山水、树木、家具、用物，都是壁画绘制时代的"影像"，是任何文字资料不能替代的形象历史。

另外，藏经洞的写本文献不仅记载传统的汉文化，也以不同民族语言文字的形式记载了其他民族的历史与文化，反映的是一部以汉民族、汉文化为主体的多民族、多元文化的敦煌历史。

因此，丝绸之路上敦煌的历史作用是对历史的全面复原，而其文化的担当则

图 14　莫高窟盛唐第 23 窟法华经变药草喻品之雨中耕作图

（上：洞窟壁画空间位置；下：画面局部。敦煌研究院提供）

是对传统文化、丝路多元文明的保存、记忆。而新时代对敦煌文化的发扬光大，则成为中华优秀文化建设中重要的任务，敦煌的历史使命和文化担当，终究是丝路上汉文化的精神所在，也是丝路上文明碰撞的结晶，永远再现和记忆着人类历史在东西方文明交融互鉴过程中的智慧火花。

六　图像丝路
——敦煌石窟中的丝路影像

讨论的结果，我们可以清晰地看到在丝绸之路历史上敦煌的位置所在，丝路成就敦煌，敦煌影响丝路，这是个有趣的历史规律，也是敦煌之所以伟大的根本所在。因此，探讨敦煌文物文献中的丝路记忆，则可为这个规律寻找真实的历史佐证，也可以通过洞窟图像为"敦煌影响丝路"命题作注脚。这方面的研究成果颇多，此处仅以敦煌洞窟壁画为线索，探讨壁画中的丝路影像，寻找图像丝路。

以莫高窟初唐第 323 窟张骞出使西域图为代表，洞窟艺术中记载或反映丝路的内容颇多，几乎贯穿了敦煌洞窟营建一千余年的历史。像早期壁画中富于西域犍陀罗风格的造像（图 15），隋代洞窟中大量出现的各类具有浓厚波斯萨珊风格的联珠纹样，隋唐五代洞窟壁画观音经变中的胡商遇盗图，直接反映丝路交通往来的张骞出使西域图、佛顶尊胜陀罗尼经变佛陀波利求法图，维摩诘经变中大规模出现的各国王子问疾图，涅槃经变中出现的各国王子举哀图（图 16），五台山图中大量的交通贸易图像，降魔经变中来自不同民族和国家的士兵形象，其他经变中反映丝路风情的大量图像，如各类音乐、舞蹈、交通、军事、服饰、家具、图案、颜料、技术等等，都是敦煌壁画留给我们今天认识丝路、理解丝路、发展丝路文化的不可多得的珍贵资料。

除了壁画中的丝路图像之外，事实上敦煌的任何一幅绘画作品，包括洞窟建筑本身，其艺术的源头，所使用的粉本画稿，或是来自中原内地的艺术，或是受西域中亚印度艺术影响的结果。而像唐代前期壁画中的经变画，可以明显地看到绝大部分是来自长安洛阳两京地区的艺术粉本，反映的是长安寺观画壁最新的粉

图 15　莫高窟北魏第 254 窟中心柱东向面下部药叉图像（敦煌研究院提供）

图 16　莫高窟中唐第 158 窟涅槃经变各国王子举哀图（敦煌研究院提供，
黑白图片系伯希和考察队1908 年拍摄）

本画稿或流行的艺术图样。

敦煌处在距丝路起点长安近1700公里之外，但通过繁忙的丝路交通，敦煌洞窟和寺院中的艺术图像可以与长安保持高度的一致。像莫高窟第220窟具有浓厚"吴家样"风格的阿弥陀净土变、药师七佛变、维摩诘经变，均是长安最新流行的画样，被学界称为"贞观新样"①。今天当我们走进第220窟，看到的是将近1400年之前长安寺院里风靡一时寺观壁画，丝路上艺术互动最精彩的一幕从初唐上演以来，定格在敦煌的洞窟中（图17），实是丝路历史最为有趣的画面。

另像以莫高窟初唐第220窟、盛唐第103窟维摩诘经变为代表的画样，其中表现二大士辩法场景的中原帝王问疾图和各国王子问疾图，人物左右相向而立，实是历史时期在长安常可见到的帝王出行场面，也可以说是有唐一代，在当时最大的都市长安城内，由于丝路交通的兴盛而出现的"万国来会""万国衣冠拜冕旒"场景②。

敦煌壁画中像以上所述反映长安记忆的影像资料，相当丰富，不一而足，有经变画中明显的记载，也有间接的反映，实是复原长安城盛世景象最佳的图像资料。

可以说对敦煌石窟的研究任务和使命，不仅仅是对这些丰富丝路文化信息图像基本内容的解读，更重要的是对这些图像与丝路历史、丝路交通、丝路文化关联的探讨。通过敦煌形象的资料探讨漫长丝路上文明互动、文化互通、宗教传播、艺术互通的有趣历史，不仅看到真实的丝路历史，也可以感受敦煌在丝路上所承担的重要角色。

因此，可以通过敦煌图像的研究，重新领略和感受丝路上"商侣相望，不绝于道""胡商贩客，日款塞下"的真实历史面貌，也可以通过敦煌精彩的壁画、真实的写本文献档案，对丝路上曾经发生的文化、艺术、宗教故事作出富于历史

---

① 王中旭：《敦煌翟通窟〈维摩变〉之贞观新样研究》，《艺术史研究》第十四辑，中山大学出版社，2012年，第369—397页。

② 李昀：《万国衣冠拜冕旒——敦煌壁画中的朝贡者形象》，《艺术史研究》第十九辑，中山大学出版社，2017年，第169—205页。

图 17　莫高窟初唐第 220 窟洞窟内景及南壁
净土变（采自施萍婷主编《敦煌石窟全集·阿
弥陀经画卷》）

感的解读，深入挖掘丝路的精神和文化财富，探讨丝路的人文价值，进而为今天的"一带一路"国家倡议和愿景提供历史的借鉴和思考，为人类社会再次因丝绸之路而繁荣富强作出我们不懈的努力。

小　结

丝绸之路是人类文明最敏感的区域，在这条道路上处处闪耀着古代不同国家、不同民族、不同宗教、不同文化背景的人们交流互鉴的光芒。历史时期人们未曾停止的交流活动使得世界的文明相互融合，在丝路所经过的每一个地区、每一个国家、每一个民族，都创造出辉煌灿烂的文化、艺术与宗教。而敦煌则是丝路文明交融最具代表性的地区，敦煌在丝路上特有的地理位置和在汉文化圈中所占据的桥头堡地位，使得敦煌的文化、艺术、宗教在历史时期比其他地方更加灿烂，更加受人珍视，并得到了较好的传承。

敦煌因丝路而伟大，丝路成就敦煌；丝路也因为敦煌而更加地真实，更加富于历史感，敦煌影响了今天我们对丝路全新的认知。

如果说丝路之路是人类文明之路，那么敦煌则是这条文明之路上最耀眼的明珠。敦煌对丝路历史的承载，不仅是丝路的荣耀，更是人类文明的精神宝藏。敦煌以佛教特有的艺术形式把汉文化的历史变迁得以沉淀在洞窟当中，而其未有间断的形象史书写方式则是丝路文明的定格，也是千余年中古史最为鲜活的历史画面。

今天，当我们读懂了敦煌，或许才有资格说了解到丝路历史；而敦煌在历史时期的使命和文化担当，正是当今社会最为需要的文化认知，也是挖掘敦煌价值的重要命题。

而要真正认识敦煌的价值，不仅仅要读懂敦煌的历史，认识敦煌的绘画，更重要的是要从丝路文明史长河中寻找敦煌的定位，要把敦煌放在特有的文化地缘关系中提炼敦煌的历史责任，然后再把敦煌现有的文化遗产还原到各自的历史场景中。相信以这样的视角所看到的敦煌的任何作品，都是历史鲜活的画面，都是最为珍贵的历史注解。

第一章
形象史学视野下的丝绸之路图像

　　丝绸之路与形象史学的关系问题，属于抽象的史学理论范畴。不过二者有共同的前提和条件，即历史本身。丝绸之路是个具体而又十分宽泛的历史对象，形象史学则是大历史学的分支学科，也可以理解为研究历史的一个视角。而形象史学所强调的是"看得见""摸得着"的历史，其基本的材料是考古、艺术、图像等视觉作品，这是直接的理解；但事实上，形象史学不仅仅关注史料的"可视性"，即"图"的属性和其带来的历史真实性，同时也强调非直观、无图形、非可视的史料所带来的"想象历史"，这是形象历史的另一种表现方式。历史是人的历史，是人在过去日常生产生活中的真实存在和所发生的一切，如同我们今天发达的影像对任何细微生活的捕捉一样，绝大多数的历史情景是可以用形象史学来阐释的，这即是形象史学的基本前提，也是形象史学的必要性。丝绸之路也是人的历史，因此，丝绸之路历史研究，同样是形象史学的对象。

第一节　形象历史与丝绸之路的可视性

丝绸之路是人类文明的大通道，涉及面极其广泛，归纳起来，丝绸之路是一条人类物质文化和精神文明交流之路。从物质文化交流的角度来看，根据在丝绸之路上曾经流通的具体物质进行划分，学术界分别有玉石之路、香料之路、金银之路、琉璃之路、书籍之路、皮毛之路、丝瓷之路、茶叶之路，等等叫法，不一而足。而这些五花八门的物质交流，因为涉及各类具体的有形物质的产生、制作、使用、传播、影响和记忆，是具象化的丝路历史。从这个角度而言，丝绸之路也可以称为形象历史之路。

在这里，所谓的形象历史之路，是指发生在丝绸之路上的"看得见""可视"的历史，是可以通过具体的物质形态或相应的方式呈现出来的丝路历史，与传统意义上通过语言文字和书本记载下来的丝路历史有联系，但有明显的区别。

比如，据丰富的历史文献记载，汉唐时期活跃在丝绸之路最常见的身影即是来自中亚地区的粟特九姓胡人，他们是这一时期沿着丝绸之路入华的主要人群。作为天生具有商业天赋的粟特人，"善商贾，好利，丈夫年二十，去傍国，利所在无不至"[①]。这些不畏艰险，长年奔波在漫长丝路上的国际商人，以他们的脚步和身影推动着丝路物质文化的交流和繁荣。汉文典籍文献中称他们为"胡""兴胡""胡商""商胡""九姓胡""杂种胡"。入华后的这些九姓胡人，成为汉人文化圈中一道独特的风景，他们散布在汉人社会的各行各业：职业军人、保镖、宿卫、译语人、外交使者、手工业者、寺院僧人、乐师、舞人、养马人、驯兽师、幻术表演者、互市牙郎、奴仆……[②]文字记载中的丝路胡人形象已然丰富多彩，但是毕竟是抽象和模糊的，而在汉唐墓葬中大量出土的各式各样的充满异域特色的胡人俑、胡人形象、胡人图像，他们的奇装异服，他们强壮的肌肉、深邃的眼

①（宋）欧阳修、宋祁：《新唐书》卷221《康国传》，中华书局，1975年，第6244页。
②［美］薛爱华（Edward H. Schafer）著，吴玉贵译：《撒马尔罕的金桃——唐代舶来品研究》，社会科学文献出版社，2016年。

图 1-1　唐墓出土胡人俑面貌（采自乾陵博物馆编《丝路胡人外来风——唐代胡俑展》）

图 1-2　唐墓出土胡人牵驼形象（左：敦煌唐墓出土模印砖拓片，右：秦安叶家堡唐墓出土）
（分别为敦煌市博物馆和甘肃省博物馆提供）

图 1-3　洛阳唐墓出土彩绘陶胡商俑（采自国家文物局编《丝绸之路》）

图 1-4　唐乾陵章怀太子墓出土胡人骑马俑（作者拍摄）

图 1-5　庆城穆泰墓出土胡人袒腹俑（采自甘肃省博物馆等编《丝绸之路——大西北遗珍》）

睛、高俏的鼻子、夸张的胡须，是不同历史时期定格下来的胡人真实的面貌写真，有血有肉，活灵活现（图 1-1）[1]。他们或牵着满载物品的骆驼行走在漫长的丝路上（图 1-2）；或独自一人背负沉重的货物走街串巷（图 1-3）；或骑着来自中亚西域的良马，身后的马背上蹲着被他们驯服的豹子或猞猁（图 1-4），为主人服务；或袒身露腹，正在玩把戏表演幻术（图 1-5）[2]，谋生的同时也大大丰富了汉人的娱乐生活……于是历史文献的记载被这些考古

① 乾陵博物馆编：《丝路胡人外来风——唐代胡俑展》，文物出版社，2008 年。

② 葛承雍：《唐代胡人袒腹俑形象研究》，《中国历史文物》2007 年第 5 期，第 20—27 页。

实物资料所印证，沉睡的历史被唤醒，汉唐社会不再遥远，丝路气息扑面而来，历史似乎触手可及，丝绸之路即从这些逼真的胡人脚下伸展开来。

另一方面，胡人带来的胡食、胡服、胡音、胡乐、胡舞、胡器等亦属丝路的贡献，胡风大兴于汉唐，极大地丰富了汉地的生活。但是，文献典籍对这些物质生活的记载，只是古字堆中发黄且冰冷的文字，读起来很难感觉到历史的温度。更何况这些记载中有一些不同时期、不同地区、不同民族特有的名词和术语，不易读懂，或者完全无法理解其所指，像胡食中的"馎饦""毕罗""梧桐饼""饦饼"①，胡器中的"胡簶""舞筵""金叵罗""金胡瓶"②，胡帽中的"浑脱帽""尖顶虚帽""卷沿虚帽"，胡锦中的"波斯锦""粟特锦""番锦"，胡人乐舞中的"胡旋""胡腾""柘枝""泼胡乞寒"③……如果没有实物佐证和参考，单凭文献中的这些生僻的名词，实难理解其具体的材质、形制、大小、美学特征、使用的方式与方法、使用的具体场合、礼仪属性。但是当壁画中、墓葬里、遗址中、博物馆内一件件实物或图像呈现在我们眼前时，抽象和模糊的历史会逐渐真实起来，逝去的遥远的事物变得容易理解，重现历史成为可能。

因此，形象历史使得宽泛而抽象的丝路变得真实起来，使得丝路历史不仅仅是个历史概念，而是看得见的历史。丝绸之路因此而成为一条鲜活的人类历史文明大通道。

第二节　形象史学还原丝路历史真相

对丝绸之路的研究，所依据的主要资料包括：一是汉文典籍文献，以二十四史中"外国传"中的《西域传》《西戎传》为代表的正史资料；二是以《穆天子传》、法显《佛国记》、玄奘《大唐西域记》为代表的中国古人的"西行记"，也

---

① 高启安：《唐五代敦煌的"饮食胡风"》，《民族研究》2002 年第 3 期，第 66—73 页。

② 蔡鸿生：《唐代九姓胡与突厥文化》，中华书局，1998 年，第 11—14 页。

③ 罗丰：《隋唐间中亚流传中国之胡旋舞——以新获宁夏盐池唐墓石门胡舞图为中心》，《传统文化与现代化》1994 年第 2 期，第 50—59 页；另载氏著《胡汉之间——"丝绸之路"与西北历史考古》，文物出版社，2004 年，第 280—298 页；陈海涛：《胡旋舞、胡腾舞与柘枝舞——对安伽墓与虞弘墓中舞蹈归属的浅析》，《考古与文物》2003 年第 3 期，第 56—60、91 页。

包括西方人入华的记录，以《马可波罗游记》为代表；三是以历代僧传、大藏经为代表的佛典资料；四是以公元前 5 世纪希腊作家希罗多德（Herodotus）所著《历史》、公元 2 世纪埃及人托勒密（Ptolemy）撰《地理志》、拜火教经典《阿维斯塔》、11 世纪喀喇汗王朝马哈茂德·喀什噶里编《突厥语大词典》等为代表的汉文以外的丝路国家、民族语言文字资料；五是自 19 世纪以来西方探险家在丝路沿线的中亚及中国新疆、甘肃、西藏、蒙古等地探险所获资料；六是近现代以来丝路沿线各国考古资料；七是藏于世界各地博物馆的丝路文献文物。基于这些基本的丝路历史、考古、民族、语言、宗教、艺术史料，一百余年来，丝绸之路的研究作为国际学术界的热点问题，以不同文字呈现出来的研究成果极其丰富，汗牛充栋。其中涉及考古、图像、艺术、绘画的研究，则是形象史学的范畴。

整体而言，尽管对丝绸之路的研究可资依据的资料丰富而多元，我们在这里仍强调形象史料即视觉艺术在丝路历史研究中的重要性，其独特的学术价值即是对丝路历史真相的还原。

列举几例以说明：

一、丝绸之路上毛驴的贡献

骆驼作为"沙漠之舟"，是丝绸之路的象征和符号[1]。今天，当人们提到丝绸之路，首先想到的一定是穿行在广袤沙漠、戈壁、绿洲之间的驼队（图1-6）。这种想法其实也是历史时期中原内地人们的基本认识，因此在北朝、隋、唐历代的墓葬中，胡人俑总是和骆驼俑一起出现[2]，共同构成丝路财富的象征[3]。不仅如此，传统典籍文献中对骆驼在丝路上的贡献也有正面的记载，如《北史·西域传》记且末西北的数百里流沙（即今天的塔克拉玛干沙漠）：

---

[1] 齐东方：《丝绸之路的象征符号——骆驼》，《故宫博物院院刊》2004 年第 6 期，第 6—25 页。
[2] 张庆捷：《北朝隋唐的胡商俑、胡商图与胡商文书》，载荣新江、李孝聪主编《中外关系史：新史料与新问题》，科学出版社，2004 年，第 173—204 页。
[3] 葛承雍：《中古时代胡人的财富观》，《丝绸之路研究集刊》第一辑，商务印书馆，2017 年，第 1—15 页。

图 1-6　西安市文物保护考古研究院藏长安街唐墓骆驼俑（采自国家文物局等编
《绵亘万里——世界遗产丝绸之路》展览图册）

且末西北有流沙数百里，夏日有热风，为行旅之患。风之所至，唯老驼预知之，即嗔而聚立，埋其口鼻于沙中。人每以为候，亦即将毡拥蔽鼻口。其风迅驶，斯须过尽。若不防者，必至危毙。[①]

《艺文类聚》卷九十四《兽部中》云：

敦煌西渡流沙，往外国，济沙千余里，中无水。时有伏流处，人不能知。骆驼知水脉，过其处，辄停不行，以足踏地。人于所踏处掘之，辄得水。[②]

这是古人对骆驼在沙漠旅行中重要性认识的真实记录。

丝路历史真相是否果真如此？历史时期漫长丝路上的长途运输是否确如文献记载和墓葬陪葬品所反映的那样，骆驼永远占据着主导地位？

---

① （唐）李延寿撰：《北史》卷 97《西域传》，中华书局，1974 年，第 3209 页；（唐）杜佑：《通典》卷 191《边防七》"且末"条，中华书局，1988 年，第 5201 页。

② （唐）欧阳询：《艺文类聚》卷 94《兽部中》，中华书局上海编辑所，1965 年，第 1630 页。

经过我们对敦煌壁画中反映丝路交通运输的壁画如福田经变、法华经普门品中的"胡商遇盗图"、法华经取宝图等图像的观察，结合悬泉汉简、敦煌吐鲁番文书"过所"文书、市场账目文书等的记载，发现汉唐以来，毛驴往往是胡人商队的主要运输工具[①]。在高昌回鹘时期的柏孜克里克壁画中，可以看到供养佛的大商主的驮队，即是由马、骆驼和毛驴共同构成，而非骆驼单独出现。西州一直是丝路商队来来往往的集散地，又是骆驼的主要产地之一，因此壁画商队运输场景中毛驴的频繁出现，应该是丝路历史的真实记载，颇有说服力。

因此，如果没有这些珍贵的形象历史资料的记录和佐证，毛驴在丝路运输中的贡献可能要永远被人们遗忘。这个问题也是本书的一个焦点所在，详细可参考本书第二章第六节。

二、汉人社会对入华胡人女性的偏见与歧视

汉唐时期胡人大量入华，他们在丝路沿线建立起星罗棋布的胡人聚居地[②]，胡人在各地的人口数量也应该不少。但奇怪的是，无论墓葬出土的胡人俑，还是寺观壁画中的胡人画像，几乎看不到入华胡人女性的任何形象。《宣和画谱》记载唐代画家张萱和周昉分别画有《日本女骑图》《天竺女人图》，二人均画过《拂菻妇女图》，同书记载五代画家王商画有《拂菻风俗图》《拂菻妇女图》《拂菻仕女图》，李公麟也画过《拂菻妇女图》，但这些作品均没有传下来，具体人物形象特征不得而知。同时检索文献也可以发现，对胡人女性的记载不仅数量极其有限，而且笔法往往非常隐讳，除了像"胡旋女""胡妓""酒家胡"[③]等服务行业的职业女性之外，绝大多数的胡人女性被湮没在历史长河中，实是一个值得关注的现象。

为什么胡人男性形象有大量的表现，形式多样，且个个面貌逼真，生动有个性，而同为胡人的女性形象却难得一见？是历史时期本来就不表现，还是我们今

---

① 沙武田：《丝绸之路交通贸易图像——以敦煌画商人遇盗图为中心》，《丝绸之路研究集刊》第一辑，第122—155页。

② 荣新江：《北朝隋唐粟特人之迁徙及其聚落》《北朝隋唐粟特聚落的内部形态》，载《中古中国与外来文明》，第37—110、111—168页。

③ 芮传明：《唐代"酒家胡"述考》，《上海社会科学院学术季刊》1993年第2期，第159—166页。

天考古发现的缺失？答案是明显的。

另外，难道历史时期入华的胡人中女性的数量本来就非常有限？在漫长的丝路上，胡人女性存在和生活的历史真实面貌如何？

胡人女性形象史料的集体缺失，正是我们基于形象史学视角所关注到的。通过梳理敦煌壁画中胡旋舞图像①、胡人女性的汉人表现、婆罗门夫妇中男性的婆罗门形象和女性的唐人形象，我们发现，出现这一历史现象的深层次原因，实是汉人传统社会对入华胡人女性的偏见和歧视②。其所导致的艺术品中对这些丝路重要推动者的集体选择性缺失③，实是丝路历史值得注意的一个侧面（详见本书第五章、第十章）。

三、传入唐代宫室的景教及其艺术

作为沿丝路传入汉地的"三夷教"，景教、袄教、摩尼教在汉地的传播，是丝路宗教文明传播的典型事例，特别是各自在长安城立寺传教，是唐长安城"国际化"的象征。保存在西安碑林博物馆的《大秦景教流行中国碑》（图1-7），虽然是一块碑文，但从历史的角度看，实是一幅珍贵的唐代景教传播图。而武惠妃大型石椁（图1-8）上具有浓厚希腊化风格的线刻艺术，其中那些画面奇特、内涵丰富的拂菻样神兽（图1-9）、人物图，是来自拜占庭的景教僧在唐宫室传播教义时带来的希腊化艺术影响，实可还原丝路上一种外来宗教在有深厚汉文化和本土宗教背景下的大唐皇室被接受的历史④，让我们看到丝路文化交流所产生的深刻影响及其历史意义。可以说，如果没有像武惠妃石椁这样精彩而典型的希腊化艺术品，单凭已有的有关景教在长安传播的文献资料，恐怕很难想象其传播可以深入到如此程度。而武惠妃石椁对希腊化艺术传播的推动，也可以作为还原复杂

---

① 沙武田：《隐讳的丝路图像——胡旋女在胡旋舞考古遗存中缺失现象探微》，《中古中国研究》第三卷，中西书局，2020年，第109—156页。

② 陈寅恪：《狐臭与胡臭》，国立清华大学中国文学会编：《语言与文学》，中华书局，1937年；黄永年：《读陈寅恪先生〈狐臭与胡臭〉——兼论狐与胡之关系》，载氏著《唐史十二讲》，中华书局，2007年，第181—190页。

③ 宋若谷、沙武田：《敦煌壁画中女性外道表现手法发覆》，《敦煌研究》2020年第1期，第69—74页。

④ 参见葛承雍系列研究成果，载陕西历史博物馆编：《皇后的天堂——唐敬陵贞顺皇后石椁研究》，文物出版社，2015年。

图 1-7　大秦景教流行中国碑原址照片及碑文拓片（陕西师范大学图书馆藏拓本并提供）

图 1-8 唐武惠妃大型石椁（陕西历史博物馆提供）

0   50CM

图 1-9 唐武惠妃石椁侧面线图（采自陕西历史博物馆编
《皇后的天堂——唐敬陵贞顺皇后石椁研究》）

而多元的丝路图样传播历史的重要依据。

第三节　形象史学推动丝路研究的深入

丝绸之路之所以成为今天最时髦的名词，其中包含着对人类自身漫长历史的特殊记忆，对人类相互之间你来我往复杂曲折关系的探秘，对人类文明相互碰撞而带来的物质、文化、宗教、艺术新生的解读，对历史上人们以最原始方式进行的跨国界、跨地域、跨民族、跨文化交流的惊叹与崇敬。而对这些问题的科学阐释，最后交给了从事历史、考古、艺术、宗教、民族、语言研究的人们，其中史学是所有研究的核心所在，形象史学扮演着越来越重要的作用。

以丝路上流行颇为广泛的祆教为例，因为有原始经典《阿维斯塔》，其教义和历史在世界范围内有大量的研究成果，但是随着一批入华粟特人石棺床、石椁、石堂等石葬具在中国各地的出土，以青州北齐傅家石屏风、天水石马坪隋墓石屏风、太原隋虞弘墓石椁、西安北周安伽墓石榻、西安北周史君墓石椁、西安北周康业墓石榻为新的考古艺术图像资料，给传统的单纯从历史、教义角度研究古波斯琐罗亚斯德教带来了新契机，以形象史学为视角，重新认识入华的这些胡人，他们来到汉地，入乡随俗，但又不忘故土，原本的宗教信仰、生活习俗、丧葬观念，仍然以不同的形式，以可视化的实物或绘画的形式，或多或少遗留在他们死后的世界。这方面的研究，以沈睿文对史君墓石椁图像的解读最为深入[①]，可以认为是形象史学对丝路研究深入的代表。

另如在吉尔吉斯碎叶城发现的唐代的大云寺遗址、杜怀宝造像碑（图1-10），吉尔吉斯大学契古博物馆藏唐代造像碑（图1-11），以及保存在布拉纳塔博物馆（巴拉沙衮）的唐代螭首碑（图1-12），还有收藏在民间的一枚唐代军人的鱼符，这些唐代遗物的出土，不仅是唐安西四镇之一碎叶镇历史的见证，更是丝路研究中汉地文化、宗教、艺术向西传播和影响的重要物证，也是丝路更深入研究的珍

---

① 沈睿文：《中古中国祆教信仰与丧葬》，上海古籍出版社，2019年，第166—205页。

图 1-10　碎叶城出土杜怀宝造像碑（作者拍摄）

图 1-11　吉尔吉斯大学契古博物馆藏
唐代造像碑（作者拍摄）

图 1-12　吉尔吉斯布拉纳塔博物馆
藏唐代螭首碑（作者拍摄）

贵形象资料。

第四节　形象史学有助于理解丝绸之路的价值和意义

　　丝绸之路最核心的问题和灵魂即是历史时期文明的交流与互鉴，具体表现在不同的人之间、不同的民族之间、不同的国家之间、不同的地区之间的交往与互动。如何通过有效的手段阐释丝绸之路的核心价值，我认为形象史学从某种意义而言有不可替代的作用。

　　首先，形象史学重在阐释可视化的丝路历史，而其揭示出来的历史故事，透物见人，是可以看得见、摸得着的丝路历史，其真实性、可信度是诸多历史手段中的代表，大大方便了人们对历史的理解和接受。

其次，形象史学的任务是把文献、文字、语言、传说中的丝路历史，通过发现与之匹配的具体的形象材料，进而剔除文字、语言历史中的"历史书写""伪造"的成分，通过有形的史料把真实的历史呈现出来，有重写历史的意味。

所以，形象史学对我们今天理解和认识丝绸之路的价值与意义作用重大。比如作为丝绸之路象征的中国丝绸，在漫长的丝路历史上究竟发挥着怎样的作用？要解答这个基本而又关键的问题，除了依靠文字文献的记载之外，丝路沿线丰富的形象史料，即有关中国丝绸的实物遗存、图像描述[①]，显然最有说服力。只有借助形象史学的手段、视觉和思维方式，得出的认识才更加可靠。

---

① 沙武田：《丝绸之路绢帛图像考——以敦煌画和唐墓骆驼俑为中心》，《考古学研究》第十一辑，科学出版社，2020年，第199—221页。

第二章
敦煌画商人遇盗图与丝绸之路交通贸易图像

敦煌是丝路重镇。《隋书》卷六十七《裴矩传》记载，从河西出西域"发自敦煌，至于西海，凡为三道，各有襟带"，"总凑敦煌，是其咽喉之地"[1]，是早在隋代人们对敦煌地理位置的认识，同时也是对敦煌在丝路上交通位置的高度概括。敦煌又是丝路贸易的担当者粟特人入华的重要聚居地[2]，对于传世史料和敦煌文献中有关敦煌与丝路交通贸易的研究，成果极其丰富，不一而足。敦煌石窟壁画中也有不少反映丝路交通贸易的图像，其中最有代表性的即是"商人遇盗图"。对于此类图像的研究，李明伟早在30年前研究丝路贸易时就有辑录和讨论[3]，后

---

①（唐）魏徵、令狐德棻：《隋书》卷 67《裴矩传》，第 1579、1580 页。

②［日］池田温：《8 世纪中叶におけゐ敦煌のソゲド人聚落》，《ユ‒ラッア文化研究》1965 年第 1 号，另载池田温：《唐研究论文选集》，中国社会科学出版社，1999 年，第 3—67 页；姜伯勤：《敦煌吐鲁番文书与丝绸之路》，文物出版社，1994 年；陈国灿：《魏晋至隋唐河西人的聚居与火祆教》，《西北民族研究》1988 年第 1 期，又载氏著《敦煌学史事新证》，第 73—97 页；郑炳林：《唐五代敦煌的粟特人与佛教》，兰州大学敦煌学研究所编：《敦煌归义军史专题研究》，兰州大学出版社，1997 年，第 433—465 页；荣新江：《胡人迁徙与聚落》，载氏著《中古中国与外来文明》，第 54—59 页。

③ 李明伟：《敦煌莫高窟和克孜尔石窟壁画中的丝路贸易》，载氏著《丝绸之路贸易史研究》，甘肃人民出版社，1991 年，第 111—134 页。

来张庆捷从考古学的角度对北朝至隋唐时期的胡商俑、胡商图和胡商文书做了梳理，其中就有敦煌的胡商遇盗图[①]。荣新江分析了龟兹、敦煌石窟壁画中所见的萨薄及其商人形象，并从萨保与萨薄的关系角度加以论证，揭示出佛教壁画中萨薄或其所率印度商人在龟兹和敦煌地区向粟特萨保和商人转化的过程[②]。

以上的研究，或侧重于丝路贸易，或属专题图像辑录，或注重商队首领文本与图像的角色转化，本章拟从图像志的变化、商人民族身份的认同、怨贼身份的历史趣味、丝路商队的武装保卫、丝路交通运输工具和方式等角度再做些探讨，以尽可能阐释敦煌壁画中此类反映丝路交通贸易的图像所包含的重要历史信息。

第一节　基本资料

敦煌石窟"商人遇盗图"出现在《法华经变》与《观音经变》中，其中前者是表现《妙法莲华经》第二十五品"观世音菩萨普门品"的情节，后者则是《妙法莲华经》"观世音菩萨普门品"别行本《观音经》的图像表现，具体表现"观世音菩萨救诸难"的"怨贼难"。《观音经》是在北凉沮渠蒙逊时期从鸠摩罗什译《妙法莲华经》中抽取出来成为单行本流行的，《法华传记》卷一"支派别行第四"记："唯有什公普门品，于西海而别行。所以者何？昙摩罗忏，此云法丰，中印人，婆罗门种，亦称伊波勒菩萨。弘化为志，游化葱岭，来至河西。河西王沮渠蒙逊，归命正法，兼有疾患，以语菩萨。即云：观世音此土有缘，乃令诵念，病苦即除。因是别传一品，流通部外也。"[③]鸠摩罗什译《妙法莲华经》在弘始八年（406），其后不久，就把其中的"观世音菩萨普门品"别出成为《观世音经》，流行于世。二者之间有相同的渊源关系，因此在敦煌遗书中经常出现一卷写经之首题作"妙法莲华经观世音菩萨普门品第廿五"，末尾则题"观世音经

① 张庆捷：《北朝隋唐的胡商俑、胡商图与胡商文书》，载荣新江、李孝聪主编：《中外关系史：新史料与新问题》，第173—204页，收入氏著《民族汇聚与文明互动——北朝社会的考古学观察》，商务印书馆，2010年9月，第141—191页。

② 荣新江：《萨保与萨薄：佛教石窟壁画中的粟特商队首领》，载《粟特人在中国——历史、考古、语言的新探索》，中华书局，2005年，第48—71页，又载《龟兹学研究》第一辑，新疆大学出版社，2006年，第19—41页。

③（唐）僧详：《法华传记》卷1，《大正藏》第51册，第52页。

一卷"。据贺世哲、罗华庆研究，敦煌石窟《法华经变》与《观音经变》，所据经典即是罗什译本[①]。

按罗华庆的统计，结合笔者的实际考察，敦煌艺术中出现《观音普门品变》与《观音经变》"怨贼难"情节的"商人遇盗图"见于如下洞窟[②]：

隋代：莫高窟第303、420窟。

盛唐：莫高窟第45、217、23、444、205窟。

中唐：莫高窟第112、185、7、231、359窟。

晚唐：莫高窟第14、128、141、18、12、468窟，西千佛洞第15窟。

五代：莫高窟第288、396窟。

宋代：莫高窟第55、76窟。

西夏：榆林窟第2窟。

另在藏经洞绢纸绘画中有：

Stein painting 63、Stein painting 24、EO.1142、S.5642、S.6983、P.4513。

其实册子本纸本插图P.2010《观世音经》中也有表现"怨贼难"的"商人遇盗图"。敦煌研究院藏西夏文《观音经》中也有"商人遇盗图"。莫高窟第205窟图像特征不明显，第112窟图像则不十分清楚。

以上范围基本不出贺世哲《敦煌石窟法华经变各品统计表》"观世音菩萨普门品二十五"的统计，也就是说《法华经变》"观世音菩萨普门品"中不一定出现"怨贼难"情节画面。

张元林对莫高窟中唐第359窟龛内屏风画重新释读，其应为"观音救诸难"情节，其中就有表现"怨贼难"的"商人遇盗图"[③]。

---

① 施萍婷、贺世哲：《敦煌壁画中的法华经变初探》，敦煌文物研究所编：《中国石窟·敦煌莫高窟（三）》，文物出版社、平凡社，1987年，第177—191页；贺世哲：《敦煌壁画中的法华经变》，敦煌研究院编：《敦煌研究文集·敦煌石窟经变篇》，甘肃民族出版社，2000年，第127—217页，另载氏著《敦煌石窟论稿》，甘肃民族出版社，2004年，第135—224页；罗华庆：《敦煌艺术中的〈观音普门品变〉和〈观音经变〉》，《敦煌研究》1987年第3期，第49—61页。

② 参见前揭罗华庆文"附录一"，但有出入，加入莫高窟晚唐第468窟，绢画EO.1142，删除绢画作品Stein painting 28。

③ 张元林、夏生平：《"观音救难"的形象图示——莫高窟第359窟西壁龛内屏风画内容释读》，《敦煌研究》2010年第5期，第36—46页。

无论是作为《法华经变》"观世音菩萨普门品"，还是《观世音经》，所据经典是一致的，具体见鸠摩罗什译《妙法莲华经》卷七《观世音菩萨普门品第二十五》：

> 若三千大千国土，满中怨贼，有一商主，将诸商人，赍持重宝，经过险路，其中一人作是唱言："诸善男子！勿得恐怖！汝等应当一心称观世音菩萨名号。是菩萨能以无畏施于众生。汝等若称名者，于此怨贼当得解脱。"众商人闻，俱发声言："南无观世音菩萨。"称其名故，即得解脱。[①]

就是说，我们在洞窟壁画和绢纸绘画中看到的各类表现观世音菩萨"怨贼难"的"商人遇盗图"情节画面，均是对以上经文的图像诠释。

也有对观音经中偈颂"或值怨贼绕，各执刀加害，念彼观音力，咸即起慈心"[②]画面的描述，是以"商人遇盗"的画面来表现的，如S.6983《观音经》，对应画面画一人面对二武士装强盗，地上堆放一串钱、一包袱及一捆节状物品，显然表明被劫者是商人。

在这个基本前提的规范下，接下来，仔细考察敦煌各类绘画中的"商人遇盗图"，或可发现重要的历史信息。

第二节　图像及其研究

佛教艺术品作为佛典的图像语言，是艺术家从现实生活出发，对佛典的形象诠释，在这方面《观音经变》颇具代表性，因为其所表现的内容较为贴近信众的现实生活，集中表现在"观世音菩萨救诸难"情节画面当中。对于观音经"怨贼难"而言，经典所要表现的是观音救渡"一商主"带领下的"诸商人"，可以认为是一支商队。这支商队"赍持重宝"，经过"满中怨贼"的"三千大千国土"，

---

① （后秦）鸠摩罗什译：《妙法莲华经》卷7，《大正藏》第9册，第56页。
② （后秦）鸠摩罗什译：《妙法莲华经》卷7，《大正藏》第9册，第57页。

恰遇"险路"，正是这些拦路抢劫的"怨贼"最容易出没的地方，言下之意正是偈颂所描述"或值怨贼绕，各执刀加害"，显然是遇到了执刀抢劫的"怨贼"即强盗了。在这样的危难情形下，众商人"俱发声言"，念观音菩萨名号，"即得解脱"。

敦煌画中最早出现法华经变或观音经变"怨贼难""商人遇盗图"的洞窟是隋代第303、420二窟，按敦煌研究院分期，第303窟早于第420窟[①]，以下按时间关系分别简述之。

第303窟窟顶人字披东披法华经变普门品之"救诸苦难"，其中的"怨贼难"，展现崇山峻岭之间，一支商队正在行进（图2-1）：中间画三头负重的毛驴奋蹄前行；后面跟一高鼻深目的胡人，头戴尖顶卷檐帽，身穿红色圆领小袖紧身袍，双手上举，持一物，作驱赶状；毛驴右前方一衣着形貌完全相同的胡人，右手持一物，不明，似为拜观音情节；商队最前面一身形高大的胡人，同

图2-1　莫高窟隋代第303窟顶法华经变普门品及商人遇盗场景（采自《中国石窟·敦煌莫高窟（二）》）

① 樊锦诗、关友惠、刘玉权：《莫高窟隋代石窟的分期》，载敦煌文物研究所编：《中国石窟·敦煌莫高窟（二）》，文物出版社、平凡社，1984年，第171—186页，另载敦煌研究院编：《敦煌研究文集·敦煌石窟考古篇》，甘肃民族出版社，2000年，第112—142页。

样高鼻深目，头戴高顶帽，身着翻领小袖紧身紫色长袍，有边饰（现变色为黑色），脚蹬长筒靴，呈现出正在张口和对面的三身强盗说话状，当为商队的头领"商主""萨宝"[1]；身后立一人，服饰相同，只是颜色变黑，面相变色不清，从翻领的胡服可以看出同为胡人无疑，似为商主随从。和商队对立的是三身全副武装的强盗，头戴兜鍪，身着甲胄，腰束护身，各持一带四流旗长矛，脚蹬战靴，三人并排而立，其中为首者伸出左手，五指张开，显然是与商队头领"讨价还价"。该画面商队构成有商主、商人、驴队、货物，强盗形象完全为官兵装束打扮（后论）。

第420窟窟顶法华经变，东披为"观世音菩萨普门品"，有大篇幅表现"救诸苦难"，其中的"怨贼难"之"商人遇盗图"非常精彩，情节丰富，位于东披上部，横卷式，从右向左展开（图2-2）。据贺世哲解释[2]，参考段文杰[3]、樊兴刚、邵宏江[4]的两幅今人临本，再结合笔者观察和理解，图画依次表现：商主拜别，一建筑台上一人骑马，台前方一人跪拜，旁立一披挂整齐的马；商队出发，有一头戴毡帽身披风衣的骑马者领头，从其装扮考量，应为商队的头领"萨宝"，其后跟随两头身负重物的毛驴，后有一人，下方前后行进着由毛驴和骆驼组成的商队，后有胡人装束者跟随；商队上山，路遇一高山，道路险峻，一面紧挨悬崖，崖下河水翻腾流淌，商队前后排开，缓慢上山，在爬山过程中，一骆驼坠崖，货物散落，有商人惊恐地朝崖下眺望；为病驼灌药，一骆驼卧在地上，一人骑骆驼身上控制头，一人立前拿一物灌入骆驼口中；商队下山，山路依然非常险峻，有商人紧扯着毛驴的尾巴，小心翼翼；商队下山后休息，被卸了货物的毛驴，有的吃草，有的饮水，有的打滚，还有商人正在为骆驼卸货；路遇全副武装的强盗，强盗均骑马，头戴兜鍪，身着甲胄，腰束护身，手持武器，与手持盾牌和弓箭的

① 荣新江：《萨保与萨薄：佛教石窟壁画中的粟特商队首领》，载《粟特人在中国——历史、考古、语言的新探索》，第49—71页，又载《龟兹学研究》第一辑，第19—41页。
② 敦煌研究院编，贺世哲主编：《敦煌石窟全集·法华经画卷》，上海人民出版社，2000年，第33页。
③ 段文杰临摹莫高窟第420窟顶"商人遇盗图"见日本冈山县立美术馆、岐阜市历史博物馆编：《敦煌美术展图录》，大冢巧艺社，2001年，图版17。
④ 樊兴刚、邵宏江临摹莫高窟第420窟顶"商人遇盗图"参见樊锦诗、范迪安编著：《盛世和光·敦煌艺术》，人民教育出版社，2008年，第288页图版。

图 2-2　莫高窟隋代第 420 窟顶法华经变普门品商人遇盗图（采自《中国敦煌壁画全集·隋》）

胡人装束的商人进行激烈战斗；战斗结束，商队被劫，并被逼迫向强盗交出货物，手握长枪全副武装的强盗分立两旁，中间坐一位全副武装者，腰佩长刀，应该是强盗头领，中间诸人各拿有一装满物品的袋子，有人正在向一砖砌储藏台倒物品，后有骑马全副武装的强盗持枪驱赶。画面中的商人装束，基本上都是小袖紧身衣，高筒靴，头戴各式毡帽，当是表现胡商无疑。对于最后画面情节，在一些出版物中，图版说明多沿用贺世哲的观点，认为画面中全副武装者是前来解救商队的官兵，与其作战及最后交出货物的是强盗；或认为画面最后表现的是强盗放下屠刀，立成两排，商人得救[①]。笔者不同意此说，因为据同时期略早的第 303 窟画面可以非常清楚地反映出，敦煌画中表现《法华经》"观音普门品"救诸难

---

①　参见贺世哲：《敦煌壁画中的法华经变》，载氏著《敦煌石窟论稿》，第 145、146 页，另见敦煌研究院编，贺世哲主编：《敦煌石窟全集·法华经卷》，第 33 页。但在比较权威的图册中未如此描述，参见敦煌文物研究所编：《中国石窟·敦煌莫高窟（二）》，图版 75 及说明。

之"怨贼难""商人遇盗图",强盗的形象即是官兵的形象,而且这种情况一直延续到其后的唐五代宋壁画中,即使是同一铺的第420窟顶壁画中的"救王难"部分,"刀杖自断"的官兵形象,也是完全一样的。

这样的官兵形象,也可以在同时期第303窟法华经变普门品的解救王难场面中看到(图2-3)。早在此前的西魏第285窟主室南壁"五百强盗成佛图"中,和强盗作战的官兵形象亦类似(图2-4),此官兵形象,杨泓从军事装备的角度已有精彩的说明①。另一方面,作为经典的图像阐释,重在表现与经文有联系的现实生

图2-3　莫高窟隋代第303窟顶法华经变普门品之观音救难场面(敦煌研究院提供)

图2-4　莫高窟西魏第285窟五百强盗成佛因缘画面中的官兵形象(采自《中国石窟·敦煌莫高窟(一)》)

① 杨泓:《敦煌莫高窟壁画中军事装备的研究之一——北朝壁画中的具装铠》,载敦煌文物研究所编:《1983年全国敦煌学术讨论会文集·石窟·艺术编》(上),甘肃人民出版社,1985年,第325—339页;杨泓:《敦煌莫高窟壁画中军事装备的研究之二——鲜卑骑兵和受突厥影响的唐骑兵》,载敦煌研究院编:《1990年敦煌学国际研讨会文集·石窟考古编》,辽宁美术出版社,1995年,第291—299页,另载《中国敦煌学百年文库·考古卷》3,甘肃文化出版社,1999年,第356—361页,又见氏著《汉唐美术考古和佛教艺术》,科学出版社,2000年,第264—271页。

活中的情景，这里即着重表现商人遇盗这样的生活场景，而是否会有官兵出面解救则非经典所包含的信息，也是敦煌所有"商人遇盗图"所未有的情节画面。

到了唐代，以盛唐第217、444等窟和中唐补绘的第45窟[①]观音经变中的胡商遇盗图最为形象且有代表性，但图像的构成不像隋代二窟那样复杂，没有故事发展的情节演变过程，仅是简单的胡商和强盗的对峙。以第45窟为例，则是崇山峻岭之间，六个高鼻、深目、虬髯、戴胡帽、着圆领袍服的胡商，在一处山谷之中，面对从山崖后面走出的六个身着唐服、手持长刀的强盗，胡商们个个战战兢兢，多双手合十，正在和强盗头领交谈，地下堆放着货物，胡商身后是两头驮载货物的毛驴（图2-5）。略早的第217窟的商人遇盗的情况则略有不同，同样

图2-5 莫高窟盛唐第45窟中唐补绘壁画观音经变观音救难的场景
（采自《中国石窟·敦煌莫高窟（三）》）

---

① 沙武田：《莫高窟第45窟观音经变时代新探》，《敦煌研究》2012年第6期，第19—28页；另见沙武田：《吐蕃统治时期敦煌石窟研究》，中国社会科学出版社，2013年，第493—525页。

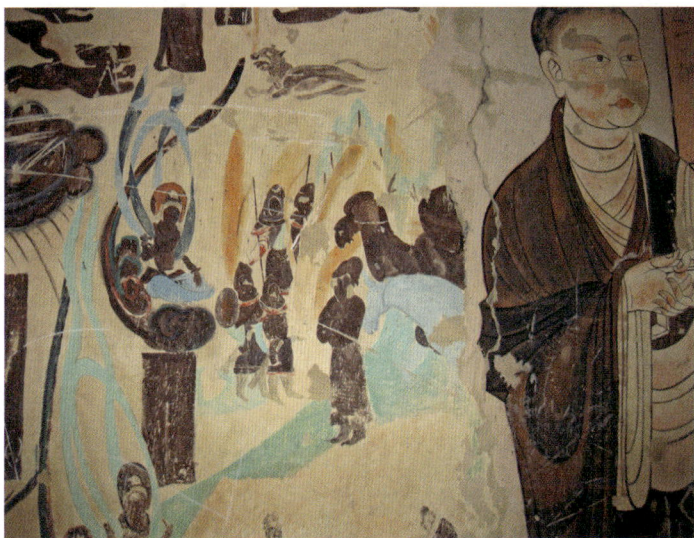

图 2-6　莫高窟盛唐第 217 窟观音经变胡商遇盗图（采自《敦煌石窟全集·法华经画卷》）

图 2-7　莫高窟盛唐第 444 窟观音经变胡商遇盗图（采自《敦煌石窟全集·法华经画卷》）

是崇山峻岭之间，一个身着胡服的商人，身后跟随象征身份的一头毛驴和一头骆驼（后面的画面残），面对四个身着具装、全副武装的官兵，不过有意思的是，官兵所持长矛均为折断状态，旁边有一天人乘云而来，表现观音救度的结果，颇有趣味（图 2-6）。同时期的第 444 窟则出现骑马具装的官兵样强盗（图 2-7）。

图2-8　莫高窟盛唐第23窟法华经变普门品胡商遇盗图（采自敦煌研究院官网"数字敦煌"）

第23窟商人遇盗的场景颇大，在群山之间，四位具装的官兵，挡住了一群胡人打扮的商人去路，可惜画面模糊严重（图2-8）。

到了中晚唐和五代宋归义军时期，基本上延续盛唐样式，其中中唐第231窟南壁法华经变下屏风画中的"商人遇盗图"，三身官兵装束持长枪的强盗站成一排，前二商人，胡跪，第一身着圆领小袖黑衣袍，高帽，第二身服饰类同，第三身残甚，胡商身后跟一负重的毛驴和一骆驼。而同时期敦煌藏经洞出土的插图本《观音经》商人遇盗图中出现汉族商人的形象，如S.6983；也有胡汉商人共同出现的现象，如P.2010、P.4513（图2-9）。其中变化最大的是绢画EO.1142中出现胡人形象的强盗与汉人形象的商人（图2-10），完全不同于传统的样式和人物组合搭配关系。到了西夏时期的版画中，完全没有了民族的区别，似乎全是汉人形象的商人与强盗。

以上是敦煌石窟商人遇盗图的基本图像志，最早出现在隋代壁画中，画面情节故事性强，结构复杂，极力表现商人在丝路上前进的艰难和路遇强盗时反抗的

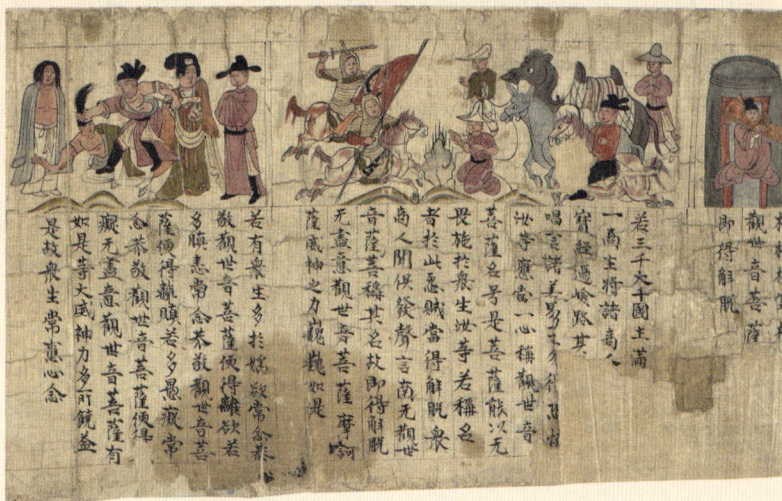

图 2-9 敦煌写本 P.4513 插图本观音经（采自《西域美术·集美美术馆藏伯希和收集品》）

图 2-10 敦煌绢画 EO.1142 观音经变（采自《西域美术·集美美术馆藏伯希和收集品》）

战斗场面。到了唐代及其后，画面中仅表现商人与强盗路遇时的一个场面，简单了许多，旨在表达经文的意思而已。这种画面结构由复杂到简单的转换，除了经变画表达方式与画面结构在隋唐之间的变化因素之外，也应该与隋唐时期人们对丝路胡商的认识有些关联。隋代在以炀帝西巡张掖为代表的国家行为的推动下，丝路出现新一轮高潮是必然，至少在河西走廊会有不同的表现，正是我们在第303、420窟看到的情形。唐代的丝路贸易常态化，已不再是新鲜的带有异域风情的场景，因此在画面中的表现也简单得多了。

第三节　"商人"图像志的民族特性

经典所要铺陈的仅是日常生活中商人、商队在行商过程中常见的一幕，即商人遇盗，并不具体化商人的民族关系，不同的信众会有各自不同的文化认同，从印度到汉地，当有各民族不同的理解，荣新江的研究也强调了这些图像中商人首领的身份，从印度的商人向粟特萨保转化的过程[①]。

对于敦煌的艺术家与信众而言，各类绘画中所描绘的商人形象，总体上是以高鼻深目的胡人为代表，可以从莫高窟第303、420、45、217窟商人画像中看到，其中第45窟保存最为完好（图2-11），人物五官清晰，均高鼻深目，或络腮胡须，有的头戴尖顶帽，胡貌特征明显，应是张庆捷、荣新江、魏义天所论汉晋以来，北朝隋唐时期活跃于中国境内的以粟特九姓胡人为主的"胡商""商胡"[②]。

我们知道，儒家文化是轻商的，因此在中国古代商人的地位一直很低，被排

① 荣新江：《萨保与萨薄：佛教石窟壁画中的粟特商队首领》，载《粟特人在中国——历史、考古、语言的新探索》，第48—71页，又载《龟兹学研究》第一辑，第19—41页。

② 张庆捷：《北朝隋唐的胡商俑、胡商图与胡商文书》，载荣新江、李孝聪主编：《中外关系史：新史料与新问题》，第173—204页；《北朝入华外商及其贸易活动》，载张庆捷、李书吉、李钢主编：《4—6世纪的北中国与欧亚大陆》，科学出版社，2006年，第12—36页；以上二文俱载张庆捷：《民族汇聚与文明互动——北朝社会的考古学观察》，商务印书馆，2010年，第141—191、192—227页；荣新江：《萨保与萨薄：佛教石窟壁画中的粟特商队首领》，载《粟特人在中国——历史、考古、语言的新探索》，第49—71页；[法]魏义天：《粟特商人史》，王睿译，广西师范大学出版社，2012年。

图 2-11　莫高窟盛唐第 45 窟中唐补绘壁画观音经变中的胡商遇盗图
（采自《中国石窟·敦煌莫高窟（三）》）

斥在上流社会之外，不能与官僚地主、世家大族的"衣冠子弟"同起同坐，不能为官，在生活上不能享受同等待遇。早在西汉时刘邦就下令"贾人毋得衣锦绣绮縠絺纻罽、操兵、乘骑马"[①]。"天下已平，高祖乃令贾人不得衣丝乘车，重税租以困辱之。"[②]汉代时政治上明确是"法律贱商人"[③]，由此导致的"贱商"观念一直延续了下来，甚至可以说成了中国封建社会的一大特点。据学者们对唐代社会阶层的梳理排序，商人位居倒数第二，略尊于包括官私奴婢、官户、杂户及部曲、随身、家人、净人在内的社会最底层的"贱民""贱口"[④]。中古传统儒家社会对商人的轻贱，一定程度上影响了汉族人从商的积极性，正好为来华的胡人创造了有利

①（汉）班固：《汉书》卷 1《高祖纪下》，第 65 页。
②（汉）班固：《汉书》卷 24《食货志下》，第 1153 页。
③（汉）班固：《汉书》卷 24《食货志上》，第 1133 页。
④ 李斌城等著：《隋唐五代社会生活史》，中国社会科学出版社，1998 年，第 17—23 页。

的活动空间。以粟特九姓胡人为主体的中亚移民，经商是他们的民族特长。中亚各国中最大最富强者是康国，《魏书·西域传》"康国"条记：

> 善商贾，诸夷交易多凑其国。[1]

《旧唐书》"康国"条记：

> 生子必以石蜜纳口中，明胶置掌内，欲其成长口常甘言，掌持钱如胶之黏物。俗习胡书。善商贾，争分铢之利。男子年二十，即远之旁国，来适中夏，利之所在，无所不到。[2]

唐代著名诗人白居易《琵琶行》中描写一位琵琶女"门前冷落鞍马稀"之后"老大嫁作商人妇"，但是"商人重利轻离别"，自己只能"江口守空船"，亲情人情的淡泊，加剧了商人社会地位的下滑。该琵琶女"本长安倡女，尝学琵琶于穆、曹二善才"，善弹胡乐琵琶的穆、曹二善才，属于粟特胡人无疑，大概这位琵琶女也是流落长安的入华胡女[3]，据入华胡人流行族内通婚的传统，其所嫁商人很有可能是位胡商吧。

唐人笔记《太平广记》记载了大量胡商在中原长安、洛阳等地行商、识宝的事迹，其中多有胡商作奸犯科之劣迹：

> 唐杨纂，华阴人也，累迁雍州长史，吏部尚书。纂之在雍州，司法参军尹君尝任坊州司户。省符科杜若，尹君判申曰："坊州本无杜若，天下共知。省符忽有此科，应由读谢朓诗误。华省曹郎如此判事，不畏二十八宿向下

---

[1]（北齐）魏收：《魏书》卷 120《西域传》，中华书局，1974 年，第 2281 页。
[2]（后晋）刘昫等：《旧唐书》卷 198《西戎传》，中华书局，1975 年，第 5310 页。
[3] 胡女善弹琵琶者史料多有反映，《朝野佥载》记载："太宗时，西国进一胡善弹琵琶，作一曲，琵琶弦拨倍粗。上每不欲番人胜中国，乃置酒高会，使罗黑黑隔帷听之，一遍而得。谓胡人曰：此曲吾宫人能之。取大琵琶，遂于帷下令黑黑弹之，不遗一字。胡人谓是宫女也，惊叹辞去。西国闻之，降者数十国。"

笑人。"由是知名。及雍州司法时，有胡盗金城坊者，纂判："京城诸胡尽禁问。"尹君不同之曰："贼出万端，诈伪非一。亦有胡着汉帽，汉着胡靴。亦须汉里兼求，不可胡中直觅。请西市胡禁，余请不问。"纂怒不同判。遽命笔，复沉吟少选，乃判曰："纂输一筹，余依。"太宗闻而笑曰："朕用杨纂，闻义伏输一筹，朕伏得几筹。"（出《御史台记》）[1]

同书又记：

天后时，尝赐太平公主细器宝物两食合，所直黄金千镒。公主纳之藏中，岁余取之，尽为盗所将矣。公主言之，天后大怒。召洛州长史谓曰："三日不得盗，罪。"长史惧，谓两县主盗官曰："两日不得贼，死。"尉谓吏卒游徼曰："一日必擒之，擒不得，先死。"吏卒游徼惧，计无所出。衢中遇湖州别驾苏无名，相与请之至县。游徼白尉："得盗物者来矣。"无名遽进至阶，尉迎问故，无名曰："吾湖州别驾也，入计在兹。"尉呼吏卒："何诬辱别驾?"无名笑曰："君无怒吏卒，抑有由也。无名历官所在，擒奸擿伏有名。每偷，至无名前，无得过者。此辈应先闻，故将来，庶解围耳。"尉喜，请其方。无名曰："与君至府，君可先入白之。"尉白其故，长史大悦。降阶执其手曰："今日遇公，却赐吾命，请遂其由。"无名曰："请与君求见对玉阶，乃言之。"于是天后召之，谓曰："卿得贼乎?"无名曰："若委臣取贼，无拘日月，且宽府县，令不追求，仍以两县擒盗吏卒，尽以付臣，臣为陛下取之，亦不出数十日耳。"天后许之。无名戒吏卒："缓则相闻。"月余，值寒食。无名尽召吏卒，约曰："十人五人为侣，于东门北门伺之。见有胡人与党十余，皆衣缞绖，相随出赴北邙者，可踵之而报。"吏卒伺之，果得。驰白无名。往视之，问伺者："诸胡何若?"伺者曰："胡至一新冢，设奠，哭而不哀。亦撤奠，即巡行冢旁，相视而笑。"无名喜曰："得之矣。"因使吏卒，尽执诸胡，而发其

① （宋）李昉等编：《太平广记》卷 249，中华书局，1961 年，第 1927 页。

冢。冢开，割棺视之，棺中尽宝物也。奏之，天后问无名："卿何才智过人，而得此盗？"对曰："臣非有他计，但识盗耳。当臣到都之日，即此胡出葬之时。臣亦见即知是偷，但不知其葬物处。今寒节拜扫，计必出城，寻其所之，足知其墓。贼既设奠而哭不哀，明所葬非人也。奠而哭毕，巡冢相视而笑，喜墓无损伤也。向若陛下迫促府县，此（此字原阙，据明抄本补）贼计急，必取之而逃。今者更不追求，自然意缓，故未将出。"天后曰："善。"赐金帛，加秩二等。（出《纪闻》）①

胡人入华后有一部分不法分子如此聚众偷盗，大大影响了胡商在汉人心目中的形象，以至于汉人对其长相面貌也颇有低视之见。

隋有三藏法师，父本商胡，法师生于中国，仪容面目，犹作胡人。行业极高，又有辩捷。尝以四月八日设斋讲说，时朝官及道俗观者千余人。大德名僧，官人辩捷者，前后十余人论议。法师随难即对，义理不穷。最后有小儿姓赵，年十三，即出于众中。法师辩捷既已过人，又复向来皆是高明旧德，忽见此儿欲来论议，众咸怪笑。小儿精神自若，即就座。大声语此僧："昔野狐和尚自有经文，未审狐作阿阇黎，出何典语？"僧语云："此郎（郎原作即，据明抄本改）子声高而身小，何不以声而补身。"儿即应声报云："法师以弟子声高而身小，何不以声而补身。法师眼深而鼻长，何不截鼻而补眼。"众皆惊异，起立大笑。是时暑月，法师左手把如意，右手摇扇。众笑声未定，法师又思量答语，以所摇扇，掩面低头。儿又大声语云："团圆形如满月，不藏顾兔，翻掩雄狐。"众大笑。法师即去扇，以如意指麈，别送问，并语未得尽，忽如意头落。儿即起谓法师曰："如意既折，义锋亦摧。"即于座前，长揖而去。此僧既怒且惭，更无以应，无不惊叹称笑。（出《启颜录》）②

---

① （宋）李昉等编：《太平广记》卷171，第1258—1259页。
② （宋）李昉等编：《太平广记》卷248，第1923—1924页。

作为高僧的胡僧，本来在汉人的心目中地位是比较高的，亦因其胡貌而不能免于被嘲弄取笑，则社会地位低下的胡商就更是可想而知了。

在这样的历史背景与思想观念的影响下，儒家文化圈内的汉民族一般不愿意从商，因此为具有"逐利"传统和经商特长的中亚粟特九姓胡人、大食人、波斯人、回鹘人等提供了广阔的商业空间。另一方面，胡人所带来的具有异域特征的物品和文化的刺激与冲击，以及西方社会对中国丝绸、瓷器等高档奢侈品的需求，促使"驰命走驿，不绝于时月；商胡贩客，日款于塞下"[①]，丝路行旅，相望于道，因此史书记载商人，以"胡商""商胡""兴胡"居多数。北朝隋唐墓葬中出土大量的"胡商俑"[②]，墓主却多为汉人，表明中古时期随葬"胡商俑"成为时髦，从侧面反映胡人在汉文化圈的职业特点之一，以及汉人对胡人从商的认可，最终形成中古时期一种特有的商业文化现象。

因此，我们在敦煌《法华经变》"观音普门品"及《观音经变》中看到的"怨贼难""商人遇盗图"中的商人，以胡商为主，正是中古时期的普遍现象，在敦煌这样一个作为入华粟特胡人"聚居地"的丝路重镇，其面貌当为粟特九姓胡人无疑。早在三国曹魏时期，敦煌就有粟特胡人进行贸易活动，受到敦煌太守仓慈的保护，甚至于出现"胡女嫁汉""汉女嫁胡"的民族融合景象[③]。西晋时期，就有粟特人在敦煌、凉州、金城、洛阳一线从事商业活动，斯坦因在汉长城烽燧下发现的粟特文信札中（图2-12）有可信的记载[④]。隋代，裴矩经营河西，隋炀帝西巡张掖，丝路贸易空前繁荣，因此莫高窟隋代第303、420窟出现场面宏大、情节复杂的"商人遇盗图"。到了唐代，8世纪中叶粟特人聚落"从化乡"的最终形成，则表明胡人商业的极致发展，壁

---

① （南朝宋）范晔：《后汉书》卷88《西域传》，第2931页。

② 参见张庆捷：《民族汇聚与文明互动——北朝社会的考古学观察》，商务印书馆，2010年。

③ 见《三国志·仓慈传》及敦煌写本P.3636，参见施萍婷：《敦煌随笔之二》，《敦煌研究》1987年第1期，第44—49页。

④ ［英］W.B.Hening: The Date of the Sogdan Ancient Letters, *Bulletin of the School of Oriental and African Studies, XII*, 1948，第12卷第134期；林梅村：《敦煌出土粟特文古书信的断代问题》，《中国史研究》1986年第1期，第87—99页；陈国灿：《敦煌所出粟特文信札的书写地点和时间问题》，《魏晋南北朝隋唐史资料》第七辑，1985年，第10—18页，另载《敦煌学史新证》，第56—72页；毕波：《粟特文古信札汉译与注释》，《文史》第二辑，中华书局，2004年，第73—88页；［法］魏义天：《粟特商人史》，王睿译，第22—41页。

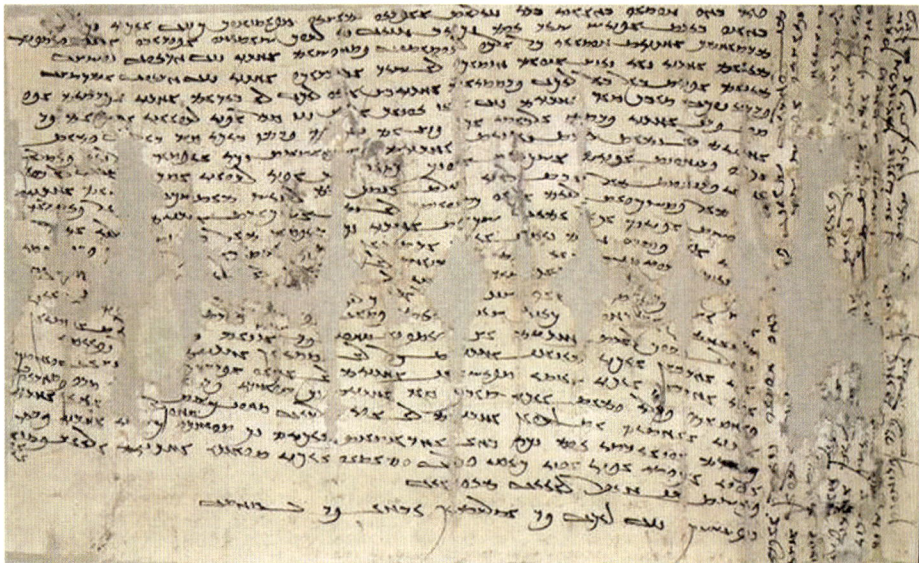

图 2-12　1907 年斯坦因在敦煌汉长城烽燧下发现的粟特文信札（采自国际敦煌项目 IDP）

画中"商人遇盗图"中的"商人"必为"胡商",第45窟"胡商遇盗图"有很强的时代意义与文化代表性。

但是到了晚唐五代宋时期,壁画与纸本画中"商人遇盗图"的商人形象有所变化,出现完全汉装者,如莫高窟盛唐第128窟(图2-13)、晚唐第468窟(图2-14)、S.5642(图2-15)、晚唐第18窟(图2-16)等;也有汉装与胡装同时并存的现象,如P.2010(图2-17)、P.4513。说明商人民族属性的变化,随着商品经济的发展,汉人中从商者比重在不断加大;另一方面,随着时间的推移,到了晚唐五代宋时期,入华的粟特胡商通过通婚等方式已汉化了,因此在画像上不再表现其胡貌的特征。当然完全是胡装的胡商也仍有表现,如莫高窟宋代第55窟(图2-18)。

图2-13　莫高窟盛唐第128窟观音经变
（敦煌研究院提供）

图2-14　莫高窟晚唐第468窟观音经变商人
遇盗图（敦煌研究院提供）

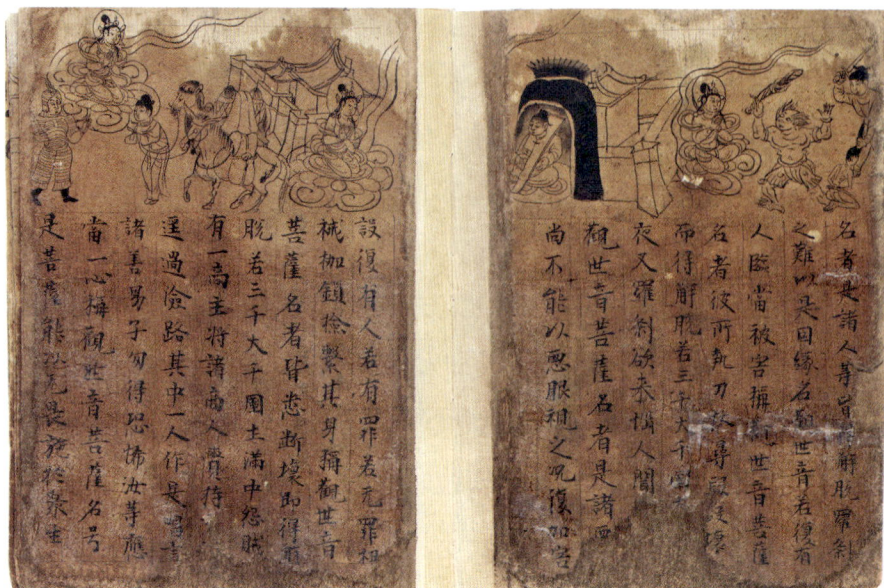

图 2-15　敦煌写本 S.5642 插图本观音经（采自国际敦煌项目 IDP）

图 2-16　莫高窟晚唐第
18 窟观音经变（敦煌研究
院提供）

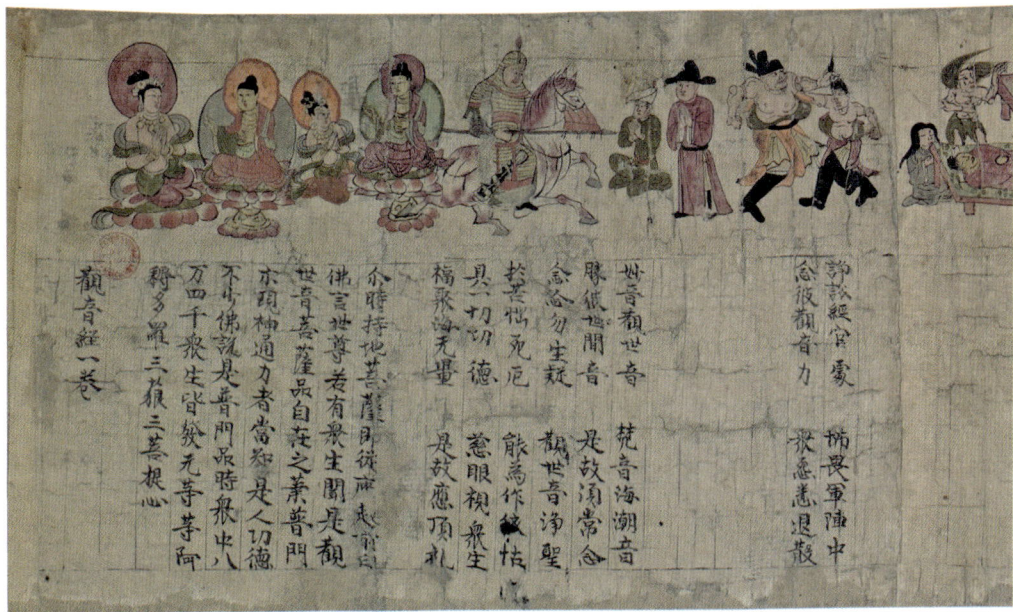

图 2-17 敦煌藏经阁写本 P.2010 插图本观音经（采自国际敦煌项目 IDP）

图 2-18 莫高窟宋代第 55 窟法华经变商人遇盗图（敦煌研究院提供）

第四节　历史趣味："怨贼"图像志表现的多重含义

经典中所描述的"三千大千国土"中的"怨贼"即强盗，主要面对的是"赍持重宝"的"诸商人"，无疑此类"怨贼"属持刀抢劫的劫匪。从字面上讲，当属后来所谓"土匪"，即民间的散兵游勇或有组织的"绑匪"性质。

让我们通过图像来解读敦煌画中出现的"怨贼"即强盗之身份关系和民族属性。

莫高窟隋代第303窟胡商遇盗图中的强盗是三位一身戎装、全副具装的官兵形象，手持长矛，为首的一位伸出左手正在和商队头领作谈判状。隋代第420窟"商人遇盗图"最后一个情节，商队向强盗交货物部分，其中两排站立的强盗，贺世哲以为其双手合十，表示观音显灵，暗示商队得救[1]。但经我们仔细观察画面，并非如此，这些全副武装的强盗仍各手持长矛，显然是在用武力逼迫商人交出金银财宝和货物，这也可从中间最前坐着的强盗头目手持长剑得到证明。而对以上画面中出现的全副武装者，又有学者解释为前来保护商队的官兵，因此最后画面成了强盗向官兵交出所抢物资了[2]。张庆捷承此说，亦认为是"官兵及时赶到，抓住强盗，夺回货物交还商人"[3]。较早的《中国石窟·敦煌莫高窟（二）》中相关图版说明即称这些全副武装者为"群盗"[4]。

学者们把此画面中的强盗抢劫误读为官兵解救的场景，虽然不合实际，但正说明了这些强盗形象的官兵特征。这种北朝官兵形象的装束，一直延续到隋，在壁画中因为受到粉本传承的限制和影响，一直到唐甚至五代宋仍在出现。《隋书·礼仪志》记大业七年（611）隋炀帝进攻高丽时的骑兵阵容，均为甲骑具装，

---

① 贺世哲：《敦煌壁画中的法华经变》，敦煌研究院编：《敦煌研究文集·敦煌石窟经变篇》，第138—139页，另载氏著《敦煌石窟论稿》，第145—146页；敦煌研究院编，贺世哲主编：《敦煌石窟全集·法华经画卷》，图版18，第33页。

② 甘肃省人民政府、国家文物局：《敦煌——纪念藏经洞发现一百周年》，朝华出版社，2000年，第71页，段文杰临本，施萍婷、蔡伟堂解说。

③ 张庆捷：《北朝唐代的胡商俑、胡商图与胡商文书》，载氏著《民族汇聚与文明互动——北朝社会的考古学观察》，商务印书馆，2010年，第169页。

④ 敦煌文物研究所编：《中国石窟·敦煌莫高窟（二）》，第216页。

士兵分别穿"青丝连明光甲，铁具装，青缨拂，建猰犹旗""绛丝连朱犀甲，兽文具装，赤缨拂，建貔狖旗""白丝连明光甲，铁具装，素缨拂，建辟邪旗""乌丝连玄犀甲，兽文具装，乌缨拂，建六驳旗"，不过我们在敦煌壁画中看到是仅是具装，未骑马（第303窟），或为轻骑（第420窟）。按照杨泓对有同样士兵装束的敦煌莫高窟西魏第285窟、北周第296窟壁画甲骑具装（图2-19）的研究，这种装束无疑是官兵装束，大概也是上述隋兵攻打高丽阵容中士兵装束之一种。同样类似的形象在西魏、北周及隋代墓葬的陶俑中可以看到，其中代表有固原北周李贤墓陶武士俑（图2-20）[1]、北齐娄睿墓陶武士俑（图2-21）[2]、北魏宋绍祖墓出土武士俑（图2-22）[3]，至于大量北朝隋唐时期镇墓天王俑所穿同时期武士

图2-19　莫高窟北周第296窟五百强盗成佛因缘故事画中的甲骑具装（敦煌研究院提供）

---

① 宁夏回族自治区博物馆、宁夏固原博物馆发掘组：《宁夏固原北周李贤夫妇墓发掘简报》，《文物》1985年第11期，第1—20页。

② 山西省考古研究所、太原市文物管理委员会：《太原市北齐娄睿墓发掘简报》，《文物》1983年第10期，第1—23页。

③ 山西省考古研究所、大同市考古研究所：《大同市北魏宋绍祖墓发掘简报》，《文物》2001年第7期，第19—39页。

图 2-20　固原北周李贤墓陶武士俑（采自
《固原北周李贤夫妇墓》）

装束，则不一而足。

总体而言，莫高窟隋代二窟壁画中的强盗，完全是同时期官兵的装束和身份，应该是没有疑问的。

到了唐代壁画商人遇盗图中的强盗，形象发生了一定的变化，像最具代表性的盛唐第 45 窟的强盗三人，后面两身被山体遮挡大部，下半身不清楚，其中为首者身着圆领开叉的唐人常见袍服，头戴短脚的幞头，完全类似于同幅壁画唐人形象，惟有脚蹬行滕麻鞋，略显强盗身份，其面貌也完

图 2-21　太原北齐娄睿墓陶武士俑（采自
《北齐东安王娄睿墓》）

图 2-22　大同北魏宋绍祖墓武士俑
（作者拍摄自大同市博物馆）

全是唐人形象无疑。其他同时期的第 217、444、23 窟壁画的强盗，均为具装士兵装束，手持武器，面貌也为唐人。到了中晚唐五代宋时期，壁画中强盗的形象特征，仍然没有超出第 45、217、444、23 等窟的样式。同时，这一时期的纸绢画中，绝大多数仍是延续前期的人物形象特征，为唐人官兵的形象。

因此，通过对敦煌画中的商人遇盗图人物形象特征的判断，我们不难发现，画师们一开始便把这些出没于漫长丝路上的"怨贼"强盗的形象设计描绘成国家官兵的特征，而且从隋代开始一直到五代宋归义军时期，一直没有发生大的变化。也就是说，我们现在看到的敦煌画中沿路抢劫的强盗，画面所展示和记载的是政府官兵特征，面貌上也是汉人。

这种官兵为盗匪的现象，大概正史文献中不便作正面的反映，但也有蛛丝马迹可循。

《周书》卷五十《异域传》记：

> 大统中，夸吕再遣使献马及羊牛等。然犹寇抄不止，缘边多被其害。魏废帝二年，太祖勒大兵至姑臧，夸吕震惧，遣使贡方物。是岁，夸吕又通使于齐氏。凉州刺史史宁觇知其还，率轻骑袭之于州西赤泉，获其仆射乞伏触扳、将军翟潘密，商胡二百四十人，驼骡六百头，杂彩丝绢以万计。魏恭帝二年，史宁又与突厥木汗可汗袭击夸吕，破之，虏其妻子，大获珍物及杂畜。语在史宁传。[1]

史宁作为凉州刺史，劫获了吐谷浑出使北齐返回的使团，规模之大，为学界所注意。其实我们也必须注意到其中的"商胡二百四十人"及"驼骡六百头，杂彩丝绢以万计"，大概是随夸吕使团在丝路上做生意的中亚西域的胡商，本来是遵循

---

[1]（唐）令狐德棻等：《周书》卷 50《异域传下》，中华书局，1971 年，第 913 页；另见（唐）李延寿撰：《北史》卷 96《吐谷浑传》，第 3187 页。原文为："西魏大统初，周文遣仪同潘濬喻以逆顺之理，于是夸吕再遣使献能舞马及羊、牛等。然寇抄不已，缘边多被其害。废帝二年（553），周文勒大兵至姑臧，夸吕震惧，使贡方物。是岁，夸吕又通使于齐。凉州刺史史宁觇知其还，袭之于州西赤泉，获其仆射乞伏触拔、将军翟潘密，商胡二百四十人，驼骡六百头，杂彩丝绢以万计。"

胡商常常使用的手段，想借政治使团的大伞庇护安全，最后却落个被劫的下场。
但若不考虑政治因素，从正常的丝路交通贸易角度看，史宁的官方"轻骑"显然
在这里担当了寇贼的角色。

如果仔细梳理，可以发现历史文献中对为官者为盗的现象也是有所披露的，
《魏书·元暹传》记：

> 仲景弟暹，字叔照。庄帝初，除南兖州刺史，在州猛暴，多所杀害。元
> 颢入洛，暹据州不屈。庄帝还宫，封汝阳王，迁秦州刺史。先时，秦州城人
> 屡为反覆，暹尽诛之，存者十一二。普泰元年，除凉州刺史，贪暴无极。欲
> 规府人及商胡富人财物，诈一台符，诳诸豪等云欲加赏，一时屠戮，所有资
> 财生口，悉没自入。①

凉州是商胡汇聚之丝路重镇，作为朝廷官府代表和地方长官刺史，居然以此种卑
鄙手段侵夺商胡"资财生口"，正是壁画中出现官兵为贼的真实凭据。

唐代的诗歌中诗人借诗讽喻现实的佳作篇章极其丰富，其中王建《羽林行》
即是对官兵为盗贼现象的直白描述：

> 长安恶少出名字，楼下劫商楼上醉。
> 天明下直明光宫，散入五陵松柏中。
> 百回杀人身合死，赦书尚有收城功。
> 九衢一日消息定，乡吏籍中重改姓。
> 出来依旧属羽林，立在殿前射飞禽。②

羽林军是皇帝的禁军，属于唐王朝北衙禁军系统，因此其社会地位、身份关系颇

---

① （北齐）魏收：《魏书》卷19《景穆十二王列传》，第444—445页。
② 参见中国社会科学院文学研究所编：《唐诗选》下，人民文学出版社，1981年，第97—98页。

为独特，非一般之府兵①。这些本来是享受国家俸禄、保卫皇帝安全的国家禁军，下班之后干的却是"劫商"的勾当，身份一变，从皇帝禁军变为诗人痛恨的"长安恶少"。禁军为强盗，正是官兵为匪的典型代表，颇有说服力。葛承雍也注意到长安恶少"与军队里的兵痞沆瀣一气，作恶一方"的现象，沿路为盗贼劫商即是其勾当之一②。

除此之外，我们也可以在笔记小说中看到类似的零星记载，如《太平广记》"张守珪"条：

> 幽州节度张守珪，少时为河西主将，守玉门关。其军校皆勤勇善斗，每探候深入，颇以劫掠为事。西域胡僧者，自西京造袈裟二十余驮，还大竺国，其徒二十余人。探骑意是罗锦等物，乃劫掠之，杀其众尽。至胡僧，刀棒乱下而不能伤，探者异焉。既而索驮，唯得袈裟，意甚悔恨。因于僧前追悔，擗踊悲涕久之，僧乃曰："此辈前身，皆负守将令，唯趁僧鬼是枉死耳。然汝守将禄位重，后当为节度大夫等官。此辈亦如君何？可白守将，为修福耳。然后数年，守将合有小厄，亦有所以免之。"骑还白守珪，珪留僧供养，累年去。后守珪与其徒二十五人，至伊兰山探贼。胡骑数千猝至，守珪力不能抗，下马脱鞍，示以闲暇。骑来渐逼，守珪谓左右："为之奈何？若不获已，事理须战。"忽见山下红旗数百骑，突前出战，守珪随之，穿其一角，寻俱得出。虏不敢逐。红旗下将谓守珪曰："吾是汉之李广，知君有难，故此相救。后富贵，毋相忘也。"言讫不见。守珪竟至幽州节度御史大夫。（出《广异记》）③

故事虽然有些荒诞，却让我们看到官兵为贼"劫掠为事"发生在河西的事例，据《新唐书·张守珪传》记载，张守珪先后任过瓜州刺史、墨离军使、瓜州都督、

---

① 蒙曼：《唐代前期北衙禁军制度研究》，中央民族大学出版社，2005 年，第 45—79 页。
② 葛承雍：《唐京的恶少流氓与豪雄武侠》，史念海主编：《唐史论丛》第七辑，陕西师范大学出版社，1998 年，第 207 页。
③（宋）李昉等编：《太平广记》卷 329，第 2615—2616 页。

鄯州刺史、陇右节度使，因此熟悉丝路上胡商过往的状况，带兵为贼，概属确实，正是敦煌壁画中官兵为"怨贼"强盗拦路抢劫的文字记载。而他居然抢劫僧人团队，把袈裟误认为丝路重要商品"罗锦等物"，可见物质利益对官兵们巨大的诱惑。因此这段记载虽为小说文字，倒也可为信史的一个视角。而他后来又被胡贼所困，这里倒是交代了两种身份的贼人。

《大唐大慈恩寺三藏法师传》卷二：

> 从此西行至阿耆尼国阿父师泉……法师与众宿于泉侧。明发，又经银山，山甚高广，皆是银矿，西国银钱所从出也。山西又逢群贼，众与物而去。遂至王城所处川岸而宿。时同侣商胡数十，贪先贸易，夜中私发，前去十余里，遇贼劫杀，无一脱者。比法师等到，见其遗骸，无复财产，深伤叹焉。

又记：

> 至发日，王给手力、驼马，与道俗等倾都送出。从此西行二日，逢突厥寇贼二千余骑，其贼乃预共分张行众资财，悬诤不平，自斗而散。①

以上玄奘法师道路所见所闻，正是丝绸之路上寇贼频繁出没的真实写照，也正是敦煌壁画中胡商遇盗的历史依据。突厥作为当时丝路上的强大民族，多达二千余人的寇贼，似乎也不是小股的流寇，而倒有些像是国家的正规士兵武装，与敦煌壁画中的中原王朝官兵为寇贼的现象如出一辙。

作为胡商遇盗贼的事例，《朝野佥载》卷三记事颇为典型：

> 定州何名远大富，主官中三驿。每于驿边起店停商，专以袭胡为业，资财

---

① （唐）慧立、彦悰：《大慈恩寺三藏法师传》卷2，中华书局，2000年，第23—24、26—27页。

巨万，家有绫机五百张。远年老，或不从戎，即家贫破。及如故，即复盛。[①]

何名远利用官驿的便利条件"起店停商"，专门袭击胡商致"大富"，这里胡商不似前述于路途遇盗贼，而是于停宿驿店被抢，更加说明胡商经商的不安全。

《宋书》记载中亚粟特人入贡南朝刘宋两次，第一次在宋文帝元嘉十八年（441），第二次是"大明中（457—464）遣使献生师子、火浣布、汗血马，道中遇寇，失之"[②]。一般而言，使团性质的胡商往来，沿途会有地方官府的护送，但若要远赴南朝刘宋，则需经过中亚、西域和中国北方的广大地区，保证一路安全确非易事。

435年，北魏太武帝派王恩生、许纲等十二人前往西域联络诸国，招徕商贾，一行于途中被柔然虏获，未能尽到各地。之后又派出使者"六辈"，结果是"多被盗害"。

北凉和北魏的战争，其中很重要的一个原因就是争夺中亚西域的胡商，最初北凉凭其独特的地理位置，对前往北魏的商人课以重税，太武帝因此下决心灭北凉。北魏出兵北凉前列举沮渠氏十二大罪状，宣示天下，其中之一就是北凉阻挠北魏与西域的交往，"切税商胡，以断行旅"[③]。《魏书·沮渠蒙逊传》记北魏灭北凉，粟特商人大受影响，"粟特国……其国商人先多诣凉土贩货，及克姑臧，悉见虏"[④]。这是政治因素对胡商的影响。

历史上出没于丝路沿线上的寇贼，集中在西域中亚沿线，当然也应该包括河西走廊南北两侧，或即丝路北线与丝路河南道，甚至内地。

《魏书》卷一〇二《西域》记载"焉耆"：

　　恃地多险，颇剽劫中国使。[⑤]

①（唐）张鷟：《朝野佥载》卷 3，中华书局，1979 年，第 75 页。

②（南朝梁）沈约：《宋书》卷 95《粟特列传》，中华书局，1974 年，第 2357—2358 页。

③（北齐）魏收：《魏书》卷 99《沮渠牧犍传》，第 2207 页。

④（北齐）魏收：《魏书》卷 102《西域传》，第 2270 页。

⑤（北齐）魏收：《魏书》卷 102《西域传》，第 2265 页。

因此招来兵祸，被北魏所灭。

入唐新罗僧慧超在《往五天竺国传》中就记载了位处帕米尔高原锡格南的"识匿国"：

> 彼王常遣三二百人于大播蜜川，劫彼兴胡及于使命。纵劫得绢，积在库中，听从坏烂，亦不解作衣着也。[①]

这种现象大概是丝路上的粟特商胡所受到的最大威胁。以二三百人的规模沿路抢劫，无疑也是丝路交通最大的障碍之一。

《洛阳伽蓝记》记：

> 狮子者，波斯国胡王所献也。为逆贼万俟丑奴所获，留于寇中。永安末，丑奴破灭，始达京师。[②]

万俟丑奴从名字上分析，应该是突厥人，他劫掠波斯所献狮子，当是丝路上胡人劫胡的事件。

玄奘法师在《大唐西域记》中记载了他过葱岭后沿途随处见到的寇贼，胡商们时刻面临被劫的危险。另外，阅读《太平广记》可以知道，来自中亚或西域的胡人在中原内地进行正常的经商活动之余，也有人会不时地做些抢劫偷盗的事情，因此被汉人所轻视。关于这种风气，敦煌写本 P.2511《诸道山河地区要略残卷》中讲到代北民风民俗时的一段话，颇有代表性：

> 雁门，并州属郡也。其风俗与太原略同。然自代北至云、朔等州，北临绝塞之地，封略之内，杂虏所居，戎狄之心，鸟兽不若，歉馑则剽劫，丰饱则柔从，乐报怨仇，号为难掣，不惮攻杀，所谓衽金革死而不厌者也。纵有

---

① （唐）慧超著，张毅笺释：《往五天竺国传笺释》，中华书局，2000 年，第 145 页。
② （北魏）杨衒之撰，周祖谟校释：《洛阳伽蓝记校释》，上海书店出版社，2000 年，第 133 页。

编户，亦杂戎风，比于他邦，实为难理。[①]

代北也属丝路北线的重要区域，北魏时期曾有大量的商胡往来[②]。这是唐代中后期的情况，其实该地早在汉代就已经有如此风气，"数有胡寇，难以为国"[③]，"故冀州之部，盗贼常为它州剧"[④]。像代北这样属于民族交汇杂居的地方，在丝路沿线并不鲜见，其风俗也往往有类似的地方，盗贼频繁出没并不是什么新鲜事，玄奘法师记载的过河西西域后在葱岭和中亚路途所见，颇能说明问题。其实他在瓜州雇佣的向导胡人石磐陀，过玉门关后不久即生贼心，要杀法师，虽然所托之辞为官府律条，在我看来，实则是看上了法师随身的钱财，否则过关之前他对唐代法律是清楚的，完全可以不答应法师的雇佣请求。此事件虽然仅是玄奘法师和石磐陀之间的摩擦，但是放大了看也正反映了丝路胡贼以向导身份对过往僧侣、商人敲诈的手段。

熟悉敦煌文书者可以知道，到了归义军时期，瓜沙地区和中原的交通并不通畅安全，因为中间有甘州回鹘经常性的劫掠，也有活动于祁连山南麓的吐蕃、仲云、嗢末等部落的骚扰，归义军出使中原王朝的使团往往在河西东段被劫，像 P.3718《梁幸德邈真赞》记载曹氏归义军于清泰元年出使后唐的 70 余人的庞大使团，在返回时虽然有朝廷派兵护送，但仍于张掖被回鹘劫掠[⑤]，使团负责人梁幸德也因此致病，丧命于他方[⑥]。

非常有趣的现象是，在敦煌画商人遇盗图中，除了常见的汉人官兵强盗之外，也有一个形象反映汉人商人遇见胡人强盗被劫场面的例子，即绢画 EO.1142

① 郑炳林：《敦煌地理文书汇辑校注》，第 176 页；唐耕耦、陆宏基：《敦煌社会经济文献真迹释录》第一辑，书目文献出版社，1986 年，第 72 页。

② 张庆捷：《北魏平城波斯银币与丝绸之路的几个问题》《云冈石窟与北魏平城外来文明艺术》，二文具载氏著《民族汇聚与文明互动——北朝社会的考古学观察》，商务印书馆，2010 年，第 141—191、349—368 页。

③（汉）班固：《汉书》卷 1《高祖纪》，第 70 页。

④（汉）班固：《汉书》卷 28《地理志》，第 1656 页。

⑤ 郑炳林、梁志胜：《〈梁幸德邈真赞〉与梁愿清〈莫高窟功德记〉》，《敦煌研究》1992 年第 2 期，第 62—70 页，另载郑炳林主编：《敦煌吐鲁番文献研究》，兰州大学出版社，1995 年，第 255—271 页。

⑥ 杨宝玉：《清泰元年曹氏归义军入奏活动考索》，《敦煌学辑刊》2011 年第 3 期，第 21—30 页，另见杨宝玉、吴丽娱：《归义军政权与中央关系研究——以入奏活动为中心》，中国社会科学出版社，2015 年，第 133—145 页。

图 2-23　敦煌绢画 EO.1142 商人遇盗图（采自国际敦煌项目 IDP）

（图 2-23）。画面中，此胡人强盗身形魁梧，高鼻深目，虬髯，颇为形象。此画面正是前述胡人在丝路为盗的常见现象。

行文至此，可以看到，敦煌画中丝路上对商人造成威胁的强盗，有两种情况，一种是中原王朝的官兵、汉人，另一种是较为常见的丝路沿线各民族、各部落的强盗。但非常有意思的是，在敦煌画中大量看到的恰是史书记载中不常见，或大家潜意识认为不合常理的汉人和官兵强盗，而史书多有记载，或为大家所普遍认可的胡族强盗，却在壁画中几乎没有看到，仅出现在一例绢画中，这种现象值得做些思考。

那么，可能有人会问，为什么敦煌的壁画、绢画、纸画偏偏不合常识，把强盗几乎一致地画成汉人并官兵的形象呢？画面中出现的胡商形象，前文已有交代，在汉人传统社会观念中，把商人画成以胡商为主的形象，是完全可以理解的。但同样从汉人观念和审美角度出发，本来极有可能画成胡人形象的强盗，却被画成标准的汉人官兵形象，实难理解。

若要对此现象做些分析，或可从以下几个方面解释，或者说可能受到以下几个方面原因的制约：

1.历史依据。即前文所述在历史时期确有汉人官兵为匪的现象，成为画家笔下的历史粉本。

2.画面观看的需要。无论是《法华经变》还是《观音经变》，表现商主带领下的商人路遇"怨贼"的经典画面阐释，胡人无疑是作为汉人功德主观念中"商主""商人"的不二人选。如果换成是胡人劫汉人的画面，汉人就成了商人形象的代言人，是不符合汉人传统的观念的。至于汉人强盗形象，以此小小画面也不会有太大的社会影响。

3.经义解读的需要和理解的延伸。对于《观音经》而言，此画面集中描绘的是观音菩萨解救诸难和三十三现身的情节，这些中古时期活跃在漫长丝路上、沟通中西却遭遇"盗贼难"的胡商们，无疑也是慈悲的观音菩萨需要解救的对象之一，因此自然而然出现在画工的笔下。

4.粉本传承和规范。从目前看到的图像资料可以发现，自隋代以来，敦煌壁画胡商遇盗图中官兵形象的怨贼与胡人形象的商人的画面表达一旦形成，便以粉本画稿的方式传承了下来，成为其后四百余年来敦煌绘画的基本范式。

5.功德主的背景和需要。胡商所带来的西域、中亚、波斯、罗马的珍奇物品，往往是中古时期物质社会最具有诱惑的东西，对胡商的解救，也是汉人功德主的愿望所在。至于汉人官兵形象的强盗的表现，更多可以理解成汉人画师画工是从作为丝路主宰或丝路商道保护者汉人官兵的角度出发，对这些主人们的另一角度的宣传。

6.观音救度主题结果的影响。本画面中经典的主题是表现观音救度的场景，因此从经义知道，商人遇盗的结果是安全的，也不存在汉人官兵杀人害命、拦路劫财的恶性结果发生，只是以形象化的语言来表达经典的主题，更多的是符号化的意义。

第五节　胡人商队武装

莫高窟隋代第 420 窟胡商遇盗图中出现胡人商队与强盗战斗的场面，说明了胡商中武装保卫力量的存在。借此壁画图像的启示，结合荣新江对史君墓石椁上商队图像解读的成果[①]，在这里略作勾勒。

早在汉代，开通西域之后，中亚西域各国派往中原的使者相望于道，络绎不绝。这些使者除负有一定的政治使命外，也负有一定的通商任务。随同使者前往的还有大批的西域商人。汉朝政府对他们除在礼仪上进行安置和接待外，还馈赠大批的金币缯帛，以示友好。《史记·大宛列传》载大宛使者来中国：

> 是时上方数巡狩海上，乃悉从外国客，大都多人则过之，散财帛以赏赐，厚具以饶给之，以览示汉富厚焉。[②]

带着这些钱财返回，一路上会遇到盗贼也就在所难免了。这种现象一直在丝路上演着，杨宝玉通过对五代宋瓜沙曹氏归义军政权和中原王朝出使往来的考察，发现一个有趣的现象，归义军使团往东出使一般不会受到甘州回鹘的劫掠，但往往在返回时会被甘州回鹘洗劫，究其原因，还是因为"入奏使团大多还兼有经济目

---

① 荣新江：《北周史君墓石椁所见之粟特商队》，《文物》2005 年第 3 期，第 47—56 页；另见西安市文物保护考古研究院编著，杨军凯著：《北周史君墓》附录文章，文物出版社，2014 年，第 274—283 页。

② （汉）司马迁：《史记》卷 123《大宛列传》，中华书局，1982 年，第 3173 页。

的，往往会带回大量西部部族贪爱的珍宝，其对掠夺成性的少数部族首领的刺激远远超过他们东行时的携带物"①，此是普遍的现象。这一观点很有说服力，可以解释中古时期丝路劫商的根本原因。

以丝绸之路为中心的这条古代人类的国际贸易大道，因为其利益关系，一直是中原王朝和北方少数民族争夺的中心，至少自汉代以来就没有停止过，先后有匈奴、鲜卑、柔然、嚈哒、突厥、回纥、蒙古等。这些草原民族通过这条国际商道获得巨大利润，反过来又大大刺激了他们的胃口，所以相继竞起争夺控制丝路②。以高昌敦煌一线为例，前凉时期为戊己校尉驻守，北魏灭北凉，北凉流亡政权联合柔然控制西域，最后柔然灭高昌沮渠政权，势力扩展到西域诸地。因此《周书》说南北朝时，敦煌至高昌一线"有魑魅怪异，故商旅来往，多取伊吾路云"③。在这样的情况下，要保证商队的货物、牲口及人身安全，要保证顺利到达目的地，如果没有相应的武装保卫力量，大概只能凭运气了。

前秦时吕光征西域，破龟兹后，龟兹王在吕光的保护下，"以驼二万余头致外国珍宝及奇伎异戏，殊禽怪兽千有余品，骏马万余匹"④入中原，显然吕光庞大的军队成了龟兹王庞大商队最好的保护力量。

张庆捷在研究粟特商队时注意到藏于日本MIHO博物馆的入华粟特人石床榻图像，画面中行进在粟特商队一侧的，居然有突厥武士（图2-24），间接说明了在中亚丝绸之路不稳定不安全的情况下，突厥人掌握了该地域丝路的管理权，充当着那一段丝路贸易的保护者⑤。荣新江则把史君墓石椁浮雕上粟特商队外围的一些人物形象解释为"作人""奴婢"，暗含其中就有商队保镖的角色⑥。而在现已发现的像MIHO、安伽、史君等墓葬石棺床或石椁上出现的商队中，除了有粟特商

① 杨宝玉：《清泰元年曹氏归义军入奏活动考索》，《敦煌学辑刊》2011年第3期，另见杨宝玉、吴丽娱：《归义军政权与中央关系研究——以入奏活动为中心》，中国社会科学出版社，2015年，第139页。

② 李明伟主编：《丝绸之路贸易史》，甘肃人民出版社，1997年，第136—138页。

③（唐）令狐德棻等：《周书》卷50《异域传》，第915页。

④（唐）房玄龄等：《晋书》卷122《吕光载记》，中华书局，1974年，第3056页。

⑤ 张庆捷：《北朝入华外商及其贸易活动》，原载张庆捷、李书吉、李纲主编：《4—6世纪的北中国与欧亚大陆》，又载氏著《民族汇聚与文明互动——北朝社会的考古学观察》，商务印书馆，2010年，第215页。

⑥ 荣新江：《北周史君墓石椁所见之粟特商队》，《文物》2005年第3期，第47—56页；另见西安市文物保护考古研究院编著、杨军凯著《北周史君墓》附录文章，第274—283页。

人之外，还有其他民族像突厥人，也有学者们一致认为的粟特首领与突厥、嚈哒
首领的会盟场景（图 2-25），其实也可以认为是粟特商队为了保障自己庞大商队
在丝路上的安全，而求突厥力量保护。而像在这些石棺床上出现的商队行进过程
中骑马狩猎场景中的弓箭手（图 2-26），以及史君墓石椁上出现在商队前面带胡
籙的骑马形象者，应该是商队保卫人物，还有在商队中间一身持望筒"千里眼"
的人物（图 2-27），学者们认为即是商队护卫首领[1]，从侧面证明了丝路上粟特商
队武装力量的存在。

图 2-24　日本 MIHO 博物馆入华粟特人石床
椁图像粟特商队和突厥武士（采自
MIHO MUSEUM）

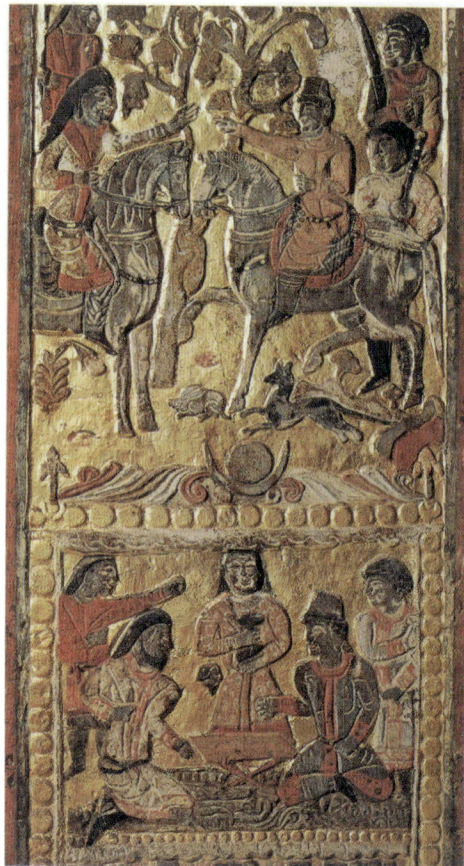

图 2-25　西安北周安伽墓石棺床上的粟特
首领与突厥首领会盟场景（采自
《西安北周安伽墓》）

---

[1] 李瑞哲：《古代丝绸之路胡商活动及其影响研究》，陕西人民出版社，2011 年，第 111 页。

图 2-26　西安北周史君墓石椁上的胡人狩猎场景（作者拍摄自西安博物院
展厅，线图采自《北周史君墓》）

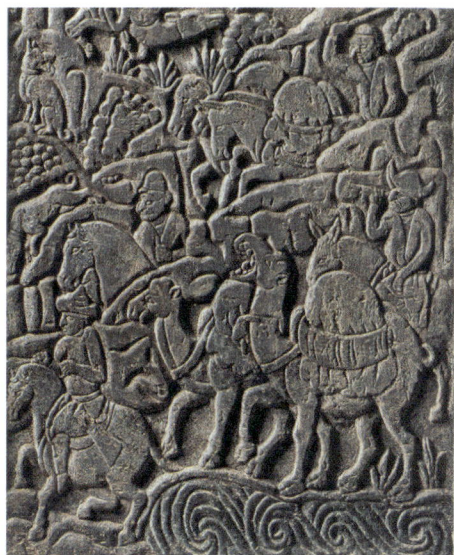

图 2-27　西安北周史君墓石椁上的胡人商队（作者拍摄自西安博物院展厅，线图采自《北周史君墓》）

有隋一代，炀帝为了开通丝路，加强与西域的联系，派裴矩前往河西经营胡商贸易，又遣大将薛世雄在丝路北道要冲伊吾屯兵建城，设立西域贸易的桥头堡，明确告诉胡商伊吾是一座贸易城，解除西域诸胡的疑虑，大大方便丝路贸易。显然隋王朝在丝路沿线给丝路上的胡商提供保障，保护商队的安全，充当胡商的武装力量。

据吐鲁番文书"过所"及人夫雇佣"作人"史料的记载，在安西、北庭、西州、伊州、沙州、瓜州及长安等丝路沿线，常有"兴胡"商人雇佣的"赶脚"，据统计这些"作人"往往又是以粟特胡人为主[1]。虽然文书记载为雇佣人力的"作人"，但是正如荣新江指出的那样，其中应该有"保镖"的身份[2]，以保证商队的财产安全。以粟特胡人入华后的传统职业而言，入伍参军为雇佣兵被大家所熟知，另外"入质宿卫"也是胡人常见的职业，《新唐书·魏徵传》记：

> 至是（贞观四年，630），天下大治。蛮夷君长袭衣冠，带刀宿卫。[3]

其中死后陪葬昭陵的安元寿事迹颇为典型。安元寿作为凉州安氏胡人集团的代表，曾在唐太宗与突厥颉利可汗渭水便桥的谈判中，"请屏左右，太宗独将公一人于帐中自卫"[4]，显然是充分发挥了安元寿的语言、外交和武功特长，保卫太宗的人身安全是首要的。推而广之，丝路上胡汉商人的队伍中，也会出现这些有武功特长的保镖的身影，把胡人的传统职业和习性特长，有效地结合到胡人传统的丝路商业活动中来，确是再合适不过的事情，胡人也当是丝路上商队武装力量的主要担当者。

玄奘法师和一个多达五百人的商队同行，在露营时，"同伴五百，皆共推奖

---

① 程喜霖：《唐代过所文书中所见的作人与雇主》，载武汉大学魏晋南北朝隋唐史研究室编：《敦煌吐鲁番文书初探二编》，武汉大学出版社，1990年，第440—462页，另见程喜霖：《唐代过所研究》，中华书局，2000年，第266—281页。

② 荣新江：《北周史君墓石椁所见之粟特商队》，《文物》2005年第3期，第47—56页。

③（宋）欧阳修、宋祁：《新唐书》卷97《魏徵传》，第3870页。

④ 郭正一《大唐故右威卫将军上柱国安府君墓志铭》，载陈尚君辑校：《全唐文补编》，中华书局，2005年，第236页。

为大商主，处位中营，四面防守"①，以营防的形式布局，并有四面防守，说明此
大商队集体自身是有强大的保卫力量的。

　　基于以上的讨论，如果再回过头来看，早于隋代第 420 窟敦煌壁画的西魏第
285 窟和北周第 296 窟出现的"五百强盗成佛因缘"故事画中全副武装的官兵和
强盗厮杀的画面（图 2-28），其实也可以理解成丝路上官兵为保卫使团和商队的
安全，和这些丝路上频繁出没的强盗作战的场面，画面的结果也是清楚的，强盗
们最终被制服。

图 2-28　莫高窟西魏第 285 窟五百强盗成佛因缘画面中的战斗场景
（采自《中国石窟·敦煌莫高窟（一）》）

　　以上简单的讨论，可以为我们理解莫高窟第 420 窟胡人商队的武装力量在丝
路上和强盗进行保卫战的场景，认识漫长历史上丝路胡商武装保卫力量，提供点

①（唐）慧立，彦悰：《大慈恩寺三藏法师传》卷 5，第 119—120 页。

滴线索，但是这方面的资料毕竟有限，仍须再思考。

第六节　丝路上胡商的运输方式

综观敦煌壁画胡商遇盗图，画面中胡商一方在丝路上进行长途运输的工具，
基本上是毛驴、骆驼两类牲口，部分有见商人骑马者，列表统计如下：

敦煌壁画商人遇盗图商人、牲口数量统计表

洞窟号或绢纸画号	时代	商人数	骆驼数	毛驴数	马的数量	备注
莫高窟第 303 窟	隋	4	无	3	无	
莫高窟第 420 窟	隋	约 20	约 9	约 11	4	画面模糊
莫高窟第 23 窟	初唐	5	无	2	无	画面模糊
莫高窟第 444 窟	盛唐	残剩 2	无	无	无	画面残
莫高窟第 217 窟	盛唐	残剩 1	1	1	无	画面残
莫高窟第 205 窟	盛唐	2	无	无	无	
莫高窟第 45 窟	中唐	6	无	2	无	
莫高窟第 231 窟	中唐	3	无	1	无	画面不清
莫高窟第 7 窟	中唐	2	1	1	无	
莫高窟第 185 窟	中唐	2	无	无	无	
莫高窟第 359 窟	中唐	1	无	无	无	
莫高窟第 468 窟	晚唐	4	无	无	无	
莫高窟第 18 窟	晚唐	4	无	2	无	
莫高窟第 288 窟	五代	3	1	1	无	
莫高窟第 55 窟	宋	4	无	无	无	
绢画 EO.1142	五代	1	无	无	无	
P.4513	五代	4	1	1	1	
S.6983	五代	2	无	无	无	
P.2010	五代	2	无	无	无	
S.5642	五代	1	1	1	无	
敦煌研究院藏印本	西夏	2	无	无	无	

通过上表可以看到，总体而言，壁画中表现商人带有运输工具骆驼或毛驴的不多，至于商人骑马者就更不多见了，但是官兵形象的怨贼一方多有骑马者出现，也说明了马匹在历史时期属于较昂贵交通工具的情况。

但是敦煌壁画、绢画、纸画中的商人遇盗图，其中心意图毕竟是为了表达经典的意思，而不是要表达丝路上胡汉商人交通贸易的历史情景，因此并不会把商人相关的内容全画出来，如货物、运输工具，而往往以省略的笔法象征性地表示画面的意图，因此多不见商队必须具备之骆驼或毛驴等运输工具。

由此我们联想到在莫高窟北周第 296 窟福田经变过桥图中，画面一侧是两位骑着高头大马的汉族商人，后面跟随二脚力，赶着两头驮载商品的毛驴过桥，桥另一侧正在等待过桥的是一前一后两位步行的胡商，前面胡商牵着两头骆驼，后面胡商赶着两头毛驴，骆驼和毛驴均驮物前行（图 2-29）。同为莫高窟第 296 窟顶东披的善事太子入海故事画中，在表现善事太子入海场景中，出现两处运输驮队，负重的分别是前面三峰骆驼，其后三头毛驴（图 2-30），前后均有胡人领队或跟随，其中出现的马则是供人骑乘。如果再联系莫高窟盛唐第 217、103 二窟

图 2-29　莫高窟北周第 296 窟福田经变中的胡汉商队过桥场景（采自《敦煌石窟全集·民俗画卷》）

图 2-30　莫高窟北周第 296 窟东披善事太子入海本生故事画（采自《敦煌石窟全集·本生因缘故事画卷》）

图 2-31　莫高窟盛唐第 217 窟佛陀波利求法场景（史苇湘临摹）

佛顶尊胜陀罗尼经变中出现的佛陀波利求法的场面，佛陀波利所乘坐骑即为毛驴（图2-31），此外莫高窟初唐第332窟中心柱南向面和盛唐第446窟龛南侧卢舍那佛衣画六道中出现的胡人商队中亦有负重的毛驴，可以说丝路上商人主要的运输工具是骆驼和毛驴，其中又以毛驴为常见，至少在数量上毛驴占多数，大概毛驴在当时更加廉价易得①。这一点也可以得到吐鲁番相关文书记载的佐证，吐鲁番出土文书《天宝二年交河郡市估案断片》记载天宝年间西州的物价，可以看到当时作为货币使用的"大练一匹"是460文钱左右，"生绢一匹"是同样的价钱，市场上的马的价格，其中"突厥敦马一匹"值大练18匹左右，"草马一匹"值大练8匹左右，而"波斯敦父驼一头"值大练30匹左右，"草驼一头"则值大练28匹左右②。据池田温研究，当时马在交河郡值钱4000—9000文，长安地区则是6000文③。由于文书残损严重，没有看到驴的价钱，但是据吐鲁番其他文书可知，驴一定在交河的市场上频繁出现。由上可知，骆驼的价格要比普通的马昂贵不止3倍的价钱，可以想象商队要全部使用骆驼其成本之高。而毛驴在唐代大量出现在普通人的生活中，因此要比马便宜很多，应当是商队的首选。其实唐墓中也不时有零星的三彩毛驴出土（图2-32），即是丝路真实历史的记录。

　　据敦煌写本可知，在唐五代宋初，敦煌市场上的马、驴、骆驼、牛、羊的价格有一个基本的标准，郑炳林有深入研究④，其中一匹马的价格一般是50—55石麦，价格不菲，P.3935记："骡马一匹，准麦五十二石。"P.2504《年代未详（十世纪）龙勒乡百姓曹富盈牒》记载："只有八岁父马一匹，前日叔父都衙卖将，判绢两匹已来，内一匹断麦粟廿七石……又一匹断牛一头。"也就是说一匹马相当于两头牛。据敦煌写本可知，唐五代时期杂绢一匹值22石麦子，生绢27石麦，生熟绢18石麦粟。《文献通考》卷三百七十七《四裔考》对吐蕃的记载引用了曾

---

　　① 从饲养的角度来看，相比马、牛、骡子，毛驴更加易养，马的食量极大，而且喜夜食，牛是反刍，饲料要精加工，骡子虽然耐力强，性温和，但属马和驴的杂交品种，成功率不高，因此往往数量受到限制。

　　②《大谷探险队带回的西域出土西文书目录——社会经济关系之二》，1956年油印本，第26—40、62、98页。

　　③［日］池田温：《中国古代物价初探——关于天宝二年交河郡市估案断片》，载氏著《唐研究论文选集》，中国社会科学出版社，1999年，第122—189页。

　　④ 郑炳林：《晚唐五代敦煌贸易市场的物价》，载兰州大学敦煌学研究所编：《敦煌归义军专题研究》，第297—299页。

图 2-32　西安博物院藏唐代墓葬出土三彩毛驴（西安博物院提供）

出使于阗的高居海所经眼记："又西五百里出玉门关经吐蕃，男子冠中国帽，妇人辫发戴瑟瑟，云珠之好者，一珠易一良马。"[①]相同记载另见于《新五代史》"四夷附录第三"[②]。高居海经行出五代玉门关西行，基本上是敦煌以西一带，"一珠易一良马"，可见马匹价格之高。当时的骆驼价格至少与一匹马相当，在敦煌雇一峰骆驼入京一次价格是 7—8 匹绢，约 135—162 石麦粟，价格不低。西州市场上，阿斯塔那 35 号墓出土的《唐咸亨四年（673）西州前庭府杜队正买驼契》显示前庭府队正杜某从康国兴生胡康乌破延边买黄敦驼一头，交用的货币是练十四匹[③]，可见骆驼价格之高。牛在吐蕃时期敦煌市场上值 14—20 石，归义军中期则为 27—30 石麦粟。羊最便宜，羖羊 3 石麦，羯羊 4 石麦，羊羔 2 石麦。那么，唐五代时期敦煌市场上，驴的价格情况如何？吐蕃时期写本 P.2689 记载"驴卅七石""驴卅一石七斗"，若此记载真实，驴则相对廉价，另 S.6233《寅年（822）报恩寺寺主僧某某易牛契》记青草驴一头价值八岁紫犙牛一头、贴细布一匹，约

①（元）马端临：《文献通考》卷 337《四裔考》，中华书局，2011 年，第 9313 页。
②（宋）欧阳修：《新五代史》卷 74《四夷附录》，中华书局，1974 年，第 918 页。
③ 唐长孺主编：《吐鲁番出土文书》（叁），文物出版社，1996 年，第 485 页。

为 30 石，整体市场稳定。可以看出，驴的价格在市场上不会太高，明显要比马和骆驼都要低将近一半。因此使用毛驴有价格上的优势，必然是重利节省成本的丝路兴胡商所首选的运输工具。

对于吐鲁番文书中涉及丝路交通贸易的文书，程喜霖在研究"唐代公验过所文书所见胡汉商人贸易"时曾列有详细的统计表，对吐鲁番所出唐公验过所文书中涉及马、牛、驴、驼、骡的信息有清晰的认识，在统计的 12 份文书中显示，唐代活跃于沿安西四镇、西州、河西、长安丝路的胡汉商队，其中可归入运输工具和方式类的有马 21 匹、驴 106 头、牛 7 头、骡 3 头、驼 5 峰[①]。单就写于垂拱元年（685）的《康尾义罗施等请过所案卷》记录的商队中的牲畜数量，有骆驼 2 峰、驴 26 头[②]，而曾在开元二十年、二十一年频繁出现在瓜州、沙州、伊州、西州从事商业活动的兴生胡石染典，先后两次分别从瓜州都督府和西州都督府户曹处申请的过所公验中，就记载了他分别带有毛驴 10 头、骡驴 11 头[③]，基本上可以认为是石染典在这几个地方来往兴生的运输规模。即使是考虑到有作为贸易对象的比例，总体而言，显示出毛驴在丝路运输中所占比重是最高的，无疑如同敦煌壁画显示的一样，毛驴在漫长的中古丝路贸易长途运输中担当着非常重要的角色。

对于丝路上胡商的运输工具，无论是普通读者还是专门的史学研究者，往往会先入为主，首先注意到大量北朝隋唐墓葬中出土的驼载货物的骆驼俑（图 2-33），这些骆驼俑又往往和胡俑配合出现（图 2-34），甚至还有胡人骑在骆驼上的形象（图 2-35），类似的作品在敦煌的唐墓中也有发现（图 2-36）。把这样的墓葬艺术品和丝路上的胡商结合研究，以张庆捷的研究为代表[④]，应该说已是学界研究和博物馆界介绍说明文物的共识。但现据敦煌图像、史君墓石椁图像，结合吐鲁番文书的记录，可以看到，虽然如同荣新江研究指出的那样，马、

---

① 程喜霖：《唐代过所研究》，第 239—245 页。

② 唐长孺主编：《吐鲁番出土文书》（叁），第 346—350 页。

③ 参见中国文物研究所、新疆维吾尔自治区博物馆、武汉大学历史系编：《吐鲁番出土文书》第 9 册，文物出版社，1990 年，第 40—42、48 页。

④ 张庆捷：《北朝隋唐的胡商俑、胡商图与胡商文书》，载荣新江、李孝聪主编：《中外关系史：新史料与新问题》，第 173—204 页。

图 2-33 太原隋斛律彻墓出土骆驼载物俑
（采自国家文物局编《丝绸之路》）

图 2-34 唐安菩墓出土胡人牵驼三彩俑
（洛阳博物馆提供）

图 2-35 唐金乡县主墓胡人骑骆驼俑（左）、长安郭杜镇唐墓出土胡人骑骆驼俑（右）（作者拍摄）

图 2-36 敦煌唐墓出土胡人牵骆驼模印砖（作者拍摄）

牛、驴、驼、骡等均是丝路上胡商的运输工具[1]，但是毕竟被常识中视为胡商主要运输工具和丝绸之路象征符号[2]的"沙漠之舟"——大型牲畜骆驼，似乎并不容易获取，而胡商们更愿意使用更加轻便和小型化的毛驴来驱使。像《魏书》卷九五《吕光传》记载"光以驼二千余头，致外国珍宝及奇伎、异戏、殊禽、怪兽千有余品，骏马万余匹而还"的事例，正好印证了作为国家军队的实力，却不能适用于普通的胡商。

骆驼在墓葬中的大量出现与在洞窟壁画、吐鲁番文书中记载偏少的矛盾现象，其实正体现了墓葬中胡人与骆驼作为财富象征的意义[3]，另一方面也是因为敦煌壁画、吐鲁番文书能更加真实反映丝路史实。这也是墓葬考古研究中一个复杂而有趣的现象和问题。正如 E. Knauer 指出的那样，墓葬中出现骆驼载物的意义，更加强调的是精神作用，而非写实的手法，除了表示富有之外，这些骆驼上所驮的物品，主要是提供给墓主人灵魂使用的[4]。齐东方也表达了相同的观念和认识：

---

① 荣新江：《北周史君墓石椁所见之粟特商队》，《文物》2005 年第 3 期，第 47—56 页。

② 齐东方：《丝绸之路的象征符号——骆驼》，《故宫博物院院刊》2004 年第 6 期，第 6—25 页。

③ 李瑞哲：《古代丝绸之路胡商活动及其影响研究》，第 64—75 页。

④ ［法］E. Knauer, *The Camel's Load in Life and Death. Iconography and Ideology of Chinese Pottery Figurines from Han to Tang and their Relevance to Trade along the Silk Routes*. Zurich: AKANTHVS. Verlag fur Archaeologie, 1998. 参见荣新江：《骆驼的生死驮载——汉唐陶俑的图像和观念及其与丝路贸易的关系》书评，《唐研究》第 5 卷，北京大学出版社，1999 年，第 533—535 页，另载氏著《中古中国与外来文明》，第 488—489 页。

"在中原地区的唐人心目中，把骆驼和对外交往、交通贸易联系在一起，在产生的神化和向往的心理之后出现的精心刻画，意在全力讴歌对外开拓的精神，更说明对丝路贸易的重视已不是政府和统治阶层独有的崇尚。这也正是骆驼的形象在唐以前不多见，宋以后几乎绝迹的原因。"[1]日本学者森丰也对丝绸之路上的骆驼有专门的研究，肯定了骆驼与丝路交通的重要意义[2]。冉万里等对唐三彩骆驼均有研究，强调了其在丝路上的重要性[3]。但无论如何，骆驼曾经作为历史时期漫长丝路上的主要运输工具是不能否定的，因此文献中很早就对骆驼应对沙漠恶劣气候的本领，及其对行人的帮助有过记载，《北史·西域传》记且末西北的数百里流沙（即今天的塔克拉玛干沙漠）：

> 且末西北有流沙数百里，夏日有热风，为行旅之患。风之所至，唯老驼预知之，即嗔而聚立，埋其口鼻于沙中。人每以为候，亦即将毡拥蔽鼻口。其风迅驶，斯须过尽。若不防者，必至危毙。[4]

《艺文类聚》卷九十四《兽部中》引《博物志》云：

> 敦煌西渡流沙，往外国，济沙千余里，中无水。时有伏流处，人不能知。骆驼知水脉，过其处，辄停不行，以足踏地。人于所踏处掘之，辄得水。[5]

说明古人对骆驼的习性有深刻的认识，因此造就了其在丝路上的重要地位。

相比之下，毛驴就没有骆驼在沙漠中的诸多本领，但是如果单纯从寻找水源、预知风暴等功能而言，一支商队有一两峰骆驼即可，其他大量物资的载重，

---

① 齐东方：《丝绸之路的象征符号——骆驼》，《故宫博物院院刊》2004 年第 6 期，第 20 页。

②［日］森丰：《シルクロード骆驼》，新人物往来社，1972 年。

③ 冉万里：《"丝绸之路"视野中的一件三彩骆驼俑》，《乾陵文化研究》（四），三秦出版社，2008 年，第 147—157 页。

④（唐）李延寿撰：《北史》卷 97《西域传》，第 3209 页；另见（唐）杜佑：《通典》卷 197《边防七》"且末"条，第 5201 页。

⑤（唐）欧阳询：《艺文类聚》卷 94《兽部中》，第 1630 页。

仍然是这些任劳任怨的毛驴的任务，包括同样温顺但更有耐力的驴和马的杂交品种骡子，史宁一次获商胡"驼骡六百头"，其中的骡子数量不在少数，因此吐鲁番文书中的胡商也往往带有骡子出现。不过非常遗憾的是，在北朝隋唐墓葬中，作为丝绸之路象征符号的骆驼大量出现，而那些曾经随同骆驼一道长途跋涉、翻山越岭、涉流沙、过戈壁的毛驴、骡子，却仅有零星的记载，或者说几乎被遗忘，其中的原因仍需探讨。

但幸运的是，我们仍然可以在历史时期的一些考古资料、敦煌壁画、吐鲁番文书的记载中得到不同的认识，帮助这些不会说话的牲畜恢复它们的历史贡献和本来面貌。云冈石窟第 12 窟主室东壁、第 16 窟附 1 窟门外侧、第 17 窟拱门东侧等位置，除了供养像的世俗人物之外，也出现了几组由毛驴和骆驼组成的商队，其后有作为供养者同时又是商队成员的胡商（图 2-37），这是此类丝路商队较早的事例。敦煌壁画晚唐法华经变中有表现人们前往险路求宝的"化城喻品"画面，在险峻的山间栈道上出现的往往是以毛驴作为主要运输工具的取宝人众（图 2-38），另在莫高窟五代第 61 窟五台山图中，前往五台山朝拜的行人、送贡使队伍中，毛驴也是主要的运输牲畜（图 2-39），即使是在张择端《清明上河图》中，出现在汴梁都城运输队伍中（骑乘、驮载、拉车）的，虽然"驴骡马牛橐驼之属"[1]一应俱全，但略作统计可知，其中拉车、驮物最多的是毛驴（图 2-40），仅过城门的胡人驼队中可见到骆驼，正是荣新江所谓"千汉一胡"的现象[2]。甚至在表现六道的初盛唐壁画卢舍那佛衣画中，在当时画家的笔下，丝路胡人商业活动中主要的运输牲畜也是毛驴（图 2-41），而骆驼没有出现（图 2-42），饶有趣味。

现藏于台北故宫的唐人李昭道作《明皇幸蜀图》（图 2-43），在"难于上青天"的蜀道上，以玄宗为首的庞大的队伍绵延数公里，画面中间有一负责运输辎

①《清明上河图》明李东阳题跋，参见陆昱华：《张择端〈清明上河图〉赏析》，载《张择端·清明上河图》，湖北美术出版社，2013 年。

② 荣新江：《〈清明上河图〉为何千汉一胡》，载北京大学中古史研究中心编：《邓广铭教授百年诞辰纪念论文集》，中华书局，2008 年，第 658—666 页，又载氏著《隋唐长安：性别、记忆及其他》，复旦大学出版社，2010 年，第 107—120 页。

图 2-37　云冈石窟北魏第 16 附 1 窟供养
商队（商主奉食）（作者拍摄）

图 2-38　莫高窟晚唐壁画法华经变化城喻
品山间取宝人（敦煌研究院提供）

图 2-40　张择端《清明上河图》汴梁局部（陕西师范大学图书馆数据库）

图 2-39　莫高窟五代第 61 窟五台山图中的行人（采自敦煌研究院编《敦煌壁画五台山图》）

图 2-41　莫高窟初唐第 332 窟卢舍那佛及佛衣画中的胡人与毛驴（敦煌研究院提供）

图 2-42　莫高窟盛唐第 446 窟卢舍那佛及佛衣画中的胡人商队（敦煌研究院提供）

图 2-43　台北故宫藏唐人李昭道作《明皇幸蜀图》（陕西师范大学图书馆数据库）

重的毛驴队伍正在卸鞍歇息，共有六头毛驴，其中四头正在地上打滚，一头正在卸货，一头刚卸完鞍，旁边有一峰负重卸货待休息的骆驼，另在画面两端行进的队伍中也出现各一峰驮负的骆驼。可以看到，即使是身在长安城中的皇帝出行的队伍中，毛驴也是主要的运输工具，颇有说服力。敦煌晚唐第 156 窟张议潮出行图，是唐代中央政府派人到地方为节度使授旌节制度的反映[①]，在出行图的长卷式画面的最后，是"后勤运输部队"[②]，其中就有毛驴、骡子和骆驼（图 2-44）。理论上讲，敦煌地区并不缺少骆驼，但我们还是看到作为节度使的张议潮的出行队伍中，仍然杂混了毛驴，可见毛驴在丝路上的不可或缺性。

　　其实古人对驴的相关记载，也可供我们认识驴在丝路交通中的贡献。北宋著

① 暨远志:《张议潮出行图研究——兼论唐代节度使旌节制度》,《敦煌研究》1991 年第 3 期, 第 28—40 页。
② 暨远志:《张议潮出行图研究（续）——论沙州归义军的长行官健制和蕃汉兵制》,《敦煌研究》1992 年第 4 期, 第 78—86 页。

图 2-44　莫高窟晚唐第 156 窟张议潮出行图中的运输队（段文杰临本）

名历史学家宋祁在《傲驴赋》中对驴有中肯的评价：

> 驴之为物，体幺而足驶。虽穷阁隘路，无不容焉。当其捷径疾驱，虽坚车良马或不能逮。[1]

另在《通鉴》卷五八"灵帝光和四年"条胡三省注引《续汉志》曰："驴者，乃服重致远，上下山谷，野人之所用耳。"[2]虽然有贬低驴的地位的意思，但却倒也道出毛驴"服重致远"的特性。敦煌本 S.1477《祭驴文》虽然是一篇晚唐五代时期地方文人借祭驴讽刺世俗的文章，但是字里行间也表达出对驴任劳任怨性格

---

① 马积高、万光治主编：《历代词赋总汇·宋代卷》第 4 册，湖南文艺出版社，2014 年，第 2929 页。
②（宋）司马光：《资治通鉴》卷 58 "灵帝光和四年"条，中华书局，1956 年，第 1860 页。

的赞美和同情：

> 出门则路即千里万里，程粮贱（钱）无十个五个。向屋檐下奇（寄）宿，破笊里盛剉。猛雪里虽（须）行，深淫里虽（须）过。爱把借人，更将捧磨。只解向汝背上吟诗，都不管汝肠中饥饿。[①]

至于唐代各地驿馆中使用驴乘的记载[②]，和穷酸落魄的文人[③]、下层人士出门以骑驴代步的事便很多，不再罗列，总体上可对我们认识历史时期驴在丝路交通中的重要地位有所帮助。

到了高昌回鹘时期，在柏孜克里克第 20 窟壁画中，我们看到供养佛的大商主带领的驮队，即有马、骆驼和毛驴共同出现（图 2-45），而不是骆驼单独出现，西州一直是丝路商队来来往往的集散地，又是骆驼的主要产地之一，因此其商队运输的畜力中出现毛驴，应该是有说服力的。

图 2-45　新疆高昌回鹘柏孜克里克第 20 窟佛本行变中的商主驮队（采自《中国新疆壁画艺术》）

① 录文见郝春文主编：《英藏敦煌社会历史文献释录》第七卷，社会科学文献出版社，2010 年，第 133 页；相关研究参见柴剑虹：《敦煌写本中的愤世嫉俗之文——以 S.1477〈祭驴文〉为例》，《敦煌研究》2004 年第 1 期，第 59—61 页；张鸿勋、张臻：《敦煌本"祭驴文"发微》，《敦煌研究》2008 年第 4 期，第 59—66 页。
② 黄正建：《唐代衣食住行研究》，首都师范大学出版社，1998 年，第 164—165 页。
③（唐）佚名：《嘲举子骑驴》："今年敕下尽骑驴，短轴长鞭满九衢。"（见《全唐诗》卷 872）从中可以感受到小毛驴地位虽微，但也是这些书生文人们成名之前的依靠和得力助手。

非常有趣的是，我们从伯希和的西域考察日记中可以知道，即使是到了20世纪初的1908年，伯希和仍然看到了往返于敦煌、新疆罗布泊一带的商队大量使用较骆驼更为廉价的毛驴作为运输工具的情景[①]。

总体而言，虽然传世文献中对这些在丝绸之路上曾经帮助人类沟通中西、默默奉献的牲畜，无论是骆驼还是毛驴、骡子，或是拉车的牛，都不曾有过多的记载，但是随着墓葬考古新资料的不断发现，结合留存下来的石窟壁画等资料，透过历史的尘埃，我们还是看到丝路上这些交通运输牲畜蛛丝马迹的默默身影。当然对于这个问题的研究，远非本文所论简单，不同的时间段，不同的地理环境，不同的丝路行人，对于运输工具的使用和选择会有所不同，需做更深入的分析，断不可一概而论。

小　结

作为图像文献的敦煌画商人遇盗图，以形象的绘画艺术为形式，在佛经文字语言的规范下，通过佛教信仰的媒介，把隋至宋、西夏时期活跃在丝绸之路上以粟特胡人为主的商业活动中颇为惊险的一幕定格在不同时期的洞窟、壁画、绢画和纸画上。这些小幅的画面，在整体敦煌壁画中看似微不足道，但在"图像证史"理念与方法的指引下，把一幅幅图像放在丝路交通贸易这样的大背景下观察，则属漫长丝路上商业活动的真实图像的记录和再现，因此实有研究的重要价值和意义。这些形象的画面，也是我们今天理解中古时期丝路交通贸易的重要载体，透过历史的观察，往往会复原一幅幅不同场景的丝路交通与民族互动的历史片断，最终可成为鲜活的丝路历史记忆。

---

① ［法］伯希和著：《伯希和西域探险日记1906—1908》，耿昇译，中国藏学出版社，2014年，第468页。

第三章
敦煌壁画中的丝绸之路绢帛图像

第一节　问题的提出

丝绸之路因丝绸贸易而来，丝绸贸易无疑是丝绸之路的核心内容。关于历史时期以丝绸为主要贸易对象和通货交易方式的记载，在传统的史书典籍和各类考古文献中并不陌生，在以河西汉简、敦煌藏经洞各类档案写本、吐鲁番文书、西域中亚考古资料为代表的考古文字文献中也有真实的记载，到今天已是大家耳熟能详的史实。

有趣的是，如此醒目的历史记忆，我们却很难在考古资料中得到实物和明确图像的印证。虽然在中亚、西域、河西各地的遗址、城址和墓葬中不难发现各类丝绸织物的考古遗存，但均是以各类衣物、物品或其残件的形式呈现的，很难有完整的作为贸易对象或通货使用的丝绢产品。大英博物馆收藏斯坦因 1901 年在楼兰遗址发现的公元三至四世纪汉晋时期的平纹素绢，现呈浅黄色，原应为白色，一大一小，小的是大的一半，分别是一匹和一缎，是单匹单缎的丝绢卷成

图 3-1　斯坦因在楼兰发现的汉晋绢一匹一缎（采自 Valerie Hansen:
The Silk Road-A New History, Plate 5A）

捆束的形状（图 3-1），依公布的数据可知，该完整的一匹绢的幅阔度是 50 厘米
（此尺寸正是汉晋绢帛幅阔）[①]，据美国耶鲁大学 Valerie Hansen 判断，应该是 "楼
兰戍堡中中国士兵的军饷"，因此她认为 "这是三四世纪通货用绢的唯一实物例
证"[②]。因为汉晋时期楼兰的士兵往往是受设于河西走廊敦煌或凉州的上级单位管
理，因此这些绢有可能是来自河西走廊的敦煌一带，至少可以肯定同样的绢在同
时期的敦煌是作为流通货币使用的[③]。

　　此一点还可以得到斯坦因在敦煌发现的另一件较为完整残帛的印证，即被法
国沙畹编号为 539T.XV.ai.3 的 "任城缣"，正面有文字：

　　　　任城国元父缣一匹，幅广二尺二寸，长四丈，重廿五两，值钱
六百一十八。

---

①［英］M. Aurel Stein, *Serindia—Detailed Report of Explorations in Central Asia and Westernmost China*.
By Arrangement with Oxford University Press, London, First Edition: Oxford, 1921. Reprint: Delhi, 1980. 373–374, 432, 701 页
图版 XXXVII。中译本见斯坦因著，中国社科学科院考古研究所译：《西域考古图记》，广西师范大学出版社，1998 年。
②［美］Valerie Hansen: *The Silk Road-A New History*, Oxford University Press, 2012, Plate 5A. 中译本见张湛译：《丝绸
之路新史》，北京联合出版公司，2015 年。
③ 此图版另见荣新江：《丝绸之路上的于阗》图 1，标为敦煌发现的汉代丝绸，载上海博物馆编：《于阗六篇：丝绸
之路上的考古学案例》，北京大学出版社，2014 年。

另在背面有"□□元"三字。

标本实物幅宽 50 厘米，按汉尺 23 厘米计算，基本吻合，是当时丝绢织品在敦煌流通的另一实例[①]。

河西魏晋墓葬画像砖中出现以绘画形式记载下来的丝绸图像，集中出现在高台魏晋墓中，如高台许三湾五道梁魏晋墓群出土的"采帛木几"画像砖（图3-2），在一四脚木几上画有八个小圆圈，由墨书文字可知，木几上所放置的即为"彩帛"，图形极为简单抽象，仅是象征性表示彩帛。高台魏晋墓中另出土一块画像砖上有"相"字，画面是两个箱子，箱内物品图像画法同前"采帛木几"画像砖，可以理解为装丝绢等同类物品的箱子（图3-3）。河西魏晋墓葬中的画像砖还出现过一类矩形图案，在嘉峪关、酒泉、高台等地魏晋墓画像砖上均有出现，一般在墓葬的后室正壁位置，早年在相关考古报告中已定名为"绢帛图"[②]，郭永利把这些均归为"彩色丝帛"，代表墓主人的财富，是有道理的[③]。

汉晋之后，到了隋唐时期，可以确定作为丝路贸易商品的丝绸，即是墓葬中常见的那些三彩骆驼俑、普通骆驼陶俑或壁画骆驼上出现的一束束像绳子一样拧结在一起的、被考古简报和考古报告明确描述为"生丝""丝绸"的货物，而对于大量唐墓中见到的骆驼上（骆驼俑或壁画骆驼）所驮载的物品，虽然国内外从事丝路研究的学者们多有关注，但往往把其中部分物品统称为丝绸或丝织品（绢帛），具体的名称则未细究[④]。由于图像实物特征表达的模糊性和不确定性，很难清晰而肯定地判断这些货物即是丝绸或其中某一类产品。

---

① 罗振玉、王国维编著：《流沙坠简》"器物五五"，中华书局，1993 年；夏鼐：《我国古代蚕、桑、丝、绸的历史》，载氏著《考古学和科技史》，科学出版社，1979 年，第 98—116 页；[日]池田温：《敦煌的流通经济》，《讲座敦煌·敦煌社会》，东京大东出版社，1980 年，第 297—343 页。

② 甘肃省文物考古队、甘肃省博物馆、嘉峪关市文物管理所：《嘉峪关壁画墓发掘报告》，文物出版社，1985 年，第 66 页。

③ 郭永利：《河西魏晋十六国壁画墓》，民族出版社，2012 年，第 203—219 页。

④ [日]森丰：《丝绸之路的骆驼》，新人物往来社，1972 年；[法]布尔努瓦著，耿昇译：《丝绸之路》，山东画报出版社，2001 年；Elfriede R. Knauer, The Camel's Load in Life and Death: Iconography and Ideology of Chinese Pottery Figurines from Han to Tang and their Relevance to Trade along the Silk Routes, AKANTHVS. Verlag fur Archaeologie, 1998；参见荣新江：《〈骆驼的生死驮载——汉唐陶俑的图像和观念及其与丝路贸易的关系〉书评》，《唐研究》第 5 卷，北京大学出版社，1999 年；冉万里：《"丝绸之路"视野中的一件三彩骆驼俑》，《乾陵文化研究》（四），第 147—157 页。

图 3-2　高台许三湾五道梁墓群出土"采帛木几"画像砖（高台博物馆提供）

图 3-3　高台博物馆藏魏晋墓出土"相"画像砖（高台博物馆提供）

　　张庆捷对北朝和隋唐时期墓葬中大量出土的各类胡商俑、胡商图以及文书做过深入的研究，其中涉及到对胡人牵驼俑的图像分析，指出"骆驼、马、驴驮载的货物种类主要有丝卷、锦帛、毛皮等，是胡商俑组合与胡商图中最常见的货物"[①]。另在其研究胡商骆驼俑驮载方式时，再次指出"从东魏起，骆驼、马、驴驮载的货物种类主要有束丝、绢帛、毛皮等，对于骆驼所载各种货物的比例，虽然没有做过精确的数量统计，但就所见资料大致比例看，束丝、丝绸、绢帛等纺织品，无疑是胡商俑组合与胡商图中最常见的货物，所占比例也是最大"[②]。他的研究虽然指出了丝路上胡商贩运丝绸的图像，但是仍然是较为笼统的命名，甚至有些想当然的推测，仅仅指出了驼背上的丝、绸、绢、帛，却几乎无一例图像特征的辨析，实际上是无法确指的，不确定的成分多。

　　之所以会出现以上历史释读的困难和缺憾，除了历史图像资料对真实历史的符号性表达手法，也与历史时期各类丝绸织品难以保存下来有关。幸运的是，通过仔细深入考察敦煌壁画、唐墓三彩骆驼俑、唐墓壁画、辽墓壁画等图像，可以发现珍贵的丝路贸易商品中与丝绸相关的产品，为我们从图像实物的视角观察这一问题提供重要的资料。介绍出来，以飨同好，也为丝路贸易研究提供些许的思考。

第二节　敦煌壁画中的绢图像

　　莫高窟盛唐第45窟主室南壁观音经变一铺，画面主体表现观音救难和三十三现身的内容，其中救难场景之"商人遇盗图"，亦即习惯所称的"胡商遇盗图"，是表现漫长的丝绸之路上以粟特胡人为代表的胡商从事丝路贸易的情景，荣新江把壁画中商胡为首者判定为商队中的"萨宝"，即商队的头领[③]，笔者也从

---

　　① 张庆捷：《北朝隋唐的胡商俑、胡商图与胡商文书》，载李孝聪、荣新江主编：《中外关系史：新史料与新问题》，第173—204页；收入氏著《民族汇聚与文明互动——北朝社会的考古学观察》，商务印书馆，2010年，第178页。
　　② 张庆捷：《北朝入华外商及其贸易活动》，原载张庆捷、李书吉、李钢主编：《4—6世纪的北中国与欧亚大陆》，另收入氏著《民族汇聚与文明互动——北朝社会的考古学观察》，商务印书馆，2010年，第216页。
　　③ 荣新江：《萨保与萨薄：佛教石窟壁画中的粟特商队首领》，载《粟特人在中国——历史、考古、语言的新探索》，第49—71页，另载氏著《中古中国与粟特文明》，生活·读书·新知三联书店，2014年，第186—216页。

丝路交通贸易的角度做过研究[①]，另外在大量的各类敦煌画册和相关出版物中多可见对此图的介绍和说明，但有趣的是，对于商队所驮载物品，至今还未见有明确的判断。

仔细观察发现，第45窟胡商遇盗图（图3-4），在强盗和胡商之间的地面上，堆放着两样物品，其中之一为一土红色包袱，未打开，内所装物品不得而知；另一件由10小卷白色长条形物品捆扎在一起，其中一端有三片类似羽毛或叶状物突出来，均为白色，其间有墨线条纹；旁边还有从毛驴身上卸载下来的鞍具并货物，其中的货物因为完全被包起来，具体种类不明。对于以上物品，在较早的敦煌壁画出版物即段文杰主编《中国敦煌壁画·盛唐》卷中，史苇湘撰写图版说明是这样描述的：

　　一群商人驮着丝绸经过狭谷险路时，为三名持刀匪徒劫持，皆恐惧不

图3-4　莫高窟盛唐第45窟观音经变胡商遇盗图（关友惠先生线描图）

---

　　① 沙武田：《丝绸之路交通贸易图像——以敦煌画商人遇盗图为中心》，《丝绸之路研究集刊》第一辑，第122—155页。

已。他们被迫从牲口背上卸下丝绢。①

在这里史苇湘虽然没有专门就前述已经堆放在地上的两件物品作特征描述，但是可以从行文中大体推断作者认为此即是丝绢类商品。

其他各类出版物中，对此图描述和关注的核心是丝路上胡商遇见强盗的情景，侧重点多在强盗和胡商身上，即图像反映出来的丝路交通情景②，几乎不见有对地面上两件物品的说明，或仅统称以丝路交流"商品"一笔带过。同样的表达方式清晰地出现在晚唐第468窟顶披观音经变商人遇盗图中（图3-5），站立的强盗和胡跪的商人之间有三条（二红一白）横放的物品和一包袱。更为清晰的同类图像出现在藏经洞S.6983晚唐插图本观音经的两幅表现"怨贼难"的图画中（图3-6），在二画面的强盗与商人之间的地面上，分别画一捆由小卷（一为3小卷一捆，另一至少有6小卷一捆）组合的物品，此观音插图画面中对此条形物品的捆绑方式体现最为清晰，均一分为三段式捆扎，和本文后述宋墓辽墓中的绢帛

图3-5-1　莫高窟晚唐第468窟观音经变救难及其中的商人遇盗图（敦煌研究院提供）

---

① 段文杰主编：《中国敦煌壁画·盛唐》，天津人民美术出版社，2010年，彩色图版64，图版说明第22页。
② 敦煌研究院编，马德主编：《敦煌石窟全集·交通画卷》，香港商务印书馆，2000年，第28页。

图 3-5-2　莫高窟晚唐第 468 窟观音经变（敦煌研究院提供）

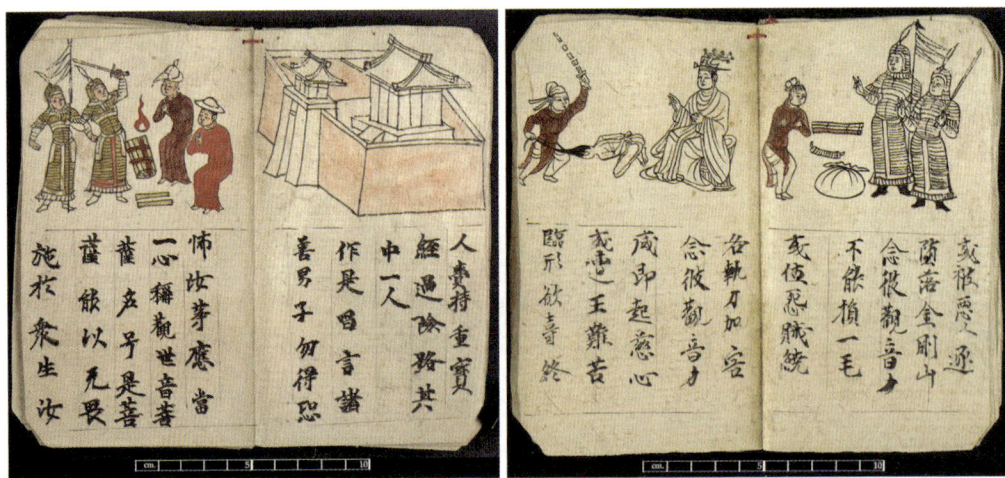

图 3-6　敦煌藏经洞 S.6983 插图本观音经"怨贼难"画面（国际敦煌项目IDP）

图 3-7 唐章怀太子墓侍女图（采自周天游主编《唐墓壁画珍品·章怀太子墓壁画》）

图 3-8 宝山 2 号辽墓寄锦图壁画（采自孙建华编著《内蒙古辽代壁画》）

包装完全一样，其中有一幅还有纵向的捆绳，又有一幅在旁边单独画出来二条形物，应为抽出来的样品，此一点可得到唐章怀太子墓侍女图中侍女手持的一卷绢帛状物品（图 3-7）和宝山辽墓"寄锦图"中一卷锦帛样式（图 3-8）的印证①。

上述第 45 窟胡商遇盗图中地面包袱中的物品和驴鞍上包裹起来的商品，由于被包裹在内而看不到其形状，故无法判断品名，但是包括插图本观音经画面中地面上堆放的由 3—10 小卷捆在一起的物件和单独抽出来一小卷的物品，其形状是可以卷起来的长条形，色彩是白色、红色，间有条纹，质地是可卷的柔软的物品，有以上特征的古代商品，基本上只能是丝绢类产品。此外兼有以上特征的可能为纸张，但唐代纸张基本上是黄色或黄麻色（图 3-9），不会有红色。另外从画面反映的特征看，似与纸张的尺寸是不合的。单就纸张而言，以最为丰富的敦煌唐代纸张为例，据学者们的研究，幅高小纸 25—26 厘米，大纸 26.5—27.5 厘

① 内蒙古自治区文物考古研究所，孙建华编著：《内蒙古辽代壁画》，文物出版社，2009 年，第 46、49 页图版。

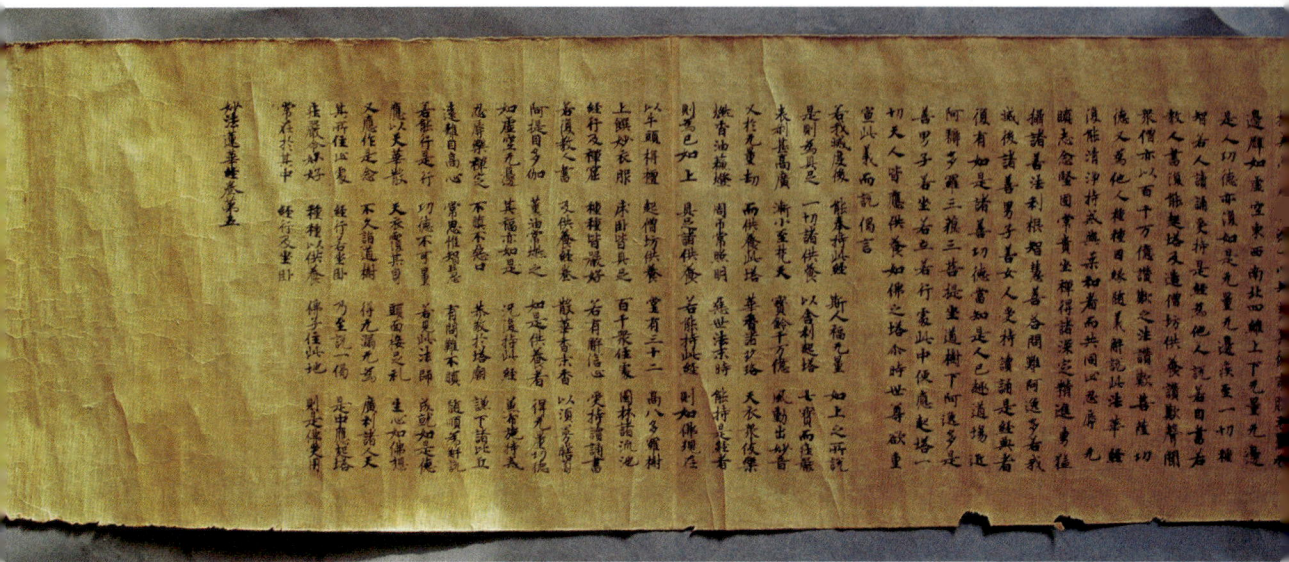

图 3-9　高台博物馆藏敦煌藏经洞唐代写经（高台博物馆提供）

米[1]，另从敦煌博物馆藏卷轴装的藏文写经可知，唐五代还有一类幅高 30—32 厘米的麻纸[2]，著名的藏经洞咸通九年雕版印刷的《金刚经》即幅高 30.5 厘米[3]，另在敦煌发现的来自内地如长安等地的写经显示其幅高略高于敦煌本地纸张，一般在 29—32 厘米之间[4]。从我们后面对丝绢尺寸（幅阔 56 厘米左右）的讨论可知，纸张的幅高与绢的阔度有明显的差距，其大小还是可以在图像上区别出来的，像敦煌壁画中常见的僧人手持的经卷，与本文所论绢类，虽然在形式上都是卷状物，但是宽度、阔幅有明显的差距，因此可以据此做些图像学上的辨识。

　　但仅凭以上特征还不能完全判定第 45 窟胡商遇盗图中地下堆放物其中之一为丝绢类产品。幸好在敦煌壁画中另有同类物品图像的佐证，与第 45 窟属莫高

---

　　① 姜亮夫：《敦煌——伟大的文化宝藏》，上海古典文学出版社，1956 年；潘吉星：《敦煌石室写经纸的研究》，《文物》1966 年第 3 期，第 39 页；李晓岑、贾建威：《甘肃省博物馆藏敦煌写经纸的初步检测和分析》，《敦煌学辑刊》2013 年第 3 期，第 164—174 页。

　　② 马德主编：《甘肃藏敦煌藏文文献叙录》，甘肃民族出版社，2011 年。

　　③ 数据来自国际敦煌项目 IDP。

　　④ 相关数据可参考国际敦煌项目 IDP 或法国国家图书馆网站，或国内已出版的各类敦煌文献大型系列图书，如《英藏敦煌文献》《法藏敦煌西域文献》《俄藏敦煌文献》等。相关研究参见王进玉：《敦煌学和科技史》第七章，甘肃教育出版社，2011 年。

窟同时期洞窟的第 217 窟南壁画佛顶尊胜陀罗尼经变一铺（图 3-10），画面右侧大面积山水画行旅场景，之前研究者识别为法华经变之"化城喻品"中的内容[①]，后经日本学者下野玲子考释，确定为佛顶尊胜陀罗尼经变之"序品"[②]，已得学界认可。

图 3-10　莫高窟盛唐第 217 窟南壁佛顶尊胜陀罗尼经变（敦煌研究院提供）

据佛陀波利译《佛顶尊胜陀罗尼经》可知，该经之"序品"，是讲佛陀波利于唐仪凤元年来朝拜五台山，后经文殊菩萨化现老人的点化，返回西国，至永淳二年取来梵本《佛顶尊胜陀罗尼经》来到长安，在皇帝的主持下于宫内翻译此经，但因为皇帝不让经本流外，佛陀波利不得已再次从皇帝手中请回梵本，至西

---

① 施萍婷、贺世哲：《敦煌壁画中的法华经变初探》，载敦煌文物研究所编：《中国石窟·敦煌莫高窟（三）》，第 177—191 页；贺世哲：《敦煌壁画中的法华经变》，敦煌研究院编：《敦煌研究文集·敦煌石窟经变篇》，第 127—217 页；贺世哲：《敦煌石窟论稿》，第 135—224 页。

②［日］下野玲子：《敦煌莫高窟第二一七窟南壁经变の新解释》，《美术史》第 157 册，2004 年 10 月，第 96—115 页；丁淑君中译本见敦煌研究院信息资料中心编：《信息与参考》总第 6 期，2005 年；牛源中译本见《敦煌研究》2011 年第 2 期，第 21—32 页。另见下野玲子：《唐代佛顶尊胜陀罗尼经变图像的异同与演变》，《朝日敦煌研究员派遣制度纪念志》，朝日新闻社，2008 年；下野玲子：《敦煌佛顶尊胜陀罗尼经变相图の研究》，勉诚出版社，2017 年，第 25—112 页。

明寺再译经本，最后入五台山金刚窟不出①。莫高窟第 217 窟和第 103 窟佛顶尊胜陀罗尼经变右侧山水画部分即是对此"序品"的画面表现（图 3-11）。其中在方形城内帝王接见僧人和僧人翻译经典的场景，即是佛陀波利于长安受皇帝接见并组织翻译佛经的事情。其中有一画面，地上依次放着三件物品（图 3-12），下野玲子描述为"三个长方物体"，并明确指出是佛经序品中所讲"敕施僧绢三十匹"

图 3-11　莫高窟盛唐第 217 窟佛顶尊胜陀罗尼经变右侧山水画"序品"画面（采自敦煌研究院编《史苇湘、欧阳琳临摹敦煌壁画选集》）

图 3-12　莫高窟盛唐第 217 窟佛顶尊胜陀罗尼经变右侧山水画"序品"画面线描图（常书鸿绘，采自敦煌研究院编《敦煌壁画线描百图》）

①（唐）志静：《佛顶尊胜陀罗尼经序》，《大正藏》第 19 册，第 349 页。

之"绢三十匹"①, 原文记载如下:

> 佛顶尊胜陀罗尼经者, 婆罗门僧佛陀波利, 仪凤元年从西国来至此汉土, 到五台山次……至永淳二年回至西京, 具以上事闻奏大帝。大帝遂将其本入内, 请日照三藏法师, 及敕司宾寺典客令杜行顗等, 共译此经。敕施僧绢三十匹。其经本禁在内不出。②

至此, 图像和经典文字记载完全符合, 图文互证, 可以肯定, 第 217 窟壁画中城内地上堆放的被下野玲子描述为"三个长方物体"的, 即是唐永淳二年皇帝(时为唐高宗)在长安给佛陀波利"敕施"的"绢三十匹"无疑。

仔细观察这三件物品, 和前述第 45 窟胡商遇盗图地上堆放的小卷成捆的物件完全一致, 由于画面太小, 又有变色的情形, 我们不能确定是否亦为小卷组成之大捆, 但是同样为成卷的长条形, 色彩亦为白色, 最有趣的是这三卷物品的一端同样有三片类似羽毛或叶状物的东西凸出来, 均为白色, 其间有墨线条纹。也就是说第 217 窟壁画中的此三件物品的形状、特征与第 45 窟者完全一致, 可以肯定是一类物品。那么, 因为第 217 窟的物品有经典文字可证是"绢", 则可以肯定第 45 窟同类物品亦即是"绢"。同样第 468 窟壁画中横放的三条状物品也当是绢, 藏经洞插图本观音经画面中的成捆的条状物同样是绢。如此, 从道理上讲, 另一铺同时期相同图像结构样式的莫高窟第 103 窟佛顶尊胜陀罗尼经变中也会有相同绢的图像, 可惜第 103 窟表现佛陀波利在长安见皇帝的画面残毁严重而不清楚了。

受以上壁画中绢图像的启示, 仔细检索敦煌壁画, 可以看到更多同类图像, 分别出现在弥勒经变、金刚经变、降魔经变、报恩经变、贤愚经变等绘画当中, 介绍如下:

1.弥勒经变中。在敦煌藏经洞绢画 Stein painting 11 弥勒经变③画面中, 主尊

---

①［日］下野玲子著:《莫高窟第 217 窟南壁经变新解》, 牛源译,《敦煌研究》2011 年第 2 期, 第 30—31 页。

②(唐)志静:《佛顶尊胜陀罗尼经序》,《大正藏》第 19 册, 第 349 页。

③［英］韦陀(Roderick Whitfield)主编:《西域美术·大英博物馆藏斯坦因收集品·敦煌绘画 II》(The Arts of Central Asia)第二卷, 彩版 12, 讲谈社, 1982 年。

正前两侧的两条供桌上摆放着各类供宝（图 3-13），中间各有四只净瓶，一侧中间兼有四颗摩尼珠一花盘，另一侧中间有一短颈的瓶；然后依次两侧各二编筐，其中分别放六个黑色的馒头状物，详细物品不明；两条桌子的内外两端，分别堆放着两捆条形物，从高度判断应该是两层，上层明显是五条，靠外端的红色素色相间，中间有两道绳索捆扎，下面四周可以清晰看到用来包裹的软布。从此图像可以明显看到丝绸柔软的质感，每卷有轻微的波浪感，捆扎的形式也与前述第45、217 窟及相关观音经插图绘画相似，包裹的方式也应符合丝绢的特征。而其出现在这个位置，和桌子上同时出现的宝瓶、摩尼珠、花盘等一样，均属供宝，正是表现对弥勒的供养，符合绢在当时的社会功能与性质。同样的图像，又可在哈佛大学藏敦煌麻布画弥勒经变中见到（图 3-14）。同是弥勒经变，另在莫高窟第 208 窟表现"众人观宝视而不取"的画面中，地上堆放各类宝物，其中也有条状的绢（图 3-15）。另，莫高窟晚唐第 12 窟弥勒经变婚嫁图画面中，在行礼的

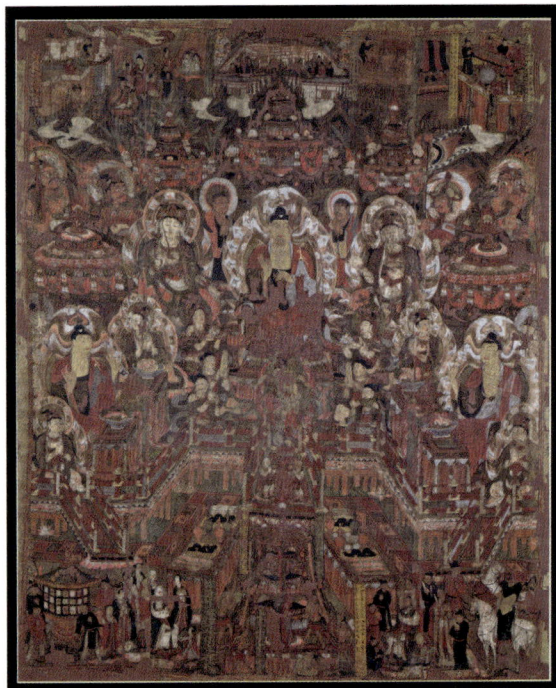

图 3-13　敦煌绢画 Stien painting 11 弥勒经变（采自《西域美术·大英博物馆藏斯坦因收集品·敦煌绘画Ⅱ》）

图 3-14　哈佛大学藏敦煌绢画弥勒经变（王惠民先生提供）

图 3-15　莫高窟盛唐第 208 窟弥勒经变路不
拾遗画面（敦煌研究院提供）

图 3-16　莫高窟晚唐第 12 窟弥勒经变婚嫁图
（敦煌研究院提供）

新娘新郎前面一方毯上摆放三个编筐，其内放置一条条物品，从其长度和形状判断，应为绢，且有红色和天蓝色两种颜色（图 3-16），应当表示的是聘礼。

2.金刚经变中。在金刚经变中表现用各种珍宝布施其所得功德不如弘扬金刚经所得功德多的画面中，可以看到长条桌子上堆放着各类宝物，除了常见的宝瓶、珊瑚、宝珠、盘等之外，在莫高窟中晚唐第 150、361、18 窟的经变画中，则出现了大量的作为布施宝物的绢，其中中唐第 361 窟画面最为清晰（图 3-17），桌子上堆放不同色彩的绢帛多条，施主站在一旁，有三人前来取宝，其中一人肩扛一匹彩绢、手执一胡瓶而去。莫高窟晚唐第 18 窟壁画桌子上的绢则有展开的成缎成匹的图，甚为宝贵（图 3-18）。

3.降魔变中。五代榆林窟第 33 窟降魔变两侧的条幅式佛传故事画中，出现"商主供奉"画面，传统定为"商主奉蜜"①，但由画面观察可知，跪在佛前面的世

----

① 敦煌研究院编，樊锦诗主编：《敦煌石窟全集·佛传故事画卷》，香港商务印书馆，2004 年，第 176、177 页。

图 3-17　莫高窟中唐第 361 窟金刚经变布施图
（敦煌研究院提供）

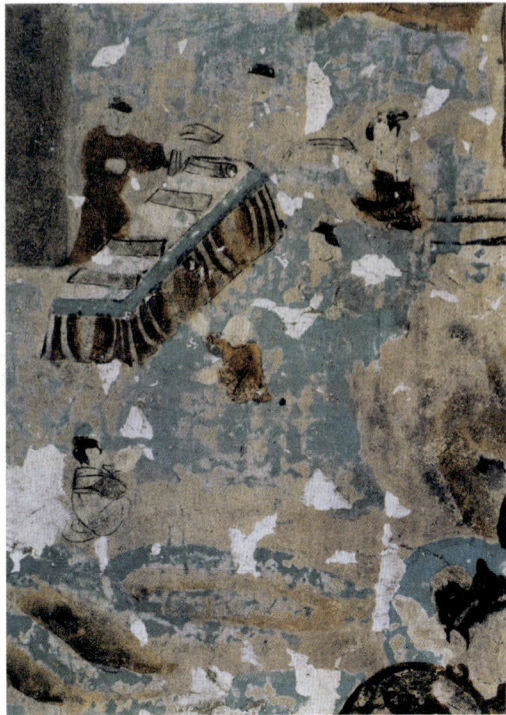

图 3-18　莫高窟晚唐第 18 窟金刚经变布施图
（敦煌研究院提供）

俗装商主双手捧一捆绿色成条状物，至少有 8 条，其宽度略过身体（图 3-19），应是绢帛物品，也符合商主身份，正是高昌回鹘壁画中商主供养画面的另一种形式，若是奉蜜，则应盛于器皿之中，二者区别是明显的。

4.报恩经变中。敦煌石窟中晚唐以来的报恩经变，其中"恶友品"画面表现善事太子身体复原后从利师跋陀国回国后与父母相见，之前从海龙王处取回的宝珠雨宝，在各种宝物中，可以看到从空中徐徐飘下的丝绸[1]。在莫高窟中唐第 154 窟众人取宝画面中（图 3-20），有 4 人各手持一卷宝物，一端伸出一布条，同时，在第 45、217 窟地上绢帛一端伸出布条状，显然应当是宝珠雨绢帛被下面的拾宝人卷成完整的一匹匹后的形状，正是我们在其他画面中见到的完整的绢帛形

---

[1] 各类画册的传统解说中，往往把此类物品解释为衣服，实为作为当时通行货币使用的一匹匹（或一缎缎）绢帛，是以钱物的形式施舍于穷人。

图 3-19　榆林窟五代第 33 窟降魔变条幅中的
商主奉宝（敦煌研究院提供）

图 3-20　莫高窟中唐第 154 窟报恩经变
取宝图（敦煌研究院提供）

状。另在莫高窟晚唐第 85 窟报恩经变中表现太子施舍的画面中，骑马的太子身后一人背负一捆重物，条形状，有黑、红、蓝三种色彩（图 3-21），前面有三个穷人，因为是施舍画面，其所背重物当是绢帛，以施穷人。在报恩经变中，不仅看到了成捆的丝绢图像，也有单卷的绢帛图，还有展开的绢帛画面，实是中古丝绢图像的代表事例。

5.贤愚经变中。莫高窟五代第 98 窟各壁下的贤愚经变屏风画中，其中北壁第三屏"善事太子入海品"表现宝珠雨宝施予民众（图 3-22），从宝珠飘下来一匹匹或一缎缎的绢帛，下面是捡拾宝物的男女穷人民众，共有 12 人，其中有 9 人各自或抱或扛着一捆绢而去，另有三捆绢和其他宝物一起放在地上，一束束绢帛的色彩也不一样，其幅宽和捆扎方式同之前其他画面所见。此画面是目前所见对绢帛的呈现最丰富的，有从空中飘下的丝绢，也有成捆的一束束绢帛。

以上这些洞窟壁画中的绢帛图像，其中弥勒经变、金刚经变、降魔经变中出现的，均是作为佛教供宝的性质与形式，而在报恩经变和贤愚经变善事太子

图 3-21　莫高窟晚唐第 85 窟报恩经变太子施舍图（敦煌研究院提供）

图 3-22　莫高窟五代第 98 窟贤愚经变屏风画宝珠雨宝施民众图（敦煌研究院提供）

入海故事中出现的，则是以宝物财宝的性质和形式，这种把绢帛画在财宝中的图像，也出现在莫高窟初唐第 321 窟十轮经变中[1]，另在纸本画《佛说十王经》插图中也有表现目连冥间救母时用绢帛贿赂牛头小鬼的画面，真是"有钱能使鬼推磨"。

　　到了五代曹氏归义军时期的曹议金夫人回鹘天公主功德窟第 100 窟"天公主窟"，在西壁龛下中间供器一大香炉两侧，分别立有几身人物，其中有各执一球

---

[1] 王惠民：《敦煌 321 窟、74 窟十轮经变考释》，《艺术史研究》第六辑，中山大学出版社，2004 年，第 309—336 页。

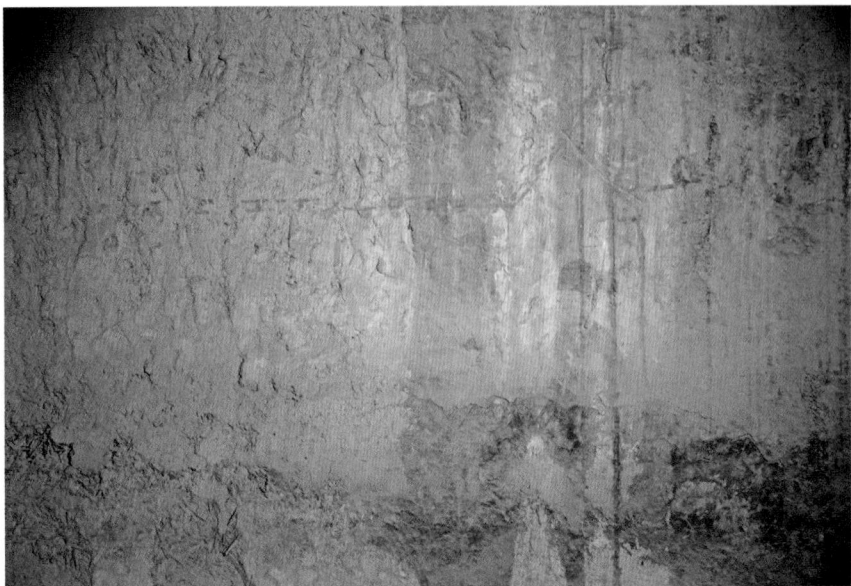

图 3-23 莫高窟五代第 100 窟西壁龛下曹议金出行图前部供佛物品（敦煌研究院提供）

杖的"供奉官"①，在画面的南侧可以看到上下各一条桌子，上摆放各种物品，画面虽然残毁严重，但仍可以看到出现条状物品堆积在一起，中间两道绳子捆扎，极像前述各类绢帛图像，因为桌子上还可以看到似瓶子状物品，根据敦煌画面中各类宝物出现的场景，初步可以推断是绢图像（图 3-23）。画面另一侧残毁严重，不十分清楚，但隐约可以看到类似绢图像。此两处画面表现的分别是曹议金出行图和天公主出行图最前面的部分内容，出现在供桌上的宝物，应该属于礼佛物品，宁强早年已注意到这些作为供养礼佛使用的"绢布供品"②，可以说是很有见地的，惜未详细说明，也一直未见图版发表③。而出行图最前面出现在桌子上的包括绢在内的各类供宝，除了学者们习惯认为的那样作为礼佛供养之意义的考虑

① 宁强：《曹议金夫妇出行礼佛图研究》，载敦煌研究院编：《1990 年敦煌学国际研讨会文集·石窟艺术编》，辽宁美术出版社，1995 年，第 308 页；米德昉：《敦煌莫高窟第 100 窟研究》，甘肃教育出版社，2016 年，第 306 页。
② 宁强：《曹议金夫妇出行礼佛图研究》，载敦煌研究院编：《1990 年敦煌学国际研讨会文集·石窟艺术编》，第 311 页。
③ 在洞窟现场讨论此图像时，杨婕、敦煌研究院赵晓星、浙江大学王瑞雷、中国藏学研究中心杨鸿蛟等帮忙释读。同时我们也就敦煌壁画中出现的卷轴佛经做了比较，排除了作为卷轴写经的可能性。因为写经卷轴均在两头有突出来的轴，另中间出现两道捆扎的绳子也非经卷所使用，经卷是用经帙包裹。感谢敦煌研究院李国提供图片。

之外，其实也启示我们对洞窟中出行图性质的再考察，容另文研究。

除敦煌壁画之外，检索考古资料，结果在宋辽金墓壁画中看到与以上第 45 窟、第 217 窟绢图像极为近似的图像。20 世纪 50 年代由宿白主持发掘的河南禹县白沙宋墓中，一号墓甬道东壁的持物男子（图 3-24）、后室东南壁持物女子，二号墓甬道东壁持物男子，三号墓甬道东、西壁持物男子（图 3-25）所持

图 3-24　白沙宋墓一号墓甬道东壁男子持物壁画（采自宿白《白沙宋墓》）

Ⅰ 第三號墓甬道東壁壁畫　　　　　　　Ⅱ 第三號墓甬道西壁壁畫

图 3-25　白沙宋墓三号墓甬道东、西壁男子持物壁画（采自宿白《白沙宋墓》）

均如同前述二窟绢图像状物，考古报告称为"筒囊"①。后来完全相同的图像出现在河北宣化的辽墓壁画中，其中最为清晰完整也是最有代表性的图像即是韩师训墓墓室西北壁壁画"晨起、财富图"中的图像（图3-26），考古报告中如是描述："筒状物封筒，筒上有蓝、白、红、绿诸色，两端和中间有箍。一端有长方形的封盖，根据M6、M10（张匡正墓）经架上的经卷装于'卷帛'封筒之中，一侧还露出卷轴分析，此物应为卷帛封筒。"②因为此图在墓葬中的意义明显是和墓主人对财富的拥有相关联，与此类筒状物一同出现的另有放在地上的一串串的铜钱，以及桌子上的银锭、犀牛角，按照古代绢帛与金钱共同作为货币使用的事实，可以说考古报告确定此物为"卷帛封筒"，即属绢帛类物品的包装，是非常有道理的。完全相同的图像也可以在大同周家店辽墓壁画"收财帛图"（图3-27）中看到③。前述白沙宋墓中出现持此筒囊的人，往往也会另一手持有串

图3-26　河北宣化辽代韩师训墓墓室西北壁壁画"晨起、财富图"图（采自
《宣化辽墓——1974—1993年考古发掘报告》）

---

① 宿白：《白沙宋墓》，文物出版社，1957年第一版，2002年第二版，图版二七、三二。
② 河北省文物研究所：《宣化辽墓——1974—1993年考古发掘报告》，文物出版社，2001年，第298页，另见彩图九六、线图二二九。
③ 王银田、解廷琦、周雪松：《山西大同市辽墓的发掘》，《考古》2007年第8期，第34—44页；图版见贺西林、李清泉：《中国墓室壁画史》，高等教育出版社，2009年，图4-14，第239页。

图 3-27　大同周家店辽墓壁画"收财帛图"（采自贺西林、李清泉《中国墓室壁画史》）

图 3-28　黑水城出土绘画《皇帝与侍从像》（采自《俄藏黑水城艺术品》）

钱或其他宝物，显然是宋金墓中流行"财富图"的表达。辽墓之外，同时期的金代绘画中也可以看到几乎类似的绢与其他的像吊钱、珊瑚、摩尼珠、犀牛角、银锭等一同出现的画面（图 3-28），以黑水城版画类经变画为代表，可以认为是同时代的基本图像志的表达。

仔细比较白沙宋墓和宣化辽墓中出现的"筒囊""卷帛封筒"的形式，也是一条条不同颜色的条状物，中间和两端有捆扎或箍条，结合第 217 窟、Stein painting 11 和哈佛藏弥勒经变绢画、金刚经变等画面中可以肯定的绢图像画法，也可进一步确定宋墓和辽墓中此类"财富图"中物品为绢帛的事实，这一点也得到学者们的认可①。又从墓葬中筒囊与持有人的大小比例可以判断，此类筒囊正符合后面所论唐宋绢幅阔宽度，因此当以绢为主。

而如果说以上敦煌唐代壁画、宋墓和辽墓壁画中绢帛图像因为捆扎在一起影

---

① 李清泉：《宣化辽墓——墓葬艺术与辽代社会》，文物出版社，2008 年。

响对其物品类别判断的话，内蒙古赤峰宝山辽墓壁画"寄锦图"中一卷有墨书题记可证为锦帛的物品①，如同敦煌插图本观音经中出现于强盗和商人之间地面上完整的小卷物品，恰是敦煌唐代壁画、宋墓和辽墓壁画中成捆的绢帛被抽出来的样品的反映。

受以上绢图像的启示，仔细检索敦煌壁画，像出现在唐五代壁画法华经变中表现"化城喻品"画面情节的丝路商旅图中，以莫高窟第98窟壁画为代表，那些行走在山间栈道上的行旅们，其中有的人所背一卷卷筒状的物品（图3-29），大概也是丝绢。葛承雍提示笔者，此处行人所背卷状物最可能是毛毡之类供行人在长途寻宝途中休息所用的物品，颇有道理。但笔者之所以更加倾向于丝绢类物品，是考虑到此类图像的行人每人背上所背总是三五卷东西，如果是毛毡类，应该不会如此之多，因为在通辽市库伦旗奈林稿苏木前勿力布格村的2号、6号、7号辽墓壁画中，有多处骆驼身上驮有大型卷筒状物品（图3-30），画面特征极易判断即是毛毡②。况且我们在同类图像中看到休息者并没有铺毡休息，而仅是倚之而卧，显示所背卷状物品珍贵，不可拆铺。另一方面，若按画面所据经文之义，有可能画家是借现实生活中行走于路上的商人来表达经文所言不畏艰险的寻宝之人，其实也有强调商人贩运的结果，进而表达经文所讲最后得到"真宝"即佛法之精义。相似的画面另可以在莫高窟五代第61窟大型五台山图中有反映，其中前往五台山巡礼朝拜的行人，有以双手捧一卷物品，略宽于身体（图3-31），应该是比较珍贵，有可能为绢类物品，表示拿此类物品前往五台山供奉。

巧合的是，我们可以发现，以上几幅壁画和绢画中表现出来的唐代丝绢的形状特征，是和斯坦因在楼兰发现的汉晋时期的绢完全一样的，唯独楼兰的绢未见

---

① 内蒙古文物考古研究所，阿鲁科尔沁旗文物管理所：《内蒙古赤峰宝山辽壁画墓发掘简报》，《文物》1998年第1期，第73—95页；吴玉贵《内蒙古赤峰宝山辽墓壁画〈寄锦图〉考》，《文物》2001年第3期，第92—96页，另载巫鸿、李清泉：《宝山辽墓：材料与释读》，上海书画出版社，2013年，第147—152页。

② 哲里木盟博物馆等：《库伦旗第五、六号辽墓》，《内蒙古文物考古》总第2期，1982年，第35—46页；郑隆：《库伦旗辽墓壁画浅淡》，《内蒙古文物考古》总第2期，1982年，第47—50页；金申：《库伦旗六号辽墓壁画零证》，《内蒙古文物考古》总第2期，1982年，第51—55页；王健群、陈相伟：《库伦辽代壁画墓》，文物出版社，1989年。内蒙古自治区文物考古研究所，孙建华编著：《内蒙古辽代壁画》，第262、263、275页图版。

图 3-29　莫高窟五代第 98 窟法华经变化
城喻品中的行人（敦煌研究院提供）

图 3-30　库伦旗奈林稿苏木前勿力布格村辽墓壁画出行
图中的骆驼载物（采自孙建华编著《内蒙古辽代壁画》）

图 3-31　莫高窟五代第 61 窟五台山图中巡礼朝拜的行人（作者拍摄自敦煌研究院兰州院部数字敦煌展）

像壁画中绢一样的一端附加的羽毛状或叶状的凸出物，据 P.2003、P.2870、P.3720 和日本久保惣纪念美术馆藏唐宋时期的插图《佛说十王经》中表达目连救母画面中用来贿赂地狱牛头鬼的绢图像（图 3-32），可证此为每匹绢的系带，到了辽墓卷帛经筒中则以一小片状封盖表示。

　　至此，我们大体可以肯定，包括莫高窟第 45、468 窟及插图本观音经胡商遇盗图中出现的绢，即是丝绸之路上胡商进行贸易的重要商品，因其珍贵而成为丝路沿途盗贼劫掠商队的原因和目的。而第 217 窟佛顶尊胜陀罗尼经变的绢，则是大唐皇帝"敕施"给佛陀波利的珍贵物品，算是对其带来梵文本《佛顶尊胜陀罗尼经》的奖赏。二者分别体现的是有唐一代丝路贸易商品和国家珍贵物品在丝路交通和帝王赏赐活动中频繁出现的历史事实，有重要的历史图像价值和意义，值得引起丝路研究者的重视。

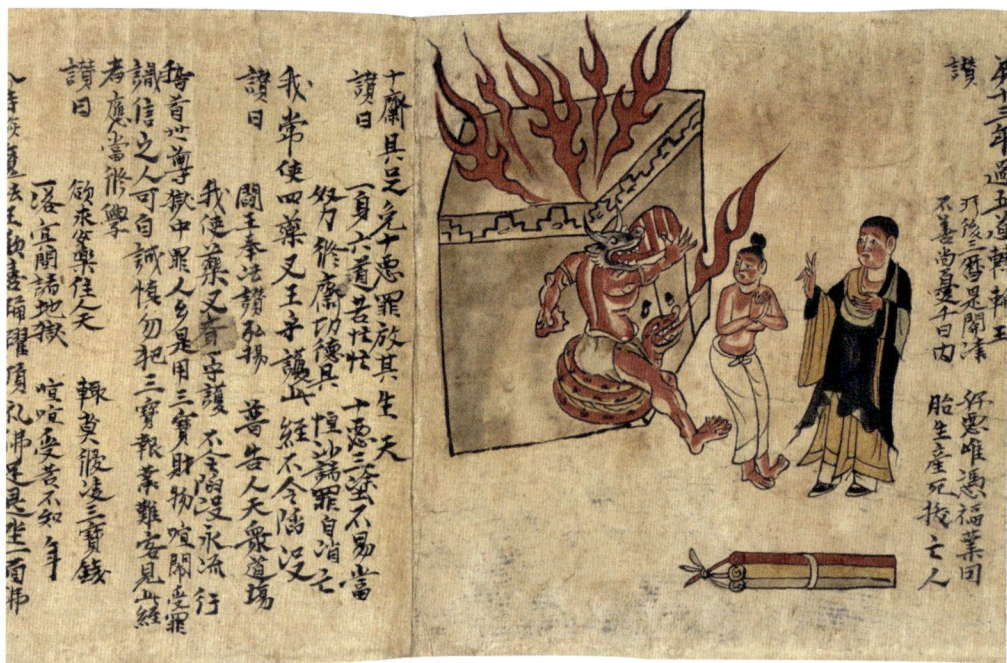

图 3-32　敦煌写本 P.3720 插图本《十王经》（采自国际敦煌项目 IDP）

第三节　唐代作为货币商品的绢

绢是古代丝绸品种最常见的一类，有时也是纱、绡、纨、素、缟、绨、缣、绌、絁的统称，但因组织结构的不同略有差异；绢一般是平纹素织物，而有色彩的平纹织物则称为彩绢①。绢是由汉晋或之前帛而来，汉代时又有称"缯帛"②，到了魏唐时期，绢才成为一般平纹素织物的通称③。唐代绢的生产是官府纺织业机构即少府监下属织染署八作所管理，绢在隋唐时期是比较普通的丝织品，是当时老百姓向政府缴纳户调的主要物品，又是各地向政府进贡的一般丝料，而且也是市场上作为货币使用的流通等价物，因此绢在当时的重要性可以想象得到。

唐初实行租庸调制度，其中庸调支付除了麻绵（图3-33）等外，大部分即为绢帛，所以绢帛的征收量很大，"其度支岁计，粟则二千五百余万石，布、绢、绵则二千七百余万端屯匹，钱则二百余万贯"④。两税法代替租庸调制度之后，发生变化，以钱定税，但仍允许百姓将钱折成绢帛交纳，《册府元龟》记载："其所纳见钱，仍许五分之中，量征二分，余三分兼纳实估匹段。"⑤汪篯据《通典》卷六《食货典》、《元和郡县图志》、《唐六典》卷三户部郎中员外郎条记载，通过对唐玄宗时全国十道诸郡丝织物贡品的统计，对隋唐时期全国丝产地的分布做了梳理，结果表明，单就绢而言，集中生产于河南、河北二道，也就是说绢成为此二道地方诸郡向国家交纳赋税的主要物品⑥。对于历史时期黄河流域绢的生产，史念海也有深入的研究，以唐代为例，河北和河南二道诸州以绢作为主要贡赋的情况之外，也可以看到此二道不同地区所产绢在当时市场上的优劣等级，以黄河中

---

① 区秋明、袁宣萍：《中国古代丝绸品种的分类》，载朱新予主编：《中国丝绸史：专论》，中国纺织出版社，1997年，第249—250页。

② 孙机：《汉代物质文化资料图说》，上海古籍出版社，2011年，第70页。

③ 赵丰：《中国丝绸艺术史》，文物出版社，2005年，第37页。

④（唐）杜佑：《通典》卷六《食货六·赋税下》，第111页。

⑤（宋）王钦若等编：《册府元龟》卷501《邦计部·钱币第三》，凤凰出版社，2006年，第5689页。

⑥ 唐长孺等编：《汪篯隋唐史论稿》，中国社会科学出版社，1981年，第289—298页。

图 3-33　吐鲁番阿斯塔那墓 M108 出土贺思敬庸调麻布（左）、M105 出土穿麻布的草人（中）、M225 宜州溧阳调布（右）（采自河南博物院编《丝路遗珍——丝绸之路沿线六省区文物精品展》）

下游地区作为国家主体经济商品绢的主要生产地，代表着国家经济的核心依赖关系[1]。又据严耕望研究，不仅唐如此，到了唐末五代十国时期，绢同样是各地主要的贡赋土产，且生产区域扩大[2]。但到了安史之乱之后，江南地区的丝绸纺织业得到很大的发展，以生产绢为主的吴地也成为丝绸产品的主要生产地，江南生产的绢仍然在国家赋税中占重要地位[3]，因此《樊川文集》卷十八提到，天下财赋，首于东南，浙东"机杼耕稼，提封七州，其间茧税鱼盐，衣食半天下"。整体来看，有唐一代，绢在国家赋税经济中占有重要的地位。

---

① 史念海：《黄河流域蚕桑事业盛衰的变迁》，原载《河山集》初集，生活·读书·新知三联书店，1963 年，另载《史念海全集》第三卷，人民出版社，2013 年，第 194—197 页。

② 严耕望：《唐代纺织工业之地理分布》，原载《唐史研究丛稿》，新亚研究所，1969 年，第 645—656 页，另载《严耕望史学论文集》（中），上海古籍出版社，2009 年，第 793—802 页。

③ 杨希义：《唐代丝绸染业述论》，《中国社会经济史研究》1990 年第 3 期，第 24—29 页；杨希义：《唐代丝绸织染业概说》，《西北大学学报》（自然科学版）1990 年第 3 期，第 99—106 页；李伯重：《唐代江南农业的发展》，北京大学出版社，2009 年。

探讨绢在国家经济中的重要地位，还得借助于唐代的货币制度。对于唐代的商业经济和货币制度，学术界研究成果极其丰富[1]。总体来看，唐代一直实行"钱帛兼行"的基本货币政策[2]。开元二十年（732）九月，政府下令，市场上通用绫、罗、绢、布、杂货等，可不用现钱，这在《全唐文》卷二十五《令钱货兼用制》中有详细反映：

> 绫、罗、绢、布、杂货等，交易皆合通用。如闻市肆必须见钱，深非道理。自今已后，与钱货兼用，违法者准法罪之。[3]

开元二十二年十月玄宗再次发布敕令《命钱物兼用敕》，指出：

> 货币兼通，将以利用，而布帛为本，钱刀是末，贱本贵末，为弊则深，法教之间，宜有变革。自今已后，所有庄宅口马交易，并先用绢、布、绫、罗、丝、绵等，其余市买至一千以上，亦令钱物兼用，违者科罪。[4]

到了贞元二十年（804），政府再次令绢帛与铜钱兼用，《新唐书·食货志》记载："命市井交易，以绫、罗、绢、布、杂货与钱兼用。"[5]《明夷待访录》亦载：

> 唐时民间用布帛处多，用钱处少。大历以前，岭南用钱之外，杂以金银、丹砂、象齿。贞元二十年，命市井交易，以绫罗绢布杂货与钱兼用。[6]

---

[1] 参见胡戟、张弓、李斌城、葛承雍主编：《二十世纪唐研究》，中国社会科学出版社，2002年，第481—482页。
[2] 李埏：《略论唐代的"钱帛兼行"》，《历史研究》1964年第1期，第169—190页；史卫：《从货币职能看唐代"钱帛兼行"》，《唐都学刊》2006年第3期，第1—5页；唐祥凤：《唐代货币问题研究》，河北经贸大学硕士学位论文，2014年。
[3]（清）董诰等编：《全唐文》卷25《令钱货兼用制》，中华书局，1983年，第293页。
[4]（清）董诰等编：《全唐文》卷35，第386页。
[5]（宋）欧阳修、宋祁：《新唐书》卷54《食货志四》，第1388页。
[6]（明）黄宗羲：《明夷待访录·财计一》，中华书局，2020年，第199页。

　　唐代绢作为国家货币的使用，除体现在日常的各类支付（赋税、薪俸、赏赐、贿赂、馈赠、赁费等等）和商品交换之外，也广泛见于像国家层面或皇帝个人行为的对大臣和有功之人的赏赐或外交馈赠，另有国家军费开支，甚至官府计赃定罪的赃款计算往往也是折合成绢来体现，因此《唐律疏议》中以绢来计算一切财物的价格，说明绢帛的货币地位之高，使用范围之广。

　　至于丝路重镇敦煌和吐鲁番等地文书中反映了丝织品绢和练作为商品交换等价物和货币的使用情况，属学界的共识。吐鲁番出土的唐代文书对丝路贸易中以"大生绢""大练""练"来进行包括牲口买卖、奴婢交易、粮食交换、草料购买等广泛内容的交易有丰富的记载，另在吐鲁番出土的唐代衣物疏中也可以感受到当时将绢、练视为财富的意义[①]。吴震对吐鲁番出土文书所见的纺织品做过集中的考察，其中对绢和练之联系与区别作了辨析，指出绢有"生绢""熟绢"之分，练有"大练""小练"之分，二者是否等值并不确定[②]。唐代诗人张籍《凉州词》中所描写的"无数铃声遥过碛，应驮白练到安西"的丝路交通景象，其中作为货币的练的使用，可以在吐鲁番文书中见到其在西州、安西等西域市场和社会中进行广泛交易的记载。

　　对于丝路重镇敦煌而言，如同壁画反映的那样，用作丝路贸易的各类丝绸及其织品，广泛见于敦煌历史时期的各类社会经济类文书当中。据齐陈骏、冯培红统计，唐五代敦煌市场上的丝织品有绢、生绢、白丝生绢、帛、熟绢、绵绫、黄丝生绢、绵绊、白绵绫、白花绵绫、绫、绯绵绫、紫绵绫、绿绢、碧绢、碧绸、楼绫、胡锦、车影锦、甲缬、白练、绯绸、生绫、白绵绸、黄绢、绯绢、绯縅、紫绣、黄罗、紫绸、紫絁、绁缬、大练等，品种非常丰富（图3-34）[③]。部分也可以在藏经洞、南区遗址、北区洞窟的考古资料中见到丰富的实物[④]。据赵丰的统计

　　① 以上资料见唐长孺主编：《吐鲁番出土文书》（全四册），文物出版社，1992—1996年；[日] 小田义久：《大谷文书集成》，法藏馆，1989年。

　　② 吴震：《吴震敦煌吐鲁番文书研究论集》，上海古籍出版社，2009年，第625—655页。

　　③ 齐陈骏、冯培红：《晚唐五代宋初归义军对外商业贸易》，兰州大学敦煌学研究所编：《敦煌归义军史专题研究》，第346页。

　　④ 赵丰、王乐：《敦煌丝绸》，甘肃教育出版社，2013年。

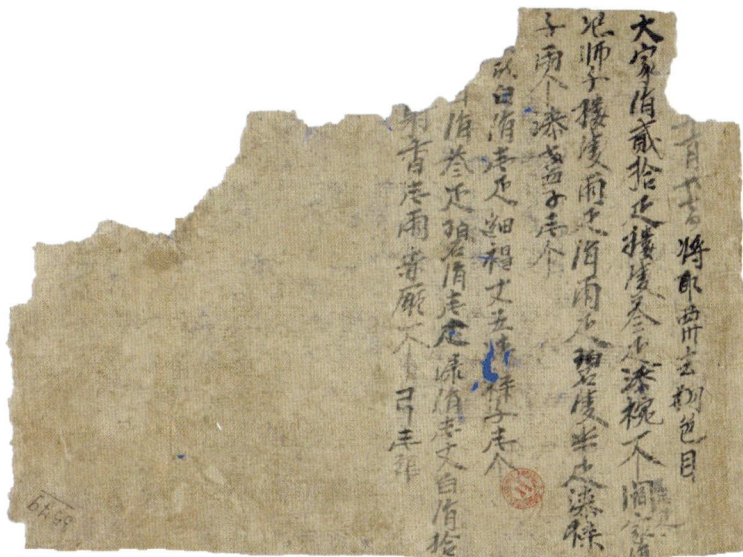

图 3-34　敦煌藏经阁写本 P.3579 所记丝织物品（采自法国国家图书馆网页）

可知，唐五代宋时期，在敦煌的市场交易和老百姓之间的租赁契约中，以"大生绢""绢""生绢""熟绢"作为货币使用的情况，颇为频繁①。

绢作为唐代"钱帛兼行"货币体系中的主要等价物，同时又是丝绸之路交通贸易输出的主要商品。据张广达的研究，绢作为货币使用的范围一直可到中亚或更远的地区，"史料表明，在昭武九姓胡地区，铸币与不同尺寸的丝织品各有一定比值表明这里可能与汉地一样钱帛兼行，钱帛同样可作一般等价物使用"②。因此，在文字文献中丝路上绢作为流通货币使用的记载之外，敦煌壁画中以图像文献的方式记载了胡人商队在丝路上贩卖以绢为代表的丝绸的历史，确是不可多得的丝路丝绸贸易图像。

---

① 赵丰：《敦煌的丝绸贸易与丝路经营》，载赵丰主编：《敦煌丝绸与丝绸之路》，中华书局，2009 年，第 237—244 页。

② 张广达：《论隋唐时期中原与西域文化交流的几个特点》，《北京大学学报》（哲学社会科学版）1985 年第 4 期，第 1—13 页。

第四节　丝绸之路绢帛图像再辨识

长期以来，唐墓中出土的数量颇多的胡人骆驼俑或壁画中的骆驼图像，一直被认为是反映丝绸之路交通贸易和中西交通史的重要内容，但是由于骆驼上所驮物品特征不明确，一直以来学术界对骆驼所驮物品的研究亦是莫衷一是，说法不一。近十多年来，葛承雍集中于和丝路胡人有关的宗教、艺术、图像的研究，发表一系列有独特观点的文章，往往令人耳目一新，逐渐剥离出一些重要的历史谜团，为我们揭开了丝路研究新的一页，尤其像他对丝路上进行幻术表演者"胡人袒腹俑"形象[①]、丝路胡商骆驼所驮"穹庐""毡帐"[②]、唐代狩猎俑中的胡人猎师形象[③]等问题的考证，为历史时期埋藏在墓葬中的丝路信息赋予全新的生命，逐渐勾勒出丝路鲜活的画面，给今天的研究以重要的启示和启迪。

受葛承雍研究的指引，我们回过头来再看看莫高窟第45、468窟和插图本观音经胡商遇盗图中出现的丝路胡商主要贩卖的商品丝绢图像，很自然地把其和被齐东方比喻为"丝绸之路象征符号"[④]的唐代墓葬中常见的丝路胡人所牵骆驼所驮载的部分货物作些联系。

若从图像相似的角度来比较，出土于洛阳的唐安国相王孺人唐氏墓中的胡人牵驼出行图壁画中，其一身骆驼上所驮货品，极似第45、468、217窟壁画，插图本观音经及宋墓和辽墓壁画中的绢帛图像，是五小卷组成的一捆（图3-35）[⑤]，可惜墓葬考古简报中并没有对骆驼所驮货物作交代[⑥]，但在《丝绸之路》杂志上有报道称是"5卷丝绸"[⑦]，考虑到此五件物品的卷状特征，又从占

---

① 葛承雍：《唐代胡人袒腹俑形象研究》，《中国历史文物》2007年第5期，第20—27页。

② 葛承雍：《丝路商队驼载"穹庐""毡帐"辨析》，《中国历史文物》2009年第3期，第60—69页。

③ 葛承雍：《唐代狩猎俑中的胡人猎师形象研究》，《故宫博物院院刊》2010年第6期，第126—143页。

④ 齐东方：《丝绸之路的象征符号——骆驼》，《故宫博物院院刊》2004年第6期，第6—25页。

⑤ 图版采自洛阳文物管理局，洛阳古代艺术博物馆编：《洛阳古代墓葬壁画》下卷，中州古籍出版社，2010年，图版二十三、二十六。

⑥ 洛阳市第二文物工作队：《唐安国相王孺人唐氏、崔氏墓发掘简报》，《中原文物》2005年第6期，第26、27页。

⑦《洛阳出土骆驼驮丝绸壁画为丝绸之路起点再添力证》，《丝绸之路》2010年第18期，第23页。

图 3-35 洛阳唐安国相王孺人唐氏墓胡人牵驼出行图壁画（采自
河南博物院编《丝路遗珍——丝绸之路沿线六省区文物精品展》）

据骆驼身体宽度上看显然非纸张的尺寸，大体上可确定是绢帛类物品。其捆扎的
方式与第 45 窟、217 窟、唐章怀太子墓侍女图、白沙宋墓、宣化辽墓、大同辽
墓绢筒囊更加接近。虽然之前自此壁画出土以来即被认为是表现胡商在丝路上贩
卖丝绸的典型画面，但无论是研究文章，还是展览图册，抑或新闻报道与网络文
字①，均不能辨明骆驼所驮丝织物的类别归属，多仅描述成"成卷的丝绸"，过于
笼统，因此做些图像的辨析是有意义的。此壁画也是目前所知唐墓中表现骆驼驮
载丝绸织品最清晰可辨者，实是不多得的图像例证。

　　另在大量的唐墓出土的各类骆驼俑中，可以看到骆驼上驮载的物品有驮囊、
胡瓶、皮囊壶、菱形花盘、拧成绳状的生丝、象牙等，以西安南郊 31 号唐墓出

---

① 参见http://news.lyd.com.cn/system/2015/12/24/01。

土的一件三彩骆驼俑为代表（图 3-36）[1]，冉万里有专门的研究，对其中拧成绳状的丝绸有说明[2]。像这样在骆驼所驮物品中出现拧成绳状丝绸的事例，在唐墓考古中是常见的资料，因为受图像特征直观性启示，无论是考古简报、考古报告，还是一般的展览说明或展览图册，或网上一般性说明文字，多笼统以"丝绸"称之，若从宏观的丝路贸易而言，倒也是客观的历史叙述。因为受到陶俑艺术品制作材料和工艺的限制，对丝织品的艺术表现，很难达到像壁画等绘画作品那样，可以清晰地把丝绸特征表现出来。

　　非常有意思的现象是，在上述西安南郊唐墓 M31 出土三彩骆驼俑所驮物品

图 3-36　西安南郊 31 号唐墓出土三彩骆驼俑（西安博物院提供）

---

　　① 西安市文物保护考古所：《西安市南郊唐墓（M31）发掘简报》，《文物》2004 年第 1 期，第 31—61 页；国家文物局编：《丝绸之路》，文物出版社，2014 年，第 142、143 页图版与说明。
　　② 冉万里：《"丝绸之路"视野中的一件三彩骆驼俑》，《乾陵文化研究》（四），第 147—157 页。

中，除了可以明确辨认的驮囊、胡瓶、皮囊壶、菱形花盘、拧成绳状的生丝、象牙等之外，其实还有一件物品被研究者所忽略，即在骆驼双峰之间的驮囊两侧，一侧为学界习称的两束生丝，另一侧是一组条状物，从其形状特征上来看，应是同敦煌壁画中看到的绢，原本是卷状物，但因为挂在驼背上受自然力作用而被压平，即呈现此骆驼俑所展示的图像特征。事实上，姜伯勤在早年的研究过程中，以极其敏锐的观察力，即把唐墓三彩骆驼上常见的此类物品统称为"丝练""帛练""帛"①，给我们的研究以重要的启示。因此，以此骆驼上所驮物品为代表，大家熟知的唐墓骆驼身上驮载着的各类物品，亦把丝路贸易中最常见的作为通货等价物的绢帛也一并表现出来。如果再仔细看，此骆驼所驮物品最下面还有葛承雍研究发现的、用于商队宿营搭"穹庐""毡帐"的"支架""木排"。至此，可以认为在西安南郊 31 号唐墓此身三彩骆驼俑上，制作的工匠已经对当时在丝绸之路上通过丝路象征符号的骆驼所带来或带走的主要商品，以及胡商在丝路上行走的方式，以极其简洁的手法，进行历史最精彩的图像诠释，理应引起丝路研究者的高度关注。

事实上，作为极其珍贵的丝绸产品的生丝和绢、帛、练，是不适合暴露在骆驼的背上的，因为丝绸及其织品是非常脆弱的，一旦遭受丝路上常可遇到的风沙、雨雪天气，后果不可想象。因此理论上来讲是应该包裹在防风沙、雨雪的皮囊（即驮囊）中，但是作为表现墓主人财富观念的陪葬品②，唐墓中大量出现的胡人牵驼及骆驼上驮载的贵重物品和奢侈品，特别是像把丝绸及其织品暴露在外的各类泥塑作品表现手法，正如葛承雍指出的那样，当是艺术家为了表达骆驼在丝路上长途贩运的状况，而非实际生活的再现③。因此，我们所见到大量的骆驼俑双峰间出现的丝绸与其织品外露的情形，更多的是艺术表达手法和历史再现，而不能简单理解为完全真实地被工匠们艺术定格下来的历史影像。

---

① 姜伯勤：《唐安菩墓所出三彩骆驼所见"盛于皮袋"的祆神——兼论六胡州突厥人与粟特人之祆神崇拜》，载荣新江主编：《唐研究》第七卷，北京大学出版社，2001 年，第 55—70 页；后收入姜伯勤：《中国祆教艺术史研究》，生活·读书·新知三联书店，2004 年，第 225—236 页。

②［美］巫鸿：《黄泉下的美术——宏观中国古代墓葬》，施杰译，生活·读书·新知三联书店，2010 年。

③ 葛承雍：《丝路商队驼载"穹庐""毡帐"辨析》，《中国历史文物》2009 年第 3 期，第 64 页。

如果西安南郊 31 号唐墓的三彩骆驼俑上绢的图像释读可以得到认可，那么顺着这个思路，我们可以在唐墓三彩俑和陶俑中看到更多此类图像遗存。

1973 年经考古发掘的唐李凤墓壁画中有一胡人牵驼图（图 3-37），其中骆驼上所驮的货物，考古简报中称为"白色条形物"，实际正符合一匹匹绢的图像特征。简报中又称"外套黑色方格纹网"[①]，仔细观察，此方格网只是针对此身单峰驼的驼峰而言，与丝绢无关。

1983 年西安机械化养鸡场出土一件三彩骆驼立俑，背上所驮物品有兽头驮囊，下面是一排用于搭毡帐的木排，驼峰两侧分别是前面一束生丝，后面条形物，即是绢（图 3-38）[②]。

1963 年在洛阳关林地质队出土一件行走状三彩骆驼俑（图 3-39），双峰间是传统的兽头驮囊，下一排木排，双峰两侧分别是前面的生丝和后面的条形物，条形物因驼峰和驮囊挤压而变成弧形，显然是柔软的材料，即是丝绢，有图版说明

图 3-37　唐李凤墓壁画胡人牵驼图（采自张鸿修绘著《中国唐墓壁画集》）

[①] 富平县文化馆、陕西省博物馆、陕西省文物管理委员会：《唐李凤墓发掘简报》，《考古》1977 年第 5 期，第 318 页。

[②] 河南博物院编：《丝路遗珍——丝绸之路沿线六省区文物精品展》，彩色图版 117，第 106 页；国家文物局编：《丝绸之路》，第 140、141 页图版与说明。

图 3-38　西安机械化养鸡场唐墓三彩骆驼立俑
（采自河南博物院编《丝路遗珍——丝绸之路沿
线六省区文物精品展》）

图 3-39　洛阳关林地质队唐墓三彩骆驼俑
（采自河南博物院编《丝路遗珍——丝绸之
路沿线六省区文物精品展》）

描述为此骆驼"背负驮囊丝绢"①，倒是非常准确之图像辨析。

　　像这样的考古实例非常之多，在相当部分的唐墓中均有出土物可以印证，资料颇丰且查阅方便，故不一一赘说。

　　如果说以上唐墓骆驼俑上所驮丝绢的图像因为材质的原因而在艺术的表达上不是十分到位的话，敦煌绘画中同样有最为精彩的艺术再现，藏经洞插图本观音经 P.4513 中表现"怨贼难"的画面中骆驼所驮以墨线条和红线条表现的条形物，自然下垂，显然是一匹匹的绢（图 3-40）。相同的画面出现在敦煌插图本观音经 S.5642"怨贼难"画面骆驼图中（图 3-41），也可以在敦煌纸本画 Stein painting 77 汉人牵骆驼图中得到精彩的呈现（图 3-42）。这样下垂的布帛绢帛画法，让我们联想到敦煌壁画弥勒经变"树上生衣""木架生衣"画面中出现的挂在衣架上

────────

① 国家文物局编:《丝绸之路》，第 354、355 页图版与说明。

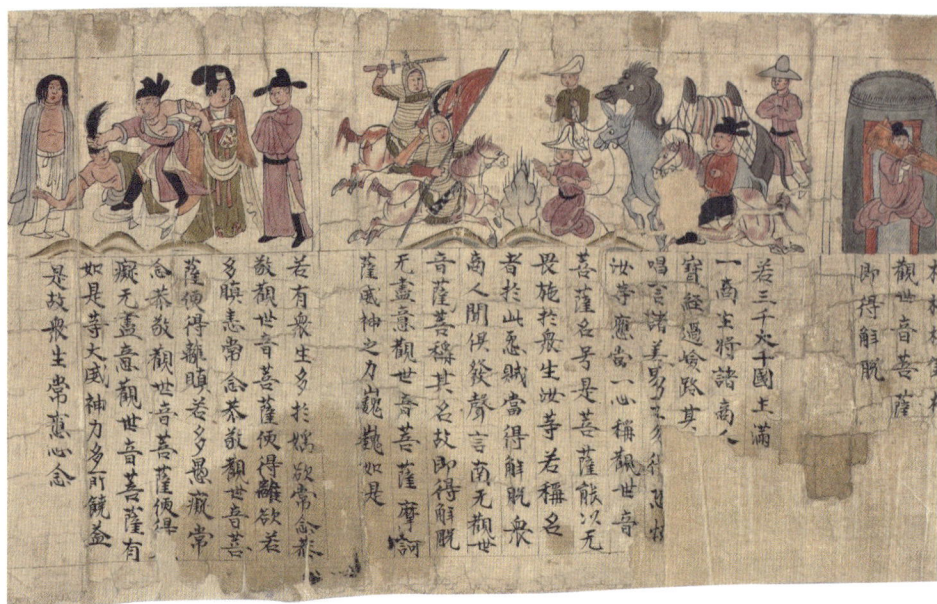

图 3-40　敦煌藏经洞 P.4513 插图本观音经 "怨贼难" 画面（来自国际敦煌项目 IDP）

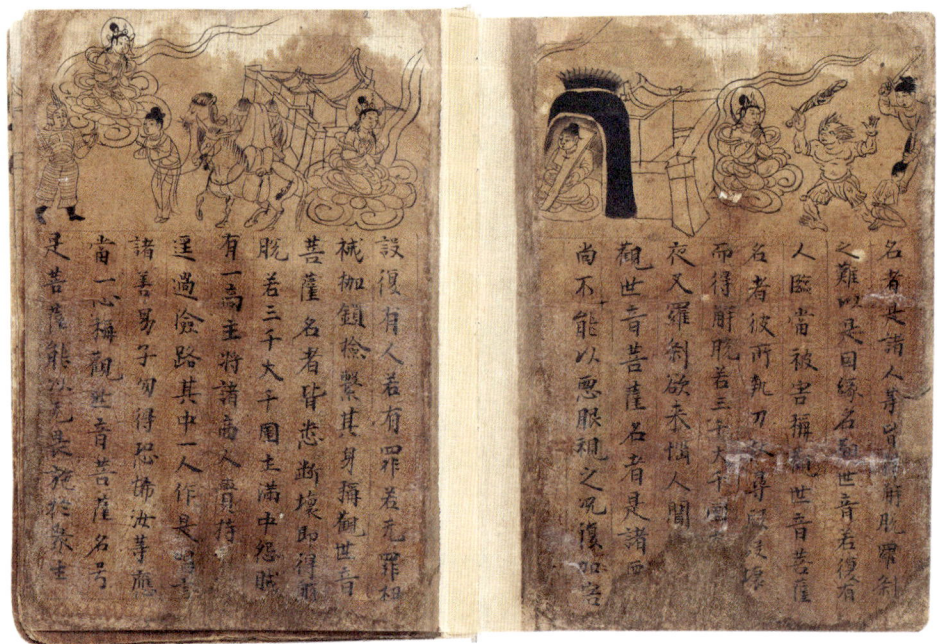

图 3-41　敦煌藏经洞 S.5642 插图本观音经 "怨贼难" 画面（来自国际敦煌项目 IDP）

图 3-42 敦煌纸本画 Stein painting 77 汉人牵骆驼图（采自国际敦煌项目 IDP）

的布料（图 3-43），在河北金代柿庄 6 号墓室东壁的捣练图中也有相似的画面（图 3-44）①，若再联系像唐张萱《捣练图》、周昉《挥扇仕女图》及兴教寺石槽上的《捣练图》中的绢帛②，截取其中的一缎，不正是唐墓各类骆驼俑驮囊双峰内侧一侧扁平状物品的形状。

　　类似于以上图像特征中出现绢的骆驼俑在唐墓中颇为常见。有趣的是，绢往往和拧成绳状的生丝一起对称出现，也说明工匠们制作时有意让丝路交通贸易中最常见的同类商品生丝和丝绢对称并列出现在骆驼背上，是艺术表达受丝路贸易影响的直接结果。但在北朝和隋代的骆驼俑上，往往只见绳状的丝束，且非常夸张，不见条形的绢，以宁夏固原李贤墓出土陶俑为代表（图 3-45），另陕西历史博物馆藏几件北周骆驼陶俑，是同样的表达手法（图 3-46）。发展到西安南郊 31 号唐墓为代表的三彩骆驼俑表达出来的丝路风景风情，说明工匠们对丝路交通贸易的理解在不断变化，总体上是在骆驼身上出现的表达丝路往来中用于交换的物质更加丰富，也说明在人们的丧葬观念中，对通过丝路而表达出来的物质追求在不断地丰富。

---

① 河北省文物考古研究所：《河北古代墓葬壁画》，文物出版社，2000 年，第 107 页。
② 刘合心：《陕西长安兴教寺发现唐代石刻线画"捣练图"》，《文物》2006 年第 4 期，第 69—77 页。

图 3-43　榆林窟五代第 36 窟弥勒经变木架生衣图（敦煌研究院提供）

图 3-44　河北金代柿庄 6 号墓室东壁捣练图（采自河北省文物考古研究所《河北古代墓葬壁画》）

图 3-45　宁夏固原北周李贤墓出土陶骆驼俑（采自《宁夏文物》）

图 3-46　陕西历史博物馆藏北周骆驼陶俑（陕西历史博物馆提供）

通过以上唐墓出土各类骆驼俑驮载货物图像的简单分析，可以看到丝绸图像在唐墓艺术中，确实如同其在丝路交通的真实历史一样，在粟特胡商的推动下，以丝路象征符号骆驼为载体，颇为真实而形象地再现了丝绸作为丝路交通贸易中的重要商品，在以唐代为代表的中古历史时期所占据的重要地位。

而各类骆驼俑中出现的丝绢图像，基本的表达手法即是条状物，壁画中多是以圆形表现，陶俑三彩俑中则是扁平状。之所以如此表达，实与绢在历史时期的规格制度有关。

作为通用的货币，绢帛有其特定使用标准和衡量尺度，以便于在交易中进行计算。《新唐书》卷五十一《食货志一》记：

> 开元八年，颁庸调法于天下，好不过精，恶不至滥，阔者一尺八寸，长者四丈。[①]

《通典·食货六·赋税下》开元二十二年五月敕条注：

> 准令，布帛皆阔尺八寸，长四丈为匹，布五丈为端，绵六两为屯，丝五两为绚，麻三斤为緵。[②]

唐代绢帛一般以匹计算，长四丈，布则以端计算，长五丈。绢帛也有以缎计的，是半匹，二丈长。唐代布帛的官府定式是幅广一尺八寸，长度以四丈为一匹，五丈为一端。为了保证绢帛的质量，维护货币市场，唐政府颁布法令以规定布帛的定式，还在各州设置样品，各地方政府在征收布帛时以此为标准，使"好不过精，恶不至滥"。同时，政府颁行法令以惩处作奸取巧者。《唐律疏议·杂律》规定："诸造器用之物及绢布之属，有行滥、短狭而卖者，各杖六十。"[③] 又《唐律疏

---

① （宋）欧阳修、宋祁：《新唐书》，第 1345 页。
② （唐）杜佑：《通典》，第 107、108 页。
③ 刘俊文：《唐律疏议笺解》卷 26《杂律》，中华书局，1996 年，第 1859 页。

议》注曰："'行滥'，谓器用之物不牢、不真，'短狭'，谓绢匹不充四十尺，布端不满五十尺，幅阔不充一尺八寸之属而卖：各杖六十。"①唐代一尺约合今29.5—31厘米②，幅阔一尺八寸约56厘米。这个尺寸也可以得到大量敦煌写本文书的印证，据王进玉统计，在敦煌藏经洞保存下来唐代大量借贷文书中的绢的幅宽，基本上在一尺八寸至二尺之间，个别有略宽或略窄的③，与唐代制度相一致。而且这个尺寸一直延续到五代宋时期，如P.2504背《辛亥年（915）康幸全贷绢契》中有"白丝生绢一匹，长三丈九尺，帐阔一尺九寸"，北图殷字41号（北敦9520号背二）《癸未年（923）三月二十八日王口敦贷生绢契》记"贷生绢一匹，长四十尺，帐阔一尺八寸二十分"，P.3573《曹留住卖人契》记载曹留住出卖一个十岁的名叫三奴的人给段口口"断口口口口生绢口匹半，匹长三丈九尺，帐阔一尺九寸"。虽然各自略有出入，但总体上仍然是一匹四丈、幅阔一尺八寸的基本规格。

更加有趣的是，在藏经洞发现的这些借贷文书中，不仅有文字记载的各类绢等织物的尺寸，同时文书的背面往往会画出被学者们称为"量绢尺图"的图像，据日本学者山本达郎、池田温，法国童丕，及我国宋家钰的统计和研究，在敦煌写本S.4884、P.3124V（图3-47）、P.3453、P.4083、S.5632V、ДХ.1303、ДХ.6708等不同时期的文书中均有出现"量绢尺图"，其尺度基本上为30.8—32厘米④，其中像S.4884背面画出的量绢尺图，量绢尺的两端长约31厘米，与唐尺完全一致。因此，具有特定尺寸并以匹缎来计量的绢帛，在通常的运输中即形成像莫高窟第45窟、第217窟、Stein painting 11、哈佛大学藏敦煌绢画弥勒经变、洛阳唐相王孺人墓壁画及大量唐墓骆驼三彩俑陶俑上所表现出来的一卷卷或一条条物品形状。

① 刘俊文：《唐律疏议笺解》卷26《杂律》，第1859页。
② 曾武秀：《中国历代尺度概述》，《历史研究》1964年第3期，第172—174页；吴泽：《王国维唐尺研究综论》，载中国唐史研究会编：《唐史研究会论文集》，陕西人民出版社，1983年，第325—352页；丘光明：《中国历代度量衡考》，科学出版社，1992年，第88页。吴慧：《新编简明中国度量衡通史》，中国计量出版社，2006年，第106页。
③ 王进玉：《敦煌学和科技史》，第170—172页。
④ ［法］Eric Trombert, *Lecredit a Dunhuang-Vie matérieue et soeiétéen chine médiéoule*, 1995, p.127.［法］童丕著，余欣、陈建伟译：《敦煌的借贷：中国中古时代的物质生活与社会》，中华书局，2003年，第115—123，193—195页；宋家钰：《敦煌贷绢契与量绢尺》，宋家钰、刘忠编：《英国收藏敦煌汉藏文献研究》，中国社会科学出版社，2000年，第166—169页；参见王进玉：《敦煌学和科技史》，第163—173页。

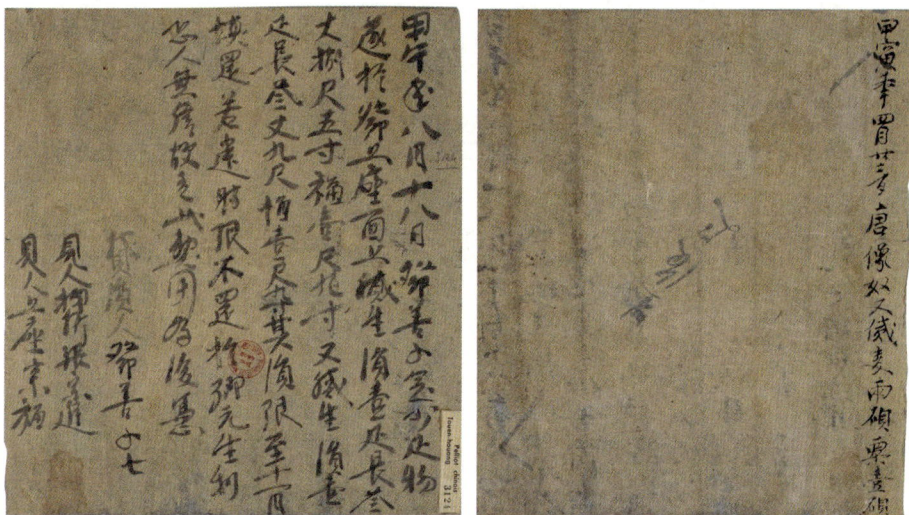

图 3-47　敦煌藏经阁写本 P.3124 正面契约文书和背面量绢尺图（采自国际敦煌项目 IDP）

事实上，不仅仅是在敦煌壁画、墓葬壁画和骆驼俑上可以看到丝绢在丝路贸易中的广泛出现，作为丝路贸易的主要商品、交换品、等价物，来自唐代的丝绢图像，也应该会出现在当时主要从事丝路交通贸易的粟特九姓胡人所在地中亚。有趣的是，早在 1965 年，苏联的考古工作已经有重要发现[①]，在康国故地阿弗拉西阿勃的一处宫廷大厅遗址西壁壁画（即今天学界通称的大使厅壁画）中出现了来自唐代的使臣形象（图 3-48），可以看到唐使臣中最前面二人所捧的物品即为白色和红色的卷状横条形物品，从其画法上来看，其实正符合我们在敦煌壁画中所见绢的表达手法，其宽度略大于人体宽度，和章怀太子墓侍女捧绢尺寸一致，其正与唐代绢之 56 厘米的幅宽相合。大使厅壁画表现的是各国使节觐见康国国王拂呼缦（Varkhuman）的情景，因此各使臣奉献的当是各自国家特色物品，或与丝路贸易关系最为密切的物品，无疑来自唐帝国的绢当是唐使臣朝见康国王时的贵重礼品，其中有白色的素绢，也有红色的彩绢。根据留存在西墙的同时期的题记可知，此壁画成作于公元 656 年左右，是为了庆祝当地国王拂呼缦被唐朝皇帝授予粟特九国之王称号而画，与《新唐书》"康国传"记载"高宗永徽时，以

①［俄］阿尔巴乌姆：《阿弗拉西阿勃绘画》，莫斯科，1975 年。

图 3-48　康国故地阿弗拉西阿勃大使厅壁画人物复原图及各国使节中的
唐朝使节形象（采自王静、沈睿文《大使厅壁画研究》）

其地为康居都督府，即授其王拂呼缦为都督"相呼应①。

以各类绢作为赏赐礼物，即国家礼品，广泛见于唐王朝皇帝对周边少数民族或其他各国来长安朝觐时回赐的记载中。那么前去各国进行外交活动的唐使臣所带物品中，丝绸织品绢当是主要物品之一。因此，撒马尔罕大使厅壁画中出现的唐代丝绢图像，当是丝路交通贸易最真切的反映，也是继19世纪初叙利亚帕尔米墓葬汉代丝绸出土和1901年斯坦因在楼兰发现汉晋时期的丝绢实物之后，唐代丝绢在丝路的西端又是交通枢纽的中亚两河流域使用的重要图像印证。

小　结

丝绸之路的兴盛与中国丝绸及其织品的贩运有非常密切的关系，而相关的历史，虽然各类历史文献中的记载极其丰富，但相关的图像一直未受关注。不过中古时期绢帛作为财富使用的历史，则启示我们此类物品必当是中古时期图绘不可或缺的题材。透过以敦煌画和唐墓骆驼俑为代表的各类考古材料的分析，确实可以发现，各类绢帛练锦图像分别在唐五代以来的敦煌壁画、唐墓骆驼俑驮载的货囊以及传世绘画和宋墓、辽墓壁画中有较为清晰的描绘，实属历史时期真实丝路风情的图像记载，也可帮助我们在今天理解中古时期丝路贸易的点滴面貌。作为丝路象征符号的骆驼身上所驮载着的一类物品，图像特征虽然并不明显，但剥茧抽丝，细小画面的释读却大大拓宽了我们观察考古材料的视野，使得这些大家熟知的考古旧材料变得鲜活起来。而客观还原丝路真实的历史，则使得丝路的研究更加富于历史趣味。

---

① 毛民：《天马与水神》，《内蒙古大学艺术学院学报》2007年第1期，第36页。

第四章

莫高窟第 220 窟经变画胡旋乐舞图与丝路胡风

第一节　基本资料

　　敦煌莫高窟第 220 窟主室南北壁（图 4-1）分别画大型巨幅经变画无量寿经变（图 4-2）和药师净土变（图 4-3），是敦煌经变画的代表作，更是初唐壁画的精品。这二幅经变画画面中的舞蹈图，引起学界的广泛关注，有大量的文章论及，多把其归入唐代舞蹈"胡旋舞"的代表画面[①]。但是对于其是否为"胡旋舞"，学界仍有不同的意见[②]。总体而言，学术界尤其是音乐舞蹈界对莫高第 220 窟南北两壁经变画中的舞蹈图的关注颇多，相关研究成果丰富，多把其归入唐代流行之

---

　　① 罗丰：《隋唐间中亚流传中国之胡旋舞——以新获宁夏盐池唐墓石门胡舞图为中心》，《传统文化与现代化》1994年第 2 期，第 50—59 页，另载氏著《胡汉之间——"丝绸之路"与西北历史考古》，第 280—298 页；柴剑虹：《胡旋舞散论》，《敦煌吐鲁番学论稿》，浙江教育出版社，2000 年，第 288—297 页；陈海涛：《胡旋舞、胡腾舞与柘枝舞——对安伽墓与虞弘墓中舞蹈归属的浅析》，《考古与文物》2003 年第 3 期，第 56—60、91 页。

　　② 巩恩馥：《莫高窟第 220 窟"胡旋舞"质疑》，《敦煌研究》2006 年第 2 期，第 16—17 页。

南立面图　　　　　西立面图　　　　　北立面图

平面图　　　　　东立面图　　　　　窟顶仰视图

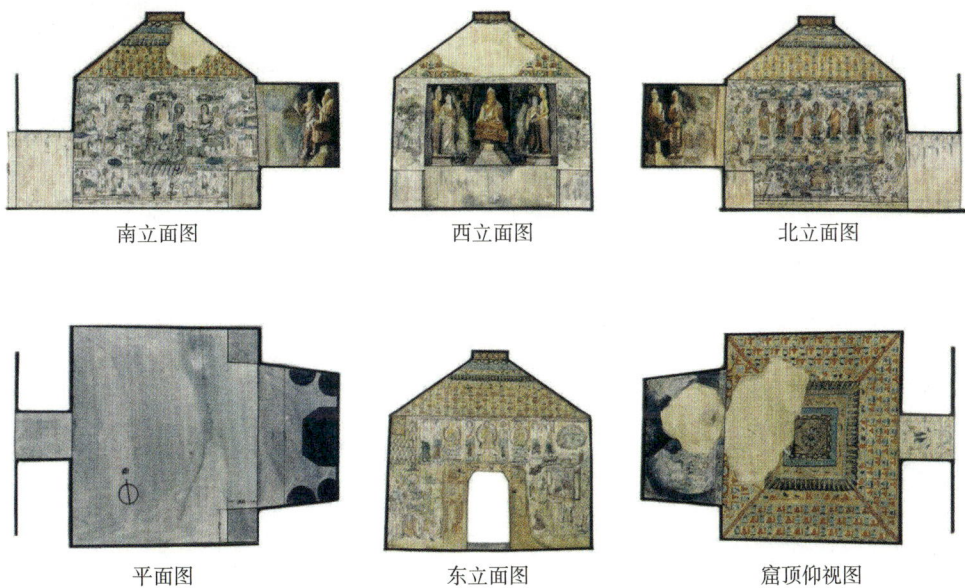

图 4-1　莫高窟初唐第 220 窟主室内景及各立面图（敦煌研究院提供）

图 4-2　第 220 窟主室南壁无量寿经变（敦煌研究院提供）

图 4-3　第 220 窟主室北壁七佛药师净土变（敦煌研究院提供）

图 4-4　第 220 窟药师经变乐舞图（敦煌研究院提供）

"胡旋舞"[①]。

第 220 窟主室北壁药师经变中央有四个舞伎起舞，左右各有两个舞伎舞于小圆毯上，两两相对，中间偏后以大型多层方形木结构豪华灯楼隔开，舞者两边各有一大型多层似铜铁类圆形灯树，有人正在上油添灯，最外面是两组各 15、13 人的乐队，分坐于长方形毯子上，整个舞蹈场面宏大，占据经变画约有三分之一面积（图 4-4），这在敦煌各类经变画舞蹈中是仅见的一幅。舞蹈者脚下所踩踏的圆毯四边有垂索，中为一周连珠纹，显系文献中记载的来自中亚西域各国的"舞筵"。舞蹈分两组，第一组（西侧）（图 4-5）左侧舞者背向观众，赤足左脚着毯，右脚后勾，下穿宽角长裙，束腰，上身穿菱形块饰紧身袄，头戴花冠，左手举于头上，手拿白轻巾，右手着钏呈后勾状；右侧舞者右脚着毯，左脚提起，右手高举，左手外侧，手中执有轻巾，起舞的幅度很大，其装饰与左侧舞者完全相同。第二组（东侧）（图 4-6）左侧舞者头戴花冠，头发分为几束，飞舞于后，双臂抬起，戴钏，臂上挥缚一长巾，身着轻衣，戴有长珠状佩饰，束腰，臀部后倾，面向左侧，双腿略弯，通体呈旋转状；右侧舞者面右侧向，背向左侧舞者，其服饰与左侧人基本相似，舞姿也大体类似，只是二人朝向不同。

---

① 有关莫高窟第 220 窟壁画中的几幅舞蹈图的研究学术史及各家之观点，胡同庆有详细的综合整理，见胡同庆、王义芝：《敦煌壁画"胡旋舞"是非研究之述评》，载郝春文主编：《2011 敦煌学国际联络委员会通讯》，上海古籍出版社，2011 年，第 68—82 页。

图 4-5　第 220 窟药师经变乐舞图中西侧二人舞蹈（敦煌研究院提供）

图 4-6　第 220 窟药师经变乐舞图中东侧二人舞蹈（敦煌研究院提供）

　　南壁无量寿经变乐舞图只有两个舞伎舞于圆毯之上，乐舞图所占画面不大，属敦煌壁画经变画常见布局结构，两侧各有 8 人乐队伴奏，分坐于长方形毯子上（图 4-7）。二舞者服饰与北壁不大相同，均为面朝前方，头束高髻，上身半裸束腰，下身穿宽松轻衣，一腿立于毯子上，而另一腿提起，均有出胯动作，手中挥

图 4-7-1　第 220 窟南壁无量寿经变中乐舞图线描图（谢成水线描）

图 4-7-2　第 220 窟南壁无量寿经变中乐舞图（敦煌研究院提供）

舞轻巾，头均内倾，也呈旋转状①。

从两幅经变画中舞蹈图画面分析，有几个基本的特征：两两起舞，舞蹈者均舞于一小圆毯上，舞姿旋转特征明显。再结合文献中大量有关"胡旋舞"的记载，如《通典》卷一四六《乐六》记"四方乐·康国乐"云：

> 舞急转如风，俗谓之胡旋。②

白居易《胡旋女》诗云：

> 胡旋女，胡旋女，心应弦，手应鼓。
> 弦鼓一声双袖举，回雪飘飖转蓬舞。
> 左旋右转不知疲，千匝万周无已时。
> 人间物类无可比，奔车轮缓旋风迟。③

元稹《胡旋女》诗也云：

> 胡旋之义世莫知，胡旋之容我能传。
> 蓬断霜根羊角疾，竿戴朱盘火轮炫。
> 骊珠迸珥逐飞星，虹晕轻巾掣流电。
> 潜鲸暗噏笪海波，回风乱舞当空霰。
> 万过其谁辨终始，四座安能分背面。④

《新唐书·礼乐志》载：

---

① 以上画面描述文字参考罗丰前揭文，同时参考敦煌文物研究所编：《中国石窟·敦煌莫高窟（三）》，图版第 24、27 及图版说明；另参考敦煌研究院编，王克芬主编：《敦煌石窟全集·舞蹈画卷》，香港商务印书馆，2001 年，图版 52—55，第 81—85 页。

② （唐）杜佑：《通典》，第 3724 页。

③ （唐）白居易：《白居易诗集校注》，中华书局，2006 年，第 305 页。

④ （唐）元稹：《元稹集》，中华书局，2010 年，第 330 页。

胡旋舞，舞者立毯（毯）上，旋转如风。①

段安节《乐府杂录》"俳优条"载：

> 舞有骨鹿舞、胡旋舞，俱于一小圆毯（毯）上，纵横腾踏，两足终不离
> 于毯（毯）上，其妙若此。②

我们也注意到第 220 窟六位舞蹈者均脚踩一小圆毯，小圆毯一周有垂索，
且多配一圈联珠纹，并见有动物图案（图 4-8）。另三对舞蹈两侧的乐队所坐，
为方形或长方形毯子，同样四周有垂索，有的有联珠纹，或花枝纹（图 4-9），
有浓厚的波斯萨珊风格③。这些小圆毯或方形长方形的毯子，结合出现的场合，

图 4-8　第 220 窟药师变中舞蹈者所踩小圆毯（临摹品，敦煌研究院提供）

---

① （宋）欧阳修、宋祁：《新唐书》卷 21《礼乐志》，第 470 页。
② （宋）陈旸：《乐书》，中州古籍出版社，2019 年，第 903 页。
③ ［美］梁庄爱伦：《绘于公元 642 年敦煌壁画中的两件可能是萨珊地毯的罕见资料》，宁强译，《敦煌研究》1991
年第 2 期，第 59—61 页。

图 4-9　第 220 窟药师变中舞蹈乐队平铺毯子（临摹品，敦煌研究院提供）

正是当时康国、石国、米国等中亚西域等国进贡唐王朝的物品"舞筵"，且往往伴随有"胡旋女"，可配套表演，或许敦煌第 220 窟的画面正可为此作注解。特别是舞蹈者脚下的小圆毯，成了判断该舞蹈为胡旋舞的标志性符号，为学界广泛讨论。唐诗中有形象的记录，白居易《青毡帐二十韵》云：

> 侧置低歌座，平铺小舞筵。[①]

白居易《柘枝妓》：

[①]（唐）白居易：《白居易诗集校注》，第 2384 页。

平铺一合锦筵开，连击三声画鼓催。①

岑参《田使君美人如莲花北铤歌》称：

> 高堂满地红氍毹，试舞一曲天下无。
> 此曲胡人传入汉，诸客见之惊且叹。②

王建《宫词》：

> 玉箫改调筝移柱，催换红罗绣舞筵。③

杜甫《江畔独步寻花七绝句》：

> 谁能载酒开金盏，唤取佳人舞绣筵。④

《册府元龟》卷九七一《外臣部》"朝贡四"对中亚各国进贡舞筵有大量的记载：

> 开元六年四月，米国王遣使献拓璧、舞筵及鍮。
> 天宝四载二月，罽宾国遣使献波斯锦、舞筵。
> 天宝五载闰十月，突骑施、石国、史国、米国、罽宾国各遣使来朝献绣舞筵。
> 天宝九载四月，波斯献大毛绣舞筵、长毛绣舞筵，无孔真珠。⑤

---

①（唐）白居易：《白居易诗集校注》，第1822页。
②（唐）岑参：《岑嘉州诗笺注》，中华书局，2004年，第398页。
③（唐）王建：《王建诗集校注》，巴蜀书社，2006年，第524页。
④（唐）杜甫：《杜诗详注》，中华书局，1979年，第818页。
⑤（宋）王钦若等编：《册府元龟》卷971《外臣部》，第11238、11243、11244页。

《新唐书》卷二二一《西域传下》载开元时，米国"献璧、舞筵、师子、胡旋女"，安国献"拂菻绣氍球一"，国王妻"可敦献柘辟大氍球二，绣氍球一"①。可见大量的中亚各国的舞筵被贡献给唐王朝，成为唐人生活中的奢侈品，文献记载之外，图像的留存，在长安等地唐墓壁画及其他相关的胡旋舞、胡腾舞图像中均有见到，且与第220窟可资比较，对此翟晓兰已有专题研究②，可供参考。

《旧唐书·音乐志》记：

> 舞急转如风，俗谓之胡旋。③

正如学者们共识，第220窟此几组舞蹈当属唐代流行之"健舞""胡旋舞"，应是没有多大问题，因此可作为唐代盛行之"胡旋舞"的代表。至于前述有文提出的质疑，从服饰与乐器组合与文献记载的不同而否定其与胡旋舞的关系，是不科学的，因为佛教净土变壁画中的乐舞，描绘的是谁也没有见过的，也没有佛典规定的天国音乐，虽然其艺术的成分来自人间写真，但毕竟有非写实的部分和艺术夸张的内容，我们在敦煌大量经变画中见到的所有舞蹈者的服饰均是菩萨装或佛教天国伎乐装束，还没有看到完全世俗装扮者，因此对佛教经变画中的乐舞从服饰上是不能作如此严格的界定的，在敦煌的洞窟经变画中有大量的事例可供参考。至于乐器组合和胡旋舞传入中土的时间的出入，早已为学界所广泛论述，故亦构不成质疑的内容。

第二节　胡旋舞出现在第220窟经变画中的背景

肯定了第220窟南北壁经变画中的舞蹈为"胡旋舞"，接下来需要我们对这种带有浓厚胡风的舞蹈进入敦煌洞窟壁画经变画的背景做一简单勾勒。

---

①（宋）欧阳修、宋祁：《新唐书》卷221《西域传下》，第6247页。

② 翟晓兰：《舞筵与胡腾·胡旋·柘枝舞关系之初探》，《文博》2010年第3期，第32—37页。

③（后晋）刘昫等：《旧唐书》卷29《音乐志》，第1071页。

一、第 220 窟营建简史

像第 220 窟这种场面宏大舞蹈的大型经变画的出现，基本上就是在以第 220 窟为代表的初唐第二期洞窟中，这一期洞窟专家们分期的时代是在唐太宗后期至高宗武则天时期，其中第 220 窟是重要的分界线和标志性洞窟[①]。第 220 窟内有两处墨书题记，主室东壁窟门上方墨书发愿文一方，已残不全，末署"贞观十有六年敬造奉"字样，北壁药师经变两幅胡旋舞图中间灯架题"贞观十六年岁次壬寅，奉为天（大）云寺律师道弘法师□奉□"（图 4-10），表明贞观十六年（642）该洞窟主体内容绘画完毕。考察第 220 窟内整体壁画，其风格是统一的，

虽然 1976 年剥离甬道上层宋代壁画后南壁五代题写《检家谱》（图 4-11）记该洞窟一直到龙朔二年（662）最后完工[②]，但从窟内现存初唐壁画整体风格判断，贞观十六年时随着东壁和北壁经变画的完工，其他各壁也应该差不多同时期完工，因此洞窟壁画的时代是清楚的，主体绘画可以定在唐太宗贞观十六年前后[③]。从时间上来看，第 220 窟的营建正是唐代胡风日浓，走向国际化的阶段。

第 220 窟主室西壁龛下墨书"翟家窟"，甬道南壁有五代同光三年（925）敦煌历学博士翟奉达重修洞窟时写的"检家谱"，另有 1960 年出土

图 4-10　第 220 窟北壁药师变中贞观十六年题记
（敦煌研究院提供）

---

① 樊锦诗、刘玉权：《敦煌莫高窟唐前期洞窟分期》，载敦煌研究院编：《敦煌研究文集·敦煌石窟考古篇》，第 149—159 页。

② 敦煌研究院编：《敦煌莫高窟供养人题记》，文物出版社，1986 年，第 101—104 页。

③ 对于第 220 窟最后完工的时间，为什么在五代翟奉达的《检家谱》中记载洞窟营建一直到二十年后的高宗龙朔二年才最后完工，值得慎重探讨。

图 4-11　第 220 窟甬道南壁五代重修时书写《检家谱》（敦煌研究院提供）

的残碑《浔阳翟氏造窟功德碑》①，加上洞窟中的供养人题记，表明该窟的营建是敦煌大族翟氏家族，从唐初的翟通一直到九代孙翟奉达，经营有序。按史苇湘的总结，翟氏家族从唐初一直到五代"世代承袭着州学博士的地位与赞佐戎幕的职务"②。从《浔阳翟氏造窟功德碑》可知，翟氏家族作为敦煌大族，历史悠久，至少在北周大成年间即已在莫高窟建窟。非常有意思的，一直在敦煌非常活跃的翟氏家族，据学者们研究，其族原本最早系活动于贝加尔湖一带的丁零或高车人，后南下到陇西一带与鲜卑人及羌人融合，到北朝时期西迁敦煌已经汉化，以汉人大族自居③。有了这样的背景，其功德窟中选择胡风深厚的胡舞也就属民族的认同了。

---

① 对于该碑所记营建功德窟仍存在疑问，史苇湘、马德均认为碑文所记洞窟不明，参见史苇湘：《世族与石窟》，载氏著《敦煌历史与莫高窟艺术研究》，甘肃教育出版社，2002 年，第 127—128 页；马德：《敦煌莫高窟史研究》，甘肃教育出版社，1996 年，第 85—87 页。陈菊霞则认为碑文所记洞窟即是莫高窟第 220 窟，参见《敦煌翟氏研究》，民族出版社，2012 年，第 317—335 页。宁强对第 220 窟有专门的研究，但并没有针对该碑展开论述，参见 Ning Qiang, *Art, Religion, and Politics in Medieval China: The Dunhuang Cave of the Zhai Family*. Honolulu: University of Hawaii Press, 2004.

② 史苇湘：《世族与石窟》，载氏著《敦煌历史与莫高窟艺术研究》，第 128 页。

③ 陈菊霞：《敦煌翟氏研究》，第 31—53 页。

二、唐代胡风的影响

唐代初年，随着唐太宗的文治武功，出现中国封建大一统王朝时期少有的盛世，史称"贞观之治"，大唐气象初现端倪。而自高祖李渊、太宗李世民以来在唐王朝政治社会生活中产生重要影响的"胡风""胡气"，以至于像李氏的胡人血统等"胡化"现象，自陈寅恪《隋唐制度渊源略论稿》《唐代政治史述论稿》以来，早已为中外史家津津乐道，所论涉及面之广，参与论者之多，相关论著之丰富，不一而足，涉及唐代之胡风胡气如胡食、胡乐、胡舞、胡服、胡妆、胡人、胡语，等等。以胡旋舞、胡腾舞、柘枝舞、泼胡乞寒为代表的胡舞包含其中，且颇具代表意义，早年日本人石田干之助、史学大家向达就已有宏论[1]，近人罗丰、柴剑虹、张庆捷、陈海涛等则进一步作了详考[2]，让我们看到盛行长安等两京地区的胡舞基本状况。《新唐书》卷八十《太宗诸子传·常山愍王承乾》记载[3]：

> （太子李承乾）又使户奴数十百人习音声，学胡人椎髻，剪彩为舞衣，寻橦跳剑，鼓鞞声通昼夜不绝。造大铜炉、六熟鼎，招亡奴盗取人牛马，亲视烹燖，召所幸厮养共食之。又好突厥言及所服，选貌类胡者，被以羊裘，辫发，五人建一落，张毡舍，造五狼头纛，分戟为阵，系幡旗，设穹庐自居，使诸部敛羊以烹，抽佩刀割肉相啖。承乾身作可汗死，使众号哭剺面，奔马环临之。忽复起曰：使我有天下，将数万骑到金城，然后解发，委身思摩，当一设，顾不快邪！

---

① ［日］石田干之助：《"胡旋舞"小考》，载《长安之春》，张鹏译，三秦出版社，2021年，第13—23页，另见《清华周刊》第三十七卷第十二期，第1367—1373页；向达：《唐代长安与西域文明》，生活·读书·新知三联书店，1957年，另见河北教育出版社，2001年，第60—78页。

② 罗丰：《隋唐间中亚流传中国之胡旋舞——以新获宁夏盐池唐墓石门胡舞图为中心》，《传统文化与现代化》1994年第2期，第50—59页，另载氏著《胡汉之间——"丝绸之路"与西北历史考古》，第280—298页；柴剑虹：《胡旋舞散论》，《敦煌吐鲁番学论稿》，第288—297页；张庆捷：《北朝隋唐粟特的"胡腾舞"》，原载《粟特人在中国——历史、考古、语言的新探索》，第390—401页，另载氏著《民族汇聚与文明互动——北朝社会的考古学观察》，2010年，第369—398页；陈海涛：《胡旋舞、胡腾舞与柘枝舞——对安伽墓与虞弘墓中舞蹈归属的浅析》，《考古与文物》2003年第3期，第56—60、91页。

③ （宋）欧阳修、宋祁：《新唐书》卷80《太宗诸子传》，第3564—3565页。

此例最有代表性，太子尚且如此，胡风之盛，可想而知。

三、唐代乐舞中的胡风

在第 220 窟营建主体完工的贞观十六年之前，高祖李渊、太宗李世民于胡乐之用心，可从他们对胡人善乐舞者白明达、安叱奴、罗黑黑之流的重用得见一斑。唐初在音乐舞蹈方面最值得引起我们注意的一件事情，即是贞观十四年唐太宗平高昌，得其乐部，于是在原隋制九部乐的基础上增为十部。《通典》卷一四六《乐六·坐立部伎》记载[①]：

> 讌乐，武德初，未暇改作，每讌享，因隋旧制，奏九部乐。至贞观十六年十一月，宴百寮，奏十部。先是，伐高昌，收其乐，付太常，至是增为十部伎，其后分为立、坐二部。

原九部乐为：燕乐、清商、西凉、扶南、高丽、龟兹、安国、疏勒、康国。因此学者们认为贞观十六年应该是十部乐发展史上的一个标志[②]，虽然具体形成可能要早一些，有可能在贞观十四年唐太宗平高昌。也就是说唐代音乐史的大变革，正是敦煌壁画中胡旋舞出现的时间，这种时间上的巧合绝非偶然因素，实属历史的正常表现，其实也正是敦煌胡旋舞出现的大背景。

九部乐和十部乐中的"康国伎"，应该与胡旋舞多少有些关联，据学者们考证，胡旋舞实是康国舞，白居易《胡旋女》称：

> 胡旋女，出康居。[③]

《旧唐书》卷二九《音乐志》云：

---

① （唐）杜佑：《通典》，第 3720 页。
② 毛水清：《唐代乐人考述》，东方出版社，2006 年，第 2 页。
③ （唐）白居易：《白居易诗集校注》，第 305 页。

康国乐……舞二人，绯袄，锦领袖，绿绫浑裆袴，赤皮靴，白袴帑。舞
急转如风，俗谓之胡旋。[1]

《通典》卷一四六《乐六》"四方乐"有类似记载。至若以康国为代表的中亚诸国
石国、米国等向大唐进献"胡旋女"之记载就更是不绝于史书[2]。胡人乐舞在唐代
的墓葬壁画中广泛见到，何家村珍宝中有一件鎏金伎乐纹八棱银杯，上面的胡人
乐舞，从舞人到乐工全是深目高鼻、胡装的胡人（图 4-12），极其形象，另一件
银杯上也是胡乐的组合[3]，如果按齐东方的研究，此类物品若由粟特工匠生产自中
土，则可作为胡人乐舞流行唐朝极好的图像资料[4]。

敦煌是丝路重镇，"华戎所交一都会"，必然是胡旋舞和胡旋女流入中土的必
经之地，加上敦煌自汉晋以来即为粟特九姓胡人流寓汉地的重要聚居地[5]，像胡旋

图 4-12　西安何家村鎏金伎乐纹八棱银杯（采自《花舞大唐春——何家村遗宝精粹》）

①（后晋）刘昫等：《旧唐书》，第 1071 页。
② 蔡鸿生：《唐代九姓胡与突厥文化》，第 46—70 页。
③ 参见陕西历史博物馆、北京大学考古文博学院、北京大学震旦文明研究中心编：《花舞大唐春——何家村遗宝精粹》，文物出版社，2003 年，图版 5。
④ 齐东方：《唐代金银器研究》，中国社会科学出版社，1999 年，第 329—378 页。
⑤ [日] 池田温：《8 世纪中叶におけゐ敦煌のソダド人聚落》，《ユ‐ラツア文化研究》1965 年第 1 号，另载氏著《唐研究论文选集》，中国社会科学出版社，1999 年，第 3—67 页；陈国灿：《魏晋至隋唐河西人的聚居与火袄教》，《西北民族研究》1988 年第 1 期，又载氏著《敦煌学史事新证》，第 73—97 页；姜伯勤：《敦煌吐鲁番文书与丝绸之路》，文物出版社，1994 年；荣新江：《胡人迁徙与聚落》，载氏著《中古中国与外来文明》，第 54—59 页。

舞这样带有浓厚异域风情的胡风舞蹈必然受到敦煌人的青睐。唐初活动在甘州一
带的康国人后裔康老和曾经一度在河西建立独立的地方势力，武威大凉李轨政权
即是以胡人为基础，其中安氏家族成为河西最大的胡人集团[①]，影响所及，以至于
在莫高窟初唐洞窟营建过程中也有了这些胡人的参与。莫高窟初唐第 322 窟即是
安氏家族的功德窟[②]，窟内出现大量的带有中亚粟特美术特征的图像，如有手执山
羊和绵羊的畏兽（图 4-13）、胡人特征的天王像、葡萄纹边饰、菩萨手中的玻璃
器及菩萨弟子脚下的小圆毯（图 4-14）等独特的图像。因此，从这个意义上讲，
带有浓厚胡风特征胡旋舞出现在莫高窟初唐洞窟经变画中就顺理成章了。

图 4-13-1　莫高窟初唐第 322 窟有翼神兽及所在位置（采自《中国敦煌壁画全集·初唐》）

　　① 汪篯：《西凉李轨之兴亡》，载唐长孺等编：《汪篯隋唐史论稿》，中国科学出版社，1981 年，第 270—278 页；
吴玉贵：《关于李轨河西政权的若干问题》，《敦煌学辑刊》1990 年第 1 期，第 68—78 页；吴玉贵：《凉州粟特胡人安氏
家族研究》，《唐研究》第三卷，北京大学出版社，1997 年，第 195—338 页；吴玉贵：《突厥汗国与隋唐关系史研究》，
中国社会科学出版社，1998 年，第 313—316 页。
　　② 沙武田：《莫高窟第 322 窟图像的胡风因素：兼谈洞窟功德主的粟特九姓胡人属性》，《故宫博物院院刊》2011
年第 3 期，第 71—96 页。

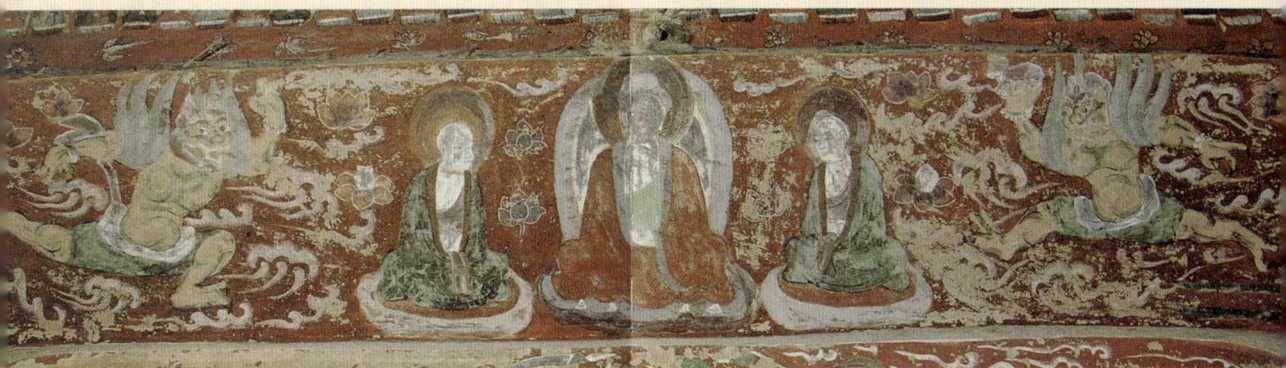

图 4-13-2　第 322 窟有翼神兽所在位置壁画（采自《中国敦煌壁画全集·初唐》）

图 4-14　第 322 窟东壁门上北侧说法图（菩萨弟子脚下踩的是小圆毯）（敦煌研究院提供）

四、第220窟壁画粉本传承关系

我们考察的目光并不能停留在敦煌或河西一地，而是要看到更远的区域，要关注敦煌壁画粉本传承的复杂线索。

莫高窟第220窟被学者们视为敦煌艺术史上的转折点，而且由于时间正是在侯君集平高昌之后，学者们很容易把第220窟的艺术与这一唐初治西域史之重要事件联系起来。贺世哲指出："贞观十四年侯君集平高昌，打通'丝绸之路'，中原新的唐文化（包括佛教艺术）也随之而来。第220窟就是在这种形势下，当地画工接受了中原新的艺术风格而创造的一个划时代的洞窟。它把敦煌佛教艺术推进到一个新的阶段，也为唐代前期洞窟的排年断代提供了标尺。"[①]马德也同样认为第220窟的"艺术风格是全新的中原唐风，壁画和塑像的所有人物形象均为中原唐人形象，从中看不到任何先代艺术的影子"，"220窟的建成，不论是在莫高窟的营造史上，还是在敦煌艺术发展史上，都是转折点，是里程碑，具有继往开来的划时代意义"[②]。段文杰也强调了第220窟艺术所表现出来的强烈的中原长安等地唐初艺术影响的特点[③]。宁强亦指出："贞观时期，由于唐太宗对河西、西域的经营，特别是贞观十四年平定高昌之后，丝绸之路畅通无阻，东西方之间经济文化交流明显频繁。在这种背景下，敦煌艺术大量吸收来自中原地区的新技术、新风格，同时也接受印度、西域艺术的优秀成果，形成多种风格并存发展的新局面。""贞观十六年，敦煌突然出现如此完美的壁画巨作，如果我们仅仅将其视作隋代以来净土变相演变发展的自然结果是很难令人置信的，因为在贞观十六年之前的洞窟中，我们没有见到反映这种演变过程的作品，因此，有人将这一奇迹的出现，归因于来自中原地区的强大影响。确实，第220窟壁画的风格和中原唐画的风格有许多相似之处，很有可能是中原艺术冲撞刺激的产物。"[④]这些长期从事

① 贺世哲：《从供养人题记看莫高窟部分洞窟的营建年代》，载敦煌研究院编：《敦煌莫高窟供养人题记》，第201页。

② 马德：《敦煌莫高窟史研究》，第78—79页。

③ 段文杰：《创新以代雄——敦煌石窟初唐壁画概况》，《敦煌石窟艺术研究》，甘肃人民出版社，2007年，第222—250页。

④ 宁强：《敦煌石窟寺研究》，甘肃人民美术出版社，2012年，第139、143页。

敦煌艺术研究者们的总结，可以说准确地把握了第 220 窟艺术的渊源关系。

有了以上的认识，正如马化龙在研究第 220 窟维摩诘经变的艺术风格时紧密联系同时期唐的政治经济文化中心长安的画风，从敦煌与长安绘画的比较中看到了完全相同的时代神韵一样[1]，我们可以说第 220 窟包括几幅胡旋舞蹈画面在内的南北经变画无量寿经变、药师经变、维摩诘经变，均是来自长安的粉本画稿，是全新的佛教经变画艺术品。特别是其中的维摩诘经变，论者无不把其和同时代大画家阎立本的《帝王图》相媲美，且认为敦煌维摩诘经变中的帝王图的艺术成就有过之而无不及。

就目前所见资料可知，第 220 窟三幅大型经变画不仅仅在敦煌艺术发展史上有"划时代"的意义，属"里程碑"式作品，"堪称唐初叶在广大西北地区活动的历史纪念碑"[2]，而且很有可能也是唐长安寺观画壁的"新样"，是全新的经变画样式。但非常可惜的是此全新样式的经变画无法得到长安实物的印证，我们在《寺塔记》《历代名画记》等画史文献中无法窥知一二。这种新样也包括了经变画中大型舞蹈场面胡旋舞的表现。郑汝中指出，敦煌大型经变画中的乐舞场景，"基本以宫廷燕乐为模式，象征简括地表现当时的乐舞情形"[3]。因此，敦煌佛窟中经变画中的乐舞资料可作为信史研究，当然这种信史是不能完完全全一对一地印证的，毕竟佛窟中绘画表现的是一个"乌托邦"的天国，是艺术家想象的世界。

五、小结

因此在唐代初年随着中西文化交流的深入，加上唐太宗平定高昌所带来的新的丝路气象，再结合唐初以来在唐代社会中愈演愈烈的胡风，当时流行的胡旋舞也被画家们引入到同样流行的寺观壁画中来，开启了唐初寺观壁画新的时代风尚，代表这种时代新风尚的经变画粉本画稿很快便传到丝路重镇的敦煌，最终进入洞窟壁画中。当今天长安的寺观壁画早已成为历史灰尘之时，敦煌的洞窟中仍

① 马化龙:《莫高窟 220 窟维摩诘经变与长安画风初探》，载北京图书馆敦煌吐鲁番学资料中心、台北《南海》杂志社合编:《敦煌吐鲁番学研究论集》，书目文献出版社，1996 年，第 509—516 页。
② 史苇湘:《敦煌历史与莫高窟艺术研究》，第 59 页。
③ 郑汝中:《敦煌壁画乐舞研究》，甘肃教育出版社，2002 年，第 20 页。

有鲜艳如初的原作留存于世，成为我们今天领略长安画风的标本，更是感受长安风尚与风气不可多得的资料。

第三节　第220窟舞蹈图与长安唐墓壁画等胡旋舞图像

有了以上时代大背景的考察，肯定了第220窟经变画粉本传承的长安关系，接下来，让我们以更加直接的笔触，把考察的视野延伸到唐初的长安，透过考古和历史的蛛丝马迹，审视第220窟经变画中舞蹈场景更真实的线索和图像传播。

一、唐代乐舞中的胡舞

《通典》卷一四六《乐六》"四方乐·龟兹乐"记：

> 周武帝聘突厥女为后，西域诸国来媵，于是有龟兹、疏勒、安国、康国之乐。帝大聚长安胡儿，羯人白智通教习，颇杂以新声。①

同书记载"康国乐""舞二人"，"舞急转如风，俗谓之胡旋"，因此这条记载被认为是康国胡旋舞传入汉地的最早记载，也就是说北周以来胡旋舞已在中土流行开来，那么到了胡风大盛的唐朝，胡旋舞大行于全国也就是自然的事了。另外，据介绍，考古发现早于北周武帝年间的疑似胡旋舞的乐舞形象，出现在陕西紫阳县的铸有乐舞人物的铜带版（图4-15），推测年代在北魏时期（约439）。《陕南民间舞蹈文化概览》的编纂者朱广琴女士认为："（该铜带版）与敦煌莫高窟《佛国世界》中220

图4-15　陕西紫阳县藏舞蹈人物铜带版

---

① （唐）杜佑：《通典》，第3726页。

窟北壁《东方药师净土变》中的胡旋舞图相比，除手位不同外，其衣着、造型、舞姿等，均有着惊人的相似。"①如果此图确凿，则把胡旋舞传入中土的时间大大提前了。

到了开元天宝年间，胡旋舞全国风靡一时，上自皇宫，下自民间，胡旋舞者大有人在。白居易《胡旋女》写道：

> 天宝季年时欲变，臣妾人人学圜转。
> 中有太真外禄山，二人最道能胡旋。
> 梨花园中册作妃，金鸡障下养为儿。
> 禄山胡旋迷君眼，兵过黄河疑未反。②

元稹《胡旋女》诗也表达了同样的史实：

> 天宝欲末胡欲乱，胡人献女能胡旋。
> 旋得明王不觉迷，妖胡奄到长生殿。③

胡旋流行之盛，诗人用讽刺的笔法写道胡人之胡旋舞影响到了国家的安危。的确，杨贵妃和安禄山成为当时胡旋舞蹈的代表人物，引领时代风潮。在这样的情况下，风靡一时的胡旋舞出现在同样风靡一时的长安大大小小的寺观画壁经变画乐舞画面中，是完全可能的。

当然，前述胡旋舞的盛况是到了开元天宝之时，另《新唐书·西域传》"康国条"载开元初向大唐贡"胡旋女子"，同载米国也是开元时"献胡旋女"，受此影响，学术界有倾向于胡旋舞在开元时传入中原的观点，大概即是受以上资

---

① 参见朱广琴：《陕南民间舞蹈文化概览》，陕西旅游出版社，2003 年，本资料转引自李厚之：《南北朝时期安康的西域乐舞和戏曲》，《安康文化》，2006 年，另见叶文：《从〈胡旋舞〉与〈康国乐〉的关系看〈胡旋舞〉传入中国的时间》，《华章》2012 年第 19 期，第 109—120 页。
②（唐）白居易：《白居易诗集校注》，第 305—306 页。
③（唐）元稹：《元稹集》，第 330 页。

料影响的结果。事实上，前述北周武帝之时已传入，因此陈海涛把北周安伽墓
（图4-16）和隋虞弘墓（图4-17）发现的胡人舞蹈归入胡旋舞，张庆捷则提出
不同的观点，认为虞弘墓胡人舞蹈是胡腾舞[①]。

图4-16　西安北周安伽石榻屏风乐舞图（采自陕西省考古研究所编著《西安北周安伽墓》）

　　把时间再提前半个世纪，考察一下长安地区初唐的舞蹈，考虑到舞蹈在长
安盛行的状况，以及一类舞蹈流播的时间关系，我们可以把考察的时间延伸到
盛唐时期。对于长安地区唐代墓葬壁画中发现的音乐舞蹈资料，随着考古工作
的推进，可供参考的也比较丰富，有壁画、陶俑，从已经发掘的墓葬可以看到，
规格较高的皇陵陪葬的皇室公主、太子、大臣、王宫贵族墓等程度不同多有乐
舞类文物或相关图像出土，反映唐代以来音乐舞蹈之流行情形。涉及唐墓壁画

---

① 参见陈海涛、张庆捷前揭文。

图 4-17　太原隋代虞弘墓石椁宴乐图（采自山西省考古研究所编《太原隋虞弘墓》）

全面综合的研究可以参见李星明大作《唐代墓室壁画研究》[1]，至于音乐舞蹈，熊培庚[2]、周伟洲[3]、梁勉[4]、程旭[5]、焦盼[6]、杨咏[7]等人从不同的角度均有研究，可供参考。

按唐代制度，只有皇室宫廷、王府贵族、高官私邸中才有资格备有乐舞伎，因此在墓室中绘制乐舞图首先是墓主人身份地位的体现。按前述程旭等学者统计[8]，已发掘的一万多座唐墓中，绘有壁画的约有120多座，其中22座墓中绘有乐舞图像，绘有乐舞图像的壁画墓主要集中在关中京畿地区，主要有李寿墓、执失奉节墓、韦贵妃墓、李爽墓、李勣墓、燕妃墓、李晦墓、李宪墓、宋氏墓、苏思勖墓、长安区无名墓、朱家道村墓、张去逸墓、高元珪墓、郯国大长公主墓、陕棉十厂墓、武惠妃墓、李宪墓、李邕墓等。这些壁画墓的墓主人中有八人是亲王、公主、贵妃，其余皆为大臣以及他们的至亲。统计发现乐舞图是唐代皇室成员和高官墓中一种比较常用的装饰图像。乐舞图像一般绘在墓室之中，个别绘在甬道东西两壁，在很大程度上为所模拟的内宅家居场景增添了享乐气氛。加上墓葬中的乐舞线刻图、陶俑类图像的存在，可以反映唐代上层社会对乐舞的钟情。在这一潮流中，胡音胡乐则是一股热浪，席卷大唐王朝，元稹《法曲》记：

> 自从胡骑起烟尘，毛毳腥膻满咸洛。
>
> 女为胡妇学胡妆，伎进胡音务胡乐。
>
> 火凤声沉多咽绝，春莺啭罢长萧索。
>
> 胡音胡骑与胡妆，五十年来竞纷泊。[9]

---

① 李星明：《唐代墓室壁画研究》，陕西人民美术出版社，2005年，第167—170页。
② 熊培庚：《唐苏思勖墓壁画舞乐图》，《文物》1960年第8、9期合刊，第75页。
③ 周伟洲：《西安地区部分出土文物中所见的唐代乐舞形象》，《文物》1978年第4期，第74—80页。
④ 梁勉：《试析西安地区唐墓壁画中的乐舞图》，《文博》2010年第3期，第86—91页。
⑤ 程旭：《唐墓壁画中周边民族文化因素及其反映的民族关系》，兰州大学博士学位论文，2012年。
⑥ 焦盼：《隋唐乐舞的舞蹈图像研究》，山西大学硕士学位论文，2010年。
⑦ 杨咏：《古长安唐墓壁画中乐舞伎服饰研究》，天津师范大学硕士学位论文，2012年。
⑧ 参见程旭《唐墓壁画中周边民族文化因素及其反映的民族关系》之乐舞图章节。
⑨（唐）元稹：《元稹集》，第325页。

是诗人对这一风潮的真切记载。

二、胡旋舞图像比较——以伴唱为中心

既然如此，唐墓乐舞图像中是否有胡旋舞可供与敦煌莫高窟第 220 窟之图像比较，对此，程旭已有研究，他在众多的长安等地唐墓壁画中检出了昭陵陪葬墓李勣墓中的舞蹈图像，该图绘制于墓室北壁东侧，是二女对舞，她们头梳双环望仙髻，身穿红色长袖衫，系黑白相间条纹裙，体态窈窕，舞姿轻盈优美，衣带飘扬，身体舞蹈姿态作旋转状，因此似为胡旋舞（图 4-18）。北侧有三人奏乐，一人吹排箫，一人不明，一人吹横笛。其实，同为昭陵陪葬墓的燕妃墓壁画乐舞图中，同样为两人对舞（图 4-19），颇同李勣墓舞蹈形象，其奏乐者所奏乐器有箜篌、竖笛、琵琶[1]。当然此二图像仅是有胡旋舞之影子，但仍不能十分肯定，因为似没有看到舞筵，乐器中没有鼓类、铜钹，《通典》乐志记载无论是"康国乐"

图 4-18　唐昭陵李勣墓舞蹈壁画（采自《昭陵唐墓壁画》）

---

[1] 图版及说明分别参见昭陵博物馆编：《昭陵唐墓壁画》，文物出版社，2006 年，图版 116、117、143。

图 4-19　唐昭陵燕妃墓乐舞壁画（采自《昭陵唐墓壁画》）

还是"安国乐"，使用乐器中，除笛、琵琶、箜篌、筚篥等外，另必须有正鼓、和鼓、铜钹。当然考虑到康国乐传入长安后的改进，李勣墓和燕妃墓乐舞也很有可能即是胡旋舞。以上二幅舞蹈的舞姿，其舞带的飘浮、身体的姿态等，均与莫高窟第 220 窟舞姿有十分相似之处，相互之间当有所关联。

　　新近发现的唐嗣虢王李邕墓后室东壁乐舞图中有舞蹈者一人，女性，立于长方形毯子上，身形扭转，披帛绕身，颇有旋转之意（图 4-20），考虑到同墓壁画打马毬图，石棺床上的瑞兽，以及李邕夫人扶余氏的百济背景[①]，正如考古报告所言，墓中有大量反映唐代对外文化交流的图像，其实也是该乐舞图有胡舞成分的可能性背景。

　　在韩休墓乐舞图壁画中（图 4-21），中间一男一女分别立于圆毯上作舞蹈状，其中女伎头梳倭堕髻，身穿长裙作旋转状，男伎头戴黄色抹额，身穿圆领袍

---

　　① 陕西省考古研究院编：《唐嗣虢王李邕墓发掘报告》，科学出版社，2012 年，第 78—82 页，线图 57、58、59，图版 23、24、25。

图 4-20　唐嗣虢王李邕墓后室东壁乐舞壁画（采自《唐嗣虢王李邕墓发掘报告》）

图 4-21　唐韩休墓大型乐舞壁画（陕西历史博物馆提供）

衫，腰束革带，右脚抬起，亦作旋转状；左边三女坐于方毯之上，一人弹箜篌、一人弹筝、一女吹笙，旁边站立一男一女，其中男性头戴幞头，穿黄色圆领袍服，腰束革带，左手拿一条状物，女性形象残毁不清；右边六人全为男性胡人，五人跪于方毯之上正在演奏音乐，乐器有笙、琵琶、箜篌、箫、钹，旁边胡跪一人，上举右手。乐舞两侧描写环境，有山石、树木、小草，是唐墓壁画乐舞图难得的精品。男女双人舞蹈，又有胡人乐队伴奏，也有胡人陪唱者，正是文献记载杨贵妃和安禄山所跳男女共舞之胡旋舞①。这幅图给我们另一个重要的启示是分别立或胡跪于乐队两旁的三个人，左侧的男性程旭认为手拿类似今天指挥棒之物品在作指挥，此说有一定道理，右侧胡跪胡人男子一手上举，一手伸开，嘴似张，显然正在随着眼前的音乐和舞蹈忘情歌唱。这让我们联想到苏思勖墓壁画乐舞图（图4-22），正中在绿色方毯上有一胡腾舞蹈者，是一个浓眉、深目、高鼻、多髯的胡人，他头戴尖顶番帽，身穿圆领袖窄长衫，腰系革带，足穿黑靴，右手叉腰，左臂高举挥袖，屈腿腾踏，跳跃起舞。左右两边各铺黄色长方形毯子，毯子上分别是六人和五人乐队，需要我们注意的是，两侧乐队中分别站立一人，不持

图4-22　唐苏思勖墓胡腾舞壁画（陕西历史博物馆提供）

---

① 白居易《胡旋女》："中有太真外禄山，二人最道能胡旋。"钱易《南部新书》称："天宝末，康居国（康国）献胡旋舞，玄宗深好此舞，太真、安禄山皆能为之。"安禄山本为中亚康国人，据《旧唐书·安禄山传》称，安禄山"晚年益肥壮，腹垂过膝，重三百三十斤，每行以肩膊左右抬挽其身，方能移步。至玄宗前作胡旋舞，疾如风焉"。《旧唐书·武延秀传》说："延秀唱突厥歌，作胡旋舞，有姿媚。"均是男性胡旋和男女胡旋的记载。

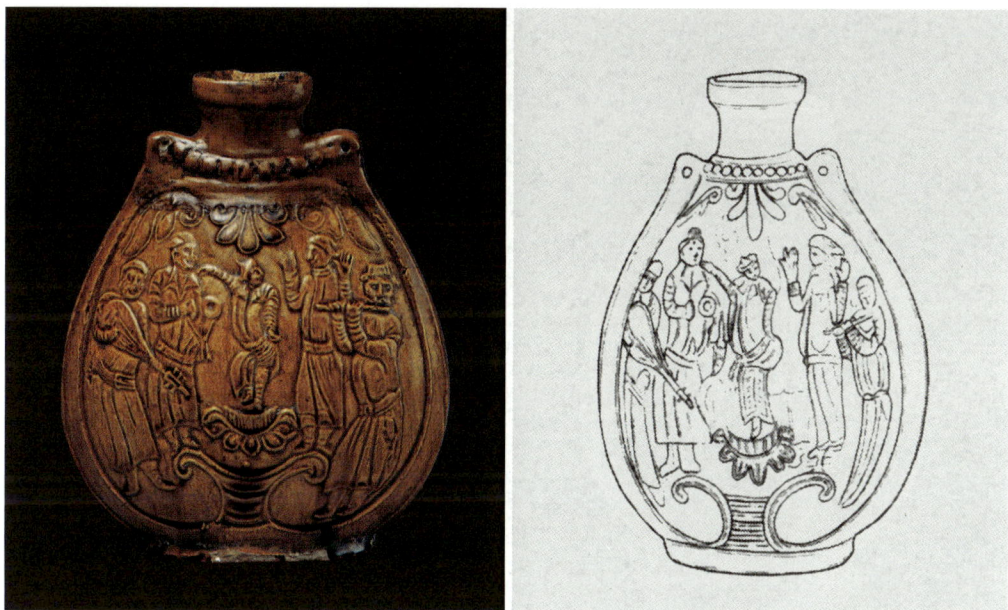

图 4-23　河南安阳北齐范粹墓出土黄釉扁壶（采自《世界美术大全集·东洋编·三国、南北朝》）

乐器，张大嘴作唱歌状，其中右边者左手叉腰，右臂前伸，面向舞者及对面乐人，似在伴唱或作乐队指挥，左边者左臂前伸，嘴圆张，合着舞蹈的节拍作伴唱状[①]。唐代胡舞中的伴唱者，较早的形象以河南安阳北齐武平六年（575）范粹墓出土的"黄釉扁壶"（图 4-23）的胡腾舞蹈图为代表，此外还有洛阳博物馆藏孟津北朝墓出土扁壶（图 4-24）、宁夏固原北齐墓出土绿釉扁壶（图 4-25）、故宫博物院藏北朝黄釉扁壶（图 4-26），以及现藏于大英博物馆（图 4-27）和纽约大都会博物馆的北朝棕釉扁壶（图 4-28）等，大同小异，当为同一粉本的胡人乐舞图，其中舞蹈者左侧一人均不持乐器，或张大口或手持一棒形物，应当属于乐队的伴唱或指挥者身份[②]。清毛奇龄在《西河词话》卷二中说中国古代歌舞中是"歌

---

① 陕西考古所唐墓工作组：《西安东郊唐苏思勖墓清理简报》，《考古》1960 年第 1 期，第 30—36 页；李国珍：《唐代中外乐舞交织图——苏思勖墓的乐舞壁画》，《陕西历史博物馆馆刊》第一辑，三秦出版社，1994 年，第 110—113 页。图版见《中国美术全集·绘画编 12·墓室壁画》，文物出版社，1989 年，图版 130。

② 以上扁壶资料，张庆捷有整理研究，参见张庆捷：《北朝隋唐粟特的"胡腾舞"》，原载《粟特人在中国——历史、考古、语言的新探索》，第 390—401 页，另载氏著《民族汇聚与文明互动——北朝社会的考古学观察》，2010 年，第 369—398 页；另参见韩顺发：《北齐黄釉瓷扁壶乐舞图像的初步分析》，《文物》1980 年第 7 期，第 39—41 页。

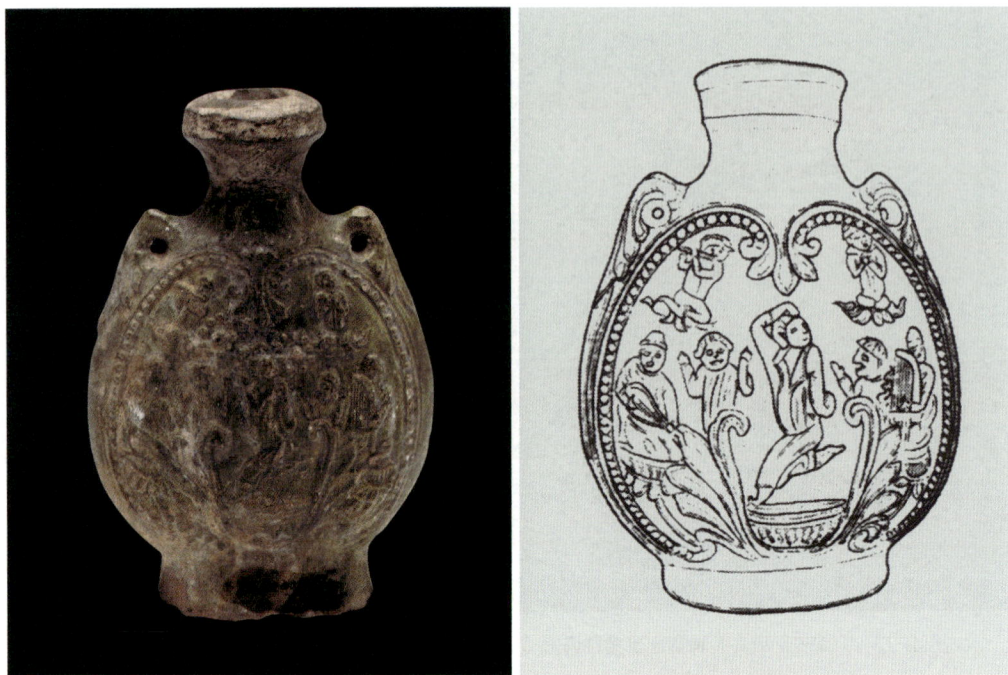

图 4-24　洛阳博物馆藏孟津北朝墓出土扁壶（作者拍摄自洛阳博物馆）

图 4-25　宁夏固原北齐墓出土绿釉扁壶（采自《原州古墓集成》）

图 4-26 故宫博物院藏北朝黄釉扁壶（采自
张庆捷《北朝隋唐粟特的"胡腾舞"》）

图 4-27 大英博物馆藏北朝扁壶（张
庆捷《北朝隋唐粟特的"胡腾舞"》）

者不舞，舞者不歌"，所言大概即是上述唐墓壁画乐舞图呈现的此类现象吧。

非常有趣的是，莫高窟第 220 窟的乐队中也有同类身份的人物。通过仔细观察，第 220 窟北壁药师经变画乐舞图中西侧乐队中间前面有一位高抬左手，张大嘴，不见有乐器，显然是在歌唱状（图 4-29），东侧乐队中间后面一位同样神态，也没有见乐器，张大嘴歌唱状（图 4-30）。最有意思的是，通过仔细比较发现，此二人在相貌上与其他乐伎略有不同，颇有几分胡人面貌，但是毕竟画家表现的是佛教净土中的乐伎，要表

图 4-28 美国纽约大都会博物馆藏北朝棕釉扁壶
（采自张庆捷《北朝隋唐粟特的"胡腾舞"》）

图 4-29　第 220 窟药师变西侧乐队及线描图（临摹品，敦煌研究院提供）

图 4-30　第 220 窟药师变东侧乐队及线描图（临摹品，敦煌研究院提供）

现出完全的胡人面貌显然不合情理。此两方面的信息，进一步加强了我们对第 220 窟胡旋舞的认识和理解。晚于第 220 窟乐舞壁画的唐惠陵让皇帝李宪墓壁画乐舞图中的乐队（图 4-31），发掘报告上说最右边的女子双臂曲于胸前，似怀抱圆形鼓，两手隐袖内触及鼓面，是乐队的鼓手①，梁勉认为此说法不是很合理，如果是鼓手，手藏在袖子里来敲击鼓是很不方便的，再者这一块壁画也没有剥落，如果有鼓，应该出现在画面上，因此他认为此人应是伴唱的歌者②，是有道理的。陕棉十厂唐墓的墓室东壁乐舞图（图 4-32），经仔细观察，乐队左侧后面站立头梳双垂髻童子，

图 4-31-1　李宪墓舞蹈图所在墓室位置图示

图 4-31-2　唐惠陵让皇帝李宪墓壁画乐舞图线描（采自《唐李宪墓发掘报告》）

---

① 陕西省考古研究所：《唐李宪墓发掘报告》，科学出版社，2005 年，第 150—155 页，线图 159、160、161，彩图版一、二、三。

② 梁勉：《试析西安地区唐墓壁画中的乐舞图》，《文博》2010 年第 3 期，第 88 页。

图 4-32　陕棉十厂唐墓墓室东壁乐舞图（采自陕西历史博物馆《唐墓壁画珍品》）

嘴巴微微开启，好像是随着曲子吟唱；右边后排一戴黑色幞头的男子拢袖而立，似乎等着唱和[①]。临潼庆山寺舍利地宫壁画的胡汉僧人观看舞蹈图中[②]，乐队后面的一位女子手中无物，有可能属伴唱者（图 4-33）。

按罗丰的研究，作为长安北大门的丝路交通要冲宁夏盐池发现公元 700 年前后的粟特何氏墓葬，其中出土的两扇石门上所刻二人舞蹈为胡旋舞（图 4-34），另外著名的西安碑林博物馆藏《半截碑》，时代应为唐开元九年（721），原立于长安兴福寺，碑两侧共刻有四个舞蹈形象，其中两人为胡人男性，与宁夏盐池何姓墓葬石门二人舞蹈极为相似（图 4-35），均为胡人男性胡旋舞图像，其舞姿与第 220 窟舞伎可资比较，有共同的神韵在中。

有了以上长安唐墓壁画、墓葬石刻及寺院碑石胡旋舞图像的佐证，莫高窟第 220 窟舞蹈图像的渊源关系似乎就更加清楚了。

---

① 陕西省考古研究所：《西安西郊陕棉十厂唐壁画墓清理简报》，《考古与文物》2002 年第 1 期，第 16—37、98 页。

② 临潼县博物馆：《临潼唐庆山寺舍利塔基精室清理记》，《文博》1985 年第 5 期，第 12—37 页；田中华：《唐庆山寺舍利塔基精室壁画乐舞初探》，《文博》1988 年第 3 期，第 50—51 页；杨效俊：《临潼庆山寺舍利地宫壁画试析》，《文博》2011 年第 3 期，第 88—94 页。

图 4-33　临潼庆山寺舍利地宫胡汉僧人与舞蹈壁画（采自赵康民《武周皇刹庆山寺》）

图 4-34　盐池粟特何氏墓石门线刻胡旋舞拓片
（采自罗丰《胡汉之间——"丝绸之路"
与西北历史考古》）

图 4-35　西安碑林博物馆藏《半截碑》碑侧线刻舞蹈
图（采自罗丰《胡汉之间——"丝绸之路"
与西北历史考古》）

第四节　第 220 窟舞蹈图中的燃灯与长安上元日灯会

第 220 窟北壁药师经变的大型舞蹈场面中，出现了中间的方形高层灯架和两侧的圆形多层灯树，这一场面似完全非胡风所有，而与唐代诗人笔下长安等地上元日赏灯所有的情节相似，正是唐韵与胡风的结合，以图像的形式记载于唐时代丝路交通重镇的敦煌，实是有趣的历史现象。

对于敦煌石窟药师经变，松本荣一、罗华庆、施萍婷、李玉珉、王惠民等均有研究[①]。据研究第 220 窟药师经变应该是据隋达摩笈多于 615 年译出的《药师如来本愿经》一卷，他本人开皇十年（590）在敦煌活动，之后到长安、洛阳，药师经变中出现燃灯的情节，主要是为了消灾和祈福，这方面的研究较多，在此不赘。第 220 窟是目前所见有关表现唐代燃灯规模最大者，包括中间的方形多层木结构灯楼（图 4-36）和两侧的圆形多层灯树（图 4-37）。前面我们研究该净土变的粉本画稿的来源，分析了其应当来自长安一带的可能性。如果回过头来再仔细观摩如此宏大场面的舞蹈灯会，大概也只有在当时的长安、洛阳等地才有。

唐朝诗人张说《十五日夜御前口号踏歌词二首》：

花萼楼前雨露新，长安城里太平人。
龙街火树千重焰，鸡踏莲花万岁春。

帝宫三五戏春台，行雨流风莫妒来。
西域灯轮千影合，东华金阙万重开。[②]

---

① [日] 松本荣一：《敦煌画の研究》，东京文化学院研究所刊，1937 年；罗华庆：《敦煌壁画中的〈东方药师净土变〉》，《敦煌研究》1989 年第 2 期，第 5—18 页；施萍婷在《敦煌学大辞典》中有相关词条说明，第 125—128 页；李玉珉：《敦煌药师经变》，《故宫文物月刊》1989 年第 8 期，第 64—77 页；王惠民：《敦煌隋至唐前期药师图像考察》，中山大学艺术学研究中心：《艺术史研究》第二辑，中山大学出版社，2000 年，第 293—328 页；敦煌研究院编，王惠民主编：《敦煌石窟全集·弥勒经画卷》，香港商务印书馆，2002 年。

② （唐）张说：《张说集校注》，中华书局，2013 年，第 546 页。

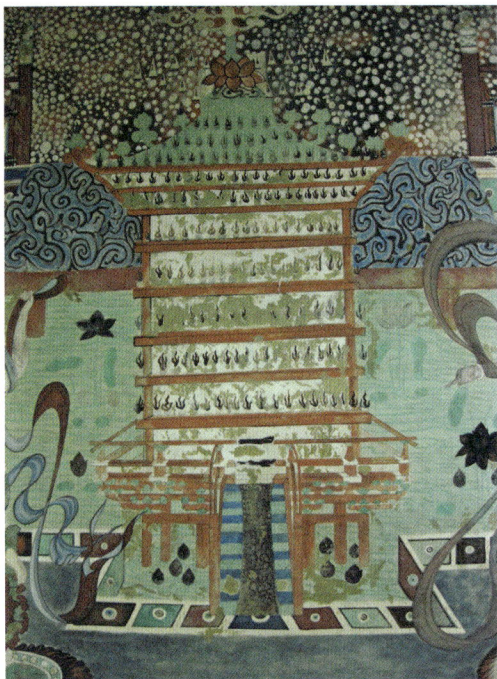

图 4-36　第 220 窟药师变舞蹈图中间的木
结构灯楼（临摹品，敦煌研究院提供）

图 4-37　第 220 窟药师变舞蹈图两侧多层
灯树（临摹品，敦煌研究院提供）

记载的是上元日长安城踏歌灯会的盛大场景，其中的灯轮恰有两种，分别是西域式的"灯轮"和中土式的"金阙"，显然前者为圆形，后者为方形，正是第 220 窟壁画所反映的形象，正所谓中西结合，一中一西，壁画中非常逼真地反映了上元夜长安城中西各式灯轮、灯楼齐明，万家灯火，来自异域风情万种的"胡旋女"舞动长裙，长安城一派吉祥景象，这样的盛世在敦煌壁画中如实记录了下来。

据张鷟《朝野佥载》卷三记载，先天二年（713）正月十五日上元节：

> 于京师安福门外作灯轮高二十丈，衣以锦绮，饰以金玉，燃五万盏灯，簇之如花树。宫女千数，衣罗绮，曳锦绣，耀珠翠，施香粉，一花冠，一巾帔，皆万钱。装束一妓女，皆至三百贯。妙简长安、万年少女妇千余人……于灯轮下踏歌三日夜，欢乐之极，未始有之。[①]

①（唐）张鷟：《朝野佥载》，第 69 页。

如此豪华的上元日灯轮和灯会，"灯轮下踏歌三日夜"，想必长安流行之胡旋、胡腾、柘枝等胡舞也会一并登场，可以想象得到第220窟北壁经变画的场面，当即如此。

上元燃灯，在唐初应该已现端倪，到了唐明皇开元天宝时期的长安，上元夜燃灯可以说是一大盛事，《唐会要》卷四九《燃灯》有详细记载。同时，上元燃灯在有唐一代也成为佛教寺院的一大盛事，日本僧人圆仁就曾记载他开成四年于扬州僧寺和当地老百姓共度灯节的热闹场面：

> 当寺佛殿前建灯楼，砌下、庭中及行廊侧皆燃灯，其灯盏数不遑计知……无量义寺设匙灯、竹灯，计此千灯。其匙竹之灯树，构作之貌如塔也，结络之样极是精妙，其高七八尺许，并从此夜至十七日夜，三夜为期。①

王仁裕《开元天宝遗事》卷下记：

> 韩国夫人置百枝灯树，高八十尺，竖之高山，元夜点之，百里皆见，光明夺月色也。②

可见唐代上元燃灯，各地灯楼不尽相同，但均颇值观瞻，变化无穷。

上元作为佛教重要的燃灯节日，张弓已有辑考③，敦煌中晚唐及五代宋归义军时期的上元日燃灯活动，以窟上燃灯为重要内容，谭蝉雪、马德、袁德领、湛如等已有详考，可供参考④。

---

① ［日］圆仁：《入唐求法巡礼行记校注》，花山文艺出版社，1992年。

② （五代）王仁裕撰：《开元天宝遗事》，中华书局，2006年，第55页。

③ 张弓：《汉唐佛寺文化》（下），中国社会科学出版社，1997年，第941—943页。

④ 谭蝉雪：《敦煌岁时掇琐——正月》，《敦煌研究》1990年第1期，第48—49页；谭蝉雪：《敦煌民俗——丝路明珠传风情》，甘肃教育出版社，2006年，第52—54页；马德：《10世纪敦煌寺历所记三窟活动》，《敦煌研究》1998第2期，第85页；袁德领：《归义军时期莫高窟与敦煌寺院的关系》，《敦煌研究》2000年第3期，第169—176页；湛如：《论敦煌佛寺禅窟兰若的组织及其他》，敦煌研究院编：《段文杰敦煌研究五十年纪念文集》，世界图书出版公司，1996年，第98—99页。

因此，第 220 窟北壁经变画中的大型乐舞灯会场面，不仅仅是表达药师经所强调的消灾、祈福之经典本意，实是有唐一代长安及全国各地（包括河西敦煌）上元日燃灯习俗的形象记载。两种风格的灯楼和灯轮，正是敦煌"华戎交会"的真实反映。

第五节　余　论
——第 220 窟维摩诘经变反映出的长安风气

第 220 窟主室东壁维摩诘经变开启了经变画的新样式（图 4-38），贺世哲认为是"一铺高水平的、划时代的巨幅经变画。若与隋代的维摩诘经变相比，颇有突如其来之感"。为什么会出现这样的现象？他的答案是，应该与当时的历史大背景有关，特别是 640 年唐平高昌，因此"第 220 窟的维摩诘经变很有可能也是

图 4-38　第 220 窟主室东壁维摩诘经变（敦煌研究院提供）

图 4-39　第 220 窟维摩诘经变及各国王子问疾图（敦煌研究院提供）

由中原西来的高手画师所作的，或者是由敦煌的画师依据新从中原传来的粉本加工创作的"[1]。其中"方便品"中的"各国王子礼佛图"（图 4-39），是新出现的内容和样式，之前未见。段文杰把各国王子形象出现在初唐第 220 窟敦煌壁画维摩诘经变中的原因，归结为唐太宗时期唐朝对周边各民族的政治气象，可以说是非常有见地的[2]。

　　唐太宗时期与周边民族的关系确实大不同于以前，出现少有的"和同一家"气象，唐太宗本人也对各民族君长国王恩戴有加。《资治通鉴》卷一九三，贞观五年条记载，贞观初年，唐太宗狩猎于昆明池，"四夷君长咸从"。《旧唐书》卷三《本纪第三》"太宗下"贞观四年：

　　　　夏四月丁酉，御顺天门，军吏执颉利以献捷。自是西北诸蕃咸请上尊号为"天可汗"，于是降玺书册命其君长，则兼称之。[3]

① 贺世哲：《敦煌壁画中的维摩诘经变》，载敦煌研究院编：《敦煌研究文集·敦煌石窟经变篇》，第 29 页。
② 段文杰：《创新以代雄——敦煌石窟初唐壁画概况》，《敦煌石窟艺术研究》，第 239—240 页。
③（后晋）刘昫等：《旧唐书》，第 39 页。

　　类似第 220 窟这样唐代帝王与各少数民族王子、国王一同出现的图像，首推昭陵北司马门所立十四蕃君像，《唐会要》卷二十记：

　　　　山陵毕，上欲阐扬先帝徽烈，乃令匠人琢石，写诸蕃君长贞观中擒伏归化者形状，而刻其官名。[①]

　　据《旧唐书》《新唐书》《唐会要》记载，十四蕃君长分别为：突厥答布可汗、突厥颉利可汗、突厥突利可汗、突厥乙弥泥孰俟利苾可汗、薛延陀真珠毗伽可汗、吐蕃赞普、吐谷浑河源郡王、于阗王、焉耆王、高昌王、龟兹王、新罗乐浪郡王、林邑王、婆罗门帝那伏帝国王。昭陵的十四国蕃君像也得到考古的证实，带刻铭的像座残块出土二十余件，其中新发现有"突厥突利可汗""突厥乙弥泥孰俟利苾可汗""新罗乐浪郡王""吐谷浑河源郡王""林邑王"等像座的刻铭残块（图 4-40），连同以前发现的于阗王、吐蕃赞普（图 4-41）等刻铭石座已

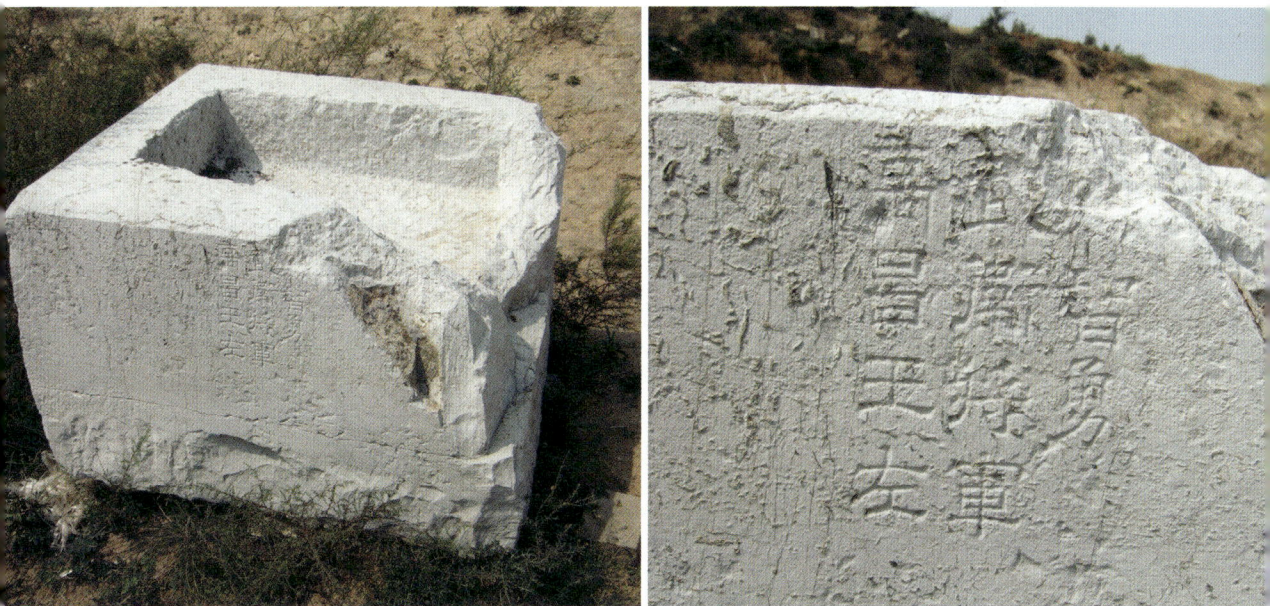

图 4-40　唐昭陵北司马门出土高昌王像座（张建林先生提供）

---

① （宋）王溥：《唐会要》，中华书局，1960 年，第 395 页。

图 4-41-1　唐昭陵北司马门出土吐蕃赞普像座及残件（张建林先生提供）

图 4-41-2　唐昭陵北司马门出土吐蕃赞普像座（张建林先生提供）

达十三件①。这一传统后来在乾陵得到最大程度的体现，分列于乾陵神道东西厢房两侧的六十一宾王像（图 4-42），以及著名的章怀太子墓两幅客使图，其实也正是大唐盛世"万国来朝""万国衣冠拜冕旒"的体现。对此盛世景象，大诗人王维在《和贾至舍人早朝大明宫之作》有非常形象的描述：

图 4-42　乾陵神道两侧六十一蕃酋像石刻（作者拍摄）

① 张建林、王小蒙：《对唐昭陵北司马门遗址考古新发现的几点认识》，《考古与文物》2006 年第 6 期，第 17—22 页。

　　绛帻鸡人报晓筹，尚衣方进翠云裘。

　　九天阊阖开宫殿，万国衣冠拜冕旒。

　　日色才临仙掌动，香烟欲傍衮龙浮。

　　朝罢须裁五色诏，佩声归到凤池头。①

诗中所描述的景象，颇与第220窟维摩诘经变中汉族帝王带领群臣与对面的各国
王子一并礼佛的情景有几分神似。

　　唐代对胡人集体形象的图像描述，除以上敦煌壁画维摩诘经变、唐昭陵司马
门、唐乾陵（这一制度在昭陵之后的唐陵成为定制）等以外，其他出土文物中也
常可见到。现藏西安市文物园林局的一件唐代都管七国人物六瓣型银盒，1979年
西安市交通大学出土，盒子盖上有七国人物形象，中间人物前刻"都管七个国"
字样，旁又刻"昆仑王国"，外侧六花瓣上分别刻"婆罗门国""土番国""疏勒
国""高丽国""白拓□国""乌蛮国"，各国人物形象不同，反映的风俗画面也不
同（图4-43）②。按照梁晓强研究，此都管七国六瓣银盒，乃是大唐都城长安坊间

图4-43　西安市文物园林局藏唐代都管七国人物六瓣型银盒
（采自甘肃省博物馆等编《丝绸之路——大西北遗珍》）

---

① （唐）王维：《王维集校注》，中华书局，1997年，第488页。
② 图版与说明参见セゾン美术馆、日本中国文化交流协会、日本经济新闻社、陕西省对外文物展览公司、陕西历
史博物馆、西安碑林博物馆：《シルクロードの都·长安の秘宝》展览图册，1992年，图版84。

图 4-44　临潼庆山寺舍利宝帐及分舍利的各国人物（采自赵康民《武周皇刹庆山寺》）

制造的佛教宣传品，抑或就是佛教礼仪用品，可能是大唐朝廷的专用品，由朝廷制作，既可以在宫廷中供奉，也可以用于赏赐臣下①。临潼庆山寺开元二十九年舍利宝帐一侧面分舍利的各国人物中，同样有唐人王子大臣模样者，也有戴高缠头的吐蕃人，还有披发的突厥人、大食人及其他民族人物形象者（图 4-44）②。同在庆山寺舍利宝帐地宫中，有胡僧与汉僧一同观看乐舞表演的场景（图 4-45）。同样的图像，另见于陕西蓝田蔡拐村法池寺出土唐初舍利容器一侧面表现分舍利场景，正中上面宫殿内端坐中国帝王装束者，前面左右分坐六个人，从形象上初步观察应该是汉族大臣、婆罗门人、新罗人、高丽人（图 4-46）③。此外敦煌中唐吐蕃时期莫高窟第 158 窟各国王子举哀图中也有汉族帝王和西北各民族王子一道出

---

① 梁晓强：《都管七个国六瓣银盒辩证》，《曲靖师范学院学报》2010 年第 5 期，第 81—87 页。另可参考张达宏、王长启：《西安市文管会收藏的几件珍贵文物》，《考古与文物》1984 年第 4 期，第 22—25 页；周伟洲：《唐"都管七个国"六瓣银盒考》，《唐研究》第三卷，北京大学出版社，1997 年，第 411—425 页；王颋：《都管七国——关于"六瓣银盒"所镌国名的考释》，中国社会科学院历史研究所中外关系史研究室学术网站，2010 年 8 月 11 日。

② 参见东京国立博物馆：《唐の女帝·则天武后とその时代展》，1998—1999 年，图版 37。

③ 参见东京国立博物馆：《唐の女帝·则天武后とその时代展》，1998—1999 年，图版 34。

图 4-45　庆山寺地宫壁画中的胡僧（采自
赵康民《武周皇刹庆山寺》）

图 4-46　蓝田蔡拐村法池寺出土唐初舍利
石函（拍摄自陕西历史博物馆展厅）

图 4-47　莫高窟中唐第 158 窟涅槃经变各国
王子举哀图（敦煌研究院提供）

现的图像（图 4-47）。以上图像均可认为是唐人观念中对汉蕃一家的认同，时间虽有早有晚，但其实都是唐人"万国来朝岁，五服远朝王"[1]现象与观念的图像表现。有了这样的社会认同和思想观念，流行于长安、洛阳及全国各地，经过像吴道子之流蜚声画坛的名家高手的创作，制作出像第 220 窟维摩诘经变一样的新样粉本画稿，然后传至敦煌等佛教都会，画入寺院或洞窟墙壁。

了解了同窟经变画与长安大唐气象的密切关联，再回过头来看第 220 窟南北壁经变画中出现的胡旋舞盛况，正是

---

① 周伟洲：《万国来朝岁　五服远朝王》，《中国文化遗产》2009 年第 4 期，第 56—61 页。

图 4-48　莫高窟初唐第 220 窟甬道五代重绘新样文殊变及其中的于阗国王画像（敦煌研究院提供）

唐初胡汉交融背景下粉本传承、功德主选择、画工画师精心制作的结果，实属
有趣的历史图像。更为有趣的是，一直到近三百年后的五代同光年间，第 220
窟的功德主翟通的九代孙、敦煌节度押衙、历学博士翟奉达在重修家窟时，仍
选择最具时代感的于阗等地的瑞像和史迹画，把于阗国王的形象以"新样文殊"
的形式写真于窟壁（图 4-48），体现了这个家族对时事和政治深度关心的传统，
以"外交图像"①的形式书写着家族汉化后面是割舍不断的胡人血脉和文化情怀。

小　结

胡旋舞作为带有浓郁异域风情的乐舞，曾经在唐帝国留下了许多佳话。曾几
何时，长安城里"臣妾人人学圜转"，随着风情万种的"胡旋女"飘扬的舞带，

---

① Ningqiang, "Diplomatic Icons: The Socail and Political Meaning of the Khotanese Images in Dunhuang Cave 220", In
Oriental Art. Vol. XLIV, NO.4 (1998/1999).

展示的是一个盛世王朝宽阔的胸怀。敦煌第 220 窟的功德主翟氏，作为一个带有胡人血统的家族，在自己的功德窟中，于唐王朝平定高昌的凯歌，精心选择了从长安传入的全新的寺观画壁题材与样式，把在长安城和丝路沿线以及敦煌本地随处可见的胡旋舞，和长安城上元夜盛大灯会的景况相融合，创作中多少带有艺术夸张的手法，在佛教净土变相规范下，一定程度上较为真实地以历史图像的形式，记录了一个时代最强烈的声音和画面，其中处处体现着唐帝国政治、经济、文化中心长安城的风气。

以一窟而知唐初的历史点滴，在敦煌这样一个华戎交汇的丝路重镇，演绎了唐太宗贞观年间敦煌最活跃的一个政治和宗教群体，在营建神圣的佛教洞窟的过程中，仍时刻关注长安的情怀。长安风气构成了这个洞窟最具时代感的音符。基于这样的认识，敦煌艺术史家段文杰、史苇湘、贺世哲、马德等高度评价第 220 窟在敦煌艺术史上"划时代""里程碑""历史纪念碑"之意义。同时，第 220 窟也为中国绘画艺术史、唐史、唐代的寺观画壁、中外文化交流史、唐代音乐舞蹈等课题的研究提出严肃的思考和深刻的启示。

第五章

胡旋女在胡旋舞考古遗存中的缺失现象

——再谈敦煌壁画中的胡旋舞图像

第一节　提出问题

胡旋舞、胡腾舞、柘枝舞、泼胡乞寒等传自中亚索格底亚那（Sogdiana）地区的粟特胡人乐舞，构成了我们今天理解唐人胡风胡气盛行的重要内容，其中胡旋舞是其代表，大兴于开元天宝年间，因为有杨贵妃和安禄山的时代引领，"中有太真外禄山，二人最道能胡旋"，在当时一度出现"臣妾人人学圜转"的景象（白居易《胡旋女》），可谓盛极一时。据史书记载，"胡旋"是从中亚康国传入汉地的"康国乐"，时间可以早到北周，具体是周武帝娶突厥可汗女为后，突厥可汗以其所获"龟兹乐""疏勒乐""康国乐"作为女儿的陪嫁，其中的"康国乐"即是胡旋舞[①]。而伴随着胡旋舞一起来到汉地的则是粟特"昭武九姓"在隋唐时期随使节而来、或被作为地方特产进贡入华的"舞女""胡旋女"，由是胡旋女和胡旋舞构成"安史之乱"之前唐人社会一道独特的丝路风情。

[①]（唐）令狐德棻等：《周书·武帝纪》，第75页。

学界对胡旋舞的研究，自石田干之助①、向达②以来，已有近百年的历史，成果极为丰富，不一而足，其中今人研究以罗丰为代表，对胡旋舞的源头、传入汉地的历史、考古遗存、音乐、服饰、舞蹈特点等作了翔实的考证③。综观胡旋舞研究的学术史，涉及胡旋舞基本的历史问题应该说是清楚的，似无空间可论，但我们在研读涉及胡旋舞的历史文献和考古遗存时注意到，在目前考古遗存可确认为胡旋舞的文物和图像中，包括那些有胡旋舞因素的舞蹈图像中，无法看到唐人笔下颇多描述的胡旋舞舞者代表人物"胡旋女"的形象，特别是在粟特胡人自身墓葬美术中也没有出现最擅长此类舞蹈的胡人女性舞者，颇难理解。

学术界较早就关注到胡人女性在文献和考古文物中稀见的现象，向达注意到："西域人东来长安，为数既如此之盛，其中自夹有不少妇女在内，惜尚未发现何种文献，足相证明。唯唐人诗中屡屡咏及酒家胡与胡姬。"④孙机在观察了唐墓中大量出现的胡俑之后发现："胡俑及相关之美术作品中出现的舞者皆为胡腾舞的胡人男子，而胡旋舞、柘枝之胡人女子则不经见。"⑤葛承雍指出："我们今天所能见到的胡人女性俑非常罕见，当时的胡姬、胡旋女等外来女性在史书文字和出土文献中都记录不少，但遗憾的是考古文物中却很难找到'胡女'，似乎只有西安出土金乡县主墓里的一个'胡女'特例，但她脸部面容模糊不清，也绝不是唐诗上描写的胡姬，而是一个伺候女墓主的下人或女仆。"⑥金乡县主墓这件女性彩绘俑考古编号为"标本91XYS：124"，身着圆领对襟胡服，腰束有系蹀躞带圆铸孔的黑色革带，足蹬翘头锦履，颇有几分胡女形象，但其面貌为唐人，因此并不典型（图5-1）⑦。除此之外，1960年在永泰公主墓出土一件彩绘俑，从人物面貌、

---

①［日］石田干之助:《"胡旋舞"小考》，载《长安之春》，创元社，1941年。
② 向达:《唐代长安与西域文明》，第70—71页。
③ 罗丰:《隋唐间中亚流传中国之胡旋舞——以新获宁夏盐池唐墓石门胡舞图为中心》，《传统文化与现代化》1994年第2期，第50—59页；另载氏著《胡汉之间——"丝绸之路"与西北历史考古》，第280—198页。
④ 向达:《唐代长安与西域文明》，第40页。
⑤ 孙机:《序言》，载乾陵博物馆编:《丝路胡人外来风——唐代胡俑展》，第10页。
⑥ 葛承雍:《丝路古道与唐代胡俑》，载乾陵博物馆编:《丝路胡人外来风——唐代胡俑展》，第22—23页。
⑦ 西安市文物保护考古所，王自力、孙福喜编著:《唐金乡县主墓》，文物出版社，2002年，第39页，图一九，彩版21、22。

图 5-1　唐金乡县主墓出土彩绘胡女俑（正、背）（采自《唐金乡县主墓》）

图 5-2　唐乾陵永泰公主墓出土三彩釉陶胡女俑　　图 5-3　西安韩森寨红旗电机厂唐墓出土骆驼
　　　　（采自国家文物局编《丝绸之路》）　　　　　胡女俑（采自国家文物局编《丝绸之路》）

服饰、发型均可判断为胡女俑（图5-2）。1987年西安韩森寨红旗电机厂唐墓出土一件胡人女子在骆驼上小憩的陶俑，虽然人物面貌被遮挡，但从小袖紧身衣和发型分析，应为一胡人青年女子（图5-3）[①]。但整体而言，胡人女性在考古文物中乏例可呈的现象，已不是新鲜的话题，但遗憾的是目前为止对如此有趣之历史现象无人专论。

考察学术史可知，学术界对胡人女性研究充分的主要是对唐人诗词中胡姬、胡伎、酒家胡的讨论，而本文所论胡旋女与胡旋舞考古遗存关联问题，仍是历史之谜。

因此，借孙机历史性之发问，有必要做些探讨。

第二节　胡旋舞舞者应以女性为主

对于胡旋舞的舞者，目前学术界基本认为是男女皆有，其中最擅长此类舞蹈者即是那些来自九姓胡地区的"胡旋女""胡旋舞女""舞女"，这方面的资料较丰富；汉人女子跳胡旋舞，似以白居易《胡旋女》诗歌中所记杨贵妃为代表，同时这一时期"臣妾人人学圜转"，其流行程度达"五十年来制不禁"的情形。对于男性跳胡旋舞，代表人物或主要依据的资料仍是白居易《胡旋女》中的安禄山，另有《旧唐书·武延秀传》所记"唱突厥歌，作胡旋舞，有姿媚"[②]的武延秀。

文献资料以外，对胡旋舞的理解和认识，主要得益于考古资料。唐人社会生活中颇为流行的胡旋舞形象资料，在敦煌壁画、唐墓壁画等考古资料中也多有发现。其中学界公认属于胡旋舞的有莫高窟初唐第220窟（贞观十六年，642）（图5-4）、第341窟（图5-5）、盛唐第215窟（图5-6）、中唐第197窟（图5-7）等窟经变画中的多幅乐舞图，其中第220窟南北壁两幅经变画中的三幅乐舞图

---

① 王九刚：《西安东郊红旗电机厂唐墓》，《文物》1992年第9期，第66—70页。
② （后晋）刘昫等：《旧唐书》卷183《武延秀传》，第4733页。

图 5-4 莫高窟初唐第 220 窟南壁无量寿经变大型乐舞图线描（谢成水绘）

图 5-5 莫高窟初唐第 341 窟北壁弥勒经变及乐舞图（采自《敦煌石窟全集·舞蹈画卷》）

图 5-6　莫高窟盛唐第 215 窟净土变乐舞图线描（史敦宇绘）

图 5-7　莫高窟中唐第 197 窟观无量寿经变乐舞图（敦煌研究院提供）

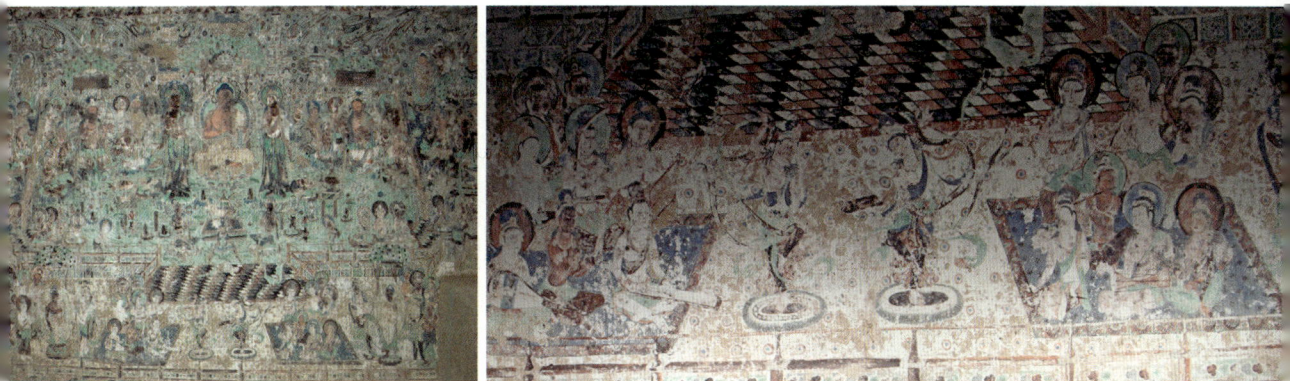

图 5-8-1　莫高窟初唐第 220 窟南壁无量寿经变及其中的乐舞图（采自敦煌研究院官网"数字敦煌"）

图 5-8-2　莫高窟初唐第 220 窟北壁药师净土变乐舞图线描（谢成水绘）

（图 5-8）[①]，长期以来被认为是胡旋舞的典型图像[②]。事实上敦煌壁画中的乐舞因为其主旨是表现佛国净土世界的音乐舞蹈，虽然其艺术基本元素和粉本来自现实生活，但不免会有艺术夸张和虚构的成分，多少会影响我们的判断。

---

① 参见敦煌研究院编，王克芬主编：《敦煌石窟全集·舞蹈画卷》，香港商务印书馆，2001 年，第 85 页，图 55。

② 王克芬编著：《中国古代舞蹈史话》，人民音乐出版社，1980 年，第 38 页；董锡玖编：《敦煌舞蹈》，中国新疆美术摄影出版社、新西兰霍兰德出版有限公司，1992 年，第 15—16 页；李才秀：《从敦煌壁画中的舞姿看古代西域与内地的乐舞交流》，文化部文学艺术研究院舞蹈研究室编：《敦煌舞姿》，上海文艺出版社，1981 年，第 151 页；敦煌文物研究所编：《中国石窟·敦煌莫高窟（三）》，第 224 页；王克芬：《中国舞蹈发展史》，上海人民出版社，1989 年，第 215 页；季羡林主编：《敦煌学大辞典》，第 270 页；马德主编：《敦煌石窟知识辞典》，甘肃人民美术出版社，2000 年，第 124 页；董锡玖：《缤纷舞蹈文化之路——董锡玖舞蹈史论集》，敦煌文艺出版社，2006 年，第 30 页；王克芬、柴剑虹：《箫管霓裳：敦煌乐舞》，甘肃教育出版社，2007 年，第 52—56 页。

　　敦煌壁画之外，考古资料中的胡旋舞图像，最具历史真实感的有宁夏盐池苏步井乡窨子梁6号唐代墓葬石墓门上的细线阳刻减地胡人乐舞图（图5-9）①、碑林博物馆藏唐开元九年（721）兴福寺石碑（俗称《半截碑》）上的胡人乐舞图（图5-10），此二幅乐舞图是胡旋舞在唐前期特别是开元天宝年间盛行的图像证明。安阳修定寺佛塔上的砖雕艺术中的胡人乐舞，其中即有胡旋舞（图5-11），较早的研究者认为时间在唐肃宗乾元元年（758）至唐代宗宝应元年（762）之间②，李裕群认为塔被毁坏大约在唐开元七年（719）至会昌灭法（845）之间，重建年代在唐代咸通十一年（870）前，并且认为唐塔大体上是仿造北齐原有形制而重修的③。张晶认为塔上模砖的年代为隋代④。

图 5-9　宁夏盐池粟特人墓葬 M6 石墓门线刻胡旋舞乐舞图像（采自国家文物局编《丝绸之路》，甘肃省博物馆等编《丝绸之路——大西北遗珍》）

---

① 宁夏回族自治区博物馆：《宁夏盐池唐墓发掘简报》，《文物》1988 年第 9 期，第 41—44 页。
② 张之：《修定寺方塔始建年代考》，《中原文物》1981 年第 2 期，第 39—42 页。
③ 李裕群：《安阳修定寺丛考》，《中国建筑史论汇刊》2012 年第 1 期，第 176—194 页，原载《宿白先生八秩华诞纪念文集》，文物出版社，2002 年，第 435—454 页。
④ 张晶：《安阳修定寺塔模印砖图像及年代考》，《中原文物》2013 年第 6 期，第 54—64 页。

图 5-10　西安碑林博物馆藏兴福寺石碑边饰
图案胡旋舞（西安碑林博物馆提供）

图 5-11　安阳修定寺唐塔模制砖胡人
乐舞（作者拍摄）

图 5-12　太原隋代虞弘墓石椁上的天国乐舞图（采自《太原隋虞弘墓》）

另有如虞弘墓石椁墓主人天国宴饮乐舞图（图 5-12）①、安伽墓围屏石榻中的多幅乐舞图（图 5-13）②为代表的胡人墓葬中的胡舞图像，以及陕西兴平北周佛座上的乐舞图（图 5-14）③、西安韩休墓壁画乐舞图（图 5-15）④。学界对这些乐舞图表现的内容是否为胡旋舞有不同的看法，如陈海涛不同意虞弘墓考古报告中的胡腾舞定性，而认为其应属胡旋舞，至于安伽墓考古报告中分别定名的胡旋舞和胡腾舞，他则认为均为胡腾舞⑤；对于韩休墓壁画乐舞图，虽然有胡旋舞之说，但

---

①　山西省考古研究所编著：《太原隋虞弘墓》，文物出版社，2005 年，图 145、146，图版 35、36、37。
②　陕西省考古研究所：《西安北周安伽墓》，文物出版社，2003 年，图版 24、35、30、31、33、38、63 等。
③　图版见周伟洲：《唐韩休墓"乐舞图"探析》，《考古与文物》2015 年第 6 期，第 76 页。
④　陕西省考古研究院，陕西历史博物馆，西安市长安区旅游民族宗教文物局：《西安郭庄唐代韩休墓发掘简报》，《文物》2019 年第 1 期，第 1—43 页，其中乐舞图为封二彩图。
⑤　陈海涛：《胡旋舞、胡腾舞与柘枝舞——对安伽墓与虞弘墓中舞蹈归属的浅析》，《考古与文物》2003 年第 3 期，第 56—60、91 页。

图 5-13　西安北周安伽墓石榻屏风乐舞图（采自《西安北周安伽墓》）

图 5-14　陕西兴平北周石佛座上的乐舞图（采自文中引用周伟洲先生文章）

图 5-15　西安唐韩休墓壁画乐舞图（陕西历史博物馆提供）

未有专论[1]，周伟洲认为是"胡部新声"[2]，程旭则认为是同时期流行的胡舞"华化"后的"软舞"[3]。

　　颇让人费解的是，这些被认为是胡旋舞或与胡旋舞有关的考古遗存中，除了敦煌壁画作为佛国净土世界乐舞画面人物性别不明外，其余舞者全是男性胡人形象，没有看到能够代表来自中亚的该类舞蹈水平或最具代表性的胡旋女，即胡人女子舞蹈的场景。也就是说，文献资料中记载的从粟特地区进贡入华的"胡旋女"，虽然在唐人的诗词作品中有精彩的表演记录，但却在这些珍贵的胡旋舞历史遗存的文物、图像中了无踪影，其深层次的原因是什么，值得思考。

　　当然，确如罗丰所指出，考虑到康国"好歌舞于道"的习俗，当地跳胡旋舞者应当是男女皆有，到了汉地，则以安禄山、武延秀为男性跳胡旋舞的代表。此论虽然符合历史事实，但是若结合历史记载，我们以为胡旋舞的表演者应以女性

---

　　① 陕西省考古研究院，杨岐黄：《"唐韩休墓出土壁画学术研讨会"纪要》，《考古与文物》2014 年第 6 期，第 107—117 页。

　　② 周伟洲：《唐韩休墓"乐舞图"探析》，《考古与文物》2015 年第 6 期，第 73—79 页。

　　③ 程旭：《唐韩休墓〈乐舞图〉属性及相关问题研究》，《文博》2015 年第 6 期，第 21—25 页。

为主，尤其是来自中亚粟特地区的胡人女子即胡旋女，应该是唐人眼中胡旋舞的标配。

理由如下：

一、作为方物的胡旋女在唐代胡舞体系中的独特性

唐代盛行胡音、胡乐、胡舞，其中以胡旋、胡腾、柘枝、泼胡乞寒、拂菻舞等为唐人所喜好，另在唐代国家的"十部乐"中，有燕乐、清商乐、西凉乐、天竺乐、高丽乐、龟兹乐、疏勒乐、安国乐、康国乐、高昌乐，其中胡乐占据主要位置，当中的"康国伎"学者们认为即是以胡旋舞为代表的康国乐，而胡旋舞的表演者即是那些被作为方物进献给唐王朝的胡旋女。

对于古代周边国家向汉唐等中原王朝进献的"方物"中的音乐，如同美国学者薛爱华指出的那样，考察历史文献中记载的向唐王朝贡献的"音乐"时，可以认为"这里必定包括了曲式、乐曲、演奏者和他们使用的乐器等内容在内"，同时他又指出外来的"乐人"包括乐器演奏者、歌唱者和舞蹈者[1]。但我们注意到在唐代的这些外来的乐舞中，虽然也有零星的乐人进献，如开元十二年（724）尸利佛誓国向唐玄宗献"杂乐人一部"[2]，九世纪后半叶诃陵国遣使献"女乐"[3]，大历十一年（776）渤海国遣使来朝献"日本国舞女一十一人及方物"[4]，贞元十八年（802）骠国曾进献过一支由35位乐工组成的乐队[5]，但这些在唐人的眼中并不像胡旋那么明确和有吸引力，因为其对应的乐舞未有标示出来。因此整体观察，似乎唯有胡旋舞有明确的舞人即"胡旋女"相对应，其他均没有相应的舞者或表演者相搭配。而且历史文献对胡旋女入华的记载是最频繁的一类以人作为"方物"

---

[1] ［美］薛爱华著，吴玉贵译：《撒马尔罕的金桃——唐代舶来品研究》，第150页。

[2]（宋）王钦若等编：《册府元龟》卷971《外臣部》，第11239页。

[3]（宋）欧阳修、宋祁：《新唐书》卷222《南蛮列传》，第6302页；（宋）王钦若等编：《册府元龟》卷972《外臣部》，第11249页。

[4]（后晋）刘昫等：《旧唐书》卷199《北狄传》，第3619页；（宋）王钦若等编：《册府元龟》卷972《外臣部》，第11249页。

[5]（宋）王溥：《唐会要》卷33《南蛮诸国东》，第620页；（唐）刘恂：《岭表录异》卷上，广东人民出版社，1983年，第4页。

的现象，蔡鸿生有过统计[①]。为便于说明问题，此据《新唐书·西域传》《册府元龟》等记载再罗列如下：

> （康国）开元初，贡锁子铠，水精（晶）杯、玛瑙瓶、驼鸟卵及越诺、侏儒、胡旋女子[②]。
>
> （开元七年，719）五月，俱密国遣使献胡旋女子及方物。
>
> （开元十五年，727）五月，康国献胡旋女子及豹。
>
> （开元十五年）五月，史国献胡旋女子及蒲萄酒。
>
> （开元十五年）七月，史国王阿忽必多遣使献胡旋女子及豹。
>
> （米国）开元时，献璧、舞筵、师子、胡旋女[③]。

可见胡旋女主要来自康国、史国、米国等粟特地区。

钱易《南部新书》称：

> 天宝末，康居国（康国）献胡旋女，盖左旋右转之舞也。[④]

另有诗人笔下明确来自康国的胡旋女，白居易诗《胡旋女》题下注云：

> 胡旋女，戒近习也。天宝末，康居国献之。[⑤]

元稹诗《胡旋女》题下注云：

---

　　① 蔡鸿生：《唐代九姓胡与突厥文化》，第49—52页。

　　② 据《册府元龟》卷971所载，可证此次康国进贡的时间为开元六年（718）（第11238页）。

　　③ 罗丰认为这一记载实际上是将开元年间米国两次进贡混合记录，据《册府元龟》卷971记载："开元六年（718）四月，米国王遣使献拓璧、舞筵及鍮"，"开元十七年（729）正月，米国使献胡旋女子三人及豹、狮子各一。"（第11238页）

　　④（宋）钱易：《南部新书》，中华书局，2002年，第90页。

　　⑤（清）彭定求等编：《全唐诗》卷426《白居易·新东府》，中华书局，1960年，第4692页。

李《传》云：天宝中西国来献。[1]

此处"西国"应是粟特地区的泛称，理应包括粟特大国康国。

开元天宝年间胡旋女如此频繁被贡献给唐王朝，集中反映了这一时期丝路交通的繁盛，同时也说明唐人对粟特地区胡舞的喜爱与较为强烈的需求。

事实上，早在隋代，胡旋女就已到了汉地，杜佑《通典》卷一九一"边防"载：

> 隋炀帝时，遣侍御史韦节、司隶从事杜行满使于西蕃诸国。至罽宾，得玛瑙杯；王舍城，得佛经；史国，得十舞女、师子皮、火鼠毛而还。[2]

学者们认为此条记载中的"舞女"应该是胡旋女。

可以说在中古时期，除了胡旋女之外，其他外来舞蹈均没有如此频繁的和其相组合出现的舞女来华，事实上绝大多数乐舞的舞者史书并不作交代，说明其在唐人社会生活中的影响是有限的。

因此，可以看到胡旋女作为地方方物土贡，被特贡给唐王朝，从其名称可以轻易判断其是给唐人表演胡旋舞的专门舞者，虽然我们不能否定胡旋女也可以表演其他胡舞的可能性，但胡旋舞一定是她们入华后职业生涯的核心内容。

二、对唐人男性和女性胡旋舞者的辨析

从白居易、元稹等人的诗作中可以感受到唐前期尤其是开元天宝年间，唐人生活中胡风大兴，其中的胡旋舞深受上自皇帝妃子，中到王公大臣尤其是其女眷，下到普通民众的喜爱和追随。但是我们应该认识到白居易《胡旋女》中浓厚的政治讽喻性，诗人强调的是唐玄宗沉迷于胡舞在内的音乐舞蹈及声色犬马，因而对国家带来的灾难，即"禄山胡旋迷君眼，兵过黄河疑未反"，伤叹的是"贵

---

[1]（唐）元稹：《新编元稹集》，三秦出版社，2015年，第1180页。
[2]（唐）杜佑：《通典》卷191《西戎》，第5198页。

妃胡旋惑君心，死弃马嵬念更深"。因此白居易笔下描述的"中有太真外禄山，二人最道能胡旋"，显然非当时胡旋舞的真实历史，诗人夸大杨贵妃和安禄山二人的胡旋舞技艺，实是为了其政治讽喻效果所作的铺垫。

因此，如何正确辨析《旧唐书·安禄山传》所记安禄山的胡旋舞技能就值得再思考了：

> （禄山）晚年益肥壮，腹垂过膝，重三百三十斤，每行以肩膊左右抬挽其身，方能移步。至玄宗前，作胡旋舞，疾如风焉。[1]

相似的记载见姚汝能《安禄山事迹》：

> 晚年益肥，腹垂过膝，自秤得三百五十斤。每朝见，玄宗戏之曰："朕适见卿腹几垂至地。"禄山每行，以肩膊左右抬挽其身，方能移步。玄宗每令作胡旋舞，其疾如风。[2]

以上所记，无论如何有夸张之意，很难想象一个三百三十斤（或三百五十斤）左右沉重的人能够旋转如风，据记载安禄山本人日常上朝还要专设"大夫换马台"才能保证他的出行，况且其肥胖到骑马也要一大一小两个鞍子，小鞍子专为托放其下垂的肚子[3]。显然史家夸张地描述安禄山的胡旋舞技，旨在强调他的胡人出身，同时又在强调玄宗因过分相信他而致使其起兵造反，给唐王朝带来灾难性影响和历史性后果。

至于说杨贵妃是皇宫内胡旋舞的能手和代表，显然仍属夸大之辞，杨贵妃本人确有音乐舞蹈天赋，但她贵为妃子，和作为土贡的地位低贱的胡人女子胡旋舞者理应有分别，后者所擅长的，似非其所能，加上杨贵妃若确如史家所言，其略

---

① （后晋）刘昫等：《旧唐书》卷 200 上《安禄山传》，第 5368 页。
② （唐）姚汝能：《安禄山事迹》，中华书局，2006 年，第 77 页。
③ （唐）姚汝能：《安禄山事迹》，第 77 页。

显丰肥的身体也不大适合胡旋舞①。

至于白居易《胡旋女》所言"臣妾人人学圜转",确实体现了胡旋舞流行和风靡之一斑,但如果仔细推敲,诗人似乎强调的是那些臣子和达官贵人们的"妾",即那些在家族家庭中地位略低的女性,而非普通所理解的"大臣和他们的女眷们"。

因此,如果我们回到诗人最初的语境,做些辨析,就可以发现胡旋舞仍然是胡人女性所特长,在唐人群体中,舞者也以女性为主,至于男性胡旋之历史,资料极其有限,安禄山本身是粟特胡人出身②,胡旋应是其民族传统,而被研究者广泛举证的武延秀的胡旋,实属个案,不具有普遍性意义。

三、胡旋舞在粟特本土舞者应以女性为主

从粟特昭武九姓康国、史国、米国、俱蜜国等把胡旋女作为土贡,多次进献给唐王朝的举动本身来看,很显然胡旋舞在粟特本土应是以女性舞者为主。因为这些国家为了和唐王朝表示友好或臣服于唐帝国,一定是把本国最具有特色的东西作为国家礼物进献,胡旋女因为是本国代表乐舞的主要表演者,才有资格成为国家礼物。事实上若再结合史书有关胡旋舞的基本资料记载,也可从一个侧面说明这一点。

唐杜佑《通典》卷一四六《乐六》记"康国乐"云:

> 康国乐,工人皂丝布头巾,绯丝布袍,锦衿(领)。舞二人,绯袄锦袖,绿绫浑裆袴,赤皮靴,白袴帑。舞急转如风,俗谓之胡旋。乐用笛二、正鼓一、和鼓一、铜钹二。③

以上记载舞者服饰,绯袄锦袖边或锦领子,绿色的浑裆裤,外有白色的摆子,脚

---

① 王双怀:《大唐贵妃》,陕西师范大学出版社,2015年,第12—15页。
② 荣新江:《安禄山的种族与宗教信仰》,载氏著《中古中国与外来文明》,第222—223页;沈睿文:《安禄山服散考》,上海古籍出版社,2015年,第1—32页。
③(唐)杜佑:《通典》卷146《康国乐》,第3724页。

蹬红皮靴，这样五颜六色的搭配，又多以高档的丝绸锦缎为原料，显得极为华美艳丽，显然更适合于女性表演。

另据《新唐书·礼乐志》载：

> 胡旋舞，舞者立毹（毯）上，旋转如风。①

段安节《乐府杂录》"俳优条"载：

> 舞有骨鹿舞、胡旋舞，俱于一小圆毹（毯）子上舞，纵横腾踏，两足终不离于毹（毯）子上，其妙如此也。②

从以上记载可以看到胡旋舞舞蹈有两个基本特点：一是舞者是在一个小圆毯上舞蹈，两脚终不离小圆毯；二是舞姿以快速旋转为基本动作。

这里的小圆毯，实际就是历史文献广见的由波斯、中亚、西域各国进献给中原王朝的各式"舞筵"，从考古图像可证有圆有方③，胡旋舞使用的显然主要是圆形毯子。而且从目前看到的考古图像遗存分析，此类小圆毯并不大，仅容一人在上面旋转舞蹈。

如果从胡旋舞使用的舞筵小圆毯分析，此类舞蹈也更加适合女性表演，特别是身体苗条、身姿轻盈的年轻女性，否则身体魁梧、体形硕大的男性在如此狭小的空间内快速旋转，并要伴随一定的"纵横腾踏"，显然有困难。当然使用舞筵的场面应该是比较正式的场合，对于康国风俗"好歌舞于道"来讲，就没那么讲究，男女均可随时起舞。

事实上，如果检索粟特本土考古文物中的舞蹈图像，也以女性舞者为常见，如锡瓦兹（SIVAZ）遗址出土的属于7世纪的纳骨瓮上，在表现欢乐宁静的天

---

① （宋）欧阳修、宋祁：《新唐书》卷21《礼乐志》，第470页。
② （唐）段安节撰：《乐府杂录》，凤凰出版社，2021年，第17页。
③ 翟晓兰：《舞筵与胡腾·胡旋·柘枝舞关系之初探》，《文博》2010年第3期，第32—37页。

图 5-16　中亚粟特锡瓦兹（SIVAZ）遗址出土纳骨瓮上的图像（采自SOGDIAN PAINTING）

堂景象时，就出现一身女性舞者人物（图 5-16）。另出土于撒马尔罕南部喀什卡（KASHKA）河谷，属于 7 世纪的一件纳骨瓮，现藏乌兹别克斯坦塔什干历史博物馆，其上的舞者全为女性（图 5-17）[①]。在片治肯特城遗址壁画的歌舞场景中，看到的仍然是女性乐舞形象（图 5-18）[②]，此舞蹈学界认为属于唐人乐舞，因为其服饰为唐人特征。乌兹别克斯坦出土一件完整的带金字塔形顶盖纳骨瓮，三角盖上有二女性作舞蹈状（图 5-19）；另有一件纳骨瓮残件，为一女性演奏琵琶形象（图 5-20）。中亚出土的粟特纳骨瓮上出现女性乐舞的形象比较多见[③]。另在粟特地区出土的金银器上的乐舞中常见女性舞者，如马尔提姆银杯上的乐舞人物或是女性，或是孩童[④]。总体上来看粟特本土的乐舞人物中，女性颇为普遍。

因此，总体上来讲，唐代盛行之胡旋舞，作为极具异域风情的舞蹈，其表演者仍然以胡人女性为主，尤其是来自粟特地区的胡旋女和她们表演的胡旋舞，

① 图版采自［法］葛乐耐：《北朝粟特本土纳骨瓮上的祆教主题》，毛民译，载张庆捷、李书吉、李钢主编：《4—6 世纪的北中国与欧亚大陆》，第 190—192 页。
② A. M. Belenitskii, *Sogdian Painting*, 1981, p60.学术界也有人认为此舞蹈者女性为唐人形象。
③ 参见N. A. OCMAHOBA等《中亚与阿塞拜疆的宗教》第二卷《琐罗亚斯德信仰与巴兹达文化圈的宗教》，MHIIAN, 2017。
④［俄］马尔沙克著，李梅田等译：《粟特银器》，上海古籍出版社，2019 年，第 96 页。

当是唐人眼中最传神的舞蹈组合，是正宗的胡人乐舞。至于进入隋唐国家乐部的"康国伎"，是否仍然会是以胡旋女表演的胡旋舞为主？实际上这种可能性并不大，因为国家乐部的表演者应该是以唐人为主，间有胡人参与，大体上同韩休墓所见乐舞画面，也就是说，此类性质的"康国伎"应该是汉化的胡乐，正是程旭所论韩休墓乐舞的性质。

图 5-17　撒马尔罕南部喀什卡河谷出土纳骨瓮上的图像（采自 *SOGDIAN PAINTING*）

图 5-18　片治肯特城遗址壁画中的歌舞场景（采自 *SOGDIAN PAINTING*）

图 5-19　乌兹别克斯坦出土带金字塔形顶盖纳骨瓮（采自《中亚与阿塞拜疆的宗教》）

图 5-20　乌兹别克斯坦出土纳骨瓮残片
（采自《中亚与阿塞拜疆的宗教》）

第三节　胡旋女在考古遗存胡旋舞中缺失的原因

既然胡旋舞应该是以女性尤其是胡人女性为主的乐舞，为什么我们今天看到的胡旋舞考古遗存图像中，除了敦煌壁画受佛教净土世界乐舞性质的影响舞者性别不明外，另如盐池何氏墓门、碑林半截碑二例明确为胡旋舞的典型图像，和其他多少有些争议的像安伽墓乐舞图、虞弘墓乐舞图、兴平北周佛座上的乐舞图、修定寺唐塔砖雕乐舞图、韩休墓乐舞图中，均没有看到胡人女子舞者的形象？更甚者，在这些舞蹈中除了北周佛座和韩休墓乐舞图中各有一例汉人女性外，其他均是胡人男性舞者，考古实物图像与历史文献、唐人诗歌所记有明显的区别，个中原因，颇值思考。

仔细探究中古时期曾经大大丰富了汉地人物质与精神生活的入华粟特胡人群体，除了诗词等文学作品中出现不多的女性形象之外，这个群体的绝对主角是男性胡人，他们群体中的另一半胡人女子似乎是历史之谜，除了像"胡旋女""胡伎""琵琶女""胡姬""酒家胡"①这些下层社会的特殊职业者之外，在漫长的历史长河中几乎没有她们的踪迹，即使是丰富的敦煌壁画历代女性形象中，也很难看到明确是胡人女子的形象特征者；另在唐墓壁画、石棺椁线刻图等频繁出现的女性形象中，可以看到地位低下的各类侍女形象（图 5–21），却看不到胡人女子的任何踪迹；而那些数量极其丰富的北朝隋唐墓葬中出土的胡人俑（图 5–22），几乎清一色是胡人男性，只有个别的胡人女性形象案例②，这显然不是历史的真实。

流行族内通婚的胡人群体③，为什么在汉地丰富的女性图像和胡人男性文物遗存中没有了胡人的"半边天"，历史时期的人们为什么要在这些本应出现她们的

---

① 芮传明：《唐代"酒家胡"述考》，《上海社会科学院学术季刊》1993 年第 2 期，第 159—166 页。
② 杨瑾：《考古资料所见的唐代胡人女性》，《文博》2010 年第 3 期，第 26—31 页，另载氏著《汉唐文物与中外文化交流》，陕西人民出版社，2018 年，第 46—51 页。
③ 程越：《从石刻史料看入华粟特人的汉化》，《史学月刊》1994 年第 1 期，第 24—25 页；蔡鸿生：《唐代九姓胡与突厥文化》，第 22—23 页；荣新江：《北朝隋唐粟特聚落的内部形态》，《中古中国与外来文明》，第 132—135 页；陈海涛、刘惠琴：《来自文明十字路口的民族——唐代入华粟特人研究》，商务印书馆，2006 年，第 377—386 页。

图 5-21　唐乾陵章怀太子墓壁画侍女图（采自陕西历史博物馆《唐墓壁画珍品》）

图 5-22　唐代胡人俑形象概览（采自乾陵博物馆编《丝路胡人外来风——唐代胡俑展》）

文物、艺术、图像世界选择遗忘这一重要的客观存在的历史群体呢?

　　历史文献有记载的入华胡人女性,基本上生活在中古汉人社会的底层,像酒家胡、胡姬、胡伎、琵琶女、奴婢,而胡旋女作为粟特地区进贡的"特产""方物",与猎豹、狮子、名马、细狗、葡萄酒、舞筵、琉璃器、金银器等一道被输入到长安,充其量也只是王公贵族的玩物①,地位不高,不过恰恰因为她们的社会地位不高,才被历史侥幸地记录了下来。

　　在中国传统社会中女性的地位不高,但对女性的道德约束却十分苛刻,家庭生活、家庭伦理、繁衍后代、相夫教子是女性的主要任务,"三从四德"是女性的基本行为准则和要求,贞节观念是对女性最高的道德规范。在这样的文化和观念下,入华的胡人女性在汉人社会中往往是不合格的女性形象。因为她们本民族固有的文化和观念中并没有"三从四德",贞节观念更是淡薄,她们生性自由,装扮暴露,不拘礼节,又多出入于轻佻薄浮的场合,为汉人社会所不齿。孙机分析指出:"其实胡人女子中之酒家胡姬,在唐代风头正健。李白诗'胡姬貌如花,当垆笑春风','胡姬招素手,延客醉金樽',均反映出借胡姬置酒饮谑之状。但红粉浮浪,诗句轻薄,再考虑到祆教之'恶俗'的背景,则胡姬在当时人眼中一般不被视作良家妇女……更由于在社会心理上把她们定格为风尘冶艳之尤,遂使之难以在正式场合抛头露面。"②事实上胡人女性在唐人社会被歧视,早年陈寅恪在考证"狐臭"与胡人的关系时已有所暗示③,黄永年则进一步指出中国语言中对女性的侮辱性词语"狐狸精",即属和胡人女子有一定关联的语言演变④。

　　对于胡人女性在汉人社会中受到歧视的展现,以元稹《莺莺传》所记女主角崔莺莺颇有代表性,据陈寅恪、葛承雍考证,其本系出身于中亚粟特曹姓的酒家胡女,元稹虽然和其在蒲州有一段难忘的交情,但终因其出身系胡人女子,"始乱终弃",其核心的原因还是当时文人士子甚至可以说整个社会对胡人女性的偏

---

① 蔡鸿生:《唐代九姓胡与突厥文化》,第46—70页。
② 孙机:《序言》,载乾陵博物馆:《丝路胡人外来风——唐代胡俑展》,第10页。
③ 陈寅恪:《狐臭与胡臭》,国立清华大学中国文学会编:《语言与文学》,中华书局,1937年。
④ 黄永年:《唐史十二讲》,第181—190页。

见①。另外，据学者研究吐鲁番文书中出现的有关唐人女奴，多为粟特女子②，可以看到胡人女性在唐人社会结构中的地位很不理想。

在这样的背景下，入华胡人女性大概很难被正统的汉人社会所接纳，那么她们本来美丽娇好的面貌形象也就不大可能出现在各类艺术绘画和文物图像当中了。

据《历代名画记》，仕女画在唐代颇为流行，这一点也反映在一些传世的绘画和考古墓葬壁画中，但是对于唐人社会中频繁出现的胡人女子，相关绘画记载却极为匮乏。虽然据佚名《宣和画谱》所记，尉迟乙僧画过《外国人物图》，但男女不明，张萱画过《日本女骑图》，周昉画过《天竺女人图》，另，张萱和周昉均画过《拂菻图》，人物性别也不明，此外杨瑾从数量繁多的唐墓俑中搜寻出来几身胡人女性俑③，但这些总体上和她们在现实生活中的状况相去甚远。

敦煌藏经洞纸画 P.4518-24 所绘，据张广达、姜伯勤等研究④是祆教神祇，但我们看到其面貌完全是汉人形象，服饰则有曹氏归义军时期女性盛装回鹘装的特征（图5-23），和史君墓门两侧的祆教神祇有明显的区别（图5-24），也与中亚粟特地区频繁出现在纳骨瓮上的祆教神祇（图5-25）在特征上有较大的出入。也就是说，不仅胡人女性形象在汉地艺术中受到约束，即使是粟特胡人信仰的祆教神灵的形象画法也要做很大的改动，要符合汉人审美，具有汉人女子形象才能公之于众，实是有趣的图像例证。

即使是对胡人族群本身而言，胡人入华后一个基本的发展趋势是汉化，尽可

---

① 陈寅恪：《元白诗笺证稿》，生活·读书·新知三联书店，2001年，第120页；葛承雍：《崔莺莺与唐蒲州粟特移民踪迹》，载氏著《唐韵胡音与外来文明》，中华书局，2006年，第44—59页。

② 吴震：《唐代丝绸之路与胡奴婢买卖》，载敦煌研究院编：《1994年敦煌学国际研讨会文集·宗教文史卷》，甘肃民族出版社，2000年，第128—154页；吴震：《阿斯塔那—哈拉和卓古墓群考古资料中所见的胡人》，载季羡林、饶宗颐等主编：《敦煌吐鲁番研究》第4卷，北京大学出版社，1999年，第251页，另载氏著《吴震敦煌吐鲁番文书研究论集》，第374—389页。

③ 杨瑾：《考古资料所见的唐代胡人女性》，《文博》2010年第3期，第26—31页，另载氏著《汉唐文物与中外文化交流》，陕西人民出版社，2018年，第46—51页。

④ 姜伯勤：《敦煌白画中的粟特神祇》，载《敦煌吐鲁番学研究论文集》，汉语大词典出版社，1991年，第296—309页，另见《敦煌艺术宗教与礼乐文明》，中国社会科学出版社，1996年，第179—198页；姜伯勤：《敦煌白画中的粟特神祇图像的再考察》，《艺术史研究》第二辑，中山大学出版社，2000年，第263—291页，另载氏著《中国祆教艺术史研究》，第249—270页。对此图像，另有张广达：《祆教对唐代中国之影响三例》，《法国汉学》第一辑，清华大学出版社，1996年；张广达：《唐代祆教图像再考》，《唐研究》第三卷，北京大学出版社，1997年，第278页。

图5-23　敦煌藏经洞纸画P.4518-24 祆教神祇（采自国际敦煌项目IDP）

图5-24　史君墓石椁门两侧祆教神祇（作者拍摄于西安博物馆展厅）

图 5-25　粟特地区出土的纳骨瓮（采自《中国西北的丝绸之路交流》）

能融入汉人社会，因此即使是那些在唐代进入上层社会的胡人家族，特别是那些有代表意义的"蕃兵蕃将"[1]，他们积极向汉人社会学习，但和他们本来同族的女性却是不被记载的群体；另一方面他们往往攀附中原大姓望族，虽然实际上有一部分仍然延续着族内通婚，但在表面上往往汉化了，因此要在这些尽力掩盖自身胡人血统的群体中找到其女性群体的胡女特征，显然是十分困难的事情。法国葛乐耐（Frantz Grent）通过对安伽墓石棺、MIHO粟特人石棺（图 5-26）、安阳粟特人石棺的观察，敏锐地指出一个现象：这些社会地位较高的粟特人墓主（像萨保），均穿粟特胡服，而他们的妻子却总是穿着汉人服饰[2]。之后出土或发现的西安北周史君墓石椁、天水第二具石棺床、康业墓石床、国家博物馆石堂等上面的图像均如此。

---

[1] 章群：《唐代蕃将研究》，台北联经出版事业公司，1986 年；马驰：《唐代蕃将》，第 167—204 页。

[2]［法］葛乐耐（Frantz Grenet）：《粟特人的自画像》，载《粟特人在中国——历史、考古、语言的新探索》，第 305—323 页。

图5-26　日本MIHO博物馆藏粟特人石棺床屏风（采自*MIHO MUSEUM*）

事实上天水石马坪墓葬随葬的一组石雕胡人男性乐工的形象（图5-27）[1]，其出现的原因也多少受汉人社会对胡人女性观念所影响，否则这一时期隋墓陪葬乐舞多为女性形象，但因其是入华胡人圈内的胡音胡乐，所以选择了胡人男性乐人。

这方面最典型的例证可在敦煌石窟与粟特胡人有关的洞窟壁画供养人画像中看到，如莫高窟吐蕃期第359窟，经研究可确认该窟为敦煌的粟特石姓家族的功德窟，其中有该家族最具代表性的第一代入华的胡人男子画像（图5-28），但

---

[1] 张卉英:《天水市发现隋唐屏风石棺床墓》,《考古》1992年第1期，第46—54页。

图 5-27　天水石马坪墓葬出土石雕胡人乐人一组（采自甘肃省博物馆等编《丝绸之路——大西北遗珍》）

图 5-28　莫高窟中唐第 359 窟东壁门上夫妇供养像（男性为胡人面貌）（敦煌研究院提供）

图 5-29　莫高窟中唐第 359 窟南壁唐服女性供养人画像（敦煌研究院提供）

图 5-30　青海都兰墓葬棺板画着联珠纹翻领胡服吐蕃人（采自《中国国家地理》2006 年第三期）

其家族女性供养人画像即使在吐蕃人对唐服的严厉控制下，仍然全部以唐装形象出现（图 5-29），很能说明问题[①]。实际上对于吐蕃时期的粟特人，统治者与被统治者都不是汉人，都深受丝路胡风的浸染，若穿上本民族的服饰，对吐蕃而言正是他们所喜好的图案与色彩，这方面可得到青海都兰吐蕃墓棺板画丰富的联珠纹翻领胡服的证实（图 5-30）[②]。到了曹氏归义军时期，原本出自粟特胡人的曹氏家

[①] 对该洞窟供养人画像的研究可参见：沙武田：《莫高窟吐蕃期洞窟第 359 窟供养人画像研究——兼谈粟特九姓胡人对吐蕃统治敦煌的态度》，《敦煌研究》2010 年第 5 期，第 12—24 页；沙武田：《敦煌的粟特胡人画像——莫高窟第 359 窟东壁门上新释读石姓男供养像札记》，樊锦诗、荣新江、林世田主编《敦煌文献·考古·艺术综合研究——纪念向达先生诞辰 110 周年国际学术研讨会论文集》，中华书局，2011 年，第 262—276 页；沙武田：《吐蕃统治下敦煌的一个粟特人家族——以莫高窟第 359 窟供养人画像为中心》，载荣新江、罗丰主编：《粟特人在中国：考古发现与出土文献的新印证》，科学出版社，2016 年，第 436—565 页。

[②] 对青海都兰吐蕃墓棺板画的研究可参见：许新国：《郭里木乡吐蕃墓葬棺板画研究》，《中国藏学》2005 年第 1 期，第 56—69 页；《中国国家地理》2006 年第三期《青海专辑·下辑》收录的一组文章介绍了青海吐蕃棺板画，包括程起骏：《棺板彩画：吐谷浑人的社会图景》，罗世平：《棺板彩画：吐蕃人的生活画卷》，林梅村：《棺板彩画：苏毗人的风俗图卷》，参见该刊第 84—98 页；林梅村：《青藏高原考古新发现与吐蕃权臣噶尔家族》，亚洲新人文联网《"中外文化与历史记忆学术研讨会"论文提要集》，香港，2006 年；罗世平：《天堂喜宴——青海海西州郭里木吐蕃棺板画笺证》，《文物》2006 年第 7 期，第 68—82 页；北京大学考古文博学院、青海省文物考古研究所编著：《都兰吐蕃墓》，科学出版社，2005 年。

族①，在其大量的男女供养人画像中无一例有胡人特征者（图5-31），其实也应该和胡人女性在汉人传统社会受歧视风气有所关联。

另外，据我们对早期故事画、降魔变、劳度叉斗圣变、报恩经变等敦煌绘画中外道女性表现手法的梳理，发现到了隋唐时期外道女性很难见到像早期十六国北朝时期的西域中亚女子形象，完全汉化②，其中以报恩经变中表现外道婆罗门背负父母乞食的场景最具说服力。婆罗门的父亲形象是传统的婆罗门人物（图5-32），而其母亲则完全是唐人女子形象（图5-33），此违背常理和不合现实逻辑的艺术表达手法，其背后是唐人内心深处对胡人女性的文化偏见。

图5-31   莫高窟五代第98窟甬道曹氏男供养群像及节度使曹议金供养像（敦煌研究院提供）

---

① 荣新江：《敦煌归义军曹氏统治者为粟特后裔说》，冯培红：《敦煌曹氏族属与曹氏归义军政权》，俱载《历史研究》2001年第1期。二文又分别载荣新江：《中古中国与外来文明》，第258—274页；郑炳林主编：《敦煌归义军史专题研究续编》，第163—189页。

② 宋若谷、沙武田：《敦煌壁画中女性外道表现手法发覆》，《敦煌研究》2020年第1期，第60—69页。Sha Wutian, "Cultural Discrimination and Prejudice as Reflected in Arts: An Investigation on the Ways of Representing Female Heretics in Dunhuang Paintings", *Journal of Tibetan and Himalayan Studies*, Volume 6, Number 1, 2021, pp.1—68.

图 5-32　莫高窟盛唐第 148 窟报恩经变阿难路遇婆罗门图（采自《敦煌石窟全集·报恩经画卷》）

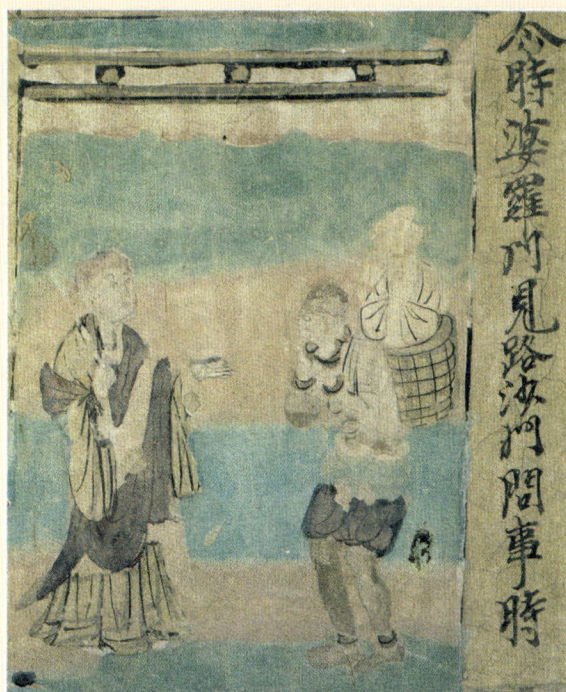

图 5-33　莫高窟晚唐第 85 窟报恩经变阿难路遇婆罗门图（同上）

有了对以上历史背景与传统观念的认识，我们可以发现，北朝隋唐颇为流行的胡人舞蹈图像和考古遗存中看不到胡人女子舞者，显然不是历史的真实面貌，而是由于汉人传统社会对胡人妇女的歧视，她们在中古汉人社会的精彩表演和不能被否认的贡献，很难出现在相应的艺术图像中，实属历史的遗憾。

第四节　对胡旋舞图像的再认识

既然唐人社会对胡人女性确实存在着较为强烈的偏见，胡人女子虽然在唐人的日常生活中较频繁地出现，但在唐人丰富的艺术图像世界中，她们的形象则被有意替换，其中最常见的替身即是与这些胡人女子同族的胡人男子，胡旋舞艺术图像即是其代表。按照这个思路，之前学术界界定的胡旋舞艺术图像似还有再讨论和再认识的空间。

一、对莫高窟第 220 窟胡旋舞图像的再认识

莫高窟第 220 窟建成的年代为贞观十六年（642），洞窟现存底层壁画属于唐初的作品，其中洞窟主室南北壁二铺大型西方净土变和药师七佛变的下部出现乐舞画面，表现经典所描述净土世界乐舞美好景象，包含隋唐以来佛教寺观经变画的基本画面元素，经变画的创作者们把现实生活中所看到的音乐舞蹈场景，画入净土变，以渲染净土美好世界。但我们注意到，在二铺经变画的乐舞场景中共出现三幅胡旋舞画面，均为二人双双对舞，可以说第 220 窟是胡旋舞图像的集大成所在。

我们知道，第 220 窟的壁画是敦煌艺术的转折点[1]，前无古人，属全新的长安艺术图样传播影响的结果[2]，具体即是"前吴家样"风格作品（图 5-34）[3]，也可以

---

[1] 马德：《敦煌莫高窟史研究》，第 78—79 页。

[2] 马化龙：《莫高窟 220 窟维摩诘经变与长安画风初探》，载北京图书馆敦煌吐鲁番学资料中心、台北《南海》杂志社合编：《敦煌吐鲁番学研究论集》，第 509—516 页；段文杰：《创新以代雄——敦煌石窟初唐壁画概况》，《敦煌石窟艺术研究》，第 222—250 页；宁强：《敦煌石窟寺研究》，第 139、143 页。

[3] 魏迎春：《敦煌莫高窟第 103 窟维摩诘像与吴道子画风》，《艺术百家》2016 年第 2 期，第 214—217、232 页。

图 5-34 莫高窟初唐第 220 窟无量寿经变（《中国石窟·敦煌莫高窟（二）》）

认为是敦煌艺术中的"贞观新样"[1]，总体而言其粉本画稿当来自长安，荣新江就其传播的具体历史背景做了深入研究[2]。

因此可以肯定，第 220 窟贞观年间的绘画是长安新样传播的结果，那么也就是说，保存于第 220 窟壁画中的三幅胡旋舞画面，同样是长安寺观画壁的作品。如此说来，至少在贞观十六年，长安城里的胡旋舞已经风靡一时，而且从第 220 窟的人物形象判断，表演者应该是来自中亚西域的胡旋女，因此要比史书记载胡旋舞盛行于开元天宝年间早了近一个世纪，相应地，胡旋女的入华时间也要早了许多。因此也可以从侧面证明虞弘墓乐舞为胡旋的事实。

另一方面，第 220 窟的功德主以翟通为代表的翟氏家族选择在自己的家窟中

① 王中旭：《敦煌翟通窟〈维摩变〉之贞观新样研究》，《艺术史研究》第十三辑，中山大学出版社，2011 年，第 369—198 页。

② 荣新江：《贞观年间的丝路往来与敦煌翟家窟画样的来历》，《敦煌研究》2018 年第 1 期，第 1—8 页。

同时绘制三幅胡旋舞画面，且其中药师经变胡旋为二组舞蹈的组合，属大型乐舞场景，同样的情形在敦煌石窟没有第二例，显然属有意所为，其核心原因当是翟氏本为粟特后裔[①]，应属对传统的本民族文化习俗的喜好与独特表现，实为丝路文化史上的有趣现象。

但同时我们也有所怀疑：若第 220 窟所据为来自长安的粉本画稿，那么真的就如在第 220 窟南北二铺大型经变画中所展示的那样，长安寺观壁画中会如此大规模地表现胡旋舞蹈的盛况吗？还是画家在洞窟中充分根据功德主的要求而对已有的画样进行了加工，改头换面的结果？因为根据前文的讨论，在长安城，能否让有如此浓厚胡人女性气息的图样出现在寺院公共场所，供信众膜拜观赏，值得怀疑。若其属于坊间的艺术图本传播，倒是有可能。不过可以肯定的是，虽然胡人女子舞蹈的图本绘制与流传有所限制，但这并不影响该舞蹈在长安等地流行的可能性。

如此说来，三幅胡旋舞同存一窟，成为解读洞窟功德主民族属性的重要注脚，也是胡旋舞在丝路上流行的独特例证，更是初唐时期在丝路交通要冲、"华戎所交一都会"的敦煌，人们对胡人女性舞蹈艺术图像广泛认同和接受的佐证。显然敦煌在如何对待胡人女子艺术表达的观念上和内地人们是有较大区别的，这符合敦煌所处的地理位置，是敦煌作为文明交汇地的特点。

二、盐池何氏墓门胡旋舞图像的文化内涵

宁夏盐池何氏墓门上的二胡人男子胡旋的场景，因为是墓葬出土物，属典型的胡旋舞图像。但有趣的是该墓葬是当地粟特人家族墓之一[②]，在粟特人自己的墓葬中，本民族代表性的舞蹈胡旋舞没有以最具代表特色的胡旋女形象出现，而是完全由二男性胡人来表演，实际上正是该粟特人家族汉化的体现。在同一墓地的 M3 出土的墓志记载墓主何氏"识倐来之不久，侣风月以留情，觉人事之无常，引琴樽而自赏。此君之知命也"[③]。可见此粟特何氏一族深受汉儒家文化"知命"

---

① 陈菊霞：《西域、敦煌粟特翟氏及相关问题研究》，《中国边疆史地研究》2008 年第 3 期，第 40—48 页。

② 宁夏回族自治区博物馆：《宁夏盐池唐墓发掘简报》，《文物》1988 年第 9 期，第 43—56 页。

③ 周绍良、赵超编：《唐代墓志汇编续集》，上海古籍出版社，2001 年，第 377 页。

图 5-35　唐李宪墓石墓门线刻图（采自
《唐李宪墓发掘报告》）

图 5-36　唐李邕墓石墓门线刻图（采自
《唐嗣虢王李邕墓发掘报告》）

观的影响。无疑，他们非常了解唐人观念中对胡人女性的偏见，于是违反常规，把北朝隋唐一般以二男性门吏（图 5-35）、或二文武官员、或二武士、或二执笏内侍人物形象（图 5-36）组合出现的墓门守护传统[1]，改以本民族特色胡旋舞蹈中的二胡人男子舞者形象，是历史时期墓门图像的孤例，有强烈的本民族文化认同的观念在其中。

　　同时，我们也注意到，盐池何氏墓门上的胡旋舞图像，在二舞者左右布满云气纹，有强烈的天国乐舞的意味在其中，是和粟特本土人们表示灵魂不死或灵魂升天而构建灵魂所居之地——天国"伽尔扎曼"或"伽罗·恩玛纳"的意义相一致的，与巴列维语典籍《扎德斯帕兰》（Zadsparam）所描述的天国的性质相符合，因为这里是给死者的灵魂"提供奴婢和欢乐的地方"；另，"伽罗·恩玛

---

[1] 尹夏清：《北朝隋唐石墓门及其相关问题研究》，四川大学博士学位论文，2006 年。

图 5-37　虞弘墓石椁天国宴乐图及线描（采自《太原隋虞弘墓》）

纳”是《阿维斯塔》中天堂的别称，其意为“荣耀之宫”“珍宝之宫”“褒扬之宫”，“伽罗·恩玛纳”也通常被视为是琐罗亚斯德教主神阿胡拉·马兹达和阿梅沙·斯朋塔的居所，处于始初之山哈拉山上端，此山被视为是天堂的一部分[①]。显然，信仰祆教的盐池何氏家族，通过墓门的天国乐舞形象进而象征性表达了粟特人灵魂不死和天国享乐的基本死亡观[②]。

　　信仰祆教的粟特人天国享乐的死亡观在艺术图像上的表达，集中体现在粟特本土纳骨瓮上常见的翩翩起舞的女子形象当中，以史国锡瓦兹（SIVAZ）遗址出土纳骨瓮和撒马尔罕南部喀什卡（KASHKA）河谷出土纳骨瓮上均属 7 世纪的图像最具代表性，葛乐耐认为出现在粟特纳骨瓮上的舞女暗示了天堂的欢乐[③]。此类图像出现在入华粟特人的墓葬中，代表即是隋虞弘墓石椁上所刻进入天国世界的墓主与 Daena 女神[④]前的胡旋舞蹈[⑤]（图 5-37）。有趣的是虞弘墓主观赏的胡旋舞的舞者也是男性，正是本文所论入华胡人受唐人社会影响所致，其时代要早于盐池

<hr>

　　① 魏庆征编：《古代伊朗神话》，北岳文艺出版社，1999 年，第 333 页。

　　② 孙武军：《入华粟特人墓葬图像的丧葬与宗教文化》，中国社会科学出版社，2014 年，第 132—144 页。

　　③［法］葛乐耐：《北朝粟特本土纳骨瓮上的祆教主题》，毛民译，载张庆捷、李书吉、李钢主编：《4—6 世纪的北中国与欧亚大陆》，第 190—192 页。

　　④ 毕波：《虞弘墓所谓“夫妇宴饮图”辨析》，《故宫博物院院刊》2006 年第 1 期，第 66—83 页。

　　⑤ 陈海涛：《胡旋舞、胡腾舞与柘枝舞——对安伽墓与虞弘墓中舞蹈归属的浅析》，《考古与文物》2003 年第 3 期，第 56—60、91 页。

粟特胡人，可见此观念影响之早，同时也充分说明胡旋舞在入华粟特人生活中的重要意义。

　　盐池何氏墓主人通过墓门完成对本民族舞蹈的传承与记忆，另一类似的例子是唐代潞州粟特胡人后裔郑延昌墓志志石四侧的一组胡腾舞胡人男子乐舞人物图像（图5-38）①。此为墓志图案的仅见案例，其深层次的原因是该地区胡人

图 5-38　唐郑延昌墓志志石拓本及四侧胡人乐舞图像（洛阳龙门博物馆提供）

① 沙武田：《唐粟特后裔郑延昌墓志线刻胡人乐舞图像研究》，《丝绸之路研究集刊》第四辑，商务印书馆，2019年，第33—66页。

在安史之乱后，受到唐人社会排胡风气的影响。虽然改胡姓为荥阳郑氏，但他们的生活中仍然有浓厚的胡气，因此通过改变墓志传统图案的方式方法，巧妙地完成了墓主人的民族回归，是入华胡人记忆深处的文化符号。

三、韩休墓乐舞图属性再探

韩休墓壁画大型乐舞图，是近年来考古发现反映唐代乐舞的重要图像，周伟洲认为属盛唐时期流行的"胡部新声"[1]，程旭则认为是属于"吸收了胡舞胡乐元素的综合歌舞乐表现形式，即华化后的'胡舞'"[2]，另外我们注意到在韩休墓壁画学术研讨会期间，也有人主张是胡旋舞的可能性[3]，加上乐舞图的独特性，没有明确的乐舞可以对应，因此要确定韩休墓乐舞图的属性并非易事。

周伟洲总结韩休墓乐舞图舞者和乐工基本特征是：双舞伎、双乐队，男女分部、胡汉乐分部。事实上，作为一组完整的乐舞，男女结合、胡汉组合是其基本特点。其中的女性舞者与女性乐工是唐人女子形象，男性舞者与男性乐工属胡人男子形象。这种胡汉乐舞的组合属唐代乐舞考古材料中的孤例，也找不到可对应的文献佐证。相对而言，唐代乐史资料保存较为完好，之所以我们今天无法确认此乐舞的属性，实是因画面中男女相对舞蹈，又是胡汉组合的关系所导致。

唐代官员家中蓄养乐人属国家允许，《唐会要》卷三四《诸乐·杂录》记唐中宗神龙二年（706）九月：

> 敕：三品已上，听有女乐一部；五品已上，女乐不过三人，皆不得有钟磬。[4]

天宝十载（751）九月二日又记：

① 周伟洲：《唐韩休墓"乐舞图"探析》，《考古与文物》2015 年第 6 期，第 73—79 页。
② 程旭：《唐韩休墓〈乐舞图〉属性及相关问题研究》，《文博》2015 年第 6 期，第 21—25 页。
③ 陕西省考古研究院：《"唐韩休墓出土壁画学术研讨会"纪要》，《考古与文物》2014 年第 6 期，第 101—117 页。
④（宋）王溥：《唐会要》卷 34《诸乐》，第 628 页。

敕：五品已上正员清官、诸道节度使及太守等，并听当家畜丝竹，以展
欢娱，行乐盛时，覃及中外。①

可见女乐是当时达官贵人家中最常见的乐伎，但这里并没有明确规定是否允许有
胡人女乐，从唐代胡风出发，不能排除有人家里有胡人女乐的可能性。而我们在
韩休墓乐舞图中看到的除了唐人女乐之外，另有男性胡乐。对于唐人家乐中的胡
乐，葛承雍有专题研究②，韩休墓中的胡人乐队，即是当时颇为流行的胡人家乐。
因此韩休墓乐舞属于韩休家乐的可能性也是有的。

即使如此，仍然不能合理解释韩休墓乐舞中的胡汉组合现象。

如果换个思路，结合其中男性乐队一方集体出现的胡人演奏者和舞者中的
男性胡人，还是给我们提供一个很大的想象空间，考虑到唐人社会对入华胡人
女性的基本认知和观念，受到整个社会对胡人女性的偏见与歧视影响，而男性乐
舞的出现并不受时人观念的限制，因此，有可能和男子乐队一起表演的胡人女子
乐舞无法被绘制在绘画艺术图像中，艺术家在表达画面时按照传统的画法，全部
画作唐人女子形象，符合唐人审美要求与观念表达，也符合宰相出身的韩休的
身份地位。而韩休本人作为汉人的传统思想，也体现在墓葬中另一幅《山水图》
（图 5-39）中。故，如果把唐人女子乐队一方全部换作胡人女性形象，则这幅乐
舞图就完全属于胡舞，其乐器组合符合唐段安节《乐府杂录》"胡部"条记内容：

乐有琵琶、五弦、筝、箜篌、觱篥、笛、方响、拍板，合曲时亦击小鼓
（铜？）钹子，合曲后立唱歌。③

另，画面中二舞者脚下是小圆毯，也符合舞者立于胡舞象征的圆形舞筵的搭
配关系④。

---

①（宋）王溥：《唐会要》卷 34《礼乐志》，第 630 页。
②葛承雍：《壁画塑俑共现的唐代家乐中胡人》，《美术研究》2014 年第 1 期，第 17—24 页。
③（唐）段安节：《乐府杂录》，凤凰出版社，2021 年，第 11 页。
④翟晓兰：《舞筵与胡腾·胡旋·拓枝舞关系之初探》，《文博》2010 年第 3 期，第 32—37 页。

图 5-39　唐韩休墓壁画山水图（陕西历史博物馆提供）

　　若是胡舞，在开元天宝年间流行的主要是胡旋、胡腾，鉴于画面舞蹈特征，胡腾舞可以被排除，则只能是胡旋舞。若是胡旋舞，正是开元天宝年间胡旋舞盛行的真实反映。如此，是否即属于葛承雍所论唐人家乐的图像反映，此论虽然与程旭根据《新唐书》《旧唐书》《资治通鉴》等史书所记所总结的韩休性格、喜好、生活观念不符，但考虑到韩休的身份地位，结合当时整体社会背景，达官贵人流行蓄养家乐，又处在胡舞盛行的时代，则韩休也不能完全免俗，胡旋舞成为其个人喜好是完全能够理解的。

　　即使是退一步讲，若确如程旭所提出的那样，据史书所记，韩休个人耿直清廉、刚直不阿、一心向政，严格践行君君臣臣"君王有道臣职遂"的王道伦理，生活想必寡淡清净，不会追求享受，因此并不会喜好乐舞娱乐，生前蓄养家乐班子是不大可能的事情[①]。但是考虑到唐人墓葬的传统做法，作为正三品、追赠为从二品的韩休，其墓中画巨幅乐舞图，显然也是受了其官爵等级的影响，属于唐人上流社会的习俗[②]。所以韩休墓中乐舞图有反映现实生活的一面，也有承袭当时墓葬丧葬习俗传统的成分，非单纯的个人生前生活的简单对应。

当然我们这里没有非要将韩休墓乐舞图定性为胡旋的意思，只是从胡人女性艺术图像在唐人社会中受到的限制出发，对此幅乐舞图做了些新的思考，如果把其中的唐人女性舞者改以胡人女性面貌，其作为胡旋舞的可能性就很大了。

当然画面中柔软舒雅的舞姿是研究者否定其为胡旋的重要依据，但是作为一套舞蹈的一个画面片段，实不好轻易判断其整体动作特征，况且画面中的旋转姿势还是较明显的。因为画面中男性乐工清一色的胡人面貌形象特征，如同较多见到的北朝隋唐扁壶上的胡腾舞图（图5-40）、唐长安鲜于庭诲墓中出土的骆驼载胡人乐俑（图5-41）、日本正仓院琵琶上的大象驮载胡人乐舞图（图5-42）等一样，还是让人容易和纯正的胡人乐舞联系起来。

图5-40　北齐范粹墓出土扁壶
（葛承雍先生提供）

---

① 程旭：《唐韩休墓〈乐舞图〉属性及相关问题研究》，《文博》2015年第6期，第21—25页。
② 李星明：《唐代墓室壁画研究》，第167—170页。

图 5-41　唐鲜于庭诲墓出土骆驼载胡人乐俑
（采自国家文物局编《丝绸之路》）

图 5-42　日本正仓院琵琶上大象驮载胡人乐舞图
（采自《世界美术大全集·东洋编·隋、唐》）

小　结

　　勾勒入华胡人群体中的女性形象，因为受文献、考古材料的限制，有一定的困难。本文以胡旋女为切入点，通过梳理相关的历史文献和考古图像，可以看到胡旋女在胡旋舞图像遗存中的缺失现象，实际上是唐人隐讳的笔法，并不是历史真实的反映，其核心原因是汉人社会对胡人女性的偏见与歧视。之前我们曾以敦煌壁画中的外道女性画法为一案例，作为对中古时期外来入华女性形象的观察，做了一点尝试和解剖工作[1]，看到了敦煌画中从十六国北朝到西夏时期，外道女性表现手法的变化轨迹，明显感受到了隋唐五代宋时期这一群体在汉人男权社会所受到的儒家伦理观念的深刻影响。

---

　　① 宋若谷、沙武田：《敦煌壁画中女性外道表现手法发覆》，《敦煌研究》2020 年第 1 期，第 60—69 页。Sha Wutian, "Cultural Discrimination and Prejudice as Reflected in Arts: An Investigation on the Ways of Representing Female Heretics in Dunhuang Paintings", *Journal of Tibetan and Himalayan Studies*, Volume 6, Number 1, 2021, pp. 1–68.

　　通过本章的探讨，我们透过一些考古遗存图像的表面看本质，对我们从图像记忆的角度理解唐人诗词和史料所记较为频繁来华的胡旋女的舞蹈生涯，或许有些帮助。也试图从女性视角出发，基于可见的考古遗存图像，对曾经在丝绸之路上风靡一时的胡旋舞做些观察，解析一类略具隐讳色彩的丝路图像，最终仍然看到的是胡人女性在汉人传统社会中略显尴尬的境遇，尤其表现在艺术图像中缺失胡人女性这一现象中，实是中古社会文化艺术一面相，耐人寻味。如果我们把目光移动到中亚撒马尔罕大使厅壁画中唐代女性群像中来（图 5-43），之前学术界多解读为武则天端午龙舟活动[1]，新近王静、沈睿文二位学者有新的解读[2]，纯正的唐人女性面貌形象出现在距长安二万余里之遥的地方，可以认为是粟特人文化圈中对外国女性的艺术表现手法的重要实例。两相比较，意味深远。

图 5-43　撒马尔罕大使厅壁画中的唐人女子形象（采自 *SOGDIAN PAINTING*）

---

　　① ［意］Matteo Compareti, "The paintings concerning Chinese themes at Afrāsyāb", in M. Compareti, S. Cristoforetti （ed.） *New Elements on the Chinese Scene in the "Hall of the Ambassadors" at Afrāsyāb along with a reconsideration of "Zoroastrian" Calendar*（Venezia 2007）, 13-32. ［意］康马泰（Matteo Compareti）：《唐风吹拂撒马尔罕：粟特艺术与中国、波斯、印度、拜占庭》，漓江出版社，2016 年。

　　② 王静、沈睿文：《〈穆天子传〉与大使厅北壁壁画》，《美术研究》2017 年第 5 期，第 53—62 页。

第六章
恶道取宝化城还是佛陀波利传法图

——莫高窟第 217、103 窟主室南壁经变画研读

第一节　问题所在

敦煌莫高窟第 217、103 二窟主室南壁整壁各画一铺经变画（图 6-1、图 6-2），属盛唐壁画代表作。之前敦煌研究院定名法华经变，且以法华经变盛唐之代表作认定[①]，之后以法华经变为讨论对象的研究成果较多，后面将要介绍的三篇文章均有涉及。2004 年日本学者下野玲子发表新论，认为这两铺经变画应为佛顶尊胜陀罗尼经变，非法华经变[②]。此说一出，让人耳目一新，引起治敦煌艺术史和图像研究人士的广泛关注。但也有不同观点，较早研究敦煌法华经变的施萍婷与

---

　　① 施萍婷、贺世哲：《敦煌壁画中的法华经变初探》，载敦煌文物研究所编：《中国石窟·敦煌莫高窟（三）》，第 177—191 页；贺世哲：《敦煌壁画中的法华经变》，敦煌研究院编：《敦煌研究文集·敦煌石窟经变篇》，第 127—217 页，另载贺世哲：《敦煌石窟论稿》，第 135—224 页；相关研究另见敦煌研究院编，贺世哲主编：《敦煌石窟全集·法华经画卷》，上海人民出版社，2000 年，第 56—73 页。
　　② [日] 下野玲子：《敦煌莫高窟第二一七窟南壁经变の新解释》，《美术史》第 157 册，2004 年 10 月，第 96—115 页；丁淑君中译本见敦煌研究院信息资料中心编《信息与参考》总第 6 期，2005 年，第 74—86 页；牛源中译本见《敦煌研究》2011 年第 2 期，第 21—32 页；另见 [日] 下野玲子：《唐代佛顶尊胜陀罗尼经变图像的异同与演变》，《朝日敦煌研究员派遣制度纪念志》，朝日新闻社，2008 年，第 140—145 页。

图 6-1　莫高窟盛唐第 217 窟主室南壁经变画全图（敦煌研究院提供）

图 6-2　莫高窟盛唐第 103 窟主室南壁经变画全图（敦煌研究院提供）

范泉合作发表意见，即不同意此说，她不仅不同意下野玲子佛顶尊胜陀罗尼经变之说，同时也否定了之前自己提出的法华经变之定名，此说一出，使得这一问题一下子变得扑朔迷离①。施萍婷对学术的执着追求，否定自己学术观点的精神，值得我们学习。在施萍婷"思考"之后，学界展开热烈的讨论，首先，法国学者郭丽英发表文章，肯定了第 217、103 等窟新定名佛顶尊胜陀罗尼经变的观点，并认为在第 217、103 二窟出现表现佛经序文的画面正是其特点，也与《佛顶尊胜陀罗尼经》序文之重要性有关联②。随后，张元林发表接力式讨论，还是同意佛顶尊胜陀罗尼经变定名之说③。既然有不同的意见，就说明此经变画的定名仍有可讨论的余地。

　　仔细推敲可以发现，之前定名法华经变，其中可作为法华经变代表画面的是主尊说法会右侧大面积的山水画（图 6-3、图 6-4），是以"化城喻品"画面对待，且被公认为是敦煌"法华经变""化城喻品"的代表作，因此，该画面经常出现在有关敦煌壁画的出版物中，也是讲解此二洞窟时最能够引起观众兴趣的，虽谈不上是家喻户晓，但也是治敦煌学特别是图像学者所熟知的画面。

　　现在按下野玲子新的解释，该画面当为表现《佛顶尊胜陀罗尼经》之"序"所记佛陀波利朝拜五台山遇文殊化老人指点，返回西国取来梵本《佛顶尊胜陀罗尼经》，到长安译经，最后入五台山的故事情节。

　　施萍婷、范泉在文中不同意第 217、103 窟主室南壁经变画为佛顶尊胜陀罗尼经变，列举包括上述山水画即文中所谓"西部题材"在内的四条理由，另三条分别是"眉间白毫放光"、"佛在灵鹫山说法"、"须弥山"，以此四条来反驳佛顶尊胜陀罗尼经变之说。对此四条反驳的理由，张元林在文中作了对应讨论，其中就该山水画部分特别援引郭丽英之观点，肯定了佛顶尊胜陀罗尼经变之说。

　　审视施、范二人在文中提出的四个方面的疑问，其中"眉间白毫放光"、"佛在灵鹫山说法"、"须弥山"三条，似非问题的关键，总体而言画面内容与《佛顶

　　① 施萍婷、范泉：《关于莫高窟第 217 窟南壁壁画的思考》，《敦煌研究》2011 年第 2 期，第 12—20 页。
　　②［法］郭丽英：《莫高窟几幅壁画的不同解读：法华经变？尊胜经变？或其它》，参见 2011 年 6 月 14 日、15 日法国东亚文明研究所、远东学院主办的"法中敦煌学讨论会"会议论文集。
　　③ 张元林：《也谈莫高窟第 217 窟南壁壁画的定名——兼论与唐前期敦煌法华图像相关的两个问题》，《敦煌学辑刊》2011 年第 4 期，第 39—48 页。

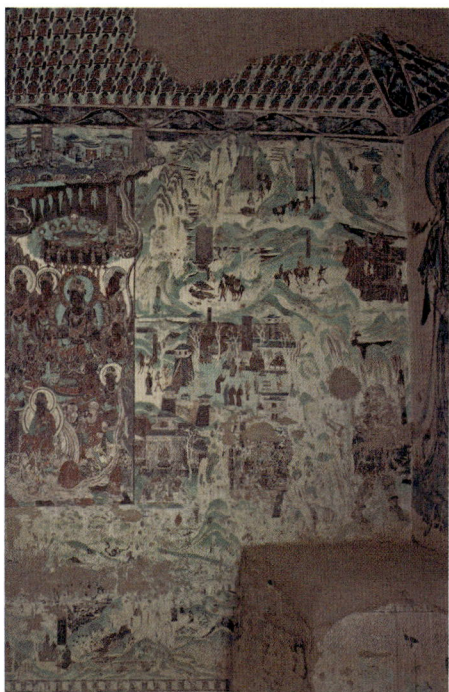

图 6-3　第 217 窟主室南壁经变画
山水画（敦煌研究院提供）

图 6-4　第 103 窟主室南壁经变画
山水画（敦煌研究院提供）

尊胜陀罗尼经》经典更加接近，而与《妙法莲华经》所述有距离，张元林之补充也肯定了下野玲子的画面释读意见。当然在一些细微画面的释读上仍需观摩，但总体上似乎不影响整个画面的定名与判断。细读各家大作，我们觉得对于经变画中出现的大幅山水画面的释读与判断需作些玩味，或有益于整幅经变画的定名、定性，也涉及其他一些重要的历史信息，值得关注。

　　在没有第三种释读经典依据之前，就目前的认识和学术讨论，对此二窟主室南壁大幅经变画右侧山水画的释读，或为法华经变之化城喻品，或为佛顶尊胜陀罗尼经变之序文佛陀波利故事。为了准确认识画面所指，本文拟分别比定，进行比较，来分析画面更符合哪部经之内容，从一个独特的视角对此画面进行阐释。

　　据贺世哲研究，敦煌壁画法华经变主要依据的是鸠摩罗什译本《妙法莲华经》，其中洞窟壁画画面"化城喻品"系据经典如下文字描绘而成，卷三《化城喻品第七》：

譬如五百由旬险难恶道，旷绝无人、怖畏之处。若有多众，欲过此道至珍宝处。有一导师，聪慧明达，善知险道通塞之相，将导众人欲过此难。所将人众中路懈退，白导师言："我等疲极，而复怖畏，不能复进；前路犹远，今欲退还。"导师多诸方便而作是念："此等可愍，云何舍大珍宝而欲退还？"作是念已，以方便力，于险道中过三百由旬，化作一城，告众人言："汝等勿怖，莫得退还。今此大城，可于中止，随意所作。若入是城，快得安稳。若能前至宝所，亦可得去。"是时疲极之众，心大欢喜，叹未曾有："我等今者免斯恶道，快得安稳。"于是众人前入化城，生已度想、生安稳想。尔时导师，知此人众既得止息，无复疲倦，即灭化城，语众人言："汝等去来，宝处在近。向者大城，我所化作，为止息耳。"①

对此经文的图像阐释，如同经文本身所要表述的意思一样，重点在行进于"旷绝无人"、令人"怖畏"的"险难恶道"途中的众取宝人，因中途"疲极""怖畏"而"欲退还"，于是有一"聪慧明达"的"导师"，为了让众人继续前行，"化作一城"，众人在城中休息欢乐之后，导师"灭化城"让众人继续前行。因此，旅途中的众取宝人和化城应该是表达《化城喻品》的必要图像元素。第217、103窟南壁经变画对应山水画中确有此二基本元素，因此初看确有法华经变化城喻品之意境。但若仔细考究，还是大有疑问，以下分别析之。

第二节　画面意境辨析

长期以来第217、103二窟南壁经变画右侧画面被视为敦煌壁画山水画的代表②，画面意境非常优美，青山绿水，花草树木填充其中，还有"飞流直下三千尺"的瀑布，在山间大道或平坦之地，有人骑驴前行，还有僧人礼拜场面（图6-5、图6-6）。如果按法华经化城喻品解读，则毫无经文所要表达的"险难恶道"之意。

---

① （后秦）鸠摩罗什译：《妙法莲华经》卷3，《大正藏》第9册，第25页。
② 赵声良：《敦煌壁画风景研究》，中华书局，2005年，第120页。

图 6-5　第 217 窟主室南壁经变画山水画之局部（临摹品，敦煌研究院提供）

图 6-6　第 103 窟主室南壁经变画山水画之局部（采自《敦煌石窟全集·法华经画卷》）

　　既然化城喻品强调的是取宝人行进在"旷绝无人"、令人"怖畏"的"险难恶道"途中，该画面显然没有丝毫经文所要表达的令人"怖畏"的特殊"意境"，反而描述了一幅僧人长途旅行、沿途礼拜的"场景"，完全没有像是取宝人急着赶路的样子，与经文之意严重不合。

　　就法华经变化城喻品的画面阐释，对于敦煌的艺术家们来说并不陌生，早在隋代的莫高窟第419窟，就有相关画面出现，第419窟顶西披，在崇山峻岭之间，有几位胡商打扮的人，正在驱赶负重的毛驴和骆驼，前方出现众多野兽，于是取宝人追杀野兽，在一处房子的墙面上挂着被杀掉后野兽的皮张，非常形象。这里出现商人打扮的赶牲口的取宝人，以野兽的出现来渲染"怖畏"的"险难恶道"，很容易让人联想到经文所描述的场景和意境。在第217、103窟之后中唐、晚唐和五代宋时期的法华经变中，化城喻品的画面常常表现的是在悬崖峭壁的栈道上，或崎岖不平的山间小道上，艰难前行。像中唐第159窟化城喻品即仅以山间小道上前行的几个人表示，第231窟、晚唐第156、85、14等窟法华经变化城喻品颇具表现力，没有化城，画面上行人行进在悬崖峭壁间的栈道上，背负行李，小心翼翼，重在描述取宝之道的险恶。

　　和以上明确是法华经变化城喻品的画面比较，第217、103窟原被认为是相同的画面内容显然完全不一样，全然没有经文之"意境"，更无经文画面的常识判断，出入太大。

第三节　画面核心人物身份辨析

　　第217、103窟南壁经变画中山水画面部分旅途中的人物的身份，也是需要作些考察的。第217窟画面中的人物，一开始是山间骑驴行进的两位头戴帷帽的人，之后基本上是一婆罗门人物与两位礼拜的僧人及两头驴，可以认为画面要表现的核心人物是骑驴的僧人，这一点应该没有疑问。第103窟画面表现的核心人物则是三位婆罗门、一位僧人、一头驴、一头负重的大象。之前学者们对第217窟开始出现的两身头戴帷帽人的身份有异议，根据帷帽在唐代主要是妇女所戴而判定这两身人物是女性，其实有误，因为仔细看第 103 窟画面一开始出现的人物，是完整的组合，走在最前面的是一身婆罗门，紧跟其后是一头负重的大象，中间是骑驴戴帷帽者，最后跟随两身婆罗门。该头戴帷帽者，在下面的画面中没有骑在驴身上，而是以僧人的形象作礼拜状。如果再看第 217 窟僧人礼拜的穿白衣的老人形象，其所穿服饰也是包着头，只是没有了帽子，否则和前面二位的装扮没多大区别了。据此可以明确判断无论是第 217 窟还是第 103 窟，一开始出现的戴帷帽骑驴者即是后面的僧人，画家是以帷帽来表现该僧人长途跋涉的情景。

综观窟画面中随僧人一路前进的婆罗门人物，跟前随后，牵驴引象，显然是核心人物僧人的随从类人物，因此画面僧人主导的意味是非常明显的。婆罗门的形象在敦煌壁画中是比较常见的，早期北朝故事画中即有婆罗门形象，另在中心柱正龛主尊两侧绘有外道婆罗门形象的婆薮仙（图 6-7），到了盛唐中唐时期，观音经变中即有观音菩萨"三十三现身"之"显婆罗门身"，以莫高窟第 45 窟最具代表性（图 6-8），另在金光明最胜王经变中也有参加金光明法会的外道婆罗

图 6-7-1　莫高窟北魏第 254 窟中心柱
正龛外道鹿头梵志（敦煌研究院提供）

图 6-7-2　莫高窟第 254 窟故事画中的外道
（采自《中国敦煌壁画全集·北魏》）

图 6-8　莫高窟盛唐第 45 窟观音经变中的显婆罗门
身（采自《中国敦煌壁画全集·盛唐》）

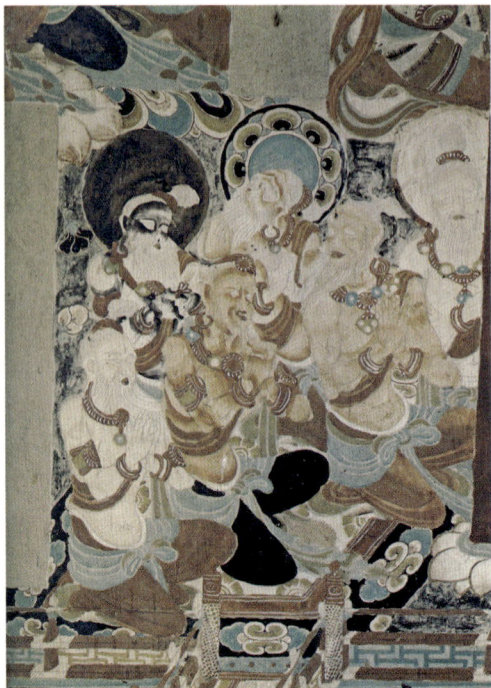

图 6-9　莫高窟中唐第 158 窟金光明经变中的婆罗
门人物（采自《敦煌石窟艺术·莫高窟第一五八窟》）

门，莫高窟第 154、158 等窟均有图像留存（图 6-9）。因此以婆罗门作为随侍的
僧人，其身份似乎很难归入中原汉僧行列，莫高窟第 17 窟"藏经洞"壁画中即
有洪辩法师的随侍比丘尼与近侍女，完全汉人面貌。

　　既然画面以僧人礼拜行进场景为主，似乎就不能归入《妙法莲华经·化城喻
品》内容情节了。因为化城喻品是以"譬喻"的形式表达佛经之深义，如果是把
所要表达的取宝人直接画为僧人，则就是僧人求法了，也似乎没有譬喻的意义，
而成为直接的表述了。《妙法莲华经》中有大量的诸如此类的譬喻故事情节，有
"火宅喻""三车喻""穷子喻""髻珠喻"等，虽然都是通过譬喻故事来阐明佛法
的道理，在具体的图像表述时，都是以各时代世俗人物形象来表现，无一例以僧
人形象来表述（图 6-10）。作为经典中的譬喻故事，还是以世俗人及相关的世俗
场景来表达，才是经变画图像的笔法，正如化城喻品的化城，虽然经文中讲到导
师最后"灭化城"，但在画面上是无法表达此手法的。因此，第 217、103 窟相关

图 6-10-1　莫高窟盛唐第 23 窟法华经变局部图（采自《敦煌石窟全集·法华经画卷》）

图 6-10-2　莫高窟盛唐第 23 窟药草喻品（采自《敦煌石窟全集·法华经画卷》）

画面出现以僧人礼拜行进为主的画面，显然无法以《妙法莲华经·化城喻品》来阐释并理解，更何况第103窟出现负重的大象，不大像是前去求宝的样子，倒像是驮着宝物而来。

第四节　画面中城的分析

《妙法莲华经·化城喻品》中聪明的导师为了让众取宝人能够继续前行，化出一城，目的非常明确，就是让已经"疲极"的取宝众人，能够在城中好好休息一下，再继续上路，因此他化出的城可以让取宝众人"随意所作"，这里的"随意所作"无非是吃、喝、玩、乐，同时期莫高窟第23窟相关经变画中的化城喻品画面最为形象。

比较之下，观察第217、103窟中的城，如果理解成化城喻品中导师化出的城，则有两点疑问：

首先，为什么要画出一西域式城（图6-11）？按经文之意，只要画出一城即可完全表达经意，无需费此笔墨。

图6-11　第217窟经变中的西域式城（采自《中国敦煌壁画全集·盛唐》）

其次，按经文之意，导师化出的城是可以让众取宝人"随意所作"，如同第23窟一样写实，但我们在二窟画面中城内看到的情况完全是另一回事，其中的西域式城内除中间一大建筑之外，无其他任何可以令人休息吃喝玩乐的设施，感觉只是空空一城而已。即使是像保存清楚的第217窟中的汉式城，城内所画没有休息的情景，而是僧人被国王装扮人物接见等很正式的场面，或有僧人座谈写经的场面等。因此，此二城的出现显然非《妙法莲华经·化城喻品》所描述的化城，而是另有所述。

第五节　画面中的牲口问题

第217、103窟山水画面中行进中僧人的坐骑，均是毛驴，另在第103窟有随行负重的大象一头。第419窟取宝人倒像是商队，有毛驴有骆驼，坐骑仍使用马。第23窟化城喻品中众取宝人坐骑为马，另在较晚的化城喻品画面中几乎没有见到有坐骑出现，大概是为了表达取宝人步行之艰难之意，故意不画乘骑牲口。第217、103二窟的僧人时时不离乘骑的毛驴，同时第103窟既有大象负载行李，又有婆罗门随侍左右，显示其身份独特，显然不能理解成取宝途中"疲极"的取宝人。

同为法华经变，在表现"观世音菩萨普门品"或观音经变时，其中有"商人遇盗"的画面情景，此类画面从隋代开始即有表现，如莫高窟第420窟顶，另有第217窟同窟东壁，同时期第444、45窟观音经变中均有"胡商遇盗图"，这种图像一直到晚唐五代宋仍在洞窟中常有表现，我们看到的商队以胡商为主，也有汉族商人，他们用来驮负商品货物的牲口以毛驴、骆驼为常见，或成定式，第217窟东壁出现的胡商遇盗图中的商队牲口即是毛驴和骆驼，第45窟则全是毛驴。毛驴是西北、中亚和西域常见的牲口，性情温和，耐力好，饲养简单，因此是商队的首选，当然也是长途旅行者乘骑的理想代脚。

第103窟大白象的出现，给旅行主要僧人的身份增加几分神秘的色彩，特别是画面中遇老人场面，画家把大象画成了六牙白象，更使佛教的意味陡增。我们知道，大象是佛教的圣物，佛的七宝之一，其中六牙白象就更非佛教莫属，因此此僧人身份当不一般，定有传奇附会其中才合图像之意。

第六节　画面所占面积的考量

对第 217、103 窟南壁山水画部分略作观察，即可知其占据了整铺经变画约有四分之一面积，整体画面右侧几乎全是该山水画内容，同时从出现人物的相互关联性来看，应该是表现以僧人旅行为主的完整的内容，属经变画的一部分。如果按《妙法莲华经·化城喻品》解释，法华经二十八品，敦煌壁画中最多者达二十四品之多（图 6-12），单就化城喻品以如此大画幅表现，显然不合化城喻品在法华经中所占的分量，更何况化城喻品并非法华经变的标志性画面，也不是最重要的画面内容之一。因此，从这个角度考量，该画面也不大可能表现的是《妙法莲华经·化城喻品》的内容。

图 6-12　莫高窟晚唐第 85 窟法华经变（采自《敦煌石窟全集·法华经画卷》）

小　结
——以佛顶尊胜陀罗尼经变为中心

综合以上的分析，第 217、103 窟南壁经变画山水画部分，确与《妙法莲华经》之"化城喻品"关系不大。

回过头来，如果以下野玲子考证，该二铺经变画为佛顶尊胜陀罗尼经变，其中右侧大面积山水画面部分表现的即是志静为佛陀波利译《佛顶尊胜陀罗尼经》作的"序"[①]，具体讲的是仪凤元年（676）佛陀波利来五台山朝拜文殊菩萨，后来又受文殊化老人的指点，返回西国取回梵本《佛顶尊胜陀罗尼经》，于永淳二年（683）回到长安，皇帝请日照、杜行颛等译经，但又不让经本流通于宫外，佛陀波利感此又请皇帝返还梵本，入西明寺与顺贞等再翻一本，之后佛陀波利"将梵本遂向五台山，入山于今不出"。画面具体与序文的对应关系，下野玲子大作已有详细且清晰之考证，无须在此多言。唯有几个疑点作些说明：

无论是第 217 窟还是第 103 窟中，都有部分画面出现两个僧人共出现象，因为据经序所记佛陀波利往返五台山并无人作伴，因此有人提出质疑。下野文中以"异时同图法"来解释均属佛陀波利一人，是合理的。其实仔细考察可以发现，二窟一开始的画面均是一个僧人出场，另第 217 窟表现佛陀波利从西国取回梵本经文到长安的画面时，入城时也仅一个僧人，城内面见皇帝等情节也是一个僧人，另被认为属"问路"的画面，按下野玲子文章实是表现佛陀波利离开长安西明寺，持梵本入五台山的情节，画面中仍是一个僧人独行，最后告别一直跟随他的婆罗门侍从，入山禅定，因此中间二僧场景确属佛陀波利不同时间的画面内容合在一起，即"异时同图"图像表现方式方法所致，并非两个僧人。至于第 217 窟中间画面中出现一似飞天般的人物，实是佛陀波利问老人后老人不见，佛陀波利意识到老人是文殊菩萨化现，表现出非常懊恼之状，四体附地，两手张开，二足蹬地，随身的净瓶和头陀袋也被扔在一边，因此画面中的人非飞天，飞天不应

[①]（唐）佛陀波利译：《佛顶尊胜陀罗尼经》卷 1，《大正藏》第 19 册，第 349 页。

该随身带净瓶与头陀袋，应是佛陀波利本人。同被质疑的二画面一开始出现的带帷帽者的性别，前有交代，帷帽并非特指女性，而实是长途远行的象征。沈从文在研究中国古代服饰时，指出也有男人着此类帽的情况，只是认为时代要到五代宋明①，既然后来有男人着此帽，则说明有唐一代也可能并非仅限女性使用。更何况唐时胡风盛行，这种本身来自外族的服饰，男女通用也未不可。而二窟画面反映的是从西国来的婆罗门僧佛陀波利的长途旅行，要经过中亚、西域、西北等高寒、荒漠等复杂的地理环境，戴上这种防风沙、防阳光，又可御寒保暖的帽式，说明创作绘画的艺术家对相应人物故事情节的充分了解。僧人远行头戴当时妇女出远门时常戴的帷帽，实可作为时代一景，亦可为研究服饰史、僧人法服世俗化等课题的专家学者所留意。或者本身即是僧人袈裟直接裹在头上，外加一顶草帽遮挡，第 217 窟龛内诸大弟子中即有一身如此着装，袈裟罩头（图 6-13），实可佐证僧人此类服饰的存在的可能性。

　　说到性别的问题，顺便谈一下二窟中善住天子和帝释天的图像，在画面中均是以女性形象呈现，也给研究者带来些许的困惑，事实上帝释天以女性形象呈现，在略晚的第 45 窟南壁观音经变中就有非常清楚的反映（图 6-14），有榜题为证，不容置疑。

　　把这一山水画归入由志静为《佛顶尊胜陀罗尼经》作的"序"文的内容呈现，记载佛陀波利求法的故事，又以如此大幅画面的形式出现在敦煌八世纪初期的二洞窟中，确属经变画系谱中的珍贵资料。我们在画史资料中没有检索到相关的历史记载，但是可以推断，敦煌壁画的画稿当来自长安中原一带的寺观画壁，自创的可能性不大，因为第 217、103 窟其他内容的唐风也可告诉我们二窟新经变画的出现，实有深厚的背景可依据。发展到第 23、31 窟中的佛顶尊胜陀罗尼经变，这部分序的画面不再出现（图 6-15），一直到晚唐五代宋洞窟中再次出现的佛顶尊胜陀罗尼经变中，也没有再现如此精彩的山水画面，说明这种新的佛顶尊胜陀罗尼经变的样式，其流行的时间也是相当有限的，虽然佛陀波利译本影响最

---

① 沈从文：《中国古代服饰研究》，上海书店出版社，2005 年，第 290 页。

图 6-13　莫高窟盛唐第 217 窟西壁龛及龛内弟子画像（敦煌研究院提供）

图 6-14　莫高窟盛唐第 45 窟南壁观音经变之"观音现帝释天身"图（敦煌研究院提供）

图 6-15　莫高窟盛唐第 23 窟佛顶尊胜陀罗尼经变（采自"数字敦煌"）

大、流传最广[1]，但是序毕竟是今人之方，非佛陀所说。从这个角度来讲，施萍婷对第 217、103 二窟佛顶尊胜陀罗尼经变的质疑是有道理的。

　　有唐一代，随着《佛顶尊胜陀罗尼经》的流传，佛顶尊胜陀罗尼经幢的雕刻竪立成为一时之风潮，全国各地寺院、通衢大道、墓傍或墓中、佛塔之内或佛塔之侧、石窟内等处均可见到所立经幢[2]（图 6-16）。在这样的背景下，佛陀波利译《佛顶尊胜陀罗尼经》的广泛流布，经幢的刻立，同时受长安各地寺院各类经变画盛行的影响和启示，也必然会有相应的佛顶尊胜陀罗尼经变的创制，敦煌莫高窟第 217、103 窟即是作为一类独特样式的佛顶尊胜经变流行的见证，但是很快

---

　　①［日］月轮贤隆：《佛顶尊胜陀罗尼の研究》，《六条学报》第 133 卷，1912 年；［日］田中应海：《尊胜陀罗尼信仰史观》，《大正大学学报》第 15 卷，1933 年，第 1—32 页；［日］干泻龙祥：《佛顶尊胜陀罗尼经诸传の研究》，《密教研究》第 68 号，1939 年，第 34—72 页。

　　② 刘淑芬：《灭罪与度亡——佛顶尊胜陀罗尼经幢之研究》，上海古籍出版社，2008 年，第 86—95 页。

图 6-16　宁波保国寺山门外左右二唐代尊胜石经幢（作者拍摄）

志静序文内容由于本身非经文正文，慢慢淡出画家或众僧信徒与功德主的视野，第23、31窟佛顶尊胜陀罗尼经变的形式渐成流行，再到晚唐第156窟，宋代第55、454窟的形式[1]，即成定制和规范。

---

[1]　王惠民：《敦煌佛顶尊胜陀罗尼经变考释》，《敦煌研究》1991年第1期，第7—18页。

第七章
敦煌壁画丝路传法旅行图

第一节　提出问题

　　莫高窟盛唐第 217、103 窟主室南壁各画一铺大型佛顶尊胜陀罗尼经变（后文简称"尊胜经变"）（图 7-1、图 7-2）[①]，具体是依据佛陀波利译《佛顶尊胜陀罗尼经》绘制而成。在经变画的西侧部青绿山水画面，表现的是该经"序"文的内容，即唐代定觉寺主僧志静所记佛陀波利前往五台山顶礼文殊菩萨过程中先后发生的诸多事迹，包括佛陀波利在长安翻译《佛顶尊胜陀罗尼经》的相关史实[②]，相同的佛教历史故事在《宋高僧传》卷二"译经篇"之"唐五台山佛陀波利传"中有完全一样的记载[③]。第 217、103 二窟保存较为完好的尊胜经变中以

　　①〔日〕下野玲子：《敦煌莫高窟第二一七窟南壁经变の新解释》，《美术史》第 157 册，2004 年 10 月，第 96—115 页，丁淑君中译本见敦煌研究院信息资料中心编：《信息与参考》总第 6 期，2005 年，第 74—86 页；牛源中译本见《敦煌研究》2011 年第 2 期，第 21—32 页；另见下野玲子：《唐代佛顶尊胜陀罗尼经变图像的异同与演变》，《朝日敦煌研究员派遣制度纪念志》，朝日新闻社，2008 年。详细而全面的研究参见下野玲子：《敦煌佛顶尊胜陀罗尼经变相图の研究》，第 25—63 页。

　　②（唐）志静撰：《佛顶尊胜陀罗尼经序》，《大正藏》第 19 册，第 349 页。

　　③（宋）赞宁撰，范祥雍点校：《宋高僧传》，中华书局，1987 年，第 28—29 页。

图 7-1　莫高窟盛唐第 217 窟佛顶尊胜陀罗尼经变（敦煌研究院提供）

图 7-2　莫高窟盛唐第 103 窟佛顶尊胜陀罗尼经变（敦煌研究院提供）

图 7-3　第 217 窟尊胜经变序文画面（敦煌研究院提供）

青绿山水形式表现的一幅佛陀波利沿丝路来往的僧人传法、求法图，即是佛经中"序"文内容，以独特的绘画语言，形象地表现了佛陀波利从"西国"罽宾来到五台山，再返回西国，再次返回中土，途经长安见到"大帝"（"天皇"），在长安先后两次在宫内和西明寺翻译佛经，最后入五台山金刚窟不出的有趣历史故事（图 7–3）。为行文方便，结合画面故事内容，我们姑且命名这幅壁画为"佛陀波利丝路旅行图"。

　　这两铺尊胜经变，在经变画结构形式、画面布局、画面内容、人物组合关系等方面，变化不大，可以认为使用的是同一幅粉本画稿。在没有发现长安、洛阳等中原内地有同类经变画的记载之前，此两铺经变画无疑可以认为是目前所知和所见最早的尊胜经变，鸿篇巨制，人物情节复杂，有重要的艺术史价值。

　　仔细观察两铺经变画，会发现一个有趣的现象，两铺经变画在表现经文序言即佛陀波利故事画面时，佛陀波利的丝路旅行均出现在青绿山水之间，同时佛陀波利也均是以骑驴的主要形象反映他的长途丝路旅行经历。但两铺经变画在人物组合关系方面出现了明显的不同：第 217 窟佛陀波利的组合是一人一驴，还有一身作为随侍的婆罗门男子（图 7–4）；而第 103 窟的组合中除了之前在第 217 窟已经出现的一人一驴之外，还增加一头载物的大白象，作为随侍的婆罗门男子则增加至三人（图 7–5）。

　　第 217 和 103 窟是莫高窟盛唐洞窟，属于同一期，《敦煌石窟内容总录》认定第 217 窟建于"盛唐早期景云年间"[①]，即公元 710、711 年，另据敦煌研究院考古分期研究，第 217 窟为唐前期第三期洞窟的标型窟，属于唐中宗神龙（705—707）前后[②]，是这一期洞窟中最早者。第 103 窟是同一期即唐前期第三期洞窟，但时间应该略晚于第 217 窟[③]，二窟时间相差不会太远。据山崎淑子的研究，二窟

---

　　① 敦煌研究院编：《敦煌石窟内容总录》，文物出版社，1996 年，第 86 页。
　　② 樊锦诗、刘玉权：《敦煌莫高窟唐前期洞窟分期》，载敦煌研究院编：《敦煌研究文集·敦煌石窟考古篇》，第 158、159 页。
　　③ 参见樊锦诗、刘玉权《敦煌莫高窟唐前期洞窟分期》文，但在文中的第三期洞窟号中没有列出第 103 窟，而在具体的分期论述中有该窟。

图 7-4　第 217 窟尊胜经变佛陀波利旅行图局部（敦煌研究院提供）

图 7-5　第 103 窟尊胜经变佛陀波利旅行图局部（敦煌研究院提供）

在粉本和样式上的关联性很强[①]，均为 8 世纪初期作品。

　　既然二窟为同一时期的洞窟，两铺经变画又使用了相同的粉本画稿，为什么到了略晚的第 103 窟中在表现佛陀波利丝路旅行的人物组合上做出较大的改动，由之前第 217 窟的佛陀波利一人一驴一婆罗门男子改为佛陀波利一人一驴一载物大象三婆罗门男子，增加了一头大象和两位婆罗门男子？从洞窟时间关系而言，显然第 103 窟整体上使用并延续了第 217 窟的粉本和样式，只是在画面局部作了改动和调整。

　　第 103 窟壁画对佛陀波利丝路旅行情景的改动，增加了一头载物的大白象和两位婆罗门男子，显然是画工对之前第 217 窟粉本的改动，这种改动应当是有所依据，应是画家基于现实生活所见而做出的一种调整，准确而言应是对西来胡僧丝路旅行情景更加真实的绘画描述。所以，可以认为此二窟两铺尊胜经变中表现"序"文的画面，虽然具体记录的是从罽宾而来的佛陀波利在丝路上旅行的图像，事实上可以推而广之，实是两幅十分珍贵的反映历史时期西来的胡僧沿丝路旅行的真实而有趣的画面。由于此类作品的时代可以早到 8 世纪的盛唐初期，其历史和学术价值更值得重视。

第二节　骑驴的佛陀波利

　　佛陀波利以骑驴的形象出现在壁画中，考虑到壁画所使用粉本创作于 7 世纪晚期至 8 世纪初期的时间关系，历史发展到这一时期沿丝路来华的胡僧数量已经颇为可观，正是在他们的努力和推动下，大量的佛经得以翻译并传播，汉唐时期佛教在中土的发展，也得益于这些西来的胡僧，对此尚永琪有深入的专题探讨[②]。同时期活跃在唐朝境内的胡僧也不少，尤其是唐长安和洛阳两京地区，是胡人云集之地，也是胡僧主要的活动空间。

---

　　① [日] 山崎淑子：《敦煌莫高窟における初唐から盛唐への过渡期の一样式——莫高窟二一七窟试论》，《成城文艺》第 174 号，东京，2001 年 3 月。
　　② 尚永琪：《胡僧东来——汉唐时期的佛经翻译家和传播人》，兰州大学出版社，2012 年。

　　关于汉唐时期来华胡人的交通工具，一般大家印象深刻的主要是马和骆驼（图7-6），这一点在大量的北朝隋唐墓葬出土胡人牵马俑、牵骆驼俑中有丰富多彩的形象资料（图7-7），可以间接反映胡人在丝路上长途旅行的真实情景。但事实上，就丝路上的胡商而言，根据我们对敦煌壁画和吐鲁番文书的梳理，发现毛驴在丝路交通贸易中同样扮演着重要的角色，且往往是中小型商队的主要交通运输工具①。在敦煌北朝和隋唐时期的壁画中，我们看到的胡人商队运输队伍中有骆驼和毛驴，商队首领往往骑马（图7-8），大家熟知的第45窟观音经变胡商遇盗图中只有毛驴（图7-9），似乎表明类似的商队商人平时或步行或骑驴贩运。在吐

图7-6　河南唐墓出土三彩胡人牵马俑（采自《河南唐三彩与唐青花》）

① 沙武田：《丝绸之路交通贸易图像——以敦煌画商人遇盗图为中心》，《丝绸之路研究集刊》第一辑，第122—155页。

图 7-7　河南唐墓出土三彩
胡人牵骆驼俑（采自《河南
唐三彩与唐青花》）

图 7-8　莫高窟北周第 296 窟福田经变中的商队（采自《中国敦煌壁画全集·北周》）

图 7-9　莫高窟盛唐第 45 窟胡商遇盗图（采自《中国敦煌壁画全集·盛唐》）

鲁番过所文书中，驴是主要的商队运输工具，统计其中的 12 份过所文书显示，在唐代活跃于沿安西四镇、西州、河西、长安广大丝路上的胡汉商队，用作运输工具和方式类的牲畜有马 21 匹、驴 106 头、牛 7 头、骡 3 头、驼 5 峰[①]。其中垂拱元年（685）《康尾义罗施等请过所案卷》商队牲畜包括骆驼 2 峰、驴 20 头[②]；另据《石染典过所》（图 7-10）记载，曾在开元二十年、二十一年（732、733）频繁出现在瓜州、沙州、伊州、西州从事商业活动的兴生胡石染典，先后两次分别从瓜州都督府和西州都督府户曹处申请的过所公验中，就记载了他分别带有驴 10 头、骡 11 头[③]，这是石染典在这几个地方来往兴生的运输规模。可以看到毛驴在丝路运输中所占比重是最高的，正是敦煌壁画显示结果，因此可以认为毛驴在漫长的中古

① 程喜霖：《唐代过所研究》，第 239—245 页。
② 国家文物局古文献研究室、新疆维吾尔自治区博物馆、武汉大学历史系编：《吐鲁番出土文书》第 7 册，文物出版社，1986 年，第 88—94 页。
③ 国家文物局古文献研究室、新疆维吾尔自治区博物馆、武汉大学历史系编：《吐鲁番出土文书》第 9 册，文物出版社，1990 年，第 40—42、48 页。

丝路贸易长途运输中担当着非常重要的角色。

　　佛陀波利作为西来的传法、求法胡僧，两铺尊胜经变中把其描绘为骑驴的丝路旅行者的形象，应该不是特指，或者说非个案现象，而是这一时期创作经变画的画家们的丝路印象或日常知识。就是说在8世纪初前后这一时间段，骑着驴沿丝路而来的印度、中亚、西域胡僧形象，是汉地人们比较熟悉的丝路风景。考虑到第217窟在艺术特征和艺术样式上浓厚的长安风格和绘画特色[①]，再结合作为全新经变画尊胜经变最早出现在敦煌的洞窟壁画，基本上可以断定其艺术粉本来自于以长安为中心的中原内地，敦煌本地创作此类经变画的可能性几乎没有。所以说骑着驴沿丝路而来的胡僧形象，对敦煌人而言并不陌生，同样也是长安等中原内地人的丝路印象。

　　既然在丝绸之路上有众多的胡人商队驱赶着驴子往来贩卖，那么往往和丝路商队结伴来往的丝路传法、求法僧人，骑着毛驴出现在丝路上当属历史的真实。

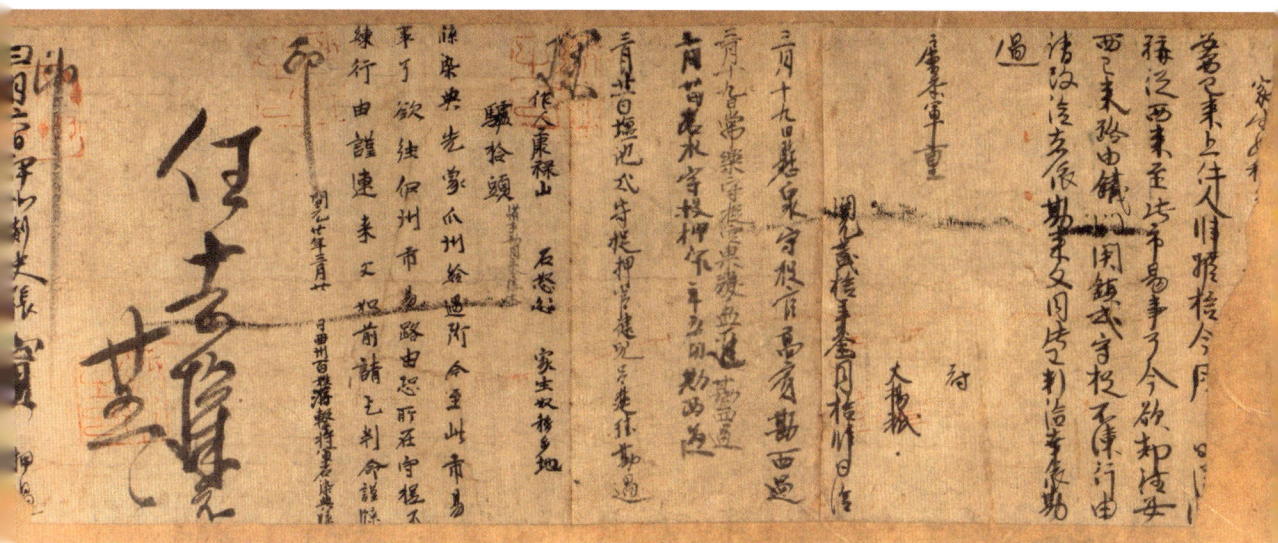

图 7-10　吐鲁番唐代墓葬出土《石染典过所》（新疆博物馆提供）

---

　　① 朱生云：《莫高窟第217窟壁画中的唐长安因素》，《丝绸之路研究集刊》第二辑，商务印书馆，2018年，第348—362页。

尊胜经变中骑驴的佛陀波利形象描绘，除了以上丝路旅人的特色之外，还应受到以下几个方面因素的影响：

一、佛陀波利作为普通僧人的身份

僧人受戒律的规范，不聚财，平日身上也无盘缠，所以骑驴也能够代表僧人的身份。因为驴属于"劣乘"，骑驴属于廉价的出行方式，如果以乘车、骑马或骑骆驼出行，则显得奢华，不符合僧人在普通民众心目中的形象。也有可能受到社会习俗或相关制度的约束，唐文宗大和年间王涯奏文称"师僧道士，除纲维及两街大德，余并不得乘马"[①]，此记载虽然时间晚于第217、103窟的时代，但还是可以说明有唐一代对僧人骑马出行是有等级要求和限制的，西来的佛陀波利显然属一般僧人，按规定要求是不能乘马，因此画面中以骑驴形象出现。另在藏经洞唐代绢画Stein painting 20（ch.0059）刘萨诃因缘变相残片中也可以看到骑驴的僧人（图7–11），跟随一驮经的大白象，还有婆罗门形人物，虽属残片，但画面整体似和第103窟佛陀波利传法图有一定的相似

图 7-11　敦煌绢画刘萨诃因缘变相残件（采自《西域美术·大英博物馆藏斯坦因收集品·敦煌绘画》）

---

① （宋）王溥：《唐会要》卷 31《舆服上》，第 575 页；（宋）王钦若等编：《册府元龟》卷 61《帝王部》，第 647 页；（清）董诰等编：《全唐文》卷 448，第 4581 页。

性，可作为僧人骑驴和丝路同类图像的图式例证。到了五代莫高窟第72窟刘萨诃因缘变相中有榜题"比丘僧趋诣会下巡礼时"，画面中二戴斗笠骑乘者，其所骑乘颇似驴。不仅僧人如此，社会其他各阶层也有类似情形，《封氏闻见记》卷十记载：

> 时刺史有马，州佐已下多乘驴，严光作诗曰：郡将虽乘马，群官总是驴。①

《太平广记》卷一八三《贡举》记载：

> 又咸通中，以进士车服僭差，不许乘马。时场中不减千人，谁势可热手，亦皆骑驴。或嘲之曰：今年敕下尽骑驴，短袖长鞭满九衢。清瘦儿郎犹自可，就中愁杀郑昌图。②

显然骑马或骑驴在唐代是有身份区别的。

二、驴作为唐人出行常见交通工具

骑驴出行，在唐代非常普遍，各地的驿站也提供驿驴方便过往旅客，不少客店专门养驴给客人租赁，从事于此的被称为"赁驴小儿"。日本僧人圆仁就曾在唐境多地见到过雇驴出行者：

> （四月）七日卯时，子巡军中张亮等二人雇夫令荷随身物，将僧等去。天暗云气，从山里行，越两重石山，涉取盐处，泥深路远。巳时，到县家。都使宅斋。斋后骑驴一头，傔从等并步行。少时有一军中迎来，云："押衙缘和尚等迟来，殊差使人催来。"未时，到（兴国寺）。寺人等云："押衙在此，不得待迟来，只今发去。"寺主煎茶。便雇驴三头，骑之发去。驴一头行廿里，功钱五十文。三头计百五十文。行廿里到心净寺，是即尼寺。押衙

---

① （唐）封演：《封氏闻见记校注》卷10《狂谲》，中华书局，2005年，第100页。
② （宋）李昉等编：《太平广记》卷183《贡举六》，第1369页。

在此，便入寺相看，具陈事由。押衙官位姓名：海州押衙兼（左二将）十
将、四县都游奕使、（勾当蕃客）、（朝议郎）、（试左金吾卫）张实。啜茶之
后，便向县家去，更雇驴一头，从尼寺到县廿里。晚头，到县，到（押司录
事）王岸寄宿。驴功与钱廿文。一人行百里，百廿文。①

在唐宋小说中驴作为出行工具，按照出行目的可分为赴试京师、远任赴官、
出游采风、日常骑行几类②，在唐代的墓葬中有三彩驴出土，也有三彩骡子出土
（图7—12），颇能说明问题。莫高窟盛唐第323窟佛教史迹故事画"杨都出金像"
画面中就有老百姓骑驴或骑牛前来观看佛像的场面，到了五代第61窟五台山图
中，毛驴作为运输或骑乘工具，大量出现。

三、骑驴出行特有的文士气息

驴是中国古代文人尤其是诗人颇为喜爱的坐骑，中国文学史上以骑驴著称的
诗人代表有唐代孟浩然、李白、杜甫、贾岛、李贺、郑綮等，其中一些著名的骑
驴故事和骑驴语录广为流传，如有杜甫"骑驴三十载"，贾岛在驴背上推敲写诗，
李贺骑驴觅句，郑綮有"诗思在灞桥风雪中驴子上"的佳话，均属中国文化史上
文人骑驴特有的文化景观③，隐喻文人的失意、落魄、孤傲与超脱。所以有研究者
指出："由于驴是一般人未作官时的出行工具，因此那些仕途不达的落魄英雄、没
中第或虽中第但无官的诗人骚客都骑驴，甚至由于不作官的人才骑驴，致使它又
成为隐士处士等高人的坐骑，给人以虽穷但很旷达的感觉。"④

四、骑驴与寻仙访道

在唐代笔记小说中，驴子往往是主人遇仙的媒介，对此有研究者已有梳理⑤。

---

① [日] 圆仁：《入唐求法巡礼行记校注》卷1《开成四年》，中华书局，2019年，第137页。
② 李旋翠：《唐宋小说中驴叙事研究》，云南师范大学硕士学位论文，2020年，第24—28页。
③ 王慧刚：《骑马与骑驴——宋代词人的审美选择与文体认知》，《山西师大学报》（社会科学版）2017年第4期，
第77—82页。
④ 李斌城等著：《隋唐五代社会生活史》，第160页。
⑤ 张欢欢：《唐代文献中驴文化研究》，东北师范大学硕士学位论文，2017年，第10—12页。

长安郭杜镇出土三彩骡子

西安博物院藏三彩毛驴　　　　　　　　国家博物馆藏唐长安墓葬出土三彩驴

图 7-12　西安地区唐墓出土三彩驴和骡子（西安博物院提供）

魏晋南北朝时期骑驴往往和成仙有关,《洛阳伽蓝记》卷四记载:"河东人刘白堕,善能酿酒……以其远至,号曰'鹤觞',亦名'骑驴酒'。"[1]为什么河东人刘白堕酿的"鹤觞"酒,又名"骑驴酒",似有骑驴喝此酒如同仙鹤,可以一日千里的寄寓,也有清冷孤高的精神寄托。考虑到佛陀波利前往五台山顶礼文殊菩萨,遇见圣老人,与唐宋人遇仙颇有几分相似;再者,唐宋时期方士、道士骑驴也是常见,佛陀波利作为从西国而来的一位僧人,和方士、道士在身份上颇有类同,故骑驴出行符合他此行的神秘色彩。

所以,我们推测,受以上几个方面的社会现象和日常生活景象的影响,画家把作为丝路旅行者的佛陀波利描绘成颇有几分文士气息而乘驴出行。

图 7-13　第 217 窟佛陀波利旅行图（采自《中国敦煌壁画全集·盛唐》）

第三节　戴斗笠的佛陀波利

对于第217、103窟尊胜经变序文画面多处佛陀波利骑驴前行的场景,学者们普遍认为以骑驴姿态出现的佛陀波利头戴的是帷帽(图7-13)[2],但经仔细观察这两幅壁画中佛陀波利的形象,可发现佛陀波利的首服并非帷帽,而是一种以僧衣裹头、外戴斗笠的装束。

帷帽是一种始于隋代、兴于初唐的首服。《事物纪原》卷三载:帷帽"用皂纱若青,全幅连缀于油帽或毡笠之前,以障风尘,为远行之服"[3]。

①（北魏）杨衒之撰,周祖谟校释:《洛阳伽蓝记校释》卷4《城西》,中华书局,2010年,第143—144页。
② 敦煌研究院编,谭蝉雪主编:《敦煌石窟全集·服饰画卷》,香港商务印书馆,2005年,第129页。
③（宋）高承撰,（明）李果订,金圆、许沛藻点校:《事物纪原》,中华书局,1989年,第139页。

图 7-14　吐鲁番阿斯塔那第 187 号墓出土骑马女俑（新疆博物馆提供）

关于唐代帷帽的相关实物形象，可见于吐鲁番阿斯塔那第187号墓出土的骑马女俑头上的锥形帷帽，该帷帽帽檐周围有一层网纱，下垂至颈部，仅遮挡头部（图7-14）。由于该墓葬出土的墓志和文书属于武周时期和天宝初年，因此女俑服饰装扮所反映出的应是"则天之后，帷帽大行，羃䍥渐息"[1]的情形。

　　仔细观察佛陀波利的形象，可发现第 217、103 窟佛陀波利的头部服饰并未出现帷帽帽檐周围的一层网纱，其与文献记载、实物图像所见的帷帽有一定的区别。同时，我们发现在第 103 窟尊胜经变序文部分，表现佛陀波利向五台山顶礼拜谒的画面中，脱下首服的佛陀波利在其头部下方有一帽状服饰与所着僧衣紧密相连，应是僧衣的一部分或脱下的风帽（图 7-15）。这一突出的服饰特征，充分说明第 217、103 窟佛陀波利头戴的并非帷帽，而是一种僧衣裹头或风帽与斗笠的搭配。

---

①（后晋）刘昫等：《旧唐书》卷45《舆服志》，第1957页。

图 7-15　第 103 窟礼拜形象的佛陀波利
（采自《中国敦煌壁画全集·盛唐》）

图 7-16　敦煌五个庙第 4 窟佛陀波利
画像（西夏）（肃北县博物馆提供）

　　第 217、103 窟佛陀波利头戴斗笠的形象，也可以得到其后各时期敦煌同类绘画的佐证[①]。肃北五个庙西夏第 4 窟文殊变中出现了头戴斗笠的佛陀波利形象（图 7-16），另外，与佛陀波利头戴斗笠的形象稍有不同，敦煌画稿和石窟壁画中还出现了背挂斗笠的佛陀波利形象。P.4049"新样文殊"白描稿画面左侧上方的人物为佛陀波利，该佛陀波利作老年胡僧形，双手合十，身着短袍衫衣，背挂斗笠，脚缠绑腿，作远行状（图 7-17）。由于画稿中佛陀波利的人物形象、服饰特征与莫高窟五代第 61 窟西壁五台山图"西台之顶"的北侧和"北台之顶"与"东台之顶"中间分别两次出现的佛陀波利极为相似（图 7-18），故 P.4049 白描

_____

① 关于敦煌壁画中佛陀波利形象的研究参看陈凯源：《图像的转变与重构：敦煌"佛陀波利与文殊老人"图像研究》，《中国美术研究》第四十六辑，上海书画出版社，2023 年，第 56—64 页。

稿中的佛陀波利应是第 61 窟五台山图中佛陀波利形象的画稿①。无论是头戴斗笠还是背挂斗笠，人物主体仍然是佛陀波利，所以本质仍然是对佛陀波利丝路旅行形象的描述。

　　斗笠是一种以竹篾等材料制作而成的帽子，因其宽敞的帽檐具有遮阳挡雨的功能，同时还轻巧便携，因此广受欢迎。在古代，斗笠不仅常作为农民百姓日常劳作时所佩戴的帽子，其在佛教中亦是僧人远行云游时常见的随身物品。《宋高僧传》记载贞观时期，游学京邑的僧人元康"又衣大布，曳纳播，戴竹笠，笠宽丈有二尺。装饰诡异，人皆骇观"②。《大宋僧史略》云："西域有持竹盖或持伞者。

图 7-17　敦煌写本 P.4049 画稿中的
佛陀波利（采自国际敦煌项目 IDP）

图 7-18　莫高窟五代第 61 窟五台山图
中的佛陀波利（敦煌研究院提供）

---

① 沙武田：《敦煌 P.4049"新样文殊"画稿及相关问题研究》，《敦煌研究》2005 年第 3 期，第 26—32 页。
②（宋）赞宁撰，范祥雍点校：《宋高僧传》卷 4《唐京师安国寺元康传》，第 70 页。

梁高僧慧韶遇有请，则自携杖笠也。今僧盛戴竹笠，禅师则蒉笠。"①认为汉地僧人流行的斗笠，源自西域僧侣的竹伞盖。《禅苑清规》指出："入院之法，新住持人打包在前，参随在后。如遇迎接，或下笠敛杖问讯，或右手略把笠缘低身，或请就座茶汤，但卸笠倚杖就坐，不可卸包。"②尽管这里记述的是行僧进入寺院挂单时所需注意的相关礼仪，但其中多次提到关于斗笠摆放的规则，从侧面可说明，斗笠已成为行脚僧人出门远行时常见的随身之物，因此需制定相关礼仪对斗笠的放置问题进行规范。

佛教僧人为寻师求法而云游四方是十分常见的现象，初盛唐时期，由于唐王朝国力的强盛以及丝绸之路的畅通，丝绸之路上活跃着一大批东西往来弘法求法的高僧。因此，画史文献中就保存有不少唐两京地区寺院壁画绘制行脚僧像的记录③。唐代寺院壁画中行脚僧像的出现，反映这一时期丝绸之路上中外高僧弘法求法活动的兴盛，行脚僧像则可视为是一批批在丝绸之路上西来东往取经弘法佛教僧人的缩影。尽管唐两京寺院壁画中的行脚僧画像早已消失不见，但晚唐五代时期敦煌纸绢画和五代宋西夏敦煌石窟中出现的行脚僧画像，为我们了解这一形象提供了重要的参考资料。

据统计，敦煌行脚僧图像至少有20余幅④，观察这些行脚僧图像，可发现其大多都存在头戴斗笠或将斗笠置于所背经囊之上的情况（图7-19）。可见，作为胡僧西来或僧人外出远游常见随身之物的斗笠，已经影响到行脚僧图像的创作，并成为这类图像不可或缺的构图要素。将五代、西夏时期的佛陀波利形象与敦煌行脚僧图像（图7-20）进行对比后可发现，这两种类型的图像，其人物形象、服饰装扮等特征均极为相似。这种图像的相似性，似乎可以说明佛陀波利与行脚僧之间的相关性。唐代志静所撰《佛顶尊胜陀罗尼经序》记载佛陀波利从西域来

①（宋）赞宁撰，富世平校注：《大宋僧史略校注》卷上《服章法式》，中华书局，2015年，第35页。

②（宋）宗赜集，刘洋点校：《禅苑清规》，上海古籍出版社，2020年，第89—90页。

③《历代名画记》记载，吴道子、李果奴等人曾在两京地区的佛寺中绘行僧图像。《唐朝名画录》亦载，周昉于大云寺佛殿前画行道僧。详参（唐）张彦远撰：《历代名画记》，浙江人民美术出版社，2019年；（唐）朱景玄撰，温肇桐注：《唐朝名画录》，四川美术出版社，1985年，第5—8页。

④ 王惠民：《敦煌画中的行脚僧图新探》，（香港）《九州学刊》第6卷第4期，1995年，第43—55页，另载氏著《敦煌佛教图像研究》，浙江大学出版社，2016年，第93—115页。

图 7-19　敦煌藏经洞出土行脚僧像
（采自国际敦煌项目IDP）

图 7-20　莫高窟西夏第 308 窟行脚僧
壁画（敦煌研究院提供）

华，在五台山上受文殊老人点化，随后又不远千里返回西域，再将《佛顶尊胜陀罗尼经》带到中土传弘，在这里佛陀波利传弘《佛顶尊胜陀罗尼经》的事迹，和求法弘法的行脚僧在本质上是相同的。

　　因此，若将斗笠视为一种图像母题，从第 217、103 窟开始，斗笠就作为佛陀波利所戴的首服出现，此后这一母题被广泛运用于佛陀波利和行脚僧图像之中。不仅如此，我们可以发现，在莫高窟第 61 窟五台山图中，有多处行脚僧人朝圣、礼拜五台山的画面，而这些画面中，行脚僧人亦出现头戴斗笠的情况（图 7-21）。可以说，斗笠这一图像母题，除出现在世俗人物日常劳作的画面外，其已成为行脚僧身份的一个重要标志。而从某种程度上来看，第 217、103 窟尊胜经变序文画面中骑着毛驴、头戴斗笠的佛陀波利，应是敦煌石窟中行脚僧图像的雏形，是最早的行脚僧图像。

图 7-21　莫高窟五代第 61 窟五台山图中的行脚僧人（采自敦煌研究院编《敦煌壁画五台山图》）

第四节　载物大象与丝路僧人

第 103 窟尊胜经变中增加一载物大象，显然是对之前以第 217 窟尊胜经变为代表图像的修订，在原本一人一驴一婆罗门男性随侍基础上增加一头载物大白象（图 7-22），之所以要作如此修订，显然是第 103 窟壁画的绘制者认为，第 217 窟壁画相同画面内容对佛陀波利故事的表现不是十分理想，于是作如此修订。因此可以认为在第 103 窟中如此表现佛陀波利的丝路旅行，或许更加符合当时人们对以佛陀波利为代表的丝路僧人旅行情景的图像认识。

图 7-22　第 103 窟佛陀波利旅行中的大象（采自《敦煌石窟全集·法华经画卷》）

当然，在丝路长途旅行中出现载物大象，也是符合历史实际的。玄奘法师在游历印度十六年之后返回大唐，随行带回了他在印度和西域各地搜求所得佛经、佛像，数量丰富：

> 即以安置法师于西域所得如来肉舍利一百五十粒；摩揭陀国前正觉山龙窟留影金佛像一躯，通光座高三尺三寸；拟婆罗疤斯国鹿野苑初转法轮像刻

檀佛像一躯，通光座高三尺五寸；拟憍赏弥国出爱王思慕如来刻檀写真像刻檀
佛像一躯，通光座高二尺九寸；拟劫比他国如来自天宫下降宝阶像银佛像一
躯，通光座高四尺；拟摩揭陀国鹫峰山说《法华》等经像金佛像一躯，通光座
高三尺五寸；拟那揭罗曷国伏毒龙所留影像刻檀佛像一躯，通光座高尺有三
寸；拟吠舍厘国巡城行化刻檀像等。又安置法师于西域所得大乘经二百二十四
部，大乘论一百九十二部，上座部经、律、论十五部，三弥底部经、律、论
一十五部，弥沙塞部经、律、论二十二部，迦叶臂耶部经、律、论一十七部，
法密部经、律、论四十二部，说一切有部经、律、论六十七部，因明论三十六
部，声论一十三部，凡五百二十夹，六百五十七部，以二十匹马负而至。[①]

如此数量的经像，从印度经西域带回大唐，需经过险峻的葱岭和迷幻的西域流
沙，谈何容易，非玄奘一人或几人所能够实现。据《大慈恩寺三藏法师传》记
载，玄奘计划回国之前是"以经像等附北印度王乌地多军，鞍乘渐进"，就是说
开始时法师借助的是北印度王的部队力量，后来又得戒日王相助，"更附乌地王
大象一头，金钱三千，银钱一万，供养法师行费"，国王赠送玄奘一头大象，显
然是作为法师的驮运牲畜，在过雪山时"唯七僧并雇人等有二十余，象一头，骡
十头，马四匹"，是一支非常庞大的运输队伍，后至揭盘陀国时"逢群贼，商侣
惊怖登山，象被逐溺水而死"，因此法师在到达于阗后给唐王李世民修表时特意
提及"今已从钵罗耶伽国经迦毕试境，越葱岭，度波谜罗川归还，达于于阗。为
所将大象溺死，经本众多，未得鞍乘，以是少停"[②]。从法师写给唐太宗的信中对
大象的特意强调可以看出，大象在玄奘法师东归的运输队伍中的重要性，究其原
因应是大象的驮载量之大，符合大象的实际驮运能力，所以我们在第 103 窟尊胜
经变中看到负重的大象随佛陀波利队伍一行穿行在漫长的丝路崇山峻岭之间。

　　玄奘法师东归途中使用大象驮经，结合第 103 窟的图像，似乎可以认为丝路
上求法、传法僧使用大象驮载物品（包括经像）是较为常见的丝路景象，同为唐

---

① （唐）慧立、彦悰：《大慈恩寺三藏法师传》，第 126、127 页。
② （唐）慧立、彦悰：《大慈恩寺三藏法师传》，第 113—123 页。

代作品的敦煌绢画Stein painting 20刘萨诃因缘变相残片中就看到驮经的大白象，到了五代莫高窟第72窟主室南壁大型刘萨诃因缘变相中也可以看到多处大象驮人或载物的场面，分别有榜题"婆罗门骑象修圣容（佛）时""月支国婆罗门骑白象以七宝至"[①]，且是婆罗门人物牵着大象和骆驼，充分说明大象驮载是较为常见的丝路图景。第103窟壁画绘制的时间距离玄奘法师东归已有半个多世纪，期间或之前之后从印度来华的僧人未曾中断，想必这些僧人在来华之路上要穿越常年积满白雪和道路崎岖险峻的帕米尔高原，又要穿行西域的沙漠戈壁，必然要依附于熟悉道路的商队，或自身有一支保障性队伍，方可成功到达中土。所以对汉地人们而言，丝路上求法、传法僧的形象并不陌生。

日本正仓院藏唐代琵琶捍拨绘一山水风景画，其中有一头白象驮载一组胡人乐舞，一般被命名为《胡人骑象鼓乐图》（图7-23）[②]。骆驼上驮载乐队，在唐

图7-23 日本正仓院藏唐代琵琶捍拨绘《胡人骑象鼓乐图》（采自《世界美术大全集·东洋编·隋、唐》）

① 霍熙亮：《莫高窟第72窟及其南壁刘萨诃与凉州圣容佛瑞像史迹变》，《文物》1993年第2期，第32—47页。
② ［日］百桥明穗编：《世界美术大全集·东洋编·隋、唐》，小学馆，1997年，第164页。

图 7-24　唐鲜于庭诲墓出土三彩骆驼载乐俑
（采自国家文物局编《丝绸之路》）

墓中有几例，如西安唐鲜于庭诲墓三彩骆驼载乐俑（图 7-24），西安中堡村唐墓三彩骆驼载乐俑（图 7-25），正仓院藏另一件唐代螺钿紫檀五弦琵琶，其上绘有一身骑骆驼的胡人弹奏琵琶（图 7-26）[1]。胡人骑骆驼载歌载舞容易理解，有浓厚的丝路色彩，胡人骑大象进行乐舞表演仅此一例，但似乎告诉我们此现象在丝路上并不鲜见，青州傅家北齐石棺床线刻第八石上即刻有驮载一装饰华丽高床的大象（图 7-27）[2]，虽然其用途说法不一，但可以肯定是有实用功能，至少有实用的象征意义。日本MIHO（美秀）美术馆藏北朝粟特人石棺床屏中也有一幅表现骑象的嚈哒人的图像（原编号I）（图 7-28）[3]。类似的乘象或象舆出行画面，也见于吉美石重床和虞弘石椁，沈睿文认为是内地粟特丧葬图像中常见的内容[4]。因此，结合这些实物资料，考虑到玄奘在返回路上使用大象驮物，启示我们大象在丝路较为频繁出现的可能性，强化了第 103 窟大象驮载的真实性。

　　丝路上传法、求法僧使用大象载物，或者说汉地绘画者在表现这些丝路画面时，给传法、求法僧搭配载物大象，还应该有以下几点因素的作用与影响：

---

　　①［日］百桥明穗编：《世界美术大全集·东洋编·隋、唐》，第 164 页。
　　② 山东省益都县博物馆，夏名采：《益都北齐石室墓线刻画像》，《文物》1985 年第 10 期，第 49—54 页；夏名采：《青州傅家北齐线刻画像补遗》，《文物》2001 年第 5 期，第 92—93 页；郑岩《青州北齐画像石与入华粟特人美术——虞弘墓等考古新发现的启示》，载氏著《逝者的面具——汉唐墓葬艺术研究》，北京大学出版社，2013 年，第 266—306 页。
　　③ 图版见 MIHO MUSEUM 编辑发行《MIHO MUSEUM 南馆图录》，日本写真印刷株式会社，1997 年，第 255 页；姜伯勤：《中国祆教艺术史研究》，第 89 页；荣新江《中古中国与粟特文明》，第 351、352 页。
　　④ 沈睿文：《中古中国祆教信仰与丧葬》，第 238 页。

图 7-25　西安中堡村唐墓出土三彩骆驼载乐俑（陕西历史博物馆提供）

图 7-26　日本正仓院唐代琵琶上的骆驼胡人（采自《世界美术大全集·东洋编·隋、唐》）

图 7-27　青州傅家北齐石棺床线刻大象
（采自《逝者的面具——汉唐墓葬艺术研究》）

图 7-28　MIHO博物馆藏北朝石棺床屏风I画
面（采自MIHO MUSEUM）

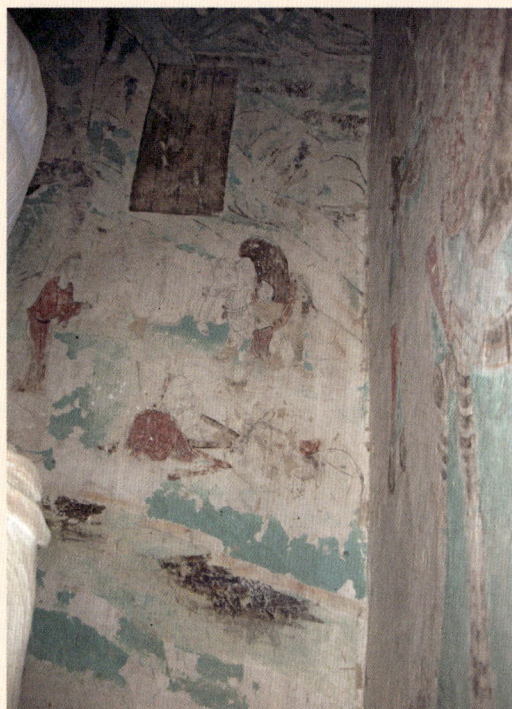

图 7-29　第 103 窟佛陀波利旅行中的大象
（采自《中国敦煌壁画全集·盛唐》）

一、传法、求法僧的印度属性

佛陀波利来自罽宾国，罽宾位处葱岭兴都库什山南麓，东至今叶尔羌河上游和喀喇昆仑山之间，西达印度河平原即今天伊斯兰堡一带，东北到达今巴基斯坦克什米尔地区斯利那加（Srinagar），南到今天印度西北部边界，相当于今天巴基斯坦北部和东北部及克什米尔地区，属于古印度西北部。罽宾国都原在迦毕试（今阿富汗贝格拉姆遗址），后来迁到循鲜城，即今巴基斯坦塔克西拉（Taxila）古城一带①，《法显传》作"竺刹尸罗"②，《大唐西域记》作"迦毕试国""呾叉始罗"③。这里总体上属于西北印度，总体也可以归为历史时期的北天竺地理范围。大象在古印度地区使用于运输和作战，是非常普遍的现象，早在张骞时代就已有相关记载：

> 张骞但著地多暑湿，乘象而战，班勇虽列其奉浮图，不杀伐，而精文善法导达之功靡所传述。④

至于罽宾乘象则更是为唐人所了解，《新唐书》卷二百二十一《西域传》：

> 罽宾，隋漕国也，居葱岭南，距京师万二千里而赢，南距舍卫三千里。王居修鲜城，常役属大月氏。地暑湿，人乘象，俗治浮屠法。⑤

所以，画家给来自罽宾的佛陀波利搭配载物的大象，确也符合其来源地的身份属性。据此，可以推而广之，唐代绘画中给西来的胡僧搭配载物的大象，也是完全可以理解的。

更加有趣的是，我们注意到第103窟尊胜经变画中，其中有一个画面，居然把这头大象画作六牙白象，显然视其为佛教圣象（图7-29）。六牙白象是佛教

---

① 参见［英］约翰·马歇尔著：《塔克西拉》，秦立彦译，云南人民出版社，2002年。
②（晋）法显：《法显传校注》，中华书局，2008年，第180页。
③（唐）玄奘、辩机著，季羡林等校注：《大唐西域记校注》，中华书局，2000年，第300页。
④（南朝宋）范晔：《后汉书》卷88《西域传》，第2931—2932页。
⑤（宋）欧阳修、宋祁：《新唐书》卷221上《西域传上》，第6240页。

图 7-30-1　莫高窟初唐第 329 窟佛龛内壁画（敦煌研究院提供）

图 7-30-2　莫高窟初唐第 329 窟"乘象入胎"壁画中的大象（敦煌研究院提供）

神圣性的象征，莫高窟初唐第329窟乘象入胎壁画中可以看到（图7-30）。从这个角度来看，第103窟尊胜经变出现的白象载物，也和僧人的佛教身份与属性有关。

二、唐代大象作为交通运输工具使用的历史事实

据文献记载，有唐一代大象确实有作为交通运输工具使用的情况，《唐六典》卷十七"太仆寺"下"典厩署"条：

典厩令掌系饲马牛，给养杂畜之事；丞为之贰。凡象一给二丁，细马一、中马二、驽马三、驼牛骡各四、驴及纯犊各六、羊二十各给一丁，（纯谓色不杂者。若饲黄禾及青草，各准运处远近，临时加给也。）乳驹、乳犊十给一丁。凡象日给藁六围，马、驼、牛各一围，羊十一共一围，（每围以三尺为限也。）蜀马与骡各八分其围，驴四分其围，乳驹、乳犊五共一围；青刍倍之。凡象日给稻、菽各三斗，盐一升；马，粟一斗、盐六勺，乳者倍之；驼及牛之乳者、运者各以斗菽，田牛半之；驼盐三合，牛盐二合；羊，粟、菽各升有四合，盐六勺。（象、马、骡、牛、驼饲青草日，粟、豆各减半，盐则恒给；饲禾及青豆者，粟、豆全断。若无青可饲，粟、豆依旧给。其象至冬给羊皮及故毡作衣也。）①

既然太仆寺下典厩署饲养大象，应属交通运输使用。这是在北方长安，那在南方使用大象运输就更不足为奇了。

同在《唐六典》卷十七"太仆寺"下"乘黄署"条注云：

后阅视武库，得魏旧物，有乾象辇，驾二十四马；又有大楼辇车，驾二十牛；又有象辇，初驾二象，后以六驼代之，皆魏天兴中之所制也。②

①（唐）李林甫等撰，陈仲夫点校：《唐六典》，中华书局，2014年，第484页。
②（唐）李林甫等撰，陈仲夫点校：《唐六典》，第480页。

说明在北朝时期已经使用大象驾车了。事实上在更早的汉代，大象就频繁出现于汉画中，负重载人均有出现。敦煌唐代报恩经变恶友品中出现大象身上架设豪华座具，其上坐人（图 7-31），五代第 61 窟佛传故事画中也有大象身上架设豪华

图 7-31-1　敦煌壁画报恩经变中的象舆（采自《敦煌石窟全集·报恩经画卷》）

图 7-31-2　报恩经变中的骑象人物图（采自《敦煌石窟全集·报恩经画卷》）

图 7-32　莫高窟五代第 61 窟佛传中的象舆（采自《敦煌石窟全集·佛传故事画卷》）

座具载人的图例（图 7-32），均是大象用作交通运输工具的图像反映。另在金光明最胜王经变的流水长者子救鱼场景出现人们赶着大象驮水的画面，第 321 窟十轮经变中也有大象出现，均是唐代大象在日常生活中被人驱使的形象。至于发展到普贤菩萨骑象和佛传故事中乘象入胎，则完全是大象神圣化的体现，但也多少有大象负重载物的遗痕。

第五节　文人骑驴图式借用

阅读第 217、103 窟两铺尊胜经变，可以看到表现佛陀波利丝路旅行的画面，总体上是一幅唐代前期的青绿山水画[①]。画面中除了为了强调佛陀波利顶礼五台山见文殊化现老人并受其指点返回西国而出现中亚式城，以及表现佛陀波利入长安见"大帝"并在西明寺译经的情节出现长安城和西明寺之外[②]，整体上是一幅难得的唐代青绿山水画，佛陀波利一行的丝路旅行是穿插在山水之间的。若从画面的比例结构而言，与其说是在表现佛陀波利的丝路旅行，倒不如说在描绘一处人间美景，这类绘画样式在经变画中极为少见。

据保存数量最为丰富的敦煌石窟和藏经洞各类绘画中的经变画可知，唐宋时期的经变画画面结构主要以建筑为框架，如各式西方净土变、药师经变等，在主尊说法会周围是天人众，分处不同的建筑空间（图 7–33）；另有像法华经变，是以虚空会、灵鹫会即两处释迦佛说法为中心式的结构，周围上下左右穿插各品故事画，整个画面布满各式各样的人物（图 7–34）；在个别的弥勒经变中出现大型的山水背景，但并不影响处于中心三会说法和天人众眷属形象的丰富表现，弥勒世界诸事则穿插在上下左右位置，代表如莫高窟盛唐第 446 窟（图 7–35）、榆林窟吐蕃期第 25 窟等；还有像华严经变，则完全是以九幅小型说法图来架构整体的经变画，画面中全是说法图中的主尊佛和其胁侍眷属形象，既无建筑更无山水（图 7–36）；到了五代宋时期大型经变画就更加突出建筑主体（图 7–37），到了西夏时期则出现经变画画面中只有主尊佛和海会菩萨的形式，属于经变画的简化版（图 7–38），当然西夏时期也有以榆林窟第 3 窟和东千佛洞第 7 窟净土变、文殊山后山万佛洞弥勒上生经变为代表的界画式的经变画，建筑画成为画面的主体（图 7–39）。

---

① 王伯敏：《山水画纵横谈》，山东美术出版社，2010 年，第 70 页；赵声良：《敦煌壁画风景研究》，中华书局，2005 年，第 141、150 页。

② 沙武田：《敦煌壁画汉唐长安城相关问题申论》，《敦煌研究》2018 年第 3 期，第 55—70 页。

图 7-33　莫高窟盛唐第 171 窟北壁观经变（敦煌研究院提供）

图 7-34　莫高窟五代第 61 窟法华经变（采自《敦煌石窟全集・法华经画卷》）

图 7-35　莫高窟盛唐第 446 窟弥勒经变（敦煌研究院提供）

图 7-36　藏经洞绢画 MG.26462 华严经变
（采自国际敦煌项目 IDP）

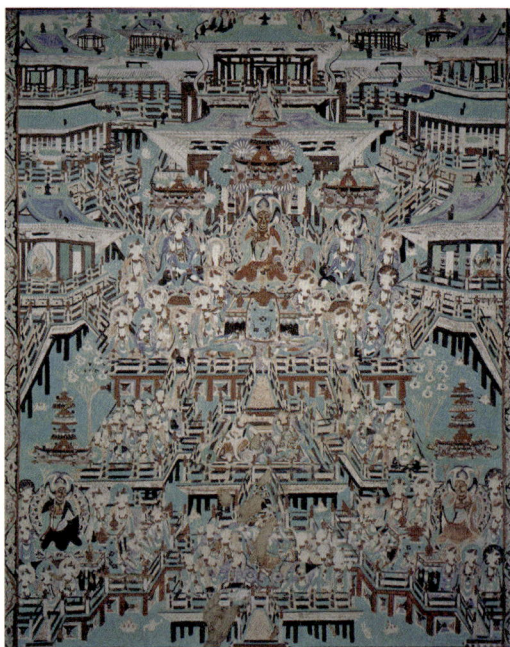

图 7-37　莫高窟宋代第 146 窟阿弥陀净
土变（采自《中国敦煌壁画全集·宋》）

图 7-38　莫高窟西夏第 84 窟南壁净土变（敦煌研究院提供）

图 7-39　文殊山后山万佛洞弥勒上生经变局部（姚桂兰女士提供）

　　所以，总体来看，山水风景画在佛教经变画中并不流行，或者说山水风景画并不是唐宋经变画的常见构成元素。即使是从中唐吐蕃时期开始重点表现五台山文殊化现的文殊变和普贤变[①]，作为背景的五台山也并不突出（图7-40），这种情况一直延续到西夏时期有所改变，榆林窟第3窟大型文殊变和普贤变，突出水墨山水风景画。莫高窟五代第61窟大型巨幅的五台山图，虽然画面整体是一幅地理图，山水风景充满整个画面，但从整体的观察还是感受不到强烈的山水风景属性（图7-41），更突出的仍然是画面中的建筑、人物、生活场景、世俗风情、神异现象，等等，惟有藏经洞绢画EO.3588五台山文殊菩萨化现图是个例外（图7-42）。

图7-40　莫高窟中唐第159窟文殊普贤变
（采自《中国敦煌壁画全集·中唐》）

图7-41　莫高窟五代第61窟五
台山图局部（采自"数字敦煌"）

　　[①] 赵晓星：《莫高窟第361窟的文殊显现与五台山图——莫高窟第361窟研究之二》，《五台山研究》2010年第4期，第36—47页。

图 7-42　藏经洞绢画 EO.3588 五台山化现图（采自国际敦煌项目 IDP）

　　整体来看，第217、103二窟出现突出山水风景的经变画画面内容，实属例外。其实，即使是这两幅尊胜经变本身，除了画面一侧表现序文佛陀波利故事的部分之外，经变画主体仍然是传统的唐宋经变画重建筑和人物情节故事的画面构成特色，是符合以上所述唐宋经变画的整体特征的。如果再考虑到同时期第23、31窟尊胜经变，序文佛陀波利丝路旅行情节完全不再出现（图7-43），一直到五代宋时期的第55、454窟的两铺尊胜经变，这部分内容也再没有出现（图7-44），充分说明对于经变画而言，这种大面积描绘山水风景的内容和方式方法并不流行。因为经变画的核心目的是通过对经文内容的图画表现宣传佛教教义，均是以主尊为中心而展开的，而本文所论此类画面更多强调的是一位西来译经僧的入华经历和传奇，虽然是今天非常看重的佛教历史史料，但在历史时期此类故事的图画创作并不流行，当然这一点也受到佛陀波利本人在佛教传法、求法

图7-43　莫高窟盛唐第31窟尊胜经变
局部（敦煌研究院提供）

图7-44　莫高窟宋代第55窟尊胜经变
（采自《中国敦煌壁画全集·宋》）

史上地位的限制。

所以说，作为经变画创作和构成非主流绘画因素的山水风景画出现在第217、103二窟的尊胜经变中，虽然有佛经序文内容的支撑，但毕竟不是同时期经变画流行的题材和样式，因此画家在设计这一经变画时会依据什么内容进行创作，值得深入思考。

探讨这个问题，还得从佛陀波利骑驴形象入手，因为这个形象是整幅画面中反复出现的内容，同时也构成了整幅画面中核心人物和相应故事情节变化发展线索图景。

在这里佛陀波利骑着一头小毛驴穿行在丝路崇山峻岭之间，颇具丝路长途旅行的孤独意境，很容易让我们联系到具有类似情境的唐宋时期流行的文人骑驴图。对于中国古代文人骑驴现象和其所包含的深刻文化含义，学者们讨论颇为热烈，让我们看到骑驴所体现出来的古代文人独特的人文情怀和文化心态之历史趣味①，进而看到文人骑驴成为宋元明清以来一类独特文人绘画的象征和符号②。对于典籍文献中人物骑驴的记载，据孔艺冰的统计，"有865条之多，其中唐代之前有7条，主要在汉魏时期；唐宋时期261条，包含唐42条，五代6条，宋213条；宋以后597条，包含民国27条"③。

---

① 余霞:《晚唐五代贾岛接受史研究》，陕西师范大学硕士学位论文，2004年；冯淑然、韩成武:《古代诗人骑驴形象解读》，《深圳大学学报》(人文社会科学版) 2006年第5期，第82—88页；董志翘:《一生蹭蹬谁人闻，聊借"祭驴"泄怨愤——从敦煌写本〈祭驴文〉谈起》，《古籍整理研究学刊》2009年第1期，第58—63页；刘瑞娟:《从陆游的诗歌看古代诗人骑驴》，《黄冈师范学院学报》2012年第4期，第64—66页；林晓娜:《论宋初隐逸诗人的隐逸象征》，《语文学刊》2014年第22期，第68—69页；吴晟:《中国古代诗人骑驴的文化解读》，《文学与文化》2014年第3期，第107—115页；项鸿强:《蹇驴驮诗天一涯》，《古典文学知识》2015年第3期，第47—53页；余红芳:《唐诗动物骑乘意象研究》，西南大学硕士学位论文，2016年；冉毅:《中国"潇湘八景"研究综述》，《湖南科技学院学报》2017年第1期，第17—19页；张欢欢:《唐代文献中驴文化研究》，东北师范大学硕士学位论文，2017年；陈元锋:《"骑驴"与"骑马"——陆游的诗歌画像与旅泊人生》，《社会科学战线》2017年第5期，第146—154页；赵谨:《细雨骑驴入剑门——浅谈巴蜀地域文化对宋代部分作家的影响》，《汉字文化》2018年第11期，第24页；王慧刚:《骑马与骑驴——宋代词人的审美选择与文体认知》，《山西师大学报》(社会科学版) 2017年第4期，第77—82页；綦维:《杜甫骑驴形象与元代诗、画的异读——兼及"浩然踏雪"误读解析》，《安徽大学学报》(哲学社会科学版) 2018年第2期，第53—59页；阳达、李梦雅:《交通视野下的驴诗与唐宋文人》，《重庆三峡学院学报》2019年第1期，第40—45页。

② Peter C. Sturman, "The Donkey Rider as Icon: Li Cheng and Early Chinese Landscape Painting", *Artibus Asiae*, Vol. 55, No.1/2(1995), pp. 43–97.

③ 孔艺冰:《骑驴——唐宋时期文人思想变迁的图像表达》，陕西师范大学硕士学位论文，2019年，第11页。

　　目前可以看到最早的文人骑驴绘画是五代的作品，一是台北故宫藏南唐赵幹的《江行初雪图》（图7-45），一是北京故宫藏关仝《关山行旅图》（图7-46），到了宋代，文人骑驴图则颇为流行，是这一时期一类常见的绘画题材，以至有研究者认为文人骑驴有绘画的象征性和符号性意义[①]。

图 7-45　台北故宫藏南唐赵幹《江行初雪图》局部（台北故宫博物院网址下载）

图 7-46　北京故宫藏关仝《关山行旅图》局部（陕西师范大学图书馆数据库）

---

① Peter C. Sturman, "The Donkey Rider as Icon: Li Cheng and Early Chinese Landscape Painting", *Artibus Asiae*, Vol. 55, No.1/2(1995), pp. 43–97；孔艺冰：《骑驴——唐宋时期文人思想变迁的图像表达》，陕西师范大学硕士学位论文，2019 年。

　　唐代有没有骑驴图像，据孔艺冰的研究，最早的文人骑驴图像即出现在唐代，她认为"文人骑驴图像源自唐代，《孟浩然骑驴图》《杜甫骑驴图》就是其中的典型代表"[1]。具体是据一些文献的推断，如她认为既然《新唐书·孟浩然传》中有王维给孟浩然画像的记载，"初，王维过郢州，画浩然像于刺史亭，因曰浩然亭。咸通中，刺史郑諴谓贤者名不可斥，更署曰孟亭"[2]，及至南宋牟巘有《王维画孟浩然骑驴图》诗流传下来，再联系到苏轼"又不见雪中骑驴孟浩然"的诗句，可以认为宋代有王维画《孟浩然骑驴图》，图文呼应，可以佐证唐代已有绘制的文人骑驴图。另杜甫《画像题诗》"迎旦东风骑蹇驴，旋呵冻手暖髯须。洛阳无限丹青手，还有工夫画我无"诗句，从侧面反映出在唐代应有画家绘制文人骑驴的作品，其中可能就有《杜甫骑驴图》之类的绘画。日本福冈美术馆藏一件传宋人牧溪绘《杜子美图》即是骑驴形象。到了宋代释绍昙有《杜甫骑驴游春图》一诗流传，说明宋人有"杜甫骑驴图"，有可能其最早出现即是唐代[3]。

　　尤其是台北故宫藏据传李思训所作《江帆楼阁图》（图 7-47），虽然学术界对其

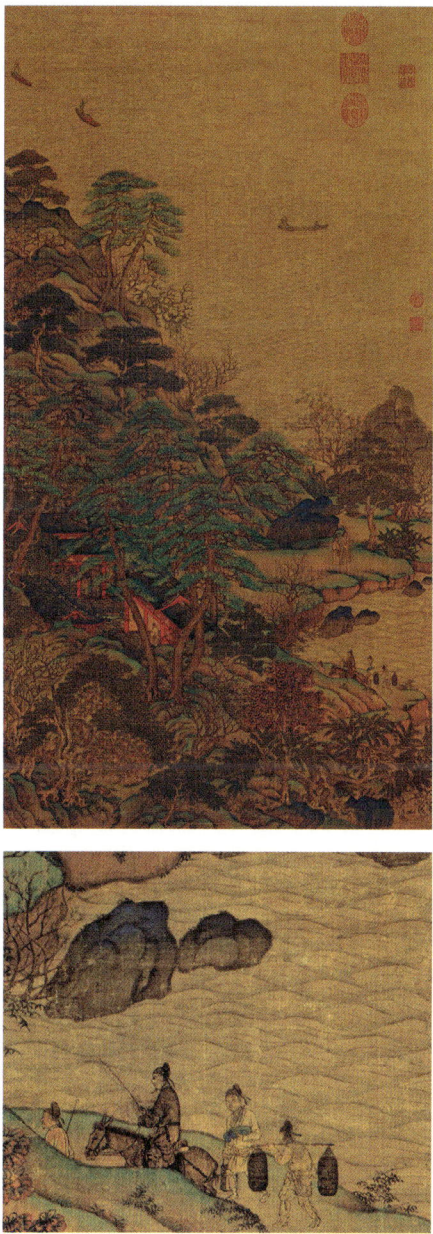

图 7-47　台北故宫藏据传李思训所作《江帆楼阁图》及骑驴人物细节（台北故宫博物院网址下载）

---

① 孔艺冰：《骑驴——唐宋时期文人思想变迁的图像表达》，第 13 页。
②（宋）欧阳修、宋祁：《新唐书》卷 203《文艺下》，第 5780 页。
③ 孔艺冰：《骑驴——唐宋时期文人思想变迁的图像表达》，第 12、13 页。

真实的成作时代有疑问①，但学术界对其所体现出来的李氏风格多持赞同意见②，而孔艺冰能够阅读出其中的人物并非骑马而是骑驴，则为我们观察此类图像打开了一扇新窗户，也启示我们山水风景画背景中出现文人骑驴图有可能早到唐前期，至少到了盛唐时期伴随着《孟浩然骑驴图》《杜甫骑驴图》的出现，此类图画已成较为固定的图像样式开始传播。

所以，我们推测，第 217、103 窟尊胜经变佛陀波利丝路旅行图的创作，或者准确地说此类经变画的粉本画稿在长安的创作，极有可能是受到了已经在唐代出现的文人骑驴图如《江帆楼阁图》《孟浩然骑驴图》《杜甫骑驴图》等的影响。反过来，或许我们也可以认为，第 217、103 窟佛陀波利丝路旅行图的样式，即骑驴的人物穿行在山水风景画中，应是其后五代宋及以后大量文人骑驴山水风景画的早期痕迹，雪泥鸿爪，至为珍贵。

至此，就可以理解二窟两铺尊胜经变画中时时出现在佛陀波利前后，跣足徒步，或牵驴或引象的婆罗门形男子人物，其瘦弱的形象，显然是对古代文人骑驴图中文人后面徒步跟随的瘦小书童的写照，变换位置和场景，在这里以佛陀波利随侍的形式出现，又以婆罗门人物形象出现，是符合佛陀波利来自罽宾国真实身份的。一位婆罗门侍从随侍左右，可能也受到印度当时对待高僧习俗的影响，玄奘法师在那烂陀寺时就曾受此礼遇，《大唐故三藏玄奘法师行状》记：

> 引入那烂陀寺……给净人婆罗门一人，出行乘象。③

所以说，佛陀波利丝路旅行图中始终有婆罗门僧随侍前后，其实既受中土文

---

① 傅熹年：《论几幅传为李思训画派金碧山水的绘制时代》，《文物》1983 年第 11 期，第 76—86 页；何乐君：《〈江帆楼阁图〉年代再探讨》，《四川文物》2016 年第 2 期，第 86—94 页；盛玫：《界画和服饰：古代书画断代的两大关键点——〈江帆楼阁图〉断代试析》，《收藏家》2017 第 3 期，第 57—60 页。

② 金维诺：《李思训父子》，《文物》1961 年第 6 期，第 13—16 页；Kwong Lum, "The Recovery of the Tang Dynasty Painting: Master Wang Wei's Ink-Wash Creation 'on the wangchuan river'", *International Journal of Politics, Culture and Society*, Vol.11, No.3, 1998. p. 441. De-nin D. Lee, "Fragments for Constructing a History of Southern Tang Painting", *Journal of Song Yuan Studies*, No.34, 2004, p. 31. Mary H. Fong, "Tang Tomb Murals Reviewed in the Light of Tang Texts on Painting", *Artibus Asiae*, A/0I.45/N0.1, 1984, pp.35-72. 宁晓萌：《李思训绘画研究》，《文艺研究》2017 年第 6 期，第 121—135 页。

③ 陈尚君辑校：《全唐文补编》卷 9《玄奘》，第 106—107 页。

人骑驴图的影响，也是印度本土习俗的写照。

小　结
——中古传法僧与取经僧图像遗痕

第217、103二窟两铺尊胜经变中的佛陀波利丝路旅行图，是为数不多的表现丝绸之路上西来的传法、求法僧的画面。汉魏以来从印度、中亚、西域各地沿丝路而来的入华僧人络绎不绝，历代僧传等佛教典籍文献有翔实的文字记载，但在汉地颇为发达的佛教艺术品中并没有留下这些珍贵的历史影像，实属佛教艺术史上的历史疑问。

检索史料，也有线索可寻。据唐人张彦远的记载，在长安城西明寺"东廊东面第一间传法者圆赞，褚遂良书"，另在千福寺有"卢稜伽、韩干画，里面吴生画。时菩萨现，吴生貌"的"绕塔板上传法二十四弟子"图[1]。西明寺和千福寺两铺传法图，均属唐前期作品，时代和莫高窟壁画相当。具体内容不得而知，但可以肯定的是画面核心内容是对西来传法高僧的图绘，应以人物画像为主，是否为山水画背景下的人物旅行场景，无从知晓。不过"传法二十弟子"倒是有可能和石窟所见依据《付法藏因缘传》而表现隋费长房《历代三宝记》所记"西天二十八祖"有关，但数字上不合。另据《历代名画记》《唐朝名画录》《益州名画录》记载，唐长安、洛阳和益州等地寺院多绘画一类"行道僧""行僧"壁画。据于向东梳理考证，此类人物画像出现在初唐，到了盛唐、中唐时期明显增多，主要身份是指自第一祖大迦叶至第二十八祖达摩之间的传法祖师，均为天竺高僧，但在敬爱寺东禅院出现了"刘行臣描"的"唐三藏"即玄奘法师像，说明唐代内地出现的行道僧身份应该是对佛教做出重要贡献的祖师大德，具体的图像遗存以龙门石窟擂鼓台中洞和看经寺祖师像为代表（图7-48）[2]。另安阳大住圣

---

① （唐）张彦远：《历代名画记》，第53页。
② 于向东：《唐代"行道僧"图像考》，《民族艺术》2011年第3期，第103—108页。

图 7-48　龙门石窟看经寺传法高僧像（龙门石窟研究院授权，作者拍摄）

窟，沁阳千佛洞石窟，敦煌隋代第292、427窟也有此类图像①。但这两类画史所记唐代的"传法图"和"行道僧图"似与本文所论丝路传法旅行图有明显的区别。

不过保存于武威的明代重刻唐《凉州卫大云寺古刹功德碑》（图7-49）则留下重要的线索。该碑的时间是睿宗景云二年（711），碑文记载司马逸客任河西节度使、凉州都督期间②，和同僚们于凉州大云寺画壁画，"后司马公复兴军州共为营构，总剔四面，更敞重檐。于南禅院回廊画付法藏罗汉圣僧变、摩腾法东莱（来）变、七女变"③，其中的"摩腾法东莱变"讲的是东汉明帝永平十年（67）摄摩腾、竺法兰二胡僧携带经像至洛阳白马寺，后二人译出最早的汉地佛经《四十二章经》，此变相应该是这二位传法僧东来故事经变④，属于本文所论西来的胡僧丝路旅行图，可惜画面构图形式和具体内容不得而知。使用"变"，说明此二人故事绘画的情节还是颇为复杂的。

我们注意到，凉州大云寺"摄摩腾、竺法兰东来变"壁画绘制的时间即唐景云二年

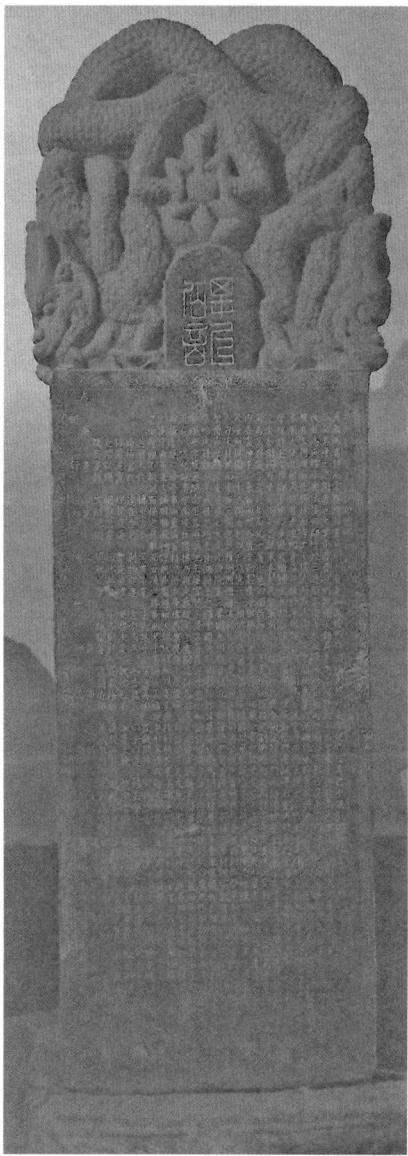

图7-49　凉州大云寺碑旧影
（采自《凉州金石录》）

① 王惠民：《祖师传承及其在中国的流行》，龙门石窟研究院编：《2004年龙门石窟国际学术研讨会文集》，河南人民出版社，2006年，另载王惠民：《敦煌佛教图像研究》，第75—92页。

② 濮仲远：《唐代凉州〈大云碑〉与首任河西节度使》，《西域研究》2020年第3期，第23—30页。

③ 郑炳林主编，魏迎春、马振颖编著：《凉州金石录》，甘肃文化出版社，2022年，第55页。

④ 参见张宝玺：《唐〈凉州大云寺古刹功德碑〉所载壁画考究——兼与敦煌石窟壁画之对比研究》，敦煌研究院编：《2004年石窟研究国际学术会议论文集》，上海古籍出版社，2006年，第1077—1086页。

（711），也正是莫高窟第217窟洞窟营建的时间，也就是说诸如"摄摩腾、竺法兰东来变"、佛陀波利丝路旅行图等此类胡僧入华的传法或求法图，在这一时期较为流行，河西的凉州和敦煌二地均有出现，说明在中原内地的长安、洛阳等地应该更加常见。所以，虽然出现在凉州大云寺的"摄摩腾、竺法兰东来变"没有图像留存，但第217、103窟佛陀波利丝路旅行图的出现，倒是能让我们捕捉到其或多或少的图像结构和内容，两者应有共同之处。

对于此类绘画，大家熟知的达摩图像只表现其神通渡海，画面情节过于简单，不具长途旅行要素。现在可以认为最早且情节较为丰富的有关求法僧的图像即是学界讨论热烈的玄奘取经图，此类图像较早者保存于陕北的宋金石窟中，据造像题记可知有政和二年（1112）的子长钟山第12窟，1100年前后的钟山第10窟，绍圣元年至崇宁元年（1094—1102）的安塞招安第3窟，崇宁二、三年（1103、1104）的宜川贺家沟佛爷洞石窟，北宋绍圣二年至政和五年（1095—1115）的黄陵万安禅院第1窟，北宋宣和元年至五年（1119—1123）的安塞石寺河第1窟，金皇统元年至贞元七年（1141—1159）的富县石泓寺第7窟，北宋元祐八年至政和三年（1093—1113）的樊庄第2窟等丰富的取经图像[①]（图7-50、7-51），另有同时期的敦煌石窟群中瓜州榆林窟西夏第2、3窟，东千佛洞西夏第2、5窟壁画。这一时期的玄奘取经图人物组合以一人（玄奘）、一猴行者、一马为基本的图像构成元素（图7-52、7-53）。

早期玄奘取经图一人、一猴行者、一马的组合，很容易让我们联系到第217窟传法僧佛陀波利的丝路旅行图景，同样是一人、一婆罗门形人物、一驴，有一定的相似性。二者画面中除了核心的传法僧或求法僧之外，另有一身猴行者或婆罗门形人物，属于僧人的随侍，玄奘取经图中的马早期均为驮经的形象，宋金、西夏之后出现玄奘骑乘的图像，虽然二者出现的时间相差较大，但二者似乎在图式上存在一定的延续性或关联性。若再考虑到五代宋以来常见的文人骑驴山水图景中出现的一人、一驴、一书童的样式，再次印证了以第217、103窟尊胜经变

① 石建刚、杨军：《延安宋金石窟玄奘取经图像考察——兼论宋金夏元时期玄奘取经图像的流变》，《西夏学》总第十五辑，甘肃文化出版社，2017年，第129—142页。

图 7-50　子长钟山石窟第 12 窟政和二年（1112）观音造像（上）、金皇统元年至贞
元七年（1141—1159）富县石泓寺第 7 窟观音造像（下）（石建刚提供）

图7-51   宜川贺家沟佛爷洞石窟崇宁二年（1103）观音造像（上）、北宋元祐八年至政和三年（1093—
1113）之间的樊庄第2窟前壁观音造像人物（下）（石建刚提供）

图 7-52　榆林窟西夏第 2 窟水月观音图中的唐僧取经图（榆林窟文物保护研究所提供）

图 7-53　榆林窟西夏第 3 窟普贤变中的唐僧取经图（榆林窟文物保护研究所提供）

佛陀波利丝路旅行图图式创作的深厚历史渊源关系。

再结合佛陀波利头戴斗笠图像自从在第 217、103 窟出现之后，一直到五代第 61 窟五台山图和西夏时期的文殊变中，包括藏经洞白描画稿 P.4049，都有出现，可见其固定而悠久的图像传统。

所以，总体而言，第 217、103 二窟尊胜经变佛陀波利丝路旅行图的创作粉本，显然是长安的画家们受到了已有的类似于传李思训《江帆楼阁图》，以及更晚的《孟浩然骑驴图》《杜甫骑驴图》一类绘画的影响，根据《佛顶尊胜陀罗尼经》序文内容描写，进行了巧妙的图像借用，进而创作出来的，因而我们今天能够看到仍然保留在这两窟中的二幅大型青绿山水风景画。而其中佛陀波利骑驴和头戴斗笠的形象，以及第 103 窟载物大象的添加，均有相应的图式依据和历史背景可参考。因此，可以认为，此二铺佛陀波利的丝路旅行图，实是 8 世纪左右长安画家对西来传法、求法胡僧在漫长丝路上行进情景的充分了解后的图像写照，同时也受到已有文人骑驴图式的影响。

综合讨论可以认为，历史时期对活跃在漫长丝绸之路上的传法、求法僧的图像表达，总体上是借用了文人骑驴的山水风景图式，其中面积较大和具有空间感的山水风景是其构图的背景，至于头戴斗笠的形象和作为随侍的婆罗门形人物，除了有图式的因素之外，也是现实生活真实的写照。所以，观察第 217、103 窟尊胜经变佛陀波利丝路旅行图，更大的收获，或者说主要的启示，是对历史时期丝路传法、求法僧图像的探寻与想象复原。

第八章
敦煌壁画中的罽宾人形象

第一节　相关背景交代

汉唐时期地处中亚的罽宾国，与中原王朝多有往来，《汉书·西域传》记载："罽宾国，王治循鲜城，去长安万二千二百里。不属都护。户口胜兵多，大国也。东北至都护治所六千八百四十里，东至乌秅国二千二百五十里，东北至难兜国九日行，西北与大月氏、西南与乌弋山离接。"[①]早年日本学者白鸟库吉《罽宾国考》大作有精深之研究，对其各时代地理沿革大体上已理出较完整的脉络[②]。又据余太山考证，"汉代罽宾国应以乾陀罗、呾叉始罗为中心，其势力范围一度包括喀布尔河上游地区和斯瓦特河（Swat）流域"[③]。大致属于葱岭兴都库什山南麓，东

---

　　① （汉）班固：《汉书》卷96《西域传》，第3884页。

　　② ［日］白鸟库吉：《罽宾国考》，《东洋学报》第七卷第一号，1917年，载氏著《西域史研究》（上），岩波书店，1941年，第377—462页。

　　③ 余太山：《罽宾考》，《西域研究》1992年第1期，第46页，载氏著《塞种史研究》，商务印书馆，2012年，第217页。

至今叶尔羌河上游和喀喇昆仑山之间，西达印度河平原即今天伊斯兰堡一带，东北到达今巴基斯坦克什米尔地区斯利那加（Srinagar），南到今天印度西北部边界，相当于今天巴基斯坦北部和东北部及克什米尔地区，属于古印度西北部（图8-1）。因其处在巴克特里亚、喀布尔、伊斯兰堡、新德里等地通往克什米尔的必经道路上，交通和战略位置颇为重要。

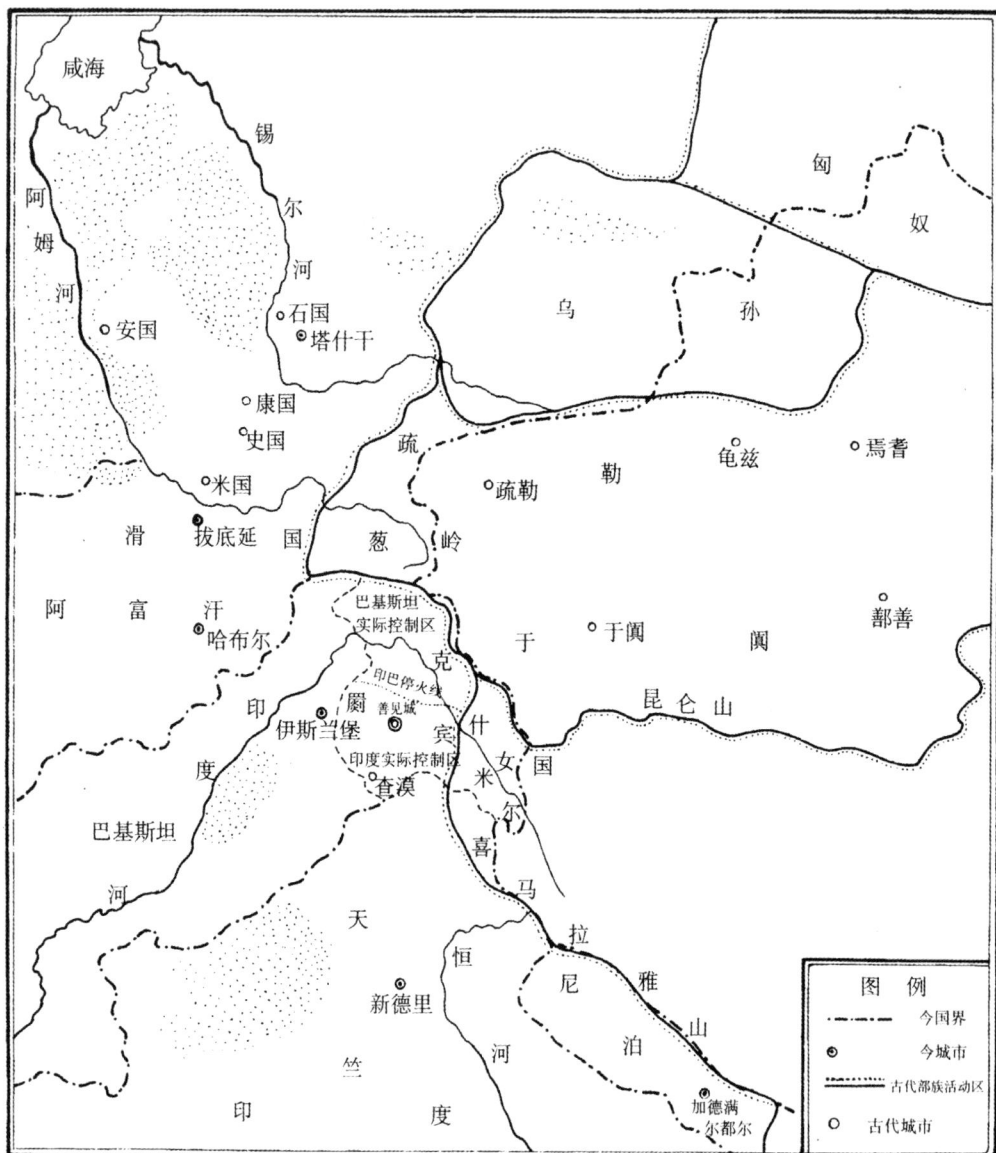

图 8-1　古罽宾位置示意图（陕西师范大学图书馆数字资源库提供）

图 8-2　玄奘西行路线示意图（采自网络）

大致在公元 50—60 年之间，罽宾被强大的贵霜所灭，《后汉书·西域传》记："贵霜翕侯丘就却攻灭四翎侯，自立为王，国号贵霜。侵安息，取高附地。又灭濮达、罽宾，悉有其国。"①大约在 4 世纪中叶，随着贵霜帝国衰落并最终被嚈哒灭亡，罽宾王朝重建，并一直延续到 7 世纪末，这时的罽宾在汉文典籍被称作"迦毕试国"（Kapisa，即呾叉始罗）。据《新唐书·西域传》记载，唐武德二年（619）即遣使来献，显庆三年（658），其王曷撷支称臣于唐，唐以其地置修鲜都督府。龙朔初（661），唐任其王为"修鲜等十一州诸军事、修鲜都督"。开元七年（719）、天宝四年（745）唐代仍有册封活动，一直到唐乾元元年（758），罽宾仍遣使朝贡于唐，此后不见于记载。罽宾国都原在迦毕试（今阿富汗贝格拉姆遗址），后来迁到循鲜城，即今巴基斯坦塔克西拉（Taxila）古城一带②，《法显传》

①（南朝宋）范晔：《后汉书》卷 88《西域传》，第 2921 页。
②［英］约翰·马歇尔：《塔克西拉》，秦立彦译，云南人民出版社，2002 年。

作"竺刹尸罗"①,《大唐西域记》作"迦毕试国""呾叉始罗"②（图 8-2）。近代考古发掘证明,塔克西拉（Taxila）位于巴基斯坦首都伊斯兰堡西北约 50 公里处,东南距拉瓦尔品第 35 公里,这里出土大量不同时期的文物,证明其有悠久的历史和发达的文明。

根据汉文典籍文献,结合相关考古资料,对于罽宾国的位置,历史等学界已大体上有较为清晰的脉络③。本章基于汉文典籍、考古资料,并在前人研究的基础上,利用敦煌壁画资料,对目前仍不太清楚的罽宾人形象问题做些探讨。

第二节　与罽宾人相关的敦煌壁画

目前所知敦煌壁画中明确为罽宾人的形象出现在莫高窟第 217、103 二窟佛顶尊胜陀罗尼经变中。莫高窟第 217、103 窟为盛唐代表窟,二窟主室南壁各画一铺佛顶尊胜陀罗尼经变④,此二铺经变画最大的特点是出现记载经本传译之"序"文内容的画面,与敦煌石窟其他同一题材的经变画有区别,更是在历代大量的各类经变画所没有看到的图像⑤。因此,对于第 217、103 窟佛顶尊胜陀罗尼经变而言,在经变画中出现和经典正文内容没有关系的表现"序"文的画面图像,应该说其经变画粉本画稿的创作有独特的思考在其中。因为从严格意义上来讲,经文前面出现的后人追记与经文传承翻译历史有关的序文,与经文本身是没

---

①（晋）法显:《法显传校注》,第 180 页。

②（唐）玄奘、辩机著,季羡林等校注:《大唐西域记校注》,第 300 页。

③ 参见前揭白鸟库吉《罽宾国考》、余太山《罽宾考》二文,另见黄红:《中亚古国罽宾》,《贵州教育学院学报》（社会科学版）2009 年第 8 期,第 49—53 页。

④ [日]下野玲子《敦煌莫高窟第二一七窟南壁经变の新解释》,《美术史》第 157 册,2004 年 10 月,第 96—115 页;丁淑君中译本见敦煌研究院信息资料中心编:《信息与参考》总第 6 期,2005 年,第 74—86 页;牛源中译本见《敦煌研究》2011 年第 2 期,第 21—32 页;另见 [日]下野玲子:《唐代佛顶尊胜陀罗尼经变图像的异同与演变》,《朝日敦煌研究员派遣制度纪念志》,朝日新闻社,2008 年;最新研究见氏著《敦煌佛顶尊胜陀罗尼经变相图の研究》,勉诚出版社,2017 年。

⑤ 施萍婷、范泉:《关于莫高窟第 217 窟南壁壁画的思考》,《敦煌研究》2011 年第 2 期,第 12—20 页;[法]郭丽英:《莫高窟几幅壁画的不同解读:法华经变? 尊胜经变? 或其它》,参见 2011 年 6 月 14 日、15 日法国东亚文明研究所、远东学院主办的"法中敦煌学讨论会"会议论文集。相关报道见 http://public.dha.ac.cn/content.aspx?id=800723517968;张元林:《也谈莫高窟第 217 窟南壁壁画的定名——兼论与唐前期敦煌法华图像相关的两个问题》,《敦煌学辑刊》2011 年第 4 期,第 39—48 页。

有关联的，故而历代经变画图像结构中基本上不出现反映此类文字的画面。也正因为如此，第 217、103 二窟佛顶尊胜陀罗尼经变中出现表现该经"序文"内容的画面，作为经变画创作中别出心裁的创新图样，同时又是同时期经变画中的"新样"和"异样"，必定有特殊的历史趣味暗含其中，有做进一步探讨的必要。

　　据经变画释读者日本学者下野玲子实地的考证，在二洞窟两铺大型的佛顶尊胜陀罗尼经变中，表现经典序文的画面即是经变画右侧部分的大幅山水人物画（图 8-3）。一直以来被艺术史家列为唐代青绿山水画代表的这两幅画面，具体的文字依据出自唐代定觉寺主僧志静笔下，其核心内容是讲述《佛顶尊胜陀罗尼经》的翻译者即罽宾国僧人佛陀波利，于唐高宗仪凤元年（676）从"西国"来到五台山顶礼时，见到了文殊菩萨化现的老人，老人以"婆罗门语"询问佛陀波利是否带来中土特别需要的"能灭众生一切恶业"的《佛顶尊胜陀罗尼经》，佛陀波利回答没有，老人告诉他"可却向西国取此经将来流传汉土"，届时"当示

图 8-3　莫高窟盛唐第 103 窟佛顶尊胜经变局部（敦煌研究院提供）

师文殊师利菩萨所在"，随后老人不见，佛陀波利知其是菩萨点化，于是返回西国取来真经，于永淳二年（683）回到长安，"具以上事闻奏大帝，大帝遂将其本入内，请日照三藏法师，及敕司宾寺典客令杜行顗等，共译此经"。但是由于"其经本禁在内不出"，后经佛陀波利苦苦请求，遂得梵本到西明寺请"善解梵语汉僧顺贞"等共译，译成后佛陀波利"将梵本遂向五台山，入山于今不出"①。另《宋高僧传》记载佛陀波利事迹基本同此②。

画面以高度概括的绘画语言，十分形象地表现了佛陀波利从"西国"即罽宾来到五台山，见到文殊老人后又回到西国，请来梵本《佛顶尊胜陀罗尼经》后又来到中土长安，在长安入宫见到皇帝，并在宫内翻译经典，后又持梵本到长安西明寺翻译，最后入五台山金刚窟禅修不出。其中的长安城宫城大明宫、佛教大寺西明寺等建筑壁画小影，笔者已有专论③。画面虽小，却以十分巧妙的技法在有限的空间内把主人公佛陀波利从罽宾到五台山，再回到罽宾，第二次从罽宾到长安，又从长安到五台山的长途旅行完整呈现，把人物行进或活动的情景，以空间移动的方式，结合情景再现的手法，再配合特色建筑情景，一一展现，最后纳入青绿山水画的整个画面中，将长达"万二千二百里"的漫长丝路高度浓缩于此，实是一幅"美化版"从罽宾到长安再到五台山的历史地理图。

既然经典序文所记十分清楚，佛陀波利是"婆罗门僧"，从"西国"来，序文所对应经典《佛顶尊胜陀罗尼经》也标明为"罽宾国沙门佛陀波利奉诏译"，后《宋高僧传》记佛陀波利，"华言觉护，北印度罽宾国人"，此"西国"即是"罽宾"，明确无疑。另在唐明佺《大周刊定众经目录》、唐智昇《开元释教录》、唐圆照《贞元新定释教目录》等著录中均称其为罽宾国人，佛陀波利的罽宾国籍当无误。

至此，基本可以确认莫高窟第217、103二窟佛顶尊胜陀罗尼经变中表现序文的画面，即是与罽宾有关的图像。

---

① （唐）佛陀波利译：《佛顶尊胜陀罗尼经》卷1，《大正藏》第19册，第967页。
② （宋）赞宁撰，范祥雍点校：《宋高僧传》，第28、29页。
③ 沙武田：《敦煌壁画汉唐长安城相关问题申论》，《敦煌研究》2018年第3期，第55—70页。

第三节　经典译成时间与相应经变画的创作

确定佛陀波利的罽宾国别关系后，回过头来再看《佛顶尊胜陀罗尼经》译成的时间。

唐智昇于开元十八年（730）撰成之《开元释教录》记载佛陀波利带来的梵本《佛顶尊胜陀罗尼经》，由"明诸蕃语，兼有文藻，天竺语书，亦穷其妙"的"朝散郎行鸿胪寺典客署令"京兆人杜行顗于"仪凤四年正月"译出，"宁远将军度婆及中印度三藏法师地婆诃罗证译"①。此译经时间智昇《开元释教录》在记述佛陀波利译本《佛顶尊胜陀罗尼经》时即有质疑：

> 准经前序，乃云永淳二年回至西京，具状闻奏，其年即共顺贞再译，名佛顶尊胜陀罗尼经。今寻此说，年月稍乖，其杜令译者乃仪凤四年正月五日也，日照再译乃永淳元年五月十三日也。既云永淳二年方达唐境，前之二本从何而得？又，永淳二年天皇已幸东都，如何乃云在京译出。其序复是永昌已后有人述记，却叙前事，致有参差。此波利译者不可依序定其年月也。②

按，前述志静记佛陀波利译本序文记载经本当是永淳二年（683）在长安译出。

又，较早成作于武则天天策万岁元年（695）的唐佛授记寺沙门明佺等撰《大周刊定众经目录》记：

> 佛顶尊胜陀罗尼经一卷（八纸）。右大唐永淳二年佛陀波利译。③

总体而言，从志静序文可以大致判断，《佛顶尊胜陀罗尼经》应该在永淳二

①（唐）智昇：《开元释教录》卷9，《大正藏》第55册，第2154页。
②（唐）智昇：《开元释教录》卷9，《大正藏》第55册，第2154页。
③（唐）明佺等：《大周刊定众经目录》卷4，《大正藏》第55册，第2153页。

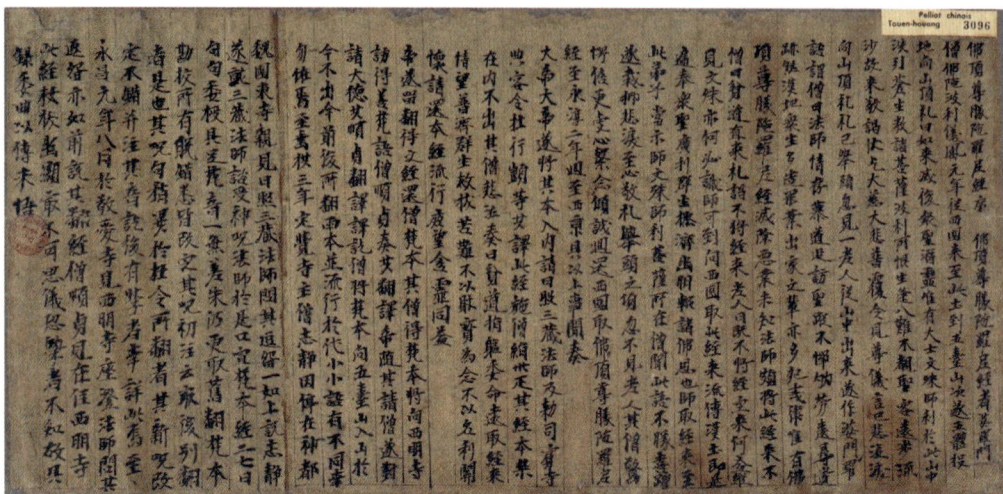

图 8-4　敦煌藏经洞 P.3096 佛顶尊胜陀罗尼经抄本（法国国家图书馆网页）

年后译成流传，至少到了垂拱三年（687）应该在全国流布。

　　按敦煌研究院专家的分期，莫高窟第 217、103 二窟为唐前期第三期第一类洞窟，时间大致在中宗、睿宗、玄宗初期，晚不过开元十四年（726）[①]。第 217 窟学术界普遍认为建成于 8 世纪初[②]，此时间正是《佛顶尊胜陀罗尼经》在长安译出后不久，在敦煌藏经洞也有 103 件该经写本留存（图 8-4）。

　　从第 217、103 窟经变画画面内容看，其粉本非敦煌本地所创作，而是来自长安地区，其中第 217 窟全窟壁画艺术样式有强烈的长安因素[③]，同窟佛顶尊胜陀罗尼经变中的建筑、人物等也同样带有浓厚的长安色彩。换句话说，《佛顶尊胜陀罗尼经》在长安译出后，很快其相应的经变画也出现在了长安的寺观画壁中，虽然我们目前在《寺塔记》《历代名画记》等画史资料中还没有看到相关画壁的记载，但是就长安地区寺院经变画流行情况，加上当时高手名家在寺观作壁画的时代风潮[④]，作为唐人眼中"救拔幽显最不可思议"的《佛顶尊胜陀罗尼经》，一

---

　　① 樊锦诗、刘玉权：《敦煌莫高窟唐前期洞窟分期》，载敦煌研究院编：《敦煌研究文集·敦煌石窟考古篇》，第 143—171 页。
　　② 王惠民：《敦煌佛教与石窟营建》，甘肃教育出版社，2013 年，第 281、282 页。
　　③ 朱生云：《敦煌莫高窟第 217 窟壁画中的唐长安因素》，《丝绸之路研究集刊》第二辑，第 348—363 页。
　　④ 参见唐人段成式《寺塔记》及张彦远《历代名画记》卷三"记两京外州寺观画壁"。

经译出，必当受到重视，中土流行最广泛的尊胜陀罗尼经幢即是其证明。据刘淑芬研究，"自高宗时期起，《佛顶尊胜陀罗尼经》即迅速传播流布。迄今所知，此经译出不到十年之时，就已经被选为石刻佛经的题材之一"①。又据柯昌泗检索，武则天如意元年（692）史延福便在龙门摩崖上镌刻此经②，同时，最迟到武则天长安二年（702）已有尊胜经幢的出现③。因此，可以认为，由于有佛陀波利在五台山的奇遇，又有皇帝第一时间下诏译经的关系，流行佛教经变画的长安寺院，除了抄诵、镌刻经文，建尊胜经幢，也必当在第一时间创作出精美的经变画，同样热爱经变画的敦煌人也应该很快就接受了来自长安的粉本画稿，画入洞窟，即第217、103二窟二铺尊胜经变④。

既然第217、103二窟佛顶尊胜陀罗尼经变序文画面是表现佛陀波利从罽宾长途跋涉而来，该经变又是在经典译出后不久形成于长安的作品，大体上应该是在高宗永淳二年（683）至玄宗开元十四年（726）之间。那么，可以认为二铺经变画中对佛陀波利求法形象的描述写真画面，当是最初创作经变画的艺术家对佛陀波利作为当时文献所记"北印度罽宾国人""婆罗门僧"身份的图像反映。

第四节　壁画中的罽宾人物形象分析

那么，上述敦煌二洞窟中画面人物是否可以判断为写实性人物画像，需要我们对具体画面人物作仔细分析。

第217窟经变画中表现序文内容的画面，可以看到佛陀波利身着僧衣，在旅行中有时头戴帷帽，骑着一头毛驴。另有一身人物形象独特，长发束起在头顶前面形成一前倾椎髻，赤裸上身，身形枯瘦，斜搭一长巾即帔帛，长巾一面红色一

---

① 刘淑芬：《灭罪与度亡——佛顶尊胜陀罗尼经幢之研究》，第33页。
② 叶昌炽撰，柯昌泗评：《语石　语石异同评》，中华书局，1994年，第273页。
③（清）沈涛撰《常山贞石志》卷七载河北获鹿本愿寺建于长安二年的《尊胜经蜜多心经石幢》，清道光壬寅年（1842）刻本，第1—2页。
④ 莫高窟同时期略晚的佛顶尊胜陀罗尼经变另有第23、31窟，但该二窟经变的样式发生了较大的变化，主要是不出现序文的内容，应该是向传统的经变画靠拢，实是敦煌当地工匠经过选择后加工改进的结果，此现象也是敦煌本地经变画艺术变化的重要而有趣的话题，值得重视。

面绿色，下身穿一过膝红裙，光腿，赤脚，此人在行进时牵毛驴前行，在佛陀波利跪拜时牵驴立于其后，到了长安城后又手捧佛经走在前面或向皇帝献经，在往五台山的路途中同样牵着毛驴，显然是佛陀波利的随侍或侍从身份，最后在五台山前和僧人拜别（图8-5）。在第103窟的画面中，人物情节故事没有变化，但是出现了驮重物的一头大象，服饰形象独特的佛陀波利随侍人物出现三身，往往是一人在前牵象，二人在骑驴的佛陀波利之后跟随，三人的形象服饰特征完全与第217窟相同。

以上画面中作为核心人物的佛陀波利，身着僧衣，头戴帷帽，因此很难看到其作为罽宾国人的特征，和汉地的僧人形象没有区别。但跟随其前后的婆罗门形象人物甚是特别，此人物形象和衣着打扮，显然非唐人特征。从其赤裸上身、光腿、赤脚、长发椎髻、身形枯瘦的形象判断，显然是克孜尔壁画、敦煌早期壁画本生因缘画面中的印度人形象，以莫高窟北凉第275窟本生、因缘、佛传故事

图8-5 莫高窟盛唐第217窟壁画中跟随佛陀波利的婆罗门形象人物（史苇湘临摹）

图 8-6　莫高窟北凉第 275 窟印度人形象（采自北凉三窟考古报告）

西魏第 249 窟外道婆　　　西魏第 285 窟外道尼乾子形象　　　北魏第 254 窟故事画中外道形象
罗门形象

图 8-7　莫高窟北朝壁画中的外道人物形象（采自《中国敦煌壁画全集·西魏》）

为代表（图 8-6），也是中国早期佛教壁画中常见的外道形象[1]，敦煌北朝壁画中
颇为常见的执雀外道、鹿头梵志形象最为相似（图 8-7），也类似于各时期壁画

---

[1] 吕德廷：《佛教艺术中的外道形象——以敦煌石窟为中心》，兰州大学博士学位论文，2015 年。

图 8-8-1　莫高窟五代第 61 窟弥勒经变拆幢婆罗门（采自《敦煌石窟全集·弥勒经画卷》）

图 8-8-2　莫高窟盛唐第 148 窟弥勒经变拆幢图（采自《敦煌石窟全集·弥勒经画卷》）

中的婆罗门形象，以敦煌唐五代壁画弥勒经变中的婆罗门拆幛图为代表，其中的婆罗门全是如此服饰形象特征（图 8-8），一直到五代宋时期的佛传、因缘故事中的婆罗门形象依然如此（图 8-9）。此类婆罗门形象也频繁出现在其他经变中，像观音经变中即有观音菩萨"三十三现身"之"显婆罗门身"，以莫高窟第 45 窟最具代表性（图 8-10），另在金光明最胜王经变中也有参加金光明法会的外道婆罗门，莫高窟第 154、158 等窟均有图像留存（图 8-11），藏经洞画稿中也有白描稿留存（图 8-12）。

　　通过敦煌大量同类人物形象的比较，可以说第 217、103 二窟中出现的作为佛陀波利随侍的婆罗门人物形象，正是唐代的画家在创作佛顶尊胜陀罗尼经变时用来表现佛陀波利"西国""罽宾国""北印度罽宾国"人身份的主要手法，以一位印度婆罗门形象的人物随侍左右，间接地表达了经变画中佛陀波利作为罽宾国"婆罗门僧"的身份关系。

图 8-9　莫高窟五代宋壁画中的婆罗门形象人物（采自《敦煌石窟艺术·莫高窟第一五八窟》）

图 8-10　莫高窟盛唐第 45 窟观音经变中的显婆罗门身（采自《敦煌石窟全集·法华经画卷》）

图 8-11　莫高窟中唐第 158 窟金光明经变中的婆罗门人物（采自《敦煌石窟艺术·莫高窟第一五八窟》）

图 8-12　藏经洞画稿 P.3998 中的婆罗门人物形象（采自国际敦煌项目 IDP）

　　唐人志静为佛陀波利译《佛顶尊胜陀罗尼经》所写的序文中称佛陀波利为"婆罗门僧"，此处"婆罗门"应代指印度，同文中另有文殊老人以"婆罗门语谓僧曰"句，显然此"婆罗门语"即梵语，是和后来佛陀波利取来之梵本佛经相对应的，《旧唐书·西戎传》称："天竺国，即汉之身毒国，或云婆罗门地也。"[1]又《新唐书·西域传》记"天竺国，汉身毒国也，或曰摩伽陀，曰婆罗门"[2]，因此《宋高僧传》记佛陀波利为"北印度罽宾国人"[3]。显然，在唐宋人的观念中，罽宾即北印度，是与其具体的地理位置相符合的，也符合中国僧人对佛经原典即印度梵本经典的需求心理。

　　有趣的是，仔细观察第 103 窟的几身婆罗门形象人物，因为画面没有变色，可以看到画面中的婆罗门身材修长偏瘦，显得十分单薄，皮肤白，长着类似中国古人的山羊胡须，脸上似有皱纹、浓眉、高鼻、深目，整体形象似一上了年纪的老者（图 8-13）。这些正符合在早期佛教壁画中看到的各类外道形象特征，也是

---

①（后晋）刘昫等：《旧唐书》卷 198《西戎列传》，第 5306 页。
②（宋）欧阳修、宋祁：《新唐书》卷 221《西域列传上》，第 6236 页。
③（宋）赞宁撰，范祥雍点校：《宋高僧传》卷 2《唐五台山佛陀波利传》，第 28 页。

图 8-13 莫高窟盛唐第 103 窟尊胜经变中的婆罗门形象人物（敦煌研究院提供）

早期佛教造像中婆罗门人物的形象特点①。

更为有趣的是，同在第 103 窟同时期的壁画，即主室东壁门北维摩诘经变中的"外族蕃王使臣问疾图"，其中各国王子第一排第三身人物，穿着打扮与佛顶尊胜陀罗尼经变中跟随佛陀波利的婆罗门人物形象完全一致：赤裸上身，从左肩右腋斜搭一红色长巾（里子为绿色），腰束一白色过膝长裙（里子为红色），光腿，赤足，左右手腕各戴一镯子；其人身材修长偏瘦，胸部和腰部皮肤起皱，身上肌肉松弛，极显单薄状，皮肤白；长发束于头顶前部扎成椎髻；浓眉、高鼻、深目，长长的山羊胡须，脸上额头等处多有皱纹；整体形象似为一年老外族蕃王使臣（图 8-14）。

仔细比较第 103 窟同一窟中两铺不同经变画中的相似形象人物，人物体形、皮肤、面貌、发式、服饰、神态等特征完全相同，几乎没有区别，惟有裙子颜色有区别，另王子形象者左右手腕各戴一镯子饰品，显然是身份不同所致。

对于维摩诘经变中外族蕃王使臣问疾图的出现，以莫高窟初唐第 220 窟新出

① 吕德廷：《佛教艺术中的外道形象——以敦煌石窟为中心》，兰州大学博士学位论文，2015 年。

图 8-14-1　第 103 窟维摩诘经变中
的外族蕃王使臣问疾图（采自《中国
石窟·敦煌莫高窟（三）》）

图 8-14-2　第 103 窟维摩变中的各国王子图像（采自
《中国石窟·敦煌莫高窟（三）》）

图 8-15-1　莫高窟第 220 窟维摩诘经变
（采自《中国石窟·敦煌莫高窟（三）》）

图 8-15-2　第 220 窟维摩变中的各国王子图
像（采自《中国石窟·敦煌莫高窟（三）》）

现的"贞观新样"维摩变为代表（图8-15）①，是贞观年间李唐王朝在东亚国际政治格局中地位达到顶峰的图像表达，有明确的现实背景和强烈的政治寓意，强调的是贞观四年（630）唐朝灭东突厥后的政治格局：

> 四夷君长诣阙请上为天可汗，上曰："我为大唐天子，又下行可汗事乎！"群臣及四夷皆称万岁。是后以玺书赐西北君长，皆称天可汗。②

这类绘画表现了李世民"天可汗"地位的确立，也是近现代史家所言以"李唐王朝"为核心的"中国文化圈"亚洲政治新格局③形成的图像体现，是"万国来会""四夷宾服"观念的形象表达④。

同时，对于外族蕃王使臣的图绘记载，历代有传统，代表如南朝梁萧绎《职贡图》，阎立本《职贡图》，特别是到了初唐年间，随着《王会图》得到太宗许可⑤，成为记录外族蕃王使臣入唐朝贡的重要图像记载文献，此类图像被广泛摹写。

那么，在这样背景下出现的维摩诘经变中的外族蕃王使臣人物画像，应该大致符合各国各族的基本风俗特征，甚至多是写真形象，因为所要摹写的人物均可以在唐长安见到其真容。笔者曾对维摩诘经变中的朝鲜半岛三国百济、高丽、新罗人物形象做过研究⑥，发现其属真实的面貌体现。因此，也可以认为盛唐第103窟维摩诘经变外族蕃王使臣形象当是真实可信的图像"王会图"，其中本文所考婆罗门形象人物即是罽宾人形象。

---

① 王中旭：《敦煌翟通窟〈维摩变〉之贞观新样研究》，《艺术史研究》第十四辑，中山大学出版社，2012年，第369—397页。

② （宋）司马光：《资治通鉴》卷193，第6073页。

③ [日]谷川道雄：《世界帝国の形成》，东京讲谈社，1987年，第208页；高明士：《东亚古代的政治与教育》，台北喜玛拉雅基金会发行，2003年，第255—257页；陈捷先：《东亚文化圈的形成与发展——以琉球王室汉化为约论中心》，载《东亚文化圈的形成与发展国际学术研讨会会议论文集》，台湾大学历史学系，2002年，第337页。

④ 周伟洲：《万国来朝岁　五服远朝王》，《中国文化遗产》2009年第4期，第56—61页。

⑤ （宋）欧阳修、宋祁：《新唐书》卷222《南蛮列传》，第6317页。

⑥ 沙武田：《观念表达，图像记忆——敦煌石窟朝鲜半岛人物形象考察》，韩国新罗史学会编：《东亚丝绸之路与唐城》，韩国首尔，2017年，第124—210页。

　　而佛顶尊胜陀罗尼经变的创作者最初在画面中安排这样一位极具印度人特征的人物，应当是把其作为跟随佛陀波利前来五台山长途旅行过程中的侍从看待，其为罽宾人无疑。至于佛陀波利来华过程中是否真有侍从伴随，典籍文献没有记载，不得而知。但画家在这里如此表述，显然其对当时文献所记载的北天竺的罽宾人物特征是有所了解的，至少是有所本。

　　因此，结合第103窟维摩诘经变外族蕃王使臣问疾图中的婆罗门人物画像出现的背景原因，可以认为，第217、103二窟经变画中出现的婆罗门人物画像，应是罽宾人形象。

　　对于罽宾人形象问题，虽然在佛陀波利之前之后均有陆续来华的罽宾僧人，但均只有文字的记载，并没有相关的图像留存。不过，我们欣喜地看到西安发现的北周李诞墓留下了重要的相关信息，可资参考[①]。据李诞墓出土墓志记载，李诞"字陁娑"，本"婆罗门种"，"正光中自罽宾归阙"，可以确定李诞是在北周从罽宾来到长安的婆罗门。但由于其"祖冯何，世为民酋"，从其取汉人名看，似乎其祖先早年即已来到中土，而李诞的长子又取名"槃提"，显然非汉人名，李诞本人有汉名，字却是胡名，这多少有些不合胡人汉化常理。对于李诞作为罽宾人的族属关系，墓志直言不讳。除了墓志文字记载之外，在李诞石棺的线刻图像中也有重要的反映，石棺的前档板门的两侧位置，分别刻二天王力士类人物的守护神，其人物画像特征颇为少见（图8-16），考古发掘者描述如下：

　　　　门柱两侧的为守护神，有头光，卷发，顶部头发略向后上束，脑后长发外卷近肩，颈戴项圈，下坠璎珞，臂戴钏，腕戴镯，上身袒露，肩后帔帛缠绕于双臂，腰裹短裙，跣足，一手叉腰，一手握戟头，立于莲蓬形覆莲座之上，人物面部较宽，深目高鼻，眼睛突出，颧骨较高，鼻头宽大，人物造型特征均非汉人，也并非中亚一带粟特人，而是接近于白种人，服饰与佛教造

---

　　① 西安市文物保护考古所，程林泉、张小丽、张翔宇：《谈谈对北周李诞墓的几点认识》，《中国文物报》2005年10月21日第007版；程林泉、张翔宇、张小丽：《西安北周李诞墓初探》，《艺术史研究》第七辑，中山大学出版社，2005年，第299—308页；程林泉：《西安北周李诞墓的考古发现与研究》，《西部考古》第一辑，三秦出版社，2006年，第391—400页。

图 8-16　西安北周李诞墓石棺前档板图像（采自《西部考古》第一辑）

像中的人物服饰颇为相似，其站立的位置、姿态及手中持武器的造型与佛教中的力士、天王较相近。根据装饰纹样及人物形象分析，这些异域文化可能与天竺的宗教有较大的关系。①

按照此描述，再仔细观察实物，此二守护神形象与前述敦煌壁画婆罗门罽宾人物极为相似，均裸上身，有长巾，仅着一裙，光腿，赤足，束发成髻，胡须形状等表达出来的人物形象特征，可以说没有太大区别，显然系同一类人物图像传承关

① 程林泉：《西安北周李诞墓的考古发现与研究》，《西部考古》第一辑，三秦出版社，2006 年，第 399 页。

系，也就是说从北周到隋、盛唐，此类图像在内地以长安为中心一直在传播流行，其背景当然与现实中不断来华的罽宾人有关联。

在石棺、石椁、墓门等位置引入佛教护法神形象的神祇作为墓葬守护神，据林圣智研究大致是在北魏平城时期[①]，以固原北魏墓漆棺画[②]和大同一带的壁画墓[③]为代表。至于在石棺档板门两侧、石椁门两侧、墓门两侧等位置出现以门吏、仕女等形象作为守护的图像，更是北朝隋唐时期所常见，总体观察墓葬中这些地方人物图像的选择，往往和墓主民族信仰有紧密的关联。

仔细考察可知，李诞墓石棺前档板线刻二守护神像，其形象在其他同时期或之前之后的墓葬中未见到类似的例子，大概与其作为目前考古发现中"国内第一座婆罗门后裔墓葬"存在紧密关联，此二神像的独特性其实正是墓主的婆罗门出身所决定的。

类似的现象出现在陕西靖边出土西国胡人翟曹明墓石门上的图像当中，翟曹明墓埋葬的时间为"大周大成元年"即北周 579 年，翟曹明是"夏州天主""西国人"，同为入华胡人。据尹夏清、姜伯勤、影山悦子、罗丰、荣新江等学者研究，翟曹明是来自中亚粟特地区的胡人，并担任过夏州一带信仰祆教的粟特胡人聚落中的"祆主"，由于其出身和信仰关系，在他死后的石墓门上刻上了二武士特征的天王形守护神，其形象有明显的胡风因素，人物面部发白，深目，高鼻，卷发，浓眉，有日月形头饰，服饰也有翻领小袖等胡服特征（图 8-17），形象地展示墓主人翟曹明的民族和信仰[④]。结合沈睿文的研究，石墓门门楣上有作为祆教圣禽斯劳沙（Sraosha）的公鸡图像[⑤]，门柱上有力士、狮子、走龙、瑞鸟等图像，

---

① 林圣智：《北周康业墓围屏石棺床研究》，载荣新江、罗丰主编：《粟特人在中国：考古发现与出土文献的新印证》，第 242 页。

② 宁夏固原博物馆：《固原北魏墓漆棺画》，宁夏人民出版社，1988 年，第 10 页。

③ 大同市考古研究所：《山西大同文瀛路北魏壁画墓发掘简报》，《文物》2011 年第 12 期，第 26—36、60 页。

④ 尹夏清：《陕西靖边出土彩绘贴金浮雕石墓门及其相关问题探讨》，《考古与文物》2005 年第 1 期，第 49—52 页；姜伯勤：《中国祆教艺术史研究》，第 180—181 页；Kageyama, "The Winged Crown and the Triple-crescent Crown in the Sogdian Funerary Monuments from China: Their Relation to the Hephthalite Occupation of Central Asia", *Journal of Inner Asian Art and Archaeology*, 2/2007, pp11–22;罗丰、荣新江：《北周西国胡人翟曹明墓志及墓葬遗物》，载荣新江、罗丰主编：《粟特人在中国：考古发现与出土文献的新印证》，第 269—299 页。

⑤ 沈睿文：《吉美博物馆所藏石重床的几点思考》，张小贵编：《三夷教研究——林悟殊先生古稀纪念论文集》，兰州大学出版社，2014 年，第 426—483 页。

图 8-17 陕西靖边出土唐代翟曹明石墓门（采自《粟特人在中国：
考古发现与出土文献的新印证》）

这些集中强调了墓主人的袄教胡人信仰观念。

因此，可以看出作为罽宾"婆罗门种"的李诞的墓，虽然总体上是汉化的葬式①，但石棺前档的二天王形守护神，其服饰形象和西国粟特胡人翟曹明墓石门上的守护神形象是有区别的，前者有浓厚的敦煌画婆罗门人物形象特征，后者则强调的是中亚胡人的深刻影响，但二者都带有浓厚的墓主人独特的民族属性，结合学界熟知的天水石马坪隋墓围屏石榻图像、太原隋代虞弘墓石椁图像、西安北周安伽墓围屏石榻图像、西安北周史君墓石椁图像等，可以看出入华的这些不同民族的人，在其墓葬文化中始终带有强烈的本民族信仰与习俗，"不忘故土"是其不变的宗旨。

在这里，借北周李诞墓石棺前档板门两侧二婆罗门形象特征的守护神图像，

---

① 王维坤：《关于西安发现的北周粟特人墓和罽宾人墓之我见》，《碑林集刊》第十九辑，三秦出版社，2013年，第162—176页。

可以反证敦煌唐代第 217、103 窟壁画中佛陀波利随侍人物的婆罗门罽宾身份和面貌特征。

第五节　罽宾人形象特征原因

以北周李诞墓石棺线刻和莫高窟盛唐第 217、103 二窟壁画为代表的罽宾人形象，虽然资料并不丰富，但却是有文字文献佐证的可靠图像推论，因此可以认为是中古时期罽宾人形象的重要资料。

当然以上的图像资料，均是中古时期汉地的作品，可以认为是以汉人为主的文化圈中对罽宾人形象的表述；不过李诞本人作为罽宾人，其墓葬棺板上二守护神罽宾人形象的出现，倒也大大地增加了我们研究的可信度。

但是，回过头来，我们还有必要就以上罽宾人形象及其特征做些背景原因的进一步分析，以尽可能还原历史的真相。

无论是李诞墓线刻人物，还是敦煌二窟壁画中的罽宾人画像，其最大的特征，或者给观者最深刻的印象是其服饰，上身裸，光腿，赤足，腰间仅束一略过膝或未过膝的裙，另上身斜搭一长巾，总体上穿着极简单，身形也显得非常单薄枯瘦。遍查有关罽宾的记载，多未对其服饰有明确的著录，但多言当地出产一种毛织品"罽"。惟慧超有较详细的记载：

> 此国土人是胡，王及兵马突厥，衣着言音食饮，与吐火罗国大同少异。无问男之与女，并皆着氎布衫袴及靴，男女衣服无有差别。男人并剪鬓发，女人发在……国人大敬信三宝，足寺足僧……此国行小乘。亦住山里，山头无有草木，恰似火烧山也。[①]

慧超于玄宗开元七年（719）至十五年（727）间游历印度、中亚、西域诸

---

①（唐）慧超著，张毅笺释：《往五天竺国传笺释》，第 91—92 页。

国。其之前玄奘记迦毕试国"服用毛氎，衣兼皮褐"①，显然二者所记略同，当可信。此处所记与我们在图像中看到的略有不同，男女皆着"氎布衫袴及靴"，男子"并剪鬓发"，与图像展示的区别较大。原因何在？

我们略作检索可知，慧超所记印度西北部一带如"健驮逻国""乌苌国""罽宾国""犯引国""吐火罗国"诸国人服饰大体上一致，均是毡布、衫袴、皮球（应为"毡"），虽属其亲眼所见，但其行文似有相互沿袭之嫌，且有错误的地方，所言"此国行小乘"，显然与事实有出入，据玄奘记迦毕试国"并多习学大乘法教"②。另，我们也注意到慧超在罽宾多关注到其北部山区一带，实际上罽宾的核心所在是属河谷平原的循鲜城一带，显然作为印度次大陆的循鲜城和克什米尔高山一带在气候上是有较大的区别的。

另慧超所记基本上是各地普通百姓服饰习俗，前述图像应当是汉地画家对代表罽宾国家的上层人物形象的呈现。又玄奘记当地"天祠数十所，异道千余人，或露形，或涂灰"③，虽然此装束和其信仰有一定的关联，但是若完全不合当地气候环境，显然是不符合实际情况的。因此，包括李诞墓线刻和敦煌壁画人物画像在内的罽宾人形象，当是北周隋唐以来汉地对罽宾服饰的一种认识。如此穿着，当与罽宾所处地理气候有关。

罽宾国都中心地区即循鲜城，处今天印度次大陆西北部的平原地区，属于亚热带季风气候，海拔 500 米左右，常年年均降水量在 1000 毫米左右，最高气温接近 50℃，最低气温不下 0℃，显然这里气候温热，无须穿太厚太多的衣服，特别是夏季，人们的衣着情况正反映在壁画所见人物形象当中。

再看中国古代典籍文献对罽宾地理气候环境的记载。《汉书·西域传》记载罽宾：

> 地平，温和……地下湿，生稻。④

①（唐）玄奘、辩机著，季羡林等校注：《大唐西域记校注》，第 136 页。
②（唐）玄奘、辩机著，季羡林等校注：《大唐西域记校注》，第 136 页。
③（唐）玄奘、辩机著，季羡林等校注：《大唐西域记校注》，第 136 页。
④（汉）班固：《汉书》卷 96《西域传》，第 3885 页。

《北史·西域传》记：

> 地平，温和……田地下湿，生稻。①

《新唐书·西域传》记：

> 地暑湿，人乘象，俗治浮屠法。②

《通典·边防八》记"罽宾"：

> 地平，温和……地下湿，生稻，冬食生菜。③

《唐会要》卷九十九记其地：

> 人皆乘象，土宜种稻，多甘蔗葡萄，草木凌寒不死，尤信佛法。④

《太平寰宇记》"罽宾"条：

> 按《西域记》云：罽宾地平，暑湿，温和。⑤

总体来看，在汉唐以来的中原内地人认识中，信仰佛教的罽宾国，其地平，暑湿，温和，气序和畅，生存环境颇为理想。而唐代人对罽宾的认识，更是和自唐武德二年以来一直到乾元初罽宾不断遣使来朝有关联，同时唐朝也曾派何处罗拔

---

① （唐）李延寿：《北史》卷97《西域传》，第3229页。
② （宋）欧阳修、宋祁：《新唐书》卷221《西域传》，第6240页。
③ （唐）杜佑：《通典》卷192《边防八》，第5235页。
④ （宋）王溥：《唐会要》卷99，第1776页。
⑤ （宋）乐史：《太平寰宇记》卷182《四夷十一·西戎三》，中华书局，2007年，第3487页。

等出使罽宾，也曾多次册拜罽宾王，此地一度是唐代的"修鲜都督府"，罽宾王也任"修鲜都督"。另据《册府元龟》卷第九七一、九七二《外臣部》之《朝臣》第四、第五统计，自隋代初年以来至有唐一代，罽宾朝贡达19次之多，但到代宗朝基本不再出现。据林梅村研究，西安何家村出土珍宝即是唐武德二年罽宾国的贡品[①]，若此论可靠，那些精美的何家村珍宝在长安曾经耀眼的历史，也应是大唐长安对罽宾深刻记忆最有说服力的体现。

至于隋唐之前，自魏晋十六国南北朝以来来华传法译经的高僧，更是络绎不绝，数量不少，对此已有人作过详细的统计和研究，可供参考[②]。因此到了隋唐时期，伴随着丝路交通的再次兴盛，加上以唐长安城为中心的唐代典章制度、人文气象对周边强大的吸引，以及唐代对西域、中亚有效的管理和经营，在这样的背景下，作为北印度地区一大国的罽宾，不仅有频繁的遣使朝贡活动，唐人对其也有较深的了解，加上唐人当时有浓厚的"万国来会""四夷宾服"观念[③]，故唐太宗以来兴起画《王会图》，以图画的形式记载丝路交通盛况，罽宾人的形象必然在其中，其粉本被时人摹写传移，最后进入到经变画当中，以莫高窟第217、103二窟佛顶尊胜经变和第103窟维摩变为代表，反映的即是唐人以图画形式记录下来的罽宾人形象。

第六节　中国古代对印度的认识及其观念对罽宾人形象表达的影响

以束发、长须、裸形、跣足、枯瘦为主要特征的敦煌画中的罽宾人形象的出现，除与前述罽宾中心区域适宜良好的气候环境有关之外，还应受到中国古代对印度的认识的影响。

较早且最为详细地记载印度人形象的当属游历十余年的玄奘法师，《大唐西域记》卷二记印度人"衣饰"：

① 林梅村：《唐武德二年罽宾国贡品考——兼论西安何家村唐代窖藏原为大明宫琼林库皇家宝藏》，《考古与文物》2017年第6期，第94—103页。
② 黄雷：《两晋南北朝时期罽宾来华僧人与佛经传译》，《兰州学刊》2015年第2期，第118—123页。
③ 参见［日］妹尾达彦：《长安的都市规划》，高兵兵译，三秦出版社，2012年。

衣裳服玩，无所裁制。贵鲜白，轻杂彩。男则绕腰络腋，横巾右袒。女乃襜衣下垂，通肩总覆。顶为小髻，余发垂下。或有剪髭，别为诡俗。首冠花鬘，身佩璎珞。其所服者，谓憍奢耶衣及㲲布等。憍奢耶者，野蚕丝也。蒭摩衣，麻之类也。頍，钵罗衣，织细羊毛也。褐剌缢衣，织野兽毛也。兽毛细软，可得缉绩，故以见珍而充服用。其北印度，风土寒烈，短制褊衣，颇同胡服。外道服饰，纷杂异制。或衣孔雀羽尾，或饰髑髅璎珞，或无服露形，或草板掩体，或拔发断髭，或蓬鬓椎髻，裳衣无定，赤白不恒。沙门法服，唯有三衣及僧却崎、泥嚩些那。三衣裁制，部执不同。或缘有宽狭，或叶有小大。僧却崎覆左肩，掩两腋，左开右合，长裁过腰。泥嚩些那，既无带襻，其将服也，集衣为褶，束带以绦。褶则诸部各异，色乃黄赤不同。刹帝利、婆罗门，清素居简，洁白俭约。国王、大臣，服玩良异。花鬘宝冠，以为首饰；环钏璎珞，而作身佩。其有富商大贾，唯钏而已。人多徒跣，少有所履。染其牙齿，或赤或黑。齐发穿耳，修鼻大眼，斯其貌也。①

玄奘所记印度人服饰习俗与李诞墓线刻，敦煌第 217、103 二窟壁画罽宾人形象极为契合。其实玄奘此处所记印度的风俗，是包括滥波国、那揭罗曷国、犍陀罗国、乌仗那国、钵露罗国、呾叉始罗国等北印度诸国在内，从地理位置上也包括迦毕试国，因此并不矛盾。

玄奘之后慧超对"五天竺风俗"涉及服饰习俗有类似记载：

彼土百姓，贫多富少，王官屋里，及富有者，着㲲一只，自□一双，贫者半片，女人亦然。②

《旧唐书·西戎传》记天竺习俗：

① （唐）玄奘、辩机著，季羡林等校注：《大唐西域记校注》，第 176—177 页。
② （唐）慧超著，张毅笺释：《往五天竺国传笺释》，第 29 页。

人皆深目长鼻……其王与大臣多服锦罽，上为螺髻于顶，余发剪之使拳。俗皆徒跣，衣重白色，唯梵志种姓披白叠以为异。①

《新唐书·西域传》记载略有不同：

王大臣皆服锦罽，为螺髻于顶，余发剪使卷，男子穿耳垂珰，或悬金，耳缓者为上类；徒跣，衣重白。妇人项饰金、银、珠、璎络。②

其他《通典》《唐会要》《太平寰宇记》等所记大同小异，应皆沿袭以上文献而来。

总体而言，唐人文献对古印度即天竺服饰的记载是一致的，因为其地"土溽热，稻岁四熟"，属于热带和亚热带气候，因此人们的穿着颇为简单，束发、跣足，均是前述汉地北周和唐图像所见罽宾人形象特点，其实也可以认为是古印度人形象的基本特征，当然这里又涉及罽宾人和印度人种族的问题。

对于罽宾主要人群的种族，唐代文献记载多有出入，按《新唐书》《唐会要》等记，当先是大月氏人西迁后塞人南下居此地，塞人之后又因匈奴西迁使得大月氏再迁后占据这一带，但总体民族属塞人。不过我们注意到在《太平寰宇记》卷一八二《西戎》唐人颜师古注称所谓的塞人"即释种也"③，至少可以认为在唐代人的认识中这一时期罽宾实是印度婆罗门种，因此这些唐人文献又记"人乘象"，显然属印度婆罗门习俗。

唐人志静在《佛顶尊胜陀罗尼经》的"序文"中称来自罽宾的佛陀波利为"婆罗门僧"，《宋高僧传》直接记佛陀波利为"北印度罽宾国人"，把罽宾归为北印度，完全符合古印度地理范畴，更强调的是罽宾与印度的密切关系。因此，在唐人的认识中，罽宾当为"北印度"，二者均信仰浮屠法，二地的风俗也是接近

① （后晋）刘昫等:《旧唐书》卷198《西戎传》，第5307页
② （宋）欧阳修、宋祁:《新唐书》卷221《西域传上》，第6237页。
③ （宋）乐史:《太平寰宇记》卷182《四夷十一·西戎三》，第3485页。

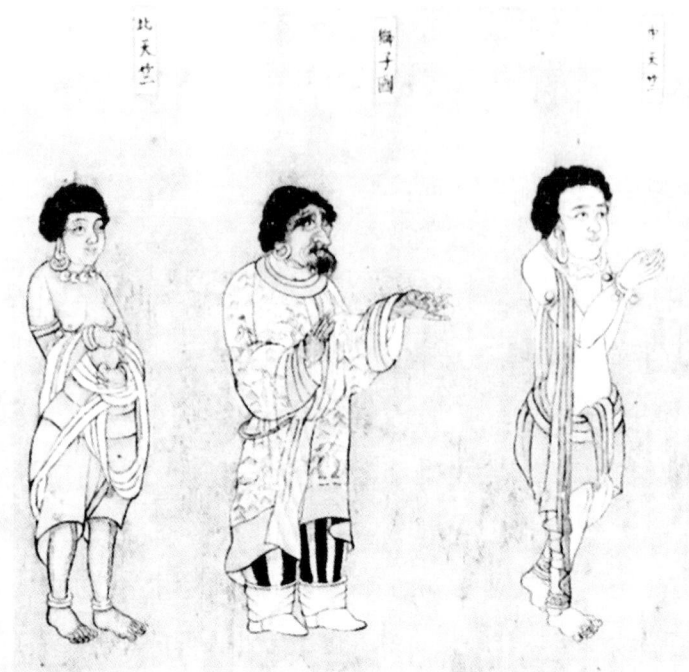

图 8-18　唐《王会图》中的天竺人（陕西师范大学图书馆数字资源）

的，那么汉地人把罽宾人形象和印度人形象混同的现象也就不足为奇了。在唐名画《王会图》中（图 8-18），"每段楷书署国名于上"，横卷自右向左依次绘制了中天竺与北天竺人物形象，都为"上身袒露，肩后披帛缠绕于双肩，跣足，颈戴项圈，臂戴钏"，这些异域服饰特点与李诞墓石棺门柱两侧守护神颇为相似；也可从一个侧面反应唐代地理人物认知中罽宾与天竺的模糊性。

事实上，如果我们对今阿富汗西北部和巴基斯坦北部白沙瓦一带公元 8 世纪以前的佛教造像稍作观察，即可知该地区流行的佛教造像故事画中，也可以看到如同第 217、103 窟所见罽宾人形象者。在今天巴基斯坦呾叉始罗（塔克西拉）博物馆藏品中，3—4 世纪的灰泥供养人像（图 8-19），表现梵天劝请主题的婆罗门像（图 8-20），以及最有代表性的《婆罗门在草庐》（佛陀拜访婆罗门像的残件）（图 8-21），这些世俗人物形象都充分说明了汉地所见罽宾人形象的可靠性。

关于罽宾与汉地的交流，敦煌悬泉置汉简也有记载，据其中西汉昭帝（前

87—前 74）以后的简牍表明，敦煌曾接待过来往于汉王朝和西域之间的安息、大月氏、康居、大宛、龟兹、于阗、罽宾等二十九国使节[①]，充分说明了罽宾人形象早在汉代即已在中原流传的可能性。我们再回过头来看第217、103 二窟佛顶尊胜经变中所绘制、被学者们称为"西域式"的建筑形制，与阿富汗卢格尔省梅斯·艾纳克（Mes Aynak）遗址（喀布尔东南 40 公里）中的寺院复原图（图 8-22）有很高的相似度：寺院形似城堡建筑，四角和中间部位都有圆形城堞或瞭望塔式样的建筑局部。

图 8-19　巴基斯坦塔克西拉博物馆藏品 3—4 世纪的灰泥供养人像（上），
东京国立博物馆藏早期印度供养人头像（下）（作者拍摄）

① 张德芳：《西北汉简中的丝绸之路》，《中原文化研究》2014 年第 5 期，第 26—32 页。

图 8-20　巴基斯坦塔克西拉博物馆藏梵天劝请主题的婆罗门像，婆
罗门形象的帝释与梵天造像（采自日本展览图册）

图 8-21　巴基斯坦塔克西拉博物
馆藏《婆罗门在草庐》残件（作者
拍摄自甘肃省博物馆犍陀罗专题展）

图 8-22　阿富汗卢格尔省梅斯·艾纳克（Mes Aynak）遗址寺院
复原图（作者拍摄自甘肃省博物馆犍陀罗专题展）

而艾纳克遗址所处的位置，正是唐代罽宾所指"迦毕试—喀布尔"一带[1]。敦煌莫高窟上述两窟表现佛陀波利从罽宾求法而来，而在莫高窟初唐第 323 窟主室北壁

---

[1] 参见［日］森安孝夫：《唐代における胡と佛教的世界地理》，《东洋史研究》第 66 卷第 3 号，2007 年，第 1—33 页。

"张骞出使西域图"中，东侧上方所绘张骞出使西域大夏国问佛名号的史迹画，无论从地理范畴或西域城（图8-23）的画法来看，也都与罽宾有某些重合之处。综上所述，唐敦煌壁画中对罽宾等地所见中亚西域寺院的呈现具有较高的写实性与表现的一致性。

图 8-23　莫高窟第 323 窟主室北壁张骞出使西域图（敦煌研究院美术所临本）

小 结

　　应该说从莫高窟盛唐第 217、103 二窟佛顶尊胜陀罗尼经变，第 103 窟维摩诘经变中钩沉出来的敦煌画中的罽宾人形象，归根结底是 7 世纪末、8 世纪初唐长安、洛阳两京地区盛行的寺观画壁活动中盛唐画家作品在敦煌的流传；而绘画中罽宾人形象和文献记载吻合，图像写实性很高，因此可以说其粉本画稿产生的背景，当是罽宾人与唐王朝频繁往来的可靠历史。至于罽宾人形象与印度人形象的一致性，则是两地在地理位置、文化传承、宗教信仰上密不可分的关系所导致，同时也受到汉唐时期中国人对印度基本认识和传统观念的左右。不过本章所论以经典文字为规范，仅以第 217、103 二窟所见图像来讨论，基于壁画所见人物形象，从小处着手，未作延伸。

第九章

由敦煌石窟朝鲜半岛人物形象看丝绸之路图像记忆

第一节　背景交代

敦煌石窟是"形象的历史"[①]，敦煌壁画、彩塑、藏经洞绢纸绘画等图像资料是丝绸之路历史、文化、宗教、艺术交流的产物，是研究中古时期历史文明交融互动不可多得的珍贵史料。其中保存于唐五代宋洞窟壁画中的朝鲜半岛人物形象，是中古时期以图像形式保存下来的重要资料，值得作专题的研究。对于敦煌壁画中涉及的古代朝鲜半岛人物形象，在学术界已多有关注，早在1988年段文杰就已考证出莫高窟第220窟维摩诘经变"各国王子问疾图"中的戴鸟羽冠者即为"高丽、百济、新罗等东邻诸国的人物"[②]，引起学术界广泛关注。之后学术

---

① 段文杰：《形象的历史——谈敦煌壁画的历史价值》，《敦煌学辑刊》1980年第1期，第4—17页，载《敦煌石窟艺术论集》，甘肃人民出版社，1988年，第108—134页，另载《段文杰敦煌石窟艺术论文集》，甘肃人民出版社，1994年，第108—134页，再载《敦煌石窟艺术研究》，第269—293页。

② 段文杰：《莫高窟唐代艺术中的服饰》，《敦煌石窟艺术论集》，第273—317页，另载段文杰：《敦煌石窟艺术研究》，第342页。

界以敦煌壁画中朝鲜半岛人形象为主题的研究，成果颇多，其中代表成果有权宁弼①、金理那②、文明大③等人的研究。此外，日本学者也有相关讨论，以影山悦子研究为代表④。对敦煌石窟中涉及朝鲜半岛人物图像的调查、整理与研究集大成者，则是敦煌研究院的李新，以敦煌研究院院级课题为依托，对敦煌石窟和藏经洞各类绘画中保存下来的朝鲜半岛人图像资料进行专题研究，分别就维摩诘经变、涅槃经变、梵网经变、五台山图（莫高窟第 61 窟）、降魔变（实为降魔变文配图，即以 P.4524 结合文字供俗讲使用的配图）等图像中出现的百济、高丽、新罗人物做了详细的图像调查记录，并就这些人物形象的国别归属、人物身份等级、服饰特征等做了详细的考证，有重要的资料和学术参考价值⑤。在此基础上，李新同时发表两篇专题研究文章，分别就敦煌五台山图中的朝鲜半岛资料⑥、敦煌图像中的高句丽人物形象⑦做了单独的研究，使得学术界对敦煌图像中的朝鲜半岛资料有了新的认识。

基于以上，可以说学术界对留存于敦煌图像中的朝鲜半岛人物形象资料的认识和研究，基本的历史现象和相关的史学问题已经清楚，内容涉及这些人物形象出现在敦煌图像中的历史背景、沿丝绸之路人员文化交流的关系、人物形象的国别归属、朝鲜半岛人在河西走廊的历史等较深层次的问题。

但若仔细梳理这些宝贵的敦煌图像，作为历史考古资料中最为丰富的涉及朝鲜半岛人物形象，仍有再研究的必要和可继续探讨的空间。诸如敦煌莫高窟初唐第 220 窟维摩诘经变各国王子问疾图中出现朝鲜半岛人物形象的历史背景、其

①［韩］权宁弼：《敦煌壁画研究办法试探》，《美术史学》Vol.4，1992 年，第 115—117 页，另见权宁弼：《从河西走廊到敦煌》，《中亚研究》Vol.6，2001 年，第 165—168 页。

②［韩］金理那：《唐朝美术所见的戴鸟羽冠饰的高句丽人》，《韩国史学论丛：李基白先生古稀纪念》，首尔—潮阁，1994 年，第 503—523 页。

③［韩］文明大：《丝绸之路上的新罗使节像》，《丝绸之路和韩国文化探究》，中央人文社，2001 年。

④［日］影山悦子：《敦煌莫高窟维摩诘经变相图中的外国使节について》，《神户市外国大学研究科论集》1。

⑤ 李新：《敦煌石窟古代朝鲜半岛资料调查研究》，敦煌研究院院级课题结项成果，2011 年；另有李新：《敦煌石窟壁画古代朝鲜半岛人物图像调查研究》，发表于《第二届庆州丝路之路国际学术会议材料集》，2020 年。

⑥ 李新：《敦煌石窟古代朝鲜半岛资料研究——莫高窟第 61 窟〈五台山图〉古代朝鲜半岛资料研究》，《敦煌研究》2013 年第 4 期，第 25—32 页，另载范鹏等主编：《敦煌文化中的中韩文化交流》，甘肃人民出版社，2013 年，第 35—46 页；李新著，全英文译本见韩国东亚人文学会主办：《东亚人文学》第二十辑，2011 年。

⑦ 李新：《敦煌石窟古代朝鲜半岛资料研究——高句丽人物图像研究》，见作者敦煌研究院院级课题结项材料，2011 年，内部资料，未正式发表。

图像选择的意图、粉本传承的影响及意义；莫高窟第 61 窟大型五台山图中出现丰富的新罗、高丽人物形象与壁画所据图本的关联及时代上的出入；等等，这些问题都值得进一步探索。此外，莫高窟第 225 窟涅槃彩塑中戴笠帽弟子像独特的朝鲜笠帽，给其僧人的身份平添一份意味，而清代重修时原样的保留，也反映出此类粉本传承和图像记忆一直可延续到清末民国时期；而在降魔变文配图中出现于佛教历史故事中的外道和劳度叉斗圣画面中失败的一方即反面人物群体中的朝鲜半岛人物形象，实际反映的又是怎样一种历史观念呢？至于新发现敦煌天王像的眷属中出现服饰上受朝鲜半岛影响的人物，和在降魔变中出现的朝鲜军人形象等，这些都是十分有趣的图像现象。

第二节　莫高窟第 220 窟维摩诘经变半岛王子使臣形象的时代意义

一、基本图像资料

目前所知，敦煌石窟中的朝鲜半岛人物形象，最早出现在莫高窟初唐第 220 窟主室东壁维摩诘经变门南维摩诘下方外族蕃王使臣问疾图中（图 9-1），其中有三位应属高丽、百济和新罗使臣的形象。此形象经段文杰公布之后，引起研究唐和半岛三国关系史及半岛三国与丝绸之路交通等领域相关学者的广泛关注。

对于第 220 窟维摩变中异族蕃王使臣身份的具体国别归属，学者们也有相应的推测和研究。据王中旭研究[1]，这组人物画面（图 9-2）最前面的两位项饰璎珞，臂腕佩钏、镯，上身绕帔帛，跣足，从装束上看应来自热带的南海诸国，结合梁元帝萧绎所绘《职贡图》相关人物比较，具体应为狼牙修国使臣。之后一排五人，其中第一、二位或头戴尖顶帽，身穿翻领或圆领窄袖衫，脚蹬皮靴，是典型的中亚粟特胡服。中间第三身头戴青罗冠，上插两根羽毛，穿蓝色宽边交领

---

[1] 王中旭：《敦煌翟通窟〈维摩变〉之贞观新样研究》，《艺术史研究》第十四辑，中山大学出版社，2012 年，第 369—397 页。

图 9-1　莫高窟初唐第 220 窟主室平剖面图及东壁维摩诘经变全图（采自《敦煌石窟全集·再现敦煌》）

图 9-2　莫高窟初唐第 220 窟维摩诘经变外族蕃王使臣问疾图
（采自《中国石窟·敦煌莫高窟（三）》，史苇湘先生临本）

大袖长袍，腰束敝膝，下套白色宽松长裙，和《旧唐书·东夷传》《旧唐书·音乐志》之"高丽乐"所记高丽人服饰接近，考虑到第220窟完成于贞观十六年（642），之前半岛三国中与唐交往最多的是高丽，因此该人物是高丽使臣形象①。高丽使臣左侧的两位使臣，相互之间似在交谈，二人服饰、容貌与高丽使臣相似，一人戴花冠，另一人戴莲苞形冠，应为来自百济、新罗的使臣②。

二、维摩诘经变图像流变

最早出现朝鲜半岛人物画像的第220窟维摩诘经变，实是独特历史背景影响下的图样。表现大乘空宗理论思想的维摩诘经变是历史时期佛教视觉艺术中的常见图像，其中以维摩诘与文殊菩萨问疾的场景为主体，有关维摩文殊图像的经典依据，目前所知最流行的是姚秦鸠摩罗什所译《维摩诘所说经》。据金维诺③、贺世哲④的研究，敦煌石窟中的维摩诘经变，主要依据即是罗什译本。据《历代名画记》卷二、卷五所载，东晋南朝时期张墨、顾恺之均曾画过维摩诘像⑤，学界认为应该还不能算作经变，另同书卷六所记南朝刘宋袁倩画"维摩诘变一卷，百有余事，运思高妙，六法备呈，置位无差，若神灵感会"⑥，应该是长卷式的变相，内容当较为丰富。至于北朝石窟和造像碑中的维摩文殊问疾图像，则颇为流行，以炳灵寺西秦建弘元年（420）的第169窟为较早（图9-3），在云冈、龙门、麦

---

① 曹喆：《唐代胡服——唐代敦煌壁画维摩诘经变中的胡服考证》，《丝绸》2007年第3期，第45页。

② 参见王中旭：《敦煌翟通窟〈维摩变〉之贞观新样研究》，《艺术史研究》第十四辑，第369—397页。

③ 金维诺：《敦煌壁画维摩变的发展》，《文物》1959年第2期，第3—9页，又载《现代佛学》1959年第3期，第29—32页，《佛教艺术论集》，大乘文化出版社，1978年，第337—346页，《中国美术史论集》，人民美术出版社，1981年，第378—408页，《中国美术史论集》（下），台北南天书局有限公司，1995年，第384—388页，《中国敦煌学百年文库·艺术卷》1，甘肃文化出版社，1999年，第282—288页；金维诺《敦煌晚期的维摩变》，《文物》1959年第4期，第54—60页，又载《佛教艺术论集》，第347—365页，《中国美术史论集》，409—421页，《中国美术史论集》（下），第389—394页，《中国敦煌学百年文库·考古卷》1，甘肃文化出版社，1999年，第172—179页。

④ 贺世哲：《敦煌莫高窟壁画中的〈维摩诘经变〉》，《敦煌研究》（试刊第2期），1982年，第62—87页；载《中国敦煌学百年文库·考古卷》2，甘肃文化出版社，1999年，第27—48页；修订本见贺世哲：《敦煌壁画中的维摩诘经变》，《敦煌研究文集·敦煌石窟经变篇》，第8—67页，另载贺世哲《敦煌石窟论稿》，第225—282页。大量图版请参照敦煌研究院编，贺世哲主编：《敦煌石窟全集·法华经画卷》，上海人民出版社，2000年。

⑤（唐）张彦远：《历代名画记》，上海人民美术出版社，1964年，第28、108、113页。

⑥（唐）张彦远：《历代名画记》，第135页。

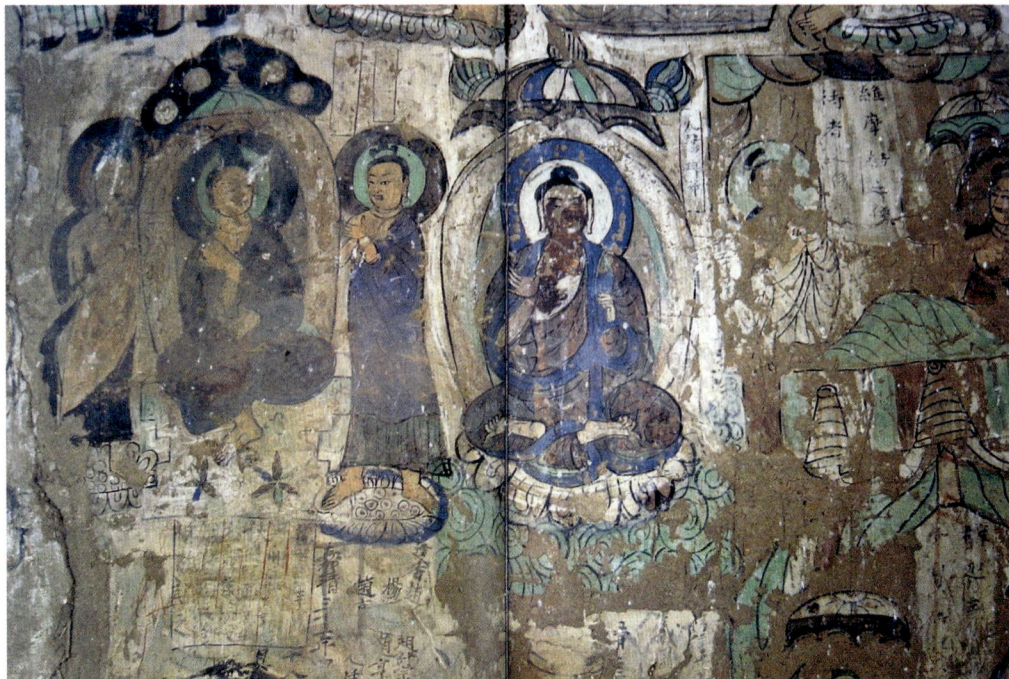

图 9-3　永靖炳灵寺西秦第 169 窟维摩文殊像（采自《中国石窟·永靖炳灵寺》）

积山等北朝石窟中流行极广（图 9-4、图 9-5、图 9-6），加上甘肃、陕西、山西、河北、山东等地北朝的各类造像碑或金铜佛造像中出现的维摩文殊像（图 9-7、图 9-8、图 9-9），以及包括成都地区出土南朝造像在内，总体来看，南北朝时期维摩造像十分流行，但其基本的图式即是表现二大士辩法的场景[①]，即表现经典中的核心内容"文殊菩萨问疾品"画面，其他诸品的内容绝大多数并未表现，把《维摩诘经》十四品的画面内容全部表现出来，应该是到了唐代初期。至于本文所论前来问疾听法的外族蕃王使臣图像则未见到实物留存，说明此类图像在维摩诘造像的早期即北朝阶段并未入画。

　　我们注意到，即使是敦煌壁画中的维摩诘图像，在颇为流行的隋代和初唐洞窟中，仍然延续北朝风格，以表现二大士辩法的"文殊菩萨问疾品"为主要画面内容，像在隋代的第 420 窟（图 9-10）、第 262 窟和初唐第 203 窟（图 9-11）、

[①] 陈清香：《维摩诘经变相》，载《佛经变相美术创作之研究》，台北中华丛书编审委员会，1977 年，另载《佛教与东方艺术》，吉林教育出版社，1989 年，第 434—448 页。

图 9-4　大同云冈石窟第 35-1 窟西壁下层佛龛维摩文殊像（采自《中国石窟·云冈石窟》）

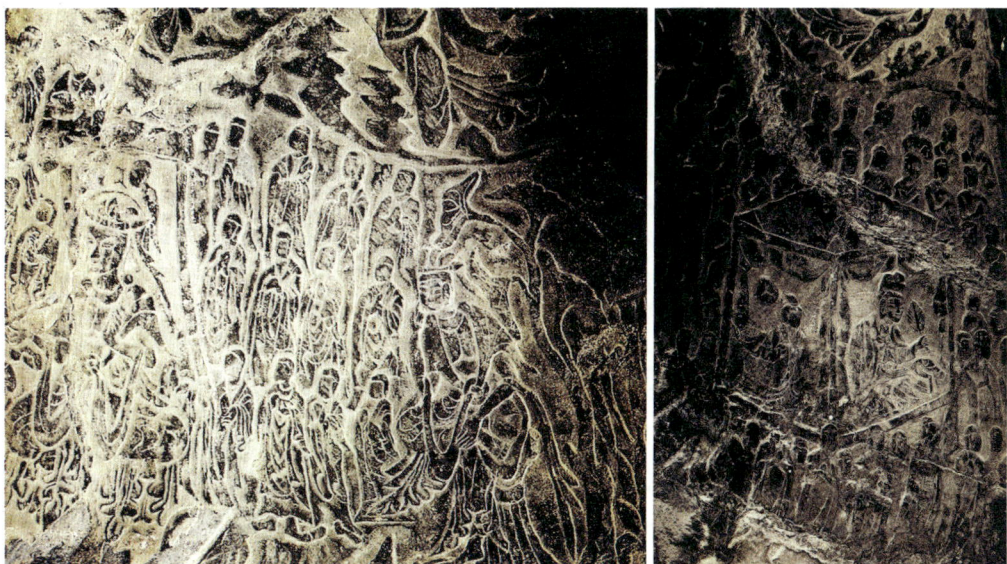

图 9-5　龙门古阳洞北壁中层第 3 龛内文殊像、维摩像（采自《中国石窟·龙门石窟》）

图9-6　麦积山第127窟维摩诘经变线图
（张宝玺先生绘）

图9-7　西安未央区出土西魏大
统三年比丘法和四面造像碑维摩
文殊像（采自《西安佛像》）

图9-8　河南博物院藏天宝十年北齐造像碑（采自松元
三郎《中国佛教雕塑艺术史研究（图像篇）》）

图9-9　北齐武平六年造像碑、王令猥造像碑（松元
三郎《中国佛教雕塑艺术史研究（图像篇）》）

图 9-10　莫高窟隋代第 420 窟主室及龛两侧上部维摩诘经变（敦煌研究院提供）

图 9-11　莫高窟初唐第 203 窟维摩诘经变（敦煌研究院提供）

第 206 窟等洞窟中出现了"方便品"的画面，但全是僧人听法形象，并无国王、王子、大臣、蕃王、使节等形象者，说明隋代的画家们所创作的维摩诘经变还没有外族蕃王使臣问疾听法画面，考虑到粉本的流传和影响，显然画史记载长安著名的画家孙尚子、杨契丹分别在定水寺和宝刹寺所画"维摩诘""维摩"[①]，应该也没有出现外族蕃王使臣的形象。

三、作为"贞观新样"的背景和意义

莫高窟第 220 窟的维摩诘经变，是历史时期维摩诘经变发展到初唐时期出现的全新样式，具体的时间是在洞窟完成的贞观十六年（642），贺世哲认为"具有划时代意义"，并认为若和隋代的经变画相比较，有"突如其来之感"，

① 参见《历代名画记》卷 3 "记两京外州寺观画壁"，第 31 页。

究其原因，则和初唐丝路开通后从中原传入的粉本有密切的关系①，并"很有可能是由中原的高手画师创作，或者是由敦煌画师根据新传来的粉本加工创新而成的"②。也就是说肯定了第 220 窟维摩变作为全新样式的艺术史地位。王中旭则进一步把第 220 窟的维摩变称为"贞观新样"，其核心的画面元素即是出现在维摩诘下方的帝王大臣问疾图和出现在文殊下方的外族蕃王使臣问疾图，这些新画面是贞观年间在长安形成的新样传到敦煌后的作品，其出现的背景则是和画史文献记载的贞观年间长安地区创作古今帝王、蕃王使臣像的风气有密切的关联③。对于第 220 窟与长安中原地区唐初画风的关系，学术界研究成果颇多，其中以马化龙研究为早期代表④。前述王中旭的研究则更深一层，也更加令人信服。

在长安地区寺观完成的"贞观新样"的维摩诘经变，之所以会出现中原帝王群臣与外族蕃王使臣问疾的场景，并且以相对应的形式布局画面，若再结合第 220 窟帝王群臣身后出现的外族蕃王使臣形象（图 9-12），显然有明确的现实背景和强烈的政治寓意，强调的是贞观四年（630）唐朝灭东突厥后李世民"天可汗"地位的确立：

　　　　四夷君长诣阙请上为天可汗，上曰："我为大唐天子，又下行可汗事乎！"群臣及四夷皆称万岁。是后以玺书赐西北君长，皆称天可汗。⑤

也是近现代史家所言以"李唐王朝"为核心的"中国文化圈"亚洲政治新格局⑥

---

　　① 贺世哲：《敦煌壁画中的维摩诘经变》，载敦煌研究院编：《敦煌研究文集·敦煌石窟经变篇》，第 29 页。

　　② 敦煌研究院编，贺世哲主编：《敦煌石窟全集·法华经画卷》，第 196 页。

　　③ 王中旭：《敦煌翟通窟〈维摩变〉之贞观新样研究》，《艺术史研究》第十四辑，第 369—397 页。

　　④ 马化龙：《莫高窟 220 窟维摩诘经变与长安画风初探》，载北京图书馆敦煌吐鲁番学资料中心、台北《南海》杂志社合编：《敦煌吐鲁番学研究论集》，第 509—516 页。

　　⑤（宋）司马光：《资治通鉴》卷 193，第 6073 页。

　　⑥［日］谷川道雄：《世界帝国の形成》，东京讲谈社，1987 年，第 208 页；高明士：《东亚古代的政治与教育》，台北喜玛拉雅基金会发行，2003 年，第 255—257 页；陈捷先：《东亚文化圈的形成与发展——以琉球王室汉化为约论中心》，载《东亚文化圈的形成与发展国际学术研讨会会议论文集》，台湾大学历史学系，2002 年，第 337 页。

图 9-12-1　莫高窟初唐第 220 窟维摩诘经变中的中原帝王群臣问疾图（采自《中国石窟·敦煌莫高窟（三）》）

图 9-12-2　莫高窟初唐第 220 窟帝王问疾图
中原帝王像线描（史敦宇女士绘）

图 9-12-3　莫高窟初唐第 220 窟
帝王问疾图线描（谢成水先生绘）

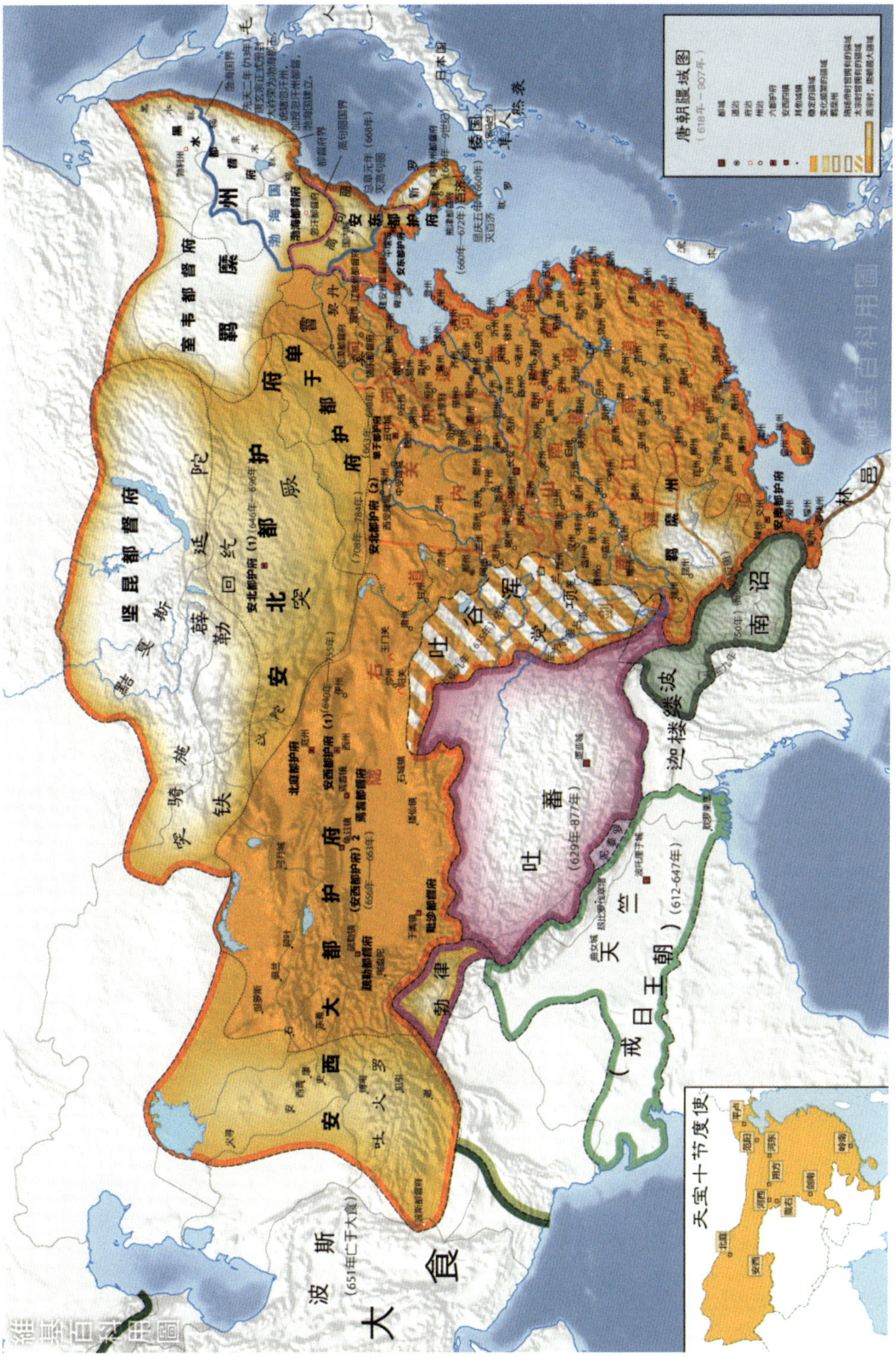

图9-13　唐王朝最盛期的周边形势图（采自维基百科，陕师大图书馆数字资源提供）

形成的图像体现（图9-13），是"万国来会""四夷宾服"观念的形象表达①。

　　其中高丽、百济、新罗三国人物集体出现，又在共有七身的外族蕃王使臣中占三人的数量，比例之高，和当时唐与周边及中亚西域各国的对外交往关系不太一致，说明在佛教教化的图像体系中，体现的是与半岛三国的关系在贞观年间的唐代政治格局、外交侧重、思想观念上占有较为重要的位置，其实这一点也正和唐太宗时期积极筹划攻打百济、高丽的政策相一致②，而在统一新罗之前，特别是在第220窟完工的贞观十六年之前，半岛三国与唐的使节等形式的往来十分频繁③，因此使得佛教经变画的创作受到了时代政治的影响。这一点也可以从中宗神龙二年（706）乾陵章怀太子墓墓道的"客使图"（图9-14）中出现新罗使臣得到

图9-14　唐乾陵章怀太子墓壁画客使图（陕西历史博物馆提供）

---

① 周伟洲：《万国来朝岁　五服远朝王》，《中国文化遗产》2009年第4期，第56—61页。

② 王小甫等：《中韩关系史·古代卷》，社会科学文献出版社，2014年，第88—108页；拜根兴：《七世纪中叶唐与新罗关系研究》，中国社会科学出版社，2003年，第242—249页。

③（高丽）金富轼著、韩国精神文化研究院译注：《三国史记》，1997年；（高丽）释一然著：《三国遗事》，韩国古典丛书本，1971年；韩国磐：《南北朝隋唐与百济新罗的往来》，《历史研究》1994年第2期，第21—42页。

图 9-15　莫高窟初唐第 220 窟甬道北壁翟氏家族五代时期的供养人像
（采自《中国石窟·敦煌莫高窟（五）》）

印证[1]，在东壁布局仅有的三位外族使臣中，居然包含有一位新罗使臣，可以想象唐王朝对新罗的重视，当时唐与新罗关系非同一般，此政策早在贞观年间就已经如此，此一点也是学术界熟知的历史。

四、图像选择的意图

使我们感兴趣的是，以第 220 窟维摩变为代表的一类图像在长安寺观出现后第一时间沿丝绸之路传到河西走廊西端的敦煌，有粟特胡人背景的敦煌翟氏家族（图 9-15）[2]选择有如此强烈政治寓意和时代背景的图像进入其家窟中，也应该有其独特的考虑。宁强认为翟氏家族在其家窟中绘制中原帝王群臣与外族番王使臣相向而立，与七世纪中叶唐对西域的统治有关，也是翟氏家族政治手段的体现[3]。

---

[1] 王维坤：《唐章怀太子墓壁画"客使图"辨析》，《考古》1996 年第 1 期，第 67—69 页。

[2] 陈菊霞：《敦煌翟氏郡望和族源新探》，《敦煌研究》2004 年第 2 期，第 66—71 页；陈菊霞：《西域、敦煌粟特翟氏及相关问题研究》，《中国边疆史地研究》2008 年第 3 期，第 40—48 页。

[3] Ning Qiang, *Art, Religion, and Politics in Medieval China: The Dunhuang Cave of the Zhai Family,* Honolulu: University of Hawaii Press, 2004, pp. 50–63.

而窟主翟通作为当时敦煌唯一的"经学博士",是敦煌地方经学的代表人物,在他的功德窟中选择来自长安全新样式的维摩变(窟内其他内容亦如此),正如王中旭所言,其"着眼的不应只是图像样式本身,同时当也希望本家族借此获取更大的政治利益"①,所言极是。

的确如此,研究第 220 窟维摩变下中原帝王群臣与外族蕃王使臣的图像,必须紧密结合当时的历史背景。在第 220 窟营建完成之前,与敦煌关系颇为密切的大事件即是贞观十四年唐太宗派交河道行军大总管侯君集平高昌,"以其地置西州",并"于西州置安西都护府"②,高昌的收复、西州的设置、安西都护府的设置,在唐代版图扩张、经营西域和丝路、提升国际影响力方面有重要的意义,也使得唐代在西域的形势发生了巨大的变化,丝绸之路上的使节往来再次出现繁盛的局面,唐中央王朝在周边民族和亚洲政治格局中的地位再次发生变化③。而在唐平高昌的过程中,由于所处地理位置的缘故,敦煌扮演了重要的角色④,在侯君集统领的唐军中就有沙州刺史刘德敏率领的沙州民众⑤,对于唐军而言,河西走廊西端的敦煌,是进入高昌的最后大本营、大后方,敦煌有力的后方保障,是唐军出师胜利不可忽视的原因,因此高昌平定后西域格局的变化、中原王朝统治力量的延伸,对敦煌的意义是首当其冲的。故而第 220 窟的功德主把表现天子圣明、四夷宾服、万国来会的帝王群臣图、外族蕃王使臣图在平高昌后的第二年就绘入洞窟壁画中,也可以说是敦煌人对平定高昌后唐王朝政治影响力的图像表现,是另一种形式的政治歌颂。

更为有趣的是,敦煌人在外族蕃王使臣像的图像选择中,并没有就近或从丝路交通的角度出发,把吐蕃、吐谷浑、突厥、西域中亚各国王子使臣像优先

① 王中旭:《敦煌翟通窟〈维摩变〉之贞观新样研究》,《艺术史研究》第十四辑,第 391 页。

② (后晋)刘昫等:《旧唐书》卷 3《太宗本纪下》,第 52 页。

③ 王素:《高昌史稿·统治编》,文物出版社,1998 年,第 411—422 页。

④ 史苇湘:《丝绸之路上的敦煌与莫高窟》,载氏著《敦煌历史与莫高窟艺术研究》,第 58—59 页。

⑤ (清)王昶:《金石萃编》卷 45,中国书店,1985 年;《旧唐书·姜行本传》记载:"其处有班超纪功碑,行本磨去其文,更刻颂陈国威德而去。"(后晋)刘昫等:《旧唐书》卷 59,第 2234 页。另(清)徐松《西域水道记》、(清)王树楠《新疆访古录》(二)、罗振玉《雪堂金石文字跋尾》(四)、王希隆《新疆文献四种辑注考述》(甘肃文化出版社,1995 年)等均有记载。

画入，而是把与敦煌近乎对称的处在唐王朝政治版图另一端即东北部的高丽、百济、新罗三国使臣图像以集体出镜的形式绘画出来，除了受维摩诘经变从长安传入粉本的影响之外，也应该与敦煌的功德主、画工画匠在洞窟营建过程中以佛教崇拜图像为依托，表达出远在西陲边疆的敦煌世家大族们对唐王朝政治的兴趣与关心有关，说明沙州人对中原王朝保持紧密的向心力、正统观，这一点也恰是敦煌历史的基本时代轨迹、文化认同和民族归属所在[①]；另一方面也可以理解为远在西陲之地的敦煌人对或许从未见过的高丽、百济、新罗人所怀有的新奇感，在他们的心目中，不仅本窟中出现的维摩诘经变和其他的经变是来自长安的"贞观新样"，就连这些经变中的人物，也是新鲜的面孔，这对于佛教宣传画而言，无疑更具有吸引力和观赏效果；同时，也把敦煌人所关注的图像从空间距离上大大延伸开来，使得这种政治性极强的洞窟图像在受信众膜拜的同时，现实意义也得到提升。

五、图像的时代意义

莫高窟第 220 窟维摩变中出现包括高丽、百济、新罗在内的外族蕃王使臣图像，正如学者们所研究的那样[②]，其背景是贞观年间描绘外国人入朝的时代大背景，其核心理念无疑是前述李唐王朝的天下观，即四夷宾服、万国来会、万国来朝的正统观。贞观三年（629）中书侍郎颜师古就曾有绘制《王会图》的奏议，并得到太宗准许：

> 贞观三年，其酋元深（按：指东谢蛮酋长谢元深）入朝，冠乌熊皮若注旄，以金银络额，被毛帔，韦行縢，着履。中书侍郎颜师古因是上言："昔周武王时，远国入朝，太史次为《王会篇》，今蛮夷入朝，如元深冠服不同，可写为《王会图》。"诏可。[③]

---

① 沙武田：《文化守护、传统保持——敦煌吐蕃期洞窟"重构"现象原因再探》，《中古中国研究》第一卷，中西书局，2016 年。

② 王中旭：《敦煌翟通窟〈维摩变〉之贞观新样研究》，《艺术史研究》第十四辑，第 391 页。

③（宋）欧阳修、宋祁：《新唐书》卷 222 下《南蛮传下》，第 6317 页。

北宋《宣和画谱》认为《王会图》是太宗"命立德等图之"，同时记载徽宗御府藏阎立本的《职贡图》两卷①。另据《历代名画记》所载，唐初绘画名师阎立德、阎立本兄弟即是这方面的高手：

> 至若万国来庭，奉涂山之玉帛；百蛮朝贡，接应门之位序。……二阎同在上品。②

可见唐初《职贡图》类作品的绘作颇有时代潮流。关于蛮夷入朝之类的图绘传统，更早的梁元帝萧绎的《职贡图》是目前保存下来的代表图卷，其中就有半岛的百济国使（图9-16）。而太宗贞观年间的此类图像，最具代表意义的则是得到文献③和考古发掘证实④的太宗昭陵北司马门所列十四国蕃君像（图9-17），其中就有"乐浪郡王金贞德"（图9-18），和莫高窟第220窟维摩变中的外族蕃王使臣图像属于同一时代思想、传统和图式的产物。

但是我们也知道，昭陵前的十四国蕃君像，文献所记其刻石立像的时间是在贞观二十三年

图9-16　梁萧绎《职贡图》中的百济国使
（陕西师范大学图书馆数据库）

---

① 潘运告主编，岳仁译注：《宣和画谱》卷1，湖南美术出版社，1999年，第27—28页。

② （唐）张彦远：《历代名画记》卷9，第170页。

③ （宋）王溥：《唐会要》卷20，第395、396页；（宋）司马光：《资治通鉴》卷199"庚寅，葬文皇帝于昭陵"条，第6269页；孙迟：《昭陵十四国君长石像考》，《文博》1984年第2期，第56—63页。

④ 张建林：《唐昭陵考古的重要收获及几点认识》，《周秦汉唐文化研究》第三辑，三秦出版社，2004年，第254—258页；张建林、史考：《唐昭陵十四国蕃君长石像及题名石像座疏证》，《碑林集刊》第十辑，三秦出版社，2004年，第82—88页；陕西省考古研究院、昭陵博物馆：《2002年度唐昭陵北司马门遗址发掘简报》，《考古与文物》2006年第6期，第3—16页。

图 9-17-1　唐昭陵北司马门十四国蕃君像出土地点（作者拍摄）

图 9-17-2　唐昭陵北司马门遗址考古
现场（张建林先生提供）

图 9-18　唐昭陵北司马门新罗王像
（张建林先生提供）

（649），沈睿文据《册府元龟》《旧唐书》等所载于阗国王伏阇信和吐蕃赞普弄赞来朝时间，考定其更具体的时间是贞观二十三年六月甲戌朔（649 年 7 月 15 日）即太宗文皇帝驾崩后到高宗永徽元年夏五月壬戌（650 年 6 月 28 日）吐蕃赞普弄赞卒之前①。同样属"阐扬太宗徽烈"的外国人入朝性质的图像，昭陵十四国蕃君像形成的时间显然是晚于第 220 窟建成的贞观十六年约 8 年的时间，因此长安寺院画壁维摩变中出现的帝王群臣与外族蕃王使臣对立的画面，其时间意义要重要得多。若从另一视角观察，以敦煌莫高窟第 220 窟为代表的外族蕃王使臣问疾图的图样传统，也是昭陵蕃君像出现的历史铺垫。

第三节　莫高窟第 61 窟五台山图半岛图样选择的意图

对于莫高窟第 61 窟五台山图中丰富的朝鲜半岛资料，前揭李新已有详细的研究②，不再重复。本文仅就笔者新思考问题略作陈述。

第 61 窟是敦煌石窟群的大型窟（图 9-19），开凿的时间是五代宋曹氏归义军的第四任节度使曹元忠时期的 947—950 年之间③，正是写作于 951 年的敦煌写本《腊八燃灯分配窟龛名数》中所记位于莫高窟崖面中段的"文殊堂"④，以窟内坛上绘塑结合的"新样文殊变"为主要题材⑤，结合西壁的大型五台山图⑥（图9-20），成为敦煌的"五台山道场"⑦。五台山图主要是一幅大型的历史地理图，包括从河北正定到太原五台山方圆五百里的地形地名，从自然的山峰、河流、平

---

① 沈睿文：《唐陵的布局：空间与秩序》，北京大学出版社，2009 年，第 228—230 页。

② 李新：《敦煌石窟古代朝鲜半岛资料研究——莫高窟第 61 窟〈五台山图〉古代朝鲜半岛资料研究》，《敦煌研究》2013 年第 4 期，第 25—32 页，另载范鹏等主编：《敦煌文化中的中韩文化交流》，第 35—46 页；李新著，全英文译本见韩国东亚人文学会主办《东亚人文学》第二十辑，2011 年。

③ 贺世哲：《从供养人题记看莫高窟部分洞窟的营建年代》，敦煌研究院编：《敦煌莫高窟供养人题记》，第 226、227 页。

④ 孙修身：《敦煌石窟〈腊八燃灯分配窟龛名数〉写作时代考》，载《丝路访古》，甘肃人民出版社，1983 年，第209—215 页。

⑤ 沙武田、梁红：《莫高窟第 61 窟中心佛坛造像为绘塑结合"新样文殊变"试考》，载云冈石窟研究院编：《2005年云冈国际学术研讨会论文集·研究卷》，文物出版社，2006 年，第 441—456 页。

⑥ 此幅壁画宽 13.45 米，高 3.42 米，总计约 46 平方米。

⑦ 赖鹏举：《敦煌莫高窟的五台山道场》，未刊稿，2002 年海峡两岸研究生研习营资料。

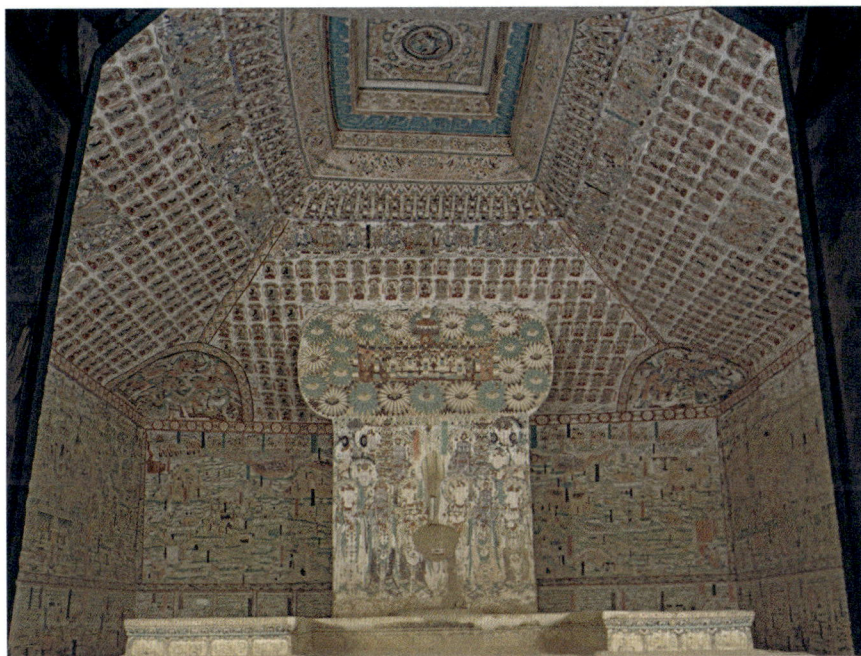

图 9-19　莫高窟大型窟五代第 61 窟文殊堂（采自敦煌研究院编《敦煌壁画五台山图》）

图 9-20　莫高窟五代第 61 窟西壁五台山图全景（采自敦煌研究院编《敦煌壁画五台山图》）

地、树木到人工的道路、驿站、店舍、寺观、兰若、房屋、草庵，再到以东、南、西、北、中五台为主要内容的围绕五台山文殊信仰的各种佛教灵异、圣迹、化现，再到各处的世俗人和僧人的礼拜、送供、巡礼活动，俨然一幅五代宋中国北方社会生活的缩写图。因此宿白认为，莫高窟第 61 窟《五台山图》"可以说是一幅山水人物画，也可以说是一张百卉图，其间更布满了大小寺院（楼阁界画）、传说故事，以及高僧说法、信徒巡礼等图像，而图的下方又是从太原经五台到镇州的鸟瞰图"①。因为有密布全图而清晰可读的榜题，基本的内容早已为学界熟知，在伯希和考察团②、20 世纪 40 年代西北考察团③等的资料中均有公布，20 世纪 40 年代罗寄梅进行过完整的拍摄④，今赵声良有详细介绍和研究⑤，可供参考。

　　就本文所论，其中出现以榜题文字形式记载的明确属于半岛三国的资料，分别有"新罗王（子）塔""新罗送供使""高丽王使""菩提之庵"等图像（图 9-21、图 9-22、图 9-23、图 9-24），其出现的原因首先归为自唐初以来在五台山广泛流传的五台山"小帐"即图本流传的结果。关于五台山图样的绘制、流传，文献记载颇多，学者们的研究也较为丰富，不一而足。最早的"五台山图"是《佛祖统纪》卷三九和《古清凉传》记载西京会昌寺沙州会赜和内侍张公荣等于龙朔二年（662）受高宗派遣前往五台山"检行圣迹"时画出五台山"小帐"，述《略传》一卷，在京城开始流行。其次是神英在法华寺画的《五台山十寺血脉图》，道义画的《金阁寺化现图》，复次就是圆仁于开成五年七月十八日在太原府请画博士"画五台山化现图，拟付传日本国"⑥，另有《册府元龟》卷九九九《外

　　① 宿白：《敦煌莫高窟中的〈五台山图〉》，《文物参考资料》1951 年第 2 卷第 5 期，第 49—71 页。
　　② 参见法文本《伯希和敦煌石窟图录》六大本，巴黎，1920—1924 年；［法］N.Vandier and M.Mailland, *Grottes de Touen-houang: Carnet de notes de Paul Pelliot, inscriptions et peintures murales*, I–VI, Paris, 1920–1924. 甘肃五凉古籍整理研究中心整理：《伯希和中亚之行·敦煌石窟——北魏、唐、宋时期的佛教壁画和雕塑（第 1 号—182 号窟及其它）》，甘肃文化出版社，1997 年，另在日本东京国立情报学研究所网站有全部数字化图录可供下载：http://dsr.nii.ac.jp/china-caves/dunhuang/。
　　③ 石璋如：《莫高窟形》（一），中研院历史语言研究所，1996 年，第 318—320 页。
　　④ 该图像资料现存美国普林斯顿大学东亚研究中心图书室，另在东京大学东洋研究所有复本。
　　⑤ 赵声良：《莫高窟第 61 窟五台山图研究》，《敦煌研究》1993 年第 4 期，第 88—107 页。
　　⑥ ［日］圆仁：《入唐求法巡礼行记》，广西师范大学出版社，2007 年，第 107 页。

图 9-21　五台山图中的新罗王塔（采自敦煌研究院编《敦煌壁画五台山图》）

图 9-22　五台山图中的新罗送供使（采自敦煌研究院编《敦煌壁画五台山图》）

图 9-24　五台山图菩提之庵（采自敦
煌研究院编《敦煌壁画五台山图》）

图 9-23　五台山图中的高丽王使（采
自敦煌研究院编《敦煌壁画五台山图》）

臣部》所记穆宗长庆四年（824）九月甲子，灵武节度使李进诚奏："吐蕃遣使求
五台山图。"[①] 较晚的就是敦煌遗书 P.4868《五台山行记》所载敦煌的一位僧人于
长兴三年（932）至清泰元年（934）于五台山朝山拜佛后在太原画《五台山图长
画》[②]，对此也有学者作过简单总结[③]。但是像把包括新罗王子塔、菩提之庵这些非
汉地本土的僧人在五台山留下的遗迹绘画进来，除了粉本画稿的因素，恐怕也有

---

①（宋）王钦若等编：《册府元龟》，第 11560 页。

② 参见郑炳林：《敦煌地理文书汇辑校注》，甘肃教育出版社，1989 年；杜斗城：《敦煌本五台山文献校录研究》，
山西人民出版社，1991 年。

③ 参见肖雨：《敦煌莫高窟第 61 窟中的〈五台山图〉研究》，《五台山研究》2008 年第 4 期，第 46—53 页。

强调文殊菩萨信仰流传之广、影响之大的意图，这一点也可以得到新罗本土五台山文殊信仰的佐证[①]。而把其画入莫高窟的第 61 窟，显然可以增加观者和信众对五台山文殊信仰更深层次的理解。

　　李新在研究中一再强调了以上五台山图中人物图像的新罗、高丽特征，虽然表面上看似有道理，但若考虑到壁画粉本传承的关系，以及画面中人物图像的程式化因素，要完全据此来推断新罗高丽人物服饰特征，似有不可靠的地方。如其中广泛可见的戴各式笠的人物图像（图 9-25），这在同一幅图中并不鲜见，至于像普通的马夫、侍从的服饰（图 9-26）就更无法对号入座了，倒是其中"高丽王

图 9-25　五台山图中的商旅行人（采自敦煌研究院编《敦煌壁画五台山图》）

---

　　①［韩］朴鲁俊：《韩·中·日五台山信仰의전개과정》，《岭东文化》6，1995 年；신동하：《新罗五台山信仰의구조》，《人文科学研究》3，1997 年；박미선：《新罗五台山信仰의성립시기》，《韩国思想史学》28，2007 年；麻天祥：《五台山佛教东传新罗及传播者慈藏》，《五台山研究》1989 年第 1 期，第 39—41 页；敖英：《新罗五台山信仰的特点》，《世界宗教文化》2011 年第 6 期，第 56—60 页。

图 9-26　五台山图局部（采自敦煌研究院编《敦煌壁画五台山图》）

使"的人物服饰颇有高丽特色，这大概也是受 935 年之后高丽时代传来的新图样所左右吧。这一时期即曹氏归义军时期传入敦煌的五台山图样，因为有像 P.3718、P.4648、P.3973、S.367 等敦煌的《五台山行记》《五台山赞》《五台山圣境赞》等关系密切的写本印证，其流行的时代符合洞窟营建的时代。另若完全从图画的写实角度判断，显然其中的"新罗送供使"和"高丽王使"是无法同时出现在一张画面中的，但若考虑到五台山图样绘画自唐初以来不断补充、丰富画面内容，就好理解了，正如新罗王子慈藏于贞观年间所建的新罗王塔，一直到三百余年之后的五台山图中仍出现，是粉本传承的结果。

据画面内容统计，第 61 窟《五台山图》中有寺院、庐庵、兰若、凉亭、城池、房宇等建筑 199 处，桥梁 13 座，佛菩萨画像 20 身，僧俗人物 428 人，乘骑驼马 48 匹，运驼 13 峰。其中，清晰可辨的榜题按 195 条计，其中灵异瑞相 46 条，寺庵兰若 85 条，宝塔 15 条，地名 32 条，巡礼送供者 12 条，其他 5 条。结合可辨认的 195 条榜题名称，详细检索以上的内容，单就送供使而言，会发现像本文所关注的"新罗送供使""高丽王使"等非汉地本土信众前来五台山朝拜送供使的出现，和其他如"送供天使""送供道人""湖南送供使"等汉地本土送供使比较，显得极为独特。考虑到五台山文殊信仰在唐以来的影响，可以想象汉地各地前往五台山巡礼、朝拜的各色人等不在少数，单就我们熟悉的敦煌而言，藏经洞文献中保存了十余条晚唐五代宋归义军时期敦煌僧人前往五台山巡礼的记载[①]。因此，可以认为包括前述会赜、张公荣、圆仁等在内的来自中央朝廷或外族的人士，及像题记显示的"天使""道人""湖南"等在内的汉地本土的各色人等前往五台山的数量不在少数，但为什么在壁画中仅出现了以上几条，实际是有代表意义的，也是经过慎重选择后的结果。可以看到分别有中央送供使（天使）、地方送供使（湖南）、宗教界送供使（道人），之外便是来自新罗和高丽的送供使，显然画家之所以在众多的送供使中选择来自新罗和高丽的图像，是有特定的背景可考量的。

究其原因，我们认为很有可能仍然是和汉唐以来中原帝王奉行的"中国天下秩序"观念有关，对于半岛而言，无论是三国、统一新罗或高丽时代，中原各王朝均认为该地属中原附属国或臣服国，因此需要其定时朝贡，必要时也需要出兵给予保护。隋文帝在给高丽王汤的批评训导性质的玺书中也非常清楚地表达了这一思想：

> 朕受天命，爱育率土，委王海隅，宣扬朝化，欲使圆首方足各遂其心。王每遣使人，岁常朝贡，虽称藩附，诚节未尽。……朕于苍生悉如赤子，赐王土宇，授王官爵，深恩殊泽，彰著遐迩。王专怀不信，恒自猜疑，常遣使人密觇消息，纯臣之义岂若是也？盖当由朕训导不明，王之愆违，一已宽恕，今日以后，必须改革。[②]

至于唐太宗、高宗、武周等时期对三国和新罗的关系，宗主国的地位和思想

---

① 郑炳林：《敦煌地理文书汇辑校注》，第307—312页。
② （唐）魏徵、令狐德棻：《隋书》卷81《东夷列传》"高丽"条，第1815页。

是主线。因此，作为表达佛教文殊信仰的五台山图样的绘制，画家特意把各类有代表意义的送供使画入，其中新罗送供使和高丽王使，所代表的即是以新罗、高丽为代表的中原王朝属国的送供使，显然有传统的正统思想在起作用。这样的图样传到了西陲的敦煌，也仍然因为属于节度使曹元忠及其家族和当地普通信众所热衷的画面而受到重视。

第四节　降魔变文配图中半岛人形象所担当的角色

P.4524 降魔变文及配图一卷（图 9-27），纸本着色，高 27.1 厘米，长571.3 厘米，现存法国巴黎国家图书馆，时代约为唐晚期的 9 世纪[①]。画面表现的是六师外道与舍利弗斗法的情节，具体的经典依据是《贤愚经·须达起精舍缘品》，敦煌的劳度叉斗圣变则是根据当时流行的《降魔变文》绘制的[②]。巫鸿从图

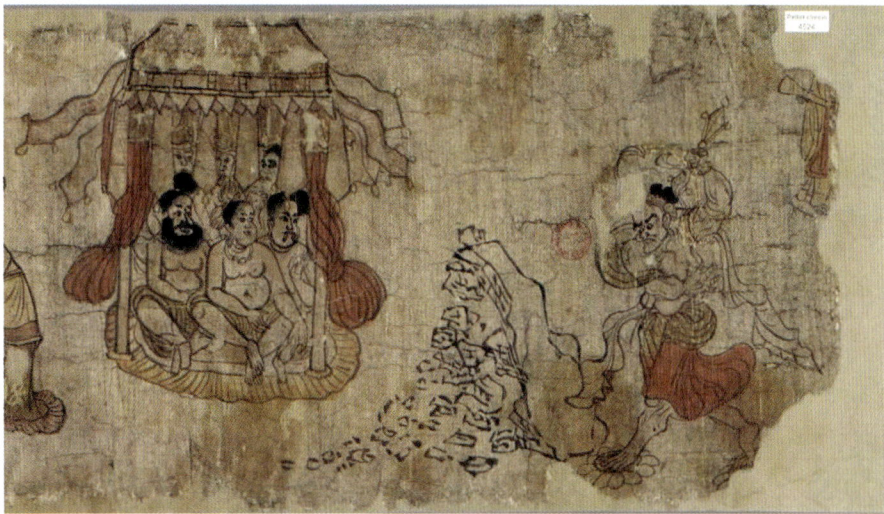

图 9-27　敦煌写本 P.4524 降魔变配图长卷（采自国际敦煌项目 IDP）

---

① 曲金良：《敦煌写本变文、讲经文作品创作时间汇考——兼及转变与俗讲问题》，《敦煌学辑刊》1987 年第 1 期，第 63—64 页。

② 李永宁、蔡伟堂：《〈降魔变文〉与敦煌壁画中的"劳度叉斗圣变"》，载敦煌文物研究所编：《1983 年全国敦煌学术讨论会文集·石窟·艺术编》（上），第 165—233 页；另见敦煌研究院编：《敦煌研究文集·敦煌石窟经变篇》，第 329—396 页。

图 9-28　敦煌写本 P.4524 降魔画卷示意图（采自巫鸿先生文章）

像表达的角度有重要的研究成果[①]，胡素馨[②]和笔者[③]则从粉本画稿角度有相应的讨论，前揭李新在研究敦煌石窟朝鲜半岛资料时也有介绍。

仔细考察 P.4524 画卷，前后均残，顺序从右至左画金刚力士击山、狮子啖牛、大象吸水、金翅鸟王降服毒龙、毗沙门天王降服黄头鬼、大风席卷六师外道营帐（这一部分残，仅剩舍利弗一方助威观战的比丘几身，系根据故事情节与画面特征分析的复原）等（图 9-28），是按变文故事情节发展顺序绘画的。每一情节均画有六师外道与舍利弗，一左一右，各方也都画有击金鼓和撞钟情节。画面之间以树或山为界隔。另在六师外道的旁边画出中原汉族帝王坐方形高座上观战，周围跟随的是大臣侍从和外族蕃王群像。

大风席卷六师外道营帐	毗沙门天王降服黄头鬼	金翅鸟王降服毒龙	大象吸水	狮子啖牛	金刚力士击山

在画面的劳度叉一方，旁边是坐高台上观看斗法的中原帝王，在中原帝王所坐高台的周围是外族蕃王像，其中就有头戴三支鸟羽冠的人物两身，其中一人黑

---

①［美］Wu Hung, "What's Bianxiang?–On the Relationship between Dunhuang Art and Dunhuang Literature", *Harvard Journal of Asiatic Studies*, vol. 52, no.1(Spring 1992): pp111–192. 巫鸿：《什么是变相》，《段文杰敦煌研究五十年纪念文集》，第 139—143 页。该文郑岩中文译本见中山大学艺术学研究中心编：《艺术史研究》第二辑，中山大学出版社，2000 年，第 53—109 页。

②［美］Sarah E. Fraser, *The Artist's Practice in T'ang Dynasty China (8th-10th Centuries),* P.H.D Diss, University of California at Berkeley, 1996.

③ 沙武田：《敦煌画稿研究》，中央编译出版社，2007 年，第 128 页。

色束发，头戴三支鸟羽冠，身穿交领大袖短袍，内穿拖地长裙（图 9-29）；另一人圆脸黑色束发，身穿交领长袍，头戴三支鸟羽冠，侧目注视舍利弗与六师外道斗法（图 9-30）。李新认为头戴鸟羽冠的两身人物，为高句丽国人物；另在配图

图 9-29　敦煌写本 P.4524 降魔变文配图中的斗法场景之一（采自国际敦煌项目 IDP）

图 9-30　敦煌写本 P.4524 降魔变文配图斗法场景局部（采自国际敦煌项目 IDP）

中还绘有头戴罗冠的人物八身，皆半身像，李新认为应为百济国和新罗国人物，并推测体型个头高大者应是百济人，体型个头较小者为新罗人，不知何据，但是其中的两身头戴鸟羽冠者为半岛人物倒是没有问题，只是其具体的国别归属却无法确指，不过从本画卷的时间出发，再结合唐与半岛三国的关系，和中原帝王一同出现的人物可能性最大的应该是一直和唐关系密切，后来又在唐的帮助下统一半岛的新罗人。

在该长卷表现舍利弗与六师外道斗法的连环画式画面中，每个情节都出现了观战的中原帝王和外族蕃王群像，这些人物虽然画在了六师外道一侧，但显然表达的不是给六师外道助威的性质，而应该是具有裁判的性质，即每个斗法环节的最后胜败的评判是由中原帝王带领下的外族蕃王来施行，或者他们在这里的身份是见证舍利弗战胜六师外道斗法的全过程。当然从 P.4524 变文配图和俗讲功能的角度讲[①]，在这里是供俗讲者给大众讲唱时增加画面的情节内容。如此说来，这里所画的中原帝王带领下的大臣侍从和外族蕃王扮演的正是晚唐五代宋时期在敦煌洞窟壁画中出现的大型经变"劳度叉斗圣变"中担当裁判的国王波斯匿王的角色（图 9-31）。

降魔变文及其配图，故事的主题是佛教战胜外道，以《贤愚经·须达起精舍缘品》《祇园因由记》中须达为佛陀建精舍遭六师外道阻拦，最后双方约定斗法决定成败，当然结果是六师溃败并最后皈依了佛教。显然是佛教宣传和吸纳信众的另一种手法。那么，在这里以中原帝王带领外族蕃王观战仲裁，可以认为在画家的笔下，或从变文配图的意图来讲，这些仲裁者最终的结果也一定是接受了佛教。从这些外族蕃王的服饰特征上判断，除了有新罗、高丽人之外，也还有戴缠头的吐蕃人，衣着简单裸身跣足的南海人，包括坐高座上的中原汉族帝王，这些均是信仰佛教的民族，其他具有西域中亚特色者不易明辨国别，但大多信仰佛教倒也不虚。

---

① ［美］Victor Mair, *T'ang Transformation Texts*, Cambridge: Harvard University Press, 1979. Victor Mair, *Painting and Performance: Chinese Picture Recitation and Its Indian Genesis*, Honolulu: University of Hawaii Press, 1988. ［美］梅维恒：《绘画与表演——中国绘画叙事及其起源研究》，王邦维、荣新江、钱文忠等译，季羡林审定，中西书局，2011 年，第 60—85 页。

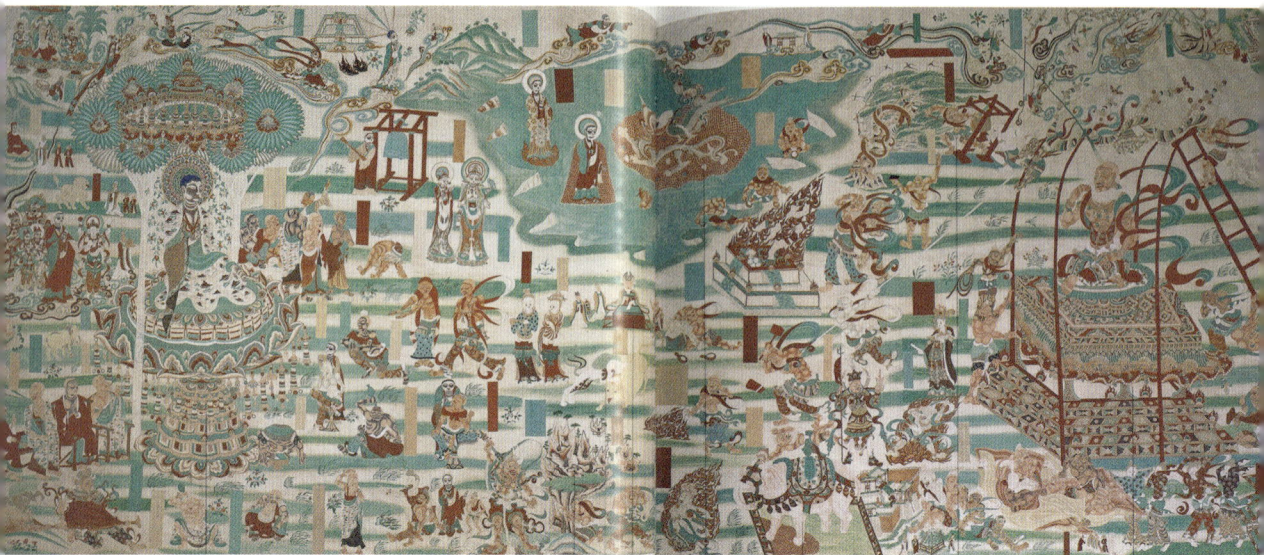

图 9-31　莫高窟晚唐第 196 窟劳度叉斗圣变（临本）（采自《敦煌石窟全集·报恩经画卷》）

因此，P.4524 降魔变文配图中见证舍利弗战胜六师外道的仲裁者们，显然是把洞窟壁画劳度叉斗圣变中固定的仲裁者波斯匿王的身份作了变化，换成了中原汉族帝王带领下的群臣和外族蕃王们，其中包括新罗人、高丽人、吐蕃人、南海人等有唐一代与唐王朝关系密切的周边各国各民族首领，实际反映出在寺院等公共场合供说唱艺人们为信众表演的题材内容中，除了佛教宣传之外，也渗入了表达天子圣明、四夷宾服、万国来会的正统思想，而新罗、高丽人的频繁出现，则是唐与半岛关系密切的再次反映。在《贤愚经·须达起精舍缘品》《祇园因由记》中，国王波斯匿王最后显然是支持了须达建精舍请佛陀来讲法的行为，那么角色互换后，在变文配图的画卷中出现的中原汉族帝王带领下的外族蕃王们，也应该是佛教的支持者和推广者。

第五节　降魔变魔军中的半岛人形象

释迦牟尼佛降魔成道是佛教艺术特别是佛传图像中常见的题材与内容，在历代的造像碑、造像塔、石窟壁画和雕刻、绢纸绘画等中均有丰富的留存，对其经典依据、图像分布和传承关系等问题，学术界的研究成果比较丰富①。单就敦煌石窟而言，从北朝以来即有图像流行，代表如莫高窟北魏第 254、260、263 窟表现佛传故事的降魔画面，到了中唐晚唐五代宋时期断断续续间有出现，如有莫高窟中唐第 112 窟（残）、晚唐第 156 窟、五代第 23 窟和榆林窟第 33 窟，另有约成作于五代的藏经洞遗画大幅绢画 MG.17655 降魔变。

　　仔细观察发现，在莫高窟晚唐第 156 窟降魔变（图 9-32）主尊左侧下方出现了两身身穿灰色（也可能是变化）交领大袖开口短袍、内穿白色拖地长裙的人物形象，此服饰特征和《隋书》卷八一《高丽传》所记"贵者冠用紫罗，饰以金银。服大袖衫，大口袴，素皮带，黄革屦"②颇为相似，二人有东倒西歪之状，衣冠不整，显然表示的是作为魔军之成员在攻击释迦时被释迦法力所回击的情景。另在榆林窟五代第 33 窟的降魔变主尊佛的左上角有一头戴颇为典型的朝鲜笠的半岛人形象（图 9-33），身体被其他魔军遮挡，唯露出头部，所戴笠清晰可见。

　　半岛人形象出现在表现释迦成道的降魔变中，显然是经典所讲前来破坏释迦成道的魔军形象。对于释迦牟尼佛传事迹中与降魔有关的情况，东汉末至南北朝末期有很多汉译佛经有所涉及，其中主要有东汉康孟详、竺大力于汉献帝建安二年（197）在洛阳合译《修行本起经》，三国吴支谦译《太子瑞应本起经》；竺法护于西晋永嘉二年（308）译于天水寺的《普曜经》；南朝宋求那跋陀罗在元嘉二十三年（446）年译于荆州的《过去现在因果经》；马鸣撰，南朝宋释宝云（376—449）译《佛本行经》；马鸣撰，昙无谶在北凉玄始年间（412—428）于敦煌译《佛所行赞》；南朝梁僧祐（445—518）译《释迦谱》以及北魏延兴二年（472）吉迦夜与昙曜合译的《杂宝藏经》等。

　　我们注意到克孜尔、敦煌、云冈等早期即北朝的降魔图像中并没有出现半岛人物形象（图 9-34、图 9-35、图 9-36），而是到了晚唐降魔变中才出现。结合

---

　　①［日］秋山光文：《インドにおける魔の表現》，《宗教美术研究》，1994 年，第 17—39 页；冉云华：《试论敦煌与阿旃陀的〈降魔变〉》，敦煌研究院编：《1987 年敦煌石窟研究国际讨论会文集·石窟艺术编》，辽宁美术出版社，1990年，第 194 页；霍旭初：《克孜尔石窟降魔图考》，《敦煌研究》1993 年第 1 期，第 11—19 页；王平先：《莫高窟北朝时期的降魔变初探》，《敦煌研究》2007 年第 6 期，第 59—63 页；敦煌研究院编，樊锦诗主编：《敦煌石窟全集·佛传故事画卷》，香港商务印书馆，2004 年；张丽香：《从印度到克孜尔与敦煌——佛传中降魔的图像细节研究》，《西域研究》2010 年第 1 期，第 58—68 页。

　　② 记载略同者见（宋）欧阳修、宋祁：《新唐书》卷 220《高丽传》，第 6166 页。

图 9-32　莫高窟晚唐第 156 窟前室顶披降魔变（采自《伯希和敦煌石窟图录》）

图 9-33　瓜州榆林窟第 33 窟北壁西侧降魔变（采自《敦煌石窟全集·佛传故事画卷》）

图 9-34　克孜尔第 80 窟降伏六师外道（采自《龟兹壁画》）

图 9-35　莫高窟北魏第 263 窟降魔变
（采自《敦煌石窟全集·佛传故事画卷》）

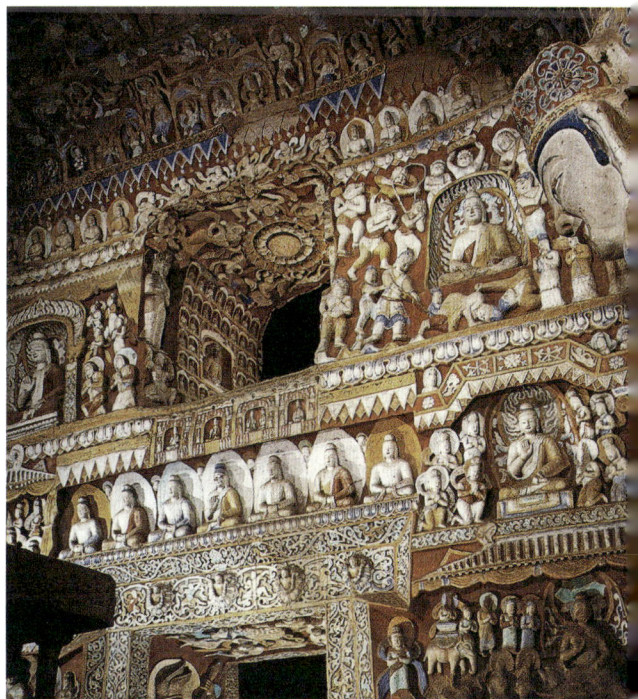

图 9-36　云冈石窟北魏第 10 窟降魔图
（采自《中国石窟·云冈石窟》）

图像中魔军人物形象比较，我们发现在佛教图像的创作过程中，早期以佛传故事画题材和艺术形式为主的造像中魔军人物较为简单和单纯，而到了以经变画题材和形式为主流的唐代及其后的降魔变中，加入了更多的人物①，其中像地神的出现即是其代表之一②。显然本文所论半岛人形象的出现是另一类变化。

高丽人形象出现在降魔变中的魔众一方，实难找到经典依据，但和隋唐以来中原王朝与半岛三国的关系有更加密切的关联。换句话说，晚唐以来降魔变中半岛人形象作为魔众出现，实是唐代的艺术家在创作此类图像时，把现实中生活中善于作战的半岛三国高丽、百济、新罗人画了进去，以他们善战和勇猛的传统形象表达外道与释迦斗争的激烈，最后当然强调的是释迦法力的强大，起到很好的佛教宣传效果。

而三国人善战和勇猛的形象在中原唐人心目中的形成，实是多种因素综合影响的结果：半岛三国相互之间长年战乱；隋代多次伐高丽却留下败绩；初唐、中唐时期"蕃兵蕃将"中高丽、百济、新罗人在唐代的武职军将系统和宫廷争夺中起了重要作用，影响了唐代的政治走向③，高仙芝、王思礼、王毛仲、李仁德、王景曜、黑齿常之、高延寿、高惠真、沙吒忠义等声名显赫、战绩突出④；此外，唐在统一新罗及之后，和半岛三国进行了长期而艰辛的战争⑤。自隋以来与半岛长期的战争，给唐代人留下了深刻的印象，至少半岛人善战、勇猛的形象使得内地的唐人有深刻的挥之不去的记忆。那么，在这样的背景下，晚唐之后的艺术家在创作降魔变题材的佛教寺观画壁时，便在北朝图像的基础上，加入了半岛人的形象，借其善战和勇猛的形象强调魔众与释迦双方斗争的激烈，进而强化佛法的威力无边。

受以上所言半岛人英勇善战观念的影响，我们在敦煌五代宋时期天王像的眷

---

　　① 张丽香：《从印度到克孜尔与敦煌——佛传中降魔的图像细节研究》，《西域研究》2010 年第 1 期，第 58—68 页。

　　② 张善庆：《中晚唐五代时期敦煌降魔变地神图像研究》，《西域研究》2010 年第 1 期，第 69—75 页。

　　③ 章群：《唐代蕃将研究》，台北联经出版事业公司，1986 年；章群：《唐代蕃将研究（续编）》，台北联经出版事业公司，1990 年，第 14—15 页；马驰：《唐代蕃将》，三秦出版社，2011 年。

　　④ 姜清波：《入唐三韩人研究》，暨南大学出版社，2010 年，第 96—147 页。

　　⑤ 拜根兴：《七世纪中叶唐与新罗关系研究》，中国社会科学出版社，2003 年。

属中也看到有头戴类似朝鲜笠帽人物形象，以莫高窟第428窟五代重绘的前室北方天王像眷属图像为例，相同的画面应该出现在同时期大量重修重绘的各窟前室天王像眷属中，只可惜因为莫高窟洞窟的前室多半被毁，或因长期显露在外而残损漫漶严重，或被后期加固工程遮掩，不能清晰地释读。

不过，需要强调的是，半岛人形象进入晚唐之后降魔变的魔众之中，虽然表面上看似有贬低的意义，其实不然。因为我们仔细观察莫高窟第156窟、榆林窟第33窟、绢画MG.17655降魔变画面，发现较多的中原王子、北朝隋以来中原王朝特征的全身武装或甲骑具装的士兵形象也加入到反释迦成道的魔众中来（图9-37），

图9-37　敦煌绢画MG.17655降魔变（《西域美术·集美美术馆藏伯希和收集品》）

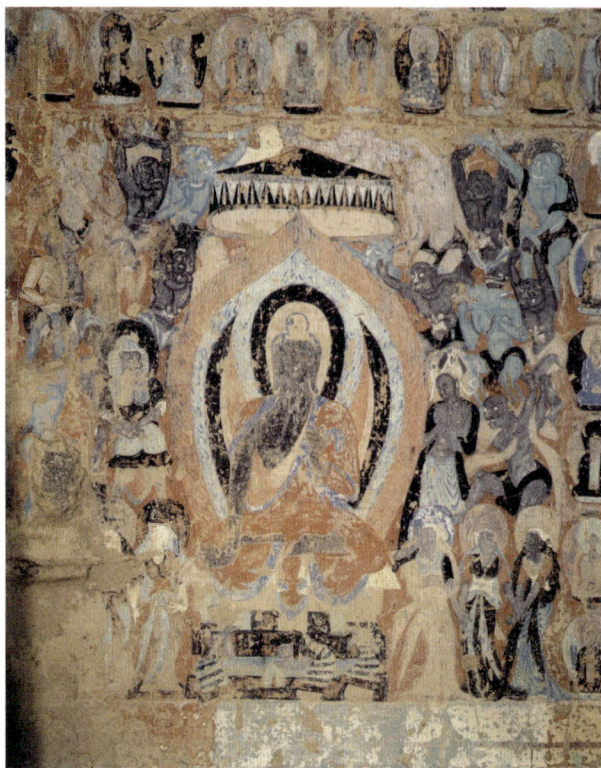

图 9-38　莫高窟北魏第 260 窟降魔变（采自《敦煌石窟全集·佛传故事画卷》）

图 9-39　莫高窟北周第 296 窟五百强盗成佛图（敦煌研究院提供）

即使是北朝的降魔图中，也已经出现中原汉地士兵形象的魔众，像北魏第 254 窟、第 260 窟降魔图中的全副武装的武士形象（图 9–38），即是我们在敦煌壁画西魏第 285 窟、北周第 296 窟五百强盗成佛图（图 9–39）和同时期北魏北周各地墓葬出土的武士俑（图 9–40）所看到的装束，显然是当时画家所熟悉的士兵的形象，把他们画入魔众，没有任何褒贬的感情色彩或文化观念、民族情感在其中，而是一种图式的共用而已。

图 9-40　潼关税村隋墓出土武士俑（左）（采自《潼关税村隋代壁画墓》彩版）、北齐元良墓出土武士俑（中）（作者拍摄）、北齐娄睿墓出土武士俑（右）（采自《晋阳与平城》）

第六节　莫高窟第 225 窟半岛僧人画像的时代

莫高窟盛唐第 225 窟主室南壁开一龛，塑涅槃像一身，在洞窟现存的涅槃像群塑中，除了主尊涅槃像外，另有举哀弟子 19 身（图 9–41），李新认为："弟子塑像东起第 7 身，为古代朝鲜半岛僧人上半身的塑像。塑像经过清代的重修，但仔细辨认，塑像的主体还是唐代原作，清代只是在脸部、胳膊、手等局部做了重

图 9-41　莫高窟盛唐第 225 窟北壁涅槃像龛（敦煌研究院提供）

修。帽子和僧衣基本为唐代原作，此僧身穿袒露右肩的田相袈裟，有缠枝纹样装饰，宽边绿色袖口白底僧衣。从颜色和纹样看质地较好。"[1]此身弟子像着袈裟，但头戴的帽子却是朝鲜笠，属仅见资料。

　　朝鲜笠，圆形帽檐，平顶，帽身为上小下大、圆形直筒的笠，不兜风、透气性强，故为夏季、秋季所戴。与中国的笠帽帽筒圆而浅、帽檐平而大不同，样式唯独和朝鲜时期人物李贤辅所戴之笠基本相同[2]，因此学者们疑为朝鲜笠。现代朝、韩研究冠帽服饰的专家普遍认为，这种笠帽的出现和使用年代为朝鲜时期，即 14 世纪以后。李新认为敦煌石窟中出现的这种笠帽为 8 世纪初作品，比现代朝、韩专家的判断提前六个世纪，此外在五代第 61 窟五台山图中出现的"高丽王使"所戴笠帽也说明这种帽子产生的时代要比朝鲜时代更早。

　　① 李新：《敦煌石窟古代朝鲜半岛人资料调查》，敦煌研究院院级课题，2011 年。
　　② 李贤辅（1467—1555）肖像画，［韩］강순제：《우리나라의 관모》，《兰斯·石宙善馆长十周年纪念论丛·韩国的服饰文化史》，学研文化社，2006 年韩文版，第 19 页图。

　　但实际上是，以莫高窟第 225 窟此身彩塑弟子像所戴笠帽来判断这种朝鲜笠出现的时间，其实是有问题的。因为就目前在洞窟中保存的弟子像而言，主要的特征是清代重修的痕迹，虽然涅槃像主尊确是唐前期原作，但是显然主尊涅槃像和后面的弟子像的艺术风格和雕塑手法不大一样，很难说后面的弟子像即是唐代原作修改后的图像遗存。而若联系到莫高窟盛唐第 148 窟涅槃大像后面清代新塑的 72 身举哀的弟子像（图 9-42），就可以大胆地推断第 225 窟这 19 身弟子像也是清代的新作，而不是唐代的原作。

　　若此推论成立，到了清代在表现涅槃像弟子举哀的彩塑造像中，仍然把朝鲜僧人的形象如此鲜明突兀地以朝鲜笠的出现表现出来，清晰地区别于其他弟子像，实是有趣的历史现象，值得做深入的探究，其究竟是图像粉本传承的结果，还是有独特的意义暗含其中？

　　另外，此弟子像作为目前极为少见的僧人戴帽图像，也是值得探讨的有趣问题。因为对于僧人的图像，有太多的资料可供比较参考。佛的弟子像，在大量的

图 9-42　莫高窟盛唐第 148 窟彩塑大像涅槃像（敦煌研究院提供）

图 9-43-1　莫高窟五代第 6 窟龛旧照（1908 年伯希和考察团拍摄）

图 9-43-2　莫高窟五代第 6 窟龛内十大弟子像（敦煌研究院提供）

各类题材中可以随时见到,十大弟子是佛教图像的主要表现题材之一,在敦煌的壁画中也很常见(图 9-43)。作为脱离尘世出家的僧人佛弟子,经受戒剃度后身份发生质的变化,其中最鲜明的特征表现在服饰上,脱了俗装改穿僧装,一定是以法服在身,而不能着世俗装。

　　佛家称剃发是度越生死之因[1],故剃发出家、一心向道[2]是由俗到僧的重要标志。唐道宣律师《四分律删繁补阙行事钞》之"受戒缘集篇第八"对僧尼出家的过程进行了详细记载,其中"受袈裟"是最后的重要环节:

　　　　除已,和尚授与袈裟,便顶戴受,受已还和尚,如是三反。和尚为着之,说偈言:"大哉解脱服,无相福田衣。披奉如戒行,广度诸众生。"礼佛讫,行绕三匝,说自庆偈:"遇哉值佛者,何人谁不喜。福愿与时会,我今获法利。"礼大众及二师已,在下坐,受六亲拜贺。出家离俗,心怀远大,父母等皆为作礼,悦其道意。中前(即中午以前)剃发。《毗尼母》云:"剃发着袈裟已,然后受三归、五戒等。"[3]

　　剃度受戒出家的场景在敦煌画弥勒经变和劳度叉斗圣变中也有大量的表现,其中最引人注意的是刚剃发后即脱俗装着袈裟的一个个僧人形象(图 9-44)。但在第 225 窟居然出现了僧装和俗装的朝鲜笠相结合的僧人形象,显然是在有意突出此身僧人的朝鲜人身份归属。因为之前我们在敦煌莫高窟盛唐第 217 和第 103 窟佛顶尊胜陀罗尼经变序品的画面中,看到来五台山巡礼文殊圣迹的罽宾僧人佛陀波利在漫长的丝路古道上行进的场景中,佛陀波利所戴即是世俗装帷帽幂篱(图 9-45)。

　　但是我们也注意到,这里佛陀波利之所以要戴上世俗装幂篱,显然是画家为了表现其在漫长古道上行进,防风沙雨雪而特意添加的,并非僧装所本有。沈从

---

　　① 任继愈:《佛教大辞典》,江苏古籍出版社,2002 年,第 1152 页。
　　② 丁福保:《佛学大辞典》(下),上海书店出版社,1991 年,第 1700 页。
　　③(唐)道宣:《四分律删繁补阙行事钞》卷 3,《大正藏》第 40 册,第 1804 页。

图 9-44　莫高窟晚唐第 9 窟劳度叉斗圣变中皈依佛教的外道形象（敦煌研究院提供）

图 9-45　莫高窟盛唐第 103 窟佛顶尊胜陀罗尼经变佛陀波利旅行图
（采自《敦煌石窟全集·法华经画卷》）

图 9-46　唐昭陵郑仁泰墓出土彩绘骑马俑
（采自国家文物局编《丝绸之路》）

图 9-47　吐鲁番阿斯塔那唐墓出土彩绘骑马俑（采
自甘肃省博物馆等编《丝绸之路——大西北遗珍》）

文对唐以来流行于妇女出行等场景中的帷帽幂篱有专门的研究，此类图像在唐代的墓葬如郑仁泰墓（图 9-46）、吐鲁番阿斯塔那墓（图 9-47）出土陶俑，唐代绘画如《明皇幸蜀图》《唐人游春图》《蜀道图》等中有见到，但不见有僧人使用的事例。因此莫高窟第 217、103 二窟佛陀波利着装和第 225 窟的朝鲜僧人所着笠倒是为此类研究提供了新的资料，实是有趣的形象历史。

特征如此鲜明的朝鲜僧人形象进入到涅槃弟子群像中来，也有可能是受到唐以来出现半岛三国人形象的涅槃经变中王子举哀图的影响，像我们在莫高窟中唐第 158 窟的涅槃经变中看到的戴羽冠和遗子礼冠式半岛人形象（图 9-48），随着时间的推移，画工画匠们在绘画塑造涅槃主题时，把曾经出现在各国王子举哀场景中的半岛人形象，以巧妙的方式移植到弟子身上。若此推论成立，则必存在强

图 9-48　莫高窟中唐第 158 窟涅槃经变各国王子举哀图（采自《伯希和敦煌石窟图录》）

烈的半岛因素的影响，或有半岛粉本影响，或有半岛人参与洞窟的营建，否则无
法理解仅出现此一身例外造像的现象，同时也需要解释没有给其他各国僧人以服
饰区别标记的原因。

小　结

以上所论诸多敦煌石窟资料中的朝鲜半岛人物图像，分别出现在维摩诘经
变、五台山图、降魔变文配图、降魔变、涅槃塑像中，给我们研究敦煌图像所记
载的丰富的文化交流现象提供重要的思考。同时，这些半岛人形象的出现，也让
我们看到佛教图像在创作和传播的过程中，受到当时人们所在的社会政治、时代
现象、文化认同等诸多复杂因素和观念的左右和影响，所以说图像背后往往包含
有重要的历史信息。

敦煌图像中的这些丰富的半岛人物形象，各自出现的背景和所表达的含义不尽相同。以莫高窟第 220 窟为代表的维摩诘经变外族蕃王使臣问疾图中的半岛使臣的出现，不仅反映学界讨论较多的有唐一代"万国来会""四夷宾服"的帝国气象，也反映出敦煌人特有的选择意图。而五台山图中的新罗送供使和高丽王使画面，实则是画家笔下描绘的前来巡礼五台山的特殊代表团。至于出现于降魔变文配图中的半岛人画像，除了体现中原正统的思想之外，同时也强调了半岛对佛教推广和宣传实际的地位。而晚唐之后降魔变中出现新的半岛人作为魔众的图像成分，并无任何贬义，主要强调的是半岛人善战与勇猛的形象，实是唐人观念中的半岛人形象的真实体现。至于第 225 窟涅槃像后举哀的弟子像中出现的朝鲜僧人，从僧人法服的角度看，是佛教美术史上的独特现象，显然有强调的成分在，且以极其醒目的方式强调了其身份归属，背后的原因有待探讨，但其时代不会早到唐代，而且极有可能是清代的作品。

第十章

敦煌壁画外道女性表现手法的丝路文化属性

  佛教形成之初，印度大地上宗教思想流派众多，因此佛教在形成的过程中始终伴随着与各种佛典所谓"外道"之间形式多样的斗争，其中像婆薮仙、鹿头梵志、尼乾子、劳度叉、六师外道等，是佛典所记载外道的代表，另在佛典中"婆罗门"也往往是外道之一类。不过需要明白，作为佛教外道人物的婆罗门主要所指即是婆罗门教人物，对于佛教艺术中的婆罗门教神祇的形象，以敦煌壁画所见，严耀中有辑录并讨论[①]。佛教中另有一类婆罗门则是印度的种姓，多皈依佛教，同样是佛教艺术中常见的形象。

  有关外道的记载在佛典中极为丰富，不一而足。同样，外道在佛教造像、壁画、绘画中也比比皆是。在印度、巴基斯坦、阿富汗等地出土的早期佛教造像中，外道往往以婆罗门的形象出现，佛教造像传入西域和汉地后，外道仍然以婆罗门的形象表现，可以看到这种图像传统延续时间较长，一直到五代宋时期仍然变化不大，之后到了西夏、辽、金、元、明、清时期则发生了变化，外

---

① 严耀中：《关于敦煌壁画中来自婆罗门教神祇形象的诠释》，《敦煌学辑刊》2012年第2期，第68—76页。

道被画成富有中国本土人物特征的形象，印度原始的影响越来越少。

外道和婆罗门形象在佛教造像和壁画中常见的基本特征是男性人物，裸上身，着短裤或短裙，绕身一帛带，光腿，跣足，身体修长，似以瘦弱状为特征，往往肋骨突出，长发束于头顶，面部多皱纹，有长胡须长眉毛，头发、胡须、眉毛色彩丰富，此类人物图像在克孜尔和敦煌壁画中较为常见。对于佛教艺术中的外道形象，吕德廷有专题研究，以敦煌石窟资料为中心，系统梳理了包括执雀外道、鹿头梵志、事火外道、火天、尼乾子、六师外道等形象在内的佛教外道形象①，对我们认识佛教图像和观念中的外道有重要的参考意义。总体观察佛教艺术中的外道图像，其中女性外道形象颇为少见，即使出现也多有因时代而变化的现象。

目前所见女性外道形象以敦煌石窟较多，虽然学术界对外道相关问题有讨论，但涉及外道形象本身的讨论较少，吕德廷对涅槃经变中的外道形象做过研究②，至于外道女性的形象问题，还无人关注。鉴于此，本章试就敦煌洞窟壁画中的外道女性形象做些简单的介绍并讨论。

第一节　敦煌早期洞窟故事画中的女性形象

要深入探讨敦煌壁画中的女性外道形象的基本表现形式及其深刻的历史含义，作为比较，首先需对早期洞窟壁画中较为常见的女性人物形象做些梳理。此处定义的早期洞窟，主要是指莫高窟北凉、北魏、西魏、北周洞窟。对早期洞窟壁画故事画中的女性形象表现手法进行观察，或许对我们理解其后外道女性形象表现手法有所帮助和启示。

我们之所以选择早期洞窟壁画中的女性形象，是因为这一时期壁画的主体样式还比较忠实于新传入的佛教艺术粉本画稿，也就是说其中的人物仍然以印度、中亚、西域人物形象特征为主。到了隋代，敦煌的佛教艺术发生较大的变化，完全是中原汉式粉本作用下的中国化了的艺术样式。这一时期佛教故事画中的女性

---

① 吕德廷:《佛教艺术中的外道形象——以敦煌石窟为中心》，兰州大学博士学位论文，2015年。
② 吕德廷:《论涅槃图中的外道形象》，《民族艺术》2013年第6期，第130—135页。

图 10-1　莫高窟北魏第 254 窟主室北壁尸毗王本生故事画（采自《敦煌石窟全集·本生因缘故事画卷》）

图 10-2　莫高窟北魏第 257 窟沙弥守戒自杀缘品画面中以女色诱惑小沙弥的少女形象（采自《敦煌石窟全集·本生因缘故事画卷》）

也完全是同时期中原汉人形象特征，没有了佛教艺术最初传入时人物的印度、中亚、西域式面貌特征。

　　莫高窟北魏第 254 窟主室北壁尸毗王本生故事画中（图 10-1）[①]，在尸毗王的左侧两排人物中，有多位女性，当是尸毗王的眷属，这些女性完全是西域式人物形象，头戴宝冠，面容姣好，身材修长，上身往往穿有网格纹紧身衣，胸部外套短马甲状护胸衣，上有圆圈状纹饰，恰与乳房突起部位结合，女性特征明显，下身穿不同颜色的长裙，外有帔帛环绕，整体而言女性形象特征突出。同一画面中出现的婆罗门形象人物也非常典型。这种颇为典型的中亚西域式的女性形象，在同时期的故事画中较多见到，如第 257 窟沙弥守戒自杀缘品画面中以女色诱惑小沙弥的少女形象（图 10-2）、第 254 窟难陀出家缘品中难陀美丽的妻子孙陀利的形象（图 10-3）、第 257 窟九色鹿本生故事画中国王王妃形象（图 10-4）、第 257 窟须摩提女因缘故事画中的须摩提女及与满财长者一起请佛的女性眷属形象（图 10-5）。

---

　　① 本文所使用与参考的敦煌洞窟壁画以敦煌研究院编、香港商务印书馆出版全 26 本《敦煌石窟全集》为主，敦煌研究院版权所有，为了节省篇幅，文中所引图版不再单独作注，特此说明。

图 10-3 莫高窟北魏第 254 窟难陀出家缘品中的难陀和妻子孙陀利
（采自《敦煌石窟全集·本生因缘故事画卷》）

以上人物形象所具有的鲜明中亚西域式女性特征，是同时期或之前河西等地墓葬壁画、画像砖等中女性形象从未出现过的。我们在河西魏晋墓画像砖或壁画中看到的女性形象，或是河西少数民族形象（图 10-6），或是各时期传统的汉人女性形象（图 10-7），而出现前述形象，显然是佛教艺术早期阶段原始观念和粉本所致。

非常有趣的是，到了西魏洞窟中，以第 285 窟沙弥守戒自杀

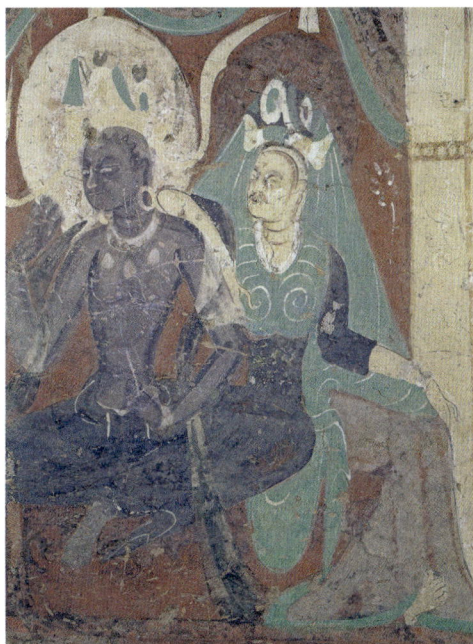

图 10-4 莫高窟北魏第 257 窟九色鹿本生故事画中的国王和王妃（采自《敦煌石窟全集·本生因缘故事画卷》）

图 10-5　莫高窟北魏第 257 窟须摩提女因缘故事画中的须摩提女及与满财长者一起请佛的女性
眷属（采自《敦煌石窟全集·本生因缘故事画卷》）

图 10-6　酒泉丁家闸 5 号墓壁画乐舞图（作者拍摄）

图 10-7　高台魏晋墓画像砖上的汉人女性形象（高台博物馆提供）

缘品为代表，其中少女形象完全成了汉式人物服饰和面貌，不再表现强调性别特征的女性身体，而只是以传统的汉晋服饰来表现（图 10-8）。之后北周洞窟壁画故事画中，人物形象完全汉化，不再有北凉北魏时期中亚西域式人物特征和画法。甚至到了隋代第 423 窟须达拏太子本生故事画中，表现外道婆罗门的妻子时，也完全是隋代汉人女性形象（图 10-9），但北周隋画面中的婆罗门则一直是外道典型形象，延续早期传统，没有变化。即使是在表现佛教因缘因果报应的低贱的微妙比丘尼故事画面中，微妙比丘尼的形象也是传统的汉人形象（图 10-10）。唯在北周第 428 窟独角仙人本生中画出骑在独角仙人身上的淫女，非北周汉人形象，而是身着短袖紧身衣的胡女形象（图 10-11），同窟梵志夫妇摘花坠命因缘图中的女性梵志，则是全裸的身体，只在腰间束一短裙，虽然裸体，但并不表现女性乳房等性别特征，显然画家是有所考虑的。

　　整体观察，结合后文所论早期洞窟降魔变中外道女性表现手法，可以看到敦煌石窟在表现外道女性时从最初的中亚西域式性别特征突出的女性形象，到西魏、北周时期完全汉化的女性形象，在中间也会穿插胡人或完全婆罗门形象的女性形象，而到了隋代第 423 窟婆罗门妻子完全汉化的形象，则是画家在表现包括外道女子在内的女性形象时受汉人传统性别观念影响而变化的结果。而同时期的北魏云冈石窟和龙门石窟造像中，女性形象完全成了北魏世俗装的形象了，中国化严重。同时期前后各地发现的造像碑中亦是如此。相比较而言，敦煌早期壁画中仍然保留了更多的西域中亚因素和艺术成分，显示出敦煌在丝路文化交流过程中所处之独特位置，值得研究佛教艺术样式问题者关注。

图 10-8 莫高窟西魏第 285 窟沙弥守戒自杀缘品中的少女形象（采自《敦煌石窟全集·本生因缘故事画卷》）

图 10-9 莫高窟隋代第 423 窟须达拏太子本生故事画中外道婆罗门及其妻子（采自《敦煌石窟全集·本生因缘故事画卷》）

图 10-10 莫高窟北周第 296 窟微妙比丘尼因缘（采自《敦煌石窟全集·本生因缘故事画卷》）

图 10-11　莫高窟北周第 428 窟独角仙人本生（采自《敦煌石窟全集·本生因缘故事画卷》）

第二节　降魔成道图中的外道魔女

降魔成道是佛陀在成佛道路上重要的一个环节，在和魔军斗争的过程中，魔王有三女欲以美色诱惑即将悟道成佛的太子菩萨，最后释迦以法力使得三美女变成老妪形象。具体经典可见较早的东汉康孟祥、竺大力共译《修行本起经》记：

菩萨心自念言：今当降魔官属……魔王不听，三女自占，一名恩爱，二名常乐，三名大乐："父王莫忧，吾等自往坏菩萨道意，不足劳父王，勿复忧念。"于是三女，严庄天服，从五百玉女，到菩萨所，弹琴歌颂，婬欲之辞欲乱道意。三女复言："仁德至重，诸天所敬，应有供养，故天献我。我等好洁，年在盛时，愿得晨起夜寐供侍左右。"菩萨答言："汝宿有福，受得天身，不惟无常，而作妖媚，形体虽好，而心不端。譬如画瓶中盛臭毒，将以自坏，有何等奇。福难久居，婬恶不善，自亡其本，福尽罪至，堕三恶道，受六畜形，欲脱致难。汝辈乱人道意，不计非常，经历劫数，展转五道。今汝曹等，未离勤苦。吾在世间，处处所生，观视老者如母，中者如姊，小者如妹，诸姊等各各还宫，勿复作是曹事。"菩萨一言，便成老母，头白齿落，眼冥脊伛，拄杖相扶而还。①

又，三国吴月支优婆塞支谦译《佛说太子瑞应本起经》卷上：

> 魔王不听，召三玉女，一名欲妃，二名悦彼，三名快观，使行坏菩萨意。三女皆被罗縠之衣，服天名香璎珞珠宝，极为妖冶巧媚之辞，欲乱其意。菩萨心净，如琉璃珠，不可得污。三女复白日："仁德至重，诸天所敬，应有供养，故天献我。我等好洁，年在盛时，天女端正，莫有殊我者，愿得晨起夜寐供侍左右。"菩萨答曰……其三玉女，化成老母，不能自复。②

西晋月氏三藏竺法护译《普曜经》卷第六"降魔品第十八"：

> 尔时波旬告其四女，一名欲妃，二名悦彼，三名快观，四名见从："汝诣佛树惑乱菩萨，嗟叹爱欲之德，坏其清净之行。"女闻魔言，即诣佛树，住菩萨前，绮言作姿三十有二……菩萨心净，犹明月珠而无瑕疵，如日初出照于天下，犹如莲华在于泥水而无所着，如须弥山不可移动，其德高远诸根寂定，其心澹泊而无增损。尔时魔女善学女幻迷惑之业，往欲乱道……其魔王女化成老母，不能自复，即还魔所。③

敦煌壁画降魔成道图自北朝以来一直延续到西夏时期，画面中均有表现魔王三魔女以美色诱惑释迦的情节，仔细观察可以看到其中在美女形象表现手法和价值取向上的有趣变化：

---

① （汉）康孟祥、竺大力译：《修行本起经》卷2，《大正藏》第3册，第184页。
② （三国吴）支谦译：《佛说太子瑞应本起经》卷上，《大正藏》第3册，第185页。
③ （晋）竺法护：《普曜经》卷6，《大正藏》第3册，第519页。

一、北朝降魔成道图中的魔女形象

　　莫高窟北魏第 254 窟主室南壁降魔成道图，释迦右下侧是前述北朝壁画故事画中的三位身姿婀娜的中亚西域式美女，即魔女，上身着紧身衣，外套护胸短马甲式衣服，下身穿长裙，帔帛环绕，头戴花冠，面目白皙清秀，眉目传情，细腰，胸部突起，女性特征突出，有搔首弄姿之态，系表现以美色诱惑释迦（图10–12）；但是佛左下侧的三身女性完全变了模样，我们注意到其服饰没有变化，但头上不再有花冠，而是壁画常见婆罗门式的束发，面目不再是清秀状，老态十足，布满皱纹，神情惊慌。

　　莫高窟北魏第 263 窟主室南壁降魔成道三位魔女的青年美丽形象和被释迦法力所变老妪的面貌、神情、服饰等基本同第 254 窟者，但由于该幅画系 20 世纪初剥出的壁画，色彩基本没有变化，因此画面人物神情面貌更加传神（图 10–13）。

图 10-12　莫高窟北魏第 254 窟降魔变中的外道
魔女（采自《敦煌石窟全集·佛传故事画卷》）

图 10-13　莫高窟北魏第 263 窟主室南壁（上）及降魔成道图（下）（敦煌研究院提供）

　　莫高窟北周第 428 窟主室北壁的降魔成道图中，画家画出了二身魔女，青年和老年魔女主要的区别是青年魔女上身着凸现丰满胸部的紧身衣和短马甲式上衣，头戴花冠，身体丰满健美，面目清秀；而老年魔女则上身全裸，身体全不见女性丰满双乳，且肌肉松弛，没有了头上的花冠，成为婆罗门式束发，面目神情老态十足，狼狈不堪的样子（图 10-14）。

图 10-14　莫高窟北周第 428 窟主室北壁的降魔成道图及其中的魔女形象
（采自《敦煌石窟全集·佛传故事画卷》）

在北魏云冈石窟的降魔成道图中，魔女的形象完全是大袍长裙的北魏贵族女性形象，到了龙门石窟早期女性形象则变成秀骨清像式的贵族妇女形象，同时没有看到被变老变丑的老妇人形象。

二、唐代降魔成道图中的魔女形象

唐代降魔成道图仅见于莫高窟晚唐第 156 窟前室门上，画面中三位青年魔女身着大袖裙襦，高发髻，头戴繁缛的花冠，足蹬云头履，显然是唐代贵妇人装饰；人物面貌富态，神情庄重，站成一排，各持一乐器，正在演奏音乐，以美色和音乐诱惑释迦（图 10-15）；画面中的三位老妇人形象则完全不同，裸上身，

图 10-15　莫高窟晚唐第 156 窟前室门上降魔成道图（采自
《敦煌石窟全集·佛传故事画卷》）

华贵的上衣完全不存，仅着以背带裙，露出小腿，跣足，高发髻和繁缛的花冠也不在了，成为婆罗门式束发，人物不再整齐排列，凌乱不堪，三人乱作一团之状，面目虽然不清楚，但大致可以看到其惊慌之状，老态十足（图 10-16）。

三、五代宋曹氏归义军时期降魔成道图中的魔女形象

莫高窟五代第 61 窟主室四壁下部佛本行集经变，其中表现释迦降魔成道画面中（图 10-17），三位青年魔女类似曹氏归义军贵妇人装饰，身着大袖裙襦，足蹬云头履，高发髻，头戴繁缛的花冠，站列整齐，各手持乐器作演奏状；画面中被释迦以法力变成老妪形象的三位老魔女，完全是三位婆罗门式老妇人，形象似第 156 窟者。

榆林窟五代第 33 窟主室北壁西侧降魔成道图，其中释迦左右两侧的青年和老年魔女，基本的图像布局与人物特征是继第 156 窟的样式，青年三魔女是曹氏贵妇人装饰，足蹬云头履，站成一排演奏乐器，老年三魔女则完全是婆罗门老妇人形象（图 10-18）。

图 10-16　莫高窟晚唐第 156 窟前室门上降魔成道图中的外道魔女（采自《敦煌石窟全集·佛传故事画卷》）

图 10-17　莫高窟五代第 61 窟主室四壁下部佛本行集经变释迦降魔成道画面（采自《敦煌石窟全集·佛传故事画卷》）

图 10-18　榆林窟五代第 33 窟主室北壁西侧降魔成道图（榆林窟文物保护研究所提供）

图 10-19　藏经洞绢画 MG.17655 降魔成道图（采自《西域美术·集美美术馆藏伯希和收集品》）

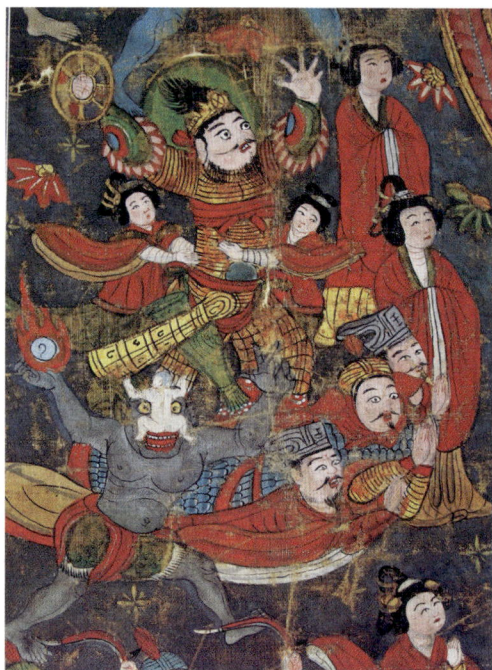

图 10-20　藏经洞绢画 MG.17655 降魔成道图中的女性形象（采自《西域美术·集美美术馆藏伯希和收集品》）

图 10-21　榆林窟西夏第 3 窟正壁中间的八塔变降魔成道塔（榆林窟文物保护研究所提供）

藏经洞绢画 MG.17655 降魔成道图中（图 10-19），没有之前站成一排身份明确的魔女形象，但在释迦两侧分别出现几身类似曹氏归义军贵妇人形象的女性，身着大红长袖大襦，足蹬云头履，但各自手中无器物，均拢袖，没有表现出搔首弄姿的媚态，似乎都在很崇敬地仰望释迦（图 10-20），画面中没有看到有被释迦变丑变老的老魔女形象，应该是被画家们有意省略处理。

四、西夏降魔成道图中的魔女形象

到了西夏时期，在榆林窟第 3 窟正壁中间的八塔变正中为降魔成道塔（图 10-21），佛塔的左右两侧分别画青年魔女三人和老年魔女三人。其中青年魔女是典型的西夏贵妇人形象，高发髻，身着小袖衣，下着长裙，着云头履，双手拢袖中，衣着得体，面貌清秀，静静地侍立一旁；右侧被释迦法力变老变丑的三位老

图 10-22　榆林窟西夏第 3 窟正壁中间的八塔变降魔成道塔局部（榆林窟文物保护研究所提供）

图 10-23　榆林窟西夏第 3 窟正壁中间的八塔变降魔成道塔中的外道魔女形象（榆林窟文物保护研究所提供）

魔女，形象大变，面目狰狞恐怖，头发蓬乱，既丑又老，大腹便便，肌肉或突起或下垂；三人敞怀露乳，其中一人双乳下垂，正在照镜，面目似鬼怪，另一人双手托双乳，正在向释迦喷毒乳汁，攻击释迦（图 10-22、图 10-23）。

梳理敦煌壁画历代降魔成道图中的魔女形象，可以发现以下几个现象或特征：

1.北朝壁画中的魔女形象是纯外来特征。其中青年魔女为中亚西域青年女子形象，老年魔女则是婆罗门老年妇人形象，在女性形象特征的表达上借用的是西域中亚和印度本土女性形象及其装束，总体上可以看到这一时期敦煌的画工画匠们在文化取向上把外道的魔女身份归为外来人物形象，因此其使用粉本有中亚西域特征。在这里，洞窟壁画的创作者们，没有以北朝社会传统的汉人女性形象服饰来入画，显然是有文化取向的，考虑到故事画中魔女表现反面女性的身份，没有选择以敦煌现实生活中的汉人社会女性形象来绘画，而是移植到在传统文化中认为女德观不强的中亚西域女性身上。

2.唐五代宋时期壁画中的青年和老年魔女形象区别明显。其中青年魔女完全是唐宋时期汉人贵妇人形象，而老年魔女则是婆罗门老妇形象，如此变化显系汉人传统社会中对女性审美和好坏判断标准所导致，以唐宋汉人贵妇人形象表示美丽娴淑的青年女性，以婆罗门老妇人形象隐喻丑陋可恶的坏女人。

3.西夏时期魔女形象衣着暴露，魔性十足。公然在画面中把女性的乳房清晰画出，同时又出现手托双乳的形象，应当是西夏时期党项画家和功德主们已不受汉人社会儒家传统文化制约，可以在画面中如此写实地描绘女人隐私的身体，实有文化和艺术巨变的西夏民族文化背景。

整体而言，敦煌绘画降魔成道图中对魔女形象的描述，虽然均是魔女，但也分为年轻貌美的少女形象和衰老丑陋的老妇人形象，在不同的时代有形象上的差异和变化，反映出艺术家创作的时代文化审美倾向。

第三节　劳度叉斗圣变中的外道女性

劳度叉斗圣变是敦煌壁画中外道婆罗门形象人物最多的经变画，其中劳度叉一方全是属于外道人物，男性多是束发、碧眼、高鼻、长须、裸上身、身披帛带、着束腰裙或短裤、光腿、跣足，头发和胡须颜色丰富，红色偏多，身体皮肤多松弛，个别则是典型的健美型肌肉，符合敦煌壁画表现外道婆罗门形象人物的画法和基本特征。但其中出现的几幅表现外道女性的画面并没有以婆罗门妇女形象出现，甚为独特，值得注意。

按照劳度叉斗圣变所据《降魔变文》①，劳度叉在和舍利弗斗法的过程中，其中有一个环节是劳度叉一方以魔女诱惑舍利弗，最后在舍利弗一方大风的猛吹下，这些妖艳的魔女们也被吹得失却了美丽的外表，个个惊惶失措。

画面所据变文敦煌藏经洞有发现，其中S.4527-2《降魔变文》记载外道魔女情节的文字为"外道诸女严丽装饰，拟共惑舍利弗时"。具体洞窟壁画中的相应画面题记有类似反映，如莫高窟第98窟劳度叉斗圣变有两则相关题记反映外道魔女出场，分别为"外道女欲生幻惑舍弗遥知心时""处道女严丽庄饰拟共惑舍利弗时"，莫高窟第146窟劳度叉斗圣变中反映外道女的榜题有"外道美女数十人拟惑舍利弗遥知令诸美女被风吹急羞耻遮面却回时"，莫高窟第55窟相应题记为"外道天女风吹得急站立不稳时"。

图10-24　莫高窟初唐第335窟龛内劳度叉斗圣变外道女性（敦煌研究院提供）

画家们在创作经变画时，虽然充分地考虑到这些人物是外道女性的属性，但是在具体的画面中，基本上还是以汉人女性的形象来表现。如最早出现此情节的莫高窟初唐第335窟龛内的劳度叉斗圣变中的三位外道女性，身着长袖衣并长裙，整体人物服饰和面貌是唐人形象，只是把外道女性丰满的胸部通过衣服凸出的两个圆圈加以表现（图10-24），算是比较开放写实的笔法了。

到了晚唐五代宋时期大型的劳度叉斗圣变中的外道女性群体，往往以艳丽的服饰、紧身的上衣、纤细的腰身来表达其作为外道魔女的形象，个别人物

---

① 李永宁、蔡伟堂：《〈降魔变文〉与敦煌壁画中的"劳度叉斗圣变"》附录《莫高窟第9窟等"劳度叉斗圣变"榜题与变文对照》，载敦煌文物研究所编：《1983年全国敦煌学术讨论会文集·石窟·艺术编》（上），第165—233页，另载《敦煌研究文集·敦煌石窟经变篇》，第329—396页。

图 10-25　莫高窟晚唐第 196 窟劳度叉斗圣变中的外道女性（敦煌文物研究所临本）

胸部女性特征明显，但整体上仍是汉人面貌和服饰，很难看出有外道女性的形象因素，惟赤足倒是有外道的因素，其中以莫高窟晚唐第 196 窟（图 10-25）、晚唐第 9 窟、五代第 146 窟（图 10-26）等窟外道魔女最富特征。之后五代宋归义军时期劳度叉斗圣变中的魔女形象，依然是唐宋女子服饰和形象，变化不大。

　　以上劳度叉斗圣变中外道魔女，整体上是唐宋女性形象特征，若从洞窟经变画所处时代而言，如此画法并不新鲜，但是我们对相应的劳度叉斗圣变整体画面略作观察可知，充满巨大画面、人物数量众多的男性外道形象特征极其明显，是佛教艺术在印度、中亚、西域、中原及敦煌本地唐之前外道的传统形象，即婆罗门形象（图 10-27）。既然画面中的外道男性全是婆罗门形象，为什么这几身女性却以唐宋女性形象出现？

　　如果按照佛教艺术在印度、中亚和西域的常用表现手法，在劳度叉斗圣变中以身体诱惑舍利弗的形象，必然是要突出女性身体生理特征，而不是以"严丽装饰"来进行诱惑。显然，通过服饰的美丽来诱惑男性，是中国传统文化中对女性审美的规范和观念，早在《诗经》《列女传》《女史箴》中即有记载。

图 10-26　莫高窟五代第 146 窟劳度叉斗圣变中的外道女性（敦煌文物研究所临本）

图 10-27　莫高窟晚唐第 196 窟劳度叉斗圣变（敦煌文物研究所临本）

第四节　报恩经变中的婆罗门女性形象

《大方便佛报恩经》在"序品"中讲阿难路遇一婆罗门担负老母行乞，得美食即仰奉老母，得恶食则自食之。婆罗门斥责释迦为无恩分人，阿难求示于佛，引起佛说《报恩经》。具体经文内容见失译人名《大方便佛报恩经》"序品第一"：

> 尔时，阿难承佛威神，于晨朝时入王舍城，次第乞食。尔时，城中有一婆罗门子，孝养父母，其家衰丧，家计荡尽，担负老母，亦次第行乞，若得好食，香美菓蓏，仰奉于母；若得恶食，蔜菜干果，而自食之。阿难见之，心生欢喜，偈赞此人："善哉！善哉！善男子！供养父母，奇特难及！"
>
> 有一梵志，是六师徒党，其人聪辩，悉能通达四围陀典、历数算计、占相吉凶、阴阳改变，豫知人心。亦是大众唱导之师，多人瞻奉；执着邪论，为利养故，残灭正法，心怀嫉妒，毁佛法众。语阿难言："汝师瞿昙，诸释种子，自言善好，有大功德，唯有空名，而无实行。汝师瞿昙，实是恶人，适生一七，其母命终，岂非恶人也？逾出宫城，父王苦恼，生狂痴心，迷闷躄地，以水洒面，七日方能醒悟。云：'何今日失我所生？'举声大哭，悲泪而言：'国是汝有。吾唯有汝一子，云何舍我，入于深山？'汝师瞿昙，不知恩分，而不顾录，遂前而去，是故当知是不孝人。父王为立宫殿，纳娶瞿夷，而不行妇人之礼，令其愁毒，是故当知无恩分人。"
>
> 阿难闻是语已，心生惭愧。乞食已，还诣佛所，头面礼足，却住一面，合掌白佛言："世尊！佛法之中，颇有孝养父母不耶？"[1]

在敦煌所见的报恩经变中，可以看到表现该经序品的画面[2]，莫高窟晚唐第 85 窟

---

[1] 失译：《大方便佛报恩经》卷 1，《大正藏》第 3 册，第 156 页。
[2] 李永宁：《报恩经和莫高窟壁画报恩经变相》，载敦煌文物研究所编：《敦煌研究文集》，甘肃人民出版社，1982 年，第 189—219 页；另载敦煌文物研究所编：《中国石窟·敦煌莫高窟（四）》，文物出版社、平凡社，1987 年，第 190—203 页；再载《敦煌艺术图典》，艺术家出版社，1991 年，第 588—605 页。

报恩经变中，持杖托钵着袈裟比丘形的阿难路遇束发、长须、裸上身、着短裙裤、光腿、跣足的婆罗门形男子二人（图10-28），其中一人背负一女子，高发髻，身着直袖衫、高腰裙，面目白皙清秀，完全为一唐人女子形象。另一身旁边持杖而立的婆罗门男子，当是佛经中的"梵志""六师徒党"。有题记："尔时六师徒党，亦是大众唱道之师，残灭正法……瞿昙白言实恶人踰城……"画面中的二婆罗门男子形象完全是敦煌画中自早期以来常见的外道形象。

另，莫高窟五代第4窟报恩经变中持锡杖、身着袈裟的比丘形阿难路遇束发、裸上身、着短裙裤、光腿、跣足的婆罗门形男子，该男子背一竹篓，内坐一女子，有题记"尔时婆罗门见路沙门问事时"（图10-29）。有趣的是，婆罗门是敦煌壁画传统的外道形象，但其竹篓内的女子则完全是唐五代服装，亦是唐五

图10-28　莫高窟晚唐第85窟报恩经变阿难路遇婆罗门画面
（采自《敦煌石窟全集·报恩经画卷》）

代汉人形象，无任何婆罗门的形象
特征。

　　而在莫高窟盛唐第148窟报恩
经变相同情节的画面中，阿难遇到
的婆罗门中，有代表六师徒党的老
年婆罗门，身后是二年轻的婆罗门
男子。其中一男子背负一老人，更
为有趣的是，在这里画家表现的是
婆罗门背负老父乞食，此老人为一
老年婆罗门男子形象（图10-30），
而非前面二窟所见的汉人女子形象。

　　由以上画面中表现婆罗门父母
形象的明显区别可知，画家在洞窟
壁画中有意把作为婆罗门女性形象

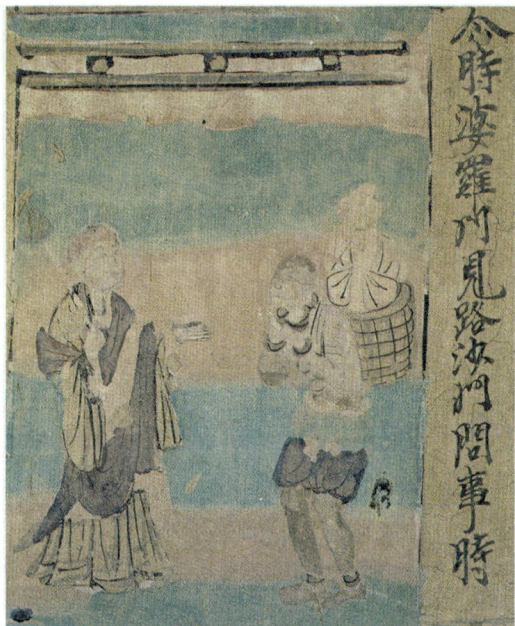

图 10-29　莫高窟五代第 4 窟报恩经变阿难路遇婆
　　　　　罗门画面（采自《敦煌石窟全集·报恩经画卷》）

图 10-30　莫高窟盛唐第 148 窟报恩经变阿难路遇婆罗门画面（采自《敦煌石窟全集·报恩经画卷》）

的母亲画成汉人女子特征，而婆罗门男性无论老少皆是典型的传统婆罗门形象。如此明显的形象区别，并不合经典原意，也不合实际情况，因为在这里婆罗门的母亲断无为汉人女子的可能性，故如此笔法，实是汉人文化圈中对包括胡人等外族在内的女性的偏见所导致的画工画匠在绘画时的艺术隐讳手法。

第五节　印度、中亚和克孜尔石窟女性形象

梳理了敦煌壁画中外道女性形象之后，考虑到比较研究的需要，有必要就佛教造像的源头印度、中亚和克孜尔石窟等造像和壁画中的女性形象作些梳理，或许有不一样的发现。

由现今保存在世界各地博物馆或出自印度、巴基斯坦、阿富汗等地的佛教造像可知，在表现佛传、本生、因缘故事情节画面中的女性人物时，全裸丰乳形象的女性形象比比皆是，对于女性的性别特征不仅毫不掩饰，而且往往有刻意夸张的手法（图 10-31、图 10-32、图 10-33）。据学者们研究，此类佛教造像中的女性形象的来源往往与印度早期流行的大地丰饶女神形象有一定的关系，这些被称为大地丰饶女神的形象，身体曲线优美，甚至也有不少的造像中女性性器官也会被表现出来（图 10-34），受其影响印度佛教造像中的女性形象一直延续到 9 世纪左右[1]。总体而言，在印度的造像中女性形象多突出表现富于女性特征的优美的身体线条和突出的双乳等，人物几乎是裸体，到了巴基斯坦和阿富汗一带，略有含蓄手法，穿衣服的女性形象开始出现[2]。

到了克孜尔石窟壁画中，在大量的有关本生、因缘、佛传故事画中，女性形象也颇为丰富，表现手法也富于艺术性。大致有两种形象：

第一种形象是颇为夸张的女性形象，裸体，写实。如第 76 窟释迦苦修场面，其中释迦左侧为三身年轻漂亮的女性，最前面一身极显妩媚之姿，身体几乎全裸，搔首弄姿状，释迦右侧三位女性则是三身老态十足的妇人形象（图 10-35）。

---

① ［日］高田修：《佛像の起源》，岩波书店，1967 年。
② 参见 ［日］宫治昭、［日］肥冢隆编：《世界美术大全集·东洋编·印度》，小学馆，2000 年。

图 10-31　印度博物馆藏公元前 1 世纪印度佛传投胎图
（采自罗世平、如常主编《世界佛教美术图说大典·雕塑 4》）

图 10-32　印度阿旃陀石窟壁画（采自《世界美术大全集·东洋编·印度》）

图 10-33　印度博物馆藏公元 1 世纪初山奇大塔上的
降魔成道图（采自《世界美术大全集・东洋编・印度》）

图 10-34　印度博物馆藏公元 2 世纪印度丰收女
神（采自《世界美术大全集・东洋编・印度》）

图 10-35　克孜尔第 76 窟降魔成道图（采自《中国石窟・克孜尔》）

第38窟优陀羡王故事画面中，正在跳舞的有相夫人裸体，双乳突出，身姿优美（图10-36）。

第二种形象是较为含蓄的女性形象，穿着华丽漂亮的衣服，装饰性强。如第171窟乐神善爱乾达婆王的女眷头戴宝冠，上穿圆领紧身半袖衫，下着透明带花边的喇叭状裙裤，外套短裙，装饰繁缛，少女形象明显。第206窟难陀出家因缘中难陀美丽的妻子的服饰装扮大致如此（图10-37）。此类女性形象实可与同时期龟兹壁画中的龟兹王妃供养像相媲美（图10-38）。

在克孜尔石窟壁画中，甚至可以看到个别飞天的形象也是女性特征明显，至于像第178窟表现《佛所行赞》所记皈依佛教的庵摩罗女形象（图10-39）等，则是典型的龟兹石窟女性特征的人物画法。

总之，无论是印度、中亚还是西域地区，在表现佛教女性形象时完全忠实于女性身体本身，不仅如此，在印度造像中往往有夸张的手法，到了克孜尔石窟开始出现以服饰和装饰表现美丽女性的手法，此类女性形象更多的是龟兹供养人像

图 10-36　克孜尔第 38 窟优陀羡王故事画
（采自《中国石窟·克孜尔》）

图 10-37　克孜尔第 206 窟难陀因缘
（采自《中国石窟·克孜尔》）

图 10-38　克孜尔第 8 窟龟兹供养人
（采自《中国石窟·克孜尔》）

图 10-39-1　克孜尔第 178 窟庵摩罗女
（采自马秦编著《龟兹造像》）

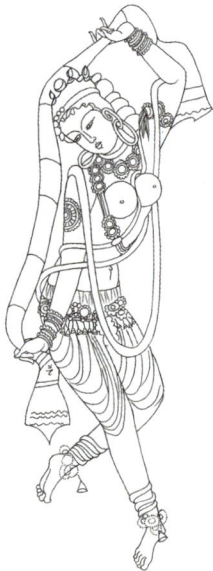

图 10-39-2　克孜尔第 8 窟舞女作比丘尼（左）、第 83 窟龟兹女性舞蹈（中）、第 69 窟托钵佛说法图中舞女（右）
（线图采自王建林编绘《新疆石窟艺术线描集》）

中王族女性贵妇人形象的写照，因此同样有写实的成分，但明显地受到龟兹当地女性文化和现实生活中女性形象的影响，这种表现美丽女性的手法被后来的敦煌早期石窟所传承。

第六节　现象总结
——敦煌壁画外道女性形象变化轨迹

通过上文对敦煌壁画中早期洞窟女性人物和各时期外道女性形象的梳理，可以看到，整体而言，敦煌早期壁画中的女性和唐之前降魔成道画面中的外道魔女形象，其正面形象传承的是西域龟兹壁画中的女性表现手法和形象特征，而对女性反面的形象，往往是借助于传统的婆罗门女性形象来表达。早期壁画中女性形象的变化，是从西魏第285窟开始，不再以中亚西域式女性形象来表现佛教故事，而是以同时期汉人女子形象替代。到了唐代开始，降魔成道图中女性外道正面形象则完全变成唐人女子形象，但其反面形象仍然是婆罗门女性形象。到了西夏时期，外道女性正面形象为西夏女子，反面则以中国画中的魔女形象替代。

至于唐宋以来劳度叉斗圣变中的外道女子形象，虽然多少有些妖娆妩媚，但在身体和形象上总体仍然是汉文化背景下汉化的外道女子，没有了中亚西域式女性性感的身体，也没有外道婆罗门妇女特征明显的丑陋形象，在表现手法上比较中庸。

而中晚唐时期报恩经变中的六师外道妻子以唐人妇女形象出现，实是唐人对胡人女子形象不认同的原因造成，也是敦煌艺术中外道女性形象没有真实表现的代表事例。而这一外道婆罗门形象汉化的事例，如同隋代第423窟须达拏太子本生中婆罗门妻子的隋代妇女形象，包括劳度叉斗圣变中外道女子的汉化形象，应该说均是绘画艺术中外道女性汉化的代表和图像反映。外道婆罗门女性形象汉化之外，还有一种胡化的现象，其代表即是北周第428窟仙人为淫女所骑画面的胡服淫女形象。

佛教艺术中男性外道的婆罗门形象，应该说是源自佛教造像传承自有的图像系统，一直到唐宋时期变化不大，但其中女性外道则在艺术家的笔下一直发生着变化。首先是在西域龟兹石窟壁画中，虽然来自印度中亚的图样即完全裸体、女性特征明显的女性形象也时有出现，但同时龟兹艺术家创造出更加符合当地现实生活和审美的龟兹式女性形象。

佛教艺术传入汉地后，我们目前看到造像故事画中没有明确的外道女性形象，但是女性形象倒是不少，以佛传中佛母为代表，关中十六国北朝时期的造像碑如碑林博物馆藏北魏和平二年（461）造像，背面出现的佛传故事画中，佛母均是当时的世俗贵妇人形象装束（图10-40），其形象特征完全汉化了（图10-41）。另像云冈北魏石窟降魔成道图中的魔女，完全是北魏拓跋贵族女性装束（图10-42），而龙门石窟北魏和西魏时期故事画中的女性，则完全是秀骨清像或褒衣博带式汉地女性的形象，麦积山石窟依然如此（图10-43）。因此，以十六国北朝关中地区造像、云冈北魏石窟、龙门北魏石窟、麦积山后秦和北魏、西魏、北周时期洞窟壁画为代表的佛教故事画中女性的完全汉化形象，强调和说明的是内地佛教艺术在第一时间即受到汉文化对女性规范和审美观念的制约，从印度、中亚、西域传来的粉本画稿做了修改，以符合汉地人们的心理接受、文化认同和审美需求，因此这些形象统统成为各个时代本地贵族女性或汉人女子形象。

但是在敦煌，北魏时期洞窟壁画佛教故事画中的女性以中亚西域式美女形象为主，到了西魏北周时期出现汉化的女性形象，不过北周降魔成道图中的魔女仍然是北魏的传统，之后到了唐代开始汉化。因此可以看到，敦煌北魏时期佛教艺术的审美和平城中心区是有区别的，在敦煌仍然延续的是中亚西域的样式，说明当时敦煌地区在西域文化影响下，人们是可以接受和认同这种不太符合汉文化审美的外来女性形象的，此一点正是敦煌作为丝路"华戎所交一都会"的文化现象。

图 10-40　碑林博物馆藏西安出土北魏和平二年造像碑正背及局部（作者拍摄）

图 10-41　西安出土北魏皇兴五年造像碑正背及局部（作者拍摄）

图 10-42　云冈石窟第六洞第一层西壁下层
中央（云冈石窟研究院提供）

图 10-43　麦积山第 133 窟北魏造像碑
（采自《中国石窟・天水麦积山》）

第七节　文化偏见

——中国传统文化中对外来女性歧视性的图像表达

莫高窟归义军晚期即宋代第76窟，主室东壁门两侧画八塔变，现存上部四塔变，下四塔变残毁不存[①]。此八塔变是这一时期新出现的壁画题材和样式，据谢继胜考证，是同时期印度波罗艺术影响的结果[②]。这一时期东印度波罗艺术对敦煌的影响，和同时期新一轮印度僧人来华与汉地僧人前往印度求法有密切的关系。但有趣的是，我们仔细观察谢继胜用来讨论其粉本传承关系的东印度贝叶经释迦牟尼八大灵塔图像，其中表现释迦降生的画面中，佛母摩耶夫人及身边的侍女，均是女性特征突出的典型的波罗风格图像（图10-44），这也是印度早期图像中女性人物形象表现手法的一脉相承。但是到了莫高窟第76窟，虽然八塔变整体是波罗艺术样式，但是仔细比较其中描绘释迦降生的画面，树下的摩耶夫人仅着短裙，裸露身体，但毫无女性特有的身体特征，身边的随从也是一样（图10-45）。显然是敦煌的画家在选择运用新传来的波罗艺术图样时，充分考虑到敦煌当地的文化认同和审美规范，对波罗图样做了些改动，保留了波罗艺术整体特色，但把敦煌人无法接受的波罗艺术中夸张的女性身体表达手法进行了改造，以适应功德主和信众的需要。同一画面中太子占相情节的"相师阿私陀仙"没有以传统敦煌画佛传中相师的外道婆罗门形象出现，而是和净饭王、摩耶夫人等形象一致，大概也是敦煌画工改动的结果。

以上现象，是中国传统文化中对外来女性歧视和偏见作用下图像表达的结果。如果与同时期西藏西部寺院壁画表现佛传等故事画面中女性形象做些比较，可以看到古格艺术中表现女性身体的大胆手法。我们可以在古格红殿，托林寺红殿和白殿，东嘎、皮央石窟中看到这些奔放的女性形象，而且壁画中的女性往往

---

① 孙修身：《莫高窟第76窟〈八塔变相〉中现存四塔考》，《敦煌研究》1986年第4期，第37—46、104页。
② 谢继胜、于硕：《"八塔经变画"与宋初中印文化交流——莫高窟七六窟八塔变图像的原型》，《法音》2011年第5期，第37—43、73—77页。

图 10-44　波罗时期贝叶经八千颂般若经插图中的降生
（采自《世界佛教美术图说大辞典》）

图 10-45　莫高窟宋代第 76 窟八塔变之降生第一塔及局部（《中国石窟·敦煌莫高窟（五）》）

是菩萨或天人身份，并不是要刻意表达女性形象，尤其是古格红殿佛传画面中外道魔女形象，极具性诱惑，特别是把女性生殖器也画了出来（图10-46），实是汉文化绘画史上不可想象的手法，可以充分感受到藏文化在对待女性身体方面和

图 10-46 西藏古格红殿降魔成道图及局部魔女形象（作者拍摄）

汉文化有天壤之别。

总体而言，敦煌壁画中外道女性（包括外道魔女）形象从中亚西域式美女和婆罗门丑女向完全汉化女性形象转化、六师外道和婆罗门妇女由汉人女性形象替代、外道淫女胡人形象的出现、波罗艺术女性形象的无性化处理手法，是中国传统文化对外来女性歧视和偏见现象以图像形式表达的典型事例。

中国文化在对待女性外貌形象的态度上一直是保守和含蓄的，历史时期对女性美貌的描述往往是通过对女子服饰、行为、修养、品德、妇道的品评来体现，很少会直接描述女性的身体，最多只是描述一下女子的皮肤、面貌、眼睛、手指等平时外露的部位，不可能对女性性特征有丁点涉及。因为女性的身体在中国传统文化中是绝对隐私的，总是被严密包裹在宽大厚实的衣服之中。早在先秦时期《诗经》中就出现了大量描写女子美貌的诗歌，其中以《卫风·硕人》《陈风·泽陂》《郑风·野有蔓草》等为代表。通过《诗经》系列诗歌的描述，可以看到先秦时期的美女标准和男子差别不大，而且往往以高大健硕为美[1]，与后世对女性的审美有较大的出入。西汉刘向《列女传》和东汉班昭《女诫》给妇女确立基本的"妇德"标准，"贞节烈女"成为妇女最高的道德规范，也使得妇女成为中国男权社会的附属品，到了宋明理学兴起之后，此观念进一步确立[2]，妇女在家庭和社会完全沦为"三纲五常"下的牺牲品，明清以来妇女裹脚现象的出现，更是对女性地位毁灭性的打击。显然，在这样的文化认同和社会观念下对女性形象的描绘，只能是通过服饰的展示、整体外貌的品评，不可能有更直接开放的表述。不过唐代妇女地位的提高和唐人胡风的盛行，使得妇女自然天成的身体曾经得到一度绽放，出现了像方干在《赠美人》诗句中出现的"朱唇深浅假樱桃""粉胸半掩疑晴雪""舞柳细腰随拍轻"[3]等较为大胆率真的对女性颇为性感身体的描述。即使如此，总体而言，唐代女性形象也还是无法脱离侧重表现服饰装扮等外在成分的基本手法，像阎立本《步辇图》、张萱《捣练图》和《虢国夫人

---

① 焦杰：《从〈诗经〉看先秦的美女观》，载氏著《性别史论稿》，科学出版社，2015年，第40—50页。
② 焦杰：《〈列女传〉与周秦汉唐妇德标准》，《陕西师范大学学报》（哲学社会科学版）2003年第6期，第92—98页，另载氏著《性别史论稿》，第19—29页。
③（清）彭定求等编：《全唐诗》卷651，第7478页。

游春图》、周昉《挥扇仕女图》和《簪花仕女图》（图 10-47）、敦煌出土《引路菩萨图》（图 10-48）等传世名画，以及唐李寿墓石椁、唐武惠妃墓石椁线刻仕女图（图 10-49），唐昭陵陪葬墓、乾陵懿德太子墓、章怀太子墓等出土的仕女壁画（图 10-50）和各式女俑，以及常见的唐代墓葬三彩仕女俑（图 10-51），虽然极尽描述唐代女性开放之美，但总体上仍然表现的是女性的神韵之美，豪华的服饰、繁缛的装扮是绘画的主要着眼点，很难看到通过身体性别特征来展示女性之美的作品，更不可能看到有如同印度、中亚、西域、西藏艺术中常见的裸体女性形象。

以上所述是中国文化中对汉人传统社会女子在妇德、形象方面的规范和反映，至于像对本文重点所论佛教外道女性类外来女性的态度，则有不一样的标准。整体而言，中国典籍文献对外来女性的记载非常有限，就我们所知，目前所见以丝路胡人女性为主的外来女性，其代表即是来自粟特地区的"胡旋女""胡妓"，另有随胡人男子一道入华的胡人女子，但此类女性往往无有记载，惟有墓

图 10-47 唐周昉《簪花仕女图》人物特写（采自陕西师范大学图书馆数据库）

图 10-48　敦煌出土绢画《引路菩萨图》及局部（采自《西域美术·大英博物馆藏斯坦因收集品·敦煌绘画》）

图 10-49　唐武惠妃墓石椁线刻人物仕女图（采自《皇后的天堂——唐敬陵贞顺皇后石椁研究》）

图 10-50　唐昭陵陪葬墓出土壁画仕女图（采自陕西历史博物馆《唐墓壁画珍品》）

图 10-51　西安博物馆藏唐代
肥胖仕女俑（作者拍摄）

志有些反映，但这些胡人女子的墓志文字已然成为格套，文字描述的往往是典型的汉人女子形象，无任何胡气可言。至于对这些胡人女性的形象记载，惟有诗词常见的唐代风尘社会的胡人女子倒是颇为真实，如李白笔下的"胡姬貌如花，当垆笑春风""胡姬招素手，延客醉金樽"①。像唐人诗歌中描述的能歌善舞、富有异域风情的"酒家胡"，多是通过奴婢贸易入华的胡人女子②，还有在《朝野佥载》《太平广记》等唐人笔记小说、传奇等中所记"狐女"多被隐涉为胡人女性③，这些胡人女性虽然有文字的记载，但很难看到具体的形象留存。另一方面，这些文字中描述的胡人女性，显然不能被正统和上层社会所认同，充其量是供他们玩乐的对象，因为胡人女性在中国的文化中是受歧视的，所以我们在大量的墓葬等出土的胡人画像、三彩、陶俑等资料中（图10-52），看到的全为胡人男子像，几乎看不到有关胡女的资料，当系时人对胡女的偏见。对此孙机有自己独到之见解，颇具启发意义④。汉文化对胡人的文化偏见，也表现在陈寅恪、黄永年作过专题讨论的"狐臭""胡臭"与胡人关系问题上⑤。法国葛乐耐（Frantz Grenet）通过对安伽墓石棺、MIHO粟特人石棺、安阳粟特人石棺的观察，敏锐地指出，这些社会地位较高的粟特人墓主（像萨保），均穿粟特胡服，而他们的妻子却总是穿着汉人服饰⑥。史君墓石椁史君夫妇画像也不例外（图10-53）。

　　其实仔细观察已经出土的粟特胡人石棺床和石椁上的图像，会发现一个有趣的现象，不仅女主人为汉人形象，包括一些侍女人物也为汉装，充分表明入华的粟特人对汉文化的认同，汉人社会对胡女的偏见和轻视，也使这些来自中亚的移民在本属自己的墓葬画像艺术中不得不有所选择，实属不得已而为之。但有意思

①（唐）李白：《李太白全集》卷3、卷17，中华书局，1977年，第200、807页。
② 芮传明：《唐代"酒家胡"述考》，《上海社会科学院学术季刊》1993年第2期，第159—166页。
③ 王青：《西域文化影响下的中古小说》，中国社会科学出版社，2006年。
④ 乾陵博物馆编：《丝路胡人外来风——唐代胡俑展》孙机撰写"序言"，第10页。
⑤ 陈寅恪：《狐臭与胡臭》，国立清华大学中国文学会编：《语言与文学》，中华书局，1937年；黄永年：《读陈寅恪先生〈狐臭与胡臭〉——兼论狐与胡之关系》，载氏著《唐史十二讲》，第181—190页。
⑥［法］葛乐耐（Frantz Grenet）：《粟特人的自画像》，载《粟特人在中国——历史、考古、语言的新探索》，第305—323页。

图 10-52　唐墓出土各式胡人男性俑（采自国家文物局编《丝绸之路》）

图 10-53　西安北周史君墓石椁墓主夫妇宴饮场面（采自西安市文物保护考古研究院编著《北周史君墓》）

的是，学者们研究表明，入华的粟特人多半保持着族内通婚的习俗[①]。在这样的情况下，即使是真为胡女者仍不愿意画成地道的胡人形象，其原因是相同的，由社会认同的价值取向所左右。

　　敦煌吐蕃时期粟特人石姓家族营建的第 359 窟，在家族成员集体供养人画像中[②]，出现了完全胡人面貌的家族第一代祖宗形象，但是在其他家族男女面貌上

　　① 程越：《从石刻史料看入华粟特人的汉化》，《史学月刊》1994 年第 1 期，第 24—25 页；蔡鸿生：《唐代九姓胡与突厥文化》，第 22—23 页；荣新江：《北朝隋唐粟特聚落的内部形态》，《中古中国与外来文明》，第 132—135 页；陈海涛、刘惠琴：《来自文明十字路口的民族——唐代入华粟特人研究》，商务印书馆，2006 年。
　　② 沙武田：《莫高窟吐蕃期洞窟第 359 窟供养人画像研究——兼谈粟特九姓胡人对吐蕃统治敦煌的态度》，《敦煌研究》2010 年第 5 期，第 12—24 页；沙武田：《敦煌的粟特胡人画像——莫高窟第 359 窟东壁门上新释读石姓男供养像札记》，樊锦诗、荣新江、林世田主编：《敦煌文献·考古·艺术综合研究——纪念向达先生诞辰 110 周年国际学术研讨会论文集》，第 262—276 页；沙武田：《吐蕃统治下敦煌的一个粟特人家族——以莫高窟第 359 窟供养人画像为中心》，载荣新江、罗丰主编：《粟特人在中国：考古发现与出土文献的新印证》，第 436—565 页。

图 10-54 莫高窟中唐第 359 窟粟特石姓家族女性供养像（敦煌研究院提供）

无一具胡人特征者，家族女性不仅未出现胡人面貌者，其服饰也不合吐蕃人的要求，与男性表现出完全不一样的情况，全部以唐装出现（图 10-54），实际上也是胡人女性不愿意暴露其胡文化背景的表现。供养画像中如此手法，其实也是胡人女性审美在汉人社会的基本标准和要求。

社会对胡人女性的文化歧视，最终导致艺术表达上的偏见，具体体现在学界讨论最多的胡旋舞图像舞蹈者性别方面。隋唐时期九部乐和十部乐中的"康国伎"，即是胡旋舞，据学者们考证，胡旋舞实是康国舞，是以胡人女子为主的舞蹈，白居易《胡旋女》记"胡旋女，出康居"，元稹《胡旋女》记"天宝欲末胡欲乱，胡人献女能胡旋"，《新唐书·西域传》"康国条"载开元初向大唐贡"胡旋女子"，同载米国也是开元时"献胡旋女"，以康国为代表的中亚诸国石国、米国等向大唐进献"胡旋女"之记载不绝于史书[1]。以女子为主要表演者的胡旋舞，到了唐都长安，有杨贵妃对之情有独钟，白居易笔下"中有太真外禄山，二人最

---

[1] 蔡鸿生：《唐代九姓胡与突厥文化》，第 46—70 页。

道能胡旋"是也。安禄山是胡人代表，能够跳本民族的舞蹈倒也不足为怪。奇怪的是，文献记载如此明确的胡女舞蹈，在目前所见学界归为胡旋舞蹈的图像上，却完全是二男子的舞蹈者，代表如宁夏盐池何氏墓门舞蹈（图10-55）、西安碑林藏《半截碑》舞蹈（图10-56）。另有学界熟知的几乎没有疑问的敦煌莫高窟第220窟的三组舞蹈图及其他几窟同类舞蹈图，因为是佛教经变画中舞蹈，是二天人的形象（图10-57），女性成分更多，倒是有胡人女子胡旋的影子，可以认为是胡旋舞本来面貌的反映。

多年来随着考古工作的开展，唐代舞蹈图像也不断被发现，其代表如韩休墓乐舞图（图10-58）、李道坚墓乐舞图[1]、李宪墓乐舞图、李邕墓乐舞图等唐长安墓葬的乐舞图，其中或二人舞蹈，或一人舞蹈，舞蹈者性别组合关系方面，韩休墓乐舞图中为一胡人男子和一唐人女子对舞，李宪墓乐舞图为一男一女，均为唐人形象，其他二墓为二唐人女子形象。但非常遗憾的是，还不能肯定这些图中所绘就是唐前期盛极一时的胡旋舞，惟有韩休墓乐舞最为形似，有学者主张其是华化的"胡舞"[2]，周伟洲则认为是"胡部新声"[3]。如果考虑到上述唐人社会对胡人女子的文化偏见，在唐人墓葬壁画中要出现完全的胡人女子舞蹈图像确实有文化认同的困扰，于是舞蹈者统统以唐人女子形象出现，以代替现实生活中胡旋女、胡妓。如此推测，或许可为胡旋舞图像的断定提供另一个思考的角度，因此韩休墓乐舞图的属性似有重新思考的必要和空间。

自汉晋以来，中国绘画、雕塑等艺术中人物形象可以裸体或半裸体出现的极少，不要说女性形象，即使是男性形象也没有多少可能，这是汉文化儒家礼制的基本要求。综观传世绘画、考古资料、宗教寺院和洞窟等资料，惟有童子形象可以裸体，特别是佛教艺术中的化生童子，裸体者常见（图10-59）。另有大家熟悉的佛教力士药叉形象，多是裸体，因为属护法神，以隆起的肌肉宣示力量。此种大胆真实的艺术手法，显然是因为对小孩和特殊护法的形象而言，传统的礼制

---

① 井增利、王小蒙：《富平县新发现的唐墓壁画》，《考古与文物》1997年第4期，第8—11页。
② 程旭：《唐韩休墓〈乐舞图〉属性及相关问题研究》，《文博》2015年第6期，第24—25页。
③ 周伟洲：《唐韩休墓"乐舞图"探析》，《考古与文物》2015年第6期，第73—79页。

图 10-55　宁夏盐池粟特何氏墓门胡旋舞线图（采自罗丰
《胡汉之间——"丝绸之路"与西北历史考古》）

图 10-56　西安碑林《半截碑》上的胡旋舞（采自罗
丰《胡汉之间——"丝绸之路"与西北历史考古》）

图 10-57　莫高窟初唐第 220 窟胡旋舞线图（史敦宇绘）

图 10-58　唐韩休墓壁画乐舞图（陕西历史博物馆提供）

图 10-59-1　莫高窟中唐第 197 窟净土变中的童子像（敦煌研究院提供）

图 10-59-2　莫高窟盛唐第 79 窟窟顶壁画童子画像（敦煌研究院提供）

图 10-60　莫高窟北魏第 251 窟说法图（采自《中国敦煌壁画全集·北魏》）

道德观念约束性不强，或不受约束。另像佛教壁画等图像中的菩萨形象，唐宋之前往往是半裸体状，上身一般不穿衣服，但会以天衣、璎珞等装饰（图 10-60），同时尽可能地淡化身体的曲线，使观者关注的焦点集中在菩萨的慈悲之相。佛教造像中菩萨像的此类半裸体形象，实是受印度中亚西域佛教图像粉本的影响，另一方面也是充分考虑到菩萨作为佛国世界人物的特性，才在汉人世界允许其半裸出现。但是从性别关系上来讲，菩萨是中性人，非男非女，而在汉人世界的菩萨形象是以大丈夫身出现，以敦煌壁画为例，菩萨往往有小胡须，身形健硕（图 10-61），这大概也是汉地画家刻意改造的结果，目的是适应汉文化环境下人们的认同感和审美要求。

即使如此，汉地半裸体式的菩萨画像发展到宋代，在宋明理学的作用下，也开始发生变化，菩萨往往穿上了汉人社会的传统服饰，菩萨的形象也更像是汉人女子形象（图 10-62）。而藏传佛教艺术图像中性感的菩萨形象的出现（图 10-63），显然是藏文化所独有的文化理解和审美需求作用的结果。至于力士、夜叉、小鬼等护法神的半裸体形象，则完全是佛教世界一类特殊职能神祇特有的形象符

图 10-61　莫高窟中唐第 199 窟龛外北侧菩萨
像（采自《中国敦煌壁画全集·中唐》）

图 10-62-1　陕西蓝田水陆庵明代菩
萨彩塑（作者拍摄）

图 10-62-2　陕西蓝田水陆庵彩塑组合（采自陕西省文物保护研究院编《蓝田水陆庵》）

图 10-63-1　藏传佛教菩萨像唐卡、扎塘寺菩萨像（采自谢继胜主编《藏传佛教艺术发展史》）

图 10-63-2　俄藏黑水城艺术品唐卡造像一组（采自《俄藏黑水城艺术品》）

图 10-63-3　榆林窟西夏第 3 窟度母像（作者拍摄，史敦宇临摹）

号，其传统还是来自印度最初的造像，一直没有变化，因此不能构成人们文化理解和观看审美上的困惑，另当别论。

小　结

梳理敦煌画中外道女性形象基本的图像特征和变化轨迹，结合中国传统文化中对女性妇德的基本规范，让我们看到外来女性在汉文化语境下颇为艰难的处境，以至于她们本来姣好的面貌身体被淹没在强大的文化认同和审美规范之中。外来女性形象作为一种隐讳的艺术对象，或不予表达，或被汉人女子所替代。因此，以较为常见的粟特胡人女子"胡旋女""胡妓"为代表的外来女性形象，虽然诗歌文献资料有频繁的记载，但可惜的是在艺术形象方面几乎是空白。幸好敦煌壁画有较多的属于外道女性的形象资料，让我们看到从早期洞窟中的中亚西域式外道女性、婆罗门女性到被汉人女性形象所替代的外道和婆罗门女性形象，也有外道婆罗门女性形象的胡化现象。

汉化与胡化，是佛教艺术中外道女性形象的两条基本道路，而导致此变化的重要原因是汉文化对外来女性的偏见，最后形成颇具艺术歧视现象的外道女性形象表达方式。如果把外道女性形象的这一变化轨迹，结合唐宋之前一直没有变化的男性外道即婆罗门形象，男女外道形象的不变与变化之间，其实是可以看到文化偏见下艺术歧视的不争事实，进而对我们理解中国传统社会女性地位、女性艺术表达等问题有所启示。

作为表达信众信仰和功德观念的洞窟壁画、彩塑、造像碑等艺术形式，不同时期、不同区域的艺术表达，其实是要受到相应的时代文化和审美观念的左右，敦煌画中外道女性表达手法的有趣现象，透过现象看本质，其实是一种文化的记忆，也是汉文化在接受外来艺术时的审美认同及相应改造，也包括其适应行为和现象。因此，可以认为，透过敦煌画中外道形象表现手法，能够看到汉文化圈中外来艺术转变的轨迹，也可以看到受偏见文化影响下的一种颇具歧视性思想的审美艺术。在这里，我们所看到的外道女性形象，虽然在整个佛教艺术长河中微不足道，但其已不再是单纯的艺术本身，而是文化认同、审美冲突和宗教调和的结果，以小见大，可以看到外来艺术进入汉地后颇为有趣的"礼遇"，最终成为我们今天认识人类文化与艺术相互碰撞、融合、交汇的独特案例，富于历史启迪意义，值得重视。

第十一章
莫高窟第 323 窟丝路图像张骞出使
西域图的艺术史意义

　　莫高窟第 323 窟开凿于盛唐时期，窟内壁画以佛教史迹画和戒律画为主要题材内容（图 11-1、图 11-2、图 11-3），且属目前所知敦煌石窟中唯一以此类壁画为主要题材的洞窟，因而引起学界的广泛关注[①]。其中以巫鸿《敦煌 323 窟与道宣》为宏观的总结性研究[②]，把莫高窟第 323 窟的营建和唐代道宣的南山律宗思想及其在敦煌的活动结合起来，并认为第 323 窟有可能即是敦煌当地授"菩萨戒"的道场。后来颜娟英发表新作，对巫鸿观点提出质疑，以刘萨诃瑞像为中心，探讨了第 323 等窟图像产生的原因和意义，指出："初唐时期，莫高窟第 203 窟、323 窟与 332 窟可以说是武周晚期，河西走廊流行'凉州瑞像'风潮的一环。与

---

　　① 金维诺:《敦煌壁画中的中国佛教故事》,《美术研究》1958 年第 1 期,第 73—79、119 页；马世长:《莫高窟第 323 窟佛教感应故事画》,《敦煌研究》试刊第 1 期,1982 年,第 80—96 页；史苇湘:《刘萨诃与敦煌莫高窟》,《文物》1983 年第 6 期,第 5—13、97、101—102 页；孙修身:《莫高窟佛教史迹故事画介绍》(三),《敦煌研究》试刊第 2 期,1982 年,第 88—107 页；孙修身:《刘萨诃和尚事迹考》,敦煌文物研究所编:《1983 年全国敦煌学术讨论会文集·石窟·艺术编》(上),第 272—310 页；敦煌研究院编,孙修身主编:《敦煌石窟全集·佛教东传故事画卷》,香港商务印书馆,1999 年,第 144—146 页。

　　② 巫鸿:《敦煌 323 窟与道宣》,胡素馨主编:《佛教物质文化: 寺院财富与世俗供养国际学术研讨会论文集》,上海书画出版社,2003 年,第 333—348 页。

图 11-1　莫高窟盛唐第 323 窟主室空间结构
（采自《敦煌石窟全集·佛教东传故事画卷》）

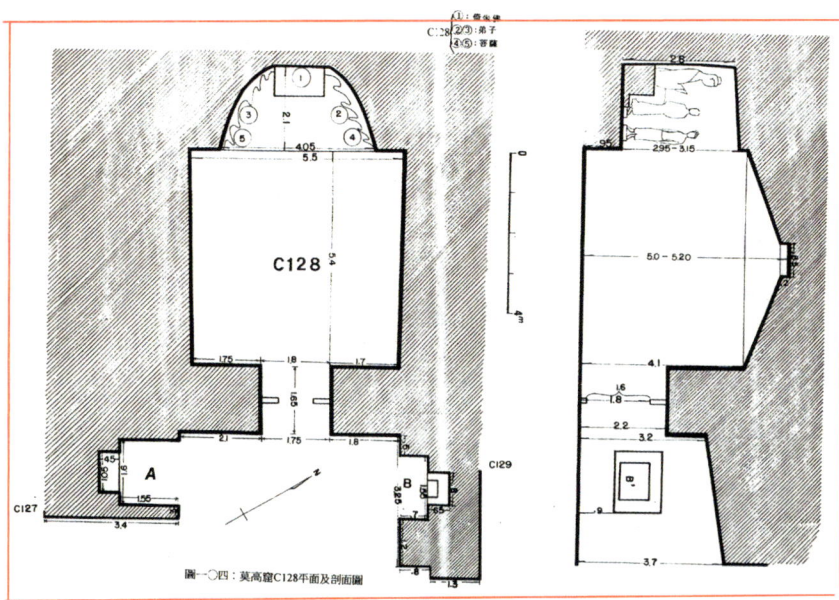

图 11-2　第 323 窟平剖面图（采自石璋如《莫高窟形》）

图 11-3　第 323 窟主室东壁壁画（采自《敦煌石窟全集·佛教东传故事画卷》）

其说道宣的追随者刻意在敦煌开凿 323 窟，宣扬道宣的思想体系，不如说造 323 窟凉州瑞像的相关人士，借用了部分道宣整理的佛教感应图等，来宣扬在此地区诞生的瑞像神迹。"[1]意即强调敦煌本地图像产生的背景。因此看来，对莫高窟第 323 窟的思考仍在继续，其实像洞窟最初的主尊是否为凉州瑞像，洞窟的设计思想，洞窟图像的粉本来源，此类图像题材和洞窟主题为什么在敦煌和内地没有延续开来，均是未知的课题。本文则就其中佛教史迹画之"张骞出使西域图"阐述自己的一点思考，以为该洞窟的整体研究提供不同的思考角度。

张骞出使西域图位于洞窟主室北壁西侧，从画面内容和故事发生的时间考虑，当属窟内壁画阅读的第一则画面，加上张骞出使在历史上的重大意义，属"凿空"西域壮举，有翔实的文献资料如《史记·匈奴列传》《史记·大宛列传》《汉书·张骞传》《汉书·西域传》等可作基础，因此长期以来颇受学界关注，

① 颜娟英：《从凉州瑞像思考敦煌莫高窟 323 窟、332 窟》，载《东亚考古学的再思——张光直先生逝世十周年纪念论文集》，台北中研院历史语言研究所，2013 年，第 443—471 页。

该图版经常出现在有关"丝绸之路"介绍与研究的图册、书籍和专著中。另一方面，该图像作为最初用来表现佛教初传中国的佛教题材，也引起个别学者的关注，马世长在图像考释时已就壁画的佛典依据、历史真假、时代演变等做了较为清晰的说明①。孙修身以为第 323 窟张骞出使西域图反映了佛像通过战争不自觉地传入汉地，或有可能②。张振新则就敦煌壁画中的该幅图像做了详细的考证辨析，深入探讨了洞窟中张骞出使西域图出现的历史关联、佛教背景、文献典章依据、图像演义神话的成分，以及该幅壁画的价值和意义，基本上就"张骞出使西域图"所涉及主要史学问题做了令人信服之研究，可资参考③。

张骞出使西域的历史，对于稍有历史常识者并不陌生，张骞的壮举，可以说在汉代已成佳话，司马迁给其"凿空"的高度评价。张骞在历史上的主要贡献是他对汉武帝攻打匈奴、认识中亚西域、促进丝路交通的意义，历经两千多年的历史均没有被忘记，直到今天，仍是人们所津津乐道的话题，张骞本人的行为仍是历史的重要事件，是丝绸之路、中西交通史研究耳熟能详的史料。但是我们在敦煌盛唐洞窟壁画中看到的描写张骞出使西域的题材与内容，是完全不同的表现方式，是反常规的、不合常识的，对其独特的表达方式和图像"语境"（context），有必要作些讨论。

第一节　所在洞窟与其图像志的基本史实

"张骞出使西域图"所在洞窟是莫高窟盛唐的代表窟第 323 窟，该洞窟属敦煌石窟中的"原创性"（originality）洞窟，引入了以往未见的题材与壁画内容，主室南北壁分别画佛教历史故事、感应故事、高僧灵异事迹故事，北壁西起分别画张骞出使西域图、释迦浣衣池与晒衣石、佛图澄灵异事迹、阿育王拜尼乾子塔、康僧会江南弘教感应故事（图 11-4），南壁西起分别画西晋吴淞江

---

① 马世长：《莫高窟第 323 窟佛教感应故事画》，《敦煌研究》试刊第 1 期，1982 年，第 80—96 页。

② 孙修身：《从〈张骞出使西域图〉谈佛教的东渐》，《敦煌学辑刊》第二集，1981 年，第 128—131 页。

③ 张振新：《谈莫高窟初唐壁画〈张骞出使西域〉》，《中国历史博物馆馆刊》1981 年第 3 期，第 115—119 页。

图 11-4　第 323 窟主室北壁壁画（采自《中国敦煌壁画全集·初唐》）

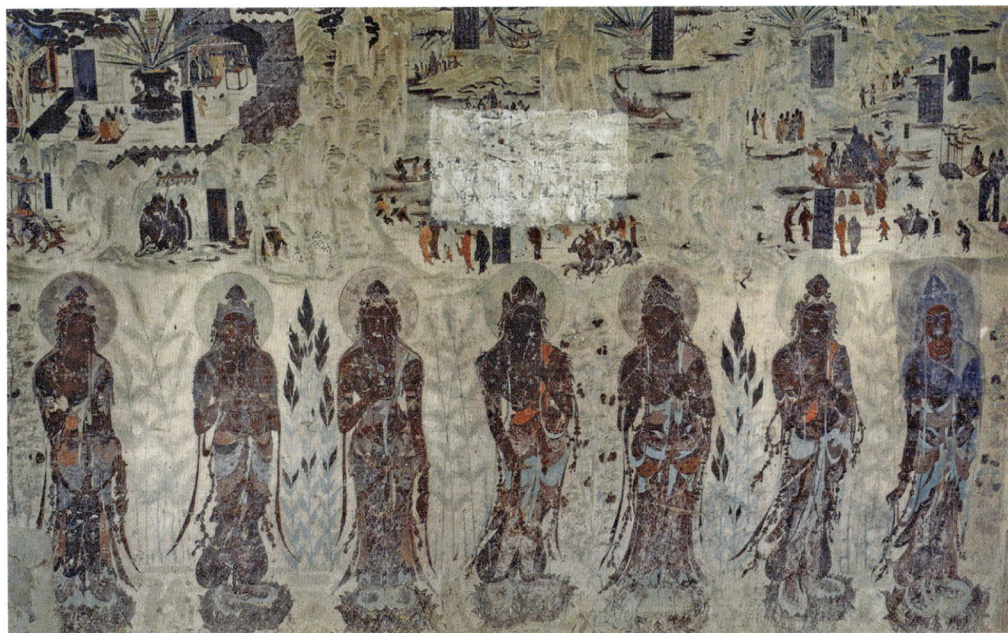

图 11-5　第 323 窟主室南壁壁画（采自《中国敦煌壁画全集·初唐》）

图 11-6　第 323 窟主室西龛（采自《伯希和敦煌石窟图录》《敦煌石窟全集·图案卷》）

石佛浮江、东晋杨都出金像、隋文帝迎昙延法师入朝（图 11-5），主室东壁门两侧画戒律画，各壁下一圈画立菩萨多身，正壁西龛情况不明，现存假山及主尊彩塑与胁侍均为清修作品（图 11-6）。此种题材与图像组合在敦煌石窟的莫高窟仅此一窟，其他石窟如榆林窟、西千佛洞及河西甚至内地其他石窟群均未见二例，这种独特性也包括具体的佛教历史故事与感应故事题材画面，同是其他洞窟和石窟寺所未见的内容，即使是画史资料也未见记载，因此可以感受到第 323 窟在石窟寺研究、佛教图像研究、中国绘画史及美术史研究等领域的独特性和重要性。

我们知道，初唐时期莫高窟洞窟壁画开始以经变画的表现及其对应组合为主要的题材和特点，另有隋代延续下来的千佛图及说法图的组合关系，初唐之后经变画成为洞窟的主流；另一方面，众所周知，敦煌的洞窟在同一时代具有很大的相似性，同一类壁画题材的洞窟一旦出现，往往会成为一个时代普遍流行的样式。但我们在第 323 窟看到的则属个案，真可谓"前无古人，后无来者"，昙花一现而已。

在这样的洞窟中出现的佛教历史故事画中，时间最早的即是张骞出使西域

图 11-7　第 323 窟张骞出使西域图（采自
《中国石窟·敦煌莫高窟（二）》）

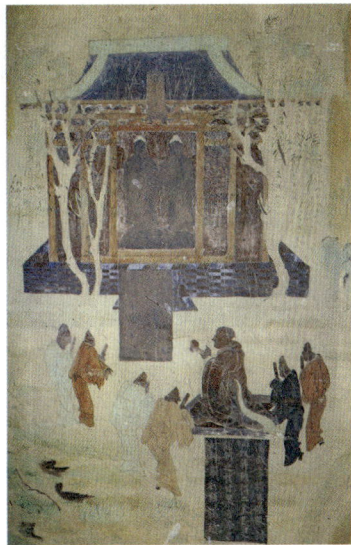

图 11-8　第 323 窟汉武帝拜甘泉宫二金人像
（采自《敦煌石窟全集·佛教东传故事画卷》）

图，画面可分为三组（图 11-7），分别为：汉武帝礼拜甘泉宫二金人像、汉武帝
派遣张骞出使西域张骞拜别图、张骞等持节西行至大夏国。

配合相关画面分别有几则榜题，其中表现汉武帝拜甘泉宫二金人像画面（图
11-8）的榜题为：

1.汉武帝将其部众讨

2.匈奴，并获得二金（人），（各）长丈

3.余，列之于甘泉宫，帝为

4.大神，常行拜谒时。

甘泉宫建筑上有"甘泉宫"三字。

表现张骞拜别汉武帝画面（图 11-9）的榜题为：

1.前汉中宗既获金人，莫知名

2.号，乃使博望侯张骞往西

图 11-9　第 323 窟张骞出使西域图拜别画面（采自《敦煌石窟全集·佛教东传故事画卷》）

图 11-10　张骞到达大夏城（采自《敦煌石窟全集·佛教东传故事画卷》）

3.域大夏国问名号时。

表现张骞一行到大夏国（图 11-10），有榜题：

□大夏时。

该画面表现汉武帝破匈奴获金人事及张骞出使西域的历史，都是信史。《史记·匈奴列传》载："其明年（元狩二年）春，汉使骠骑将军去病将万骑出陇西，过焉支山千余里，击匈奴，得胡首虏万八千余级，破得休屠王祭天金人。"[①]《史记·卫将军骠骑列传》，《汉

①（汉）司马迁：《史记》卷 110《匈奴列传》，第 2908 页。

书》的《匈奴传》《卫青霍去病传》《金日磾传》都有大致相同的记载，即是第323 窟榜题云汉武帝将其部众讨匈奴并获得二金人。但此画面的佛典依据，则来自《魏书·释老志》的记载："汉武元狩中，遣霍去病讨匈奴，至皋兰，过居延，斩首大获。昆邪王杀休屠王，将其众五万来降，获其金人，帝以为大神，列于甘泉宫。金人率长丈余，不祭祀，但烧香礼拜而已。此则佛道流通之渐也。"又言："及开西域，遣张骞使大夏还，传其旁有身毒国，一名天竺，始闻有浮屠之教。"[①]显然《释老志》这些文字就是壁画主要榜题和构图的蓝本。如果说这段画面故事有所本，那接下来的画面故事就更有趣了。

把张骞出使西域的使命说成是访询金人的名号，也就是说把张骞出使西域的缘由归结为问佛名号，显然与历史完全不符。这一点大家是熟知的。对于《史记》《汉书》《魏书·释老志》等所记张骞使西域、汉武帝获匈奴金人与佛教的关系，汤用彤在辨析"佛教入华诸传说"中，分别就有关文献记载涉有"张骞""休屠王金人"与佛教传入关联部分作了研究，否定此二记载与佛教的关系[②]。陈序经在谈到匈奴人的宗教意识时，提到"休屠王的祭天金人"问题，并讨论了该金人的宗教关系，否定了古人即已提出的"浮屠金人""金人即今佛像"的说法，而认为实是休屠王用以祭天的偶像[③]。前述马世长、张振新亦有深入之考辨。总之，汉武帝从匈奴休屠王所获金人与佛教无关，因此张骞使西域问佛名号之事就更是无从谈起，显然是佛教徒附会之说。

第二节　唐人观念中张骞出使西域历史的双面性与图像的角色转换

作为基本的图像文献，需要对其出现的背景做些考察，以明白其出现的原因。我们相信任何历史图像资料的出现，都必定有其特定的历史依据，而非纯粹的捏造。更何况洞窟壁画是有特定的功德主供养发愿的作品，是特定的佛教洞窟

---

① （北齐）魏收：《魏书》卷 114《释老志》，第 3025 页。
② 汤用彤：《汉魏两晋南北朝佛教史》，北京大学出版社，1997 年，第 9—12 页。
③ 陈序经：《匈奴史稿》，中国人民大学出版社，2007 年，第 89 页。

供养礼拜需求下的产物，是要长期展示给广大的信众，更有特定的佛教信仰的背景作用，因此，如此"规范"下的洞窟壁画图像，必定不是简单的"佛教徒之附会的产物"这样的答案即可概括的历史现象，实有可考察的深厚背景。

史书记载休屠王祭天金人，到了唐代已有较多的注解意见，例如《史记·匈奴列传》"破得休屠王祭天金人"下唐初司马贞《史记索隐》："崔浩云胡祭以金人为主，今浮图金人是也。"张守节《史记正义》："按，金人即今佛像，是其遗法，立以为祭天主也。"又《史记·卫将军骠骑列传》"收休屠祭天金人"《史记索隐》注："张晏云：佛徒祠金人也。"《汉书·匈奴传》"得休屠王祭天金人"下颜师古注曰"作金人以为天神之主而祭之，即今佛像，是其遗法。"马世长就以上唐人注解得出认识："可见在唐代认为佛教传入当在武帝时，匈奴祭天金人即是佛像，已是普遍的看法。"①进一步理解，按他的诠释，第 323 窟出现把与佛教完全没有关系的张骞出使西域图附会为佛教历史故事，实是唐人的普遍认识，也就不足为怪了。

但是这种认识本身是矛盾的，因为从历史的角度，唐人也必当对《史记》《汉书》等所记张骞出使西域的真实历史是清楚的，这里有唐司马贞《史记索隐》、张守节《史记正义》、颜师古《汉书注》为佐证，而且这三位所著时间均在唐前期，与洞窟壁画成作时间也大体相符合。即使考虑如颜娟英所认可的那样，第 323 窟的佛教历史故事画是敦煌当地对这些图像的诠释与创作的结果，但敦煌所在的河西走廊地区，曾经是匈奴人与汉代的部队较量的区域，是张骞两次出使西域必经的通道②，到了有唐一代，在大量的中亚西域人往来或定居唐帝国的背景下，人们对曾经开拓了中西交通、拥有"凿空"西域之功的张骞的壮举，定当仍然保持犹新的记忆，唐人颜师古《汉书注》即对《张骞传》有详细之注解。

不过，即便唐前期时期的敦煌人对张骞出使西域的历史有了解或熟知，但是莫高窟的营建者们，具体到第 323 窟的功德主——虽然我们不能肯定其如巫鸿

①　马世长：《莫高窟第 323 窟佛教感应故事画》，《敦煌研究》试刊第 1 期，1982 年，第 94 页。

②　黄文弼：《张骞使西域路线考》，载黄烈编《黄文弼历史考古论集》，文物出版社，1989 年，第 37—38 页；王雅轩、王鸿宾、苏德祥主编：《中国古代历史地图集》，辽宁教育出版社，1990 年，第 45、46 页；余太山：《张骞西使新说》，载氏著《两汉魏晋南北朝与西域关系史研究》，商务印书馆，2011 年，第 285—298 页。

所言，当属道宣南山律宗一派之门徒，但从洞窟壁画内容与题材的选择来看，其为僧人是没有疑问的——作为僧人，在洞窟壁画题材的选择上，首先考虑的一定是佛教的传说与相关典籍的记载，而从佛教角度记载张骞出使西域问金人（即佛像）名号之事的，继《魏书·释老志》之后，还有隋开皇十七年大兴善寺翻经学士费长房撰《历代三宝记》、唐道宣编《广弘明集》等。有了这些佛教文献的支持，第 323 窟的洞窟营建者们在设计一组以中国佛教历史故事、感应故事、高僧灵异故事为主要题材的洞窟壁画时，结合唐初佛道之争，佛教排在三教末尾的事实，于是把汉武帝拜佛像并派张骞到大夏问佛名号的佛教附会传说，与其他实际发生过的佛教历史故事如高僧佛图澄灵异事迹、东晋康僧会江南弘教感应故事（图 11-11）、西晋吴淞江石佛浮江（图 11-12）、东晋杨都出金像、隋文帝迎昙延法师入朝（图 11-13）等，一同画在了洞窟壁画中。在这里，第 323 窟的设计者和绘画者"宁可信其有"，虚实结合，把佛像传入汉地的时间提前到了汉武帝

图　　　第 323 窟北壁佛图澄、康僧会等故事画（采自《敦煌石窟全集·佛教东传故事画卷》）

图 11-12　第 323 窟南壁石佛浮江故事画（采自《敦煌石窟全集·佛教东传故事画卷》）

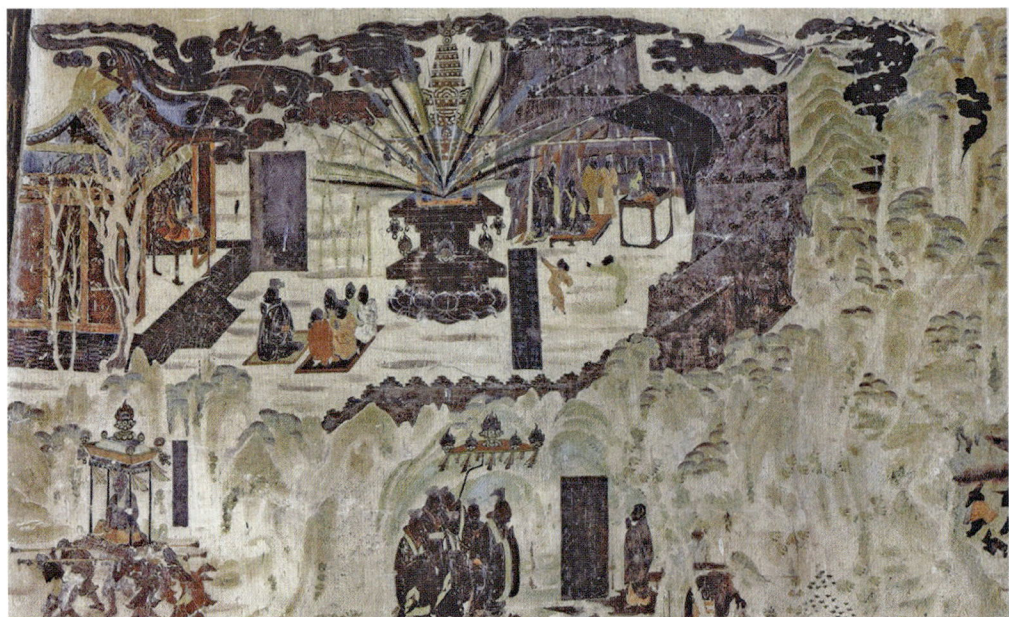

图 11-13　第 323 窟隋文帝迎昙延法师入朝故事画（采自《敦煌石窟全集·佛教东传故事画卷》）

时期，又借"名人效应"①，把问佛名号的神圣使命赋予中国历史上的著名外交家、中西交通的开拓者、具有"凿空"西域之功的张骞身上，使得这样的历史错位和佛教附会"弄假成真"，在经过"角色转换"之后，以洞窟壁画佛教历史故事图像的形式出现，结合其他有史可载的可信的佛教历史故事，最终作为一种"历史图像"，完成"图像记忆"功能，堂而皇之地出现在敦煌的佛教洞窟中，供人礼拜、供养、观瞻、学习，以达到弘扬佛教的目的。至少在当时的敦煌地区，洞窟的功德主及相关的僧众群体的认识是统一的。在他们的观念中，正如儒学名流颜师古、司马贞、张守节等人一样，不仅相信汉武帝获匈奴祭天金人即是佛像，还相信张骞出使西域的使命中还有问佛名号的因缘。这样的历史误读，随着莫高窟第323窟张骞出使西域图的绘制，便在一定的时间、空间内完成了其角色的转换，被赋予图像记忆的功能，为后人留下了如此精彩的历史画面。

第三节　张骞出使西域图像的历史记忆和艺术史意义

第323窟张骞出使西域图的出现，同洞窟中其他几幅佛教历史故事、感应故事、高僧灵异故事一样，作为敦煌本地在盛唐时期的"原创性"图像，之前没有先例可循，其后也无二例，更令人疑惑的是，相同的图像画史也不载。此类图像在敦煌莫高窟盛唐第323窟的首创，背后似承载着重要的历史信息，构成我们认知包括张骞出使西域图在内的此类佛教历史故事、感应故事、高僧灵异故事在佛教发展历史长河中，特别是敦煌佛教洞窟壁画题材的选择设计方面的局限性，也就是说第323窟新出现的除窟顶及四壁的千佛、立菩萨像之外，其他的内容（以佛教历史故事画为中心），都是属于当时的敦

---

① 张骞的这种"名人效应"，另可从敦煌藏经洞发现的敦煌文学题材的《张骞乘槎》故事得到印证（P.3910），说张骞寻河，乘槎浮海到天河，遇西王母，见牛郎织女，得支机石，同样把与张骞毫无关系的事件以传说和神话的形式编排出来，张骞在这里也发生了"角色转换"，成为故事的主人公，赋予张骞传说独特的民间文学性。此故事原本出自晋张华《博物志》，但最初乘槎之人并未明确。参见郑阿财：《敦煌文献中〈张骞乘槎〉故事之探讨》，《中兴法商学报》第21期，1986年12月，第425—433页，载氏著《敦煌文献与文学》，新文丰出版公司，1993年7月，第377—393页，又载《中国敦煌学百年文库·文学卷》5，甘肃文化出版社，1999年，第340—348页；另见郑阿财：《敦煌石窟张骞寻河源的传说》，《嘉义青年》1999年第12期，第10—12页。

煌、甚至于当时的政治经济文化中心长安与洛阳两京地区和更广大地域所未流行或未曾有的佛教绘画，包括寺院画壁、石窟壁画、雕像，以及寺院、兰若、佛堂，甚至个人功德绢画、麻布画等形式。

无疑，在这里，第323窟的张骞出使西域图及其他同出故事画，以敦煌本地部分人的佛教认识和功德需求为前提，堂而皇之地出现在敦煌石窟壁画中，构成全新的视觉认识，在漫长的敦煌石窟营建历史中，犹如一道流星划过夜空，成为颇有几分神秘色彩的"历史记忆"。至于这种历史记忆的内容，行文至此，已是相当清楚了。

无论如何，第323窟出现的这几幅仅有的画面，如果确实没有其他地区流传粉本的传承与借鉴，则无疑是敦煌本地画工画匠的杰作，是他们在长期的洞窟壁画的绘制过程中的灵巧之作，其实也代表了历史时期敦煌艺术家们的艺术智慧，这样的历史贡献应该得到肯定，至少在佛教绘画发展史、中国艺术史领域有着不可替代的地位。只可惜，这样的艺术史杰作，长期以来湮灭在中国艺术和敦煌艺术的海洋中，没有引起人们足够的认识。

需要说明的是，如同《寺塔记》《历代名画记》《益州名画录》等画史所记唐两京地区、益州等地寺观画壁一样，张骞出使西域图的绘制，作为开放性佛教洞窟的宣教性题材内容，一直以来受到信众的膜拜，有意无意地成为历史时期展示佛教传入汉地最早情况的图像，至少敦煌本地缺乏佛教常识或历史常识的普通信众，多少会产生这样的认识。作为一种误解，其延续的历史自盛唐至今天，确可称得上是"历史记忆"了。其实从另一个角度的解读，正可以说是其在艺术史上的意义所在。

第四节　余　论
——由张骞出使西域图推测洞窟功德主的民族倾向性

对于一座洞窟而言，除窟内所画各种题材内容的壁画之外，对洞窟功德主的探究永远是石窟研究的主题，也是最具有探索魅力的学术课题。于敦煌的石窟而言，因为有供养人题记的记载和藏经洞窟文献的支持，前贤如贺世哲[①]、金维诺[②]、马德[③]等筚路蓝缕，已有重要的研究成果，相当一部分洞窟的功德主是清楚的，或有线索可供探求。但是到目前为止，就本文所论莫高窟第 323 窟功德主的问题，前述对该洞窟做过研究的专家学者们均未曾触及，唯有巫鸿提出道宣在敦煌的追随者之大意，未有深究。确实，限于仅有材料，讨论功德主似无线索可供追求。但是如果放开思路，本着"大胆假设"的学术理念，我们不妨作些推测。

第 323 窟张骞出使西域图经过历史性的"角色转换"之后，成为一种对佛教而言颇为有趣，且有意义的"历史记忆"图像。虽然洞窟图像所要表达的是佛教的传入时间和帝王拜佛问题，但是作为著名历史人物的历史故事，从国家外交、历史政治、开通西域等视角而言，仍然反映了张骞两次出使重大历史事件的最基本史实，因此第 323 窟图像仍有重要的中西文化交通的色彩和意味。画面中出现的象征大夏国的城（图 11-14），确实是一种中亚西域式城，而非汉式城，此类城制可在稍后的莫高窟第 217、103 二窟佛顶尊胜陀罗尼经变[④]中看到几乎完全相同的图像，具体是表现佛陀波利返回西国求佛经梵本时进入的"西国"城（图 11-15），可资比较。作为丝路重镇"华戎所交一都会"的敦煌，张骞"凿空"西域的历史记忆其实也多少通过这幅画面得到体现。既然如此，我们是否可以合理推测，第 323 窟的功德主即是生活在敦煌的来自中亚西域的移民，或他们的后裔？当然其中必有改信佛教的僧尼阶层的深度参与。因为作

---

① 贺世哲：《从供养人题记看莫高窟部分洞窟的营建年代》，载敦煌研究院编：《敦煌莫高窟供养人题记》，第 194—236 页。

② 金维诺：《敦煌窟龛名数考》，《文物》1959 年第 5 期，第 50—54、61 页，另载《中国美术史论集》，人民美术出版社，1981 年，第 326—340 页，《中国美术史论集》（下），台北南天书局有限公司，1995 年，第 338—345 页，《中国敦煌学百年文库·考古卷》4，甘肃文化出版社，1999 年，第 17—26 页，《敦煌研究文集·敦煌研究院藏敦煌文献研究篇》，甘肃民族出版社，2000 年，第 322—335 页；金维诺：《敦煌窟龛名数考补》，《敦煌研究》1988 年第 2 期，第 5 页，另载《1987 年敦煌石窟研究国际讨论会文集·石窟考古编》，辽宁美术出版社，1990 年，第 32—39 页，《中国美术史论集》（下），第 346—348 页，《敦煌研究文集·敦煌研究院藏敦煌文献研究篇》，第 336—342 页。

③ 马德：《敦煌莫高窟史研究》，甘肃教育出版社，1996 年；马德：《敦煌石窟营造史导论》，新文丰出版公司，2002 年。

④ ［日］下野玲子：《敦煌莫高窟第二一七窟南壁经变の新解释》，《美术史》第 157 册，2004 年，第 96—115 页；丁淑君中译本见敦煌研究院信息资料中心编：《信息与参考》总第 6 期，2005 年；牛源中译本见《敦煌研究》2011 年第 2 期，第 21—32 页；另见［日］下野玲子：《唐代佛顶尊胜陀罗尼经变图像的异同与演变》，《朝日敦煌研究员派遣制度纪念志》，朝日新闻社，2008 年。

图 11-14 第 323 窟张骞出使西域图中的大夏国城（采自《敦煌石窟全集·佛教东传故事画卷》）

图 11-15 莫高窟盛唐第 217 窟主室南壁西域式城（采自《敦煌石窟全集·佛教东传故事画卷》）

为活跃在商业贸易大道上来到敦煌的这些中亚西域的移民，他们必然更加热衷于在其功德窟中表达对他们来说更加熟悉的中西交通画面，如使节出使、丝路商旅或者胡僧的传法等，总之从民族、人种、文化、宗教等方面多少带有他们本民族色彩的因素或影响。

本着这样的理念，我们确实也注意到洞窟中其他故事主人公的中亚西域移民色彩。首先看高僧佛图澄，《高僧传》卷九"神异上"记：

> 竺佛图澄者，西域人也，本姓帛氏。少出家，清真务学，诵经数百万言，善解文义。虽未读此土儒史，而与诸学士论辩疑滞，皆暗若符契，无能屈者。自云：再到罽宾，受诲名师，西域咸称得道。以晋怀帝永嘉四年（310），来适洛阳，志弘大法。[1]

佛图澄本姓帛氏，即是西域龟兹人。九岁在乌苌国出家[2]，两度到罽宾国学法。他在中土的主要活动是作为后赵石勒石虎政权的"大和尚"，后赵政权即是胡人集团。胡人出身的佛图澄服务于胡人政治，其民族认同感颇为强烈（图11-16）。

再看康僧会，《高僧传》卷一"译经上"记：

> 康僧会，其先康居人，世居天竺，其父因商贾移于交趾。会年十余岁，二亲并终，至孝服毕出家……时孙权已制江左，而佛教未行……时吴地初染大法，风化未全，僧会欲使道振江左，兴立图寺，乃杖锡东游，以吴赤乌十年（248）初达建邺，营立茅茨，设像行道。时吴国以初见沙门，睹形未及其道，疑为矫异。有司奏曰："有胡人入境，自称沙门，容服非恒，事应检察。"[3]

康僧会祖先为中亚康居人，那么他本人的民族归属是清楚的，因此东吴人称其为

---

①（南朝梁）释慧皎撰，汤用彤校注：《高僧传》卷9《神异上》，中华书局，1992年，第345页。
② 中国佛教协会编：《中国佛教》第二辑，周叔迦撰"竺佛图澄"条，东方出版社，1982年，第17—19页。
③（南朝梁）释慧皎撰，汤用彤校注：《高僧传》卷1《译经上》，第14—15页。

图 11-16　第 323 窟佛图澄与后赵皇帝石虎（采自《敦煌石窟全集·佛教东传故事画卷》）

"胡人"（图 11-17）。

石佛浮江、杨都出金像事出《高僧传·慧达传》，慧达虽非胡僧，但在传法过程中多少表现出胡僧的影响。唐西明寺沙门道世撰《法苑珠林》卷三十一"感应缘"：

西晋慈州郭下安仁寺西刘萨何师庙者……州东南不远，高平原上，有人名萨何，姓刘氏，其庙壮丽，备尽诸饰。初何在俗，不异于凡。人怀杀害，全不奉法，何亦同之。因患死，苏曰：在冥道中，见观世音曰：汝罪重，应受苦。念汝无知，且放汝。今洛下、齐城、丹阳、会稽并有育王塔，可往礼拜，得免先罪。何得活已，改革前习。土俗无佛，承郭下有之。便具问已，方便开喻，通展仁风，稽胡专直，信用其语。每年四月八日大会平原，各将酒饼及以净供，从旦至中，酣饮戏乐。即行净供，至中便止。过午已后，共相赞佛，歌咏三宝，乃至于晓。何遂出家，法名慧达。百姓仰之，敬如佛想。然表异迹，生信逾隆。昼在高塔为众说法，夜入茧中以自沉隐。旦从茧

图 11-17　第 323 窟泛舟而来的康僧会与东吴皇帝孙皓礼迎康僧会
（采自《敦煌石窟全集·佛教东传故事画卷》）

出，初不宁舍。故俗名为苏何圣。苏何者，稽胡名茧也。以从茧宿，故以名焉。故今彼俗村村佛堂，无不立像，名胡师佛也。今安仁寺庙，立像极严，土俗乞愿，华香不一。每年正月舆巡村落，去住自在，不惟人功。欲往彼村，两人可举，额文则开，颜色和悦，其村一岁死衰则少。不欲去者，十人不移，额文则合，色貌忧惨，其村一岁必有灾障。故俗至今，常以为候。俗亦以为观世音者，假形化俗，故名慧达。有经一卷，俗中行之，纯是梵语，读者自解。故黄河左右，磁、隰、岚、石、丹、延、绥、银八州之地，无不奉敬，皆有行事，如彼说之。然今诸原皆立土塔，上施相刹，系以蚕茧，拟达之栖止也。何于本乡既开佛法，东造丹阳，诸塔礼事已讫，西趣凉州番禾御谷，礼山出像。行出肃州酒泉郭西沙碛而卒。形骨小细，状如葵子，中皆有孔，可以绳连。故今彼俗有灾障者，就碛觅之。得以凶亡，不得告丧。有人觅既不得，就左侧观音像上取之，至夜便失。明旦寻之，还在像手。故土俗以此尚之。①

可见民间或者说信众对刘萨诃成佛的传说，多少有胡人参与或者说影响的影子，
"苏何圣""胡师佛"均是其证，又可读胡语经典，似乎刘萨诃本人即有胡人血
统，而他所表现出来的神异技能又与诸多胡僧相像。敦煌藏经洞绢画中的刘萨诃
即为胡僧面貌形象（图11-18），或许还是能够说明一些问题的。

故事中唯有昙延法师无论出身还是传法均无胡人之背景或影响。但整体而
言，我们感觉到洞窟营建的功德主或设计者在选择题材内容时，表现出强烈的胡
气、胡风，强调了来自中亚、西域或本土的胡人在内地佛教传播过程中的重要地
位，似从一个侧面影射功德主的胡人背景。

这一点让我们容易联系到与第323窟毗邻的同时期开凿的第322窟的情况，

图 11-18　藏经洞绢画 Stein painting 20 刘萨诃因缘变相残片
（采自《西域美术·大英博物馆藏斯坦因敦煌收集品·敦煌绘画》）

---

①（唐）释道世著，周叔迦、苏晋仁校注：《法苑珠林校注》卷31《感应缘》，中华书局，2003年，第952—
953页。

据笔者研究，第 322 窟的图像表现出强烈的胡风因素，根据窟内画工题记中出现的粟特"安"氏人名，进而推测其功德主有可能即是当时在河西权重一时的粟特九姓胡人安氏集团[①]。考虑到莫高窟石窟营建的一般规律、崖面分布关系与洞窟组合现象[②]，同时期的洞窟在崖面位置的选择上比较集中，家族窟或互有关系的功德主也会把洞窟营建在一起。第 323 窟颇有几分胡风胡气现象，紧邻粟特胡人安氏家族功德窟，因此其有可能也属移居敦煌的中亚粟特胡人功德窟。当然此论仅为推测，无法得到实证。如果此论有一定道理，无疑对第 323 窟的研究有重要的意义。

当然，此结果的提出仍然面临着一系列疑问，如盛唐时期第 323 窟营建之时功德主为什么选择强调中土皇帝向高僧问法、拜佛？为什么对外道及中国本土道教有排斥甚至讥讽之意？东壁的戒律画和南北两壁佛教历史故事、高僧灵异故事、感应故事绘画存在怎样的搭配关系？以及各壁下一圈立菩萨有何用意？龛内主尊的具体身份为何？因此第 323 窟的研究仍有很多未知的疑问。本文只是借张骞出使西域图这样一幅小画面所展开的讨论，旨在提出一个观察的视角和思考的理路，简单探寻其在艺术史研究中的意义。

---

① 沙武田：《莫高窟第 322 窟图像的胡风因素——兼谈洞窟功德主的粟特九姓胡人属性》，《故宫博物院院刊》2011 年第 3 期，第 71—96 页。

② 这方面研究参见马德：《敦煌莫高窟史研究》，甘肃教育出版社，1996 年。

第十二章
敦煌石窟弥勒经变老人入墓图塔墓属性
——丝路文化交流对传统丧葬习俗影响的图像遗存

老人入墓图，是弥勒下生阎浮提世界的种种景象之一，常见于唐、五代、宋、西夏时期敦煌弥勒经变（图12-1）。其展现了一种完全不符合传统的颇为独特的丧葬方式（图12-2），以及极不符合中国传统孝道文化的一种敬老现象，但在敦煌绘画中竟然延续时间长达五百余年，诚属有趣的历史现象，其中所暗含的历史信息，值得探讨。

弥勒经变老人入墓图，画面内容是据《佛说弥勒下生成佛经》所记而来：

> 人寿八万四千岁，智慧威德，色力具足，安稳快乐。唯有三病：一者便利，二者饮食，三者衰老……人命将终，自然行诣冢间而死。①

在敦煌洞窟壁画中，其最早出现在盛唐时期，其后成为敦煌石窟弥勒经变的

---

① （后秦）鸠摩罗什译：《佛说弥勒下生成佛经》卷10，《大正藏》第14册，第423—424页。

图 12-1-1　莫高窟盛唐第 445 窟弥勒经变（采自《中国石窟·敦煌莫高窟（三）》）

图 12-1-2　瓜州榆林窟中唐第 25 窟弥勒经变（采自《中国敦煌壁画全集·中唐》）

图 12-2 莫高窟盛唐第 205 窟中唐绘弥勒经变及老人入墓图（采自《敦煌石窟全集·民俗画卷》）

主要内容。据王惠民统计，敦煌石窟 102 铺弥勒经变中，近半数绘有老人入墓[①]。

众所周知，各时期老人入墓图虽在构图形式上稍有不同，但图像内容基本一致，坟墓、老人以及送行者是构成一幅老人入墓图的基本要素。整体观察，画面中坟墓的形制主要分为两类，即前贤提出的"封丘式"与"少数民族坟形"[②]，其中的"封丘式"即是世俗常见的墓葬圆形封土，而所谓的"少数民族坟形"并无实物可寻，郭俊叶注意到莫高窟第 454 窟窟顶东披弥勒经变老人入墓图中的坟墓形制与以往所见不同，将其描述为"四方坟墓"，但未做进一步讨论[③]，且此命名也不明所以然。

在此，根据画面形状颇类佛塔，同时为了理解的方便，也和本文所论主要思想相一致，本文将此类之前学者们认为的"少数民族坟形"或"四方坟墓"定名为"塔墓"，似更符合历史真实面貌。

目前学界针对老人入墓图的研究成果，主要是从文化习俗的角度，探讨这种丧葬方式的来源[④]。也有回归图像，将榆林窟第 25 窟弥勒经变老人入墓图和婚嫁图结合作为一个整体进行考察，发现图像中蕴含着唐人画师的民族情感[⑤]，同时对老人入墓图中老人着白衣入墓现象出现的原因进行了讨论[⑥]。但这些研究仍然没有解决特殊墓葬形制的疑问，有必要做进一步探讨。

第一节　基本资料

敦煌弥勒经变老人入墓图中的"塔墓"，首次并集中出现在曹氏归义军时期，最早见于莫高窟第 55 窟，而后又见于莫高窟第 449、454 窟。显然，这一崭新形

---

① 敦煌研究院编，王惠民主编：《敦煌石窟全集·弥勒经画卷》，香港商务印书馆，2002 年，第 250—253 页。
② 谭蝉雪：《敦煌民俗——丝路明珠传风情》，第 313 页。
③ 郭俊叶：《敦煌莫高窟第 454 窟研究》，甘肃教育出版社，2016 年，第 328 页。
④ 参见谢生保：《敦煌壁画中的丧葬民俗》，载谢生保主编：《敦煌民俗研究》，甘肃人民出版社，1995 年，第 222—235 页；谭蝉雪：《敦煌民俗——丝路明珠传风情》，甘肃教育出版社，2006 年。
⑤ 沙武田：《榆林窟第 25 窟——敦煌图像中的唐蕃关系》，商务印书馆，2016 年，第 198—217 页。
⑥ 王雨、沙武田：《经典规范与图像表达——敦煌弥勒经变"老人入墓"图的绘画思想与信仰观念》，《吐鲁番学研究》2016 年第 1 期，第 64—80 页。

式的出现，具有鲜明的时代特征，反映出一定的"原创性"意味。

莫高窟第 55 窟营建于宋初，为归义军节度使曹元忠功德窟[①]。窟顶西披弥勒经变下部北侧（图 12-3、图 12-4）画老人入墓[②]，坟墓建于方形茔域之内，基座为须弥座，束腰画三壶门，须弥座上设有阶梯，通向坟墓内部；中部呈方形，四面开门，上为覆钵，饰山花蕉叶，中部为一宝珠，就形制而言，此坟墓与佛塔几无差别。茔域之外设有围墙，围墙南侧升起团团云气，围墙北侧向外延伸，构成一条进出的通道。其外可辨识出一行多人，居前列一人双手高举，作舞蹈状。

莫高窟第 449 窟营建于中唐，宋代重修，主室现存壁画为宋代作品[③]。据甬道南壁西起第一身供养人题记，此窟为宋初曹元忠时期重修[④]。莫高窟第 449 窟不是一个小型洞窟，对整窟进行重绘并非普通民众所能完成，甬道两壁的线索进一步显示出功德主与地方长官之间的关系非同一般[⑤]。洞窟主室北壁东侧画弥勒经变，老人入墓图（图 12-5）在整幅画面左侧。尽管坟墓变色严重，但仍可辨识出部分细节。图中坟墓仍是由上、中、下三部分构成，最下部设须弥座，束腰正面及侧面各画二壶门。坟墓中部为上窄下宽的方形结构，上部为凸起的几何形构造。坟墓外部设有围墙，形成方形茔域。茔域之内有一人面向坟墓甩袖舞蹈，老人及其他送行者立于茔域之外。

莫高窟第 454 窟的营建时代较以上二窟稍晚，窟主为归义军节度使曹延恭[⑥]。

---

① 参见姜亮夫：《瓜沙曹氏年表补正》，《杭州大学学报》1979 年第 1—2 期，第 98 页；贺世哲、孙修身：《〈瓜沙曹氏年表补正〉之补正》，《西北师大学报》（社会科学版）1980 年第 1 期，第 78 页；贺世哲：《从供养人题记看莫高窟部分洞窟的营建年代》，敦煌研究院编：《敦煌莫高窟供养人题记》，第 227 页。

② 高秀军对图像作了如下描述："画面最下端绘一塔，该塔带有明显的异域风格，塔方形，分为三级，且第一级前有台阶。塔四周有围城，四角有城垛，右侧开口，前有若干人对塔礼拜，对应榜题漫漶。经文云：'起塔供养舍利，念佛法身，以此功德来生我所。'"参见高秀军：《敦煌莫高窟第 55 窟研究》，兰州大学博士学位论文，2016 年，第 85 页。实际上，就图像特征而言，这幅所谓的"礼拜佛塔"图当为老人入墓图。

③ 敦煌研究院编：《敦煌石窟内容总录》，第 185 页；马德：《敦煌莫高窟史研究》，第 145 页。

④ 王惠民：《敦煌佛教与石窟营建》，第 412—413 页。

⑤ 张培君：《唐宋时期敦煌社人修建莫高窟的活动——以供养人图像和题记为中心》，《敦煌学辑刊》2008 年第 4 期，第 129 页。

⑥ 贺世哲：《从供养人题记看莫高窟部分洞窟的营建年代》，敦煌研究院编：《敦煌莫高窟供养人题记》，第 229 页；郭俊叶：《莫高窟第 454 窟窟主再议》，《敦煌研究》1999 年第 2 期，第 21—24 页；沙武田、段小强：《莫高窟第 454 窟窟主的一点补充意见》，《敦煌研究》2003 年第 3 期，第 7—9 页。

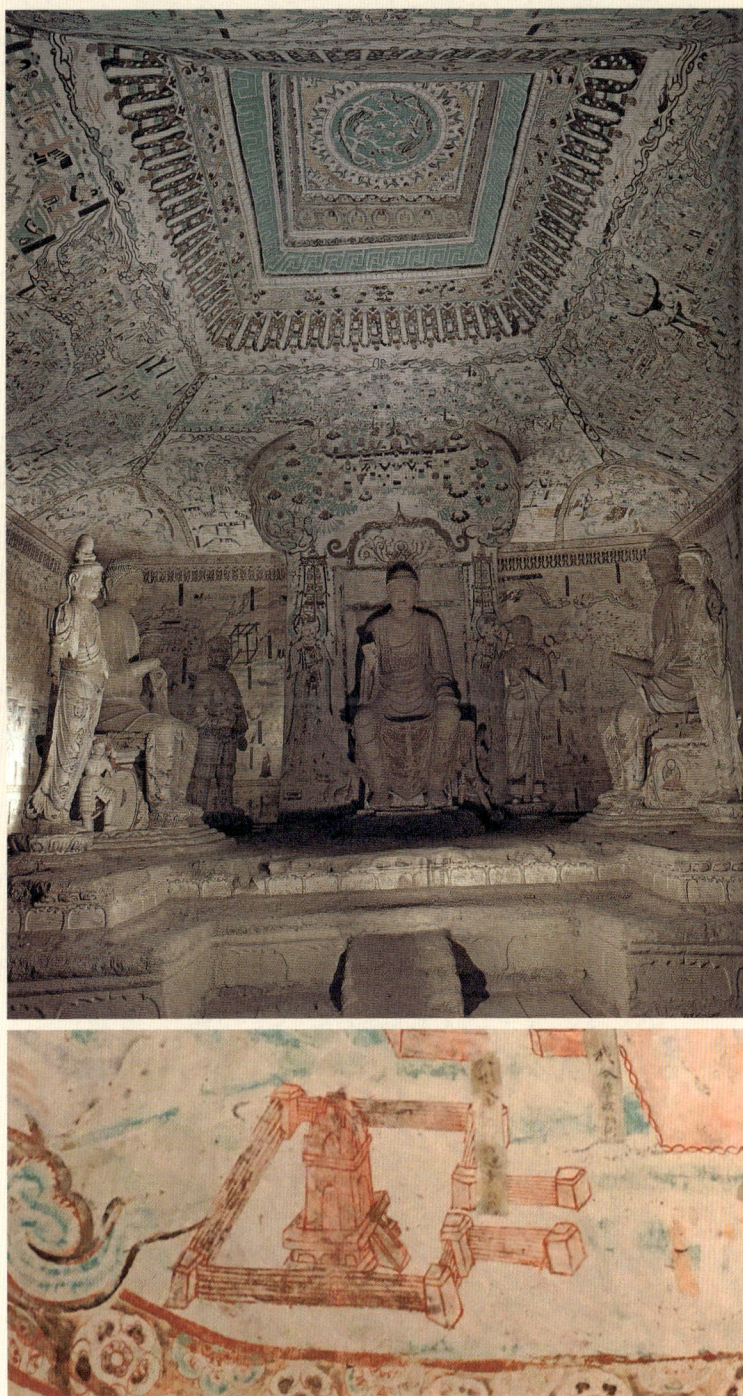

图 12-3　莫高窟宋代第 55 窟洞窟空间及窟顶西披弥勒经变老人入
墓图（敦煌研究院提供）

图 12-4　莫高窟宋代第 55 窟窟顶西披弥勒经变老人入墓壁画线描图（郭子睿绘）

图 12-5　莫高窟宋代第 449 窟北壁弥勒经变及老人入墓图（采自《敦煌石窟全集·民俗画卷》）

图 12-6　莫高窟宋代第 454 窟窟顶东披弥勒经变及老人入墓
图（采自《敦煌石窟全集·民俗画卷》）

主室窟顶东披画弥勒经变，老人入墓图（图 12-6）布置在画面右侧。图像保存
情况较好，我们可以清晰地观察到图像中坟墓的形制和细节。坟墓及外部的围墙
采用线描，以赭色线条勾出，坟墓下部为须弥座，束腰绘五壶门，中部为方形结
构，顶端呈阶梯状凸起。茔域内部，一人立于坟墓之后甩袖舞蹈，老人及送行者
立于茔域之外。谭蝉雪率先注意到这座坟墓形制的独特之处，将图像描述为"少
数民族的坟形"，与吐蕃时期的墓形相联系[1]。然而，吐蕃墓形出现在曹氏归义军
时期，明显不合时宜，并且前贤论著中用作参照的"梯形墓"形制[2]也与壁画内
容不相符。

　　通过对图像的梳理，我们发现这类坟墓与前代老人入墓图中所见的传统形式
存在明显区别：首先，这类坟墓的底部设有基座，上下出涩，中为束腰，绘有壶
门，是典型的须弥座，而须弥座又是佛塔的重要结构。其次，坟墓中部的结构为
方形，构造比例发生明显变化，宽度缩减，高度略有增加，显得高耸且立体。最

---

① 谭蝉雪：《敦煌民俗——丝路明珠传风情》，第 313 页。
② 旺堆次仁：《后藏首次发现吐蕃时期古墓群》，《西藏研究》1991 年第 3 期，第 145 页。

后，顶部凸起，但莫高窟第454、449窟图像又与第55窟稍有不同，其形制为向上凸起的对称式几何形状，属于外来建筑形式，并非源于中国本土①。通过以上分析可知这类形制独特的坟墓基本具备塔的特征，故可视作塔形墓，命名"塔墓"从考古学上是可以接受的。

第二节　塔墓图式与丧葬习俗

就敦煌石窟弥勒经变老人入墓图而言，出现塔墓这种形制独特的坟墓本就属特殊现象。更为有趣的是，这类塔墓具有鲜明的时代特征，首次出现于曹氏归义军时期，提示我们独特的塔墓可能与这一时期的历史背景有关，以一种形象的方式承载着历史记忆，图像的背后很可能蕴含着某些重要的历史信息，正如史苇湘所言："敦煌艺术既是形象的历史，又是历史的形象。"②从图像内容上看，老人入墓图本身表现的是弥勒下生世界的丧葬情景，因此塔墓应可以和现实生活中的丧葬习俗发生关联。

结合考古资料可以发现，早在唐代，一些世俗人士就已经开始在茔地建塔或葬于塔侧③，还有以"胡法塔葬"者，著名的即是唐肃宗和代宗时期身为"同中书门下平章事"的杜鸿渐：

> 鸿渐晚年乐于退静，私第在长兴里，馆宇华靡，宾僚宴集……及休致后病，令僧剃顶发，及卒，遗命其子依胡法塔葬，不为封树，冀类缁流，物议哂之。④

这是唐人塔葬的典型案例。

① 王敏庆：《佛塔受花形制渊源考略——兼谈中国与中、西亚之艺术交流》，《世界宗教研究》2013年第5期，第63页。

② 史苇湘：《敦煌佛教艺术是反映历史现实的一种形式》，载氏著《敦煌历史与莫高窟艺术研究》，第412页。

③ 张建林：《唐代丧葬习俗中佛教因素的考古学考察》，载西北大学考古学系、西北大学文化遗产与考古学研究中心编：《西部考古》第一辑，三秦出版社，2006年，第465—467页。

④（后晋）刘昫等：《旧唐书》卷180《杜鸿渐传》，第3284页。

此外，唐人还在茔地树立经幢：

> 惟灵生母茔内，敬造尊胜石幢，高二丈五尺。又就墓所写花严经一部，愿灵承尘霉影，往生净土。[①]

其目的与茔地建塔一致，为度亡往生。受唐代影响，五代宋时期亦在墓地安置经幢[②]。墓地建立的"塔"或"经幢"，看似不同，各有特点，然而二者并非平行发展，而是逐渐趋同。据刘淑芬研究，这一时期塔与幢已经渐趋同等，二者在概念上的界定已经逐渐模糊[③]。南汉康陵陵台之上的封土（图12-7）"形如塔基，中间以红黄土夯筑圆形土台，周围垒砌包砖，逐渐内收"[④]。河北井陉柿庄2号、3号（图12-8）、9号（图12-9）墓，北孤台4号墓（图12-10）皆在墓顶上方出现了须弥座式建筑，应是经幢的底座[⑤]。从考古资料来看，这些建置在墓顶的塔或经幢，已经成为坟墓的有机组成部分。

"荒凉城南奉先寺，后宫美人官葬此。角楼相望高起坟，草间柏下多石人。秩卑埋骨不作冢，青石浮屠当丘垅。"[⑥]宋人笔记所载这类特殊葬俗，正是李清泉指出的佛教因素鲜明的"坟塔化"现象[⑦]。在这一趋势下，墓葬形制进一步受到影响，八角形或六角形墓室样式亦是"坟塔化"的重要表现[⑧]。壁画所见似曾相识的须弥座与独特的构造比例，形象地反映出图像内容有着异曲同工之妙，"坟塔"折射在壁画之中，便成为敦煌石窟老人入墓图中形制独特的塔墓，画面中茔域之内不立封土而建浮屠，取代了传统的形式。壁画中的塔墓源自中原地区的葬俗，

① 陕西省古籍整理办公室编：《全唐文补遗》第二辑，三秦出版社，1995年，第503页。
② 冉万里：《宋代丧葬习俗中佛教因素的考古学观察》，《考古与文物》2009年第4期，第78页。
③ 刘淑芬：《墓幢——经幢研究之三》，《中研院历史语言研究所集刊》2003年第四分，第689—690页。
④ 广州市文物考古研究所：《广州南汉德陵、康陵发掘简报》，《文物》2006年第7期，第12页。
⑤ 李清泉：《佛教改变了什么——来自五代宋辽金墓葬美术的观察》，载巫鸿、朱青生、郑岩主编：《古代墓葬美术研究》第四辑，湖南美术出版社，2017年，第244—245页。
⑥（宋）周辉撰，刘永翔校注：《清波杂志校注》，中华书局，1994年，第181页。
⑦ 李清泉：《佛教改变了什么——来自五代宋辽金墓葬美术的观察》，载巫鸿、朱青生、郑岩主编：《古代墓葬美术研究》第四辑，第244—245页。
⑧ 李清泉：《宣化辽墓——墓葬艺术与辽代社会》，第315—317页。

图 12-7　广东南汉康陵陵台（采自广州市文物考古研究所《广州南汉德陵、康陵发掘简报》）

图 12-8　河北柿庄 3 号墓墓顶（采自河北省文物局文物工作队《河北井陉县柿庄宋墓发掘报告》）

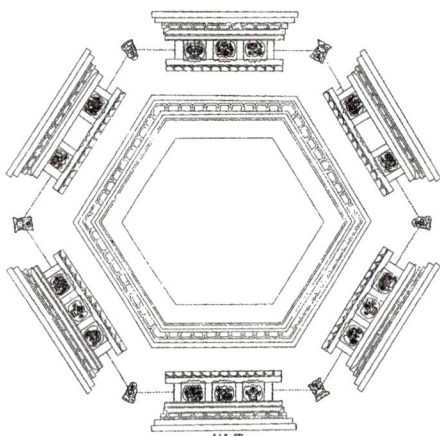

图 12-9　河北柿庄 9 号墓墓顶（采自河北省文物局文物工作队《河北井陉县柿庄宋墓发掘报告》）

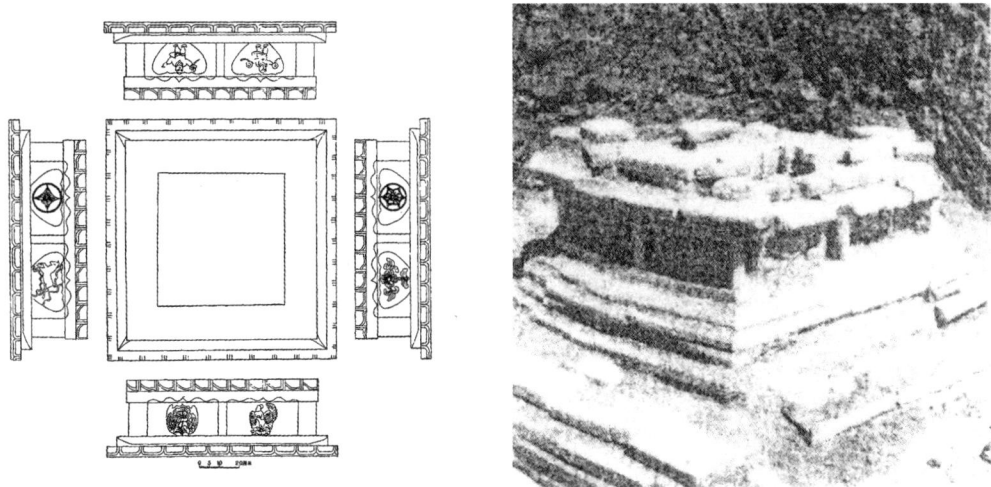

图 12-10　河北北孤台 4 号墓墓顶（采自河北省文物局文物工作队《河北井陉县柿庄宋墓发掘报告》）

那么这一图式可能还与丝路文化交流有关。

"晋天福五年，义金卒，子元德立。至七年，沙州曹元忠、瓜州曹元深皆遣使来"[1]，除了官方行为之外，中原与敦煌在民间层面也有着密切的互动交往，正如荣新江指出的那样："时中原或西川僧行至敦煌，多将变文、词曲、偈颂、画样携入，为僧俗官吏大众普遍喜闻乐见。"[2]在这样的历史背景之下，敦煌石窟老人入墓图的坟墓发生了显著变化，不再直接继承前代的形式，而是呈现"塔形"。这种崭新的图式与这一时期的丧葬习俗密切相关，是"坟塔化"现象在壁画艺术中的表现，见证着敦煌与中原地区的互动交往。

第三节　塔墓背后的画意
——曹元忠时期弥勒经变的特性

鉴于"一切艺术形式的本质，都在于它们能传达某种意义。任何形式都要传

---

① （宋）薛居正等：《旧五代史》卷 138《外国列传》，中华书局，1976 年，第 1841 页。
② 荣新江：《归义军史研究——唐宋时代敦煌历史考索》，上海古籍出版社，2015 年，第 23 页。

达出一种远远超出形式的自身意义"[1]，我们不禁产生疑问：形制特殊的塔墓作为一种"原创性"图像，改变了原有的粉本，其背后是否暗含着某些深刻的思想意涵？从图像选择这一角度看，是否透露出窟主某种意图或需求？回答以上问题，还需要回到具体的洞窟之中，结合营建背景和图像内容进一步分析。

众所周知，五代宋时期画工画匠广泛使用事先设计好的画稿粉本，大量壁画的制作呈现程式化[2]。然而，塔墓只是"昙花一现"，未在敦煌石窟艺术中广泛出现，继首次出现在莫高窟第55窟之后，又在莫高窟第449窟中再次出现。本就鲜见的塔墓，似乎为曹元忠所偏爱。进一步为我们揭示出一条隐藏在图像背后的重要线索——这类塔墓体现着归义军节度使曹元忠的"图像选择"，很可能一定程度上表现着曹元忠的信仰需求。

作为窟主的曹元忠在发心营建一座大窟之时，当会将自身的信仰需求融入其中。在弥勒信仰中，修整道场是与上生兜率密切相关的"六事法"之一[3]。曹元忠组织重修北大像，并营建了一批洞窟，而这些洞窟中绘制的弥勒经变不但没有五代以后同题材作品"程式化"的特点[4]，而且从造像组合、图像细节等不同角度呈现出鲜明的独特性，可见其对图像进行了全新的阐释。上述现象在曹元忠主持营建的莫高窟第261窟、第61窟、第55窟中表现得淋漓尽致。窟主曹元忠在开窟造像的活动中注重弥勒经变的处理，明显突出了其信仰需求。

作为曹元忠功德窟的莫高窟第261窟，就窟形而论，虽不能算作大型窟，却在窟顶四披图像组合上匠心独具，西披画弥勒上生和七宝（图12-11），南披画弥勒一会（图12-12），东披残存剃度、说法等内容（图12-13），北披虽已不存，但据窟顶的情况判断也应是弥勒一会，如此，莫高窟第261窟窟顶四披壁画完整表现了一铺弥勒经变[5]。可见上生世界的场景被绘制在窟顶西披这样一个进入洞窟便能观察到的醒目位置。同时，这一方位也具有象征意义，对弥勒信徒而言

①［美］鲁道夫·阿恩海姆著：《艺术与视知觉》，滕守尧、朱疆源译，四川人民出版社，1998年，第74页。
② 沙武田：《敦煌画稿研究》，中央编译出版社，2007年，第401页。
③（唐）窥基：《观弥勒菩萨上生兜率天经赞》卷1，《大正藏》第38册，第1772页。
④ 李永宁、蔡伟堂：《敦煌壁画中的弥勒经变》，敦煌研究院编：《敦煌研究文集：敦煌石窟经变篇》，第302页。
⑤ 沙武田：《敦煌莫高窟"太保窟"考》，《形象史学研究》2015年第2期，第110页。

图 12-11　莫高窟宋代第 261 窟窟顶西披弥勒经变局部（敦煌研究院提供）

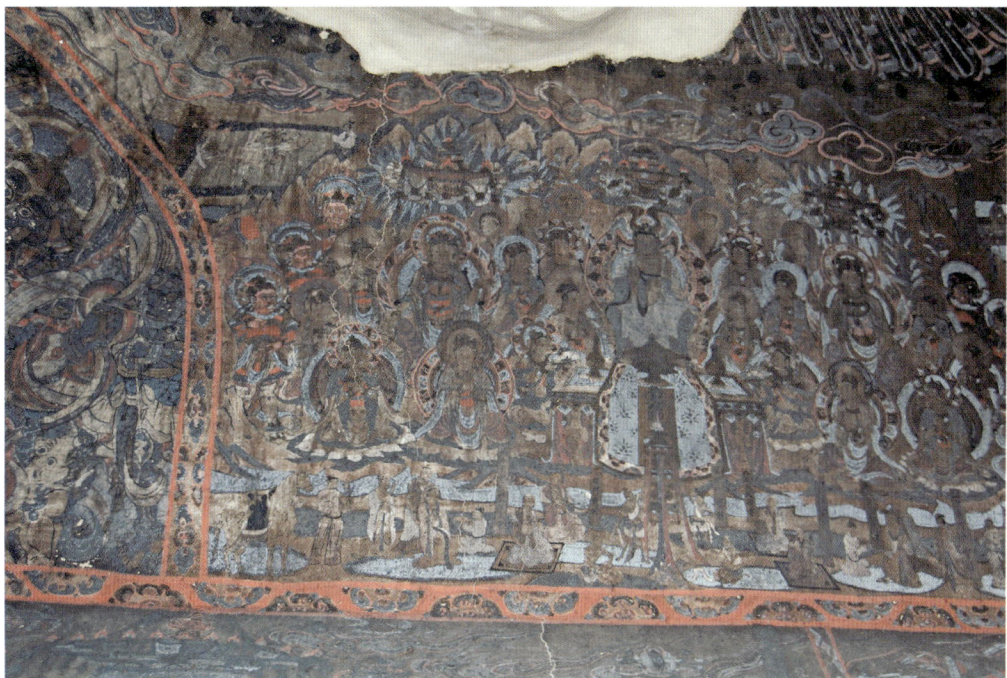

图 12-12　莫高窟宋代第 261 窟窟顶南披弥勒经变局部（敦煌研究院提供）

图 12-13　莫高窟宋代第 261 窟窟顶东披弥勒经变局部（敦煌研究院提供）

意义非凡，史载长安大慈恩寺窥基弟子义忠"每一坐时，面向西北，仰视兜率天宫，冥心内院。愿舍寿时，得见天主，永离凡浊，终得转依"[1]。足见这种巧妙的图像配置方法意在象征兜率净土，进一步突出上生信仰。

　　同期营建的莫高窟第 61 窟主室南壁弥勒经变则以榜题和图像两个维度更加直观地展现出了窟主曹元忠对上生世界的向往。莫高窟第 61 窟主室南壁西起第二铺画弥勒经变（图 12-14），采取上生与下生结合的构图方法，将弥勒世界诸事、弥勒佛传及七宝均绘制在画面最下方。上生世界占整幅弥勒经变的三分之一，弥勒菩萨居于中央的院落中，为众说法，看似无独特之处，然若仔细考察图像，我们可以发现两个非常重要的细节：

　　其一，在弥勒说法的兜率天宫中，除弥勒和六身胁侍菩萨之外，还有六身僧装人物以及九身世俗装人物合掌恭敬立于两侧（图 12-15），均没有头光，或戴

---

①（宋）赞宁撰，范祥雍点校：《宋高僧传》卷 4《唐京兆大慈恩寺义忠传》，第 77 页。

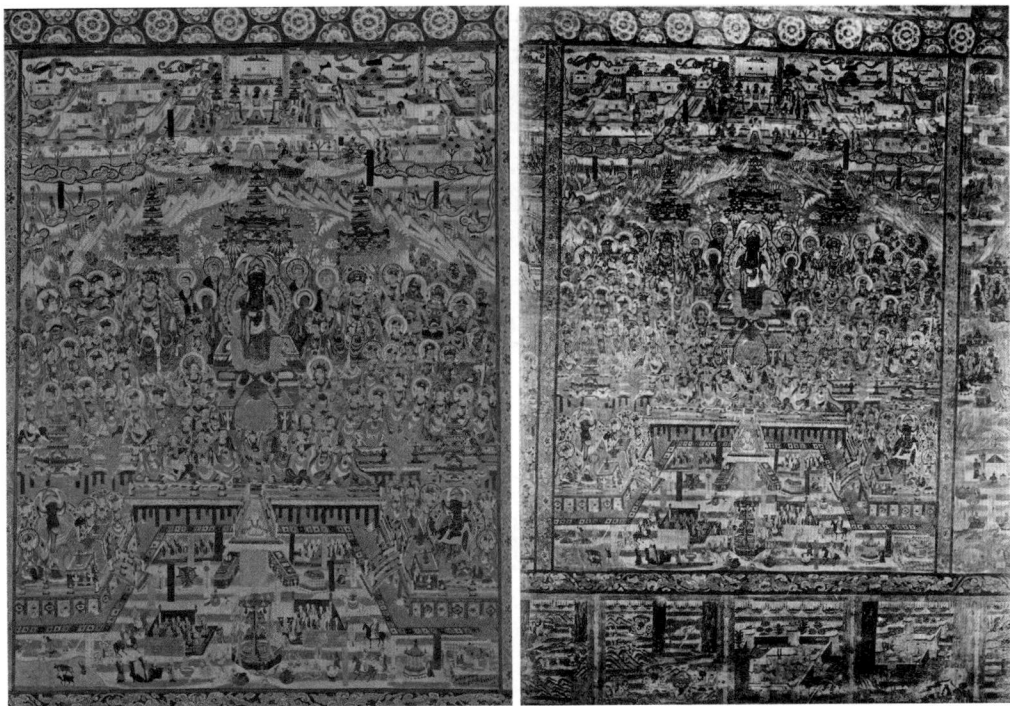

图 12-14　莫高窟五代第 61 窟南壁弥勒经变（彩色图版采自敦煌研究院官
网"数字敦煌"，黑白照片采自《伯希和敦煌石窟图录》）

幞头、或梳高髻，服饰与天宫中的弥勒、胁侍菩萨完全不同。《佛说观弥勒菩萨
上生兜率天经》云："如是等众生，若净诸业行六事法，必定无疑，当得生于兜率
天上值遇弥勒。"[1]可见这几身世俗人物是修善业而往生兜率。

　　其二，弥勒两侧各存一榜题（图 12-16），左侧为"弥勒慈尊在兜率天"，右
侧为"为诸天众说瑜伽教"。彼得·伯克指出应关注图像之内以标题或题名形式
出现的文本，并引出"图像文本（iconotext）"概念理解图像[2]。榜题中的"瑜伽
教"应指弥勒菩萨所说《瑜伽师地论》，进一步结合画面内容来看，画工此举应
有深意。我们知道《瑜伽师地论》是由无著升至兜率天宫，受弥勒亲传，流布人
间[3]。因此榜题实际与图像相呼应，共同突出弥勒上生信仰，再次让我们感受到了

①（刘宋）沮渠京声译：《佛说观弥勒菩萨上生兜率天经》卷 1，《大正藏》第 14 册，第 452 页。
②［英］彼得·伯克：《图像证史》，北京大学出版社，2019 年，第 52—53 页。
③（唐）玄奘、辩机著，季羡林等校注：《大唐西域记校注》卷 5，第 452 页。

图 12-15　莫高窟五代第 61 窟南壁弥勒经变兜率天宫（采自数字敦煌）

图 12-16　莫高窟五代第 61 窟南壁弥勒经变榜题（采自数字敦煌）

曹元忠时期对弥勒经变的全新阐释。

　　回到塔墓首次出现的莫高窟第 55 窟，主室的造像组合（图 12-17）更为直观地表达了窟主曹元忠渴望往生弥勒净土的信仰需求，"佛坛上'弥勒三会'造像与窟顶西披弥勒经变的结合，反映了洞窟弥勒信仰的基调"[1]。窟顶西披弥勒经变为上生、下生结合的形式，但由于背屏的原因，上生场景正下方即是佛坛正中的倚坐佛，高秀军指出这种组合展示出完整的弥勒下生经变[2]。可以肯定的一点是，这种组合配置不是由于佛坛背屏的限制不得已为之，而是富有深意——巧妙将上生天宫与下生世界自然衔接，从窟顶西披上方高居兜率天宫的弥勒菩萨到洞窟主室佛坛上的弥勒佛，营造弥勒下生之意，正是弥勒上生信仰"不仅为一期生命结束的今生提供一个皈依的处所，也为未来世在人间值遇弥勒的实现提供保单"[3]的形象化阐释。

从曹元忠营建的三所洞窟中，我们完全能够察觉到弥勒经变透露出的上生信

图 12-17　莫高窟宋代第 55 窟主室佛坛（采自《中国石窟·敦煌莫高窟（五）》）

① 高秀军：《敦煌莫高窟第 55 窟研究》，第 263 页。
② 高秀军：《敦煌莫高窟第 55 窟研究》，第 69 页。
③ 王雪梅：《弥勒信仰研究》，上海古籍出版社，2016 年，第 95 页。

仰。更为关键的是，老人入墓这一内容实际上也暗含上生信仰。鸠摩罗什译《佛说弥勒大成佛经》云："时世人民若年衰老，自然行诣山林树下，安乐淡泊，念佛取尽，命终多生大梵天上及诸佛前。"①与《佛说弥勒下生成佛经》中所载"人命将终，自然行诣冢间而死"②那样直言"死亡"完全不同。可见，《佛说弥勒大成佛经》中的"老人入墓"已经不再是单纯的丧葬内容，而是"生天见佛"，是对上生信仰的又一次突出。不容忽视的是，此经在宋初的敦煌有着一定影响，已经成为这一时期弥勒经变的经典依据，莫高窟第55窟窟顶西披弥勒经变正是综合了此经内容③。首次出现在这铺弥勒经变老人入墓图中的塔墓，以一个细微图式勾勒出窟主的弥勒上生信仰与往生思想，其功能和意义与前代相比也发生了显著变化，不再是埋骨的"墓地"，而是往生的"道场"。

首先，这类图式源自现实葬俗，其原本的功能是使亡者不堕恶道、往生净土，这一点与壁画图像中蕴含的往生思想相契合，同时又与窟主的弥勒上生信仰发生关联，将"坟塔"转化成一种图式，作为构图要素绘制在壁画之中，亦可以说是考虑到了其原有的净土往生功能。

其次，从细节上看，塔墓设有多门，这一点十分独特。墓门是供亡者进入墓室内部的通道，敦煌壁画中所见传统的坟墓只开设一门，墓门之内常常是重点表现的内容，华丽的屏风与豪华的床榻共同构成墓室内景（图12-18、图12-19），即使简单处理，一般也绘有供老人坐卧的圆毡（图12-20、图12-21）。众所周知，"为死者准备一个地下家园的观念极其古老"④，壁画中传统的坟墓形式注重内部细节的表现，这便直接印证了坟墓被视作老人命终后的长眠之地，正是"事死如生"的重要表现。

恰恰相反，塔墓与之完全不同，一改这种"事死如生"的观念，将坟墓内部原本应该表现的床榻、屏风、圆毡等用具一概省略，但诸如壶门这样细微的内容

---

① （后秦）鸠摩罗什译：《佛说弥勒大成佛经》卷1，《大正藏》第14册，第456页。
② （后秦）鸠摩罗什译：《佛说弥勒下生成佛经》卷1，《大正藏》第14册，第424页。
③ 高秀军：《敦煌莫高窟第55窟研究》，第263页。
④ ［美］巫鸿：《黄泉下的美术——宏观中国古代墓葬》，施杰译，生活·读书·新知三联书店，2016年，第227页。

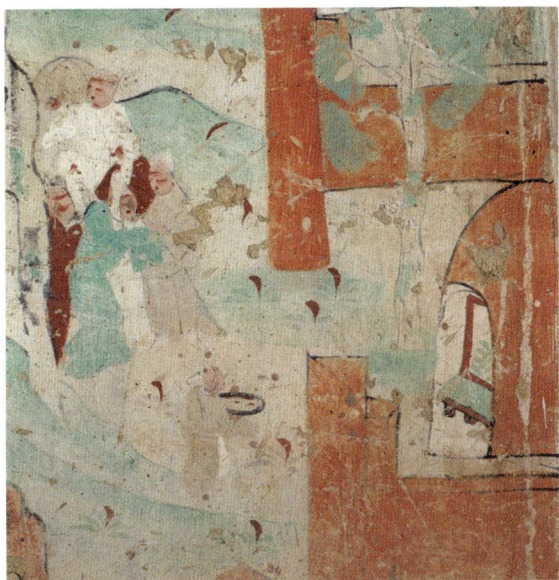

图 12-18　莫高窟盛唐第 116 窟北壁弥勒经变老人入墓图
（采自《敦煌石窟全集·弥勒经画卷》）

图 12-19　榆林窟中唐第 25 窟北壁弥勒经变老人入墓图
（采自《敦煌石窟全集·弥勒经画卷》）

图 12-20　莫高窟中唐第 358 窟南壁弥勒经变老人入墓
图（采自《敦煌石窟全集·弥勒经画卷》）

图 12-21　莫高窟晚唐第 12 窟南壁弥勒经变老
人入墓图（采自《敦煌石窟全集·弥勒经画卷》）

却仍然清晰可见。由于窟主身份显赫，为其创作的画工不会不熟悉传统的表现手法，因此可以说明这种淡化坟墓内部空间的图像处理方法应是有意为之。这样一来，再次证实塔墓不仅是在形制上与以往老人入墓图中的坟墓有所区别，其功能和意义也发生了实质性的转变。另外，画面中的送行人物不再号泣拜别，而是平静地陪同老人前往塔墓。更为独特的是，在出现塔墓的三幅老人入墓图中，位居最前方的送行者均为甩袖舞蹈形象。通过对图像的考察，可知舞蹈人物在敦煌石窟老人入墓图中十分罕见，只此三例，明显是与塔墓组合出现。

如前所论，塔墓的功能发生了转变，因此塔墓及其所处的区域成为了以往生兜率为主题的宗教空间。因此，我们推测送行人中走在前列的舞蹈人物很可能是在塔墓这样一个道场之内供佛、娱佛。这一点在莫高窟第454窟老人入墓图中表现得尤为突出，画面中的舞者与莫高窟第55、449窟弥勒经变老人入墓图中的舞蹈人物相比，已经不仅仅是位居前列，而是明显已经与其他送行人物完全分离，处在塔墓后方、茔域的最内部甩袖舞蹈。同时，这类舞蹈行为也具有净土意味。《洛阳伽蓝记》载：

> 景乐寺……至于六斋，常设女乐，歌声绕梁，舞袖徐转，丝管寥亮，谐妙入神……得往观者，以为至天堂。[1]

进入唐代后，这种佛教乐舞更盛，史载李可及"尝于安国寺作菩萨蛮舞，如佛降生，帝益怜之"[2]。舞蹈人物与塔墓的组合出现，本质上仍是弥勒上生信仰、净土往生思想的表达。

曹元忠之后，第454窟窟顶东披弥勒经变老人入墓图中再次出现了塔墓。这铺弥勒经变具备一个重要特征——在兜率天宫外围绘制了众多升天形象，多达20身，由云端人物构成，并且以榜题形式明确升天的种种功德，进一步突出了往生

---

①（北魏）杨衒之撰，周祖谟校释：《洛阳伽蓝记校释》卷1，第41—42页。
②（后晋）刘昫等：《旧唐书》卷117《曹确传》，第4608页。

弥勒净土的思想^①。画面下方的塔墓与画面上方的升天形象遥相呼应，共同突出了窟主的弥勒信仰和往生思想。

回到具体的洞窟之中，结合洞窟的营建背景和壁画的内容，便能够理解塔墓图式背后暗含的往生思想。莫高窟第 55 窟将形制独特的塔墓率先融入弥勒经变老人入墓图，充分显示出窟主曹元忠的信仰需求。由于第 449 窟的重修亦是在曹元忠时期完成，因此可能是模仿或者使用了相同粉本。曹元忠之后，这一图式又被继任的曹延恭接受，出现在第 454 窟窟顶东披弥勒经变。

第四节　余　论

本章从图像细节入手，虽难免有小题大做之嫌，但其作为"形象历史"的一个片段，蕴含着丰富的历史信息和深刻的思想意涵，从细微之处为我们展示出敦煌石窟艺术研究的无穷趣味和美妙前景。敦煌石窟弥勒经变老人入墓图中出现形制独特的塔墓，其独特的历史背景是受到了五代宋时期茔地建塔之风的深刻影响，见证着敦煌与中原的互动交往。塔墓作为曹氏归义军时期一类新颖的图式，与老人入墓图中暗含的往生主题完全相符，又与窟主的信仰需求不谋而合，进一步强化和延伸了图像背后的弥勒上生信仰，以一个崭新的视角为我们揭示出丧葬习俗与石窟壁画在图式上的关联。更重要的是让我们看到了佛教传入汉地后对传统丧葬习

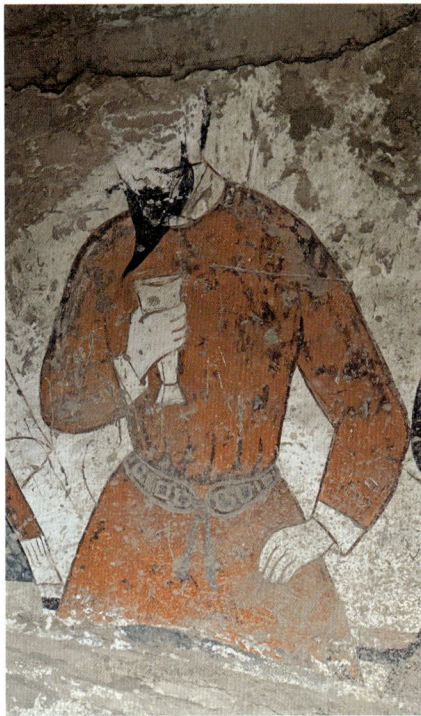

图 12-22　楼兰 LE 古城大墓壁画胡人宴饮图男性人物（采自《文物天地》2003 年第 4 期）

___

① 郭俊叶：《莫高窟第 454 窟研究》，第 321、338—339 页。

图 12-23　楼兰LE古城大墓壁画僧人像（李国拍摄）

图 12-24　楼兰LE古城大墓后室壁画图案（李国拍摄）

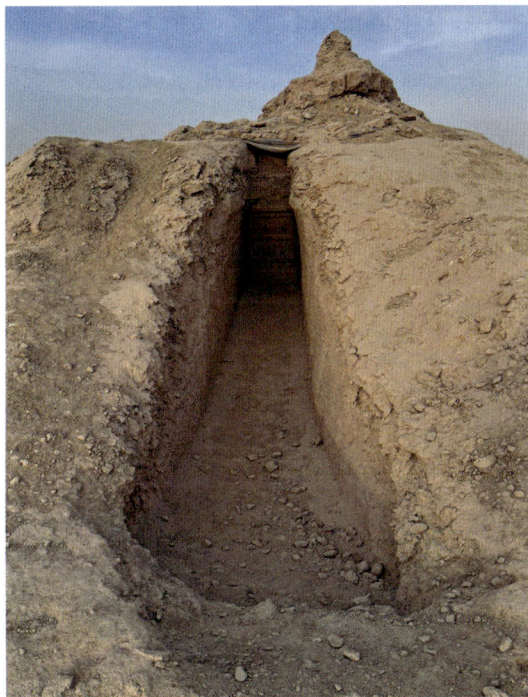

图 12-25 楼兰LE古城大墓墓道封土遗迹（李国拍摄）

俗深刻影响的图像遗存，在墓地起塔，正是唐人所谓"胡法塔葬"的历史图像，有重要的历史实证意义。如果再追溯这种受佛教影响在墓地起塔的传统，可以早到被认为是汉晋时期的楼兰LE古城2003年被盗挖的有传说是"楼兰王陵"[①]的大墓遗迹[②]，墓内壁画有典型的西域胡人形象宴饮图（图12-22），在墓室正上方是一残剩的土坯堆砌的圆形基座遗迹，处于周边环境的最高处，当地有人认为是烽燧遗址，但考虑到墓室内部包括前室中心塔建筑，壁画中的僧人形象（图12-23），以及中心塔和后室法轮或莲花形壁画（图12-24），我们认为墓上封土之上土坯堆砌的圆形基座残迹应是一佛塔遗存（图12-25）。

　　如果此推论有一定的道理，正是佛塔与墓葬相结合沿丝路之路传播的重要线

----

① 李文儒：《被惊扰的楼兰——楼兰"王陵"核查、楼兰古墓追盗》，《文物天地》2003年第4期，第48页；张玉忠：《楼兰地区魏晋墓葬》，《中国考古学年鉴2004》，文物出版社，2005年，第410—412页。

② 于志勇、覃大海：《营盘墓地M15及楼兰地区彩棺墓葬初探》，《西部考古》第一辑，三秦出版社，2006年，第401—427页；伊弟利斯、李文瑛《守护大楼兰》，《中国文化遗产》2005年第5期，第32—55页。

索和难得遗存。楼兰古墓有浓厚的汉晋墓葬传统和色彩，又明显有佛教的因素，位处丝绸之路西域南道的交通要道楼兰，因此意义重大，或许正是唐代以杜鸿渐为代表的佛教信众死后采取"胡法塔葬"的早期遗存，到了本章所讨论的唐宋时期在墓葬地上地下出现的各类佛塔、经幢等建筑或设施，已是此胡风较晚的影响和遗风了。

第十三章
敦煌老人入墓雉堞形顶坟墓的丝路文化属性

第一节　敦煌弥勒经变老人入墓图的图像特征

　　敦煌石窟弥勒经变"老人入墓图",作为大画面弥勒经变中表现弥勒世界诸事的情节之一,从唐前期出现一直延续到晚唐、五代、宋、西夏时期,图像传承有序,画面特征明显[①]。但有趣的是,曹氏归义军中晚期的宋代洞窟第55、449、454窟弥勒经变老人入墓图中出现一种类似佛塔的坟墓,和之前大量出现的自唐前期以来流行了约三百年之久的、为学界所熟知的券形(又称馒头形)、外形中空、内设床榻的坟墓形制完全不同,变化之大,一目了然,颇难理解。前一章对其形制及来源作了简单的论述,称其为"塔墓",并指出这种塔墓的出现是受到五代宋时期墓地建塔风俗的影响,同时还强调了其出现有可能和归义军节度使曹元忠的信仰有

---

　　① 参见敦煌研究院编,王惠民主编:《敦煌石窟全集·弥勒经画卷》,香港商务印书馆,2002年;另见敦煌研究院编,谭蝉雪主编:《敦煌石窟全集·民俗画卷》,香港商务印书馆,2002年。

关，尤其关注到了该类塔墓与窟主往生弥勒上生兜率天宫净土的含义[1]。

重读这几幅弥勒经变"老人入墓图"，发现之前我们称为"塔墓"的图像，虽然和佛塔之间有一定的关系，但并不是完全意义上的塔形建筑，仔细观察可以发现，此类建筑实为凸形雉堞顶，也就是说顶部完全没有塔刹的任何元素。进一步观察此三幅图中的坟墓图像，发现此类坟墓的建筑形制，并不属于完全意义上的佛塔建筑，惟有第55窟者为束腰形带壶门基座，正面有斜坡形踏步，中间方形主体四面开口（所开口的真实性不十分明朗），中间和顶部结合处有檐，一定程度上确有塔的属性，顶部两面对称装饰凸形雉堞，但对称的雉堞之间部分仍然是券形结构（图13-1）。而第454、449二窟的坟墓同样有基座，第449窟在基座一侧面还有踏步，中间主体部分应为两面开口，也有可能是单面开口（因为画面中只显示一面开口），其中第449窟开口处画有一株绿草，显示此处确有开口，表示传统"老人入墓图"中空空间的特性，未画出檐的结构，可以认为大体上还是沿袭常见券形墓的形制，只是两面顶部对称装饰凸形雉堞构件（图13-2、图13-3）。

图13-1　莫高窟宋代第55窟西披弥勒经变老人入墓图
（采自《敦煌石窟全集·民俗画卷》）

图13-2　莫高窟宋代第454窟西披弥勒经变老人入墓图（采自《敦煌石窟全集·民俗画卷》）

---

[1] 另可参考郭子睿、沙武田：《样式溯源与图像思想——敦煌石窟弥勒经变老人入墓图塔墓考》，《文博》2020年第3期，第107—112页。

图 13-3　莫高窟宋代第 449 窟北壁弥勒经变老人入墓图（采自《敦煌石窟全集·民俗画卷》）

总体来看这三例"老人入墓图"中的坟墓建筑形制，第 454、449 窟的可以认为是在原来券形（馒头形）的基础上增加了基座和顶上的凸形雉堞，中间主体部分仍然以其他各时期老人入墓图中传统常见坟墓形制为主，第 55 窟者则有所不同。

如此一来，前章所述"塔墓"之说需要进一步完善，雉堞作为传统意义上属于城墙之上的建筑构件设施缘何出现在墓葬当中？此种组合实属特例，源头何在？有什么象征意义？仍有探讨的必要和空间。

第二节　"老人入墓图"的图式转变

"老人入墓图"是敦煌石窟弥勒经变最基本的图像构成要素，从唐前期已经出现，代表有莫高窟盛唐第 208、445 窟，到了中唐时期则较为频繁地出现在经变画当中，代表有莫高窟第 231、237、361、359、205 等窟，晚唐五代宋时期仍然流行，基本的图像构成或图像特征一脉相承，图式稳定，画面特征清晰，是辨认弥勒经变的标志性画面。其画面是由表示墓葬的墓园、园内坟堆和前往墓园的老人及其亲属众多人物构成，其中墓园一般是四面夯土围墙形成的茔圈，四角有角墩，在一面的正中有茔圈出入口，形成简单的阙形门道。茔圈内正中为一夯土券形坟堆（即最常见墓葬馒头形封土），但面向茔圈出入方向开一口表示老者入住空间（图13-4），内部常见置一床榻，个别有壁画装饰，以榆林窟第25窟最为典型（图13-5）。另有部分画面并无茔圈，而仅以柏树环绕左右，坟堆也有不开口者，如莫高窟晚唐第9窟（图13-6）；还有无坟堆而以自然山坡表示坟墓的情况，如莫高窟中唐第186窟（图13-7）[①]。另一部分前往墓园的老人及其亲属的众多人物画面，中间往往是一位佝偻老者，多为白衣，拄杖，在亲人的搀扶下前行，身后跟随几位男女亲人，共同向墓园而来，亲友队伍前面往往有人举盘，内有食物，或抬物前行，也有表现背负重物者。惟有榆林窟第25窟画面表现的是亲人们和已经坐在坟墓中空空间床榻上的老人依依惜别的场面。

到了宋代曹氏归义军曹元忠任节度使（944—974）的中晚期，在洞窟弥勒经变的绘制中，开始出现一类完全不同的坟墓建筑形制，最早者为曹元忠功德窟第55窟图像，其次为曹延恭功德窟第454窟，再次为某社人功德窟第449窟。此三幅图像中坟墓建筑虽然整体的形制不再是传统意义上的券形顶，但之前的券形仍然被部分沿袭，或可认为有传统图像的遗痕，第55窟坟墓在四面方形主体顶部两侧的凸形雉堞之间仍然为半圆形顶，第454、449窟基座之上的墓形整体也仍然是券形，只是在顶部两面增加了对称的雉堞构件，如果把此二窟坟墓建筑中的基座和雉堞取掉，仍然是传统的敦煌壁画弥勒经变"老人入墓图"中的券形坟墓，所以图像沿袭的痕迹是明显的。

因此，可以认为，出现雉堞的此类"老人入墓图"中的坟墓建筑和之前流行的券形墓相比，其图式的转变，最明显或者说最核心的因素即是增加基座和雉堞，属新的建筑元素。其中基座较好理解，是为了搭配和适应坟墓整体建筑结构与景观而设，因为单纯的券形坟墓增加基座也是可以接受的建筑设施与组合关

① 图版参见敦煌研究院编，王惠民主编：《敦煌石窟全集·弥勒经画卷》，香港商务印书馆，2002年。另结合本人洞窟实地调查。

图 13-4 莫高窟中唐第 358 窟弥勒经变老人入墓图
（采自《中国敦煌壁画全集·中唐》）

图 13-5 榆林窟中唐第 25
窟弥勒经变老人入墓图（采自
《敦煌石窟全集·弥勒经画卷》）

图 13-6 莫高窟晚唐第 9 窟窟顶东披弥勒经变老
人入墓图（采自《中国敦煌壁画全集·晚唐》）

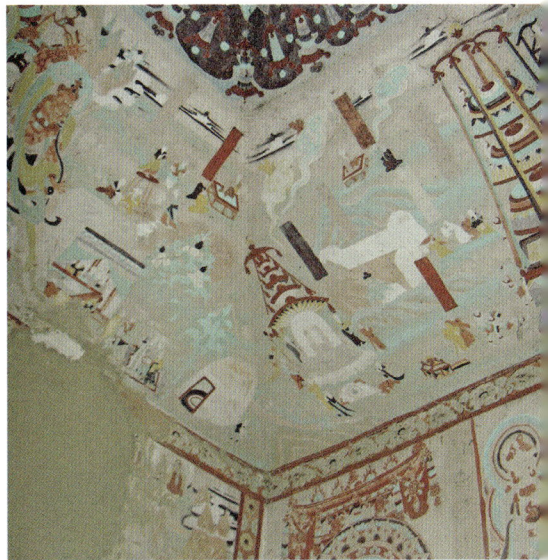

图 13-7 莫高窟中唐第 186 窟弥勒经变
老人入墓图（敦煌研究院提供）

系。而在中土所见主要出现在各类城址或围墙上的雉堞作为新元素的出现，显然超出我们对传统雉堞建筑设施、空间关系、功能思想的认识。至少就目前而言，无论是传统文献还是考古工作，都无法提供雉堞与墓葬中坟墓建筑的关联，疑团重重，可思考的空间很大。

第三节　雉堞出现在墓葬封土建筑上的象征意义

我们在敦煌壁画中看到的自唐前期一直到宋代曹氏归义军晚期洞窟中频繁出现在弥勒经变中的老人入墓图，画面中处在墓园中心位置的是供老人生活的建筑空间。整体观察其实就是传统意义上的墓葬封土，即为券形（俗称馒头形）封土，画面是为了表现其依据的经典中所表述之"人命将终，自然行诣冢间而死"[①]的需要，即表现老人在未死亡之前的最后阶段是要在地上的墓园中度过，因此把本来的墓葬馒头形封土改建成中空的可供一个人生活的空间，图像中常可见到坟堆内有一床榻（图13-8），供老人度过最后的时光，例如榆林窟第25窟不仅有床榻，内部还有屏风装饰，生活气息浓厚。对于传统墓园在图像中的表现，除了弥勒经变老人入墓图之外，另还可以在瓜州榆林窟第19窟前甬道北壁五代绘目连变相图中看到完全相同的图像（图13-9），因此可以认为此类券形顶，是中古时期墓园的基本图像内容与画面特征。

结合壁画中对墓园建筑或墓葬所在整体自然山林、花草树木等环境的渲染，从本质上而言，可以认为唐宋时期曾一度流行的佛教绘画弥勒经变"老人入墓图"，其实是对一处处墓葬地上部分整体空间环境的描述。就目前已知的材料，在中土传统墓葬中未见到任何有关在封土上有雉堞类建筑构件的记载和考古实物，至多有不同时期墓葬封土上出现祭祀类建筑的情况。

雉堞是西亚、中亚、西北印度、中印度、西域等丝绸之路沿线地区广泛流行的建筑构件或建筑设施，包括建筑装饰[②]，在西亚地区其出现的时间可以早到公元

---

① （后秦）鸠摩罗什译：《佛说弥勒下生成佛经》卷1，《大正藏》第14册，第423页。
② 李静杰：《雉堞及其来源考述》，《中原文物》2022年第2期，第135—144页。

图 13-8　莫高窟晚唐第 12 窟弥勒经变老人入墓图（采自《敦煌石窟全集·弥勒经画卷》）

图 13-9　瓜州榆林窟五代第 19 窟前甬道北壁目连变相（采自《敦煌石窟全集·报恩经画卷》）

前 15 世纪的亚述时期，代表有象征冥界之门的伊拉克尼尼微亚述时期古城高大北门上的雉堞。到了公元前 6 至公元前 4 世纪的波斯波利斯，城墙上的雉堞更是标示性设施（图 13-10）。作为王权的象征，雉堞也出现在乌拉尔图王国时期的青铜饰板上面，与波斯波利斯古城同时期的王冠上也出现了雉堞装饰（图 13-11）。到了拜占庭和波斯萨珊时期，在具有王权象征意义的王冠上面随处可见雉堞装饰（图 13-12），这种影响一直持续到 7—8 世纪的中亚粟特地区。另一方面，在公元前 2 世纪的西北印和中亚地区，雉堞大量出现在佛教建筑和造像当中，尤其是犍陀罗地区造像可以较多地看到雉堞的出现（图 13-13），并影响到龟兹地区洞窟壁画。按照张元林的研究，出现在西亚、中亚等地建筑和艺术品中的雉堞建筑构件或装饰艺术，均是表达神权、王权的"神圣性"，其象征意义是明确的①。

图 13-10　公元前 6—前 4 世纪波斯波利斯古城遗址（采自《世界美术大全集·东洋编·西亚》）

---

① 张元林:《来自西亚的"神圣性"象征——莫高窟第 249 窟凸形雉堞的图像探源》,《敦煌研究》2023 年第 4 期,第 200—209 页。

图 13-11　波斯波利斯出土的公元前 6—前 4 世纪王子头像（采自《世界美术大全集·东洋编·西亚》）

图 13-12　波斯萨珊阿尔达希尔一世接手仪式摩崖石刻（采自《世界美术大全集·东洋编·西亚》）

图 13-13　犍陀罗佛教美术中的雉堞装饰（作者拍摄自甘肃省博物馆犍陀罗专题展览）

　　魏晋以来，汉地的雉堞出现在河西魏晋墓葬壁画或画像砖的坞堡墙上（图13-14），敦煌北朝和隋唐壁画以及唐墓壁画中的各类城墙、围墙，甚至院落的夯土墙上，尤其广泛出现在敦煌唐五代宋时期的法华经变信解品、报恩经变善事太子品、维摩诘经变问疾品、药师经变斋僧放生画面、观无量寿经变未生怨故事画面、十轮经变等经变画中，雉堞图像之丰富，几乎遍窟皆见（图13-15）。世俗城市或民居建筑或城垣上的雉堞，一直延续到宋元明清时期，有些遗址仍然有实物遗存，今天完整保留下来的清代皇宫北京故宫城墙上的雉堞可为代表（图13-16），这些整体上均是延续了雉堞作为军事防御性质的城墙建筑设施，学术界研究较多①。然而此类雉堞与本文所论关联性不大，仅可参考。

　　墓葬建筑设施中的封土类建筑和城垣类建筑属于两类完全不同的建筑，为什

---

　　① 叶万松、瓯燕：《略论中国古代城垣上的附属建筑》，《考古学研究》第六辑，科学出版社，2006年，第263—283页；贾亭立、陈薇：《中国古代城墙的垛口墙形制演进轨迹》，《东南大学学报（自然科学版）》2010年第2期，第435—440页；陈振坤：《雉堞初探》，《文物春秋》2007年第2期，第64—66页；王浩钰：《中国古代城墙雉堞发展及演变探析》，《四川建筑科学研究》2013年第1期，第251—254页；刘永海：《宋代城池筑防技术与思想考论》，《历史教学（下半月刊）》2019年第5期，第52—58页。

图 13-14 高台魏晋墓画像砖坞堡建筑（采自《中国出土壁画全集》）

图 13-15 莫高窟晚唐第 138 窟法华经变中的城墙建筑（采自《中国敦煌壁画全集·晚唐》）

图 13-16　北京故宫城墙（作者拍摄）

么会在莫高窟宋代曹氏归义军中晚期的第 55、454、449 窟老人入墓图中表示坟墓的图像中出现雉堞？这些雉堞显然和汉地出现在城墙上的传统雉堞的性质有本质上的区别。张元林提出的"神圣性"象征意义给我们重要的启发。

"老人入墓图"旨在表示死亡的场景，只是把经典中的"人命将终，自然行诣冢间而死"以汉地世俗传统墓葬地面建筑空间的形式表达了出来，所以我们需要回归到传统墓葬的思想和功能上探讨雉堞出现的原因和意义。

传统墓葬固然是表示"事死如事生"的死后世界，但自汉代以来墓葬有一个较为固定的主题，即对墓主人"升天成仙"的空间表达①，那么在敦煌洞窟壁画老人入墓图中出现的雉堞，也可能受到传统墓葬"升天成仙"思想的影响。鸠摩罗什译《佛说弥勒大成佛经》：

①［美］巫鸿：《黄泉下的美术——宏观中国古代墓葬》，施杰译。

时世人民若年衰老，自然行诣山林树下，安乐淡泊，念佛取尽，命终多生大梵天上及诸佛前。①

从经典所记可知，这里表达的不仅仅是老人要到山林树下或冢间度过余生，最后自然死亡，更重要的是这是一个快乐的过程，"安乐淡泊"，并且其间还要做些功课，"念佛取尽"，关键是最后的死亡，不是普通意义上的死亡，而是要"生大梵天上及诸佛前"，就是要升天进入佛国，即表达的是自魏晋北朝以来普通信众所积极追求的"神生净土""神游净土""普升净土""托生西方""托生西方妙乐国土（世界）""常往西方净土""普成佛道""永生佛国""愿生西方无量寿佛国""值（直）生西方妙乐国土""恒生净境""游神（神游）西方净佛国土""神栖净土""托生妙乐""共往西方""同升妙乐""道生佛国""早登净土""腾生佛国""腾游诸佛之国""神升净境""游神净境""俱登妙乐""神升妙乐""咸登妙觉"的普世思想②。

如此一来，之所以在坟墓中不合常规地追加本不属于传统墓葬建筑构件设施的雉堞，其实延续的是此类建筑构件设施在西亚及中亚西域所具备的"神圣性"象征意义，也就是说其实是要表达对在墓中度过余生老人最终升天进入佛国净土的图像象征。这也让我们联系到莫高窟西魏第 249 窟西披须弥山顶半开城门的大城上布满雉堞的原因，此前学者们多认为是表现天宫的建筑（图 13-17），结合沈睿文对莫高窟第 249、285 二窟窟顶壁画与《山海经》等传统文献所记载"太一"出行关系的讨论③，再结合之前学者们认为二窟窟顶壁画内容表现升天成仙思想的观点④，近来我们也撰写专文讨论过第 285 窟窟顶是借用了汉晋传统墓葬表示升天成仙而来表现佛教往生天国的可能性⑤，总体可以认为第 249 窟窟顶西披须弥

① （后秦）鸠摩罗什译：《佛说弥勒大成佛经》卷 1，《大正藏》第 14 册，第 429 页。

② 参见侯旭东：《五六世纪北方民众佛教信仰——以造像记为中心的考察》，社会科学文献出版社，2015 年；侯旭东：《佛陀相佑：造像记所见北朝民众信仰》，社会科学文献出版社，2018 年；[日] 仓本尚德：《北朝佛教造像铭研究》，法藏馆，2016 年；魏宏利：《北朝关中地区造像记整理与研究》，中国社会科学出版社，2017 年。

③ 沈睿文：《敦煌 249、285 窟的窟顶图像》，《故宫博物院院刊》2023 年第 6 期，第 4—13 页。

④ 张倩仪：《魏晋南北朝升天图研究》，商务印书馆，2010 年，第 200 页。

⑤ 沙武田：《北朝升天成仙思想在佛教石窟中的实践："天"图像再利用与莫高窟第 285 窟功能再探》，台湾大学编：《美术史研究集刊》第 54 期，2023 年，第 1—118 页。

图 13-17　莫高窟西魏第 249 窟顶西披天宫建筑（采自《中国敦煌壁画全集·西魏》）

山上布满雉堞的大城其实是与佛教净土往生或往生佛国关系密切的，而其表现手法则来自传统墓葬，所以这里在城墙上布满雉堞，其实是在积极响应洞窟窟顶表现往生佛国净土的思想内涵。如此一来，第 249 窟被学界认为属于天宫的建筑上突出强调雉堞设施，其实是与升天往生有不可分割的联系。此含义或象征意义也体现在后文拟讨论的犍陀罗等地出现在佛塔上的雉堞形受花上面[1]。

至此，我们可以看到敦煌壁画弥勒经变"老人入墓图"发展到宋曹氏归义军中晚期时对来自丝绸之路上一类有强烈"神圣性"象征意义的建筑构件设施雉堞的巧妙借用；从另一方面而言，则可以看到丝路上此类具有浓厚西亚文化特征的建筑构件或设施在汉地传播过程中其渗透力之强，以至于最后出现在汉地最为传统和世俗性色彩最为浓厚的墓葬当中，实是有趣的丝路文化传播图像。

第四节　雉堞在墓葬中出现的其他例证

敦煌壁画弥勒经变"老人入墓图"中出现在坟墓上的雉堞，虽然是墓葬相关

---

① 王敏庆：《佛塔受花形制渊源考略——兼谈中国与中、西亚之艺术交流》，《世界宗教研究》2013 年第 5 期，第 54—65 页。

建筑中的构件设施，但其出现在原本表示封土的券形坟墓上，是属于墓葬地面建筑构件。事实上我们在世俗传统墓葬的地下随葬品中也看到有凸形雉堞出现的现象，在汉、魏晋中原北方地区的墓葬中出土的一类陶灶上，灶的前后两头的烟囱或灶门部位出现一类凸形雉堞构件。例如，1989 年安阳市龙安区东风乡寺沟村汉墓出土一件陶灶，现藏安阳市文物考古研究院，灶上两端对称出现象征性的小雉堞（图 13-18）；磁县北朝考古博物馆藏有一件北齐墓葬出土陶灶，在烟囱位置出现从比例上而言显得过于庞大的雉堞（图 13-19）；也有的雉堞出现在灶的前部灶门上面，曹操高陵出土一件陶灶，就是在灶的前部灶门上部有小型雉堞（图 13-20），此类陶灶在西安地区的魏晋十六国墓葬中也可见到（图 13-21、图 13-22）。雉堞出现在陶灶上，最为典型的当属现藏大同北朝石刻艺术博物馆的北魏太安四年（458）的解兴石堂前壁门一侧武士下方画一硕大的灶，为雉堞形，灶孔内正燃着火焰，灶口有一人忙碌，应是司柴火者（图 13-23）[1]。目前所见出现在汉晋北朝墓葬中陶灶上的雉堞构件或装饰，体积都不大，多有装饰的意味，但这种带有雉堞形装饰构件的陶灶一直延续到隋唐时期的墓葬中，在潼关税村隋代高等级墓葬中有出土（图 13-24）[2]，唐懿德太子墓中也有出土（图 13-25）[3]，说明其流行的时间较长。雉堞在陶灶上如此流行，显示灶本身在墓葬升仙观念中的独特地位。汉代陶灶上出现博山炉形、鸟形、龟形烟囱，以及在灶门两侧或周围画火焰纹、大鸟、鱼、人等图像，均有升仙的含义在其中。

陶灶作为较为常见的墓葬随葬品，除了满足墓主死后的日常生活所需之外，研究者指出，还与汉代以来的祭灶思想有关[4]，表达的是古人对火和火神的崇拜。《史记·武帝本纪》载："少君言于上曰：'祠灶则致物，致物而丹沙可化为黄金，黄金成以为饮食器则益寿，益寿而海中蓬莱仙者皆可见，见之以封禅则不死，黄

---

① 张庆捷：《北魏石堂棺床与附属壁画文字——以新发现解兴石堂为例探讨葬俗文化的变迁》，载北京大学中国考古学研究中心编：《两个世界的徘徊：中古时期丧葬观念风俗与礼仪制度学术研讨会论文集》，科学出版社，2016 年。

② 陕西省考古研究院编著：《潼关税村隋代壁画墓》，文物出版社，2013 年，第 73 页图六五-4，彩色图版六五-2。

③ 陕西省考古研究院、乾陵博物馆编著：《唐懿德太子墓发掘报告》，科学出版社，2016 年，第 353 页图三四三-2，彩色图版七四-2。

④ 梁云：《论秦汉时代的陶灶》，《考古与文物》1999 年第 1 期，第 50—56 页。

图 13-18　安阳市龙安区东风乡寺沟村汉墓出
土陶灶（安阳市文物考古研究院提供）

图 13-19　磁县北朝考古博物馆藏北齐墓葬出土
陶灶（作者拍摄于磁县北朝考古博物馆）

图 13-20　安阳曹操高陵出土陶灶
（作者拍摄于曹操高陵遗址博物馆）

图 13-21　陕西考古研究院藏十六国陶灶
（作者拍摄于陕西考古博物馆）

图 13-22　咸阳渭城区坡刘十六国墓出土陶灶
（作者拍摄）

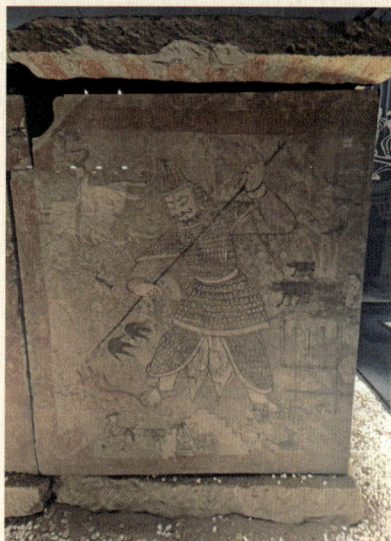

图 13-23　大同北魏解兴石堂壁画（作者拍摄）

图 13-24　潼关税村隋墓出土陶灶（采自
《潼关税村隋代壁画墓》）

图 13-25　唐懿德太子墓出土陶灶（采自
《唐懿德太子墓发掘报告》）

帝是也。'……于是天子始亲祠灶。"[①]在这里祭灶成为求仙的手段，所以也有研究者指出陶灶虽然是以生活中的灶台为原型，但是却融合了人们的祭灶思想、升仙思想、图腾崇拜等方面的内容[②]。灶与墓葬固有的升仙思想的结合，其实是墓葬大量随葬灶的另一个重要原因，而灶中冒出的烟，和汉晋以来通过云气纹象征天界仙境有一定的关联。大同北魏解兴石堂的灶和守门的武士，代表升天成仙的人首兽身、人首鸟身、神树、仙山、祥禽瑞兽等画在一起，其实均是在表现墓主夫妇升天进入仙界的生活场景，所以这里画出一硕大的灶膛正在燃着火的雉堞形灶，以雉堞形表现应是有意而为，是在强调此灶的神圣性，不是人间普通的灶，而是天界的灶。

另一方面，灶关系着人的温饱、健康、长寿等生死大计，因此有了对"灶神"的崇拜。古《周礼》说："颛顼氏有子曰黎，为祝融，祀以为灶神。"[③]灶神是主管人们饮食的神，祭拜灶神，一家人就可以一年到头得饱食，健康长寿。《后汉书·阴兴传》："宣帝时，阴子方者，至孝有仁恩。腊日晨炊，而灶神形见，子方再拜受庆；家有黄羊，因以祀之。"[④]从汉代开始，灶神作为家中的主神之一被置于非常重要的位置并且按时受到祭拜。《抱朴子·微旨》："月晦之夜，灶神亦上天白人罪状。"[⑤]旧俗，夏历腊月二十三或二十四日，用纸马饴糖等送灶神上天，谓之送灶，除夕又迎回，谓之迎灶。所以灶神可以通天，是一家人和天沟通的代言人。如此一来，灶又和墓葬升天成仙思想紧密关联。

因此雉堞出现在汉晋墓葬中的陶灶上，其实是在强调灶的这一独特墓葬功能和意义。对此，叶舒宪指出早在仰韶时期的灵宝西坡大墓中随葬的陶灶即搭配玉钺，表达的是"引魂升天"的思想[⑥]，对我们理解汉晋时期墓葬中的陶灶也是有启示意义的。事实上，在距今3000年的新疆鄯善洋海文化墓葬中，即出土一类耳

---

① （汉）司马迁：《史记》卷12《孝武本纪》，第454页。
② 朱津：《汉墓出土陶灶研究》，郑州大学硕士学位论文，2010年，第50页。
③ （清）孙诒让：《周礼正义》卷33《春官·大宗伯》，中华书局，2015年，第1591页。
④ （南朝宋）范晔：《后汉书》卷32《阴兴传》，第1133页。
⑤ （晋）葛洪撰，王明校释：《抱朴子内篇校释》卷6《微旨》，中华书局，1985年，第125页。
⑥ 叶舒宪：《引魂升天——灵宝西坡大墓随葬玉钺与陶灶的二元结构及宗教功能》，《民族艺术》2017年第6期，第31页。

杯形陶器，其中的耳就是凸形雉堞（图13-
26）[①]，数量丰富，虽然我们不能完全把此类
雉堞出现在洋海文化墓葬器物上与表现汉地
墓葬中升天成仙思想完全相关联，但此类原
本在更早时期大量出现在西亚地区具有神
权、王权的"神圣性"象征含义的图像，其
实还是强调了此类物品的独特性，甚至"神
圣性"。另在中亚粟特地区出现一类陶纳骨
器，口沿一圈装饰雉堞（图13-27），倒是
和本文所论坟墓有相同的属性。

　　由此看来，汉晋陶灶上出现雉堞，其实
也是与墓葬本身的升天成仙基本思想相一致

图13-26　新疆鄯善洋海文化出土陶耳杯
（新疆博物馆提供）

图13-27　乌兹别克斯坦SARY特佩出土的纳骨瓮（采自《世界美术大全集·东洋编·中亚》）

---

　　① 新疆吐鲁番学研究院、新疆文物考古研究所：《新疆鄯善洋海墓地发掘报告》，《考古学报》2011年第1期，第
99—150页。

图 13-28   大同北魏敦煌公宋绍祖墓石椁（作者拍摄于大同博物馆）

的。只是到了宋代敦煌的佛教壁画艺术中，因为无法表现墓内地下空间的内容，而把雉堞创造性地画在了地上的封土券形坟堆上面，想必也是艺术家煞费苦心的结果。

陶灶之外，雉堞出现在墓葬当中，较早者还有大同北魏敦煌公宋绍祖墓屋形石椁顶上屋脊两端的装饰，明显是雉堞形构件（图 13-28）。悬山顶式殿堂建筑顶部屋脊两端本来是以鸱吻建构，在此改为雉堞，当是充分考虑到属于墓葬石椁的丧葬属性而设计的，显示出雉堞在丧葬文化上的特殊含义。

尤其到了宋金墓葬中，雉堞形建筑在墓葬升仙题材中的出现和运用，有更加精彩的表现，在登封高村编号为 03ZDGCM1 的宋代墓葬中（图 13-29），墓室东壁和西壁的备宴图、备洗图各一侧有一雉堞形龛的小耳室，两侧立二女侍或一男一女侍者，从龛内伸出一团红色祥云，云上各有一男一女人物，升腾而上，是升仙图；另在墓室顶部同样为雉堞形龛一圈，龛内画云上人物，均为一女性人物，其中有几身扛一拂尘，有的托盘，还有一身有头光，这些女性均身着交领阔

图 13-29　登封高村宋墓结构布局图示（采自《郑州宋金壁画墓》）

袖襦，头束高发髻，下着长裙，一派贵妇人姿态，身处云上，明显是升仙题材[①]（图 13-30）。墓室顶上雉堞形龛内画云上人物的类似题材图像也见于登封黑山沟宋墓，在编号为 99ZDHSM1 的墓中，所画云上人物的升仙意味更加浓厚，其中有两组两位女性均持幡（一组过仙桥），一组是两位道士双手击钹，有一身是云上菩萨，有一组一男一女（推测为墓主夫妇），一龛内画一大建筑仙间庭院（图 13-31）[②]。对于宋金墓葬中此类图像的升仙图属性和含义，已有专题研究，可资参考[③]，但没有注意到此类升仙图处在雉堞形空间的特殊含义。非常明显，宋金墓中以雉堞形建筑空间布局的升仙图，其实是充分考虑了雉堞形建筑本身所具有的神圣性含义的。

图 13-30　高村宋墓耳室与墓顶升仙图（采自《郑州宋金壁画墓》）

---

① 郑州市文物考古研究所编著：《郑州宋金壁画墓》，科学出版社，2005 年，第 62—88 页，图八三、八四、八七、九二、一〇一至一〇八。

② 郑州市文物考古研究所编著：《郑州宋金壁画墓》，第 100—109 页，图一三三至一三九。

③ 易晴：《登封黑山沟宋墓图像研究》，文物出版社，2012 年，第 139—141 页。

图 13-31　登封黑山沟宋墓顶升仙图（采自《郑州宋金壁画墓》）

第五节　"老人入墓图"中舞者的属性

第 454、449 二窟中的"老人入墓图"，除了坟墓顶的雉堞构件装饰之外，我们还注意到在墓园内坟墓前面有一男性舞者正在抬腿甩袖舞蹈，没有乐队，也没有其他任何乐舞设施，这是目前所见敦煌弥勒经变老人入墓图中出现舞蹈的惟二画面。

为什么在本来要表现老人与亲人们生死别离的场面中会有人在尽情舞蹈？从榆林窟第 25 窟老人入墓图可以看到，来到墓园即将开始孤单生活的老人与亲人们依依惜别的场景，这符合经典所表达的原意，也符合老人入墓图基本思想。其他常见的老人入墓图中，虽然没有看到老人和亲人们惜别的场景，但均为老人在亲人们的簇拥陪同下前往墓地（图 13-32），没有音乐舞蹈人物，显然此场景是不属于需要舞蹈来渲染烘托的，汉地传统的丧葬仪礼有大量使用音乐的情况，但舞蹈则不是丧葬场合所具有的。

同时我们观察到，第 454、449 二窟中的舞者是在墓园内，送老人入墓的亲人队伍还没有进入墓园，第 454 窟舞者甚至被画在了墓园中间坟墓建筑的后面，

图 13-32　莫高窟初唐第 205 窟中唐绘老人入墓图（采自《中国敦煌壁画全集·中唐》）

和刚刚进入墓园阙门入口处的亲人队伍之间不相关联，所以可以认为二者之间应该不是一个整体。也就是说，此墓园内的男子单人舞蹈，是有特殊的含义。

汪雪认为此二幅老人入墓图中的舞蹈，属传统的长袖一类，与"招魂""引魂""荐亡"等仪式有关①。仔细观察，舞者有几个核心的特征：男性舞蹈，单人舞，舞者身着紧身束腰开叉衣，紧身长袖，舞姿抬单腿，双手一高一低、一左一右作甩动状。结合汪雪的梳理，此类长袖舞在敦煌唐宋时期洞窟壁画的各类乐舞中还是比较常见的，是中古时期较为流行的舞蹈。

如果把这里的舞蹈理解为"招魂""引魂""荐亡"，也是能够将其和传统的丧葬相关仪式相关联，确实是一个可行的思路。但是我们要充分考虑到经变画中的"老人入墓图"所要表达的是老人未亡之前的场景，距离招魂、引魂、荐亡仪式还有时间差。另一方面弥勒经变老人入墓其实仍然是在强调老人最后要进入佛国世界的理想，也就不存在借用民间丧葬招魂、引魂相关仪式的加持。

---

① 汪雪：《敦煌莫高窟壁画乐舞图式研究》，兰州大学博士学位论文，2022 年，第 315、316 页。

法华经变中有一类塔前舞蹈，表示起塔供养，据《长阿含经》载，有四种人应得起塔，以香花伎乐供养：

> 一者如来应得起塔，二者辟支佛，三者声闻人，四者转轮王。阿难！此四种人应得起塔，香华缯盖，伎乐供养。①

依照《妙法莲华经·方便品》，诸佛灭度后，起塔供养是求得佛道的方便途径，乐舞供养又是其中必要的供养内容和方式，《妙法莲华经》卷一曰：

> 若人于塔庙，宝像及画像，以华香幡盖，敬心而供养。若使人作乐，击鼓吹角贝，箫笛琴箜篌，琵琶铙铜钹，如是众妙音，尽持以供养。或以欢喜心，歌呗颂佛德，乃至一小音，皆已成佛道。②

从敦煌壁画法华经相关画面可知，此类塔前供养从形式上，也就是其中佛塔与舞者组合的关系上，倒是颇与老人入墓图中坟墓下舞蹈有几分相似（图13-33）。虽然二者在所要表达的表面含义上是有区别的，但有一个共同之处，即均表达了最后要进入佛国的基本思想。

所以，在这里我们似乎可以结合传统墓葬升天成仙思想，以及传统墓葬中随葬乐舞俑或绘制乐舞图像的现象，做些大胆的推测：一方面，此处老人入墓图中的墓中舞者体现了传统墓葬乐舞的元素，意在满足死者对死后世界娱乐的需求；另一方面，考虑到是墓葬地面上的图像，结合图中新增加的雉堞元素对往生天国到达佛国世界思想的表达，我们同样可以认为此舞者其实也是对老人最后要往生天国到达佛国世界的隐喻。而乐舞在传统墓葬中所具有的升天成仙思想，则已不是一个新鲜的话题③。

---

① （后秦）佛陀耶舍、竺佛念译：《长阿含经》卷3，《大正藏》第1册，第20页。
② （后秦）鸠摩罗什译：《妙法莲华经》卷1，《大正藏》第9册，第9页。
③ 刘晓伟：《北朝墓葬音乐文化研究》，中央民族大学博士学位论文，2016年。

图 13-33　莫高窟盛唐第 23 窟法华经变塔下舞蹈（采自《敦煌石窟全集·法华经画卷》）

第六节　功德主世俗丧葬影响的可能

本文所论弥勒经变"老人入墓图"中出现新图像，开始于曹氏归义军第三任节度使曹元忠的功德窟莫高窟第 55 窟，其后曹延恭的功德窟莫高窟第 454 窟有延续，再到略晚的社人功德窟第 449 窟[①]，也就是说此类新图像"老人入墓图"最早是出现在曹元忠的功德窟中，又在曹延恭的功德窟中沿用。本来到了曹元忠时期，自唐前期出现的程式化的"老人入墓图"已流行了三百多年时间，为什么要放弃传统图像而出现新的图像？"老人入墓图"仅是整个弥勒经变大画面复杂人物故事情节中的一个小局部，如果只是为了表达经文需要，之前的传统图式完全

---

① 参见贺世哲：《从供养人题记看莫高窟部分洞窟的营建时代》，敦煌研究院编：《敦煌莫高窟供养人题记》，第194—236 页；马德：《敦煌莫高窟史研究》，甘肃教育出版社，1996 年。

可以胜任，显然没有要做如此细微改动的必要性。加上第 55、454 二窟的画面是出现在洞窟顶披的位置，此二窟又是大窟，顶披的细小画面站在窟内几乎看不清楚（图 13-34），因此这种改动和新图像的出现，显然不是为了信众的参观视觉需要。在这里似乎要充分考虑到功德主的特殊需求。

第 55 窟作为曹元忠的功德大窟，中心佛坛上大型弥勒三会彩塑（图 13-35）与窟顶西披的弥勒经变相结合，加上洞窟南壁另一铺弥勒经变的存在，洞窟中的弥勒信仰思想浓厚，再结合曹元忠（图 13-36）称"大王"的史实，因此此洞窟的营建有表现曹元忠佛王、转轮王思想的强烈属性[①]。如此一来，具有浓厚佛教转轮王思想的弥勒经变的绘制，显然有其独特的地位和特殊性，不仅出现了中心佛坛架构大型彩塑弥勒三会的现象，而且通过大型背屏与窟顶经变画相结合的方式，形成视觉上强烈的弥勒世界和弥勒净土观念的体现。显然洞窟的设计者在强

图 13-34　莫高窟宋代第 454 窟窟顶空间（敦煌研究院提供）

① 高秀军：《敦煌莫高窟第 55 窟研究》，第 247—251 页。

图 13-35 莫高窟曹氏归义军第 55 窟主室空间（敦煌研究院提供）

图 13-36　榆林窟五代第 19 窟曹元忠与浔阳翟氏夫妇供养像（采自《中国石窟·安西榆林窟》）

调功德主弥勒佛王形象的同时，必然要表达对包括功德主在内的普通信众往生弥勒佛国净土的需求，如此一来弥勒经变的新思想就会得到重视和体现，新的老人入墓图也就被绘制在这里。

　　曹氏家族是具有深厚中亚粟特背景的敦煌地方统治者[①]，在这里我们也有必要充分考虑功德主的民族和文化背景。换句话说，在探讨老人入墓图图式转变的过程中，是要考虑到功德主曹氏的中亚移民背景因素。

　　雉堞原本即是传自西亚、中亚、西域的"神圣性"象征图像，因此当和这一

　　[①] 荣新江：《敦煌归义军曹氏统治者为粟特后裔说》，冯培红：《敦煌曹氏族属与曹氏归义军政权》，俱载《历史研究》2001 年第 1 期；二文分别载荣新江：《中古中国与外来文明》，第 258—274 页；郑炳林主编：《敦煌归义军史专题研究续编》，第 163—189 页。

图 13-37 乌兹别克斯坦MOLLALI-
KURGAN出土纳骨瓮（采自
《世界美术大全集·东洋编·中亚》）

图 13-38 中亚粟特纳骨瓮上的乐舞图像
（采自《世界美术大全集·东洋编·中亚》）

背景相关联。我们也确实看到不少中亚粟特地区出土的不同形制的传统葬具纳骨器上出现了雉堞装饰（图 13-37），显然说明在粟特人的传统观念中雉堞与墓葬之间是有联系的。

不仅如此，同时还要考虑到二窟墓前舞者人物出现与粟特丧葬习俗之关联。第 55 窟之前，我们在莫高窟第 158 窟涅槃经变中看到有"末罗族伎乐供养"的内容[1]，据宫治昭的研究，涅槃图像中出现此类伎乐人物，是受到中亚丧葬中乐舞影响的结果[2]。另外，我们确实也可以看到在中亚粟特地区出土的纳骨瓮上面有乐舞的图像（图 13-38），再结合虞弘墓、史君墓、安伽墓这些入华粟特胡人石棺床、石椁上部分舞蹈图像与死者亡灵上升天国之间的关联，尤其是虞弘墓墓主人与天神宴饮图中的胡人男性舞蹈场面（图 13-39），颇能说明问题[3]。另粟特人墓葬宁夏盐池何氏墓葬石墓门上的二男性胡旋舞蹈场面中布满云朵（图 13-40），其实

---

① 敦煌研究院编，贺世哲主编：《敦煌石窟全集·法华经画卷》，上海人民出版社，2000 年，第 178 页；贺世哲：《敦煌壁画中的涅槃经变》，敦煌研究院编：《敦煌研究文集：敦煌石窟经变篇》，第 100 页。

②［日］宫治昭：《涅槃和弥勒的图像学》，李萍、张清涛译，文物出版社，2009 年。

③ 毕波：《虞弘墓所谓"夫妇宴饮图"辨析》，《故宫博物院院刊》2006 年第 1 期，第 66—83 页。

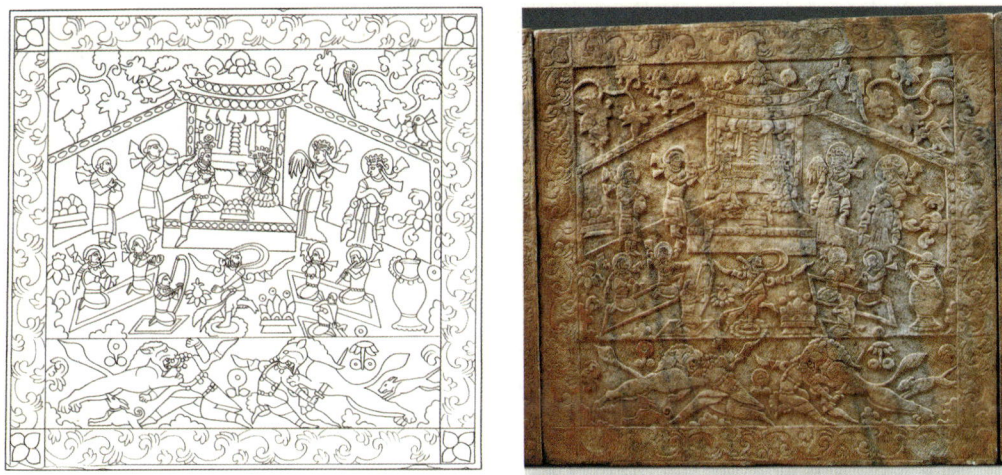

图 13-39　太原隋代虞弘墓石椁墓主天国宴饮图（采自山西省考古研究所《太原隋虞弘墓》）

图 13-40　宁夏盐池唐粟特人墓石门舞蹈图
（采自罗丰《胡汉之间——"丝绸之路"与西北历史考古》）

是在表示一种天界仙境的舞蹈，显然是对墓主人进入天国世界的反映[1]。

　　也就是说，中亚粟特文化背景下死亡、丧葬中对舞蹈的运用及其所表达的升天思想，其实正是第 55、454 窟粟特人后裔曹元忠、曹延恭功德窟中弥勒经变"老人入墓图"新图式中舞者出现的可能原因。

　　作为粟特人功德窟的一类新图像，确实要深入思考粟特文化影响的可能性。除了雉堞之外，还要考虑整体建筑的粟特因素。鉴于该类坟墓一定意义上有佛塔的影子，而据孙机的研究，中国早期的单层佛塔主要是受到了粟特建筑的影响，尤其是塔上的回拱顶、平檐、山花蕉叶等完全是从粟特建筑而来，早在响堂山北齐石窟中的浮雕石塔（图 13-41）和窟龛檐中已有精彩的体现（图 13-42），而且这种影响一直延续到唐五代宋的单层佛塔建筑当中（图 13-43）[2]，所以说，此三窟出现另类的坟墓建筑形式，当有深刻的丝路文化属性。

图 13-41　粟特建筑与北齐响堂山佛塔比较图示（采自《从历史中醒来——孙机谈中国古文物》）

---

　　① 沙武田：《隐讳的丝路图像——胡旋女在胡旋舞考古遗存中缺失现象探微》，《中古中国研究》第三卷，中西书局，2020 年，第 109—156 页。

　　② 孙机：《中国早期单层佛塔建筑中的粟特元素》，原载《宿白先生八秩华诞纪念文集》，文物出版社，2002 年，第 425—434 页，此据氏著《从历史中醒来——孙机谈中国古文物》，生活·读书·新知三联书店，2016 年，第 285—294 页。

图 13-42　粟特建筑与北齐响堂山窟檐比较图示（采自《从历史中醒来——孙机谈中国古文物》）

图 13-43　莫高窟壁画中五代时期单层佛塔（采自《从历史中醒来——孙机谈中国古文物》）

第七节　佛塔的影响

再结合"老人入墓图"与佛教佛塔瘗埋的关系，还可以尝试做些解读。

西安发现的隋小孩李静训墓，据出土墓志记载，是葬在寺院里，且"于坟上构造重阁"，其目的是"遥追宝塔，欲髣髴于花童；永藏金地，庶留连于法子"[①]，此处所"构造"的"重阁"应为一佛塔，但其地下完全是依照世俗墓葬的传统，出土一石椁（图13-44），随葬大量的珍贵文物，这可以看作是传统墓葬与佛教塔葬相结合的一个特殊例证。

另据《旧唐书》卷一百八《列传》第五十八《杜鸿渐传》记载："杜鸿渐，故相暹之族子。祖慎行，益州长史。父鹏举，官至王友。"安史之乱后辅助肃宗在灵武即皇位，"至德二年（757），兼御史大夫，为河西节度使，凉州都督"，代宗朝永泰二年二月"命鸿渐以宰相兼充山、剑副元帅、剑南西川节度使，以平蜀乱。鸿渐心无远图，志气怯懦，又酷好浮图道，不喜军戎"。后在大历三年：

图 13-44　西安碑林藏隋李静训墓石椁（西安碑林博物馆提供）

---

① 唐金裕：《西安西郊隋李静训墓发掘简报》，《考古》1959 年第 9 期，第 471—472 页。

以疾上表乞骸骨，从之，竟不之任。四年十一月卒，赠太尉，谥曰文宪。辍朝三日，赐物五百匹、粟五百石。鸿渐晚年乐于退静，私第在长兴里，馆宇华靡，宾僚宴集。鸿渐悠然赋诗曰："常愿追禅理，安能把化源。"朝士多属和之。及休致后病，令僧剃顶发，及卒，遗命其子依胡法塔葬，不为封树，冀类缁流，物议哂之。[①]

《新唐书》卷一百二十六《列传》第五十一《杜暹附鸿渐》：

四年，疾甚，辞宰相，罢三日卒，年六十一，赠太尉，谥曰文宪。鸿渐自蜀还，食千僧，以为有报，搢绅效之。病甚，令僧剃顶发，遗命依浮图葬，不为封树。[②]

杜鸿渐信佛，死后遗命其子依"胡法塔葬""浮图葬"，应该是起塔瘗埋的形式。考虑到他贵为宰相，即使是以"胡法塔葬"，按照唐人死后进入家族墓地的严格传统，再结合唐人不远千里万里迁葬、归葬的习俗，他的墓葬也应该仍然在其家族墓园，只是不为封树，而是起塔，显得有些另类。不过此新鲜的葬式和墓葬建筑形式，有可能影响到后来佛教美术弥勒经变"老人入墓图"图式的改变，如此一来则与我们之前讨论过的宋代时期流行墓上建塔可以有所关联[③]。

佛塔本是印度坟墓的一种，只是后来传入汉地后成为佛教象征，宋代法云《翻译名义集》卷二十："窣堵波，《西域记》云：'浮图，又曰偷婆，又曰私偷簸，皆讹也。'此翻方坟，亦圆冢，亦翻高显，义翻灵庙。刘熙《释名》云：'庙者貌也，先祖形貌所在也。'又梵名塔婆，发轸曰：'《说文》元无此字，徐铉新加，云西国浮图也。'言浮图者，此翻聚相。《戒坛图经》云：'原夫塔字，此方字书乃是物声，本非西土之号。若依梵本，瘗佛骨所，名曰塔婆。'"所以在犍陀罗地区

①（后晋）刘昫等：《旧唐书》卷108《杜鸿渐传》，第3282—3284页。
②（宋）欧阳修、宋祁：《新唐书》卷126《杜暹附鸿渐传》，第4424页。
③ 郭子睿、沙武田：《样式溯源与图像思想——敦煌石窟弥勒经变老人入墓图塔墓考》，《文博》2020年第3期，第107—112页。

发现的佛塔上可以看到雉堞形受花，现藏印度的一件出土于巴基斯坦的佛塔，在覆钵和圆形相轮之间是一倒梯形的受花，即是雉堞形受花（图13-45），这类佛塔在犍陀罗地区较为流行。按照王敏庆的研究，犍陀罗地区佛塔上出现雉堞装饰受花的传统，影响到中土早期的佛塔[①]，如云冈石窟中的佛塔、河西北凉石塔（图13-46），以及敦煌北朝壁画中的佛塔，莫高窟北魏第257窟南壁千佛中阙形龛内说法图的阙形建筑顶上的覆钵塔顶即出现雉堞形受花（图13-47），可见其影响深远。至于王敏庆所注意到位于今沙特阿拉伯境内阿拉伯半岛西北部，属阿拉伯前伊斯兰文明中纳巴泰人的文明遗址，于公元前后依岩石凿刻的古建筑群崖墓雕刻雉堞形构件与云冈石窟佛塔受花高度的一致性关系，需要我们留意的是此类建筑构件出现在纳巴泰文明丧葬文化的墓葬建筑上，再次提醒我们雉堞与丧葬的紧密关联。

　　作为佛教舍利瘗埋的重要载体，在佛塔上出现雉堞，其实是要考虑到雉堞所具有的天国象征意义属性的。尤其是出现于莫高窟北魏第257窟南壁沙弥守戒自

图13-45　印度藏巴基斯坦出土
的犍陀罗佛塔（作者拍摄）

图13-46　有雉堞的北凉石塔酒泉高善穆石塔及拓片
（采自张宝玺《北凉石塔艺术》）

---

　　① 王敏庆：《佛塔受花形制渊源考略——兼谈中国与中、西亚之艺术交流》，《世界宗教研究》2013年第5期，第54—65页。

图 13-47　莫高窟北魏第 257 窟南壁千佛中阙形龛建筑（敦煌研究院提供）

杀缘品中用于埋葬小沙弥的塔，在屋形顶上的覆钵与相轮之间是雉堞形受花（图 13-48），类似的另有北魏第 254 窟萨埵太子舍身故事画中的塔，虽然为仿木结构的多层四面开龛，但承托相轮的平头仍然是雉堞形（图 13-49），还有北周第 301 窟顶萨埵太子舍身饲虎图中，最后起塔画面的覆钵与相轮之间同为雉堞形受花（图 13-50）。此三塔明确属于埋葬小沙弥和萨埵太子尸骨所在，有浓厚的丧葬色彩。此类佛塔上雉堞受花的出现，除了延续犍陀罗地区舍利瘗埋佛塔的传统之外，也可能与同时期已经流行的雉堞与世俗丧葬之间的特定关系有所关联，至少可以理解为象征此类舍利塔的神圣性。另在莫高窟北周第 428 窟五分法身塔的主塔和四角四小塔上各出现两层雉堞形受花，应该仍然强调的是该塔的神圣性象征意义（图 13-51）[①]。

---

① 贺世哲：《敦煌图像研究——十六国北朝卷》，甘肃教育出版社，2006 年，第 64、65 页。

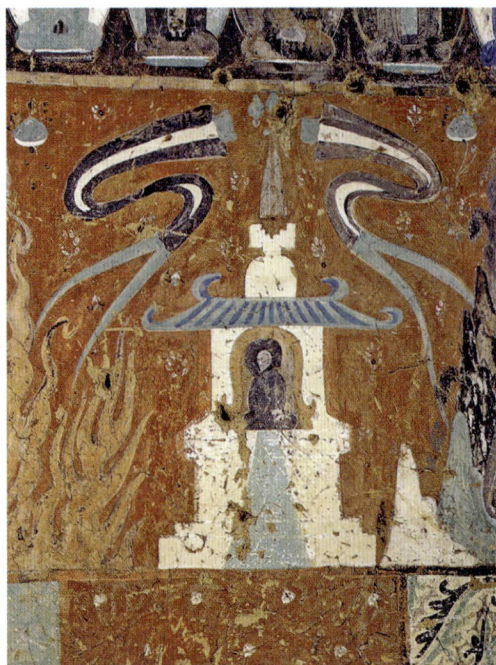

图 13-48　莫高窟北魏第 257 窟沙弥守戒自杀缘品故事画中的塔
（敦煌研究院提供图版，线图采自萧默《敦煌建筑研究》）

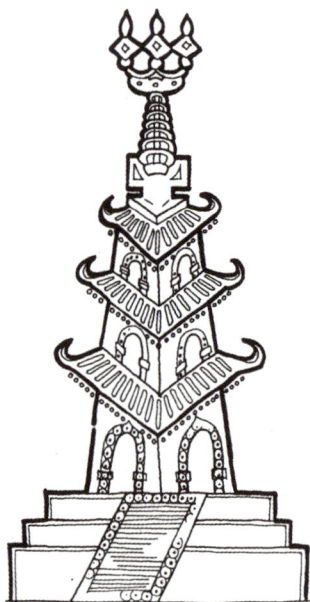

图 13-49　莫高窟北魏第 254 窟萨埵太子舍身故事画中的塔
（敦煌研究院提供图版，线图采自萧默《敦煌建筑研究》）

图 13-50　莫高窟北周第 301 窟萨埵太子舍身故事画中的塔（敦煌研究院提供图版，
线图采自萧默《敦煌建筑研究》）

图 13-51　莫高窟北周第 428 窟五分法身塔（敦煌研究院提供图版，
线图采自萧默《敦煌建筑研究》）

令人困惑的是，同类题材或相同属性的佛塔，到唐代及之后的壁画中，上面不再装饰雉堞形受花，而代之以花叶状的被通称为"山花蕉叶"的受花，这在敦煌壁画中有大量的例证[①]，如莫高窟唐代第 217 窟佛顶尊胜陀罗尼经变集中出现多幅佛塔，形制各异，但均未见雉堞形受花，而是最常见的山花蕉叶受花（图 13-52）。不过这种山花蕉叶受花装饰，倒是和雉堞在形制上有几分相似，且一直流行到唐五代宋时期（图 13-53）。既然雉堞和山花蕉叶受花出现在佛塔的同一位置，说明二者在功能和思想义涵上是可以相互转换的，是相同的，而雉堞是佛塔最早出现地犍陀罗地区就已出现的构件装饰，说明其更加原始，因此雉堞更能代表佛塔的象征性含义。

小　结

总体而言，敦煌弥勒经变老人入墓图发展到宋曹氏归义军中晚期的第 55、454、449 窟中出现有基座和雉堞构件的坟墓，显然是对传统老人入墓图图式的改变和突破，应是受到功德主特殊族属和文化背景影响而有意为之。考虑到雉堞是丝路色彩浓厚的建筑构件设施，且在西亚、中亚、印度、西域等地相关图像中具有"神圣性"象征意义，而其作为汉地传统墓葬建筑中所未见的内容，却赫然出现在"老人入墓图"中坟墓上。深入考察雉堞与丧葬结合的背景，再充分考量窟主曹氏的中亚粟特背景及中亚粟特丧葬文化，我们不难发现此三窟中老人入墓图所呈现的新样坟墓，既与表达死者往生佛国净土的经典规范相统一，也和世俗传统墓葬升天成仙思想相一致。

如果进一步观察，再联系到隋唐以来尤其是曹氏归义军同时期在中原内地世俗传统墓葬中较多出现的墓地建塔现象，以及更早时期唐人宰相杜鸿渐"胡法塔葬"的历史记载，再结合此三幅老人入墓图塔形基座的出现，尤其是第 55 窟坟墓形制较为确定的部分佛塔元素，可以认为此类坟墓仍然受到传统世俗丧葬文化

---

① 萧默：《敦煌建筑研究》，文物出版社，1989 年，第 151—176 页。

图 13-52　莫高窟盛唐第 217 窟佛顶尊胜陀罗尼经变中的塔（敦煌研究院提供）

图 13-53　五代宋时期敦煌壁画中的佛塔（采自萧默《敦煌建筑研究》）

墓中建塔习俗的影响，而中国单层佛塔受粟特文化影响的诸多实例，也深化了本文所论另类墓葬出现的原因。而把坟墓建成具有佛塔因素影响的形制，则和经典所强调的老人最终要升天进入佛国世界的思想是一致的，因此在这里我们仍然部分沿用"塔墓"之说，再借用杜鸿渐的故事并受其启发，把其放在更加广泛意义的"胡法塔葬"思想下思考，通过一幅小画面的解读，思考丝路文化传播与交融的一个有趣艺术案例。

第十四章
丝路上行僧神化与图像重构
——瓜州榆林窟第 21 窟水月观音图中的行脚僧图像

瓜州榆林窟第 21 窟是唐前期洞窟，由主室、后甬道、前室、前甬道构成（图 14-1），主室覆斗顶中心佛坛，现存壁画主要是宋曹氏归义军晚期重绘作品。在前甬道南北壁西端即门口位置是回鹘时期重绘的两铺说法图，下部均漫漶严重，在最外侧门的位置又被后期人为加固的封门墙遮掩了部分壁画，因此画面不全。

对榆林窟第 21 窟前甬道门口南北壁的两铺说法图，较早谢稚柳《敦煌艺术叙录》记作"洞口""佛二铺南北壁"[1]；张伯元《安西榆林窟》录作北壁"说法图（残毁）"，南壁"药师佛一铺（残毁）"[2]；霍熙亮整理榆林窟内容总录记录"南壁东侧回鹘画药师佛一铺（下漫漶）""北壁东侧说法图一铺"[3]，此处"南壁东侧""北壁东侧"有误，实均为甬道南北两壁的"西侧"即窟门位置，该窟坐东面西，窟门向西。此二铺图版未见有全图正式发表，目前仅见甬道南

① 谢稚柳：《敦煌艺术叙录》，上海古籍出版社，1996 年，第 473—474 页。
② 张伯元：《安西榆林窟》，四川教育出版社，1995 年，第 129 页。
③ 敦煌研究院编：《敦煌石窟内容总录》，第 212 页；另见敦煌研究院编：《中国石窟·安西榆林窟》，文物出版社、平凡社，1997 年，第 258 页。

图 14-1 瓜州榆林窟第 21 窟内景（榆林窟文物保护研究所提供）

图 14-2 榆林窟第 21 窟前甬道南壁水月观音（采自《中国石窟·安西榆林窟》）

壁说法图主尊右上侧的水月观音画面有公布（图 14-2）。

鉴于画面漫漶不全，又部分被后期封门的水泥墙遮掩，加上门口非观察者容易关注的位置，现又被进窟后保护壁画的玻璃屏风阻挡等诸多因素，该二铺壁画长期不为学界所关注。惟有王惠民在研究水月观音图像时，对南壁佛两侧的水月观音有专门的文字描述[①]。有趣的是，之后在丰富的水月观音图像研究成果中，对此窟前甬道南壁说法图中出现的二身水月观音画面关注仍非常有限。水月观音作为主尊佛的眷属或听法众人物出现在佛说法图中，并不多见，至少在敦煌地区为仅见，王惠民大作未强调这一点，之后的研究者多未实地考察，故对其意义认识不足。

此两铺回鹘风格的佛说法图中，除了水月观音作为胁侍眷属或听法众出现在甬道南壁的主尊佛左右两侧外比较罕见之外，另在甬道北壁说法图主尊两侧的

① 王惠民：《敦煌水月观音像》，《敦煌研究》1987 年第 1 期，第 35 页，修订本见氏著《敦煌佛教图像研究》，第 157 页。

胁侍眷属和听法众人物中，出现了行脚僧形象，同样是说法图所不常见的人物组合，更是行脚僧图像的特例。之前未有人注意到此图像组合关系，资料收集最全者王惠民对敦煌行脚僧图研究大作[1]未提及榆林窟第21窟相关资料，王文之后行脚僧相关研究亦无人注意到该窟图像[2]，因此属于新辨识的图像，故有必要介绍出来，供学界研究，并对相关问题做些探讨。

第一节　行脚僧题材背后的丝路因素及新辨识行脚僧的关键地位

从图像画面来看，行脚僧图带有强烈写实性。该题材脱胎于信众对高僧的崇拜与礼敬，描绘了风尘仆仆、取经布道的僧人形象，实为百姓心中感恩传法者的体现。同时，敦煌行脚僧美术作品还反映出鲜明的时代风貌——其集中出现于曹氏归义军至回鹘、西夏时期，恰处于各地僧侣途经敦煌、沿丝绸之路求法热潮兴起并持续的阶段，这一史实无疑是敦煌行脚僧壁画创作的重要背景。宋初以降，许多由中原地区出发、经敦煌西行的求法活动见诸史籍，如《宋史》卷四九〇《天竺国传》载："（乾德）四年（966），僧行勤等一百五十七人诣阙上言，愿至西域求佛书，许之。以其所历甘、沙、伊、肃等州，焉耆、龟兹、于阗、割禄等国，又历布路沙、加湿弥罗等国，并诏喻其国令人引导之。"[3]《佛祖统纪》对此事亦有记："诏秦、凉既通，可遣僧往西竺求法。时沙门行勤一百五十七人应诏。所历焉耆、龟兹、迦湿弥罗等国，并赐诏书，谕令遣人前导，仍各赐装钱三万。"[4]南宋范成大在《吴船录》中则辑录了宋僧继业的丝路旅程："业自阶州出塞西行，由灵武、西凉、甘、肃、瓜、沙等州，入伊吴、高昌、焉耆、于阗、疏勒、大食

① 王惠民：《敦煌画中的行脚僧图新探》，《九州学刊》第6卷第4期，1995年，第43—55页，另载氏著《敦煌佛教图像研究》，第93—115页。
② 谢继胜：《伏虎罗汉、行脚僧、宝胜如来与达摩多罗：11至13世纪中国多民族美术关系史个案分析》，《故宫博物院院刊》2009年第1期，第76—96页；孙晓岗：《敦煌"伴虎行脚僧图"的渊源探讨》，《敦煌学辑刊》2012年第4期，第102—108页。
③（元）脱脱等撰：《宋史》卷490《天竺国传》，中华书局，1985年，第14104页。
④（宋）志磐：《佛祖统纪》卷43《法运通塞志》，中华书局，1994年，第720页。

诸国。"①至西夏将敦煌纳入势力范围后，仍有僧侣取道河西往来，如天竺僧人智吉祥（1086—1093）、金总持（1095—1112）等人先后在西夏及中原参与传法译经活动。从他们先至河西、再入中原的路线来看，敦煌也是其旅途必经之地。

作为行脚僧图集中出现之域，控扼丝路要道的敦煌地区自古便有着浓厚佛教氛围，而得益于宋夏新一轮丝路求法活动的勃兴，敦煌这一佛教重镇再次繁盛起来，见证着中印等各地僧侣往返于途，因而人们通过石窟壁画创作，以图像来纪念高僧们弘扬正法、救苦救难的辛劳与贡献。由于行脚僧图本身即描摹出传法的高僧形象，且常常与蕴含救度意味的宝胜如来佛紧密相连，符合广大信众一心敬佛、度过末世的愿望，故在时代背景下，行脚僧图应时而绘，成为人们崇尚正法、渴求救度的映照。

落实到具体作品当中，敦煌绘画中的行脚僧图除学术界广泛使用的藏经洞绢、纸画之外，洞窟壁画分别绘于莫高窟第45、306、308、363窟，榆林窟第21窟两身行脚僧则属新辨识的图像，所出现的位置也是前所未有的。首先，榆林窟第21窟前甬道南壁西侧门口的说法图保存情况尚好，主尊结跏趺坐于金刚宝座上，有榜题框，文字不清，左手托钵，右手持锡杖，特征明显，可以肯定为药师佛说法，主尊两侧眷属听法众左右对称，从上而下分别为水月观音、弟子、菩萨等（图14-3）。而北壁西侧门口说法图则呈三会式构图（图14-4）。中央主尊为一身趺坐佛，身旁对称分布有弟子、菩萨、天王。左右下角各有佛一身，身旁随侍图像漫漶严重，辨识较为困难。依据主尊形象特征以及和甬道南壁相对应的药师佛壁画来推断，此铺说法图当为阿弥陀说法图。和传统说法图比较，此铺阿弥陀说法图最为特殊之处即为在主尊的眷属行列中，左右各出现一身世俗僧人形象（图14-5、图14-6），进一步观察细节，可发现右侧僧人着交领僧衣，腿似缠有绑腿，头戴斗笠，作赶路姿态；左侧僧人现仅存部分，面目漫漶严重，眉眼难以辨识，但是僧衣、斗笠等服饰依旧可见，且一手扬起，举一柄小扇，身形也是行路之状。根据这些图示细节，并联系莫高窟行脚僧壁画进行对比，可以判断这两

---

① （宋）范成大撰，孔凡礼点校：《吴船录》，中华书局，2002年，第204页。

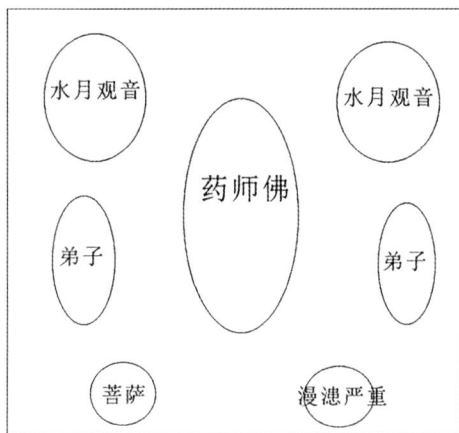

图 14-3 榆林窟第 21 窟前甬道南药师
说法结构简图（袁顿绘）

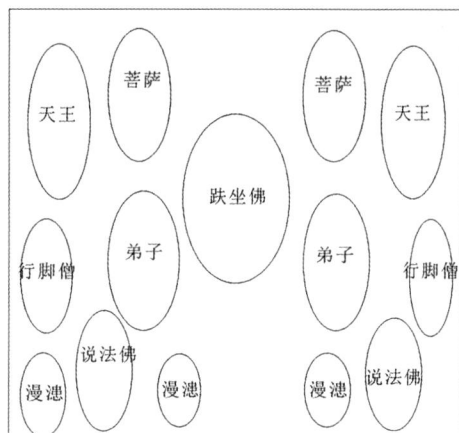

图 14-4 榆林窟第 21 窟前甬道北
阿弥陀说法结构简图（袁顿绘）

图 14-5 阿弥陀说法图中左侧行脚僧线描图
（西安美术学院王明美绘）

图 14-6 阿弥陀说法图中右侧行脚僧线描图
（西安美术学院王明美绘）

身僧人即为行脚僧形象,这也是敦煌石窟范围中唯一一处行脚僧元素直接以世俗僧人形象进入其他题材壁画的案例。由此,我们也找到了探寻"行脚僧"这一图像符号神化历程的初始切入点。

从该题材现存壁画实例来看,行脚僧图样及其延伸出的形象受到了敦煌民众及洞窟营建者的喜爱,在敦煌石窟存在的时间自宋代初至西夏晚期跨越近200年,可谓经久不衰的创作主题。值得注意的是,行脚僧在敦煌主要流行时间为曹氏归义军时期至回鹘、西夏,其表现形式较为单调,从行脚僧单幅纸、绢画来看,多数画面简略,仅为一身虎伴取经的僧人,个别画作中还绘有云中的宝胜如来(图14-7),曹氏时期该题材作为壁画绘于莫高窟第45窟前室门上位置,到了回鹘西夏时期多绘于窟门或甬道,以莫高窟第306、308、363窟为例(图14-8),起引导信众之作用[1]。

图 14-7　大英博物馆藏敦煌藏经洞出土纸本行脚僧(采自《西域美术·大英博物馆藏斯坦因收集品·敦煌绘画》)

图 14-8　莫高窟中唐第363窟甬道重绘行脚僧图(敦煌研究院提供)

[1] 袁頔:《莫高窟行脚僧壁画主题思想与绘制原因探析》,《丝绸之路研究集刊》第四辑,第321页。

图 14-9　日本各时代绘释迦并十六善神（采自日本印行《玄奘法师の道》展览图册）

　　另一方面，到了西夏中晚期，与行脚僧图渊源颇深的玄奘取经形象却被吸纳入不同题材壁画中，千手观音、水月观音、普贤并侍从像等画面中皆可见玄奘身影。段文杰认为在榆林窟第 3 窟五十一面观音壁画中，由于头光和位置的变化，"（玄奘与猴行者）已被画师列入观音菩萨侍从神灵的行列"[①]。12 世纪起日本还出现有《玄奘与十六善神图》《释迦三尊与十六善神图》，这些作品中玄奘已正式神格化，成为佛教神灵体系中的一员（图 14-9）。

　　由风尘仆仆的求法僧再到位列诸神的玄奘，行脚僧图及相关题材地位的不断提升是显而易见的。颇为费解的是，其图像变化历经百年之久，但是发展脉络却十分简单，从世俗取经者一跃化作"圣僧"玄奘，直接成为胁侍神灵乃至图像主尊，几无过渡衔接，对于佛教美术题材的演变传统来说似乎有些突兀。

---

① 段文杰：《玄奘取经图研究》，敦煌研究院编：《1990 年敦煌学国际研讨会文集·石窟艺术编》，第 5 页。

作为日本负笈玄奘、藏地达摩多罗等神祇的原始形象，行脚僧尊格的提升应是上述题材开始"神化"的滥觞。虽然有研究者对行脚僧粉本传播、同后世相关作品的承继与联系等方面进行了探讨①，但对于"行脚僧"这一形象如何进入到其他题材的图画中，其身份又是如何逐渐发生变化的，之前一直无图像证据，榆林窟第21窟阿弥陀说法图中两身行脚僧图像的辨识，正好弥补了该图像艺术史演变的重要环节，具体时代为11世纪中叶的回鹘时期。从回鹘代表窟莫高窟第363窟②甬道出现的两身行脚僧看，在沙州回鹘时期（1036—1076）③行脚僧既有单幅的形式，同时也进入到其他佛说法图的胁侍眷属当中，这一时期应该是行脚僧图像发生转变的关键阶段。

行脚僧图从独立的图像进入到佛说法图中，作为主尊佛的胁侍眷属和听法众，从现实中的高僧形象进入到佛国世界，身份发生转变，被赋予深厚的神性特征。其神性的转变和神化的原因颇为复杂，故应该给予相当的重视。而借助于榆林窟第21窟内新辨识出的两身行脚僧，我们也得以对该题材的发展脉络进行更加细致的梳理，并探讨其流变过程中的相关问题。

第二节　再读行脚僧图
——由敦煌佛教信仰环境出发

巫鸿曾提出一种读图方法，即对于图像的"超细读"——此种方法并非审视整幅作品，而尤为关注绘画中的个别形象，通过仔细考察它们本身各方面细节，进而探究这些形式因素所隐含的意义，并且"超细读"所针对的形象往往

---

① ［美］Dorothy C. Wong, "The Making of a Saint: Images of Xuanzang in East Asia", *Early Medieval China* 8 (2002), P. 44. ［美］王静芬著，张善庆译：《以东亚玄奘画像为中心审视圣僧神化历程》，《敦煌研究》2016年第2期，第16—31页；［日］关口正之：《玄奘三藏十六善神图》，《国华》第1227号，1998年，第35页。

② 刘玉权：《关于沙州回鹘洞窟的划分》，敦煌研究院编：《1987年敦煌石窟研究国际讨论会文集·石窟考古编》，第1—29页。

③ 李正宇：《悄然湮没的王国——沙州回鹘国》，敦煌研究院编：《1990年敦煌学国际研讨会文集·石窟史地语文编》，辽宁美术出版社，1995年，第155—156页；杨富学：《回鹘与敦煌》，甘肃教育出版社，2013年，第239—299页。

既非绘画中的主体，也不占据核心位置，在画面中显得微小、次要，或者作为主要形象的附属部分[①]。如此看来，本文所探讨的行脚僧绘制面积不大、所处位置并不显眼，恰恰是完美契合超细读要求的思考对象。与此同时，巫鸿也指出，作为画面中的细节形象，它们亦常常与画之主题发生着微妙的互动，具有衔接各个部分、引入新内容等作用，有时甚至成为重新考量一幅画作的契机[②]。鉴于本文所论榆林窟第21窟行脚僧形象极为独特，堪称该图样发展流变过程中的重要转折，故笔者由图像本体入手，将行脚僧题材置于敦煌佛教信仰环境之中，对这一角色的升格、神化，以及进入胁侍神灵行列的动态过程进行一"细读"尝试。

一、高僧崇拜传统下的精神寄托

敦煌石窟壁画包罗万象，主题浩繁，而诸多图像的绘制与变化，均与当时的佛教信仰、民间思潮、社会生活等方面有着千丝万缕的关系，可以认为是宗教和历史共同影响的结果。上文已有分析，五代乱世过后，北宋朝廷大力支持内地僧人前往西域、印度等地，掀起了丝路佛教交流的又一高潮。在汉梵僧侣不绝于途的大背景下，敦煌本地的高僧崇拜也得到进一步发展，宋初西行求法事业的繁荣在一定程度上解释了为何行脚僧图像在敦煌出现的时间如此集中。

就敦煌本地信仰状况来看，民众们对于世俗高僧的崇拜有着悠久历史，且留下许多相关图像作为直接证据。例如莫高窟隋代第292、427窟中均绘制有大量传法祖师像，反映出营建者对于历代佛教祖师的尊崇。对于敦煌百姓来说，能显露神通、救度民众的高僧更是极受欢迎，其中佼佼者首推刘萨诃。莫高窟群中出现不少与其相关的壁画图像，如第72窟内精美细腻的"刘萨诃与凉州瑞像变"（图14-10），细节完备、绘制精妙，展现了敦煌人对于"圣者刘萨诃"的礼

---

① [美] 巫鸿：《超细读：绘画的再发掘》，范景中、严善錞主编：《艺术及其历史》，商务印书馆，2018年，第36页。

② [美] 巫鸿：《超细读：绘画的再发掘》，范景中、严善錞主编：《艺术及其历史》，第36页。

敬、喜爱之情。除此之外，佛图澄、昙延等很多著名僧人都被纳入敦煌壁画的创作中，这些珍贵图像无疑是信众心中对高僧大德尊崇之情的图像表达。五代宋初以降，得益于高僧信仰的不断发展，种种关于高僧的传说故事更加盛行，以"神僧""异僧"为表现对象的美术作品也层出不穷，典型者如风靡中原、河西等地的"布袋和尚"图样（图 14-11），其原型释契此为浙江地区的一名僧人，"形裁

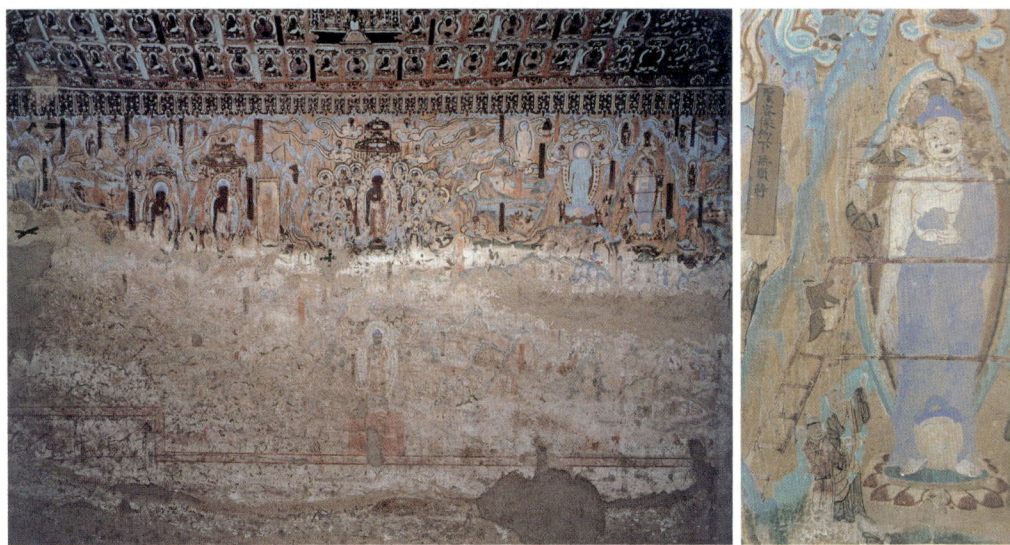

图 14-10　莫高窟五代第 72 窟刘萨诃因缘变相局部
（采自《敦煌石窟全集·佛教东传故事画卷》）

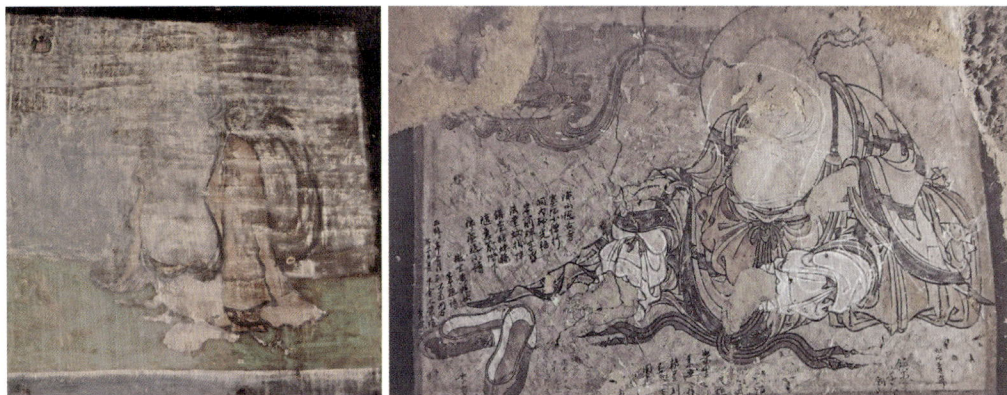

图 14-11　东千佛洞西夏第 2 窟和文殊山万佛洞布袋和尚（瓜州文物局、酒泉市文物局提供）

腮胲，蹙頞皤腹"①"杖荷布囊"②是他的标志性形象，契此行为奇特，能够示人吉凶，且临终作偈道："弥勒真弥勒，分身百千亿。时时识世人，时人总不识。"③因此，宋人将契此作为弥勒化身，大造其像。这一题材的产生流变无疑是信众虔诚礼敬高僧，将世间僧人神圣化对待的标准案例。而敦煌地区在宋初受到西行求法活动的深刻影响，汉、梵取经僧在瓜沙往来不绝，行脚僧作为高僧崇拜的信仰图示，正是在这一时期地位得以大幅提升，迈入佛胁侍诸神之列，榆林窟第21窟内衣着朴素、手举小扇、面朝说法图主尊侍立的两身行脚僧人正印证了此题材的初具神格。

另外，北宋初至西夏时期是多民族佛教艺术相互借鉴、融合的高峰期，借助于丝路佛教交流以及跨区域僧侣往来等活动，不同地区佛教造像呈现出一定的共性。在敦煌行脚僧图像兴起的同时，藏地也开始出现达摩多罗相关绘画作品——贺兰山相关传说、行脚僧、宝胜如来之间构成图像联系，引入藏地后成为藏传佛教中新的造像题材④。在托林寺红殿中我们能够看到与诸多高僧同绘在一壁，且绘画样式遵循着早期汉地风格的达摩多罗，这可谓是行脚僧/达摩多罗形象在藏地作为高僧崇拜对象的实例（图14-12）。随着藏区佛教信仰与艺术的深入发展，15世纪以达摩多罗为主要表现对象的唐卡作品已然非常精美（图14-13），反映出此题材的升格，同敦煌、日本等地行脚僧图像神化的趋势有着异曲同工之处。

值得注意的是，无论是行脚僧人抑或是达摩多罗，在其形象不断完善的进程中，往往将许多神迹化现、宗教传说等灵异元素加以吸收利用。佛教传播历史上的"感应"或"感通"故事、人物，无非是借助于人间现实的历史、地理附会上一些"奇迹"，使之成为诱导信仰者从人间到"净土"的桥梁⑤。借此使得信众坚信所求一定可得，所行必然回报，并成为他们心中的实践榜样与情感寄托。故行脚僧题材也必然折射出人们渴望通过虔诚礼佛，最终步入极乐世界的愿景。对于

---

①（宋）赞宁撰，范祥雍点校：《宋高僧传》卷21《契此传》，第553页。
②（宋）赞宁撰，范祥雍点校：《宋高僧传》卷21《契此传》，第553页。
③（宋）庄绰：《鸡肋编》，中华书局，1983年，第52页。
④ 谢继胜主编：《藏传佛教艺术发展史》，上海书画出版社，2010年，第229页。
⑤ 史苇湘：《刘萨诃与敦煌莫高窟》，《文物》1983年第6期，第5页。

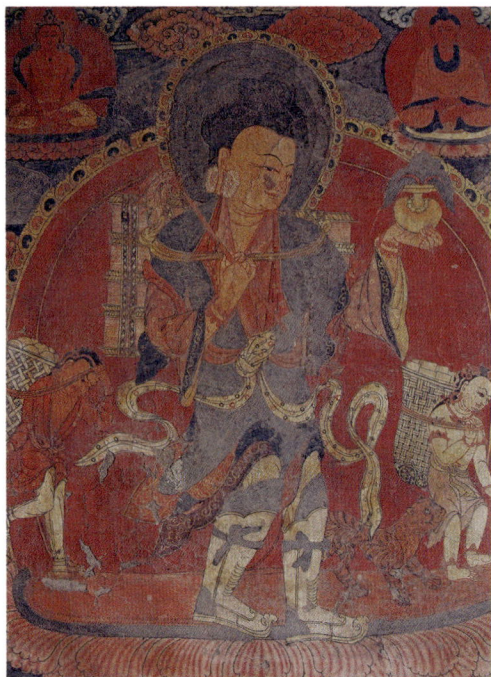

图 14-12　托林寺达摩多罗像（采自谢继胜主编《藏传佛教艺术发展史》）

图 14-13　达摩多罗唐卡（采自谢继胜主编《藏传佛教艺术发展史》）

普通信徒来说，秉持佛法的僧侣乃至神通广大的"圣僧"是他们信仰路上的指路明灯，证明了借助潜心礼佛、取经传法等行动能够修得正果，在净土殿堂拥有立足之处，这也正是刘萨诃、佛图澄、玄奘等僧人形象得以绘入敦煌壁画的重要原因。而在榆林窟第 21 窟中，我们发现行脚僧已经立于佛身旁，成为事实上的胁侍之一。据相关记载，唐代名僧法照曾观见净土，看到了由一位年长僧人随侍的阿弥陀佛，且阿弥陀佛告诉法照，此人乃净土宗大师承远[1]。由此可见世间僧侣与佛的结合自唐代便有渊源可循。就五代宋初至西夏的瓜沙地区来说，僧人角色入画也有实例，如新样文殊图像中即有现实僧人——佛陀波利形象的存在（图 14-14），借助于文殊信仰的流行，佛陀波利成为俗世僧人进入佛菩萨近侍行列的代表人物。笔者认为，佛胁侍行列中的僧人形象可看作是现实世界与净土殿堂的衔接点，亦是人间修行者在佛国的代言人，沟通了俗世与净土，指引着万千僧俗笃信

---

[1]（唐）柳宗元：《南岳弥陀和尚碑》，《柳河东集》下册，上海古籍出版社，2008 年，第 94 页。

图 14-14　榆林窟五代第 32 窟（左上）、榆林窟五代第 36 窟（左下）、莫高窟初唐第
220 窟（右）新样文殊壁画（敦煌研究院提供）

佛法、践行教义。作为众多取经、弘法僧侣们的写真图样，行脚僧人在榆林窟被
纳入说法图，愈加接近佛尊，这正是民众执着追寻信仰，渴求往生净土并希望修
行得到回报的情感抒发。

二、末世劫难中的正法象征

在行脚僧形象发展的脉络中，日本镰仓时代诞生的"玄奘负笈图"以及"玄
奘十六善神图"等作品不仅画面精美，人物组合也更加复杂。除作品本身观赏性

图 14-15　以玄奘为主尊的十六善神图和日本绘玄奘取经图（采自《玄奘法师の道》）

进一步提高之外，这些图像还在日本当时的佛教活动中发挥着重要作用：在平安时代，《大般若经》升级为护国经典，举办"大般若会"成为了国家礼仪，而在布置道场时，则必须悬挂守护此经的诸神之像——《释迦并十六善神图》①。到了镰仓时代，保持行脚取经姿态的玄奘出现在这一图样中，有时还代替释迦成为被诸神环绕的主尊（图 14-15）。

　　日本学者关口正之在对比中日现存图像材料后，提出《十六善神图》中玄奘形象系借用唐宋时期行脚僧图样而产生的日本新式佛画②。在解析图像内涵时，刘淑芬认为《十六善神图》中背负经笈、作奔走状的行脚僧形玄奘十分特殊，且已

---

①　刘淑芬：《高僧形象的传播与回流——从"玄奘负笈图"谈起》，《徐苹芳先生纪念文集》，上海古籍出版社，2012 年，第 337 页。
②　［日］关口正之：《玄奘三藏十六善神图》，《国华》第 1227 号，1998 年，第 35 页。

被提至天神地位，这是为了彰显他远赴印度取经的壮举，故相关作品以行脚僧身姿纪念他不畏路途遥远和艰辛苦行[①]。由此可见，日本 13—15 世纪的玄奘形象同行脚僧图一脉相承，且仍然沿袭了高僧崇拜的思想内核，更为关键的是，此时玄奘已经同十六善神一起成为守护佛法与经典的神祇，具有护法神的显著特征。如若以此条线索上溯，那么榆林窟第 21 窟阿弥陀说法图中初现神格的行脚僧是否也蕴含有一定的护法色彩呢？通过梳理相关背景，笔者认为，末法思潮弥漫与般若信仰盛行赋予了行脚僧元素特殊的宗教含义，为之添加了护持正法的强烈色彩，这亦是敦煌壁画中该题材地位得以提升的重要促成因素之一。

11 世纪前后，法难将至的思潮已然袭来，席卷了以佛教为主要信仰的宋、辽、于阗等诸政权。从现存辽代佛教文物来看，末法氛围对其造像有着深刻影响，如朝阳出土经塔塔身上清晰注明"重熙十二年四月八日午时葬，像法只八年"[②]；高昌遗存《造佛塔记》中开头便写有"□教末代"，展现了民众为消灾避难而起塔供奉。此期的瓜沙地区同周边诸国来往密切，也不可避免地遭受到末法思想猛烈冲击，宋初时大量出现在莫高窟中的千佛图像等壁画直观反映了信众期盼得到庇护的心愿与目的，可见免受法难侵袭这一诉求已然渗入敦煌石窟营建的过程中。而不容忽视的是，敦煌行脚僧像与其相关画作均是以求法、取经僧人的形象呈现于世的。在佛教经典以及相关图像资料中，具有神格或身份特殊的比丘往往承担起护持教义、传承正法的重任。如释迦在灭度之时言道：

> 诸比丘，是迦叶比丘，于释迦牟尼佛灭度之后广持正法，而此众中，无有一人于我灭后广能如是持我正法如迦叶者。[③]

从佛经中能够看出，以苦行著称的迦叶是释迦所认定最能护持佛法之人。除此之外，如广受各阶层信众尊崇的泗州佛僧伽和尚，其造像在宋夏之交也蕴含有浓厚

---

① 刘淑芬：《高僧形象的传播与回流——从"玄奘负笈图"谈起》，《徐苹芳先生纪念文集》，第 355 页。

② 朝阳北塔考古勘察队：《辽宁朝阳北塔天宫地宫清理简报》，孙进己等主编：《中国考古集成·东北卷·辽（三）》，北京出版社，1997 年，第 1725 页。

③ （北齐）那连提耶舍译：《大悲经》卷 3，《大正藏》第 12 册，第 953 页。

的末法意味，在陕北延安石泓寺第 7 窟及清凉山第 11 窟中（图 14-16），出现有多处僧伽同涅槃、弥勒等题材的交涉，传达出强烈的末法、传法思想[①]。

　　在敦煌地区也存有相关图像，榆林窟第 2 窟东壁文殊变上方的涅槃图中出现有五身比丘形象，这是根据《文殊涅槃经》内容所绘制，寓意着佛灭度之后文殊与五百仙人示现为比丘继续弘扬佛法[②]，此铺壁画也为我们展示出僧人角色在末法世界中的关键地位。结合佛教经典中的描述以及末法大环境下的相关图像创作，再参考后期日本佛画中玄奘形象所体现的守卫经典、救世保国等功能，我们可以得出这样的结论：具有弘法、传道特征的僧人形象往往是佛法存世的象征，同时也肩负着护佑、延续正法的责任。而行脚僧正是宋夏期间远赴印度、复兴佛教的

图 14-16　延安清凉山第 11 窟左壁中央僧伽造像组合（石建刚提供）

---

　　① 石建刚、万鹏程：《延安宋金石窟僧伽造像内涵探析——以清凉山第 11 窟和石泓寺第 7 窟僧伽造像为中心》，《艺术设计研究》2018 年第 3 期，第 17—22 页。
　　② 赵晓星：《榆林窟第 2 窟正壁文殊图像解析——西夏石窟考古与艺术研究之三》，《敦煌研究》2018 年第 5 期，第 20 页。

实践者，在法难降世的环境下，敦煌信众对正法的渴望无疑为"行脚僧"这一角色增添了守护经典、秉持佛法的色彩，这也应是日本负笈玄奘具备护法神功能的渊源所在。

还应提及的是，在末世思想弥漫的同时，敦煌地区的般若信仰也达到一个高峰，并与行脚僧题材产生了联系。五代以来，敦煌诸寺中的每卷经目均将《大般若经》列为众经之首，且该经也是敦煌百姓抄经发愿时最喜选择之经[1]。传统认为《大般若经》为镇国之大宝，人天之妙典，持诵供养可得诸佛之护佑[2]。因此在劫难将至、佛法不存的情形下，大量僧俗民众投入到供奉般若经典的行列，即使是归义军政权中的上层官员也参与到发愿抄写《大般若经》的活动之中，如编号为北大 1429 的敦煌文书《大般若波罗蜜多经》有记：

> 清信弟子归义军节度监军使检校尚书左仆射兼御史大夫曹延晟，剖割小财，写《大般若经》一帙并锦帙子，施入显德寺者。奉为军国永泰，祖业兴隆；世路清平，人民安乐……惟愿承斯书写功德，奉施因缘，罪灭福生，无诸忧恼。然后先亡远代，识托西方，遨游净土之宫，速证无生之果。于时乾德四年丙寅岁五月一日写记。[3]

此本抄经是由节度监军使曹延晟于宋初写成，从这篇发愿文记载看，施写《大般若经》不仅可以护国护民，且能助人"识托西方，遨游净土"。由此可见，般若经典除本身具有救国护法、维系世间安乐的强大作用，还与西方净土信仰有着紧密交涉，供奉般若经典是敦煌官民在末法氛围之下应对劫难的上佳选择。另外，北图 4466《般若心经》愿文写道：

> 大罪得灭，小罪得除……东门无量寿，北让七宝堂，西门药师琉璃光。

---

① 郑炳林：《晚唐五代敦煌地区〈大般若经〉的流传与信仰》，郑炳林主编：《敦煌归义军史专题研究三编》，甘肃文化出版社，2005 年，第 168 页。

② 方广锠：《敦煌佛教经录辑校》，江苏古籍出版社，1997 年，第 298 页。

③ 黄征、吴伟编校：《敦煌愿文集》，岳麓书社，1995 年，第 933 页。

上有八菩萨，下有四天王……破十恶五逆、九十五种邪道……昼夜常诵，无愿不果。①

从字里行间我们能体会到信众对于般若经典强大消灾功能的依靠，希望能凭借常诵此经而"无愿不果"，且该文中还提及"东门无量寿""西门药师琉璃光"的情景，这也直接印证了般若信仰同传统东西方净土之间息息相关。而榆林窟第21窟前甬道处的壁画配置正是西方弥陀与东方药师的工整对应，此布置虽不能与般若崇拜直接挂钩，但同民众供奉般若经典的祈愿是完全契合的。所以，作为阿弥陀说法图组成部分的行脚僧在这一氛围中染上般若信仰色彩是顺理成章的。另外，西夏时期敦煌水月观音壁画中已然出现"玄奘取经"的情节，水月观音题材在创始之初便以"水""月"为表现主题，且具有般若空性理论②，可见从12世纪晚期开始，玄奘已经在般若信仰相关佛教图像中有一席之地。至日本镰仓时代，行脚僧样的玄奘更是承担了般若经典守护神的职能，这也直接指明其形象渊源——行脚僧图中也必然蕴含有般若因素。末世氛围中，带有正法传承意味的行脚僧题材与发展到鼎盛的敦煌般若信仰产生结合，使得行脚僧被塑造为护教者的角色，具备了进入说法图、胁侍于佛身旁的资格。因此，末法思想盛行与般若信仰勃兴也应是行脚僧身份变化、神性提升过程中不可忽略的强大助力。

第三节　图像重构大潮下的行脚僧图

通过上文分析，我们能够观察到行脚僧题材的不断神化是由多个推手共同促成的。悠久的高僧崇拜传统是行脚僧为敦煌民众所乐于接受的信仰前提，而末法思潮的影响则如同一针催化剂，为该题材赋予了守护神性质的角色特征。在检索了图像变化的细节因素后，由行脚僧图所处的时代大背景出发，从佛教艺术发展

---

① 黄征、吴伟编校：《敦煌愿文集》，第 917—918 页。
② 李翎：《藏传佛教持莲花观音像考》，霍巍、李永宪主编：《西藏考古与艺术国际学术讨论会论文集》，四川人民出版社，2004 年，第 459—460 页。

的宏观角度思量行脚僧题材的变化便成为下一步的任务。榆林窟第 21 窟内新加入行脚僧形象的说法图为回鹘重绘作品，笔者前已提及回鹘时期是行脚僧进入佛教诸神图像体系过程中至关重要的节点。许多前辈学者注意到，自 10 世纪开始，中国多民族艺术进入了一个重构期，中原、河西、西藏等不同地区的佛教造像题材、风格相互影响，产生了诸多前代未有的变化[①]。而宋、辽、回鹘、西夏等诸政权并立，所经营的佛教事业侧重不同，也使得跨区域的佛教艺术传播欣欣向荣，佛教神系的重构相当普遍且各具特色，如传统题材炽盛光佛在不同文化体系中产生了增衍，而白伞盖佛母则显示出不同源头、功能类似的神灵存在聚合于一个名号之下的现象[②]。

在这样的大环境之下，敦煌佛教造像也必然受此风潮的深刻影响，借助于丝路佛教交流的再次繁盛，10—13 世纪敦煌石窟营建得以输入大量新鲜血液，同时也为此期敦煌造像的重构拉开了帷幕。其中一个尤为引人注目的特点是：一些特定壁画题材往往集中在某一时段出现，且其本身具有的强大功能性在窟室中体现得淋漓尽致。典型者如曹氏归义军时期，孔雀明王在莫高窟第 169 窟等处出现（图 14-17），且大多绘制于甬道顶端，展现出专门利用孔雀明王题材除魔驱邪、护佑佛法等实际功能的明确目的性；沙州回鹘时期，回鹘营建者依旧顺应时代潮流，在一些传统题材中引入了新的元素，如将度亡意味浓重的白衣观音绘制于弥勒图像当中，进而创作出不少新式图样（图 14-18）。同样，席卷各区域的重构风潮也在行脚僧题材上打下了深深烙印。早在晚唐时期，由于五台山故事与中印佛教互通的影响，崇佛的吐蕃人将从中晚唐以来汉藏文化交流中得到的行道僧类形象赋予了包括佛陀波利在内所有行道僧人[③]。而透过榆林窟第 21 窟行脚僧壁画可直观看出：此题材已然成为阿弥陀佛说法图中的一部，检视现有敦煌图像资料，这种构图方式未见于前代造像，无疑是敦煌佛教美术在图像重构风潮下，

① 谢继胜：《10—14 世纪中国多民族艺术史的重构——以西藏石窟与寺院个案为例》，李淞主编：《"宋代的视觉景象与历史情境"会议实录》，广西师范大学出版社，2017 年，第 124—131 页。

② 廖旸：《11—15 世纪佛教艺术中的神系重构（二）——以白伞盖佛母为中心》，《故宫博物院院刊》2016 年第 5 期，第 22 页。

③ 谢继胜：《伏虎罗汉、行脚僧、宝胜如来与达摩多罗：11 至 13 世纪中国多民族美术关系史个案分析》，《故宫博物院院刊》2009 年第 1 期，第 92 页。

图 14-17　莫高窟宋代第 169 窟
甬道孔雀明王（敦煌研究院提供）

图 14-18　莫高窟回鹘第 306 窟弥勒经变中的白衣
观音（敦煌研究院提供）

将不同题材组合创新而成的优秀之作。敦煌石窟中现存的行脚僧壁画集中绘制于宋、回鹘时期，且有着度亡接引、传道弘法等鲜明功能，完全契合宋夏敦煌壁画图像重构的热切氛围，榆林窟第 21 窟中纳入行脚僧形象的说法图也顺理成章成为了艺术革新的产物。在浩浩汤汤的时代浪潮推动下，行脚僧形象得以正式进入复杂图像组合，俗语常云"时势造英雄"，不可逆之的变革大势可谓是行脚僧在佛胁侍诸神中成功占有一席之地的最深层原因。

　　纵观历史不难发现，作为佛国神乡的敦煌是一面可以折射佛教图像重构的明镜。自归义军晚期开始，敦煌的佛教信仰已与传统意义上的佛教信仰不尽相同，对于派别之分不甚重视。民众的信仰对象非常广泛，只要能惠及己身、护佑家人的，民众便虔诚供奉，佛、菩萨、罗汉、天王、海龙王等各类神灵，无论其神级如何，属何宗派，均放置一起敬拜。因此五台山文殊、毗沙门天王、海龙王等世俗色彩较浓重的信仰与阿弥陀、观音等固有信仰一并流行，且渗透到上自节度使、下至普通百姓的全体敦煌民众思想观念的深处①。之前我们曾探讨过归义军至西夏时期敦煌出现的集体建窟以求功德现象②。结合榆林窟第 21 窟行脚僧的创作背景以及莫高窟第 148 窟、榆林窟第 39 窟两窟内留存的大批回鹘供养人画像可以看出，许多人尽管地位不高，但依旧热衷于修窟绘画的功德事业。可以说此期敦煌石窟的营建直接体现着民众的现实诉求，对于传统壁画样式的遵循已不是画工创作时的金科玉律，因而对于一些神祇的创作也产生了巨大变化。这也正印证了榆林窟第 21 窟行脚僧壁画案例出现的时代性及合理性。无独有偶，与榆林窟第 21 窟前甬道阿弥陀佛说法图相对应的药师图像中，出现了水月观音形象，这在前代敦煌石窟中亦尚无发现，无疑也属于"原创性"构图方式。水月观音题材创制于唐代，但在敦煌石窟中的大量出现却晚至宋、回鹘、西夏时期，且与执扇弥勒等图像产生了交涉。同行脚僧进入阿弥陀说法图一样，此铺药师壁画也遵循了图像重构的特点，将水月观音这样具有时代特色与实际功能的新元素，绘进药师佛这一传统题材之中，进而创作出全新的壁画作品。

从宏观角度来看，佛教在中国的传播史即为一部佛教中国化的重构史③。作为佛教本身不可或缺的组成部分，佛教美术的发展也无疑是继承与变化的过程。敦煌居于河西要道，在 10—13 世纪丝路佛教交流活动中再一次成为重要节点，新经典、新图样源源不断地进入敦煌，结合佛教日趋世俗化的形势，此期敦煌石窟壁画的推陈出新便是佛教图像适应环境、力图重构的直观反映。因此，榆林窟第 21 窟内出现行脚僧形象的"新样说法图"正是时代潮流下，敦煌壁画积极重构、寻求创新的直接图像证据。在丝路佛教交流如火如荼的气氛中，营建者别具匠心地将行脚僧人形象绘入说法图，开创了该题材与其他神祇相结合的新局面。榆林窟第 21 窟甬道处的两身行脚僧侣，恰似两面小镜，完美地折射出宋夏时期敦煌图像重构的独特风貌。

---

① 党燕妮：《晚唐五代宋初敦煌民间佛教信仰研究》，兰州大学博士学位论文，2009 年，第 178 页。
② 沙武田：《西夏时期莫高窟的营建——以供养人画像缺席现象为中心》，《西夏学》2017 年第 2 期，第 101—128 页。
③ 向怀林主编：《中国传统文化要述》，重庆大学出版社，2016 年，第 68 页。

第四节　榆林窟第 21 窟行脚僧的图像功能

通过相关分析不难看出，包括行脚僧在内的任一题材，其在敦煌石窟内出现的背后都蕴含有此期信仰风潮的影响以及宗教大背景的熏染。而在漫长的现实生活中，佛教影响着敦煌人日常各个层面，星罗棋布的各型石窟是民众信仰生活的实践场所，因此在壁画的题材选定与搭配组合过程中，营建者也必然会注意到该图像在宗教仪式或活动中所具有的功能。从整窟视角看，借助于"建筑和图像程序"的研究，可以解释石窟建筑空间的构成以及所装饰绘画和雕塑的内在逻辑，内部题材丰富的石窟基本上均可视为具有历史意义的艺术作品，每个墙面上的绘塑题材一定都是有所考虑的[1]。故行脚僧图像在榆林窟第 21 窟内必然承担着具体宗教功能，且同其他壁画题材联结为有机的整体，共同服务于信众的佛教实践活动。

一、行脚僧题材的基本功能与常见搭配

就敦煌地区遗存来说，五代以来的行脚僧纸、绢画均带有着浓重的度亡意味，这一点从相关题记中能够看到，如现藏于法国吉美博物馆、馆藏号 EO.1141 行脚僧绢画上的榜题明确指出此画"意为亡弟知球三七斋画造，庆赞供养"，直接展现了行脚僧题材有着祭祀亡人的用途。这也为此图像进入窟室后的功能判定提供了有力参照。在敦煌石窟内，行脚僧壁画的绘制方位以及常见组合对象都较为固定。借助莫高窟中的几处实例，可以发现行脚僧图往往都被安置于甬道两壁，面朝窟室内部，呈现出引导礼佛者的姿态。而与行脚僧搭配绘制的则基本为行道式药师尊像。据经典描述，药师佛身居"亦如西方极乐世界，功德庄严，等无差别"的东方净土，但药师净土并非《药师经》阐述的首要关键，中古药师信仰强调的是消灾除难等现实利益，以及为亡者祈福、助人往生的寄托[2]，故行脚僧

---

① ［美］巫鸿：《礼仪中的美术》，生活·读书·新知三联书店，2016 年，第 418 页。

② 姚崇新：《净土的向往还是现世的希冀？——中古中国药师信仰内涵再考察》，饶宗颐主编：《敦煌吐鲁番研究》第 15 卷，上海古籍出版社，2015 年，第 342 页。

与药师佛常常共同承担着净土世界引路人的角色。典型例证如莫高窟第363窟，从该窟布局看，行脚僧位于进窟甬道，展现出日常可见的僧侣形象，是为迎接俗世凡人前往净土的首位使者，这既有着信仰上的依据，与普罗大众的实际生活状况也更为贴近；而初入洞窟，门南北便有药师佛前来相迎（图14-19），可认为是行脚僧引度之后，信众进入佛国的第二位接引者，这也正是药师题材本身强大助人往生色彩的体现。而信众无比期待的"极乐净土"，则是通过南、北壁两铺经变来构成的，因此"行脚僧＋药师"的组合共同承担着接引信众进入净土世界的功能。

另外，绘制于莫高窟第306、307、308窟内的行脚僧与行道药师亦具有很强的实用性，彰显出设计者的别具匠心。此三窟大致呈"品"字形布局，由方形殿堂窟第307窟统摄着第306、308两座耳室。据李志军研究，此三窟在义理和功能上相互呼应，是营建者在华严架构下对于禅修和净土追求的表达：首先，第307窟的前室与主室之间构成了阿弥陀佛净土与华严净土之间的递进关系，而左右耳室的设计，则是为了配合由西方净土悟入华严世界的次第

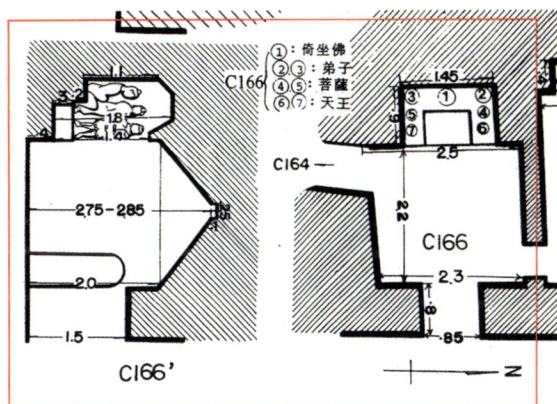

图14-19　莫高窟中唐第363窟平剖面图及东壁行道药师（洞窟平剖面图采自石璋如《莫高窟形》，彩色图版由敦煌研究院提供）

禅修过程，修行者在以弥勒相关内容为主的右耳室即第 308 窟修满三世佛观后，进入绘制阿弥陀以代表十方境界的左耳室第 306 窟继续华严"十方三世"的禅修，然后再经甬道通向 307 窟主室莲花藏海世界①。在这组设计缜密、功能性极强的窟室中，行脚僧与行道药师这对经典搭档再次承担着引导者的角色：两耳室第 306、308 窟作为次第禅修第一阶段的场所，均在甬道两壁绘制面朝窟内的行脚僧（图 14-20），带领礼佛信众循序渐进，完成初步修行；而在通往第 307 窟主室华严净土时，又有布置于主室甬道南北壁、立于云上的行道药师发挥着沟通净土的作用（图 14-21）。行脚僧人与药师佛是修行不同阶段的引导者与衔接者，正是他们的存在使得次第禅观、诸方净土之间脉络清晰，进退有序，满足了修行者实

图 14-20　莫高窟西夏第 308 窟甬道行脚僧图（敦煌研究院提供）

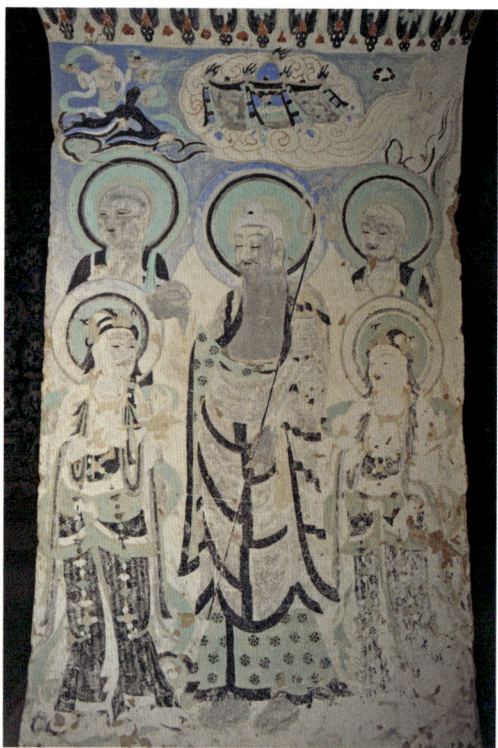

图 14-21　莫高窟西夏第 307 窟甬道行道药师（敦煌研究院提供）

① 李志军：《华严架构下的双层净土与次第禅修——莫高窟第 306、307、308 窟西夏重修思想探析》，《丝绸之路研究集刊》第六辑，商务印书馆，2021 年，第 358—387 页。

践过程中的现实需要。

通过以上几处案例的简要分析，我们基本可以对行脚僧图于具体窟室中的固有位置、基本宗教功能以及常见组合等方面有一个大体认识。引人注目的是，在榆林窟第 21 窟中行脚僧与药师佛这两种题材依旧同时出现，但在构图位置、组合搭配上又呈现出新的面貌与变化，这一点将在下文详细述及。

二、榆林窟第 21 窟整窟视角下的行脚僧图

有趣的现象是，即使已经进入佛说法图之中，行脚僧元素在榆林窟第 21 窟中依旧"坚守"在入窟甬道位置，且与之相对应的壁面仍然配置了药师佛。此处的行脚僧已非"孤军奋战"，而是胁侍在阿弥陀佛两侧。敦煌官民自隋唐时期便致力于阿弥陀佛相关图像的创作，通过各种方式大力宣传西方极乐净土的庄严纯净和华丽美好。敦煌石窟中现存的大量阿弥陀佛说法图、净土变以及接引像等壁画位居诸多造像题材之首，展现了民众对于往生佛国的无限渴望。阿弥陀佛是西方世界的教主，能在信众身灭之时前来接引其往生净土，故又被称为"接引佛"。据相关研究，弥陀信仰往往含摄了度亡性格[1]，在榆林窟第 21 窟中，行脚僧作为阿弥陀佛说法图的组成部分，必定要符合整铺壁画所传达的主题，故此处的行脚僧形象依旧秉承着引导信众、救度众生的功能，并呼应、配合主尊，成为"接引佛"身旁有力的补充。

同行脚僧题材一样，榆林窟第 21 窟中的药师佛图样也以一种"新样"呈现。此处的药师佛绘于前甬道南壁，虽仍位于窟室入口，但在具体图像配置上却同莫高窟第 363 窟等处大相径庭。这里的药师佛并未以行道形象出现，而是采取了结跏趺坐持钵的姿态，尤其特殊的是，此铺药师佛画面中，主尊左右上角各绘有一身水月观音，这样的图像组合在敦煌石窟中也较为罕见，似乎与东千佛洞第 2 窟主室后部绕柱甬道内，大铺水月观音与单尊药师的相邻绘制可以类比。在东千佛洞第 2 窟内，我们可以看到后甬道正壁南铺的行道药师图像下部绘有数身饿鬼，

---

① 米德昉：《敦煌莫高窟第 100 窟研究》，第 257 页。

药师佛躬下身体将钵中钱物施与诸鬼（图 14-22）。在北铺药师壁画中，虽无饿鬼形象的绘制，但药师佛依旧朝向南铺图像中饿鬼的位置，药钵托于胸前，身后伴有两名合掌弟子（图 14-23）。两铺行道药师共同展现出"安抚、超度饿鬼"的过程[①]。而该窟后甬道南北两壁均为水月观音，和正壁两铺行道药师比邻而绘，且创造性地加入冥府鬼卒、判官等地狱元素，彰显了浓重的度亡思想，在位置上与药师相互呼应，更突出了助人往生的整体氛围。榆林窟第 21 窟的营建处于回鹘治理瓜、沙时期，由于观音信仰的流行，回鹘人常常在壁画创作过程中引进观音题材并加以发挥，形成独一无二的图像，如莫高窟第 237 窟前室出现了"执扇弥勒＋水月观音"的全新组合，另外在莫高窟第 306 窟西壁弥勒经变中，主尊弥勒左右下方有对称绘制的白衣观音，此样式也属于敦煌石窟中稀见的搭配。因

图 14-22　东千佛洞西夏第 2 窟行道药师
　　　　　之一（瓜州文物局提供）

图 14-23　东千佛洞西夏第 2 窟行道药师
　　　　　之二（瓜州文物局提供）

① 常红红：《东千佛洞第 2 窟壁画研究》，首都师范大学博士论文，2015 年，第 135 页。

此，榆林窟 21 窟前甬道南壁的药师图像在表达药师传统的除难、救度意味的同时，又以水月观音作为辅助，强化了图像整体的接引功能。

经由上述分析可知，虽然在构图、组合等方面有了新变化，但基于其位置的特殊、功能的延续，行脚僧与药师佛在榆林窟第 21 窟内仍然扮演了佛国世界引路者的角色。而将视角深入此洞窟内部，还能够发现榆林窟第 21 窟在形制结构、主室内容等方面颇为特殊，是一座目的性极强，且能够践行佛教仪式的功能型洞窟。该窟前室壁画漫漶较严重，现尚可看到天王等图像。榆林窟第 21 窟主室壁画为归义军时重绘，此窟室规模不小且建有中央佛坛，实施重修工程的功德主应为当时财力雄厚的大家族。自归义军统治敦煌以来，由敦煌豪族所营建的家窟如莫高窟第 61 窟、第 98 窟等均选择设置中心佛坛，以展示其家族礼佛的虔诚与势力的庞大。而榆林窟第 21 窟主室藻井也较为特殊，为十字交杵井心，十字金刚杵又名羯磨杵，在坛城中心起到统摄作用，置于藻井位置可以镇护全窟，对整个洞窟中所要表达的永恒时空概念也有总结作用①。中心佛坛的格局隐含有佛教重视结界、设坛作法的理念。藻井交杵井心同中央佛坛的对应，正彰显出此窟室服务于信众礼佛实践、佛事供养等活动的目的性。

基于这一主题，为家族佛教活动提供方便、满足信仰需求一定是重绘该窟壁画时所重点考虑的。窟内各处的壁画配置也呈现出缜密的设计构想与实际功能的运用。首先，主室窟顶四披皆绘制大量长幡，其造型同敦煌地区五代、北宋时期的引路菩萨所持引魂幡几乎完全一致。佛教中的长幡与丧葬用帛画幡有悠久的渊源关系，是由帛画幡逐渐演变而成的②。因此佛教长幡自诞生之初便带有深厚的荐亡意味。唐宋之际更是成为引路菩萨手中的标志性器物。这些引路菩萨像中的引魂幡形制较为统一，都是三角形幡首、矩形幡身，两侧有飘带、身下有尾带的彩色旗幡。晚唐五代绢画上的引魂幡与引路菩萨、香炉搭配，在超度仪式中抚慰亡者，具有鲜明的接引亡魂往生净土世界的信仰意义③。像这样指向明确的题材遍布

---

① 赵晓星:《莫高窟第 361 窟主室窟顶藻井坛城辨识——莫高窟第 361 窟研究之八》,《敦煌吐鲁番研究》第 15 卷,2015 年, 第 146 页。

② 谢继胜主编:《藏传佛教艺术发展史》, 上海书画出版社, 2010 年, 第 115 页。

③ 王铭:《菩萨引路——唐宋时期丧葬仪式中的引魂幡》,《敦煌研究》2014 年第 1 期, 第 38 页。

图 14-24　榆林窟宋代第 21 窟主室北壁壁画菩萨像（榆林窟文物保护研究所提供）

图 14-25　榆林窟宋代第 21 窟主室南壁壁画菩萨像（榆林窟文物保护研究所提供）

右手挽天衣、左手持莲	侧面、手持莲花	回首状、手持莲花	双手合十	侧面、手持莲花	正面、手持琉璃杯与莲花	回首状、双手持莲	残损	残损	残损（东起第一身）

图 14-26 主室北壁诸菩萨身形、
持物示意图（袁顿绘）

残损严重（东起第一身）	双手合掌	回首状、手持莲花	正面、手中火焰摩尼珠	侧面、手持莲花	手持莲花	侧面、双手合十	正面、双手叠起捧花	回首状、手持莲花	侧面、手持莲花

图 14-27 主室南壁诸菩萨身形、
持物示意图（袁顿绘）

榆林窟第 21 窟主室窟顶，无疑揭示出此窟建造时必然带有追悼亡者、助其往生的现实意图。

　　而与此同时，主室甬道留存有唐画半跏观音，南、北两壁均为大量宋绘立姿菩萨（图 14-24、图 14-25），这些菩萨朝向正壁而立，身形高大、皆着白衣，手中几乎全部持有莲花（图 14-26、图 14-27），足下亦踏于莲上。在汉地佛教信仰传统中，白衣持莲可视作观音的常见特征之一，但此室内持莲菩萨一则数量较多，共计 22 身；二则也并未见绘有化佛冠等其他观音典型标识，故其身份、作用的确定需再作讨论。应注意的是，汉地手持莲花的观音到晚唐时发展成为往生观念中的引路菩萨，甚至在相关图

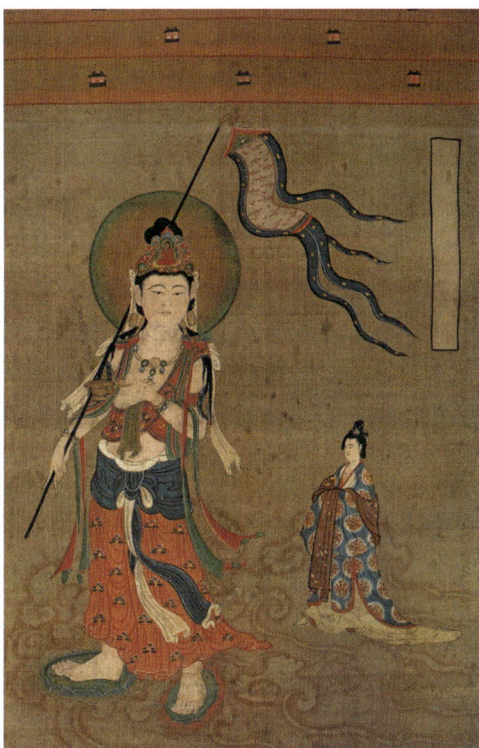

图 14-28 英藏敦煌绢画 Stein painting 46 引路菩萨（采自《西域美术·大英博物馆藏斯坦因收集品·敦煌绘画》）

画创作过程中直接借用了观音形象，如现藏于英国的Stein painting 46敦煌绢画（图14-28），此图中的引路菩萨依旧手持标志性引魂幡，而头顶却出现化佛一身，因此引路菩萨与观音信仰的联系是显而易见的[①]。另外，主室正壁中央仍遗有清晰的三珠火焰图案，三颗摩尼宝珠呈"品"字形排列并包裹于红色烈火之中，此图案为主尊佛背光的中心部分。借助于佛坛上尚存的佛座及清修的塑像，可以判断座上原应为一身趺坐佛，利用正壁背光形成绘塑结合的主尊。根据主室甬道唐绘观音，以及前甬道回鹘阿弥陀、药师图像的设置，窟室原主尊的身份基本可以推断为阿弥陀佛，从而含摄整座洞窟，形成往生西方净土的最终归处。在以无量光（阿弥陀）佛为教主的西方世界，负责具体行动和创造往往并非主尊，代替无量光佛行事的是"莲花手菩萨"，所以依照无量光的旨意在人间行救度之事的观音，即可冠以"莲花手"的名号[②]。是故榆林窟第21窟主室内绘制如此之多的持莲大菩萨，均围绕中心佛坛、身向主尊，成为降临到入窟信众身旁的接引使者，且这些菩萨形象于南北两壁对称分布，足下所踏之莲通过枝蔓相互联结，在位置上也完全替换了各类净土经变画，但同样能凸显出度化众生、开启往生之路的主题。

由此分析，榆林窟第21窟内二十余身白衣持莲菩萨的出现应为观音信仰的衍生与外化，其与窟顶长幡紧密结合，完全具备引路菩萨的度亡功能；而数量颇多的持莲菩萨既昭示了助人往生西方的主题，又在一定程度上代替传统净土经变画，借助观音在西方净土的重要地位营造出佛国世界的意境，此别具一格的壁画配置实为佛教艺术创作的新发展与变化。

再从整窟视角出发，可以看到新增了行脚僧形象的阿弥陀说法图以及引入水月观音的新式药师图像位居于全窟的入口，是所有入窟者首先见到的图像，有着引导众生进入佛国的实际意义，故行脚僧与药师佛依旧发挥着原有作用，并在此基础上增强了同相关神祇的联系，这也说明两题材鲜明的功能性已深深植入敦

---

① 李翎：《"引路菩萨"与"莲花手"——汉藏持莲花观音像比较》，《美苑》2006年第6期，第52页。
② ［印度］B·巴达恰利亚：《印度佛教图像志》，转引自李翎：《"引路菩萨"与"莲花手"——汉藏持莲花观音像比较》，《美苑》2006年第6期，第52页。

煌人的脑海中，形成了特定场景下的固有配置。前室的天王图像仍是守护圣地的不二选择，保证着佛国世界不受邪魔侵扰。而主室则通过中心佛坛与交杵井心的对应、窟顶四披遍布长幡的布置，建构出佛事活动的道场，并由二十余身持莲菩萨承担抚魂荐亡、接引信众去往极乐的任务。由此，榆林窟第21窟在各种题材的搭配与互动下，成为一处祈求往生的完美实践场所：入窟之时，西方极乐世界"接引佛"同东方琉璃净土药师佛分居左右，行脚僧的胁侍在增强阿弥陀佛来迎意味的同时，也使其更加贴近信众，拉近了俗世与净土的距离；药师佛本身即紧系人们的现实利益，且能够沟通十方净土，再辅以度亡色彩浓重的水月观音，这一组合亦成为往生路上的强大助力。得到东西方净土主尊以及行脚僧、水月观音等诸神加持后，礼拜者继续前行，通过天王镇守的前室，进入十字金刚杵含摄下的道场，宝地庄严、旗幡飘荡，人们在众持莲菩萨的指引下追悼亡者、礼佛发愿，践行对于净土往生的执着信念。

　　总的看来，回鹘营建者在重修榆林窟第21窟的过程中，刻意将主室内容完整保留，专门于前甬道绘制两铺创新性极强的原创性图像，既表现出高超的艺术水平，又同洞窟原有风貌相契合。积极利用前代遗存，加以别具匠心的改造，使窟室为我所用，这也正是回鹘人营造洞窟的典型特点①。将时间线继续顺延，能够发现在晚于榆林窟第21窟的西夏洞窟东千佛洞第2窟中，行道药师中有诸饿鬼现身，水月观音图像中更是新加了与行脚僧息息相关的玄奘形象，并纳入地府判官、鬼卒，其画面愈加复杂，题材多元，反映出行脚僧、水月观音、行道药师等题材在西夏艺术家的妙笔中又迎来一波创新热潮，继续焕发出新的生机。

小　结

　　正如潘诺夫斯基所总结的"三层次"图像学研究方法：应首先关注艺术的形式要素，理解事实的表象；进而对相关图像志展开分析，知道图像所处的文化

---

① 袁頔：《莫高窟第363窟壁画组合与丝路元素探析》，《西夏研究》2019年第1期，第106页。

背景；最终到达"图像学解释"的层面，阐明研究对象深层次的信息，推断其意义、挖掘其功能①。本文以榆林窟第21窟新辨识出的行脚僧形象为中心，由此题材神性升格的现象入手，追溯行脚僧步入佛胁侍行列的过程，并探寻特定信仰与历史背景在图像流变中的推手作用，最终回到具体窟室中，还原行脚僧图像于人们礼佛实践中的实际功能。

经由以上各方面分析，我们可以看出：以行脚僧为主题的绢画等美术作品在唐末五代时期流行，传播至河西敦煌之后，为当地信众所接受，借助丝路求法热潮的兴起，约于宋初将该题材绘进洞窟中，创造出一种新的壁画图样。随着末法思潮的侵袭以及取经弘法活动持续、中印僧侣频繁往来，固留于敦煌人心中的高僧信仰亦再次勃发，令行脚僧成为信众期盼修行有所回报的情感寄托，并化身为末世法难下正法留驻的象征。而更重要的是，此时席卷各地的佛教图像重构大潮使得往昔严格的造像规范日渐消弭，凡为敦煌人所崇奉者均可绘于洞窟内，如此一来，多重助推因素影响下的行脚僧形象开始初具神格，进入佛侍从行列。榆林窟第21窟阿弥陀佛说法图中绘制的两身行脚僧是该题材迈进更高阶层的图像证据，也是行脚僧逐步神化过程中的关键节点。

至西夏中晚期，杂糅了丝路求法背景、玄奘西行故事等等元素的"玄奘取经图"开始兴盛于敦煌西夏石窟内，出现了圣僧玄奘胁侍于五十一面观音身旁的案例，并在普贤变、水月观音等壁画中占据一席之地（图14-29），体现了行脚僧及相关题材的进一步发展以及神格地位的稳固，为日本镰仓时代行脚僧形的《玄奘负笈图》与《玄奘十六善神图》、藏地达摩多罗唐卡等尊神画像的正式诞生打下坚实基础。

再从佛教实践方面来看，行脚僧题材在敦煌石窟中虽历经演化，但其功能却秉持如一，始终扮演着救度信众，接引往生的重要角色，并蕴含有一定的护法意味。基于强大的功能性，行脚僧图样在洞窟中出现的位置、搭配的对象也比较固定，多绘制于甬道两壁或窟门旁，便于对礼拜者起到引导作用，使信众得到初

---

① [美]欧文·潘诺夫斯基著，傅志强译：《视觉艺术的含义》，辽宁人民出版社，1987年，第47页。

图 14-29　榆林窟西夏第 3 窟普贤经变中的玄奘取经图（榆林窟文物保护研究所提供）

步的迎接以进入佛国世界。而随着其神性的赋予，行脚僧胁侍于"接引佛"阿弥陀佛身旁，得以淋漓尽致地发挥着沟通俗世与净土的桥梁作用，度化众生去往极乐。另一方面，与单尊行脚僧对应出现的往往是行道样式的药师佛，借助药师能够禳灾避祸、助人往生西方的传统观念，该题材与行脚僧恰是一对完美的组合，两者相得益彰，共同承载着信众渴望救度、顺利往生的美好愿望。在行脚僧图像发生巨变的同时，药师题材也完成了图像的重构——与水月观音的"强强联合"，既浓郁了药师图像的荐亡色彩，亦发展为西夏佛教艺术中的独特搭配。总体而言，可以认为是宋夏时期新一轮丝路求法热潮背景下行僧图像受到尊崇并被普通信众广泛信仰的艺术表达。

第十五章

敦煌壁画波斯萨珊风格装饰联珠翼马纹样的汉化

敦煌壁画中的翼马图像，作为一类石窟壁画装饰图案，属学界熟知的图案题材，前贤们已做过大量的研究，可资参考①。但作为一种具有丝路文化传播意义和背景的较为特殊的题材存在于敦煌壁画中，其中除了装饰图案的属性之外，似乎还有着更加独特而深刻的历史文化含义，其装饰图案表象的背后承载着诸多重要的不同文化信息。同时，我们也注意到在敦煌地区的传统墓葬、模制花砖等题材

---

① 关友惠:《莫高窟隋代图案初探》,《敦煌研究》1983 年创刊号, 第 26—38、4—5 页; 薄小莹:《敦煌莫高窟六世纪末至九世纪中叶的装饰图案》,《敦煌吐鲁番文献研究论集》第五辑, 北京大学出版社, 1990 年, 第 355—436 页; 姜伯勤:《敦煌壁画与粟特壁画的比较研究》, 敦煌研究院编:《1987 年敦煌石窟研究国际讨论会文集·石窟艺术编》, 第 150—169 页; 姜伯勤:《敦煌吐鲁番文书与丝绸之路》, 第 71—82 页; 姜伯勤:《敦煌与波斯》,《敦煌研究》1990 年第 3 期, 第 1—15 页; 刘波:《敦煌与阿姆河流派美术图案纹样比较研究》,《敦煌研究》2000 年第 3 期, 第 25—36 页; [韩] 梁银景:《隋代佛教窟龛研究》, 文物出版社, 2004 年, 第 181—199 页; [日] 田中裕子:《敦煌天马图像研究》,《朝日敦煌研究员派遣制度纪念志》, 朝日新闻社, 2008 年; 解梅:《敦煌壁画中的联珠纹》,《社科纵横》2005 年第 6 期, 第 173—177 页; 谢涛、谢静:《敦煌图像服饰上的联珠纹初探》,《敦煌学辑刊》2016 年第 2 期, 第 146—155 页; 王振华:《从隋唐莫高窟看联珠纹寓意的演变》,《美术大观》2019 年第 2 期, 第 144—145 页; [意] Matteo Compareti: "The Wild Boar Head Motif among the Paintings in Cave 420 at Dunhuang",《丝绸之路研究集刊》第六辑, 第 280—298、475 页。

中也有翼马图像存在。有鉴于此，拟在前人的研究和启发之下，就这种特殊化了的马——翼马形象及其相关问题，试从"图像学"的角度，谈一孔之见。

第一节　资料概述

为了叙述与研究之便，首先将目前所见敦煌翼马图像资料简述如下：

一、传统墓葬中

在敦煌飞机场佛爷庙湾西晋画像砖墓中，在墓葬照墙众多的祥禽瑞兽、神兽、历史人物等复杂的表现墓主升天成仙的图像中（图 15-1），就有带翼的马、虎、龙及羊等神异的动物形象，以第 133 号墓照墙画像砖翼马颇具代表性，肩生双翼，作向前飞奔状（图 15-2）[①]。

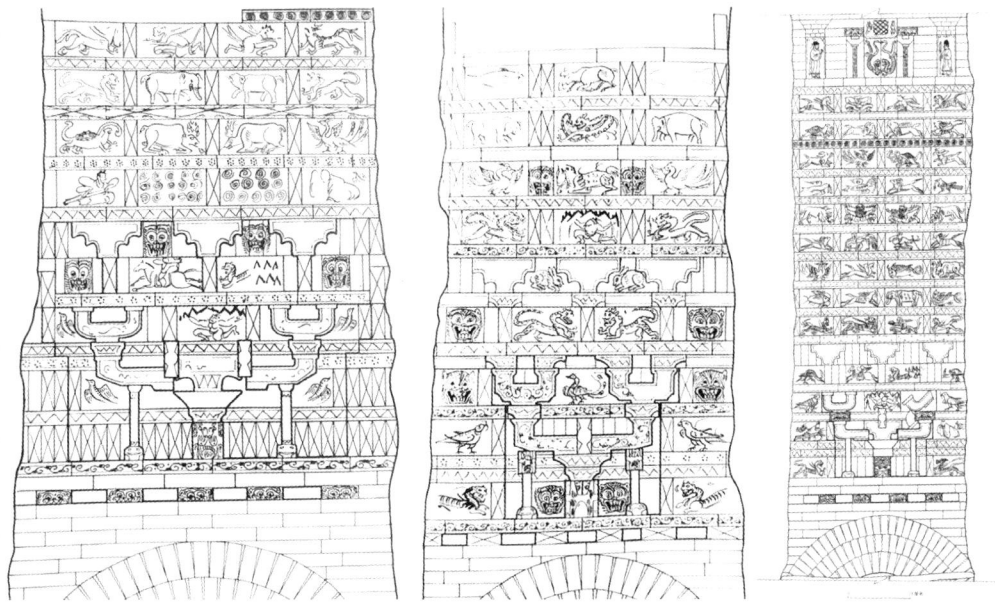

图 15-1　敦煌佛爷庙湾西晋墓照墙（采自《敦煌佛爷庙湾西晋画像砖墓》）

[①] 甘肃省文物考古研究所，戴春阳主编：《敦煌佛爷庙湾西晋画像砖墓》，文物出版社，1998 年，图六一，彩版三三。

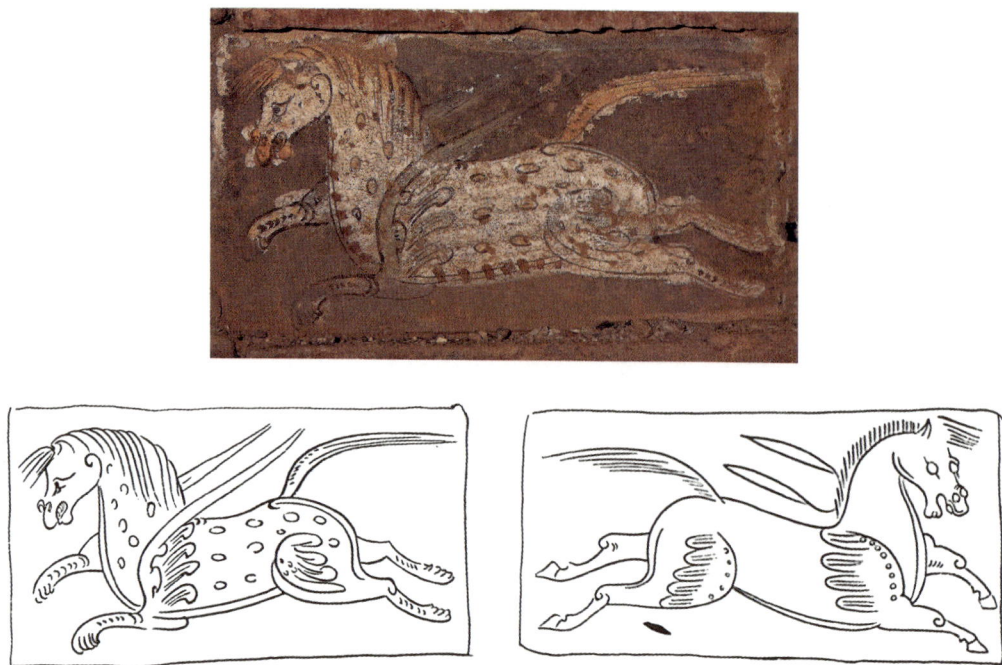

图 15-2　敦煌佛爷庙湾西晋墓 M133 号墓照墙翼马图像（采自《敦煌佛爷庙湾西晋画像砖墓》）

二、洞窟壁画中

1. 作为装饰纹样

莫高窟隋代第 402 窟联珠翼马，画于主室西壁二层龛外龛口沿边饰中，联珠圈内各一翼马，形象相同，均肩生双翼，扇面状翼根，翼翅作三道或多道弯弧状，脖颈系有绶带。其中左右竖口沿翼马作向上或向下飞奔状，上平口沿翼马作向左或向右飞奔状，均相隔对称出现（图 15-3）。

莫高窟隋代第 425 窟联珠翼马，壁画位置、表现形式等同第 402 窟（图 15-4）。

莫高窟隋代第 420 窟联珠翼马，画于主室西壁龛内主尊两侧作为胁侍彩塑菩萨像长裙上，属于丝织品装饰纹样，马肩生翼，翼状类前二窟图像，不见绶带，且与联珠狩猎纹组合出现（图 15-5）。

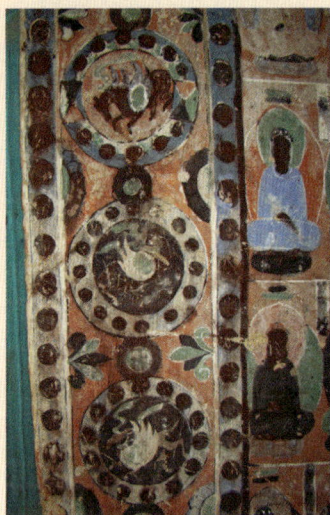

图 15-3　莫高窟隋代第 402 窟西龛龛
沿联珠翼马纹（敦煌研究院提供）

图 15-4　莫高窟隋代第 425 窟西龛龛沿联珠翼马边饰
（敦煌研究院提供）

图 15-5　莫高窟隋代第 420 窟西龛外南侧菩萨衣裙上饰联珠狩猎纹样
（采自《丝绸之路研究集刊》第六辑康马泰先生论文）

　　莫高窟隋代第277窟联珠翼马，画于主室西壁二层龛的外龛口沿边饰当中，联珠内对马，均为马的前半身，二马相对而立，二马中间以一同结上下花束隔开，马或肩生火焰状翼翅，或脖子各绕结绶带作向上飘状，两种不同装饰相隔对称出现（图15-6）。

　　莫高窟初唐第334窟翼马，画于主室龛内胁侍菩萨塑像衣裙上，翼马站立于花枝上，同出的还有飞禽等纹样，该翼马造型飘逸，略具抽象性。

图15-6　莫高窟隋代第277窟西龛龛沿联珠对马纹装饰（敦煌研究院提供）

图15-7　榆林窟西夏第3窟窟顶边饰中的天马图像（采自《敦煌石窟全集·动物画卷》）

图 15-8　榆林窟西夏第 10 窟窟顶边饰中的天马图像

（采自《敦煌石窟全集·动物画卷》）

榆林窟西夏第 3 窟翼马，画于顶披边饰，该马肩生翼，为鸟翼状，又头生角，龙身，飞奔于流云间，整个洞窟顶披曼荼罗有一圈祥禽瑞兽，同出的瑞兽也有无翼却肩颈系绶带者（图 15-7）。

榆林窟西夏第 10 窟翼马，壁画位置及表现形式等基本同前第 3 窟窟顶装饰，同样是一圈祥禽瑞兽，但该翼马造型优美，气势雄浑，属装饰图案同类作品的代表作（图 15-8）。

2.涅槃经变翼马图像

莫高窟盛唐第 148 窟翼马，画于主室西壁巨幅长卷涅槃经变南端主尊下一大榜题"各界众生劝请释迦莫般涅槃"南侧，有牛、羊、孔雀等各类禽兽，其中立一马，肩生火焰状翼，与鬃毛一并飞出，长尾上飘，似为一多色花马，颇为独特（图 15-9）。

莫高窟中唐第 92 窟翼马，画于顶披涅槃经变之北披西下角，仅残剩部分，其中和牛羊等动物一同出现的马为一匹翼马（图 15-10）。

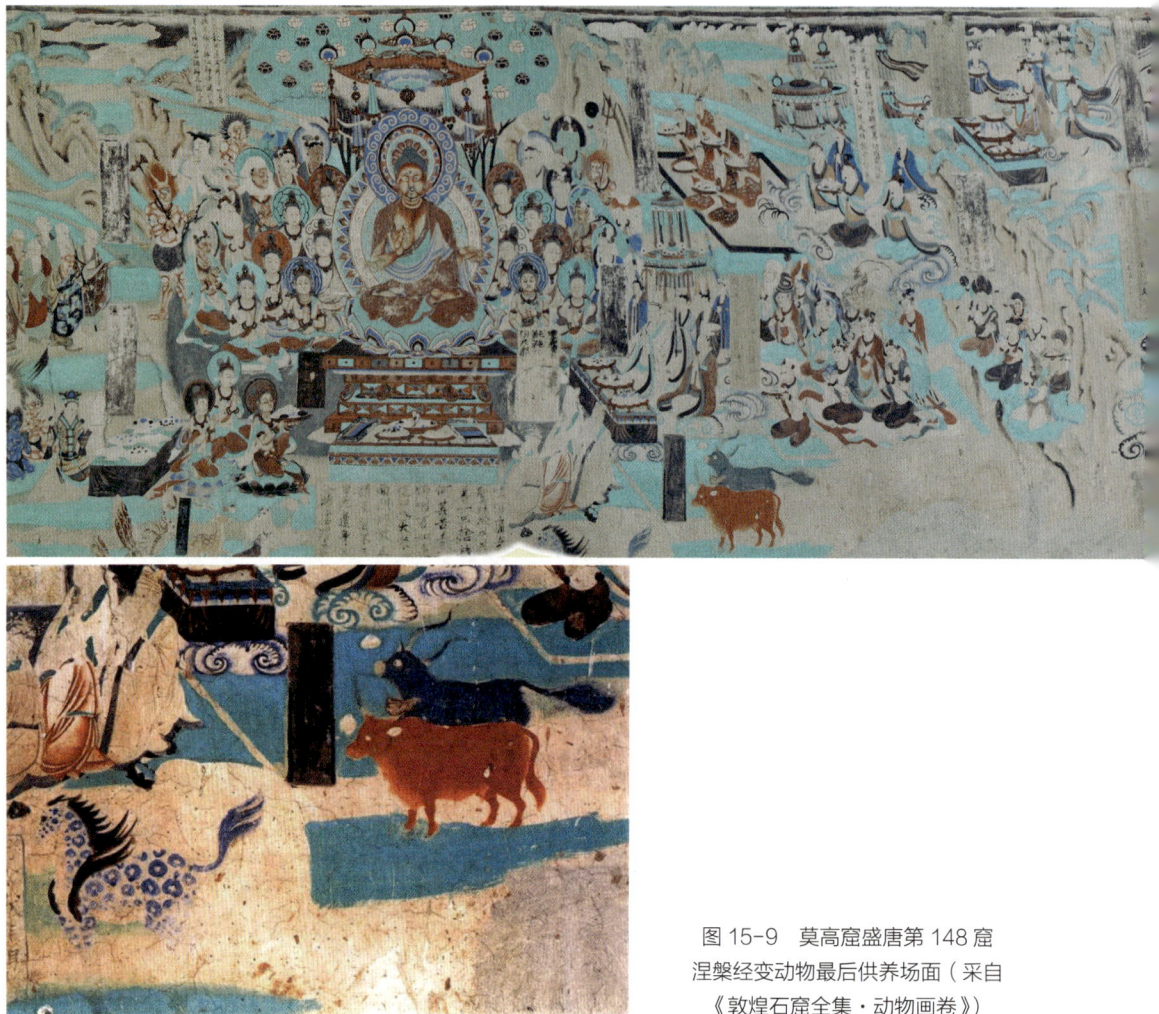

图 15-9　莫高窟盛唐第 148 窟
涅槃经变动物最后供养场面（采自
《敦煌石窟全集·动物画卷》）

三、佛塔建筑装饰中

在敦煌三危山老君堂的佛塔塔基中，出现有龙、凤、天马图像的装饰花砖，其中天马砖之天马图像作四蹄腾空向前飞奔状，肩部仅有象征性的火焰状小翼，脖颈系绶带迎风飞舞，头生角（图 15-11）①。

综上所述，可以看出，敦煌翼马图像不仅在佛教石窟中大量存在，而且在其

---

① 此类天马砖现藏敦煌研究院陈列中心和敦煌市博物馆。

图 15-10　莫高窟中唐第 92 窟及顶披涅槃经变中的动物图像（采自《敦煌石窟全集·动物画卷》）

图 15-11　敦煌三危山老君堂天马砖（作者拍摄）

他诸如墓葬、佛塔建筑模制花砖中也可见到。从其表现形式上又分为联珠和非联珠
翼马两大类。从其本质上似可分装饰图案与有特定思想、含义的翼马图像两大类。

若仔细划分，敦煌翼马图像大致有以下几种存在与表现方式：

一是联珠翼马集中见于隋代洞窟。

二是翼马与花鸟或流云及其他翼兽等共同存在，零星见于初唐、西夏等
洞窟。

三是见于敦煌石窟壁画涅槃经变中作为有特定寓意的翼马。

四是零星见于墓葬与建筑花砖中的翼马。

其中隋代的联珠翼马与其他时代翼马风格等迥异，差别较大，这一点是本文
所要讨论的关键问题。

第二节　联珠翼马图像历史文化属性探析

敦煌隋代洞窟壁画中的联珠翼马纹，一圈联珠中翼马，无论单个图案还是
总体布局上均讲求对称性，应该是受中亚波斯风格的影响，有关这一点，关友

惠、姜伯勤等人都有精辟的论述①。联珠纹是波斯萨珊王朝一种颇具特征性的纹样，特别是联珠中植物纹样或对兽对鸟、翼兽类纹样，更具代表性。在萨珊遗物考古中发现较多，诸如有联珠猪头纹、联珠孔雀纹等建筑饰物，包括在中国出土较多的波斯萨珊朝银币的正背两面均为周绕一圈的联珠纹（图15-12）。姜伯勤指出："至于萨珊联珠纹在中亚的影响，则不胜枚举。"他同时列举了诸如在巴米扬及弗拉底石窟，粟特地区的巴拉雷克达坂、瓦尔赫萨、阿弗拉西阿勃、品治肯特等壁画，还有克孜尔及莫高窟壁画中的各种联珠纹样②。另在《中亚古代艺术》一书中我们也见到在中亚广大地区为数不少的联珠纹样，均系萨珊风格的影响③，在此不一一列举。专家们考证的结果认为，这种波斯萨珊联珠中的有翼动物应与萨珊朝琐罗亚斯德教有关。

图 15-12　波斯萨珊银币（采自国家文物局编《丝绸之路》）

---

① 关友惠：《莫高窟隋代图案初探》，《敦煌研究》1983 年创刊号，第26—38、4—5 页；姜伯勤：《敦煌吐鲁番文书与丝绸之路》，第 71—82 页；姜伯勤：《敦煌与波斯》，《敦煌研究》1990 年第 3 期，第1—15 页。
② 姜伯勤：《敦煌与波斯》，《敦煌研究》1990 年第 3 期，第1—15 页。
③［乌兹别克斯坦］普加琴科娃、列穆佩：《中亚古代艺术》，陈继周、李琪译，新疆美术摄影出版社，1994 年，第 128—135 页。

传到中国，在隋唐文物考古中频繁出现，尤其在新疆文物中频繁出现，代表如龟兹石窟壁画联珠纹装饰，吐鲁番等地出土的汉唐织物中的联珠纹锦——这种锦文献记载称为"波斯锦"，其基本纹样便是各种联珠纹。

单就联珠翼马在中国的影响，我们应把视点放在更加广阔的时空范围内寻求其历史的必然联系，正如波斯萨珊朝银币在沿丝绸之路的吐鲁番地区、敦煌莫高窟[①]、西宁、固原、耀县、长安、洛阳一线出土，"其埋葬年代早到北魏、不晚于唐代八世纪中叶"一样[②]，对我们的研究很有启发意义。

在敦煌以西的新疆吐鲁番阿斯塔那古墓的历次考古发掘中，出土大量的丝织品，其中发现了从汉晋以来就已经广泛见到的具有波斯萨珊图案风格的织锦，其纹样布局不像传统的汉锦，纵贯全幅是用周绕联珠的圆圈分隔为各种花纹单元，在联珠纹圆圈中，主要是一些对鸟对兽纹样[③]。代表如1959年发掘的303号墓出土的一件"双兽对鸟纹锦"（图15-13），"各组花纹以联珠状组成椭圆形外圈，

图15-13　1959年发掘的吐鲁番M303号墓出土双兽对鸟纹锦
（采自甘肃省博物馆等编《丝绸之路——大西北遗珍》）

---

① 彭金章、沙武田：《试论敦煌莫高窟北区洞窟出土的波斯银币和西夏钱币》，《文物》1998年第10期，第22—27页。

② 夏鼐：《综述中国出土的波斯萨珊朝银币》，《考古学报》1974年第1期，第91—110页。

③ 有关新疆吐鲁番等地出土丝织品，请参见新疆社会科学院考古研究所编：《新疆考古三十年》，新疆人民出版社，1983年，第396—452页。

中间一对马，两旁一对鸟，一对牛"。303号墓出土有"和平九年"即相当于西魏大统十七年（551）墓志[1]。同年发掘的302号墓中出土二件"对马纹锦"，"在长径9、短径8.5厘米的近圆形边圈内有昂颈相对的带翼双马，一只前蹄腾起、栩栩如生"。302号墓出土有"唐永徽四年"（653）墓志[2]。其他墓葬也有零星对马纹锦的出土。同在阿斯塔那墓地，斯坦因在IX.3号墓也曾发现同样的对马纹锦，该墓也出土有墓志，系"延寿五年"（625）墓葬[3]。事实上在吐鲁番地区的历次考古中均有或多或少的丝织品出土，其中各式联珠纹样较为常见（图15-14）[4]。

我们不难发现这些墓葬所出土的丝锦纹饰中的对马，均为翼马，肩生双翼。其中303号墓中丝锦上的翼马造型粗糙简单，双翼重合为一，从肩颈处向后飞出。而302号墓中丝锦上的翼马则造型优美复杂，二翼一前一后，飞动感强，马颈上有一对向后飘的绶带，四足也扎缚有绶带。这种颈和足有绶带的天马，在埃及安丁诺（Antinoe）的六至七世纪

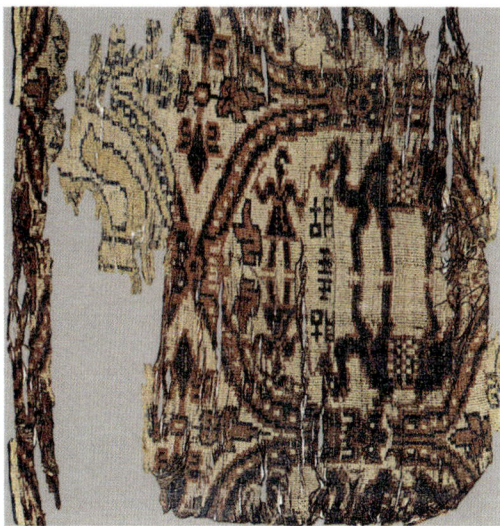

图15-14 吐鲁番墓葬出土各式联珠纹锦（采自甘肃省博物馆等编《丝绸之路——大西北遗珍》）

---

[1] 新疆维吾尔自治区博物馆：《新疆吐鲁番阿斯塔那北区墓葬发掘简报》，《文物》1960年第6期，第13—21页。

[2] 新疆维吾尔自治区博物馆：《新疆吐鲁番阿斯塔那北区墓葬发掘简报》，《文物》1960年第6期，第13—21页。

[3] [英] 奥雷尔·斯坦因：《亚洲腹地考古图记》（修订版）（全五卷），巫新华等译，广西师范大学出版社，2022年，图版LXXX。

[4] 甘肃省博物馆等编：《丝绸之路——大西北遗珍》，文物出版社，2010年，第93页。

图 15-15　日本奈良法隆寺藏吐鲁番出土初唐四天王狮子狩猎纹锦
（采自《世界美术大全集·东洋编·隋、唐》）

的丝织物上也有发现，同样应为波斯萨珊影响的结果[1]。显然这类翼马图本同属一种风格，只是由于时间的推移而引起装饰的变化与内容的不断丰富。

在吐鲁番地区出土的丝织物中，绝大多数并非本地产品，而是由于丝路贸易的物质交流传入该地区的，"在公元 6 至 8 世纪，吐鲁番地区既有自西边输入的波斯锦，包括当时属于伊朗东部的粟特锦；也有汉地、汉匠或参照传统技术的胡式锦"[2]，经研究认为以上几件织锦均系中国织工采用西方图案在中国织制的[3]。

另外，我们知道吐鲁番阿斯塔那出土的具有波斯萨珊风格的纹锦如骑士锦等，与现藏日本奈良法隆寺同为吐鲁番出土的初唐四天王狮子狩猎纹锦风格一致，法隆寺该锦纹样系联珠圈内天王狮子狩猎纹，天王所骑马均为翼马，可以明显看到其中一侧肩生翼翅，马束短尾，前后腿其中各一束花结绶带（图 15-15）[4]。吐鲁番出土

---

① ［德］Otto von Falke：《丝绸艺术史》，1921 年，图二三、二四，第 5 页。

② 姜伯勤：《敦煌吐鲁番文书与丝绸之路》，第 221 页。

③ 夏鼐：《新疆新发现的古代丝织品——绮、锦和刺绣》，《考古学报》1963 年第 1 期，第 45—76、156—170 页；武敏：《新疆出土汉—唐丝织品初探》，《文物》1962 年第 7、8 期，第 64—75 页。

④ ［日］冈崎敬：《东西交涉の考古学》（增补本），平凡社，1980 年。

的这种天王狮子狩猎纹锦的题材与莫高窟第 420 窟隋代菩萨塑像长裙上的联珠翼马和联珠狩猎纹结合的题材十分相似，二者内涵是一致的，后者虽为壁画，但仍是衣饰纹样，因此二者均应为丝织物之图案，时代与地域也都相当。

而在敦煌，除前述隋代洞窟壁画中的联珠翼马纹外，隋唐洞窟中联珠纹普遍存在；藏经洞所出丝织品中也大量存在具有这种中亚波斯风格的联珠纹样，1965年莫高窟第 130 窟第一层壁画下层发现大约在开元年间废置的大批残幡，其中有联珠对禽等纹样（图 15-16）[①]，赵丰、王乐等已有专题研究[②]。

有隋一代，统一全国，结束了南北分裂割据的局面，隋代统治者特别是隋炀帝加强了与周边各国的交往，尤其是与西域各国联系紧密。据《隋书》记载，杨广称帝后，先后派遣一些使臣诸如李昱、韦节、杜行满等出使西域诸国，又令重臣裴矩三次往来于河西和敦煌，经营河西，进行招商活动，成果显著。另据裴矩撰《西域图记》的记载，敦煌是当时隋代通往西域三道的必经之地。裴矩经营河西与炀帝西巡引致贸易的国家多达 44 国之多，中亚西域各国也相继派遣使臣来到中原，其中不乏波斯商人与使节，《隋书·西域传》对波斯的记载十分详细。因此我们说敦煌隋代壁画中这种独特的翼马形象是中西文化交流的产物，有深厚的历史文化背景。无独有

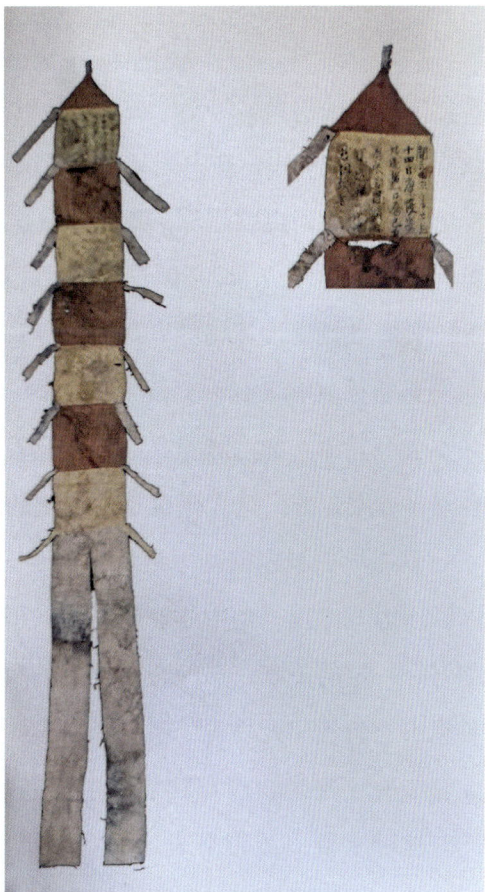

图 15-16　莫高窟盛唐第 130 窟窟檐出土唐开元年间的联珠纹幡（敦煌研究院提供）

---

① 敦煌文物研究所考古组：《莫高窟发现的唐代丝织物及其它》，《文物》1972 年第 12 期，第 55—62 页。
② 赵丰：《敦煌丝绸与丝绸之路》，中华书局，2009 年；赵丰、王乐：《敦煌丝绸》，甘肃教育出版社，2013 年。

偶，近年在莫高窟北区洞窟的考古工作中发现出土于隋末唐初瘗窟中的波斯萨珊朝卑路斯银币①，更进一步证明敦煌与波斯关系之密切。

因此，我们看到，从南北朝到唐代，地处丝路要冲的吐鲁番与敦煌，这种具有波斯萨珊风格的联珠翼马普遍存在，很显然与二地地理位置及当时中西交流有很大的关系。但需要引起我们特别注意的是，虽然这种联珠翼马为中亚波斯风格，系外来文化的反映，但必须承认每一种文化现象在进入中原以后受到深厚中国传统文化的影响并被部分改造，如同佛教中国化、胡人华化一样，是外来文化的必然宿命。如现存于甘肃省博物馆的一件出土于甘谷的唐代三彩凤首壶，其造型受波斯萨珊王朝器形影响，而三彩釉工艺和凤鸟形象则是唐文化的表现，是典型的波斯萨珊特色中国化的代表。同样，联珠翼马也并不例外，这或许使我们明白，为什么这种纹样流行时代极短，在中国又仅具装饰性作用，以及其中绶带的运用等暗藏了什么样的文化因素。也就是说，我们承认这种纹样的外来因素，但事物是发展变化的，看问题要一分为二，即必须看到这种联珠翼马的中国化成分与文化内涵。

具有波斯萨珊风格的联珠翼马，如前所述，其联珠中的有翼动物应与萨珊朝琐罗亚斯德教有关。而其发展到中国，我们认为应是作为一种装饰图案而流传，并不会有其原本的宗教意义，特别是存在于佛教石窟中，更多是图案化了，其道理是十分明显的，这大概也是中国化的表现吧。

敦煌早期洞窟壁画中没有见到翼马、天马图像，莫高窟隋代壁画中的翼马，以联珠形式出现，是中亚波斯风格，但同时也应当与敦煌流传已久的神马、天马题材有一定的关联，那种脖系绶带的翼马形象的影子我们仍可以在敦煌三危山老君堂出土唐代"天马砖"中见到。该天马砖之天马，肩部之翼仅为象征而已，图像特征并不突出，仅存其痕，主要通过脖颈系向后飘飞的绶带来体现天马的特征。这种主要以绶带来表现天马特征的手法，与第227窟的联珠翼马图案较一致，第402窟翼马不仅有翼，脖颈也系绶带，因此可以看到它们之间某种相互关系。这种比较也可以在前述阿斯塔那丝织品翼马中同样存在。

---

① 彭金章、沙武田:《试论敦煌莫高窟北区洞窟出土的波斯银币和西夏钱币》,《文物》1998年第10期,第22—27页。

　　绶带的运用应当是受到敦煌壁画中传统绘画飞天衣带当风画法的启示。因此敦煌隋联珠翼马又具有一定的中国传统色彩与影响。而其纯装饰性意义表明其已部分中国化了。又仅见于隋及其前后，其他时代不见，则似乎说明中国翼马将外来翼马彻底改造并取而代之。

　　从另一方面来讲，若仔细观察可以发现，这种长期以来被学者们认定为波斯式的联珠纹，在敦煌艺术中的发展和表现已充分体现了其地方化、中国化的特色。如莫高窟隋代第 401 窟龛沿为联珠内团花纹，并在窟顶井心边沿饰联珠内一佛像（图 15-17），这个显然非联珠本来的纹样，而是地方艺术家的创新之作。在隋代洞窟第 386 窟井心（图 15-18），第 394（图 15-19）、392、388 窟龛沿，第 282 窟人字披顶脊（图 15-20），第 295 窟窟顶西披涅槃经变中佛枕装饰等处，见到联珠内为一各式花朵纹样频繁出现，显然联珠纹原本的波斯中亚特色在淡化，加入了更多的地方化、中国化的因素。同时，在有联珠翼马纹的第 402 窟的人字披脊有一排联珠内花朵纹样（图 15-21）；还有第 425 窟龛沿一圈联珠翼马，

图 15-17　莫高窟隋代第 401 窟藻井联珠佛像纹图案（采自《中国敦煌壁画全集·隋》）

图 15-18　莫高窟隋代第 386 窟藻井联珠纹装饰（采自《中国敦煌壁画全集·隋》）

图 15-19　莫高窟隋代第 394 窟西壁佛龛龛沿联珠装饰（敦煌研究院提供）

图 15-20　莫高窟隋代第 282 窟有联珠纹人字披顶（敦煌研究院提供）

图 15-21　莫高窟隋代第 402 窟有联珠纹装饰人字披顶（敦煌研究院提供）

却在龛沿转角处各一排联珠团花纹，窟内人字披脊也为一排联珠团花纹，又在龛内二菩萨塑像上饰有联珠内花朵纹，内花朵有四瓣、六瓣、八瓣不等。以上这些联珠纹均非波斯萨珊式联珠内的对鸟对兽形式，而是联珠内为各式花朵，甚至有佛像，这种变化应为联珠纹在传入汉地后的变化。

第三节　翼马（天马）图像的区别与联系

关于翼马与天马的概念与区别问题，在中国传统的概念中，二者虽字面上略有不同，但从本质上来讲是二位一体，翼马为形式，天马思想是基础。神瑞思想是中国几千年以来主要的文化现象，以《山海经》所记为集大成者，其中有众多的各种传说的瑞兽，也包括"天马"。以后历代王朝神兽瑞应思想与题材史载不绝，相应的瑞应图像也不断出现在各类文物当中。在中国传统概念中天马均有普通的马所不具备的速度和神异性能，汉武帝《天马歌》（《史记·乐书》《汉书·武帝纪》）所记最有代表性：

> 太一贡兮天马下，沾赤汗兮沫流赭。骋容与兮跇万里，今安匹兮龙为友。[1]

另有李白《天马歌》对天马的速度和神异性是如此描述的：

> 腾昆仑，历西极，四足无一蹶。
> 鸡鸣刷燕晡秣越，神行电迈蹑恍惚。
> 天马呼，飞龙趋，目明长庚臆双凫。[2]

早在汉代，人们即认为天马"朝发咸阳，夕至敦煌"，具有闪电般的速度，

---

[1]（汉）司马迁：《史记》卷24《乐书》，第1178页。
[2]（唐）李白：《李太白全集》卷3《天马歌》，第185页。

如"白驹过隙"。给马配置翼翅或绶带，都是为了体现天马神异的特征。但我们从武威雷台铜奔马和汉武帝茂陵出土的鎏金天马可以看出，并不是天马都有普通马之外的附加神异特征，而更多是一种内在本质的神化。

翼马这种称谓则更加具体化，那就是肯定要有翼翅的存在。在具有波斯萨珊风格的联珠中的马一般是翼马造型，而在中国常见的则多为无翼之天马形象，前者似乎更具装饰性，而后者则有着深刻的含义。"天马"是人们对一般意义上的马的神格化，又是对马的一种崇拜，类似于图腾崇拜。敦煌非联珠翼马，特征明显，似应称其为天马更加准确。

有汉一代，对马在实用层面和精神文化层面的需求非常突出，著名的如有对大宛"汗血马"的历史记载等。汉代对诸如"四神"等的瑞兽崇拜也已为大量文献和考古资料所证实。当时，敦煌与咸阳已经流传着天马的传说，汉武帝时发生的"渥洼水天马"的故事已被人们传颂了两千多年，汉武帝也因此而作"天马歌"[①]。著名的武威雷台汉墓出土的"马超龙雀"之铜奔马，明显是神马、天马的形象，如闪电般踏空而行，无翼翅，纯属想象化的象征性造型（图15-22），以现实中的良马为其艺术图本。同是东汉文物，1974年在河南偃师一窖藏中出土一批东汉鎏金小铜兽，其中有一鎏金小马，昂颈欲行状，短尾，束鬃，肩生火焰状翼翅，铜铸突起状，形态逼真[②]，相比于武威铜奔马，这件小马缺少神化的气势，其翼翅的象征性被淡化了。"我国在动物身上饰羽翼，至少可以上推到战国，汉代以后逐渐增多，南北朝时广泛运用。"[③]

就目前考古的结果，在诸如南阳、陕北、辽阳、四川、洛阳等地的两汉或其以后各代的画像石、画像砖中这类题材广泛存在，翼马也不例外（图15-23、图15-24）。又如四川绵阳平杨府君的阙楼上一高浮雕，雕刻一人正牵着一匹骏马飞奔，马肩生双翼，斜飞而上，造型优美生动；另在新津崖墓中一石函一端也刻

① 李正宇：《渥洼水天马史事综理》，《敦煌研究》1990年第3期，第16—23页。

② 文物出版社编著：《中国古青铜器选》，文物出版社，1976年，图版89；郭洪涛：《河南偃师寇店发现东汉铜器窖藏》，《考古》1992年第9期，第803—805页。

③ 秦浩：《隋唐考古》，南京大学出版社，1992年，第99页。

图 15-22　武威雷台铜奔马（甘肃博物馆提供）

图 15-23　汉画像石中的翼马图像
（采自《中国画像石全集》）

图 15-24　咸阳汉元帝陵建筑遗址出土仙
人乘天马玉雕（陕西历史博物馆提供）

有一翼马，时代均为汉代[1]。西安灞桥也曾出土一件陶翼马（图 15-25），高台魏晋墓出土一陶罐的彩绘纹样中也有翼马图像（图 15-26）。由此可见，早在汉代，翼马、天马题材已经广为流传，影响所及包括宫廷政治生活、民间文学故事、器物造型、建筑装饰及墓葬。

---

① 高文：《四川汉代画像石》，巴蜀书社，1987 年，第 26、86 页。

图 15-25　西安灞桥出土汉代陶翼马（陕西历史博物馆提供）

图 15-26　高台魏晋墓出土弦纹彩绘陶壶（高台博物馆提供）

到了魏晋十六国，有敦煌飞机场魏晋墓翼马，又有与敦煌互为近邻的酒泉丁家闸五号十六国墓壁画中飞奔于流云间的天马，无翼却动感很强，腾空而行，四周流云飞动，天马张嘴嘶鸣，四蹄大跨度飞跃，鬃毛向后飞出（图 15-27），其形象很似"马超龙雀"之铜奔马，非常逼真地体现"天马行空"之神韵[①]。另外在天水麦积山初唐第 5 窟的"飞马飞天"壁画中，飞马周围以流云、彩带飞天衬托，共同向前飞去，动感很强，马前有宝珠，后有飞象，象背驮宝珠，上下飞天围绕，天花流云，飘飘荡荡，飞马无翼翅（图 15-28）。

因此，具有中国传统色彩的翼马、天马题材，在沿丝绸之路及其他广大地区，从西汉魏晋以至隋唐、西夏各朝都可见到，存在于石窟、墓葬或其他载体，那么作为丝路起点和汉唐政治、经济、文化中心的长安，又是怎样一种情形呢？

图 15-27　酒泉丁家闸五号墓前室顶披天马图像（肃州区博物馆提供）

① 甘肃省文物考古研究所编：《酒泉十六国墓壁画》，文物出版社，1989 年。

图 15-28　天水麦积山初唐第 5 窟飞马飞天壁画（采自《中国石窟·天水麦积山》）

　　前文已有交代，早在汉武帝时期，咸阳已经流传天马的传说，汉武帝大张声势作《天马歌》，从此史载不绝，天马也成为两千年来文人写诗作赋的一个传统而绝妙的题材，吟颂不绝。另外广见于两汉魏晋时期诸多地区墓葬画像石或画像砖中的翼马等有翼神兽，在关中长安也不应例外。同为墓葬，关中唐十八陵地面大型石刻中，高宗李治和女皇武则天乾陵、玄宗李隆基泰陵、肃宗李亨建陵、德宗李适崇陵、宪宗李纯景陵、穆宗李恒光陵、敬宗李湛庄陵、武宗李炎端陵、宣宗李忱贞陵、懿宗李漼简陵、僖宗李儇靖陵都有石刻翼马（桥陵为二翼兽，其他各陵多也应有，但多遭破坏不存），均相对而立，东西各一立于神道两侧。其中以乾陵石刻翼马最具代表性，东西二翼马，均站立于有上下石座及础石的底座之上，雄伟壮观，"翼马披鬃，瞋目、合口、背平、体圆、尾垂、腿直立，足为蹄、腹下透雕，两胁雕饰五层卷云纹翼翅，翼翅为扇面形，前锐后阔。西列翼马额上有角"，石座上刻有龙、狮、怪兽及云纹等，飞动感强，应是衬托主体翼马的特征（图 15-29），其他各陵翼马也基本类此[①]。唐陵翼马无论从内在气质、造型风

---

① 刘庆柱、李毓芳：《陕西唐陵调查报告》，《考古学集刊》第五辑，1987 年，第 221 页。

图 15-29　唐乾陵神道大型石刻翼马（作者拍摄）

格等各个方面都与我们在前文所讨论的中国传统的翼马、天马相一致，"头生角"与敦煌唐砖天马、榆林窟天马可资比较。

　　作为唐代帝王陵园地面神道竖立的石刻翼马像，其艺术造型与风格无不体现着大唐帝国悠久文化与历史，应是中国传统神马题材的表现。

　　另外，在初盛唐时期流行一种"瑞兽葡萄镜"，其中之瑞兽有被称为"海马"（图 15-30）者，向达喻其为"（唐代长安）与西域文明中之一小例也"[1]。我们认为这种"马"仍系在中国流传已久的神马、天马题材，正如铜镜本身一样是中土特产。长安所见翼马图像与敦煌初、盛、中晚唐时期所见翼马图像时代相当，二者应与大唐一统文化体系下同一图本的流传不无关系，二者的文化渊源必当一致，影响所及直达西夏。

　　翻阅资料发现，在日本也有相同翼马题材与艺术图像的存在，有的明显确属中国遗物，或应传自中国，是中日文化交流之例证。在日本东大寺正仓院藏一件

---

[1] 向达：《唐代长安与西域文明》，第 52 页。

图 15-30　唐海马葡萄纹铜镜（采自《世界美术大全集·东洋编·隋、唐》）

联珠纹天王狮子狩猎纹锦（图 15-31），天王所骑为翼马[1]。我们知道正仓院所藏文物大都是"奈良时代（710—784）圣武天皇的遗物和其他重要的遗物"，"遗物年代明确，其中还有许多是中国和亚洲其他地方所制"[2]。其实正仓院二万多件文物中绝大多数为中国或具有中国文化特征的文物。正仓院所藏来自中国的东西，是隋唐时期由日本遣隋使或遣唐使，包括日本留学的学问僧等带回的，是由隋唐政府所赠之物，或者由其他途径传入，这件锦也不例外，其时代应为中国的隋唐时代，与我们在前第二节中所见吐鲁番诸锦无论从纹样题材还是风格上均十分相似。

　　无论怎样，有一点是可以肯定的，那就是在日本奈良时代，这种波斯萨珊联珠翼马已经由隋唐传入日本，在日本奈良国立博物馆藏一件平安时代（十二世纪）《一字金轮曼荼罗》（图 15-32），绢本著色，整幅绢画佛像居中，佛像上部有象、玉女、马三宝，其中马宝位于左上角，是一站立翼马（很似唐陵翼马），马站立于仰莲之上，昂首挺立，肩生翼，无其他饰物，且马鬃毛和尾巴毛为红

———————

　　[1] [日] 原田淑人：《东亚古文化研究》，座右宝刊行会，1944 年，图版 11、12、18。
　　[2] 考古学编辑委员会编：《中国大百科全书·考古学》"正仓院"条，中国大百科全书出版社，1986 年，第 648 页。

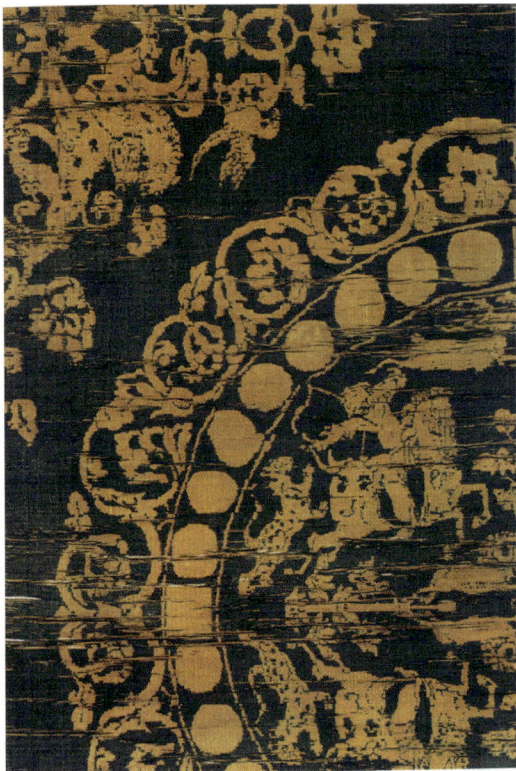

图 15-31　日本东大寺正仓院藏联珠纹天王狮子狩猎纹锦（采自《世界美术大全集·东洋编·隋、唐》）

图 15-32　日本奈良国立博物馆藏平安时代《一字金轮曼荼罗》（采自《世界美术大全集·东洋编·隋、唐》）

色，应属于古代《瑞应图》等所记"白马朱鬣"现象，马本身已被赋予神异和瑞应的思想，属于瑞兽的形象，这种现象更早见于敦煌石窟瓜州榆林窟第25窟弥勒经变的七宝中的马宝，即是一"白马朱鬣"（图15-33），此窟的时代可以早到中唐之前的776—786年间[①]。同在奈良国立博物馆藏同时代《大佛顶曼荼罗》，绢本著色，佛像上为相同三宝。马之形态与前件相同，无翼翅，站立于流云之上（图15-34）[②]。

　　这两件绢画内容及绘画艺术与敦煌莫高窟藏经洞唐绢画十分相似，说明这些日本十二世纪绢画与唐时绢画有某种关系。日本文化与中国文化特别是唐文化之

---

① 沙武田：《榆林窟第25窟——敦煌图像中的唐蕃关系》，第17—54页。
② 参见奈良国立博物馆编辑印行：《奈良国立博物馆的名宝——世纪的轨迹》，1997年，图版146、147。

图 15-33　榆林窟中唐第 25 窟弥勒经变马宝（采自《敦煌石窟全集·弥勒经画卷》）

图 15-34　日本奈良国立博物馆藏平安时代《大佛顶曼荼罗》
（采自《世界美术大全集·东洋编·隋、唐》）

密切关系众所皆知，日本佛教与中国佛教之关系，前贤们已做过大量的工作来理清："中国、日本是一衣带水的近邻，日本佛教同中国佛教间有着十分紧密的联系，日本佛教是对中国佛教的直接继承和发展。""日本的佛教艺术，从形式到内容以及其表现形式，都可在中国找到它的鼻祖，甚至可以说是对中国同类题材的照搬和摹写。"[①] 也就是说，日本此类绢画中的翼马、天马形象，是中国相同题材在日本影响的结果，特别是其中那种无翼而以流云衬托天马的表现方式，与酒泉丁家闸十六国墓、天水麦积山隋唐第 5 窟以及榆林窟西夏第 3、10 二窟等同类题材手法一致，相互之间应不无联系。

可见自汉代以来，敦煌乃至丝路沿线等地一直流传着神马、天马之"马文化"，正如有研究指出的那样："敦煌不但产马，而且还是古代马文化的交流地，西域马、咸阳马都在这里留下了足迹。"[②]

至于敦煌翼马图像，除了隋代的联珠翼马外，其他均为非联珠翼马，二者区别明显，反映不同文化传统与影响在敦煌的存在及其发展。飞机场魏晋墓中翼马明显为传统题材，初唐第 334 窟翼马，所站立花草为卷草纹，在同时代的唐墓中大量出现，其文化成分纯属中原色彩，而且这匹翼马造型略具几分神化的特点。唐代壁画涅槃经变中的翼马属于佛经中的"马王"，其长翅膀的特征是其神性和瑞兽特性的体现。天马砖、西夏二窟翼马与具有中国传统色彩的龙、凤等怪兽同时存在，其中龙身、头生角的翼马，其特征表明为神马、天马。

敦煌非联珠翼马图像，时代似可早至魏晋墓，一直延续至西夏时代，时间跨度大，而且表现与存在方式也较联珠翼马丰富。我们可看到在这些翼马图像中，莫高窟初唐第 334 窟，榆林西夏第 3、10 窟中的翼马，基本仍为装饰图案，只是更加活泼与自由，更富有特色。其中敦煌石窟壁画涅槃经变中的翼马图像颇为特别，是借佛经图像表现的需要，借助中国传统文化中的神马形象而产生的另一种形式的天马、神马形象，这方面贺世哲相关研究可供参考[③]。从贺文可以知道，敦

---

① 孙修身：《中国新样文殊与日本文殊三尊五尊像之比较研究》，《敦煌研究》1996 年第 1 期，第 52 页。

② 谭蝉雪：《敦煌马文化》，《敦煌研究》1996 年第 1 期，第 111—120、186—187 页。

③ 贺世哲：《敦煌莫高窟的〈涅槃经变〉》，《敦煌研究》1986 年 1 期，第 1—26、103—110 页。

煌壁画涅槃经变中出现的翼马图像，包括其他的鸟王、狮王、牛王、羊王等图像，大致可分为两种情况：一是在释迦牟尼临终遗教并双树病卧之时，亦即涅槃之前，各界众生前来劝请释迦牟尼"莫般涅槃"，并请释迦接受众生最后的供养。其中各界众生中包括鸟王、狮王、牛王、马王、羊王等，第148、92二窟翼马即属此类马王图像。二是在释迦牟尼入般涅槃后，各界众生前来拘尸那城表示对释迦的哀悼，其中亦有诸禽兽哀悼之情节，第332窟翼马即属此类。而其所依佛经按贺文之考证，应为北凉昙无谶译四十卷本《大般涅槃经》，或为该经译本经南朝刘宋沙门慧严等依《泥洹经》增加品数之后的版本。如第148窟翼马及四鸟左侧有榜题墨书一行：

　　　　诸禽兽悲鸣大……

画面经文在慧严翻译的《大般涅槃经》卷一《序品》有记载：

　　　　复有二十恒河沙等师子兽王，师子吼王而为上首，施于一切众生无畏，
　　　持诸花果，来至佛所，却住一面。复有二十恒河沙等诸飞鸟王……如是等诸
　　　鸟王，持诸花果，来至佛所，稽首佛足，却住一面……
　　　　尔时复有二十恒河沙金翅鸟王，降怨鸟王而为上首。
　　　　复有二十恒河沙等水牛牛羊，往至佛所，出妙香乳。[①]

从经文及榜题可知，在这些情节中有鸟、狮子、牛、羊，画面与经文相符，唯独马的出现似与经文有别。这一点并不难理解，系壁画绘制过程中的正常艺术发挥。但有趣的是我们看到的狮、鸟、牛、羊等图像，均为一般正常所见形象，唯独马被画成"翼马"之形象，较为独特。同样，在其前其后及同时代之壁画中，马的形象并不少见，但画为翼马则是别无他见。这一现象似乎说明翼马形象在当

---

①（南朝宋）慧严等译：《大般涅槃经》卷1《序品》，《大正藏》第12册，第608页。

时人心目中神圣的象征性意义，为神马、天马。这样便摆脱了隋时联珠翼马的装饰性含义。同样的道理，唐陵石刻马并不少见，却又要特意刻制翼马，无非意在表达其神圣的内涵而已。这或许使我们看到了敦煌传统翼马图像自魏晋墓以来，从唐代石窟壁画、天马砖而至西夏石窟壁画的大概的脉络与线索。

　　总结以上讨论，我们看到自西汉武帝以来，在汉武帝所发起并倡导的"天马"思想的深刻影响下，结合传统的神兽瑞应思想的作用，翼马、天马图像广为流传，在时间与空间上均不拘一格。另外我们必须看到，这种图像在较早时期如汉晋时，大多为无翼之天马，而随着时间的推移与发展，渐渐便出现具有明显特征的双翼，是为有翼之天马，二者在形象上的差异并不表明二者在内涵与文化上的不同与变化，只是一种随时间的发展变化而已，可以认为翼马是表现形式，天马思想是基础。

　　作为补充交代，就文化成分而言，敦煌石窟壁画中的诸多题材，特别是在早期洞窟壁画中所反映的部分内容，不仅仅是来自中亚西域等地与佛教有关的内容，有不少画面表现的与中国本土传统有着深刻而密切的关系。这方面孙作云做过很有启发意义的探讨，特别是对莫高窟西魏第249窟与第285窟顶部所描绘的有关形象的考证，说明二窟中的诸多形象均为中国本土的传统，若求其源，可由南北朝上溯到两汉乃至战国甚至更远的原始社会，系中国艺术中的民族传统[①]。而第249、285二窟窟顶壁画，与处在同一地区、时代相当的丁家闸十六国壁画墓中一些图案及画法构图等如出一辙，十分相似。研究者均认为，丁家闸五号墓十六国时期壁画，上承嘉峪关魏晋墓壁画，下接敦煌北朝壁画，其中与莫高窟第249、285二窟之间有明显的承袭关系[②]。仔细观察发现第249、285二窟顶部壁画中"飞廉"形象（图15-35、图15-36），无论在造型、表现手法等各方面均与我们所讨论的翼马、天马十分相似，肩生翼，四蹄腾空，周围流云飘飞，又有飞鸟飞天，总体上很类似丁家闸天马。

---

　　① 孙作云：《敦煌画中的神怪画》，《考古》1960年第6期，第24—34、3页；段文杰：《略论莫高窟第249窟壁画内容和艺术》，《敦煌研究》1983年创刊号，第1—9页。
　　② 韦正：《试谈酒泉丁家闸5号壁画墓的时代》，《文物》2011年第4期，第41—48、74页。

图 15-35 莫高窟西魏第 249 窟窟顶天国图像中的飞廉图像
（采自《敦煌石窟全集·动物画卷》）

图 15-36 莫高窟西魏第 285 窟窟顶天国图像中的飞廉图像
（采自《敦煌石窟全集·动物画卷》）

第四节　翼马和天马图像的文化合流

以上所见不同时代、不同地域及不同形式的翼马、天马图像，从总体表现形式和图像特征上可分为联珠翼马和非联珠翼马、天马，分别代表中亚波斯传统与中国传统。从时代与地域上讲联珠翼马主要集中在南北朝隋唐的吐鲁番、敦煌等地；而非联珠翼马、天马则从两汉至魏晋十六国、唐、西夏等时代的广大范围内都有存在，发展脉络清楚，一脉相承。从表现形式与载体上讲联珠翼马仅限于丝锦、壁画等装饰纹样；而非联珠翼马、天马则形式多样，内容丰富，又具有特定的含义。从图像特征上看，联珠翼马单一化；而非联珠翼马、天马特征突出，变化丰富。

从文化内涵与思想本质上分析，就敦煌壁画而言，可以明显地看到，具有波斯萨珊风格的联珠翼马远不如以流云相衬、四周群兽飞舞的西夏翼马，也就是说具有中国传统文化底蕴的翼马或天马比萨珊联珠翼马更具有气势与精魄。那种缩小在联珠圈内的马，虽有翼，但总给人一种死板与小气的感觉，很难表达其气魄与特征，而在吐鲁番丝锦中的翼马多仅具其形而无神，纯属图案化。

据史书记载和考古实物的出土证实，中国传统的"天马"具有神化般的特点，是为神马，如《史记·乐书》所记：

> 太一贡兮天马下，沾赤汗兮沫流赭。骋容与兮蹠万里，今安匹兮龙为友。[1]

又如《博物志·异兽》云：

> 文马赤鬣身白，似若黄金，名吉黄之乘，复蓟之露犬也，能飞食虎豹。[2]

---

[1]（汉）司马迁：《史记》卷24《乐书》，第1178页。
[2]（晋）张华编撰：《博物志校证》卷3《异兽》，中华书局，2014年，第36页。

集中体现在武威雷台铜奔马、酒泉丁家闸天马、唐陵翼马、敦煌天马砖、榆林第 3 和第 10 二窟翼马。铜奔马张嘴嘶鸣，足踏龙雀，有闪电般的速度，掠空而行；丁家闸天马则四周流云飞卷，天马昂首飞驰，张嘴惊鸣，四足腾空，鬃毛如利刃飞出，极力渲染飞动之感，给人无限的想象与美妙绝伦的感觉；榆林第 10 窟翼马，双翼飞开，怒目圆睁，腾云驾雾，周围群兽飞动，有从天而降之势。另外敦煌唐砖天马吸收飞天的绶带表现法，而省却流云等衬托物，以天马舒展的四足渲染和表现腾飞之姿。

到了唐陵翼马，集大成者，二马相对，庄严而又雄猛，昂首挺颈，双翼飞动，底座配以线刻云纹及龙狮等，强化其特征。唐陵周围石刻林立，陵园环境优美静穆，山峰耸立，前视一望无际的关中八百里秦川，渭水缓缓流淌，气魄无边。

此外，丁家闸十六国墓天马、武威雷台东汉铜奔马、敦煌唐砖天马、唐陵翼马、榆林窟西夏翼马在头顶或生角或束一竖立鬃毛状物，这些都是在具有波斯萨珊风格的联珠翼马中所不见的特征。特别是榆林第 3 窟"龙身"翼马则更具传统色彩，系"龙马"，亦即神马、天马。

小　结

以上粗略地探讨了敦煌翼马图像及其渊源与发展关系，试图理清其所受到的不同文化的影响，并在广阔的时空范围内纵览这种题材的共性与个性，看到来自中亚波斯风格翼马的图案化、装饰性与中国传统翼马、天马的思想性与表现力，并梳理各自的发展线索。探讨的结果，我们认为在中国广大时空范围内存在的翼马、天马图像基本上为中国传统的神瑞题材，特别与汉武帝以来所流传的天马思想有很大的关系。即使是波斯萨珊联珠翼马，到中国后也渐趋中国化，并最终被中国传统翼马、天马取而代之。

第十六章
融合波斯风的敦煌隋代洞窟联珠纹之传统思想义涵

第一节　提出问题

对敦煌隋代洞窟壁画和彩塑造像中出现的各类联珠纹样，学界研究颇为丰富，关友惠认为其是隋代边饰中的一种新纹样，原流行于波斯，随着丝路贸易、文化交流传入中国，在石窟艺术中首见于新疆诸石窟中，莫高窟始见于隋代诸窟中[①]。姜伯勤在此基础上进一步指出，敦煌隋代联珠纹在中亚巴米扬及弗拉底石窟和粟特地区的巴拉雷克达坂、瓦尔赫萨、阿弗拉西阿勃、片治肯特等，以及新疆克孜尔石窟中均有发现[②]。荣新江在探讨北齐徐显秀墓壁画中的联珠菩萨头像纹样（图 16-1）时认为，其与佛教石窟中的联珠纹饰都说明了祆教波斯文化与佛教文化的相融与结合[③]。王振华也认为敦煌隋唐出现的联珠纹与波斯有关[④]。之前我们以

---

① 关友惠:《莫高窟隋代图案初探》,《敦煌研究》1983 年创刊号, 第 32 页。
② 姜伯勤:《敦煌壁画与粟特壁画的比较研究》, 敦煌研究院编:《1987 年敦煌石窟研究国际讨论会文集·石窟艺术编》, 第 150—169 页; 姜伯勤:《敦煌与波斯》,《敦煌研究》1990 年第 3 期, 第 1—15 页。
③ 荣新江:《略谈徐显秀墓壁画的菩萨联珠纹》,《文物》2003 年第 10 期, 第 66—68 页。
④ 王振华:《从隋唐莫高窟看联珠纹寓意的演变》,《美术大观》2019 年第 2 期, 第 144—145 页。

图 16-1　太原北齐徐显秀墓壁画中人物服饰联珠菩萨头像纹样
（采自《太原北齐徐显秀墓发掘简报》）

环形联珠翼马纹为主要关注点，将其放在文化视域中进行了深入研究，认为是萨珊风格装饰在中国与传统天马思想融合下的产物[1]。综合已有的学术史，学界一致认为联珠纹和来自异域的波斯文化关系密切。

　　作为敦煌隋代壁画联珠纹最新的研究成果，康马泰在洞窟现场考察时辨识出之前学界未观察到的莫高窟第 420 窟西壁龛内主尊彩塑佛衣上的环形联珠猪头纹图像（图 16-2），进而探讨了这类纹样在丝绸之路上的流传脉络，结果强调了联

---

① 沙武田:《敦煌壁画翼马图像试析》，敦煌研究院编:《2000 年敦煌学国际学术讨论会文集·石窟考古卷》，甘肃民族出版社，2003 年，第 156—172 页。

图 16-2　莫高窟隋代第 420 窟西壁龛及龛内主尊彩塑佛衣上的环形联珠猪头纹
（采自敦煌研究院官网"数字敦煌"）

珠纹源出中亚粟特地区的历史关系，后来传播到中亚各地和中国，这一观点和传统认为联珠纹为波斯萨珊典型纹样的观点有较大的出入，颇有启发，但因为行文主旨关系，文中并没有深入解释这类图像出现在佛教造像佛衣上的原因[1]。其实隋

---

[1] Matteo Compareti, "The Wild Boar Head Motif among the Paintings in Cave 420 at Dunhuang",《丝绸之路研究集刊》第六辑，第 280—298 页。

唐时期工艺美术上出现的联珠纹主要来自中亚粟特地区，薄小莹、尚刚等早已有阐述①。考虑到此类纹样独特而颇为复杂的文化属性，加上其出现的独特位置，再结合之前联珠狩猎纹出现在同窟同组彩塑菩萨衣裙上的现象，颇觉有进一步探讨的必要。

第二节　洞窟彩塑佛衣和菩萨衣裙使用联珠纹现象与原因

莫高窟隋代第 420 窟彩塑菩萨衣裙的装饰纹样中出现联珠狩猎纹，可以简单理解为普通的衣裙服饰丝锦纹样，因为虽然菩萨不是凡间女性，但在视觉艺术表现时基本上是以贵族女性最时尚的装束进行艺术再现，因此菩萨的衣裙装饰纹样虽然较为华丽，但其根本上不能脱离现实社会日常生活中的丝锦纹样的种类。一般认为敦煌隋代洞窟环形联珠纹更近似同期丝织物上的联珠纹样②，这方面有大量的考古资料可为佐证，北齐徐显秀墓壁画侍女衣裙上就描绘有环形联珠菩萨头像纹和环形对马纹，其实 5—7 世纪撒马尔罕一号房址壁画贵族袍服上就已出现环形联珠翼马纹图案。除此之外，事实上我们确实可以在漫长的丝路沿线看到丰富的历代各类织物实物保存或出土，这些丝织品上面同样装饰有丰富多彩的纹样，其中就包括各式联珠纹。有专题研究表明联珠猪头、翼马、对鸟等纹织锦或壁画广泛存在于西亚、中亚和中国新疆、青海都兰以及中原的广大地区③，其中就联珠猪头纹样而言，中亚地区的材料更多，所以康马泰更加倾向于敦煌隋代第 420 窟佛衣上的联珠猪头纹是受到中亚粟特的影响④。

异域联珠纹的流行是波斯萨珊文化对琐罗亚斯德教推崇的外在体现，尤其受

① 薄小莹：《吐鲁番地区发现的联珠纹织物》，载北京大学考古系编：《纪念北京大学考古专业三十周年论文集（1952—1982）》，文物出版社，1990 年，第 311—340 页；尚刚：《从联珠圈纹到写实花鸟——隋唐五代丝绸装饰主题的演变》，载杭间、何洁、靳埭强主编：《岁寒三友：中国传统图形与现代视觉设计》，山东画报出版社，2005 年，第 312—337 页。

② 关友惠：《莫高窟隋代图案初探》，《敦煌研究》1983 年创刊号，第 32 页。

③ 赵丰主编：《中国历代丝绸艺术·隋唐》，浙江大学出版社，2021 年，第 63—90 页。

④ Matteo Compareti, "The Wild Boar Head Motif among the Paintings in Cave 420 at Dunhuang"，《丝绸之路研究集刊》第六辑，第 280—298 页。

到波斯本土占星学的深刻影响，众多小圆珠沿着珠圈的整齐排列寓意一种星相学层面的神圣之光，内填充各种与天、神相关的图样，所以学者们一致认为联珠纹中出现猪头纹，与中亚、西亚地区信奉的琐罗亚斯德教即祆教有关①，具体是该教中征战和胜利之神伟力特拉格那（Verethragna）神的象征与化身②，和联珠骆驼、山羊纹有相同的象征意义，而联珠中的翼马则特指日神密特拉（Mithras）。

所以，单以不同文明艺术图式的借鉴看，从宗教学角度而言，具有深厚波斯萨珊祆教色彩的联珠猪头纹、联珠狩猎纹、联珠翼马纹等环形联珠纹出现在另一种丝路宗教佛教造像的佛衣和菩萨衣裙上面，其实也是可以理解的，应属丝路不同宗教之间对艺术的相互借用，也符合图像的"二重性"现象。如果再考虑到中亚粟特人在丝路上频繁活动的因素，这种有深厚波斯萨珊风格但被主要活跃在丝路上的粟特人带到同属丝路重镇和粟特人聚居地的敦煌的洞窟壁画之中，倒是十分有趣且富于丝路文化传播与艺术交流特色的话题。

不过，这种最初有较为纯粹的琐罗亚斯德教色彩的纹样，出现在敦煌隋代的佛教洞窟彩塑造像上面作为庄严而神圣的尊像的服饰装饰纹样使用，还是需要做些历史的辨析，毕竟其与佛教的教义、规范有较大的出入。

佛教经典和仪轨对佛衣的样式和颜色有严格的规定，一般而言，佛衣由三衣构成，即僧伽梨（上衣）、郁多罗僧（中衣）、安陀会（下衣），均用长短不一的织物条缝制而成③。佛衣的颜色，《四分律》载："时六群比丘畜上色锦衣。佛言：不应畜锦衣、白衣，法不应畜，应染作袈裟色畜。"④《南海寄归内法传》记载佛衣："一僧伽胝；二嗢呾啰僧伽；三安呾婆娑。"注曰："此之三衣，皆名支伐啰，北方诸国多名法衣为袈裟，乃是赤色之义，非律文典语。"⑤可见佛教的三衣为素

① 学界常把琐罗亚斯德教与祆教互称，但实际上两者是有区别的，具体见张小贵：《中古华化祆教考述》，文物出版社，2010年，第1—26页。根据探讨的主题与语境，此处应指的是波斯文化圈中由粟特人带至中国并由中国冠之以名从北朝"胡天"演变而来的祆教。

② [法]雷奈·格鲁塞著：《近东与中东的文明》，常任侠译，上海人民美术出版社，1981年，第74页；姜伯勤：《敦煌吐鲁番文书与丝绸之路》，第154页；赵丰、齐东方：《锦上胡风——丝绸之路纺织品上的西方影响（4—8世纪）》，上海古籍出版社，2011年，第124页。

③ （后秦）弗若多罗始译、鸠摩罗什续译：《十诵律》卷27，《大正藏》第23册，第194页。

④ （后秦）佛陀耶舍、竺佛念译：《四分律》卷40，《大正藏》第22册，第857页。

⑤ （唐）义净：《南海寄归内法传校注》卷2，中华书局，1995年，第75—76页。

色，其上是不能有复杂而艳丽的图案的，而第 420 窟彩塑主尊的佛衣不仅装饰华丽，上面的环形联珠猪头纹图案更是与佛衣规定完全不符。

其实佛教造像的服饰装饰中出现联珠纹，应该不是敦煌隋代洞窟中首次出现。南北朝时期佛造像上大量出现各类联珠式装饰，尤以北朝为重，以邺城北吴庄新出土一批北魏、东魏、北齐至隋造像为代表：

1.北魏中后期谭副造释迦像（图 16-3），项圈中部、背屏内侧均饰联珠，宝冠中部为联珠宝瓶，两侧饰半环形联珠；

2.北齐菩萨坐像（图 16-4），内侧项圈饰小联珠，外侧中部以联珠作界分隔为四个小方格；华绳不同段位镶嵌小联珠饰大珠，上下四条华绳在腹部交叉为一联珠圆环；

3.北齐菩萨立像（图 16-5），项圈表面上下边缘饰联珠，中部以联珠作界分隔为四个小方格，华绳从双肩垂下在腹部作结为一圆环，外侧以联珠绕之；

图 16-3　邺城北魏谭副造释迦像（包明杰拍摄）

图 16-4　邺城北齐菩萨坐像（包明杰拍摄）

4.北齐至隋代菩萨立像（图16-6），腰下正中九格坤带均为小联珠环饰大珠；华绳、璎珞不同段位亦以小联珠环饰大珠。

时代大致为北朝至隋代的青州龙兴寺菩萨像也多有此类联珠装饰：

1.东魏天平三年（536）造像碑（图16-7），主尊背光被浮雕联珠纹分隔为两部分；

2.北齐菩萨立像（图16-8），菩萨宝冠底部边缘饰一圈联珠，项圈分两层，内层为大联珠圈，外层为上下联珠带和中部由数个小联珠圈组成的联珠宽带，华绳璎珞上间有联珠环绕大珠装饰；

3.北齐至隋代菩萨立像（图16-9），宝冠、项圈上饰各类联珠，中部佩有莲座火焰形摩尼宝珠；腰下正中的坤带，自上而下分为九格，分别刻画莲花化生童子、兽面、珠旁叶纹、双珠、火焰摩尼珠、联珠环饰大珠、宝瓶、摩尼珠、九格两侧及每格分界处均为联珠。

图 16-5　邺城北齐汉白玉菩萨立像
（采自中国社科院考古所编《邺城北吴
庄出土佛教造像》）

图 16-6　邺城北齐至隋代菩萨立像
（采自中国社科院考古所编《邺城北
吴庄出土佛教造像》）

图 16-7　青州龙兴寺东魏造像碑（采自青州市博物馆编
《青州龙兴寺佛教造像艺术》）

图 16-8　青州龙兴寺北齐菩萨立像
（采自《青州龙兴寺佛教造像艺术》）

图 16-9　青州龙兴寺北齐至隋代菩萨立像
（采自《青州龙兴寺佛教造像艺术》）

同样的联珠造型还出现在响堂山石窟北齐的莲花佛座上（图 16-10）。

另有安阳灵泉寺石窟数座北齐石刻塔（图 16-11、图 16-12），塔檐与塔刹平座位置上饰双重联珠纹。

图 16-10　响堂山石窟北齐莲花佛座（作者拍摄）

图 16-11　安阳灵泉寺第 58 号北齐
石刻塔（包明杰拍摄）

图 16-12　安阳灵泉寺石刻塔
（包明杰拍摄）

同时期西安出土的北朝、隋佛教造像以及四川出土的南朝佛教造像也是如此：

1.西安博物院藏北魏四面造像碑（图16-13），碑正面为一屋形龛，龛上部浮雕三层联珠纹带；

2.西安博物院藏北周保定五年（565）菩萨立像（图16-14），项戴联珠圈，双肩自上而下垂下双层联珠环带，左手亦持联珠带，腹部饰有环形联珠绕大珠；

3.四川博物馆5号南齐永明元年（483）背屏造像（图16-15），主尊头光中心雕莲瓣，外周饰联珠纹，背光周缘亦饰联珠纹；

4.四川博物馆1号南梁中大通元年（529）菩萨立像（图16-16），颈部戴上下两圈较小、中间较大的联珠纹环形项圈，胸饰中部为一圆璧，周饰联珠，披巾和璎珞在腹交叉，相交处饰宝珠，周围浮雕环形联珠；

5.成都考古研究所西安路2号南梁太清五年（551）立佛像（图16-17），头光上纹饰呈环带状分布，中间以一道联珠纹和一道素面凸棱分隔，外圈亦有一道联珠纹。

图16-13　西安博物院藏北魏四面
造像碑（作者拍摄）

图16-14　西安博物院藏北周
菩萨立像（作者拍摄）

图 16-15　四川博物院 5 号南齐背屏造像（采自四川
博物院、成都文物考古研究所、四川大学博物馆编著
《四川出土南朝佛教造像》）

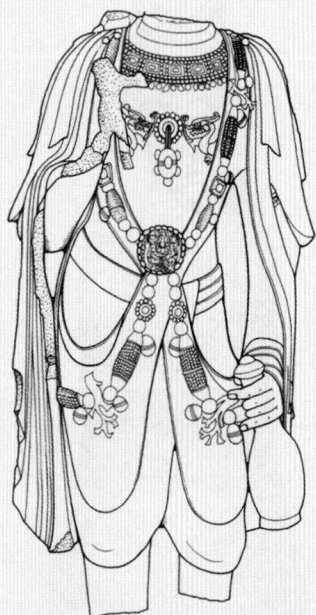

图 16-16　四川博物院 1 号菩萨立像
（采自《四川出土南朝佛教造像》）

图 16-17　成都考古研究所西安路 2 号南梁菩
萨立像（采自《四川出土南朝佛教造像》）

南北朝时期佛教造像大量使用联珠纹的现象，为我们理解敦煌隋代洞窟彩塑菩萨衣裙和佛衣上出现的联珠狩猎纹和联珠猪头纹提供了重要的参考线索，可以初步认为，敦煌隋代洞窟佛衣上的环形联珠纹应该是对南北朝佛教造像使用联珠装饰做法的延续，而其之所以被广泛使用，当更多从文化属性与思想功能方面考虑。

第三节　联珠纹的吉祥文化属性

就敦煌石窟装饰而言，联珠纹作为一类全新的纹样，集中出现于隋代洞窟中。这一时期大量运用联珠纹的洞窟主要有莫高窟第 420、402、277、401、314、427、424、425、62、63、278、388、389、390、394、397、403、404、406、381 等窟[1]，依据樊锦诗、关友惠、刘玉权对莫高窟隋代石窟的分期，这些石窟属于第二、三期，年代大致为隋开皇九年（589）到唐初武德年间[2]。诸窟中联珠纹的位置一般为藻井井心外周边、龛口沿、人字披顶中央起脊处、覆斗形殿堂窟四壁和各披连接处（图 16-18）；作为洞窟装饰纹样，主要表现形式有带状联珠纹、环形莲花联珠纹、带状与环

图 16-18　莫高窟隋代第 244 窟四壁与四披交接处联珠纹（敦煌研究院提供）

---

[1] 数据参考敦煌研究院编：《敦煌石窟内容总录》，文物出版社，1996 年；关友惠：《莫高窟隋代图案初探》，《敦煌研究》1983 年创刊号，第 26—38、4—5 页；姜伯勤：《敦煌与波斯》，《敦煌研究》1990 年第 3 期，第 4 页；谢涛、谢静：《敦煌图像服饰上的联珠纹初探》，《敦煌学辑刊》2016 年第 2 期，第 146—155 页。

[2] 樊锦诗、关友惠、刘玉权：《莫高窟隋代石窟分期》，载敦煌文物研究所编：《中国石窟·敦煌莫高窟（二）》，第 174—183 页。

图 16-19　莫高窟隋代第 420 窟环形狩猎联珠纹
线描图（采自《中国石窟·敦煌莫高窟（二）》）

形组合的联珠纹、菱格联珠纹以及在环形莲花外层套饰棋格或菱格的"变异形"联珠纹，还有联珠对马纹等，另有出现在同时期洞窟彩塑菩萨衣裙上的环形联珠翼马纹、环形联珠狩猎纹（图 16-19）。

联珠纹出现于敦煌隋代洞窟不仅仅是作为一种装饰，而应是承载着更多的文化涵义，否则无法解释在众多装饰图案中为何隋代如此突出表现联珠纹，故有必要从联珠纹最初的涵义和流变方面做一探究。

关于联珠纹的起源问题，奥登堡、阿克曼、夏鼐、捷露萨莉姆斯卡娅、齐东方、赵丰、薄小莹、刘波、梁银景、田中裕子、解梅、谢涛、谢静、王振华、道明三保子、韩香、巫新华、陈彦姝等学者均有讨论，较多学者赞同波斯说，颜双爽对诸家研究有全面综述[1]，兹不赘述。在此基础上，颜文对联珠圈进行了分类，随后追溯了中亚地区不同时代联珠纹的含义及表现形式和经丝绸之路传入大唐的过程。据研究，在阿契美尼德王朝时期，有翼圆环代表至高无上的阿胡拉·马兹达神，该时期摩崖岩刻中代表阿胡拉·马兹达的有翼圆环（图 16-20），或许就是早期联珠纹的表达形式，带有琐罗亚斯德教的教义；安息王朝时期，受希腊文化以及阿契美尼德王朝"君权神授"的传统神权理念的影响，安息钱币正面图案为国王佩戴王冠、颈饰的头像，镌刻着天"宙斯"或"宙斯之子"的希腊文字样，钱币背面图案中的长弓象征神赐王权，边缘部分则出现联珠纹图样，并系有明显的飘带；萨珊王朝时期，宗教与王权统一，神的形象几乎与国王同等大小（图 16-21），表示国王本身就是神，将阿胡拉·马兹达人格化的同时也将国王神格化。圆环仍具有最初王权神授的象征意义，使用权限也从最初的上层阶级专属，转化为普通百姓都可以使用。元文琪

---

[1] 颜双爽：《联珠纹图像研究——以唐代丝织品为例》，中国美术学院硕士学位论文，2021 年，第 8—12 页。

图 16-20　波斯摩崖岩刻有翼圆环（采自李零《波斯笔记（下）》）

图 16-21　萨珊王朝授命图（采自《世界美术大全集·东洋编·西亚》）

解释王权之环在琐罗亚斯德教中被称为"赫瓦雷诺",含义为灵光,一是"伊朗部族之灵光",二是"凯扬灵光",意为"王者之灵光"①。故而,这种联珠圆环可称之为一种护佑王权和人民的祥瑞。人们对阿胡拉·马兹达神的信仰以及对美好生活的向往,使得联珠纹流行于各个阶级②。

颜文的观点为联珠纹的起源与最初含义的解释提供了一种可能性,而李思飞新近关于含绶鸟的研究却似乎将这个源头提前至古希腊时期,她指出历史上最早将绶带、王冠飞鸟、珠链结合在一起的很可能是古希腊人,这种图式组合通常出现在神祇、王者或英雄周围,象征王权、胜利与神佑(图16-22)③。我们对比分析该文中提到的希腊时期的珠链与含绶鸟组合形象东传的过程,推测萨珊波斯时期的联珠纹应与古希腊珠链有一定的渊源关系,或许是由于文化上存在一定共性的缘故,波斯文化圈对希腊化的安息王朝相关图案巧妙借鉴,融入自己的信仰与审美文化体系中。

除此之外,联珠纹的起源还有中国本土说④,在中国早期的原始彩陶和青铜器上都有出现过(图16-23)。虽有学者指出其没有形成自觉连续的系统,也看不出对后世艺术产生的影响⑤,但正如杰西卡·罗森所言:"所有的装饰纹样在特定的环境之内,都是专为某类型的器物而设定的。既然它们是器物形制的一部分,就必须和形制结合起来去理解。"⑥因此,将中国传统的多种类型的联珠纹样与其出现的历史背景、纹样组合以及样式变迁等结合起来考察,或许能给我们提供一些新的思考。

第一种为联珠纹,据研究联珠纹是青铜器中出现最早的纹饰之一,在二里头

---

① 元文琪:《二元神论——古波斯宗教神话研究》,商务印书馆,2018年,第285页。

② 颜双爽:《联珠纹图像研究——以唐代丝织品为例》,中央美术学院硕士学位论文,2021年,第15—20页。

③ 李思飞:《希腊瑞鸟在东方——敦煌及克孜尔石窟壁画含绶鸟图案源流新探》,《敦煌研究》2023年第1期,第18—21页。

④ 夏鼐:《新疆新发现的古代丝织品——绮、锦和刺绣》,《考古学报》1963年第1期,第67页;田自秉、吴淑生、田青:《中国纹样史》,高等教育出版社,2003年,第226页;韩颖、张毅:《丝绸之路打通前后联珠纹的起源与流变》,《丝绸》2017年第54卷第2期,第61—66页。

⑤ 尚刚:《风从西方来——初论北朝工艺美术中的西方因素》,《装饰》2003年第5期,第30—31页。

⑥ [英]杰西卡·罗森:《祖先与永恒:杰西卡·罗森中国考古艺术文集》,邓菲、黄洋、吴晓筠等译,生活·读书·新知三联书店,2011年,第5页。

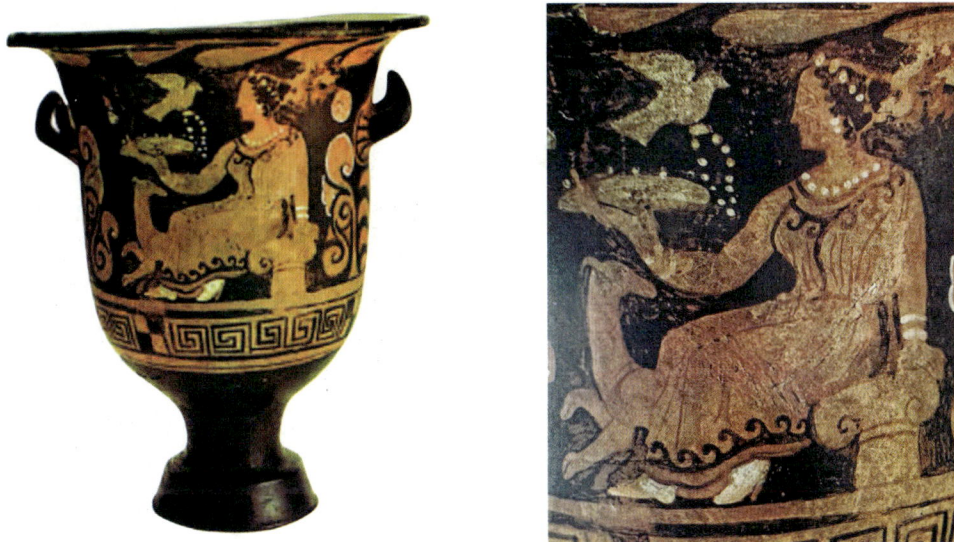

图 16-22　公元前 4 世纪晚期意大利南部坎帕尼亚（Campania）红绘珠链陶瓶及细部图
（采自李思飞《希腊瑞鸟在东方——敦煌及克孜尔石窟壁画含绶鸟图案源流新探》一文）

图 16-23　马家窑彩陶（甘肃省博物馆提供）

时期的铜爵和铜斝腹部已经出现，商代比较流行，常用作兽面纹的界栏性纹饰[①]，同时期的三星堆青铜器上也出现了（图 16-24）；第二种称涡纹或"火纹""太

———————

[①] 上海博物馆编：《中国青铜器展览图录》，五洲传播出版社，2004 年，图 1-15，第 8 页。

图 16-24-1　商代青铜器之兽面联珠纹（采自《青铜纹饰识别指南》）

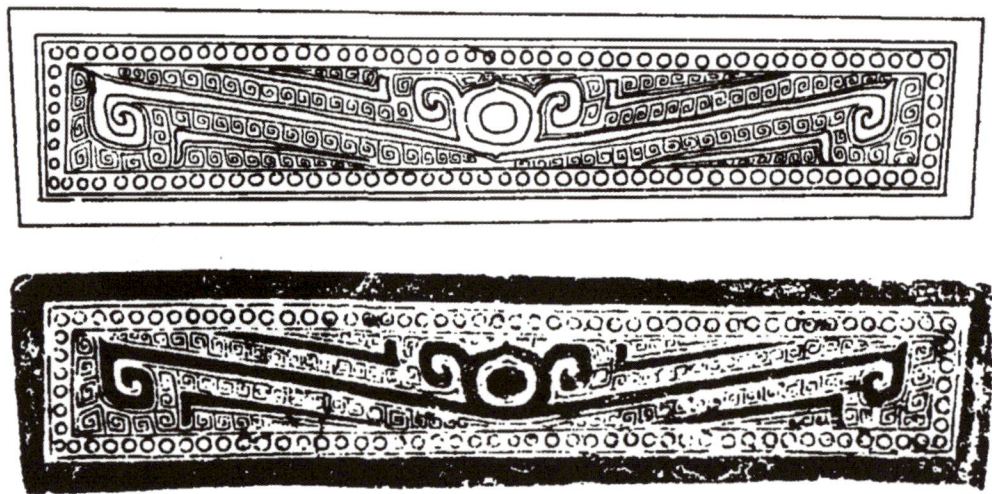

图 16-24-2　三星堆青铜立人像座上花纹（采自《广汉三星堆二号祭祀坑遗址发掘简报》，
《文物》1989 年第 5 期）

阳纹",形状近似旋转的水涡,有学者认为这种纹饰代表太阳、大火,与农业以及古人辟邪免灾的宗教含义相关,流行时间从夏代晚期到战国从未间断,常与龙纹、四瓣目纹、雷纹等纹样搭配使用[1](图 16-25);第三种为乳钉纹(图 16-26),也称"百乳纹"[2],形似联珠纹,时代从商周至汉代,常用作青铜鼎、铜镜、

图 16-25-1 商晚期青铜器上的涡纹、四瓣目纹
(采自《青铜纹饰识别指南》)

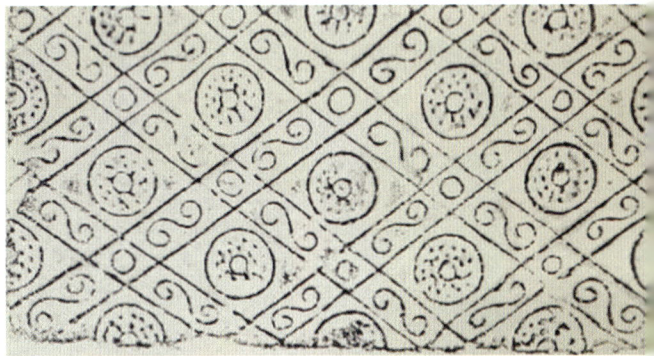

图 16-25-2 秦代方砖上的太阳纹(采自《中国画像砖全集·全国其他地区画像砖》)

图 16-25-3 商代兽面纹壶上的纹样
(采自《青铜纹饰识别指南》)

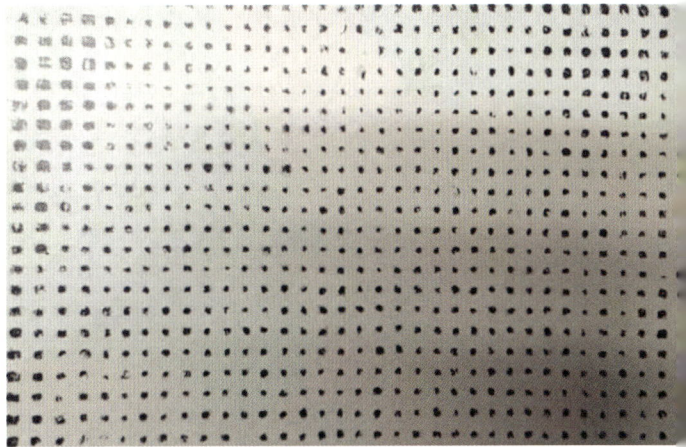

图 16-26 汉代乳钉纹画像砖(采自《中国画像砖全集·全国其他地区画像砖》)

---

① 陈芳:《商周青铜器上组合纹样的宗教含义》,《艺术设计研究》2006 年第 1 期,第 4—7 页;姚草鲜:《从彩陶纹饰看中国史前晚期的太阳崇拜》,《洛阳考古》2014 年第 4 期,第 27—28 页。

② 张道一:《中国图案大系》(一),山东美术出版社,1993 年,第 590 页。

玉璧的装饰。王黎梦推测这些纹饰与远古先民对太阳的崇拜有关[①]，詹姆斯·弗雷泽亦认为，原始人类普遍存在太阳崇拜[②]。另外我们需考虑到，无论是青铜器还是玉器，在中国古代都是作为礼器使用的，因此这些器物上的联珠纹首先具有王权等级的功能；其次，联珠纹、涡纹、乳钉纹通常与龙、凤等传统祥瑞搭配使用出现在礼器上，这种造型体现了中国古人对于吉祥福运的追求。

随着丝绸之路的畅通，作为丝路上最活跃的粟特商人，将与其地区宗教信仰密切相关的联珠纹样，经西亚和中亚带到中国，是水到渠成的事情[③]。同时，由于中外各自起源的联珠纹在发展的过程中逐渐均有了祥瑞、吉祥的象征含义，二者于是有了借鉴融合的可能。敦煌隋代洞窟多种组合样式中出现的莲花、翼马、对鸟、猪头等联珠纹正是这种融合的结果[④]。

实际上，佛教同样赋予了珠很多的寓意，如《涅槃经》载："如摩尼珠，投之浊水，水即清。"[⑤]长柄行光认为"Mani"材质包括金、珍珠、圣木以及各种宝石，形状多为球形，也有船形或锄形，没有固定的形状，以丝线穿之，挂在颈上，或绕在头、臂或手指上，具有护符的意味[⑥]，所描述的这种样式与前文提到的南北朝造像上各类联珠装饰基本相同。《大智度论》中将此珠寓为佛之舍利：

> 世尊，譬如无价摩尼宝，在所住处，非人不得其便。若男子、若女人有热病，以是珠著身上，热病即时除瘥；若有风病，若有冷病，若有杂热风冷病，以珠著身上，皆悉除愈。若闇中是宝能令明，热时能令凉，寒时能令温；珠所住处，其地不寒不热，时节和适，其处亦无诸余毒螫。若男子、女人，为毒蛇所螫，以珠示之，毒即除灭。

---

① 王黎梦：《两汉时期河南画像砖上的乳钉纹初探》，《河南科技大学学报（社会科学版）》2021年第4期，第88—95页。

②［英］詹姆斯·弗雷泽：《金枝》，汪培基、张泽石译，商务印书馆，2013年，第135—139页。

③ 李细珍、孙志芹：《北朝至隋唐时期织物翼马纹样来源及其成因》，《丝绸》2021年第58卷第2期，第96页。

④ 如莫高窟的环形翼马联珠纹图像，"联珠圈+翼马"的组合是外来的，而翼马的具体形象为中国本土的样式，另外第277窟的联珠翼马为对马形式，与阿斯塔那、都兰墓，以及藏经洞等地发现的织锦翼马图像一致而有别于异域单马造型，这些现象一同说明敦煌壁画隋唐联珠翼马图像从形象和思想意涵上均是中外合璧的结果。

⑤（北凉）昙无谶译：《大涅槃经》卷9，《大正藏》第12册，第374页。

⑥ 长柄行光：《印度教反映的死》，载《所谓死是什么》，上海佛教书店，1992年，第43—51页。

复次，世尊，若男子、女人眼痛、肤翳、盲瞽，以珠示之，即时除愈。若有癞疮恶肿，以珠著其身上，病即除愈。

复次，世尊，是摩尼宝所在水中，水随作一色：若以青物裹著水中，水色则为青；若黄、赤、白、红、缥物裹著水中，水随作黄、赤、白、红、缥色。如是等种种色物裹著水中，水随作种种色。世尊，若水浊，以珠著水中，水即为清，是珠其德如是！

……

复次，世尊，是摩尼宝，若著箧中，举珠出，其功德熏箧故，人皆爱敬。如是，世尊，在所住处，有书般若波罗蜜经卷，是处则无众恼之患，亦如摩尼宝所著处，则无众难。世尊，佛般泥洹后，舍利得供养，皆般若波罗蜜力，禅波罗蜜乃至檀波罗蜜，内空乃至无法有法空，四念处乃至十八不共法，一切智，法相、法住、法位、法性、实际，不可思议性，一切种智，是诸功德力。善男子、善女人作是念："是佛舍利，一切智、一切种智、大慈大悲，断一切结使及习，常舍行、不错谬法等诸佛功德住处。"以是故，舍利得供养。①

佛教经典中有不少关于"摩尼珠""摩尼宝珠""宝珠"的记述，认为此珠是佛教中的祥瑞，出现于多个场合。如《观弥勒上生兜率天经》卷下载：

持宫四角有四宝柱，一一宝柱有百千楼阁，梵摩尼珠以为交络。时诸阁间有百千天女，色妙无比，手执乐器。其乐音中演说苦空无常无我诸波罗蜜。②

弥勒下生时会出现转轮王，转轮王具有七种祥瑞，即七宝，其中有宝珠，宝珠也是转轮王的象征，《佛说弥勒下生成佛经》云：

① （后秦）鸠摩罗什译：《大智度论》卷59，《大正藏》第25册，第1509页。
② （唐）窥基撰：《观弥勒上生兜率天经》卷下，《大正藏》第38册，第290页。

其国尔时，有转轮王，名曰蠰佉，有四种兵，不以威武治天下。其王千子，勇健多力，能破怨敌。王有七宝，金轮宝、象宝、马宝、珠宝、女宝、主藏宝、主兵宝。[①]

《长阿含经卷第三》亦载：

善见大王于清旦在正殿上坐，自然神珠忽现在前，质色清澈，无有瑕秽。时王见已，言，此珠妙好，若有光明，可照宫内。时，善见王欲试此珠，即召四兵，以此宝珠置高幢上，于夜冥中齎幢出城。其珠光明，照诸军众，犹如昼日。于军众外周匝，复能照一由旬。现城中人皆起作务，谓为是昼。时，王善见踊跃而言，今此神珠真为我瑞，我今真为转轮圣王，是为神珠宝成就。[②]

李星明认为宝珠在佛教艺术中的功能和含义主要为：弥勒上生的兜率天宫和下生的阎浮提世界乐土的象征物，人间出现转轮王的祥瑞，佛陀说法场所的庄严具。在净土（包括弥勒净土和阿弥陀净土）信仰盛行的时代，宝珠可以广泛地被视为佛国、极乐世界、净土、天宫、圣王的象征[③]。此说可谓是确见，李静杰以南朝梁、北齐石窟和单体造像为例，探究了其中出现的宝珠，同样认为它们示意净土的存在[④]。西方阿弥陀净土对此宝珠的功能有细致描述，其言：

下有金刚七宝金幢，擎琉璃地。其幢八方，八楞具足，一一方面，百宝所成，一一宝珠，有千光明，一一光明，八万四千色，映琉璃地，如亿千日，不可具见。

---

① （后秦）鸠摩罗什译：《佛说弥勒下生成佛经》卷1，《大正藏》第14册，第454页。

② （后秦）佛陀耶舍、竺佛念译：《长阿含经》卷3，《大正藏》第1册，第22页。

③ 李星明：《隋唐墓葬艺术中的佛教文化因素——以唐陵神道石柱为例》，《古代墓葬美术研究》第一辑，文物出版社，2011年，第264页。

④ 李静杰：《清华大学藏北朝晚期道教羽化像考论》，《文物》2023年第10期，第81—90页。

……

如是莲华有八万四千大叶，一一叶间，有百亿摩尼珠王以为映饰。一一摩尼珠放千光明，其光如盖，七宝合成，遍覆地上。释迦毗楞伽摩尼宝以为其台；此莲花台，八万金刚甄叔迦宝，梵摩尼宝，妙真珠网，以为交饰。于其台上，自然而有四柱宝幢，一一宝幢如百千万亿须弥山；幢上宝缦如夜摩天宫，复有五百亿微妙宝珠，以为映饰。一一宝珠有八万四千光，一一光作八万四千异种金色，一一金色遍其宝土，处处变化，各作异相。①

《佛说无量寿经》中对此珠于净土世界的作用与地位有进一步的说明：

又无量寿佛其道场树，高四百万里，其本周围五千由旬，枝叶四布二十万里。一切众宝自然合成，以月光摩尼持海轮宝——众宝之王——而庄严之。周匝条间垂宝璎珞，百千万色种种异变，无量光炎照曜无极。珍妙宝网罗覆其上，一切庄严随应而现。微风徐动出妙法音，普流十方一切佛国。

……

又，讲堂、精舍、宫殿、楼观皆七宝庄严，自然化成，复以真珠、明月摩尼众宝以为交露，覆盖其上。②

联珠纹本是世俗世界的产物，即便是与早期的宗教信仰有关系，但进入到佛教场域，以多种组合样式和谐地出现在一些原本与佛教教义不相符合的位置，为当时的僧、俗众广泛接受，并广泛使用，想必是联珠纹在发展的过程中其文化属性渐渐与佛教中"宝珠"象征吉祥、祥瑞、净土的寓意产生了共性。故而联珠纹被佛教借用过来，以涵化的姿态表达着佛教的象征涵义，同时满足僧俗两界的审美需要。

---

① （刘宋）畺良耶舍译：《佛说观无量寿经》，《大正藏》第 12 册，第 365 页。
② （曹魏）康僧铠译：《佛说无量寿经》卷 1，《大正藏》第 12 册，第 360 页。

第四节　联珠纹在佛教洞窟中的宗教含义

石窟寺是集建筑、塑像、壁画于一体的综合性宗教礼仪场所，其主要功能是为了宣传教义，服务于僧俗两界的信仰需要。洞窟空间不仅是表达佛教义理的依托，更重要的是在信仰实践层面为宗教内涵的发生提供了一个合理的场所。联珠纹出现在佛衣、菩萨衣裙和龛沿等位置上诚然有装饰意味，但敦煌石窟毕竟是佛教场域，壁画中的一草一木均有特定的宗教寓意[①]，故有必要将其放在洞窟空间中探讨其使用的宗教寓意。

佛国净土是佛教宣传的信众通过积累功德从而往生的理想去处，大量的南北朝造像题记直观反映了这一信仰主题，我们在新近的文章中作了综理，大致有"神生净土""神游净土""普升净土""托生西方""托生西方妙乐国土（世界）""常往西方净土""普成佛道""永生佛国""愿生西方无量寿佛国""值（直）生西方妙乐国土""恒生净境""游神（神游）西方净佛国土""神栖净土""托生妙乐""共往西方""同升妙乐""道生佛国""早登净土""腾生佛国""腾游诸佛之国""神升净境""游神净境""俱登妙乐""神升妙乐""咸登妙觉"等表述[②]。同时，我们也指出，佛教传入中国并在隋唐大型净土经变画出现之前，"佛教视觉艺术仍然处在较抽象的阶段，还没有建构出真正意义上的净土景观"，佛教表现往生净土的方式往往与中国传统的升天成仙思想结合在一起。前文提到的四川出土南朝造像中，4号造像背屏题记就有"愿过去者，早登瑶土，奉睹诸佛"[③]的文字，瑶池是西王母所在地，我们认为"瑶池也成为奉佛的最终理想归宿之一，实可看出中土升天成仙观念对佛教的渗透与影响，也可以认为是汉

---

① 如忍冬纹、卷草纹、宝相花、树等均有象征永生、再生之意。见刘颖编著：《中国古代物质文化史·绘画·石窟寺壁画·高昌》，开明出版社，2014年，第203—211页。

② 沙武田：《走向盛唐的佛国净土景观图像建构——佛教视觉艺术从脱离传统到回归现实的轨迹》，口头发表于"走向盛唐工作坊"，河北磁县北朝博物馆，2023年8月。

③ 四川博物院、成都文物考古研究所、四川大学博物馆编：《四川出土南朝佛教造像》，中华书局，2013年，第163页。

地传统思想观念与作为外来宗教佛教的汇流与融合"①。

汉晋至南北朝时期升天成仙思想在图像中的出现，集中在世俗墓葬当中，且研究成果甚为丰富，代表者如余英时、鲁惟一、曾布川宽、巫鸿、信立祥、贺西林、姜生等②。我们曾梳理前人研究指出，传统墓葬吸收佛教因素，或者说佛教图像出现在传统墓葬中，这方面早已引起学界关注，引申巫鸿和林圣智的观点③，继而认为佛像进入墓葬的基本功能是象征升天成仙。以近年在大同出土的北魏皇兴三年（469）邢合姜墓石椁绘画为例（图 16-27），这是把北魏时期墓葬流行的升天成仙主题与佛教往生佛国净土完全合一的最典型案例，而且是以佛教图像完全替代了传统墓葬的升天成仙图像④。

事实上，南北朝隋时期，联珠纹同样不仅仅出现在佛教造像和洞窟壁画中，在世俗传统墓葬中也大量运用。陕西潼关税村仁寿末至大业初（604—606）下葬的隋废太子、房陵王杨勇壁画墓线刻石棺便使用大量联珠纹图案，如棺盖板顶面四周内侧有一圈联珠纹带；整个顶面以联珠纹带作框、莲花为结，分隔为龟背甲结构的六边形四方连续图案，其中有忍冬纹、宝瓶、摩尼珠，以及龙凤、獬豸、麒麟、翼马、猪、兔、虎、牡狮、牝狮、牡羊、牝羊、奔牛、摩羯鱼、鲵、孔雀、含绶鸟、鹤、鸿雁、双头鸟、海石榴、鹦鹉、牛首鸟身、犬首鸟身、人首鸟身等吉祥纹和祥禽瑞兽（图 16-28）；盖板上的鎏金铜提手底板周缘也饰有一周

　　① 沙武田：《走向盛唐的佛国净土景观图像建构——佛教视觉艺术从脱离传统到回归现实的轨迹》，口头发表于"走向盛唐工作坊"，河北磁县北朝博物馆，2023 年 8 月。

　　② 余英时著，侯旭东等译：《东汉生死观》，收入何俊编：《余英时英文论著汉译集》（上），上海古籍出版社，2005 年；Michael Loewe, *Ways to paradise: The Chinese Quest for Immortality*, London, 1979；［日］曾布川宽：《昆仑山への升仙：古代中国人の描いた死后世界》，东京小学馆，1981 年；［美］巫鸿著：《礼仪中的美术》（上），郑岩等译，生活·读书·新知三联书店，2005 年；巫鸿：《黄泉下的美术——宏观中国古代墓葬》，施杰译；信立祥：《汉代画像石综合研究》，文物出版社，2000 年；贺西林：《古墓丹青：汉代墓室壁画的发现与研究》，陕西人民美术出版社，2001 年；姜生：《汉帝国的遗产：汉鬼考》，科学出版社，2016 年。

　　③［美］巫鸿：《礼仪中的美术》（上），第 341、342 页；［美］巫鸿著，郑岩编：《超越大限：巫鸿美术史文集》卷 2，上海人民出版社，2019 年，第 129 页；林圣智：《图像与装饰：北朝墓葬的生死表象》，台湾大学出版中心，2019 年，第 139、140 页。

　　④ 大同市考古研究所：《山西大同全家湾北魏邢合姜墓石椁调查简报》，《文物》2022 年第 1 期，第 19—34 页；李梅田、张志忠：《北魏邢合姜石椁壁画研究》，《美术研究》2020 年第 2 期，第 28—32 页；马伯垚：《墓葬中的石窟：邢合姜石堂壁画略论》，《故宫博物院院刊》2021 年第 11 期，第 81—90 页；李裕群：《佛殿的象征——山西大同全家湾北魏佛教壁画石椁》，《文物》2022 年第 1 期，第 52—60 页。

图 16-27　大同北魏邢合姜墓石椁壁画（采自《山西大同仝家湾
北魏邢合姜墓石椁调查简报》）

图 16-28　潼关税村隋墓石棺及棺盖
板线刻联珠纹图像（采自《潼关税村
隋代壁画墓》）

0　　2厘米

联珠纹带[①]；棺底板四侧面以联珠纹带分作 23 个长方形格，除足端正中为摩尼宝珠外，其余格内皆为龙、凤、麒麟、马、虎、羊等祥禽瑞兽，空隙中填饰流云或山峦[②]。除此之外，梳理图像文献发现，北朝隋代墓葬中使用联珠纹的还有宁夏固原出土的北魏漆棺（图 16–29）和河南洛阳出土的北魏画像石棺（图 16–30），均线刻联珠龟背祥禽瑞兽图案[③]；东魏武定元年（543）胡客翟育墓门满刻联珠龟背图案，内填饰武士、畏兽、莲华以及各种奇珍异兽[④]（图 16–31）；西安北周凉州萨保史君墓石椁[⑤]，其基座、墓门、门楣周围的边框上绘有白色联珠纹，门扉上也有不少联珠纹（图 16–32）；西安北周康业墓中的石棺床，榻板正面和两侧上、

图 16–29　固原北魏联珠画像漆棺残片（采自固原县文物工作站《宁夏固原北魏墓清理简报》）

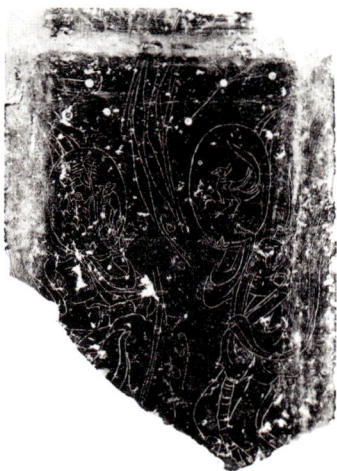

图 16–30　洛阳北魏画像石棺盖残块拓片（采自黄明兰《洛阳北魏世俗石刻线画集》）

---

① 刘呆运、李明、刘占龙、卫超、葛林：《陕西潼关税村隋代壁画墓发掘简报》，《文物》2008 年第 5 期；刘占龙、靳振斌、段卫、翟建峰、李明、刘呆运：《陕西潼关税村隋代壁画墓线刻石棺》，《考古与文物》2008 年第 3 期，第 34—36 页。

② 贺西林：《稽前王之采章　成一代之文物——陕西潼关税村隋墓画像石棺的视觉传统及其与宫廷匠作的关系》，《故宫博物院院刊》2021 年第 12 期，第 59 页。

③ 固原县文物工作站：《宁夏固原北魏墓清理简报》，《文物》1984 年第 6 期，第 49 页，图见第 55—56 页；韩孔乐、罗丰：《固原北魏漆棺的发现》，《美术研究》1984 年第 2 期，第 6 页；黄明兰：《洛阳北魏世俗石刻线画集》，人民美术出版社，1987 年，第 44 页。

④ 赵超：《介绍胡客翟生墓门志铭及石屏风》，载荣新江、罗丰主编：《粟特人在中国：考古发现与出土文献的新印证》，第 673—684 页。

⑤ 西安市文物保护考古所：《西安北周凉州萨保史君墓发掘简报》，《文物》2005 年第 3 期，第 4—33 页。

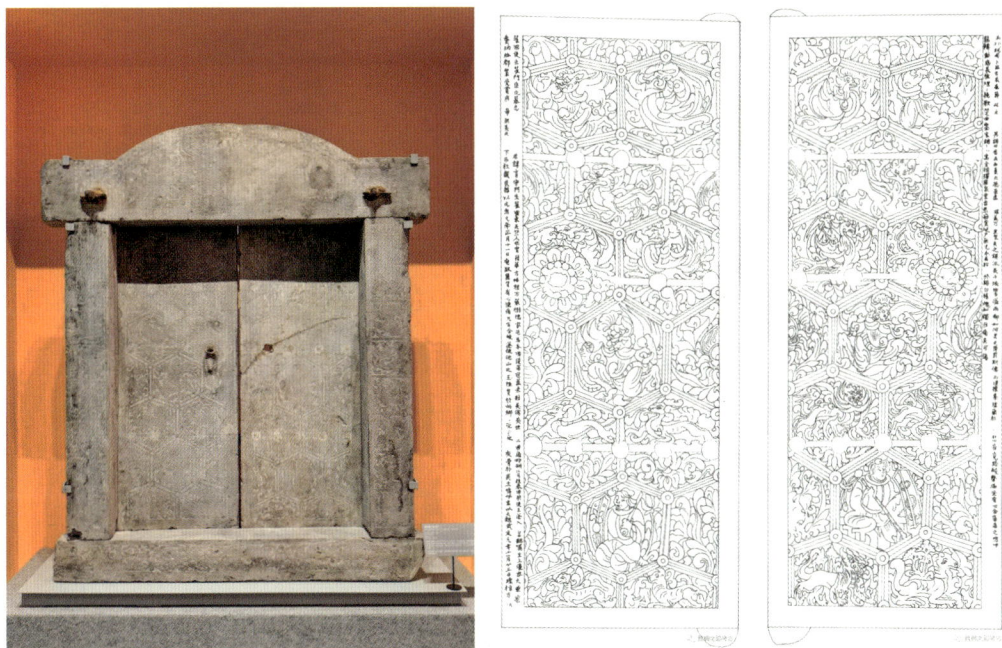

图 16-31　邯郸东魏翟育墓石墓门及其上线刻图像（采自《粟特人在中国：考古发现与出土文献的新印证》）

图 16-32　西安北周史君墓石椁联珠动物装饰（采自《北周史君墓》）

下各饰一道联珠纹带[①]（图 16-33）；太原王郭村隋代虞弘墓石椁上的浮雕画，面积最大、人物最多的一幅中有联珠纹[②]（图 16-34）；陕西三原隋开皇二年（582）德广肃公李和墓石棺上盖顶刻星象、阴阳主神以及环形联珠祥禽瑞兽（象、虎、马、鸡等）纹[③]（图 16-35）；天水市隋唐屏风石棺床墓中，联珠纹出现在床板的正面床沿上，镌刻有联珠忍冬纹带，并饰以金彩[④]；安阳市隋代麹庆夫妇墓石棺床四侧分上下两部分，上部中间刻各种伎乐并以联珠纹作界线，伎乐上下为三层界线，中间为联珠带，下部镂空神兽边缘亦以弧形联珠带饰之（图 16-36）[⑤]；等等。

　　联珠纹大量在北朝隋代墓墓门、石椁等位置出现，并与众多中国传统神仙方术思想下表现天界景象的祥禽瑞草、星宿灵兽结合在一起，显然这种图样与波斯文化圈的联珠对兽对禽纹、联珠狩猎纹，以及如莫高窟第 420 窟佛衣和菩萨衣裙

图 16-33　西安北周康业墓石榻榻板侧面线刻联珠纹（采自西安市文物保护
研究所《西安北周康业墓发掘简报》）

① 西安市文物保护研究所：《西安北周康业墓发掘简报》，《文物》2008 年第 6 期，第 14—35 页（图 19—22）。
② 山西省考古研究所编著：《太原隋虞弘墓》，第 107 页。
③ 王玉清：《陕西省三原县双盛村隋李和墓清理简报》，《文物》1966 年第 1 期，第 32 页（图 39）。
④ 张卉英：《天水市发现隋唐屏风石棺床墓》，《考古》1992 年第 1 期，第 46—54 页。
⑤ 安阳市文物考古研究所，河南省文物考古研究院：《河南安阳隋代麹庆夫妻合葬墓的发掘》，《考古学报》2023 年第 3 期，第 393—434 页。

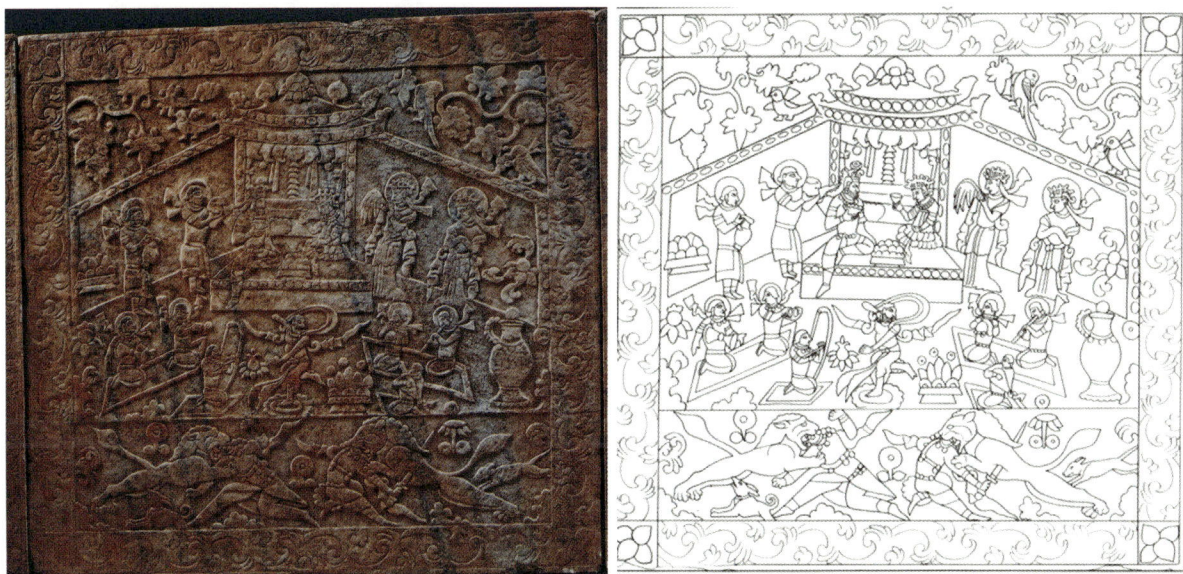

图 16-34　太原隋代虞弘墓石椁壁浮雕图像（采自《太原隋虞弘墓》）

图 16-35　咸阳隋李和墓石棺盖板拓片（西安碑林博物馆提供）

图 16-36 安阳隋代麹庆夫妇墓石棺床及正面线刻联珠纹运用（石棺线图和正面图采自
《河南安阳隋代麹庆夫妻合葬墓的发掘》，局部细节由包明杰拍摄）

图 16-37 莫高窟西魏第 285 窟龛楣（采自《中国敦煌壁画全集·西魏》）

上的环形联珠猪头、翼马纹不尽相同。我
们不否认敦煌隋代洞窟使用联珠纹时一定
程度上接受了来自异域波斯的风格，但南
北朝隋代在佛教造像以及大量世俗墓葬中
出现的另一类联珠纹样式则把我们的目光
依然拉向中国传统本身。如莫高窟北魏第
254窟尊像背光边缘，西魏第285、249窟
诸龛楣内外边缘，西千佛洞北周第8窟龛
楣与佛背光边缘之纹饰均为连续排列的小
联珠（图16-37、图16-38），结构大小、
分布间隔与隋代洞窟联珠纹有异，但与中
国传统之联珠装饰一致。其实，这个现象
梁银景早已发现，从他的分析中可知，敦
煌隋代有联珠纹的洞窟中，属于第一期的

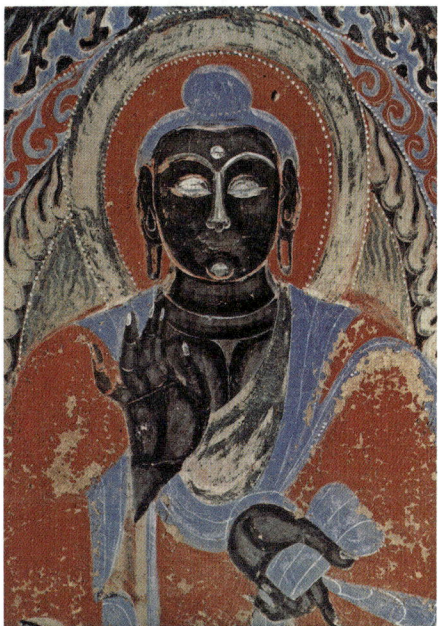

图16-38　西千佛洞北周第8窟佛背光
头光边缘联珠纹的运用（采自《中国敦
煌壁画全集·西魏》）

联珠纹均与北朝时期佛背光上的一致，上承商周青铜器和汉代瓦当上的联珠边
饰，普遍流行于南北朝时期。他指出第二、三期的联珠纹明显不同于第一期，主
要表现在联珠圈变大、在洞窟中的运用增多、出现环形联珠纹，尤其注意到第
二、三期洞窟从窟顶到四壁连接处和转角处运用联珠纹架构整个窟的现象[1]。显
然，以第420窟为代表的这批隋代洞窟在运用联珠纹时立足传统本身，但借鉴融
合了来自波斯联珠纹的式样。

　　另外，我们在考察时发现，莫高窟第314窟藻井外缘一周出现多种奇禽神
兽，除无联珠作环形或几何形骨架外，其样式完全同于税村隋墓棺盖板所绘图像
（图16-39）[2]。因此，从宏观上来讲，隋代墓葬中使用的联珠纹与敦煌隋代洞窟中
的联珠纹同源，都是用来自异域波斯的联珠图式来架构中国由来已久、传承有自
的祥瑞图像，最终回归传统本身，目的仍然是要表达自战国以降直至汉晋发展成

---

①［韩］梁银景：《莫高窟隋代联珠纹与隋王朝的西域经营》，《唐研究》第九卷，2003年，第457—476页。
② 具体解读参见包明杰：《莫高窟第314窟藻井图案研究》待刊稿。

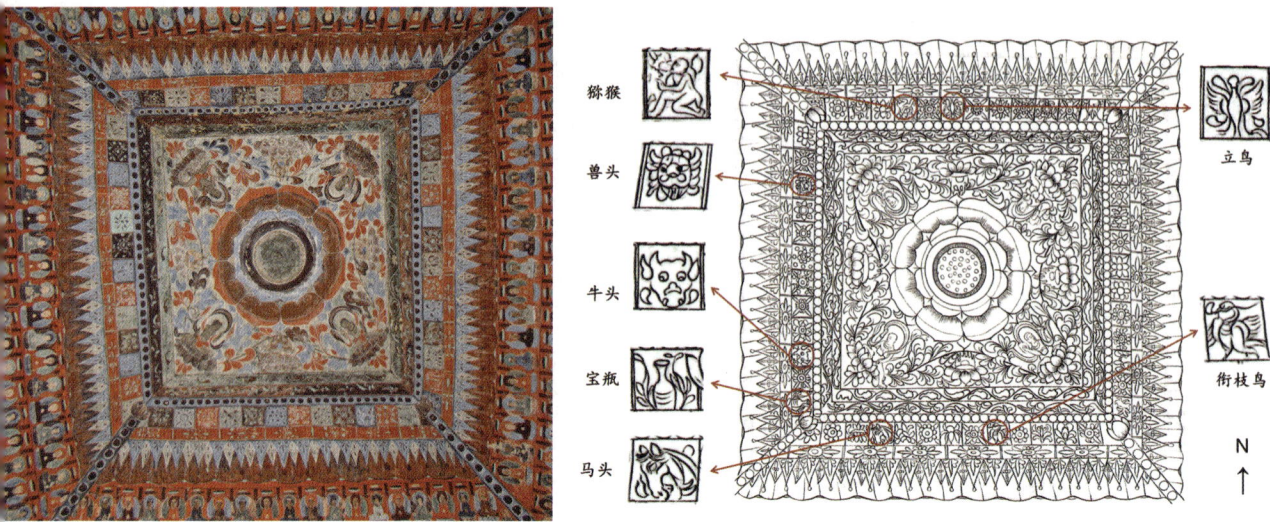

图 16-39　莫高窟隋代第 314 窟藻井及线描图（采自《敦煌石窟全集·图案卷》，线描图为包明杰绘）

熟的灵魂再生、升天成仙思想。

　　若再考虑到联珠本身的寓意，这种将中外两种联珠纹融合在一起的做法，似乎更加显得顺理成章。陈彦姝认为异域波斯联珠纹中沿圈排列的众多小圆珠，代表阿胡拉·马兹达所创造含有日月星体的天空，带有神圣之光的含义[1]，显然此处的联珠与"天""宇宙"有关系。中国传统的联珠具有同样的含义，《周礼》记载，璧和琮可以用来疏通天地[2]，《周易·说卦》有言："离为火，为日，为电。"[3]惠栋《易汉学》解释曰："离为黄，为见，为飞，为光……为鹤、为鸟、为飞鸟。"[4]由此可见太阳纹、鸟纹、火纹、目纹、云雷纹之间的密切关系，联珠纹与众多"天象"纹样组合，实际上反映的是古代人的宇宙观。另，前文已提到，中国目前发现最早的联珠纹图像出现在马家窑彩陶上，其与象征生殖崇拜的蟾蜍组

① 陈彦姝：《六世纪中后期的中国联珠纹织物》，《故宫博物院院刊》2007 年第 1 期，第 81 页。道明三保子也有相似的观点，认为联珠圆环是宇宙环（Cosmological ring）的表现，代表由太阳、月亮、星星等天体所组合成的整个天空，并列举伊朗 Taq-i Bustan 石窟中的联珠纹样作为旁证。见［日］道明三保子：《ササンの联珠円纹锦の成立と意味》，载《深井昔司博士追悼シルクロード美术论集》，吉川弘文馆，1987 年，第 153—176 页。
② "疏璧琮瑞者，通于天地。"（清）孙诒让：《周礼正义》卷 39《春官·典瑞》，第 1926 页。
③（宋）张载：《横渠易说校注》卷下《说卦》，中华书局，2021 年，第 407 页。
④（清）惠栋：《易汉学》卷 3《虞仲翔易》，中华书局，2007 年，第 573 页。

合在一起。依据诺依曼的观点，史前陶器文化也是女人的领地，因为陶器制造是一种神圣的创造性活动，是"女性的原始秘密"之一[①]。据包明杰观察，敦煌隋代洞窟出现的联珠纹比较特别，"联珠图案中珠与珠相连接的上下各有一条边界，两条边界将所有的珠子归之于条形通道之中，而通道的出口是莲花与莲花化生"[②]。众所皆知，莲花、化生在佛教语境中不仅是生命再生的象征，还寓意着佛国净土，唐代许多大型净土经变画中都出现了这类图像。莲花有如此特异的功能应与莲子的属性有着密不可分的关系，古书云："石莲坚刚，可历永久。薏藏生意，藕复萌芽，展转生生，造化不息。"[③]因此包明杰认为，以莫高窟第314窟为代表的一批隋代洞窟中，联珠纹的使用超出了藻井一周，将四披与四壁转角处连接起来，辐射于整个洞窟（图16-40），"给人一种连绵不绝、生生不息的生命力"[④]。若此说无误，再联想到南北朝墓葬中出现的一些莲花纹瓦当，其上莲子的样式与联珠纹从外观上看极为相似，因此我们推测，当时使用这类纹样的目的也应该是与表达再生有关。

战国两汉盛行尸解信仰，把人转变成仙的可能放在了死后的过程中，汉墓充当了"转换器"的特殊空间，在这个空间中可以炼形成仙[⑤]。并且按照汉代人的生死观，人们认为人的新生与死亡的规律与植物的生死轮回有着相通之处，植物的生命从种子开始，到花苞结束，新生命的孕育又是从花结出的果实——种子开始的，人死亡后来到墓穴之中，可以在"子宫"里孕育新生命[⑥]。因此可以看到，南北朝隋代在墓葬中使用莲花、莲子瓦当和联珠纹时更多考虑的仍然是传统文化中对于生死观、宇宙观、再生、永生、成仙观念的表达。

升天成仙与佛教往生净土同为古人对待死亡的态度，作为承载两种相近观念

---

① [德] 埃里希·诺依曼：《大母神——原型分析》，李以洪译，东方出版社，1998年，第125页。
② 包明杰：《莫高窟第314窟藻井图案研究》待刊稿。
③（明）李时珍：《本草纲目》，华文出版社，2009年，第273页。
④ 包明杰：《莫高窟第314窟藻井图案研究》待刊稿。
⑤ 李臣：《方花吐艳——汉画像中的方花纹图像》，载朱存明主编：《方花与翼兽：汉画像的奇幻世界》，文化艺术出版社，2020年，第44页。
⑥ 李臣：《方花吐艳——汉画像中的方花纹图像》，载朱存明主编：《方花与翼兽：汉画像的奇幻世界》，第61页。

图 16-40　联珠纹在莫高窟隋代第 314 窟运用的位置示意图（包明杰绘）

的墓葬与石窟便有了许多可相互借鉴与融合之处[1]。敦煌石窟从一开始就借用了大量墓葬的题材，学界对此研究颇为丰富[2]。莫高窟从北凉三窟开始，即流行象征

<hr/>

[1] 具体可参看巫鸿：《走近莫高窟：空间中的敦煌》，生活·读书·新知三联书店，2022 年。

[2] 如学界对莫高窟北朝"天"图像的讨论，认为其便是借用了河西十六国时期的覆斗顶墓室形制及图像，再如对第 285、249 窟四披神话题材的论述，认为源于中国传统道教题材。见孙作云：《敦煌画中的神怪画》，《考古》1960 年第 6 期，第 24—34 页；段文杰：《早期的莫高窟艺术》，收入敦煌文物研究所编：《中国石窟·敦煌莫高窟（一）》，文物出版社、平凡社，1981 年，第 173—184 页；段文杰：《略论莫高窟第 249 窟壁画内容和艺术》，《敦煌研究》1983 年创刊号，第 1—9 页；姜伯勤：《"天"的图像与解释——以敦煌莫高窟 285 窟窟顶图像为中心》，载氏著《敦煌艺术宗教与礼乐文明》，第 55—76 页；段文杰：《道教题材是如何进入佛教石窟的——莫高窟第 249 窟窟顶壁画内容探讨》，收入敦煌文物研究所编：《1983 年全国敦煌学术讨论文集·石窟·艺术编》（上），第 1—16 页，另载《敦煌石窟艺术论集》，第 318—334 页，又载《段文杰敦煌石窟艺术论文集》，又另载《敦煌石窟艺术研究》，第 363—377 页。另有对第 285 窟传统升天与往生净土的专题讨论。见沙武田：《北朝升天成仙思想在佛教石窟中的实践："天"图像再利用与莫高窟第 285 窟功能再探》，台湾大学《美术史研究集刊》第 54 期，2023 年，第 1—115 页。

宇宙"三圆三方"的斗四藻井[①]，北魏、西魏、北周的每个洞窟窟顶或为斗四藻井（覆斗顶殿堂窟，如第272、249、285窟），或为斗四平棋顶（中心柱窟平顶部分），或为仿木结构的人字披顶，椽子之间以忍冬、莲花、化生、摩尼珠、对鸟、对兽、天人等表现天国景象，这些均可认为是象征或代表天国的图像，具体是受到传统升天成仙思想观念作用下的产物[②]。隋代洞窟中联珠纹与上述图像组合使用，当是同义。十六国北朝时期，佛家翻译佛典时甚至采用传统思想中惯有做法，将宝珠比喻或是转喻为"天"上之物，使两者成对应之序，如《最胜问菩萨十住除垢断结经》言："复以摩尼宝珠悬在虚空，以为日月星辰罗列虚空。"[③]从深层次角度来讲，南北朝隋代佛教造像大量使用联珠装饰，显然是在表达佛国庄严，其实也是受到佛国净土美好景象物质性想象的影响，在大型净土经变画出现之前，以此来凸显对往生净土信仰主题的强调。

小　结

世界因多样而精彩，文明因交流而不断焕发生机，丝绸之路在中古时期作为联通欧亚大陆的交通桥梁，不仅是贸易之路，还是文化、艺术之路。波斯作为历史时期的文明古国，曾创造了辉映后世的灿烂文化，影响远及欧洲、中亚、南亚、东亚等地，丝绸之路上的诸国至今依然保留着波斯文明、粟特文明的历史遗存。中外联珠纹是各自起源发展的两种文化艺术符号，但在丝绸之路大背景下，具有吉祥文化属性的中外联珠纹逐渐交汇融合，并与佛教中表示祥瑞的宝珠、摩尼珠产生了交融，联珠装饰被佛教化用，以再创作的手法，结合中国

---

① 赵燕林：《敦煌早期石窟中的"三圆三方"宇宙模型》，《自然辩证法研究》2019年第7期，第88—94页。

② 沙武田：《走向盛唐的佛国净土景观图像建构——佛教视觉艺术从脱离传统到回归现实的轨迹》待刊稿。《太平经》记述，得道者死而复生，谓之尸解，《魏书》称道教高级入灭形式为羽化。所谓羽化，本指虫态蜕变而生羽翼的过程，譬如蝉蜕，意在结束生命的肉体非但没有被抛弃，反而升华为高级生命体，道教借以比喻从凡人转变成仙人的过程。（见李静杰：《清华大学藏北朝晚期道教羽化像考论》，《文物》2023年第10期）从这个层面上来讲，道教讲的羽化弱化了其追求现世永生的色彩，反而逐渐与佛教讲的来世观趋同，体现出两和思想融合的趋势，羽化登仙前往的"仙境、天国"与佛教往生的"净土"在概念上有了混同的倾向。

③（后秦）竺佛念译：《最胜问菩萨十住除垢断结经》卷6，《大正藏》第10册，第309页。

传统升天成仙的思想注入新理念，以独特的视觉艺术形式表达佛教往生净土的含义。敦煌因地处几大文明交汇的咽喉位置，成为诸多文明、文化、艺术交往交流交融的温床，保存至今的敦煌壁画作为形象的历史记录了中古时期中外文化碰撞融合丰富多彩的史实。敦煌隋代洞窟使用大量联珠纹装饰，沿用南北朝在佛教造像上广泛装饰联珠的做法，既体现出波斯文化在中国的深刻影响，又反映了粟特文化传播的力量。而从更深层次来讲，隋代洞窟中大量联珠纹新题材的出现，则体现出在文化认同背景下，受中国传统思想主导，佛教在中国化的过程中对中外艺术表现形式与丝路不同宗教思想的积极而有趣的整合，实是中外文化交流史和中华民族共同体研究中一个有趣的话题。

结　语

——敦煌石窟丝路图像研究的问题与前景

　　佛教石窟是作为"华戎所交一都会"的敦煌在漫长的历史时期形成的数量惊人、规模庞大的人类文化遗产，延续时间长达一千余年，其保存之完整、内容之丰富、历史时代序列之清晰、画面之精美，堪称人类文明史上之奇观。鉴

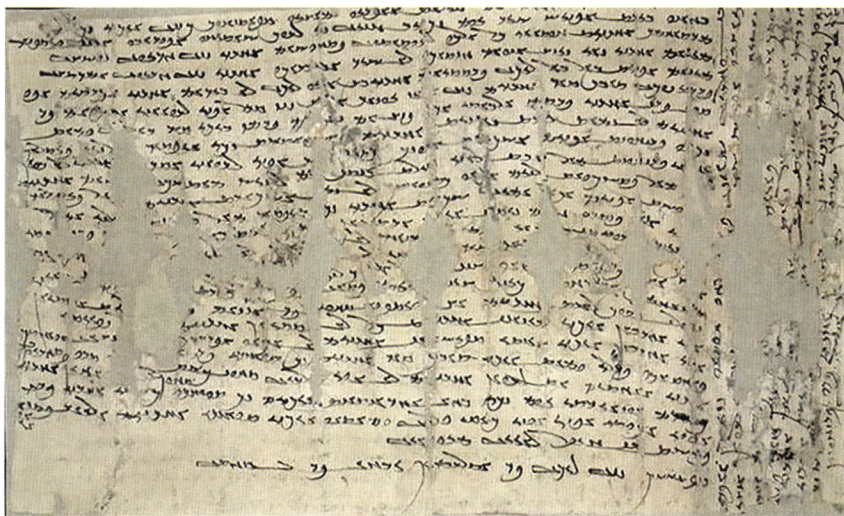

图 17-1　1907 年斯坦因在敦煌长城烽燧发现的粟特文古信札（采自国际敦煌项目 IDP）

于敦煌在丝绸之路交通中的独特历史地位，藏经洞窟大量写本文献、悬泉汉简以及阳关、玉门关、长城、烽燧、汉唐墓葬中对丝路往来历史丰富而珍贵的记录，诸如学界熟知的斯坦因在敦煌长城烽燧下发现的粟特文古信札（图17-1），较为完整地保存于藏经洞的粟特文写经（图17-2）和敦煌仅存的祆神画像P.4518-24（图17-3），景教经典（图17-4）、摩尼教经典，悬泉出土的数量较多的记载西域使节往来的简牍（图17-5），敦煌唐墓中集中出土的胡人牵驼砖（图17-6），以及莫高窟北区唐代瘗窟中随葬的波斯银币和木雕胡人俑（图17-7），等等，都是集中反映丝绸之路交通交流特征的代表性遗存，也是敦煌作为丝路交汇地的真实历史面貌的反映。对于这些珍贵的丝路历史遗存，学术界已有丰富的研究成果，这方面可以P.4518-24祆神绘画的研究史最能说明问题，可谓蔚为大观[1]，讨论之广泛和深入，引人深思，集中反映出敦煌丝路图像的历史影

---

① 该幅绘画已引起国际学术界的广泛讨论，成果丰富，可参见：饶宗颐：《敦煌白画》，法国远东学院出版，1978年；饶宗颐：《敦煌艺术》，里仁书局，1981年，第1—72页；饶宗颐：《画颣——国画史论集》，时报文化出版企业有限公司，1993年，第139—186页；《饶宗颐二十世纪学术文集·敦煌学（上）》，新文丰出版有限公司，2003年，第615—678页；[法]F. Grenet（葛乐耐）：《自希腊征服到伊斯兰化时期的中亚定居生活地带的葬俗》，巴黎，法国国家科研中心（CNRS）出版社，1984年，第263—264页，图版XLV；姜伯勤：《敦煌白画中的粟特神祇》，《敦煌吐鲁番学研究论文集》，第296—309页，收入氏著《敦煌艺术宗教与礼乐文明》，第179—195页；[俄]B. I. Marshaj, V. I. Raspopova, "Cultes communautaires et cultes prives en Sogdiane", *Histoire et cultes de l'Asie centrale préislamique: sources ecrites et documents archeologiques*, CNRS, 1991, pp.192-194；张广达：《祆教对唐代中国之影响三例》，《法国汉学》第一辑，清华大学出版社，1996年，第143—154页，原文载Zhang Guangda, "Trois exemples d'influences mazdéennes dans la Chine des Tang", *Études Chinoises*, XIII.1-2, 1994, pp.203-219；张广达：《唐代祆教图像再考——敦煌汉文写卷伯希和编号P.4518之附件24表现的形象是否祆教神祇妲厄娜（Daêna）和妲厄娲（Daêva）?》，《唐研究》第3卷，北京大学出版社，1997年，第1—17页，收入张广达：《文本、图像与文化流传》，广西师范大学出版社，2008年，第274—289页。1995年10月24日至1996年2月19日，法国卢浮宫学院（École du Louvre）在巴黎举办了大型展览《中印世界的佛陀之地——十个世纪以来的丝绸之路上的艺术》（*Sérinde, Terre de Bouddha: dix siècles d'art sur la Route de la Soie*）。1996年2月13—15日，卢浮宫学院于展览会即将结束之际，举行题为《中印世界——文化交流之域：一至十世纪的艺术、宗教、贸易》（La Sérinde, terre d'échanges: Art, religion, commerce du premier au disième siècle）的第十四届学术讨论会，其中葛乐耐对此件敦煌白画的解说详见：F. Gerne, "Notice No.223 Divinites Sogdiennes", in *Sérinde, Terre de Bouddha: dix siècles d'art sur la Route de la Soie*, Paris: Réunion des Musées Nationaux, 1996, pp.293-294. 尔后1996年4月在东京举行的由"东京艺术复兴推进协会""东京都美术馆""法国国立美术馆联合会"和"读卖新闻社"联合主办的《シルクロード大美术展》（Grant Exhibition of Silk road Buddhist Art）上亦展出了P.4518-24纸本绘画线描图原件。Zhang Guangda, "Une representation iconographique de la Daena et de la Daeva? Quelques pistes de reflexion sur les religions venues d'Asie centrale en Chine", La Serinde, terre d'echanges (XIVes Rencontres de l'Ecole du Louvre), Paris 2000, pp. 191-202. [法]F. Grenet and Zhang Guangda, "The Last Refuge of the Sogdian Religion: Dunhuang in the Ninth and Tenth Centuries", *Bulletin of the Asia Institute*, vol. 10, 1996, pp. 175-186. 姜伯勤：《敦煌白画中的粟特神祇图像的再考察》，《艺术史研究》第二辑，第263—291页，后收入氏著《中国祆教艺术史研究》，第249—270页；沈睿文：《敦煌白画P.4518（24）图像考》，载氏著《中古中国祆教信仰与丧葬》，第356—369页；周晓萍：《敦煌画中的回鹘神祇——对P.4518（24）纸本的再讨论》，《兰州大学学报》（社会科学版）2020年第6期，第140—153页。

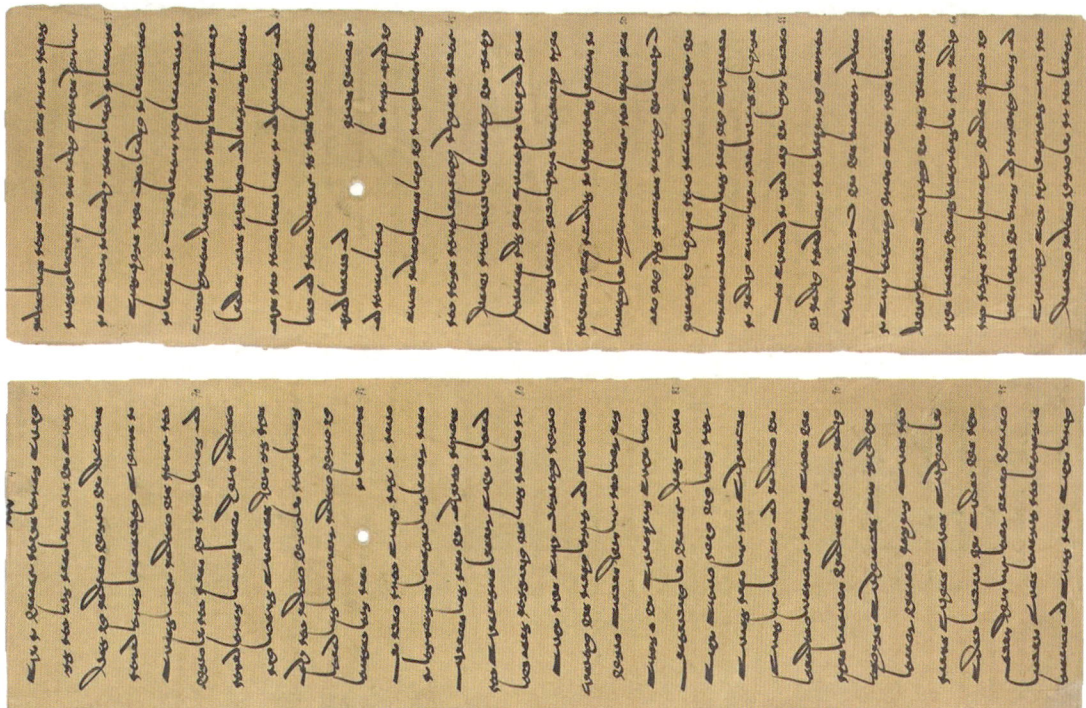

图 17-2　敦煌藏经洞粟特文写经（采自法国国家图书馆网页）

图 17-3　藏经洞出土祆神绘画 P.4518-24（采自国际敦煌项目 IDP）

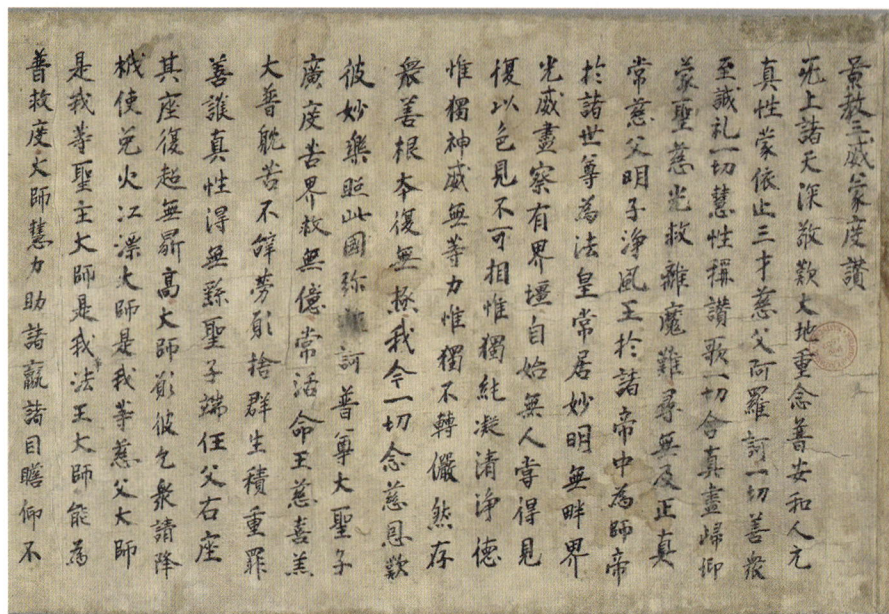

图 17-4 敦煌本 P.3847 景教三威蒙度赞（采自法国国家图书馆网页）

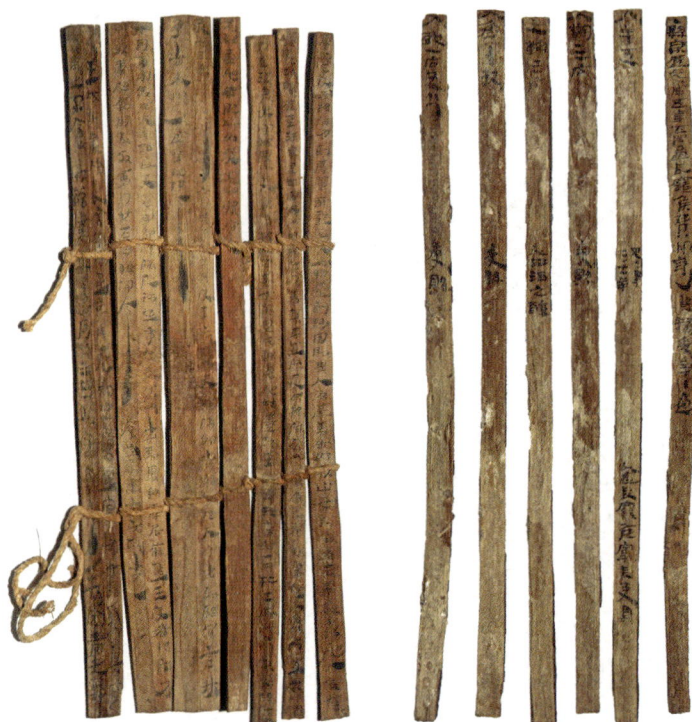

图 17-5 敦煌悬泉置遗址出土记载汉代丝路人员往来简牍

（甘肃简牍博物馆提供）

图 17-6 敦煌研究院藏敦煌唐墓出土胡人牵驼砖（敦煌研究院提供）

图 17-7 莫高窟北区唐代瘗窟出土木
雕彩绘胡人俑（敦煌研究院提供）

响力和学术感召力。

遗憾的是，由于历史的原因，我们今天能够在敦煌看到的可以集中反映或记录丝绸之路交流的文献文物等实物资料，其实还是非常有限的，充其量只是历史时期敦煌万花筒般繁华街头的冰山一角。

由于敦煌石窟数量可观、规模巨大，长期以来学术界和社会各界总是把今天对历史时期丝绸之路的理解寄希望于敦煌石窟群，尤其是那些精美绝伦的历代壁画。因此，敦煌往往成为丝路的代表和象征，至少可以没有障碍地和丝绸之路有机联系在一起。故而思考敦煌与丝绸之路的关系问题，是敦煌学的长期课题，这个课题的核心学术任务即是对洞窟建筑、壁画、彩塑中具体画面和图像的史学解读，阐释其中所包含着的明显或隐含的丝路文化交流元素，诸如学界熟知的福田经变汉人和胡人商队图、法华经变和观音经变中的胡商遇盗图、维摩诘经变中的各国王子图、涅槃经变中的各国王子举哀图、佛顶尊胜陀罗尼经变中佛陀波利往五台山朝拜文殊师利菩萨和入长安献经译经图、隋代洞窟的联珠翼马纹和各式联珠纹，还包括被学者们揭示出来的数量丰富的散见于历代洞窟中的粟特人供养像及其题名，等等。对这些洞窟壁画和图像的关注并研究，已有较为丰富的成果可供参考，本书也是在前人研究的基础上，从不同的视角出发，运用旧材料探讨新问题，阐发其中与丝绸之路文化交流密切关联的诸多问题，或多或少有些新的收获与启迪。

　　显然，基于敦煌在丝绸之路上的独特地位，以上的洞窟壁画和图像同属冰山一角，仍然不能完全满足我们对敦煌石窟所包含着的丝路图像探寻的欲望，我们希望有更多的洞窟丝路图像被辨识出来，呈现在历史时期丝路交流的大动脉之中。同时，囿于洞窟壁画与佛经文字之间紧密的关联，加上作为本地统治者、世家大族、高僧大德等洞窟功德主浓厚的汉文化背景，以及壁画粉本画稿的内地渊源关系，敦煌壁画本身所具有的清晰的自十六国北朝以来中国主流绘画时代风格的整体脉络和艺术线索，所以敦煌洞窟壁画在总体上并没有十分突出地表现出敦煌作为丝路交汇地的应有特色来，这个客观的历史现象多多少少还是限制了学术界对敦煌石窟丝路图像课题的想象和研究。

　　以上所述，是对敦煌石窟的整体印象，但我们必须要注意到在莫高窟第285窟出现的浓厚丝路色彩的丰富图像，如具有希腊、波斯、粟特多重文化特色的日天（图17-8）和月天图像（图17-9），以及具有印度和中亚色彩的摩醯首罗天、鸠摩罗天、那罗延天诸早期杂密图像（图17-10），经研究，这些图像均与西魏时期活跃在丝路上的国际商人粟特人有密切的历史关联①。还出现有犍陀罗

---

　　① 张元林：《论莫高窟第285窟日天图像的粟特艺术源流》，《敦煌学辑刊》2007年第3期，第161—168页；张元林：《观念与图像的交融——莫高窟285窟摩醯首罗天图像研究》，《敦煌学辑刊》2007年第4期，第251—256页；张元林：《粟特人与莫高窟第285窟的营建——粟特人及其艺术对敦煌艺术贡献》，《2005年云冈国际学术研讨会论文集·研究卷》，文物出版社，2006年，第394—406页。

图 17-8　莫高窟西魏第 285 窟日天图像线图（采自贺世哲《敦煌图像研究——十六国北朝卷》）

图 17-9　莫高窟西魏第 285 窟月天图像线图（采自贺世哲《敦煌图像研究——十六国北朝卷》）

图 17-10　莫高窟西魏第 285 窟西壁杂密图像线图（采自贺世哲《敦煌图像研究——十六国北朝卷》）

直接影响下的"天福之面"①，而洞窟主室形制有本地魏晋墓的直接影响②，南北壁的小室却又多少具有中亚西域毗诃罗禅窟的影子③。至于壁画艺术风格，既有来自中原传统墓葬的墓顶天国神禽瑞兽形象，又有受南朝秀骨清像和褒衣博带影响的北壁八佛和东壁包括无量寿佛在内的几铺说法图，也有敦煌本地传统元素的南壁故事画。一个洞窟同时出现如此复杂的受不同传统和文化影响的壁画面貌，和谐共处，丝绸之路文化艺术的传播和交流互动构成该窟最基本的文化现象，无论是中亚的粟特文明，还是敦煌以西丝路上其他文化因素，以及从建康、洛阳等地沿丝路而来的新时代艺术粉本，包括在敦煌本地已有悠久历史的

---

① 马兆民：《敦煌莫高窟第 285 窟"天福之面"（kritimukha）考》，《敦煌研究》2017 年第 1 期，第 102—110 页。

② 王洁：《敦煌早期覆斗顶窟形式初探》，《敦煌研究》2008 年第 3 期，第 19—24 页；戴春阳：《敦煌石窟覆斗顶的考古学观察（上）——覆斗顶非模仿斗帐》，《敦煌研究》2013 年第 2 期，第 10—27 页；戴春阳：《敦煌石窟覆斗顶的考古学观察（下）——覆斗顶渊源管窥》，《敦煌研究》2013 年第 4 期，第 12—24 页；段媛媛：《试论敦煌莫高窟十六国至北朝时期覆斗形顶（上）——莫高窟覆斗顶与晋墓顶》，《敦煌研究》2021 年第 2 期，第 85—96 页。

③ 萧默：《敦煌莫高窟的洞窟形制》，载敦煌文物研究所编：《中国石窟·敦煌莫高窟（二）》，第 191—192 页；萧默：《敦煌建筑研究》，文物出版社，1989 年，第 42、43 页。

汉晋墓葬升天成仙神禽瑞兽、风、雨、雷、电、四神、羽人、仙山、星象、云气纹等庞杂的天国图像[①]，再加上代表中国传统"三圆三方"宇宙模型的藻井图像（图17-11）[②]，不同文明和文化背景下的图像因外来宗教佛教的信仰需求而出现在丝路敦煌，该窟可以说是敦煌石窟丝路图像的经典之作，也是丝路文明最精彩的历史图像留存。

图 17-11　莫高窟第 285 窟窟顶藻井图案（采自《中国敦煌壁画全集·西魏》）

---

　　① 这方面的研究参见：段文杰：《道教题材是如何进入佛教石窟的——莫高窟 249 窟窟顶壁画内容探讨》，载敦煌文物研究所编：《1983 年全国敦煌学术讨论会文集·石窟·艺术编》（上），第 1—16 页；贺世哲：《莫高窟第 285 窟窟顶天象图考论》，《敦煌研究》1987 年第 2 期，第 1—13 页；姜伯勤：《"天"的图像与解释——以敦煌莫高窟 285 窟窟顶图像为中心》，载氏著《敦煌艺术宗教与礼乐文明》，第 55—78 页。
　　② 赵燕林：《敦煌早期石窟中的"三圆三方"宇宙模型》，《自然辩证法研究》2019 年第 7 期，第 88—94 页。

可惜的是，诸如第285窟一样的丝路图像集中在一个洞窟出现的情况在莫高窟和其他石窟没有第二例。敦煌石窟群中洞窟主流现象一定是不同时期中原内地流行信仰和题材的体现，当然我们也可以把这种现象认为是汉文化和中原艺术传统沿丝路西传而在敦煌集中展示的有趣地方历史案例，同属丝路交流传播的结果。

隋唐时期是丝绸之路交通最为繁盛的历史阶段，尤其是学者们据敦煌藏经洞写本文书揭示出来的8世纪中叶形成于敦煌城东的粟特人聚落"从化乡"[①]，以及由藏经洞遗书P.2748《敦煌廿咏》之《安城祆咏》[②]、P.2005《沙州图经》之"祆神"条（图17-12）等文献所证实的这些中亚移民祆教信仰活动场所"安城""祆祠"的存在，更是给敦煌丝路交流和可能遗留下来的丝路遗存提供了可资依赖的史料支撑。从这个角度而言，这一时期的敦煌一定呈现出浓厚的丝路杂糅的宗教、文化、社会、艺术面貌，但受佛教艺术表现性本身的规范和约束，我们其实很难在现在仅存的洞窟壁画中清楚看到这一历史现象。但我们绝不能因此而否定其中错综复杂的蛛丝马迹的遗存，经我们揭示出来的莫高窟第322窟和第323窟与粟特人密切的关系[③]，也正是本研究的基本理路和前景所在。

考虑到历史时期包括粟特人在内的丝路多民族在敦煌汇聚的基本历史史实，这些丝路移民在敦煌的生产生活，一定留下过丰富的丝路遗物，虽然这些遗存早

　　①［日］池田温：《8世纪中叶におけ敦煌のソグド人聚落》，《ユーラシア文化研究》第1号，北海道大学，1965年，第49—92页，中文译本见辛德勇译：《八世纪中叶敦煌的粟特人聚落》，载《日本学者研究中国史论著选译·第9卷·民族交通卷》，中华书局，1993年，第140—220页，另见［日］池田温：《唐研究论文选集》，孙晓林等译，中国社会科学出版社，1999年，第3—67页；荣新江：《古代塔里木盆地周边的粟特移民》，《西域研究》1993年第2期，第8—15页，修订后以《西域粟特移民考》为名，收入《西域考察与研究》，新疆人民出版社，1994年，第157—172页，又改作《西域粟特移民聚落考》，收入氏著《中古中国与外来文明》，第19—36页；另可参见荣新江：《从撒马尔干到长安——中古时期粟特人的迁徙与入居》，荣新江、张志清主编：《从撒马尔干到长安——粟特人在中国的文化遗迹》，北京图书馆出版社，2004年，第3—8页。

　　② 相同内容写本在藏经洞保存多件，另有S.6167及P.2690、P.2748、P.2983、P.3691、P.3870、P.3929等。

　　③ 沙武田：《莫高窟第322窟图像的胡风因素——兼谈洞窟功德主的粟特九姓胡人属性》，《故宫博物院院刊》2011年第3期，第71—96页；沙武田、郑炳林：《为粟特人而建——莫高窟第323窟与中土佛教传播历史的图像展示》，载陕西师范大学人文社会科学高等研究院等编：《文明的推动与互动——丝绸之路上的粟特国际学术研讨会论文集》，西安，2021年，第357—396页；《丝绸之路研究集刊》第九辑，社会科学文献出版社，2023年，第230—268、530—531页。

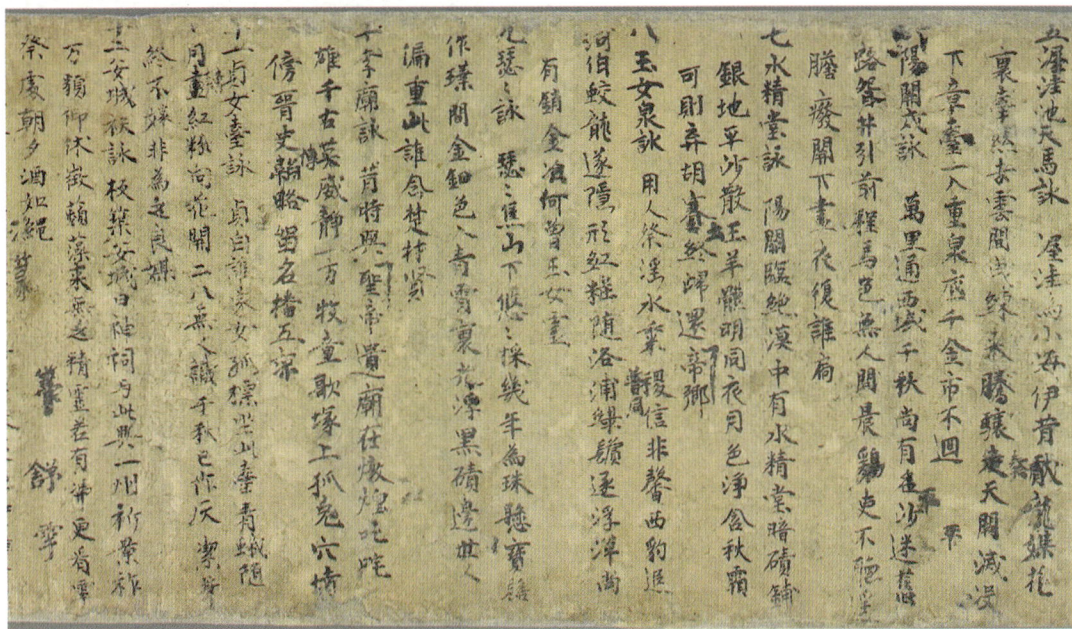

图 17-12　P.2748《敦煌廿咏》之《安城祆咏》（采自法国国家图书馆网页）

已淹没于历史的长河之中，但总体上保留了历史原本面貌的敦煌洞窟中，总是会或多或少遗留下这些丝路交响的余音，故也必是我们日后进一步用功的方向所在，只是这种历史发现，一定是需要历史、考古、宗教、民族、艺术等多学科配合，多手段综合运用。

另一方面，近年来全国各地墓葬和遗址考古带给我们眼花缭乱的丝路物质文化生活新景观，尤其以虞弘、安伽、史君、康业、李诞、安菩、安备等从中亚、印度、波斯等入华的粟特人、波斯人墓葬为代表，包括隋天水石马坪石棺床、北齐青州傅家石屏风、日本MIHO博物馆藏石屏风、国家博物馆石堂等考古图像资料，带给我们强烈的视觉冲击，是丝路民族、宗教、文化交流碰撞的艺术结晶，结合像唐长安何家村窖藏美轮美奂的金银器、玛瑙器、琉璃器，再回到传世唐人文献和藏经洞文献的记载，我们有理由相信在中古时期敦煌的市场上，五花八门的通过丝绸之路交流而来的世界各地的物品，或多或少地存在于敦煌人营建的洞窟壁画当中，这方面正是丝路博物学所要阐释的富于生活气息的历史课题，也正是敦煌壁画中大量的供养具展现出来的中古百姓日常生活的点滴。这方面的研究，以安家瑶对壁画玻璃器（图 17-13）的研究颇具代表性[①]；郝春文对晚唐五代宋初敦煌社会僧人生活的精彩诠释，也向我们描绘了敦煌在历史时期丰富的物质生活面貌[②]；郑炳林则基于大量敦煌写本文书，勾勒出晚唐五代宋时期充斥于敦煌市场的外来物品的图景[③]，不乏丝路色彩；余欣揭开了"敦煌的博物学世界"的神秘而有趣的面纱[④]，展现出丝路文化交流的多元面貌。诸如此类的研究也才起步。

而壁画本身在纹样上所反映出来的丝路映像，则是本研究另一个美妙的前景。装饰纹样是敦煌石窟最具审美价值的题材之一，也是洞窟中最变化多端的图像元素，几乎遍布于每个洞窟的各个位置和角落。有些是大家司空见惯的纹样，有的图案则神秘莫测（图 17-14），而图案的组合对洞窟空间的架构进而使得这些一般不具备思想性的装饰性纹样，往往在具体的洞窟环境中产生新的寓意，最终具有"洞窟空间的含义"，其中像被学界讨论较多

图 17-13　莫高窟盛唐第 199 窟手捧玻璃杯的菩萨像（敦煌研究院提供）

---

① 安家瑶：《莫高窟壁画上的玻璃器皿》，《敦煌吐鲁番文献研究论集》第二辑，北京大学出版社，1983 年，第 425—464 页；安家瑶：《中国的早期玻璃器皿》，《考古学报》1984 年第 4 期，第 413—448 页。

② 郝春文：《唐后期五代宋初敦煌僧尼的社会生活》，中国社会科学出版社，1998 年。

③ 郑炳林：《晚唐五代敦煌贸易市场的物价》，《敦煌研究》1997 年第 3 期，第 18—36 页；郑炳林、徐晓丽：《论晚唐五代敦煌贸易市场的国际化程度》，《中国经济史研究》2003 年第 2 期，第 13—18 页。

④ 余欣：《敦煌的博物学世界》，甘肃教育出版社，2013 年。

图 17-14　莫高窟北周第 294 窟神秘装饰图案局部（敦煌研究院提供）

图 17-15　莫高窟第 400 窟西夏重修窟顶藻井图案（敦煌研究院提供）

的莫高窟西夏第 400 窟藻井凤首团龙图像（图 17-15），便是其中的典型性案例[①]。

最新的研究，我们也看到赵声良等对敦煌早期洞窟最为常见的忍冬纹进行了深入的探讨，其中给我们印象最为深刻的即是这种纹样出现在敦煌之前于波斯、印度、粟特、西域等地广泛存在[②]。而如果再把观察的视野转移到北魏首都平城，在大同地区历年发现的大量北魏墓葬壁画和文物图像的纹样中，忍冬纹也比较常见，而其纹样特征和云冈石窟完全一样（图 17-16）[③]。更加有趣的现象是，这些忍冬纹也和敦煌北朝石窟同类纹样几乎没有区别（图 17-17）。面对这样的历史情景，这种简单的纹样可以把相隔二千里之遥的两个地方有机联系起来，其背后的历史推

图 17-16　云冈石窟北魏第十二洞主室南壁明窗上装饰图案（采自《云冈石窟》）

图 17-17　莫高窟北凉第 272 窟藻井（敦煌研究院提供）

---

① 沙武田：《具有洞窟空间含义的图像——莫高窟第 400 窟西夏藻井凤首龙身图案探微》，《国学学刊》2022 年第 1 期，第 65—79 页。

② 张春佳、赵声良：《莫高窟北朝忍冬纹样的艺术特征》，《敦煌研究》2021 年第 6 期，第 19—35 页；赵声良、张春佳：《莫高窟早期忍冬纹样的源流》，《敦煌研究》2022 年第 1 期，第 49—62 页。

③ 王雁卿：《云冈石窟的忍冬纹装饰》，《敦煌研究》2008 年第 4 期，第 43—48 页。

手，除了丝绸之路文化艺术的互动与交流之外，恐怕找不到更好的解释。

洞窟装饰纹样的丝路传播案例，可以说在敦煌比比皆是，扬之水用浪漫的笔触，赋予其诗意的情怀，以"曾有西风半点香"为题，对洞窟窟顶藻井图案及其演变，壁画中的波纹、忍冬纹、卷草纹等纹样有精辟之研究[①]。再加上早年关友惠、薄小莹、姜伯勤、梁银景等以联珠纹为例的发覆[②]，可以说已经打开了敦煌石窟丝路图像研究的一扇大门，前景无限。单就联珠纹而言，康马泰在第420窟主尊佛像身上新发现了联珠猪头纹图案（图17-18）[③]，揭示出此类纹样全新的存在

图 17-18　莫高窟隋代第 420 窟主尊彩塑联珠纹装饰图案（采自《丝绸之路研究集刊》第六辑康马泰先生论文）

---

① 扬之水：《曾有西风半点香——敦煌艺术名物丛考》，生活·读书·新知三联书店，2012 年。

② 关友惠：《莫高窟隋代图案初探》，《敦煌研究》1983 年创刊号，第 26—37 页；薄小莹：《敦煌莫高窟六世纪末至九世纪中叶的装饰图案》，《敦煌吐鲁番文献研究论集》第五辑，北京大学出版社，1990 年，第 355—436 页；姜伯勤：《敦煌壁画与粟特壁画的比较研究》，敦煌研究院编：《1987 年敦煌石窟研究国际讨论会文集·石窟艺术编》，第 150—169 页；姜伯勤：《敦煌吐鲁番文书与丝绸之路》，第 71—82 页；姜伯勤：《敦煌与波斯》，《敦煌研究》1990 年第 3 期，第 1—15 页；刘波：《敦煌与阿姆河流派美术图案纹样比较研究》，《敦煌研究》2000 年第 3 期，第 25—36 页；[韩]梁银景：《隋代佛教窟龛研究》，第 181—199 页；[日]田中裕子：《敦煌天马图像研究》，《朝日敦煌研究员派遣制度纪念志》，朝日新闻社，2008 年；解梅：《敦煌壁画中的联珠纹》，《社科纵横》2005 年第 6 期，第 173—177 页；谢涛、谢静：《敦煌图像服饰上的联珠纹初探》，《敦煌学辑刊》2016 年第 2 期，第 146—155 页；王振华：《从隋唐莫高窟看联珠纹寓意的演变》，《美术大观》2019 年第 2 期，第 144—145 页。

③ [意] Matteo Compareti："The Wild Boar Head Motif among the Paintings in Cave 420 at Dunhuang"，《丝绸之路研究集刊》第六辑，第 280—298 页。

情景，打破了我们之前对此类纹样使用的传统认知。其在敦煌被无差别地使用，是敦煌对外来纹样接受和理解的体现，最能说明丝路强劲的西风对敦煌的吹拂。

　　以上所谈的问题和前景，仍然是敦煌石窟丝路图像研究课题的部分专题，更多的问题和思考将随着新资料的发现、释读层出不穷。

　　总体而言，敦煌石窟丝路图像研究课题的推进，关键在于我们对旧图像的新释读，这也是本书系列成果产生的基本理念和前提。巫鸿最新出版的有关敦煌"空间"问题的专著①，对我们在这方面的研究也有很大的启示意义。我个人一直坚信敦煌研究老一辈学者代表人物段文杰提出的一个概念，即敦煌石窟是"形象的历史"②，也深深受到史苇湘"石窟皆史"思想的影响③。如此情况下，作为丝路咽喉的敦煌所产生的石窟艺术，必定与丝路艺术交流有不可分割的历史关联。坚信这一点，或许会有不一样的收获。本书呈现给读者的，只是一个小小的开端而已，有收获，但更多的是希望能够看到问题。未来任重而道远。

---

① ［美］巫鸿：《空间的敦煌——走近莫高窟》，生活·读书·新知三联书店，2022年。
② 段文杰：《形象的历史——谈敦煌壁画的历史价值》，《敦煌学辑刊》第一集，1980年，第4—17页，另载《敦煌石窟艺术论集》，第108—134页，再载《段文杰敦煌石窟艺术论文集》，第108—134页，另见《敦煌石窟艺术研究》，第269—293页。
③ 史苇湘：《敦煌历史与莫高窟艺术研究》；马德：《一代尊师，学界楷模——史苇湘先生的献身精神与学术成就》，《敦煌研究》2000年第3期，第177—182页。

参考文献

一、古籍文献

[1]（汉）班固:《汉书》,中华书局,1962 年。

[2]（汉）司马迁:《史记》,中华书局,1982 年。

[3]（晋）陈寿:《三国志》,中华书局,1959 年。

[4]（晋）法显著,郭鹏注译:《佛国记注译》,长春出版社,1995 年。

[5]（晋）干宝撰,汪绍楹校注:《搜神记》,中华书局,1979 年。

[6]（晋）葛洪:《抱朴子内篇校释》,中华书局,1985 年。

[7]（晋）张华:《博物志校证》,中华书局,2014 年。

[8]（南朝宋）范晔:《后汉书》,中华书局,1965 年。

[9]（南朝梁）释慧皎撰,汤用彤校注:《高僧传》,中华书局,1992 年。

[10]（南朝）谢赫:《古画品录》,载潘运告编著:《汉魏六朝书画论》,湖南
美术出版社,1997 年。

[11]（北魏）杨衒之撰,周祖谟校释:《洛阳伽蓝记校释》,上海书店出版

社，2000 年。

［12］（北齐）魏收：《魏书》，中华书局，1974 年。

［13］（唐）杜佑：《通典》，中华书局，1988 年。

［14］（唐）段成式：《寺塔记》，人民美术出版社，1964 年。

［15］（唐）封演：《封氏闻见记校注》，中华书局，2005 年。

［16］（唐）慧超著，张毅笺释：《往五天竺国传笺释》，中华书局，2000 年。

［17］（唐）慧立、彦悰：《大慈恩寺三藏法师传》，中华书局，2000 年。

［18］（唐）李白著，（清）王琦注：《李太白全集》，中华书局，1977 年。

［19］（唐）李吉甫：《元和郡县图志》，中华书局，1983 年。

［20］（唐）李延寿：《北史》，中华书局，1974 年。

［21］（唐）令狐德棻等：《周书》，中华书局，1971 年。

［22］（唐）柳宗元：《柳河东集》，上海古籍出版社，2008 年。

［23］（唐）刘知几《史通》，上海古籍出版社，2008 年。

［24］（唐）欧阳询撰，汪绍楹校：《艺文类聚》，中华书局，1965 年。

［25］（唐）魏微、令狐德芬：《隋书》，中华书局，1973 年。

［26］（唐）玄奘、辩机著，季羡林等校注：《大唐西域记校注》，中华书局，2000 年。

［27］（唐）姚汝能撰，曾贻芬点校：《安禄山事迹》，中华书局，2006 年。

［28］（唐）姚思廉：《梁书》，中华书局，1973 年。

［29］（唐）义净：《南海寄归内法传校注》，中华书局，1995 年。

［30］（唐）张彦远：《历代名画记》，上海人民美术出版社，1964 年。

［31］（唐）张鷟：《朝野佥载》，中华书局，1979 年。

［32］（唐）朱景玄：《唐朝名画录》，四川美术出版社，1985 年。

［33］（后晋）刘昫等：《旧唐书》，中华书局，1975 年。

［34］（五代）王仁裕：《开元天宝遗事》，中华书局，2006 年。

［35］（辽）李万：《韩橁墓志铭》，载陈述辑校：《全辽文》，中华书局，1982 年。

［36］（宋）高承撰，（明）李果订，金圆、许沛藻点校：《事物纪原》，中华书局，1989 年。

［37］（宋）郭若虚：《图画见闻志》，人民美术出版社，1963 年。

［38］（宋）乐史：《太平寰宇记》，中华书局，2007 年。

［39］（宋）李昉等编：《太平广记》，中华书局，1961 年。

［40］（宋）孟元老著，伊永文笺注：《东京梦华录笺注》，中华书局，2006 年。

［41］（宋）欧阳修、宋祁：《新唐书》，中华书局，1975 年。

［42］（宋）欧阳修：《新五代史》，中华书局，1974 年。

［43］（宋）司马光：《资治通鉴》，中华书局，1956 年。

［44］（宋）王溥：《唐会要》，中华书局，1960 年。

［45］（宋）王钦若等编：《册府元龟》，凤凰出版社，2006 年。

［46］（宋）薛居正等：《旧五代史》，中华书局，1976 年。

［47］（宋）赞宁撰，范祥雍点校：《宋高僧传》，中华书局，1987 年。

［48］（宋）赞宁撰，富世平校注：《大宋僧史略校注》，中华书局，2015 年。

［49］（宋）周辉撰，刘永翔校注：《清波杂志校注》，中华书局，1994 年。

［50］（宋）庄绰撰，萧鲁阳点校：《鸡肋编》，中华书局，1983 年。

［51］（宋）宗赜集，刘洋点校：《禅苑清规》，上海古籍出版社，2020 年。

［52］（宋）张载：《横渠易说校注》，中华书局，2021 年。

［53］（明）李时珍：《本草纲目》，华文出版社，2009 年。

［54］（清）彭定求等编：《全唐诗》，中华书局，1960 年。

［55］（清）董诰等编：《全唐文》，中华书局，1983 年。

［56］（清）黄宗羲：《明夷待访录》，中华书局，2020 年。

［57］（清）惠栋：《易汉学》，中华书局，2007 年。

［58］（清）沈涛撰：《常山贞石志》，清道光壬寅年（1842）刻本。

［59］（清）王昶：《金石萃编》，中国书店，1985 年。

［60］（清）徐松：《西域水道记》，中华书局，2005 年。

［61］（清）孙怡让：《周礼正义》中华书局，2015 年。

［62］（清）张澍辑，李鼎文点校：《续敦煌实录》，甘肃人民出版社，1985年。

［63］（高丽）释一然：《三国遗事》，韩国古典丛书本，1971年。

二、影印文献与图录

［1］敦煌研究院编：《敦煌石窟内容总录》，文物出版社，1996年。

［2］敦煌研究院编：《中国石窟·安西榆林窟》，文物出版社，1997年。

［3］敦煌文物研究所编：《中国石窟·敦煌莫高窟》（全5册），文物出版社、日本平凡社，1981—1987年。

［4］敦煌研究院编：《敦煌石窟艺术》（全22册），江苏美术出版社，1993—2005年。

［5］敦煌研究院编：《敦煌石窟全集》（全26册），香港商务印书馆，1999—2005年。

［6］段文杰、樊锦诗主编：《中国敦煌壁画全集》（全11册），天津人民美术出版社，2006年。

［7］段文杰编：《中国美术全集·绘画编·敦煌壁画》（上、下），上海人民美术出版社，1993年。

［8］河南博物院编：《丝路遗珍——丝绸之路沿线六省区文物精品展》，河南博物馆，2018年。

［9］河北省文物考古研究所：《河北古代墓葬壁画》，文物出版社，2000年。

［10］上海古籍出版社、法国国家图书馆合编：《法藏敦煌西域文献》第1—29册，上海古籍出版社，1995—2003年。

［11］［日］高楠顺次郎等辑：《大正新修大藏经》，1924—1934年，新文丰出版公司影印本。

［12］［日］冈山县立美术馆、岐阜市历史博物馆编：《敦煌美术展图录》，大冢巧艺社，2001年。

［13］［日］《世界美术大全集·东洋编》，小学馆，1997—2000年。

三、专著

［1］毕波:《中古中国的粟特胡人——以长安为中心》,中国人民大学出版社,2011年。

［2］巴桑旺堆:《吐蕃碑文与摩崖石刻考证》,西藏人民出版社,2013年。

［3］拜根兴:《七世纪中叶唐与新罗关系研究》,中国社会科学出版社,2003年。

［4］北京大学考古文博学院编:《都兰吐蕃墓》,科学出版社,2005年。

［5］蔡鸿生:《唐代九姓胡与突厥文化》,中华书局,1998年。

［6］程喜霖:《唐代过所研究》,中华书局,2000年。

［7］陈国灿:《敦煌学史事新证》,甘肃教育出版社,2002年。

［8］陈海涛、刘惠琴:《来自文明十字路口的民族——唐代入华粟特人研究》,商务印书馆,2006年。

［9］陈寅恪:《元白诗笺证稿》,生活·读书·新知三联书店,2001年。

［10］陈序经:《匈奴史稿》,中国人民大学出版社,2007年。

［11］陈悦新:《5—8世纪汉地佛像着衣法式》,社会科学文献出版社,2014年。

［12］陈粟裕:《从于阗到敦煌——以唐宋时期图像的东传为中心》,方志出版社,2014年。

［13］丁福保:《佛学大辞典》,上海书店出版社,1991年。

［14］杜斗城:《敦煌本五台山文献校录研究》,山西人民出版社,1991年。

［15］杜斗城:《北凉译经论》,甘肃文化出版社,1995年。

［16］段文杰:《敦煌石窟艺术论集》,甘肃人民出版社,1988年。

［17］段文杰:《段文杰敦煌石窟艺术论文集》,甘肃人民出版社,1994年。

［18］段文杰:《敦煌石窟艺术研究》,甘肃人民出版社,2007年。

［19］敦煌研究院编:《敦煌研究文集·敦煌石窟经变篇》,甘肃民族出版社,2000年。

［20］敦煌研究院编:《敦煌莫高窟北区石窟》全三卷，文物出版社，2000年、2004年。

［21］敦煌研究院编:《敦煌莫高窟供养人题记》，文物出版社，1986年。

［22］敦煌研究院编:《敦煌研究文集·敦煌石窟考古篇》，甘肃民族出版社，2000年。

［23］敦煌研究院编，樊锦诗等编著:《敦煌石窟全集·莫高窟第266—275窟考古报告》，文物出版社，2011年。

［24］敦煌文物研究所编:《1983年全国敦煌学术讨论会文集·石窟·艺术编》（上），甘肃人民出版社，1985年。

［25］董锡玖:《敦煌舞蹈》，中国新疆美术摄影出版社、新西兰霍兰德出版有限公司，1992年。

［26］董锡玖:《缤纷舞蹈文化之路：董锡玖舞蹈史论集》，敦煌文艺出版社，2006年。

［27］方广锠:《敦煌佛教经录辑校》，江苏古籍出版社，1997年。

［28］费泳:《中国佛教艺术中的佛衣样式研究》，中华书局，2012年。

［29］樊锦诗:《敦煌吐蕃统治时期石窟与藏传佛教艺术研究》，甘肃教育出版社，2012年。

［30］樊锦诗、范迪安编著:《盛世和光·敦煌艺术》，人民教育出版社，2008年。

［31］范鹏、颜廷亮、马廷旭:《敦煌文化中的中韩文化交流》，甘肃人民出版社，2013年。

［32］冯培红:《敦煌的归义军时代》，甘肃教育出版社，2013年。

［33］甘肃省文物考古研究所编:《酒泉十六国墓壁画》，文物出版社，1989年。

［34］甘肃简牍博物馆等编，张德芳主编:《悬泉汉简（二）》（下），中西书局，2021年。

［35］国立清华大学中国文学会编:《语言与文学》，中华书局，1937年。

［36］国家文物局编：《丝绸之路》，文物出版社，2014年。

［37］葛承雍：《唐韵胡音与外来文明》，中华书局，2006年。

［38］高明士：《东亚古代的政治与教育》，台北喜玛拉雅基金会发行，2003年。

［39］高文：《四川汉代画像石》，巴蜀书社，1987年。

［40］龚方震、晏可佳：《祆教史》，上海社会科学院出版社，1998年。

［41］古正美：《从天王传统到佛王传统——中国中世佛教治国意识形态研究》，商周出版，2003年。

［42］公维章：《涅槃、净土的殿堂——敦煌莫高窟第148窟研究》，民族出版社，2004年。

［43］郭俊叶：《敦煌莫高窟第454窟研究》，甘肃教育出版社，2016年。

［44］霍巍：《吐蕃时代考古新发现及其研究》，科学出版社，2012年。

［45］何志明、潘运告编：《唐五代画论》，湖南美术出版社，1997年。

［46］韩香：《隋唐长安与中亚文明》，中国社会科学出版社，2006年。

［47］黄征、吴伟编：《敦煌愿文集》，岳麓书社，1995年。

［48］黄烈编：《黄文弼历史考古论集》，文物出版社，1989年。

［49］黄能馥、陈娟娟：《中国服饰史》，上海人民出版社，2004年。

［50］黄永年：《唐史十二讲》，中华书局，2007年。

［51］黄正建：《唐代衣食住行研究》，首都师范大学出版社，1998年。

［52］黄明兰：《洛阳北魏世俗石刻线画集》，人民美术出版社，1987年。

［53］贺西林：《古墓丹青：汉代墓室壁画的发现与研究》，陕西人民美术出版社，2001年。

［54］贺西林、李清泉：《中国墓室壁画史》，高等教育出版社，2009年。

［55］贺世哲：《敦煌石窟论稿》，甘肃民族出版社，2004年。

［56］贺世哲：《敦煌图像研究——十六国北朝卷》，甘肃教育出版社，2006年。

［57］河北省文物考古研究所：《宣化辽墓——1974—1993年考古发掘报告》，

文物出版社，2001 年。

［58］郝春文:《英藏敦煌社会历史文献释录》第七卷，社会科学文献出版
　　　社，2010 年。

［59］郝春文:《唐后期五代宋初敦煌僧尼的社会生活》，中国社会科学出版
　　　社，1998 年。

［60］郝树声、张德芳:《悬泉汉简研究》，甘肃文化出版社，2009 年。

［61］胡戟、张弓、葛承雍等主编:《二十世纪唐研究》，中国社会科学出版
　　　社，2002 年。

［62］侯旭东:《五六世纪北方民众佛教信仰——以造像记为中心的考察》，
　　　社会科学文献出版社，2015 年。

［63］侯旭东:《佛陀相佑: 造像记所见北朝民众信仰》，社会科学文献出版
　　　社，2018 年。

［64］季羡林主编:《敦煌学大辞典》，上海辞书出版社，1998 年。

［65］季羡林:《佛教与中印文化交流》，江西人民出版社，1990 年。

［66］季羡林:《季羡林文集》第六卷，江西教育出版社，1996 年。

［67］季羡林:《中国文化与东方文化》，新世界出版社，2015 年。

［68］金维诺:《中国美术史论集·上》，人民美术出版社，1981 年。

［69］金维诺:《中国美术史论集·下》，台北南天书局有限公司，1995 年。

［70］焦杰:《性别史论稿》，科学出版社，2015 年。

［71］贾维维:《榆林窟第三窟壁画与文本研究》，浙江大学出版社，2020 年。

［72］姜生:《汉帝国的遗产: 汉鬼考》，科学出版社，2016 年。

［73］姜伯勤:《敦煌吐鲁番文书与丝绸之路》，文物出版社，1994 年。

［74］姜伯勤:《中国祆教艺术史研究》，生活·读书·新知三联书店，2004 年。

［75］姜伯勤:《唐五代敦煌寺户制度》，中华书局，1987 年。

［76］姜伯勤:《敦煌艺术宗教与礼乐文明》，中国社会科学出版社，1996 年。

［77］姜清波:《入唐三韩人研究》，暨南大学出版社，2010 年。

［78］姜亮夫:《敦煌——伟大的文化宝藏》，上海古典文学出版社，1956 年。

［79］考古学编辑委员会：《中国大百科全书·考古学》，中国大百科全书出版社，1986年。

［80］兰州大学敦煌学研究所编：《敦煌归义军史专题研究》，兰州大学出版社，1997年。

［81］李正宇：《古本敦煌乡土志八种笺证》，甘肃人民出版社，2008年。

［82］李明伟：《丝绸之路贸易史研究》，甘肃人民出版社，1991年。

［83］李斌城等著：《隋唐五代社会生活史》，中国社会科学出版社，1998年。

［84］李瑞哲：《古代丝绸之路胡商活动及其影响研究》，陕西人民出版社，2011年。

［85］李星明：《唐代墓室壁画研究》，陕西人民美术出版社，2005年。

［86］李清泉：《宣化辽墓——墓葬艺术与辽代社会》，文物出版社，2008年。

［87］李伯重：《唐代江南农业的发展》，北京大学出版社，2009年。

［88］李吟屏：《佛国于阗》，新疆人民出版社，1991年。

［89］洛阳文物管理局，洛阳古代艺术博物馆编：《洛阳古代墓葬壁画》（下卷），中州古籍出版社，2010年。

［90］罗丰：《胡汉之间——"丝绸之路"与西北历史考古》，文物出版社，2004年。

［91］罗振玉、王国维：《流沙坠简》，中华书局，1993年。

［92］林保尧编集：《敦煌艺术图典》，艺术家出版社，1991年。

［93］林圣智：《图像与装饰：北朝墓葬的生死表象》，浙江古籍出版社，2024年。

［94］梁红、沙武田：《敦煌石窟中的归义军历史——莫高窟第156窟研究》，甘肃文化出版社，2021年。

［95］梁银景：《隋代佛教窟龛研究》，文物出版社，2004年。

［96］刘永增：《敦煌石窟艺术·莫高窟第一五八窟》，江苏美术出版社，1998年。

［97］刘进宝：《敦煌文书与唐史研究》，新文丰出版公司，2000年。

［98］刘淑芬：《灭罪与度亡——佛顶尊胜陀罗尼经幢之研究》，上海古籍出版社，2008 年。

［99］刘颖编著：《中国古代物质文化史·绘画·石窟寺壁画·高昌》，开明出版社，2014 年。

［100］米德昉：《敦煌莫高窟第 100 窟研究》，甘肃教育出版社，2016 年。

［101］缪启愉、缪桂龙：《齐民要术校释》，农业出版社，1982 年。

［102］毛水清：《唐代乐人考述》，东方出版社，2006 年。

［103］马驰：《唐代蕃将》，三秦出版社，2011 年。

［104］马德：《敦煌莫高窟史研究》，甘肃教育出版社，1996 年。

［105］马德：《甘肃藏敦煌藏文文献叙录》，甘肃民族出版社，2011 年。

［106］马德：《敦煌石窟营造史导论》，新文丰出版公司，2002 年。

［107］马德：《敦煌石窟知识辞典》，甘肃人民美术出版社，2000 年。

［108］孟凡人：《楼兰新史》，光明日报出版社，1990 年。

［109］牛致功：《唐代碑石与文化研究》，三秦出版社，2002 年。

［110］内蒙古自治区文物考古研究所，孙建华编著：《内蒙古辽代壁画》，文物出版社，2009 年。

［111］宁强：《敦煌石窟寺研究》，甘肃人民美术出版社，2012 年。

［112］宁夏固原博物馆编：《固原北魏墓漆棺画》，宁夏人民出版社，1988 年。

［113］乾陵博物馆编：《丝路胡人外来风——唐代胡俑展》，文物出版社，2008 年。

［114］乾陵博物馆编：《乾陵文化研究》（四），三秦出版社，2008 年。

［115］丘光明：《中国历代度量衡考》，科学出版社，1992 年。

［116］秦浩：《隋唐考古》，南京大学出版社，1992 年。

［117］齐东方：《唐代金银器研究》，中国社会科学出版社，1999 年。

［118］饶宗颐：《敦煌艺术》，里仁书局，1981 年。

［119］饶宗颐：《画頛——国画史论集》，时报文化出版企业有限公司，1993 年。

［120］饶宗颐:《饶宗颐二十世纪学术文集·敦煌学（上）》，新文丰出版有限公司，2003 年。

［121］荣新江、朱丽双:《于阗与敦煌》，甘肃教育出版社，2013 年。

［122］荣新江:《中古中国与外来文明》，生活·读书·新知三联书店，2001 年。

［123］荣新江:《隋唐长安：性别、记忆及其他》，复旦大学出版社，2010 年。

［124］荣新江、华澜、张志清主编:《粟特人在中国——历史、考古、语言的新探索》，中华书局，2005 年。

［125］荣新江:《敦煌学十八讲》，北京大学出版社，2001 年。

［126］荣新江、李孝聪主编:《中外关系史：新史料与新问题》，科学出版社，2004 年。

［127］荣新江:《归义军史研究——唐宋时代敦煌历史考索》，上海古籍出版社，2015 年。

［128］任继愈:《佛教大辞典》，江苏古籍出版社，2002 年。

［129］陕西历史博物馆编:《皇后的天堂——唐敬陵贞顺皇后石椁研究》，文物出版社，2015 年。

［130］上海博物馆编:《于阗六篇：丝绸之路上的考古学案例》，北京大学出版社，2014 年。

［131］上海博物馆等编:《中国青铜器展览图录》，五洲传播出版社，2004 年。

［132］尚永琪:《胡僧东来——汉唐时期的佛经翻译家和传播人》，兰州大学出版社，2012 年。

［133］宿白:《白沙宋墓》，文物出版社，2002 年。

［134］宿白:《中国石窟寺研究》，文物出版社，1996 年。

［135］史念海:《史念海全集》第三卷，人民出版社，2013 年。

［136］史苇湘:《敦煌历史与莫高窟艺术研究》，甘肃教育出版社，2002 版。

［137］沈从文:《中国古代服饰研究》，上海书店出版社，2005 年。

［138］沈睿文:《安禄山服散考》，上海古籍出版社，2015 年。

［139］沈睿文:《唐陵的布局:空间与秩序》,北京大学出版社,2009 年。

［140］沈睿文:《中古中国祆教信仰与丧葬》,上海古籍出版社,2019 年。

［141］宋家钰、刘忠:《英国收藏敦煌汉藏文献研究》,中国社会科学出版
社,2000 年。

［142］孙武军:《入华粟特人墓葬图像的丧葬与宗教文化》,中国社会科学出
版社,2014 年。

［143］孙机:《汉代物质文化资料图说》,上海古籍出版社,2011 年。

［144］孙机:《从历史中醒来——孙机谈中国古文物》,生活·读书·新知三
联书店,2016 年。

［145］孙英刚、何平:《犍陀罗文明史》,生活·读书·新知三联书店,
2018 年。

［146］孙进己等主编:《中国考古集成·东北卷·辽（一、二、三）》,北京
出版社,1997 年。

［147］沙武田:《榆林窟第 25 窟——敦煌图像中的唐蕃关系》,商务印书馆,
2016 年。

［148］沙武田:《敦煌画稿研究》,中央编译出版社,2007 年。

［149］沙武田:《吐蕃统治时期敦煌石窟研究》,中国社会科学出版社,
2013 年。

［150］山西省考古研究所编著:《太原隋虞弘墓》,文物出版社,2005 年。

［151］谭蝉雪:《敦煌民俗——丝路明珠传风情》,甘肃教育出版社,2006 年。

［152］腾磊:《西域圣火——神秘的古波斯祆教》,人民美术出版社,2004 年。

［153］汤用彤:《汉魏两晋南北朝佛教史》,北京大学出版社,1998 年。

［154］唐长孺主编:《吐鲁番出土文书》（全四册）,文物出版社,1992 年。

［155］唐耕耦、陆宏基:《敦煌社会经济文献真迹释录》第一辑,书目文献
出版中心,1986 年。

［156］唐耕耦、陆宏基:《敦煌社会经济文献真迹释录》第二辑,全国图书
馆文献缩微复制中心,1990 年。

[157] 田自秉等:《中国纹样史》,高等教育出版社,2003 年。

[158] 王小甫等:《中韩关系史·古代卷》,社会科学文献出版社,2014 年。

[159] 王雪梅:《弥勒信仰研究》,上海古籍出版社,2016 年。

[160] 王重民、王庆菽、向达等:《敦煌变文集》(上册),人民文学出版社,1957 年。

[161] 王惠民:《敦煌佛教与石窟营建》,甘肃教育出版社,2013 年。

[162] 王伯敏:《山水画纵横谈》,山东美术出版社,2010 年。

[163] 王惠民:《敦煌佛教图像研究》,浙江大学出版社,2016 年。

[164] 王惠民:《敦煌历史与佛教文化》,甘肃文化出版社,2020 年。

[165] 王双怀:《大唐贵妃》,陕西师范大学出版社,2015 年。

[166] 王克芬:《中国舞蹈发展史》,上海人民出版社,1989 年。

[167] 王克芬、柴剑虹:《箫管霓裳:敦煌乐舞》,甘肃教育出版社,2007 年。

[168] 王素:《高昌史稿·统治编》,文物出版社,1998 年。

[169] 王健群、陈相伟:《库伦辽代壁画墓》,文物出版社,1989 年。

[170] 王进玉:《敦煌学和科技史》,甘肃教育出版社,2011 年。

[171] 王尧、陈践:《敦煌吐蕃文献选》,四川民族出版社,1983 年。

[172] 王青:《西域文化影响下的中古小说》,中国社会科学出版社,2006 年。

[173] 王雅轩、王鸿宾、苏德祥:《中国古代历史地图集》,辽宁教育出版社,1990 年。

[174] 王银田等著:《北魏平城考古研究——公元五世纪中国都城的演变》,科学出版社,2017 年。

[175] 魏义天著,王睿译:《粟特商人史》,广西师范大学出版社,2012 年。

[176] 魏庆征编:《古代伊朗神话》,北岳文艺出版社,1999 年。

[177] 魏宏利:《北朝关中地区造像记整理与研究》,中国社会科学出版社,2017 年。

[178] 五世达赖喇嘛著,刘立千译:《西藏王臣记》,民族出版社,2000 年。

[179] 汪篯著,唐长孺、吴宗国、梁太济等译:《汪篯隋唐史论稿》,中国社

会科学出版社，1981年。

［180］吴玉贵：《突厥汗国与隋唐关系史研究》，中国社会科学出版社，1998年。

［181］吴慧：《新编简明中国度量衡通史》，中国计量出版社，2006年。

［182］吴震：《吴震敦煌吐鲁番文书研究论集》，上海古籍出版社，2009年。

［183］信立祥：《汉代画像石综合研究》，文物出版社，2000年。

［184］萧默：《敦煌建筑研究》，文物出版社，1989年。

［185］西安市文物保护考古研究院编著，杨军凯著：《北周史君墓》，文物出版社，2014年。

［186］向达：《唐代长安与西域文明》，生活·读书·新知三联书店，1957年。

［187］向怀林主编：《中国传统文化要述》，重庆大学出版社，2016年。

［188］向南：《辽代石刻文编》，河北教育出版社，1995年。

［189］谢稚柳：《敦煌艺术叙录》，上海古籍出版社，1996年。

［190］谢继胜：《藏传佛教艺术发展史》，上海书画出版社，2010年。

［191］谢生保主编：《敦煌民俗研究》，甘肃人民出版社，1995年。

［192］杨富学：《回鹘与敦煌》，甘肃教育出版社，2013年。

［193］杨富学、张海娟、胡蓉、王东：《敦煌民族史》，社会科学文献出版社，2021年。

［194］杨铭：《吐蕃统治敦煌研究》，新文丰出版公司，1997年。

［195］杨清凡：《藏族服饰史》，青海人民出版社，2003年。

［196］扬之水：《曾有西风半点香——敦煌艺术名物丛考》，生活·读书·新知三联书店，2012年。

［197］杨瑾：《汉唐文物与中外文化交流》，陕西人民出版社，2018年。

［198］杨泓：《汉唐美术考古和佛教艺术》，科学出版社，2000年。

［199］杨宝玉、吴丽娱：《归义军政权与中央关系研究——以入奏活动为中心》，中国社会科学出版社，2015年。

［200］杨际平、郭峰、张和平：《五——十世纪敦煌的家庭与家族关系》，岳

麓书社，1997 年。

[201] 叶昌炽撰，柯昌泗评:《语石　语石异同评》，中华书局，1994 年。

[202] 元文琪:《二元神论——古波斯宗教神话研究》，商务印书馆，2018 年。

[203] 于安澜:《画品丛书》，上海人民美术出版社，1982 年。

[204] 余欣:《敦煌的博物学世界》，甘肃教育出版社，2013 年。

[205] 余太山:《两汉魏晋南北朝与西域关系史研究》，商务印书馆，2011 年。

[206] 余英时著，侯旭东等译:《东汉生死观》，收入何俊编:《余英时英文论
　　　 著汉译集》(上)，上海古籍出版社，2005 年。

[207] 余嘉锡:《四库提要辨证》，中华书局，1980 年。

[208] 严耕望:《严耕望史学论文集》(中)，上海古籍出版社，2009 年。

[209] 郑炳林:《敦煌地理文书汇辑校注》，甘肃教育出版社，1989 年。

[210] 郑炳林:《敦煌碑铭赞辑释》(增订本)，甘肃教育出版社，2019 年。

[211] 郑炳林:《敦煌归义军史专题研究续编》，兰州大学出版社，2003 年。

[212] 郑炳林主编:《敦煌吐鲁番文献研究》，兰州大学出版社，1995 年。

[213] 郑炳林主编，魏迎春、马振颖编著:《凉州金石录》，甘肃文化出版
　　　 社，2022 年。

[214] 郑汝中:《敦煌壁画乐舞研究》，甘肃教育出版社，2002 年。

[215] 郑阿财:《敦煌文献与文学》，新文丰出版公司，1993 年。

[216] 郑岩:《青州北齐画像石与入华粟特人美术——虞弘墓等考古新发现的
　　　 启示》，载氏著《逝者的面具——汉唐墓葬艺术研究》，北京大学出
　　　 版社，2013 年。

[217] 张道一:《中国图案大系》(一)，山东美术出版社，1993 年。

[218] 张曼涛主编:《佛教艺术论集》，大乘文化出版社，1978 年。

[219] 张庆捷:《民族汇聚与文明互动——北朝社会的考古学观察》，商务印
　　　 书馆，2010 年。

[220] 张庆捷:《民族汇聚与文明互动——北朝社会的考古学观察》，2010 年。

[221] 张庆捷、李书吉、李钢主编:《4—6 世纪的北中国与欧亚大陆》，科学

出版社，2006年。

［222］张小贵：《中古华化祆教考述》，文物出版社，2010年。

［223］张小刚：《敦煌佛教感通画研究》，甘肃教育出版社，2015年。

［224］张广达：《文本、图像与文化流传》，广西师范大学出版社，2008年。

［225］张广达、荣新江：《于阗史丛考》，上海书店，1993年。

［226］张伯元：《安西榆林窟》，四川教育出版社，1995年。

［227］张倩仪：《魏晋南北朝升天图研究》，商务印书馆，2010年。

［228］张朋川：《黄土上下：美术考古文萃》，生活·读书·新知三联书店，
　　　2020年。

［229］张弓：《汉唐佛寺文化》，中国社会科学出版社，1997年。

［230］章群：《唐代蕃将研究》，台北联经出版事业公司，1986年。

［231］章群：《唐代蕃将研究》（续编），台北经联出版事业公司，1990年。

［232］中国佛教协会：《中国佛教》第二辑，东方出版社，1982年。

［233］中国社会科学院文学研究所：《唐诗选》，人民文学出版社，1981年。

［234］赵丰：《中国丝绸艺术史》，文物出版社，2005年。

［235］赵丰、齐东方：《锦上胡风——丝绸之路纺织品上的西方影响（4—8
　　　世纪）》，上海古籍出版社，2011年。

［236］赵丰、王乐：《敦煌丝绸》，甘肃教育出版社，2013年。

［237］赵丰：《敦煌丝绸与丝绸之路》，中华书局，2009年。

［238］赵丰主编：《中国历代丝绸艺术·隋唐》，浙江大学出版社，2021年。

［239］赵康民：《武周皇刹庆山寺》，陕西旅游出版社，2014年。

［240］赵晓星：《梵室殊严——敦煌莫高窟第361窟研究》，甘肃人民美术出
　　　版社，2017年。

［241］赵声良：《敦煌壁画风景研究》，中华书局，2004年。

［242］周绍良、赵超编：《唐代墓志汇编续集》，上海古籍出版社，2001年。

［243］朱广琴：《陕南民间舞蹈文化概览》，陕西旅游出版社，2003年。

［244］朱新予：《中国丝绸史：专论》，中国纺织出版社，1997年。

［245］［日］仓本尚德:《北朝佛教造像铭研究》，法藏馆，2016 年。

［246］［日］池田温:《唐研究论文选集》，中国社会科学出版社，1999 年。

［247］［日］池田温:《敦煌の流通经济》，《讲座敦煌·敦煌社会》，东京大东出版社，1980 年。

［248］［日］川口高凤:《法服格正の研究》，第一书房，昭和 51 年。

［249］［日］道明三保子:《ササンの联珠円纹锦の成立と意味》，载《深井昔司博士追悼シルクロード美术论集》，吉川弘文馆，1987 年。

［250］［日］东京国立博物馆编:《宫廷の荣华: 唐の女帝·则天武后とその时代展》，东京，1998 年。

［251］［日］肥田路美:《唐代にぉける佛陀伽耶金刚座真容像の流行について》，载町田甲一先生古稀纪念会编:《论丛佛教美术史》，吉川弘文馆，1986 年。

［252］［日］高田修:《佛像の起源》，岩波书店，1967 年。

［253］［日］冈崎敬:《东西交涉の考古学》(增补本)，平凡社，1980 年。

［254］［日］宫治昭著，李萍、张清涛译:《涅槃和弥勒的图像学》，文物出版社，2009 年。

［255］［日］谷川道雄:《世界帝国の形成》，东京讲谈社，1987 年。

［256］［日］关口正之:《玄奘三藏十六善神图》，《国华》第 1227 号，1998 年。

［257］［日］干泻龙祥:《佛顶尊胜陀罗尼经诸传の研究》，《密教研究》第 68 号，1939 年。

［258］［日］榎一雄主编:《讲座敦煌·敦煌の历史》，东京大东出版社，1980 年。

［259］［日］妹尾达彦著，高兵兵译:《长安的都市规划》，三秦出版社，2012 年。

［260］［日］前田正名著，陈俊谋译:《河西历史地理学研究》，中国藏学出版社，1993 年。

［261］［日］松本荣一著，林保尧、赵声良、李梅译:《敦煌画研究》，浙江

大学出版社，2019 年。

［262］［日］森丰:《丝绸之路的骆驼》，新人物往来社，1972 年。

［263］［日］森丰:《シルクロード骆驼》，新人物往来社，1975 年。

［264］［日］田中应海《尊胜陀罗尼信仰史观》，《大正大学学报》第 15 卷，1933 年。

［265］［日］下野玲子:《敦煌佛顶尊胜陀罗尼经变相图の研究》，勉诚出版社，2017 年。

［266］［日］小田义久:《大谷文书集成》，法藏馆，1989 年。

［267］［日］圆仁:《入唐求法巡礼行记》，广西师范大学出版社，2007 年。

［268］［日］月轮贤隆:《佛顶尊胜陀罗尼の研究》，《六条学报》第 133 卷，1912 年。

［269］［日］曾布川宽:《昆仑山への升仙: 古代中国人の描いた死后世界》，东京小学馆，1981 年。

［270］［日］Akagi Takatoshi（赤木崇敏）, "The Genealogy of the Military Commanders of the Guiyijun from Cao Family", *Dunhuang Studies: Prospects and Problems for the Coming Second Century of Research* (ed. by Irina Popova and Liu Yi), St. Petersburg: Institute of Oriental Manuscripts, Russian Academy of Sciences, 2012.

［271］［英］彼得·伯克著，杨豫译:《图像证史》，北京大学出版社，2019 年。

［272］［英］斯坦因著，中国社科学科院考古研究所译:《西域考古图记》，广西师范大学出版社，1997 年。

［273］［英］詹姆斯·弗雷泽:《金枝》，汪培基、张泽石译，商务印书馆，2013 年。

［274］［美］韩森著，张湛译:《丝绸之路新史》，北京联合出版公司，2015 年。

［275］［美］鲁道夫·阿恩海姆著，滕守尧、朱疆源译:《艺术与视知觉》，四川人民出版社，1998 年。

［276］［美］梅维恒著，王邦维、荣新江、钱文忠译:《绘画与表演——中国绘画叙事及其起源研究》，中西书局，2011 年。

［277］［美］欧文·潘诺夫斯基著，傅志强译:《视觉艺术的含义》，辽宁人民出版社，1987 年。

［278］［美］巫鸿:《礼仪中的美术》，生活·读书·新知三联书店，2016 年。

［279］［美］巫鸿、李清泉:《宝山辽墓：材料与释读》，上海书画出版社，2013 年。

［280］［美］巫鸿:《空间的敦煌——走近莫高窟》，生活·读书·新知三联书店，2022 年。

［281］［美］巫鸿著，施杰译:《黄泉下的美术——宏观中国古代墓葬》，生活·读书·新知三联书店，2010 年

［282］［美］巫鸿著，郑岩编:《超越大限：巫鸿美术史文集》卷二，上海人民出版社，2019 年。

［283］［美］薛爱华（Edward H. Schafer）著，吴玉贵译:《撒马尔罕的金桃——唐代舶来品研究》，社会科学文献出版社，2016 年。

［284］［美］约翰·马歇尔著，秦立彦译:《塔克西拉》，云南人民出版社，2002 年。

［285］［俄］阿尔巴乌姆:《阿弗拉西阿勃绘画》，莫斯科，1975 年。

［286］［俄］马尔沙克著，李梅田、付承章、吴忱译:《粟特银器》，上海古籍出版社，2019 年。

［287］［乌兹别克斯坦］普加琴科娃、列穆佩著，陈继周、李琪译:《中亚古代艺术》，新疆美术摄影出版社，1994 年。

［288］［德］埃里希·诺依曼:《大母神——原型分析》，李以洪译，东方出版社，1998 年。

［289］［德］勒柯克、瓦尔特施密特著，管平、巫新华译:《新疆佛教艺术》，新疆教育出版社，2006 年。

［290］［意］康马泰:《唐风吹拂撒马尔罕：粟特艺术与中国、波斯、印度、

拜占庭》，漓江出版社，2016 年。

［291］［法］葛乐耐：《自希腊征服到伊斯兰化时期的中亚定居生活地带的葬俗》，法国国国家科研中心出版社，1984 年。

［292］［法］海瑟·噶尔美著，熊文彬译：《早期汉藏艺术》，中国藏学出版社，1994 年。

［293］［法］童丕著，余欣、陈建伟译：《敦煌的借贷——中国中古时代的物质生活与社会》，中华书局，2003 年。

［294］Dorothy C. Wong, "The Making of A Saint：Images of Xuanzang In East Asia", *Early Medieval China* 8（2002）.

［295］Franz Grenet, Nicholas Sims-Williams, "The Historical Context of the Sogdian Ancient Letters", *Transition Periods in Iranian History*（Studia Iranica, Cahier 5）, Leuven 1987.

［296］F. Gerne, "Notice No.223 Divinites Sogdiennes", in Sérinde, *Terre de Bouddha: dix siécles d'art sur la Route de la Soie*, Paris: Réunion des Musées Nationaux, 1996.

［297］Kageyama, "The Winged Crown and the Tripe-crescent Crown in the Sogdian Funerary Monuments from China：Their Relation to the Hephthalite Occupation of Central Asia", *Journal of Inner Asian Art and Archaeology*, 2/2007.

［298］Matteo Compareti, "The Paintings Concerning Chinese Themes at Afrāsyāb", in New Elements on the Chinese Scene in the "Hall of the Ambassadors" at Afrāsyāb along with a Reconsideration of "Zoroastrian" Calendar, edited by M. Compareti and S. Cristoforetti. Venezia, 2007.

［299］Michael Loewe, *Ways to paradise: The Chinese quest for immortality*, London, 1979.

［300］Matthew T. Kapstein, "The Treaty Temple of De-gag-yu-tshal: Identification and Iconography", in *Proceedings of the International*

Symposium on Tibetan Archaeology and Art, Sichuan People's Press, 2004.

［301］Ning qiang, "Diplomatic Icons: The Social and Political Meaning of the Khotanese Images in Dunhuang Cave 202", in *Oriental Art*, vol. XLIV, no. 4 (1998/1999).

［302］W. B. Hening, "The Date of the Sogdian Ancient Letters", *Bulletin of the School of Oriental and African Studies*, XII (1948), 134.

［303］Wu Hung, "What's Bianxiang?—On the Relationship between Dunhuang Art and Dunhuang Literature", *Harvard Journal of Asiatic Studies*, vol. 52, no. 1 (Spring 1992).

［304］Yoshiro Imaeda, "T-shaped Inscription Frames in Mogao (Dunhuang) and Yulin Caves", *Journal of the Tibet Society of Japan*, no. 53 (June 2007).

四、论文

［1］敖英:《新罗五台山信仰的特点》,《世界宗教文化》2011 年第 6 期。

［2］安家瑶:《莫高窟壁画上的玻璃器皿》,《敦煌吐鲁番文献研究论集》第二辑,北京大学出版社,1983 年。

［3］安家瑶:《中国的早期玻璃器皿》,《考古学报》1984 年第 4 期。

［4］毕波:《粟特文古信札汉译与注释》,《文史》第二辑,中华书局,2004 年。

［5］毕波:《虞弘墓所谓"夫妇宴饮图"辨析》,《故宫博物院院刊》2006 年第 1 期。

［6］薄小莹:《敦煌莫高窟六世纪末至九世纪中叶的装饰图案》,《敦煌吐鲁番文献研究论集》第五辑,北京大学出版社,1990 年。

［7］薄小莹:《吐鲁番地区发现的联珠纹织物》,载北京大学考古系编:《纪念北京大学考古专业三十周年论文集（1952—1982）》,文物出版社,1990 年。

［8］白天佑、沙武田:《敦煌莫高窟第 231 窟阴伯伦夫妇供养像解析》,《敦煌研究》2006 年第 2 期。

［9］曹喆:《唐代胡服——唐代敦煌壁画维摩诘经变中的胡服考证》,《丝绸》2007 年第 3 期。

［10］曹意强:《包罗万象史的观念与西方美术史的兴起》,《思想学术评述》1997 年第二辑。

［11］曹意强:《布克哈特的艺术观》,《中华读书报》2004 年 8 月 4 日。

［12］曹意强:《丹纳与图像证史》,《中华读书报》2004 年 9 月 15 日。

［13］曹意强:《可见之不可见性:论图像证史的有效性与误区》,《新美术》2004 年第 2 期。

［14］曹意强:《倾听历史的寂静之声》,《中华读书报》2002 年 5 月 15 日。

［15］曹意强:《图像与历史》,《新美术》2000 年第 1 期。

［16］曹意强:《"图像证史"——两个文化史经典实例》,《新美术》2005 年第 2 期。

［17］柴剑虹:《敦煌写本中的愤世嫉俗之文——以 S.1477〈祭驴文〉为例》,《敦煌研究》2004 年第 1 期。

［18］陈国灿:《敦煌所出粟特文信札的书写地点和时间问题》,《魏晋南北朝隋唐史资料》第七辑,1985 年。

［19］陈国灿:《魏晋至隋唐河西人的聚居与火祆教》,《西北民族研究》1988 年第 1 期。

［20］陈海涛:《敦煌粟特研究历史回顾》,《敦煌研究》2000 年第 2 期。

［21］陈海涛:《胡旋舞、胡腾舞与柘枝舞——对安伽墓与虞弘墓中舞蹈归属的浅析》,《考古与文物》2003 年第 3 期。

［22］陈捷先:《东亚文化圈的形成与发展——以琉球王室汉化为约论中心》,载《东亚文化圈的形成与发展国际学术研讨会会议论文集》,台湾大学历史学系,2002 年。

［23］陈菊霞:《敦煌翟氏郡望和族源新探》,《敦煌研究》2004 年第 2 期。

［24］陈菊霞:《西域、敦煌粟特翟氏及相关问题研究》,《中国边疆史地研究》2008 年第 3 期。

［25］陈粟裕:《五代宋初时期于阗王族的汉化研究——以敦煌石窟中的于阗王族供养像为中心》,《美术研究》2014 年第 3 期。

［26］陈元锋:《"骑驴"与"骑马"——陆游的诗意画像与旅泊人生》,《社会科学战线》2017 年第 5 期。

［27］陈凯源:《图像的转变与重构:敦煌"佛陀波利与文殊老人"图像研究》,《中国美术研究》第四十六辑,上海书画出版社,2023 年。

［28］陈芳:《商周青铜器上组合纹样的宗教含义》,《艺术设计研究》2006 年第 1 期。

［29］陈振坤:《雉堞初探》,《文物春秋》2007 年第 2 期。

［30］陈彦姝:《六世纪中后期的中国联珠纹织物》,《故宫博物院院刊》2007 年第 1 期。

［31］程林泉、张翔宇、张小丽:《西安北周李诞墓初探》,《艺术史研究》第七辑,中山大学出版社,2005 年。

［32］程林泉:《西安北周李诞墓的考古发现与研究》,《西部考古》第一辑,三秦出版社,2006 年。

［33］程起骏:《棺板彩画:吐谷浑人的社会图景》,《中国国家地理》2006 年第 3 期。

［34］程喜霖:《唐代过所文书中所见的作人与雇主》,载武汉大学魏晋南北朝隋唐史研究室编:《敦煌吐鲁番文书初探二编》,武汉大学出版社,1990 年。

［35］程旭:《唐韩休墓〈乐舞图〉属性及相关问题研究》,《文博》2015 年第 6 期。

［36］程越:《从石刻史料看入华粟特人的汉化》,《史学月刊》1994 年第 1 期。

［37］程越:《国内粟特研究综述》,《中国史研究动态》1995 年第 9 期。

［38］初世宾:《石窟外貌与石窟研究之关系——以麦积山石窟为例略谈石窟寺艺术断代的一种辅助方法》,《西北师大学报》(社会科学版)1983 年第 4 期。

［39］德金桑姆:《敦煌壁画中的吐蕃王室服饰》,《西藏评论》1978 年 2—3 月号。

［40］大同市考古研究所:《山西大同文瀛路北魏壁画墓发掘简报》,《文物》2011 年第 12 期。

［41］大同市考古研究所:《山西大同全家湾北魏邢合姜墓石椁调查简报》,《文物》2022 年第 1 期。

［42］敦煌文物研究所:《莫高窟第 220 窟新发现的复壁壁画》,《文物》1978 年第 12 期。

［43］杜海:《敦煌"于阗太子"与"曹氏太子"考》,《敦煌研究》2019 年第 6 期。

［44］杜海:《敦煌归义军政权与沙州回鹘关系述论》,《敦煌学辑刊》2015 年第 4 期。

［45］段晴:《飘带来自吉祥——反映在古代于阗画中的祆教信仰符号》,《艺术史研究》第十七辑,中山大学出版社,2015 年。

［46］段文杰:《略论莫高窟第 249 窟壁画内容和艺术》,《敦煌研究》1983 年创刊号。

［47］段文杰:《形象的历史——谈敦煌壁画的历史价值》,《敦煌学辑刊》1980 年第 1 期。

［48］段文杰:《玄奘取经图研究》,敦煌研究院编:《1990 年敦煌学国际研讨会文集·石窟艺术编》,辽宁美术出版社,1995 年。

［49］段文杰:《榆林窟第 25 窟壁画艺术探讨》,《敦煌研究》1987 年第 4 期。

［50］段媛媛:《试论敦煌莫高窟十六国至北朝时期覆斗形顶(上)——莫高窟覆斗顶与晋墓顶》,《敦煌研究》2021 年第 2 期。

［51］戴春阳:《敦煌石窟覆斗顶的考古学观察(上)——覆斗顶非模仿斗帐》,《敦煌研究》2013 年第 2 期。

［52］戴春阳:《敦煌石窟覆斗顶的考古学观察(下)——覆斗顶渊源管窥》,《敦煌研究》2013 年第 4 期。

［53］董志翘:《一生蹭蹬谁人闻，聊借"祭驴"泄怨愤——从敦煌写本〈祭驴文〉谈起》,《古籍整理研究学刊》2009 年第 1 期。

［54］樊锦诗、刘玉权:《敦煌莫高窟唐前期洞窟分期》,载敦煌研究院编:《敦煌研究文集·敦煌石窟考古篇》,甘肃民族出版社,2000 年。

［55］樊锦诗、赵青兰:《吐蕃占领时期莫高窟洞窟的分期研究》,载敦煌研究院编:《敦煌研究文集·敦煌石窟考古篇》,甘肃民族出版社,2000 年。

［56］冯淑然、韩成武:《古代诗人骑驴形象解读》,《深圳大学学报》(人文社会科学版) 2006 年第 5 期。

［57］冯恩学:《胡风扁壶的时代风格》,《北方文物》2013 年第 2 期。

［58］冯培红:《敦煌曹氏族属与曹氏归义军政权》,《历史研究》2001 年第 1 期。

［59］富平县文化馆、陕西省博物馆、陕西文物管理委员会:《唐李凤墓发掘简报》,《考古》1977 年第 5 期。

［60］傅熹年:《论几幅传为李思训画派金碧山水的绘制时代》,《文物》1983 年第 11 期。

［61］甘肃省博物馆:《敦煌佛爷庙湾唐代模印砖墓》,《文物》2002 年第 1 期。

［62］高启安:《唐五代敦煌的"饮食胡风"》,《民族研究》2002 年第 3 期。

［63］葛承雍:《壁画塑俑共现的唐代家乐中胡人》,《美术研究》2014 年第 1 期。

［64］葛承雍:《敦煌悬泉汉简反映的丝绸之路再认识》,《西域研究》2017 年第 2 期。

［65］葛承雍:《丝路商队驼载"穹庐""毡帐"辨析》,《中国历史文物》2009 年第 3 期。

［66］葛承雍:《唐代胡人袒腹俑形象研究》,《中国历史文物》2007 年第 5 期。

［67］葛承雍:《唐代狩猎俑中的胡人猎师形象研究》,《故宫博物院院刊》
　　　2010 年第 6 期。

［68］葛承雍:《唐京的恶少流氓与豪雄武侠》,《唐史论丛》第七辑,陕西师
　　　范大学出版社,1998 年。

［69］固原县文物工作站:《宁夏固原北魏墓清理简报》,《文物》1984 年第
　　　6 期。

［70］巩恩馥:《莫高窟第 220 窟"胡旋舞"质疑》,《敦煌研究》2006 年第
　　　2 期。

［71］关友惠:《莫高窟隋代图案初探》,《敦煌研究》1983 年创刊号。

［72］关友惠:《敦煌宋西夏石窟壁画装饰风格及其相关的问题》,载敦煌研
　　　究院编:《2004 年石窟研究国际学术会议论文集》,上海古籍出版社,
　　　2006 年。

［73］郭俊叶:《莫高窟第 454 窟窟主再议》,《敦煌研究》1999 年第 2 期。

［74］郭祐孟:《敦煌莫高窟 361 窟之研究》,《圆光佛学学报》第 15 期,
　　　2009 年。

［75］郭祐孟:《敦煌吐蕃时期洞窟的图像结构——以莫高窟 360 和 361 窟为
　　　题》,敦煌研究院编:《敦煌吐蕃文化学术研讨会论文集》,甘肃民族出
　　　版社,2009 年。

［76］郭子睿、沙武田:《样式溯源与图像思想——敦煌石窟弥勒经变老人入
　　　墓图塔墓考》,《文博》2020 年第 3 期。

［77］广州市文物考古研究所:《广州南汉德陵、康陵发掘简报》,《文物》
　　　2006 年第 7 期。

［78］韩国磐:《南北朝隋唐与百济新罗的往来》,《历史研究》1994 年第
　　　2 期。

［79］韩顺发:《北齐黄釉瓷扁壶乐舞图像的初步分析》,《文物》1980 年第
　　　7 期。

［80］韩颖、张毅:《丝绸之路打通前后联珠纹的起源与流变》,《丝绸》2017

年第 54 卷第 2 期。

［81］韩孔乐、罗丰:《固原北魏墓漆棺的发现》,《美术研究》1984 年第 2 期。

［82］贺世哲、孙修身:《〈瓜沙曹氏年表补正〉之补正》,《西北师大学报》（社会科学版）1980 年第 1 期。

［83］贺世哲:《敦煌壁画中的法华经变》,敦煌研究院编:《敦煌研究文集·敦煌石窟经变篇》,甘肃民族出版社,2000 年。

［84］贺世哲:《莫高窟第 285 窟窟顶天象图考论》,《敦煌研究》1987 年第 2 期。

［85］贺世哲:《敦煌莫高窟第 285 窟西壁内容考释》,《敦煌研究》1988 年第 2 期。

［86］贺世哲:《敦煌莫高窟壁画中的〈维摩诘经变〉》,《敦煌研究》1982 年试刊第 2 期。

［87］贺世哲:《敦煌莫高窟的〈涅槃经变〉》,《敦煌研究》1986 年第 1 期。

［88］贺世哲:《关于十六国北朝时期的三世佛与三佛造像诸问题》（一）、（二）,《敦煌研究》1992 年第 4 期、1993 年第 1 期。

［89］贺世哲:《石室札记》,《敦煌研究》1999 年第 4 期。

［90］贺世哲:《莫高窟第 285 窟北壁八佛考释》,敦煌研究院编:《1990 年敦煌学国际研讨会文集·石窟考古编》,辽宁美术出版社,1995 年。

［91］贺西林:《稽前王之采章 成一代之文物——陕西潼关税村隋墓画像石棺的视觉传统及其与宫廷匠作的关系》,《故宫博物院院刊》2021 年第 12 期。

［92］何乐君:《〈江帆楼阁图〉年代再探讨》,《四川文物》2016 年第 2 期。

［93］胡同庆、王义芝:《敦煌壁画"胡旋舞"是非研究之述评》,载郝春文主编:《2011 敦煌学国际联络委员会通讯》,上海古籍出版社,2011 年。

［94］黄红:《中亚古国罽宾》,《贵州教育学院学报》（社会科学版）2009 年

第 8 期。

［95］黄雷:《两晋南北朝时期罽宾来华僧人与佛经传译》,《兰州学刊》2015
年第 2 期。

［96］黄维忠:《德噶玉采会盟寺（de ga g·yu tshal gtsigs kyi gtsug lag khang）
考——再论该寺非榆林窟》,《敦煌研究》2009 年第 3 期。

［97］黄文焕:《跋敦煌 365 窟藏文题记》,《文物》1980 年第 7 期。

［98］黄文焕:《河西吐蕃文书简述》,《文物》1978 年第 12 期。

［99］霍巍:《从考古材料看吐蕃与中亚、西亚的古代交通——兼论西藏西部
在佛教传入吐蕃过程中的历史地位》,《中国藏学》1995 年第 4 期。

［100］霍巍:《突厥王冠与吐蕃王冠》,《考古与文物》2009 年第 5 期。

［101］霍巍:《吐蕃系统金银器研究》,《考古学报》2009 年第 1 期。

［102］霍旭初:《克孜尔石窟降魔图考》,《敦煌研究》1993 年第 1 期。

［103］霍熙亮:《莫高窟第 72 窟及其南壁刘萨诃与凉州圣容佛瑞像史迹变》,
《文物》1993 年第 2 期。

［104］暨远志:《张议潮出行图研究（续）——论沙州归义军的长行官健制和
蕃汉兵制》,《敦煌研究》1992 年第 4 期。

［105］暨远志:《张议潮出行图研究——兼论唐代节度使旌节制度》,《敦煌
研究》1991 年第 3 期。

［106］姜伯勤:《敦煌白画中的粟特神祇》,载《敦煌吐鲁番学研究论文集》,
汉语大词典出版社,1990 年。

［107］姜伯勤:《敦煌白画中的粟特神祇图像的再考察》,《艺术史研究》第
二辑,中山大学出版社,2000 年。

［108］姜伯勤:《敦煌莫高窟隋供养人胡服服饰研究》,载郝春文主编:《敦煌
文献论集》,辽宁人民出版社,2001 年。

［109］姜伯勤:《敦煌壁画与粟特壁画的比较研究》,载敦煌研究院编:《1987
年敦煌石窟研究国际讨论会文集·石窟艺术编》,辽宁美术出版社,
1990 年。

［110］姜伯勤：《敦煌与波斯》，《敦煌研究》1990 年第 3 期。

［111］姜伯勤：《唐安菩墓所出三彩骆驼所见"盛于皮袋"的祆神——兼论六胡州突人与粟特人之祆神崇拜》，载荣新江主编：《唐研究》第七卷，北京大学出版社，2001 年。

［112］姜伯勤：《唐敦煌"书仪"写本中所见的沙州玉关驿户起义》，《中华文史论丛》1981 年第一辑。

［113］姜亮夫：《瓜沙曹氏年表补正》，《杭州大学学报》1979 年第 1—2 期。

［114］姜生：《汉阙考》，《中山大学学报》（社会科学版）1997 年第 1 期。

［115］焦杰：《〈列女传〉与周秦汉唐妇德标准》，《陕西师范大学学报》（哲学社会科学版）2003 年第 6 期。

［116］金申：《库伦旗六号辽墓壁画零证》，《内蒙古文物考古》总第 2 期，1982 年。

［117］金维诺：《敦煌壁画维摩变的发展》，《文物》1959 年第 2 期。

［118］金维诺：《敦煌壁画中的中国佛教故事》，《美术研究》1958 年第 1 期。

［119］金维诺：《李思训父子》，《文物》1961 年第 6 期。

［120］金维诺：《敦煌窟龛名数考》，《文物》1959 年第 5 期。

［121］金维诺：《敦煌窟龛名数考补》，《敦煌研究》1988 年第 2 期。

［122］金维诺：《敦煌晚期的维摩变》，《文物》1959 年第 4 期。

［123］井增利、王小蒙：《富平县新发现的唐墓壁画》，《考古与文物》1997 年第 4 期。

［124］贾亭立、陈薇：《中国古代城墙的垛口墙形制演进轨迹》，《东南大学学报》（自然科学版）2010 年第 2 期。

［125］雷玉华、王剑平：《四川菩提瑞像研究》，载李振刚主编：《2004 年龙门石窟国际学术研讨论文集》，河南人民出版社，2006 年。

［126］李并成、解梅：《敦煌归义军曹氏统治者果为粟特后裔吗——与荣新江、冯培红先生商榷》，《敦煌研究》2006 年第 6 期。

［127］李国、沙武田：《粟特人及其美术影响下的敦煌壁画艺术成分》，《丝

绸之路》2012 年第 4 期。

[128] 李静杰:《雉堞及其来源考述》,《中原文物》2022 年第 2 期。

[129] 李国珍:《唐代中外乐舞交织图——苏思勖墓的乐舞壁画》,《陕西历史博物馆馆刊》第一辑,三秦出版社,1994 年。

[130] 李翎:《"引路菩萨"与"莲花手"——汉藏持莲花观音像比较》,《美苑》2006 年第 6 期。

[131] 李翎:《藏传佛教持莲花观音像考》,霍巍、李永宪主编:《西藏考古与艺术国际学术讨论会论文集》,四川人民出版社,2004 年。

[132] 李清泉:《佛教改变了什么——来自五代宋辽金墓葬美术的观察》,载巫鸿、朱青生、郑岩主编:《古代墓葬美术研究》第四辑,湖南美术出版社,2017 年。

[133] 李埏:《略论唐代的"钱帛兼行"》,《历史研究》1964 年第 1 期。

[134] 李维琨:《"于阗画派"与西域梵像——观和田达玛沟出土壁画札记》,载上海博物馆编:《于阗六篇:丝绸之路上的考古学案例》,北京大学出版社,2014 年。

[135] 李晓岑、贾建威:《甘肃省博物馆藏敦煌写经纸的初步检测和分析》,《敦煌学辑刊》2013 年第 3 期。

[136] 李新:《敦煌石窟古代朝鲜半岛资料研究——莫高窟第 61 窟〈五台山图〉古代朝鲜半岛资料研究》,《敦煌研究》2013 年第 4 期。

[137] 李永宁、蔡伟堂:《敦煌壁画中的弥勒经变》,敦煌研究院编:《敦煌研究文集·敦煌石窟经变篇》,甘肃民族出版社,2000 年。

[138] 李永宁、蔡伟堂:《〈降魔变文〉与敦煌壁画中的"劳度叉斗圣变"》,载《1983 年全国敦煌学术讨论会文集·石窟·艺术编》(上),甘肃人民出版社,1985 年。

[139] 李永宁:《报恩经和莫高窟壁画报恩经变相》,载敦煌文物研究所编:《敦煌研究文集》,甘肃人民出版社,1982 年。

[140] 李玉珉:《敦煌药师经变》,《故宫文物月刊》1989 年第 8 期。

［141］李裕群：《安阳修定寺塔丛考》，《中国建筑史论汇刊》2012 年第 1 期。

［142］李昀：《万国衣冠拜冕旒——敦煌壁画中的朝贡者形象》，《艺术史研究》第十九辑，中山大学出版社，2017 年。

［143］李思飞：《希腊瑞鸟在东方——敦煌及克孜尔石窟壁画含绶鸟图案源流新探》，《敦煌研究》2023 年第 1 期。

［144］李裕群：《佛殿的象征——山西大同全家湾北魏佛教壁画石椁》，《文物》2022 年第 1 期。

［145］李正宇：《悄然湮没的王国——沙州回鹘国》，敦煌研究院编：《1990年敦煌学国际研讨会文集·石窟史地语文编》，辽宁美术出版社，1995 年。

［146］李细珍、孙志芹：《北朝至隋唐时期织物翼马纹样来源及其成因》，《丝绸》2021 年第 58 卷第 2 期。

［147］李星明：《隋唐墓葬艺术中的佛教文化因素——以唐陵神道石柱为例》，《古代墓葬美术研究》第一辑，文物出版社，2011 年。

［148］李静杰：《清华大学藏北朝晚期道教羽化像考论》，《文物》2023 年第 10 期。

［149］李梅田、张志忠：《北魏邢合姜石椁壁画研究》，《美术研究》2020 年第 2 期。

［150］李臣：《方花吐艳——汉画像中的方花纹图像》，载朱存明主编：《方花与翼兽：汉画像的奇幻世界》，文化艺术出版社，2020 年。

［151］李正宇：《渥洼水天马史事综理》，《敦煌研究》1990 年第 3 期。

［152］李正宇：《敦煌地区古代祠庙寺观简志》，《敦煌学辑刊》1988 年第 1、2 期合刊。

［153］李志军：《华严架构下的双层净土与次第禅修——莫高窟第 306、307、308 窟西夏重修思想探析》，《丝绸之路研究集刊》第六辑，商务印书馆，2021 年。

［154］李其琼：《论吐蕃时期的敦煌壁画艺术》，《敦煌研究》1998 年第 2 期

［155］梁勉:《试析西安地区唐墓壁画中的乐舞图》,《文博》2010 年第 3 期。

［156］梁晓强:《都管七个国六瓣银盒辩证》,《曲靖师范学院学报》2010 年第 5 期。

［157］梁云:《论秦汉时代的陶灶》,《考古与文物》1999 年第 1 期。

［158］廖旸:《11—15 世纪佛教艺术中的神系重构(二)——以白伞盖佛母为中心》,《故宫博物院院刊》2016 年第 5 期。

［159］林梅村:《敦煌出土粟特文古书信的断代问题》,《中国史研究》1986 年第 1 期。

［160］林梅村:《棺板彩画:苏毗人的风俗图卷》,《中国国家地理》2006 年第 3 期。

［161］林梅村:《青藏高原考古新发现与吐蕃权臣噶尔家族》,亚洲新人文联网"中外文化与历史记忆学术研讨会"论文提要集,香港,2006 年。

［162］林梅村:《唐武德二年罽宾国贡品考——兼论西安何家村唐代窖藏原为大明宫琼林库皇家宝藏》,《考古与文物》2017 年第 6 期。

［163］林晓娜:《论宋初隐逸诗人的隐逸象征》,《语文学刊》2014 年第 22 期。

［164］临潼县博物馆:《临潼唐庆山寺舍利塔基精室清理记》,《文博》1985 年第 5 期。

［165］刘合心:《陕西长安兴教寺发现唐代石刻线画"捣练图"》,《文物》2006 年第 4 期。

［166］刘庆柱、李毓芳:《陕西唐陵调查报告》,《考古学集刊》1987 年第五辑。

［167］刘淑芬:《高僧形象的传播与回流——从"玄奘负笈图"谈起》,《徐苹芳先生纪念文集》,上海古籍出版社,2012 年。

［168］刘淑芬:《墓幢——经幢研究之三》,《中研院历史语言研究所集刊》2003 年第四分。

［169］刘永增:《敦煌莫高窟隋代涅槃变相图与古代印度、中亚涅槃图像之比

较研究》,《敦煌研究》1995 年第 1 期。

[170] 刘永海:《宋代城池筑防技术与思想考论》,《历史教学》（下半月刊）
2019 年第 5 期。

[171] 刘玉权:《关于沙州回鹘洞窟的划分》, 敦煌研究院编:《1987 年
敦煌石窟研究国际讨论会文集·石窟考古编》, 辽宁美术出版社,
1990 年。

[172] 刘波:《敦煌与阿姆河流派美术图案纹样比较研究》,《敦煌研究》
2000 年第 3 期。

[173] 刘瑞娟:《从陆游的诗歌看古代诗人骑驴》,《黄冈师范学院学报》
2012 年第 4 期。

[174] 刘呆运、李明、刘占龙、卫超、葛林:《陕西潼关税村隋代壁画墓发掘
简报》,《文物》2008 年第 5 期。

[175] 刘占龙、靳振斌、段卫、翟建峰、李明、刘呆运:《陕西潼关税村隋代
壁画墓线刻石棺》,《考古与文物》2008 年第 3 期。

[176] 陆庆夫、陆离:《论吐蕃制度与突厥的关系》,《兰州大学学报》（社会
科学版）2005 年第 4 期。

[177] 陆庆夫:《唐宋间敦煌粟特人之汉化》,《历史研究》1996 年第 6 期。

[178] 陆庆夫:《归义军晚期的回鹘化与沙州回鹘政权》,《敦煌学辑刊》
1998 年第 1 期。

[179] 罗丰:《隋唐间中亚流传中国之胡旋舞——以新获宁夏盐池唐墓石门胡
舞图为中心》,《传统文化与现代化》1994 年第 2 期。

[180] 罗华庆:《敦煌壁画中的〈东方药师净土变〉》,《敦煌研究》1989 年第
2 期。

[181] 罗华庆:《敦煌艺术中的〈观音普门品变〉和〈观音经变〉》,《敦煌研
究》1987 年第 3 期。

[182] 罗世平:《巴中石窟三题》,《文物》1996 年第 3 期。

[183] 罗世平:《四川唐代佛教造像与长安样式》,《文物》2000 年第 4 期。

［184］罗世平：《棺板彩画：吐蕃人的生活画卷》，《中国国家地理》2006 年第 3 期。

［185］罗世平：《天堂喜宴——青海海西州郭里木吐蕃棺板画笺证》，《文物》2006 年第 7 期。

［186］洛阳市第二文物工作队：《唐安国相王孺人唐氏、崔氏墓发掘简报》，《中原文物》2005 年第 6 期。

［187］吕德廷：《论涅槃图中的外道形象》，《民族艺术》2013 年第 6 期。

［188］麻天祥：《五台山佛教东传新罗及传播者慈藏》，《五台山研究》1989 年第 1 期。

［189］马德：《10 世纪敦煌寺历所记三窟活动》，《敦煌研究》1998 第 2 期。

［190］马德：《10 世纪中期的莫高窟崖面概观——关于〈腊八燃灯分配窟龛名数〉的几个问题》，《1987 年敦煌石窟研究国际讨论会文集·石窟考古编》，辽宁美术出版社，1990 年。

［191］马德：《敦煌学史上的丰碑——史苇湘〈敦煌历史与莫高窟艺术研究〉编校手记》，《敦煌学辑刊》2002 年第 2 期。

［192］马德：《一代尊师 学界楷模——史苇湘先生的献身精神与学术成就》，《敦煌研究》2000 年第 3 期。

［193］马德：《莫高窟崖面使用刍议》，《敦煌学辑刊》1990 年第 1 期（总第 17 期）。

［194］马德：《曹氏三大窟营建的社会背景》，《敦煌研究》1991 年第 1 期。

［195］马兆民：《敦煌莫高窟第 285 窟"天福之面"（Kritimukha）考》，《敦煌研究》2017 年第 1 期。

［196］马世长：《莫高窟第 323 窟佛教感应故事画》，《敦煌研究》1982 年试刊第 1 期。

［197］毛民：《天马与水神》，《内蒙古大学艺术学院学报》2007 年第 1 期。

［198］内蒙古文物考古研究所、阿鲁科尔沁旗文物管理所：《内蒙古赤峰宝山辽壁画墓发掘简报》，《文物》1998 年第 1 期。

［199］马伯垚：《墓葬中的石窟：邢合姜石堂壁画略论》，《故宫博物院院刊》2021 年第 11 期。

［200］马若琼：《莫高窟第 285 窟窟顶壁画题材与构图特征》，《敦煌学辑刊》2017 年第 4 期。

［201］宁强：《曹议金夫妇出行礼佛图研究》，载《1990 年敦煌学国际研讨会文集》，辽宁美术出版社，1995 年。

［202］宁晓萌：《李思训绘画研究》，《文艺研究》2017 年第 6 期。

［203］宁夏回族自治区博物馆，宁夏固原博物馆发掘组：《宁夏固原北周李贤夫妇墓发掘简报》，《文物》1985 年第 11 期。

［204］宁夏回族自治区博物馆：《宁夏盐池唐墓发掘简报》，《文物》1988 年第 9 期。

［205］潘吉星：《敦煌石室写经纸的研究》，《文物》1966 年第 3 期。

［206］彭金章、沙武田：《试论敦煌莫高窟北区洞窟出土波斯银币和西夏钱币》，《文物》1998 年 10 期。

［207］濮仲远：《唐代凉州〈大云碑〉与首任河西节度使》，《西域研究》2020 年第 3 期。

［208］齐东方：《丝绸之路的象征符号——骆驼》，《故宫博物院院刊》2004 年第 6 期。

［209］綦维：《杜甫骑驴形象与元代诗、画的异读——兼及“浩然踏雪”误读解析》，《安徽大学学报》（哲学社会科学版）2018 年第 2 期。

［210］曲金良：《敦煌写本变文、讲经文作品创作时闻汇考——兼及转变与俗讲问题》，《敦煌学辑刊》1987 年第 1 期。

［211］钱伯泉：《回鹘在敦煌的历史》，《敦煌学辑刊》1989 年第 1 期。

［212］冉万里：《“丝绸之路”视野中的一件三彩骆驼俑》，《乾陵文化研究》（四），三秦出版社，2008 年。

［213］冉万里：《宋代丧葬习俗中佛教因素的考古学观察》，《考古与文物》2009 年第 4 期。

［214］冉万里、李明、赵占锐：《咸阳成任墓地出土东汉金铜佛像研究》，《考古与文物》2022 年第 1 期。

［215］冉云华：《试论敦煌与阿㝹陀的〈降魔变〉》，敦煌研究院编：《1987 年敦煌石窟研究国际讨论会文集·石窟艺术编》，辽宁美术出版社，1990 年。

［216］冉毅：《中国"潇湘八景"研究综述》，《湖南科技学院学报》2017 年第 1 期。

［217］荣新江：《〈清明上河图〉为何千汉一胡》，载北京大学中古史研究中心编：《邓广铭教授百年诞辰纪念论文集》，中华书局，2008 年。

［218］荣新江：《古代塔里木盆地周边的粟特移民》，《西域研究》1993 年第 2 期。

［219］荣新江：《略谈徐显秀墓壁画的菩萨联珠纹》，《文物》2003 年第 10 期。

［220］荣新江：《安史之乱后粟特胡人的动向》，纪宗安、汤开建主编：《暨南史学》第二辑，暨南大学出版社，2003 年。

［221］荣新江：《北朝隋唐粟特人之迁徙及其聚落》，《国学研究》第 6 卷，1999 年。

［222］荣新江：《北周史君墓石椁所见之粟特商队》，《文物》2005 年第 3 期。

［223］荣新江：《敦煌归义军曹氏统治者为粟特后裔说》，《历史研究》2001 年第 1 期。

［224］荣新江：《归义军及其与周边民族的关系初探》，《敦煌学辑刊》1986 年第 2 期。

［225］荣新江：《骆驼的生死驮载——汉唐陶俑的图像和观念及其与丝路贸易的关系》书评，《唐研究》第五卷，北京大学出版社，1999 年。

［226］荣新江：《萨保与萨薄：佛教石窟壁画中的粟特商队首领》，载《粟特人在中国——历史、考古、语言的新探索》，中华书局，2005 年。

［227］荣新江：《于阗王国与瓜沙曹氏》，《敦煌研究》1994 年第 2 期。

[228] 荣新江:《贞观年间的丝路往来与敦煌翟家窟画样的来历》,《敦煌研究》2018 年第 1 期。

[229] 荣新江:《关于曹氏归义军首任节度使的几个问题》,《敦煌研究》1993 年第 2 期。

[230] 芮传明:《唐代"酒家胡"述考》,《上海社会科学院学术季刊》1993 年第 2 期。

[231] 沙武田:《敦煌壁画翼马图像试析》,敦煌研究院编:《2000 年敦煌学国际学术讨论会文集·石窟考古卷》,甘肃民族出版社,2003 年。

[232] 沙武田、段小强:《莫高窟第 454 窟窟主的一点补充意见》,《敦煌研究》2003 年第 3 期。

[233] 沙武田、梁红:《莫高窟第 61 窟中心佛坛造像为绘塑结合"新样文殊变"试考》,载云冈石窟研究院编:《2005 年云冈国际学术研讨会论文集》,文物出版社,2006 年。

[234] 沙武田、赵蓉:《吐蕃人与敦煌石窟营建——以莫高窟中唐第 93 窟为考察中心》,《藏学学刊》第七辑,四川大学出版社,2011 年。

[235] 沙武田、赵晓星:《归义军时期敦煌文献中的太子》,《敦煌研究》2003 年第 4 期。

[236] 沙武田:《敦煌壁画汉唐长安城相关问题申论》,《敦煌研究》2018 年第 3 期。

[237] 沙武田:《敦煌莫高窟"太保窟"考》,《形象史学研究》2015 年第 2 期。

[238] 沙武田:《敦煌莫高窟第 158 窟与粟特人关系试考》(上),《艺术设计研究》2010 年第 1 期。

[239] 沙武田:《敦煌莫高窟第 158 窟与粟特人关系试考》(下),《艺术设计研究》2010 年第 2 期。

[240] 沙武田:《敦煌石窟归义军曹氏供养人画像与其族属之判别》,《西部考古》第七辑,三秦出版社,2012 年。

［241］沙武田：《敦煌石窟历史的重构——敦煌吐蕃期洞窟诸现象之省思》，《圆光佛学学报》第 11 期，2007 年。

［242］沙武田、郑炳林：《为粟特人而建——莫高窟第 323 窟与中土佛教传播历史的图像展示》，载《文明的推动与互动——丝绸之路上的粟特国际学术研讨会论文集》，西安，2021 年。

［243］沙武田：《敦煌 P.4049 "新样文殊"画稿及相关问题研究》，《敦煌研究》2005 年第 3 期。

［244］沙武田：《敦煌石窟粟特九姓胡人供养像研究》，《敦煌学辑刊》2008 年第 4 期。

［245］沙武田：《敦煌石窟于阗国王画像的几个问题》，郑炳林等主编：《丝绸之路民族古文字与文化学术讨论会文集》（下），三秦出版社，2007 年。

［246］沙武田：《敦煌石窟于阗国王画像研究》，《新疆师范大学学报》2006 年第 4 期。

［247］沙武田：《敦煌石窟于阗国王"天子窟"考》，《西域研究》2004 年第 2 期。

［248］沙武田：《〈金光明最胜王经变〉在敦煌吐蕃时期洞窟首次出现的原因》，《兰州大学学报》（社会科学版）2006 年第 3 期。

［249］沙武田：《莫高窟吐蕃期洞窟第 154 窟——主尊彩塑造像的性质与定名考》，《装饰》2010 年第 4 期。

［250］沙武田：《莫高窟第 322 窟图像的胡风因素——兼谈洞窟功德主的粟特九姓胡人属性》，《故宫博物院院刊》2011 年第 3 期。

［251］沙武田：《莫高窟第 45 窟观音经变时代新探》，《敦煌研究》2012 年第 6 期。

［252］沙武田：《莫高窟吐蕃期洞窟第 359 窟供养人画像研究——兼谈粟特九姓胡人对吐蕃统治敦煌的态度》，《敦煌研究》2010 年第 5 期。

［253］沙武田：《丝绸之路交通贸易图像——以敦煌画商人遇盗图为中心》，

《丝绸之路研究集刊》第一辑，商务印书馆，2016年。

[254] 沙武田:《丝绸之路绢帛图像考——以敦煌画和唐墓骆驼俑为中心》，《考古学研究》第十一辑，科学出版社，2020年。

[255] 沙武田:《唐粟特后裔郑延昌墓志线刻胡人乐舞图像研究》，《丝绸之路研究集刊》第四辑，商务印书馆，2019年。

[256] 沙武田:《吐蕃统治时期敦煌石窟供养人画像考察》，《中国藏学》2003年第2期。

[257] 沙武田:《西夏时期莫高窟的营建——以供养人画像缺席现象为中心》，《西夏学》2017年第2期。

[258] 沙武田:《一座反映唐蕃关系的"纪念碑"式洞窟——榆林第25窟营建的思想、动机与功德主试析》（上），《艺术设计研究》2012年第4期。

[259] 沙武田:《一座反映唐蕃关系的"纪念碑"式洞窟——榆林第25窟营建的思想、动机与功德主试析》（下），《艺术设计研究》2013年第1期。

[260] 沙武田:《具有洞窟空间含义的图像——莫高窟第400窟西夏藻井凤首龙身图案探微》，《国学学刊》2022年第1期。

[261] 沙武田:《榆林窟第25窟T形榜子再探》，《敦煌研究》2011年第5期。

[262] 沙武田:《莫高窟第322窟图像的胡风因素——兼谈洞窟功德主的粟特九姓胡人属性》，《故宫博物院院刊》2011年第3期。

[263] 沙武田:《隐讳的丝路图像——胡旋女在胡旋舞考古遗存中缺失现象探微》，《中古中国研究》第三卷，中西书局，2020年。

[264] 沙武田:《北朝升天成仙思想在佛教石窟中的实践:"天"图像再利用与莫高窟第285窟功能再探》，台湾大学编:《美术史研究集刊》第54期，2023年。

[265] 沙武田:《敦煌西夏石窟分期研究之思考》，《西夏研究》2011年第

2 期。

［266］盛玫:《界画和服饰：古代书画断代的两大关键点——〈江帆楼阁图〉断代试析》,《收藏家》2017 第 3 期。

［267］山西省考古研究所、大同市考古研究所:《大同市北魏宋绍祖墓发掘简报》,《文物》2001 年第 7 期。

［268］山西省考古研究所、太原市文物管理委员会:《太原市北齐娄睿墓发掘简报》,《文物》1983 年第 10 期。

［269］陕西考古所唐墓工作组:《西安东郊唐苏思勖墓清理简报》,《考古》1960 年第 1 期。

［270］陕西省博物馆、礼泉县文教局唐墓发掘组:《唐郑仁泰墓发掘简报》,《文物》1972 年第 7 期。

［271］陕西省考古研究所:《西安西郊陕棉十厂唐壁画墓清理简报》,《考古与文物》2002 年第 1 期。

［272］陕西省考古研究院、陕西历史博物馆、西安市长安区旅游民族宗教文物局:《西安郭庄唐代韩休墓发掘简报》,《文物》2019 年第 1 期。

［273］陕西省考古研究院、昭陵博物馆:《2002 年度唐昭陵北司马门遗址发掘简报》,《考古与文物》2006 年第 6 期。

［274］陕西省考古研究院:《"唐韩休墓出土壁画学术研讨会"纪要》,《考古与文物》2014 年第 6 期。

［275］陕西省文物管理委员会:《西安西郊中堡村唐墓清理简报》,《考古》1960 年第 3 期。

［276］尚晓波、朱达:《辽宁朝阳北朝及唐代墓葬》,《文物》1998 年第 3 期。

［277］尚永琪:《优填王旃檀瑞像流布中国考》,《历史研究》2012 年第 2 期。

［278］尚刚:《从联珠圈纹到写实花鸟——隋唐五代丝绸装饰主题的演变》,载杭间、何洁、靳埭强主编:《岁寒三友：中国传统图形与现代视觉设计》,山东画报出版社,2005 年。

［279］尚刚:《风从西方来：初论北朝工艺美术中的西方因素》,《装饰》

2003 年第 5 期。

［280］邵文实：《沙州节儿考及其引早出来的几个问题——八至九世纪吐蕃
对瓜沙地区汉人的统治》，《西北师大学报》（社会科学版）1992 年第
5 期。

［281］邵文实：《尚乞心儿事迹考》，《敦煌学辑刊》1993 年第 2 期。

［282］沈睿文：《吉美博物馆所藏石重床的几点思考》，张小贵编：《三夷教研
究——林悟殊先生古稀纪念论文集》，兰州大学出版社，2014 年。

［283］沈睿文：《敦煌 249、285 窟的窟顶图像》，《故宫博物院院刊》2023 年
第 6 期。

［284］施萍婷：《敦煌随笔之二》，《敦煌研究》1987 年第 1 期。

［285］施萍婷：《〈金光明经变〉研究》，敦煌研究院编：《1987 年敦煌石窟研
究国际讨论会文集·石窟考古编》，辽宁美术出版社，1990 年。

［286］施萍亭：《建平公与莫高窟》，敦煌文物研究所编：《敦煌研究文集》，
甘肃人民出版社，1982 年。

［287］施萍婷、范泉：《关于莫高窟第 217 窟南壁壁画的思考》，《敦煌研究》
2011 年第 2 期。

［288］石建刚、万鹏程：《延安宋金石窟僧伽造像内涵探析——以清凉山第
11 窟和石泓寺第 7 窟僧伽造像为中心》，《艺术设计研究》2018 年第
3 期。

［289］石建刚、杨军：《延安宋金石窟玄奘取经图像考察——兼论宋金夏元时
期玄奘取经图像的流变》，《西夏学》总第十五辑，甘肃文化出版社，
2017 年。

［290］史卫：《从货币职能看唐代“钱帛兼行”》，《唐都学刊》2006 年第
3 期。

［291］史苇湘：《河西节度使覆灭的前夕——敦煌遗书伯 2942 号残卷的研
究》，《敦煌研究》1983 年创刊号。

［292］史苇湘：《刘萨诃与敦煌莫高窟》，《文物》1983 年第 6 期。

［293］史苇湘:《丝绸之路上的敦煌与莫高窟》，敦煌文物研究所编:《敦煌研究文集》，甘肃人民出版社，1982 年。

［294］史苇湘:《吐蕃王朝管辖沙州前后——敦煌遗书 S1438 背〈书仪〉残卷的研究》，《敦煌研究》1983 年创刊号。

［295］四川省文物考古研究院，石渠县文化局:《四川石渠县新发现吐蕃石刻群调查简报》，《四川文物》2013 年第 6 期。

［296］四川博物院、成都文物考古研究所、四川大学博物馆编:《四川出土南朝佛教造像》，中华书局，2013 年。

［297］宿白:《敦煌莫高窟中的〈五台山图〉》，《文物参考资料》1951 年第 2 卷第 5 期。

［298］宿白:《凉州石窟遗迹和"凉州模式"》，《考古学报》1986 年第 4 期。

［299］孙机:《我国早期单层佛塔建筑中的粟特元素》，原载《宿白先生八秩华诞纪念文集》，文物出版社，2002 年。

［300］孙迟:《昭陵十四国君长石像考》，《文博》1984 年第 2 期。

［301］孙晓岗:《敦煌"伴虎行脚僧图"的渊源探讨》，《敦煌学辑刊》2012 年第 4 期。

［302］孙修身:《刘萨诃和尚事迹考》，敦煌文物研究所编:《1983 年全国敦煌学术讨论会文集·石窟·艺术编》(上)，甘肃人民出版社，1985 年。

［303］孙修身:《莫高窟第 76 窟〈八塔变相〉中现存四塔考》，《敦煌研究》1986 年第 4 期。

［304］孙修身:《莫高窟佛教史迹故事画介绍》(三)，《敦煌研究》试刊第 2 期，1982 年。

［305］孙修身:《莫高窟佛教史迹画内容考释》(九)，《敦煌研究》1988 年第 4 期。

［306］孙修身:《四川地区文殊菩萨信仰述论》，《敦煌研究》1997 年第 4 期。

［307］孙修身:《中国新样文殊与日本文殊三尊五尊像之比较研究》，《敦煌

研究》1996 年第 1 期。

［308］孙作云:《敦煌画中的神怪画》,《考古》1960 年第 6 期。

［309］谭蝉雪:《敦煌马文化》,《敦煌研究》1996 年第 1 期。

［310］谭蝉雪:《敦煌岁时掇琐——正月》,《敦煌研究》1990 年第 1 期。

［311］田中华:《唐庆山寺舍利塔基精室壁画乐舞初探》,《文博》1988 年第
　　　3 期。

［312］唐金裕:《西安西郊隋李静训墓发掘简报》,《考古》1959 年第 9 期。

［313］王惠民:《敦煌 321 窟、74 窟十轮经变考释》,《艺术史研究》第六辑,
　　　中山大学出版社, 2004 年。

［314］王惠民:《祖师传承及其在中国的流行》, 龙门石窟研究院编:《2004
　　　年龙门石窟国际学术研讨会文集》, 河南人民出版社, 2006 年。

［315］王惠民:《敦煌画中的行脚僧图新探》,《九州学刊》1995 年第 6 卷第
　　　4 期。

［316］王惠民:《敦煌莫高窟若干经变画辨识》,《敦煌研究》2010 年第 2 期。

［317］王惠民:《敦煌水月观音像》,《敦煌研究》1987 年第 1 期。

［318］王惠民:《敦煌佛顶尊胜陀罗尼经变考释》,《敦煌研究》1991 年第
　　　1 期。

［319］王惠民:《敦煌隋至唐前期药师图像考察》,《艺术史研究》第二辑,
　　　中山大学出版社, 2000 年。

［320］王惠民:《曹议金执政前期若干史事考辩》, 载敦煌研究院编:《段文杰
　　　敦煌研究五十年纪念文集》, 世界图书出版公司, 1996 年。

［321］王惠民:《读莫高窟供养人题记札记》,《文献》1994 年第 3 期。

［322］王惠民:《敦煌西夏洞窟分期及存在的问题》,《西夏研究》2011 年第
　　　1 期。

［323］王惠民:《敦煌莫高窟第 390 窟"幽州总管府长史"题记考》, 原载
　　　敦煌研究院编:《2014 敦煌论坛:敦煌石窟研究国际学术研讨会论文
　　　集》, 甘肃教育出版社, 2016 年。

［324］王静、沈睿文:《〈穆天子传〉与大使厅北壁壁画》,《美术研究》2017年第5期。

［325］王敏庆:《佛塔受花形制渊源考略——兼谈中国与中、西亚之艺术交流》,《世界宗教研究》2013年第5期。

［326］王铭:《菩萨引路——唐宋时期丧葬仪式中的引魂幡》,《敦煌研究》2014年第1期。

［327］王洁:《敦煌早期覆斗顶窟形式初探》,《敦煌研究》2008年第3期。

［328］王平先:《莫高窟北朝时期的降魔变初探》,《敦煌研究》2007年第6期。

［329］王维坤:《关于西安发现的北周粟特人墓和罽宾人墓之我见》,《碑林集刊》第十九辑,三秦出版社,2013年。

［330］王维坤:《唐章怀太子墓壁画"客使图"辨析》,《考古》1996年第1期。

［331］王尧、陈践:《〈于阗教法史〉—敦煌古藏文写卷P. T. 960译释》,《西北史地》1982年第3期。

［332］王银田、解廷琦、周雪松:《山西大同市辽墓的发掘》,《考古》2007年第8期。

［333］王雨、沙武田:《经典规范与图像表达——敦煌弥勒经变"老人入墓"图的绘画思想与信仰观念》,《吐鲁番学研究》2016年第1期。

［334］王中旭:《敦煌翟通窟〈维摩变〉之贞观新样研究》,《艺术史研究》第十四辑,中山大学出版社,2012年。

［335］王中旭:《敦煌吐蕃时期〈阴嘉政父母供养像〉研究》,《中国国家博物馆馆刊》2012年第3期。

［336］王慧刚:《骑马与骑驴——宋代词人的审美选择与文体认知》,《山西师大学报》(社会科学版)2017年第4期。

［337］王振华:《从隋唐莫高窟看联珠纹寓意的演变》,《美术大观》2019年第2期。

［338］王雁卿：《云冈石窟的忍冬纹装饰》，《敦煌研究》2008 年第 4 期。

［339］王浩钰：《中国古代城墙雉堞发展及演变探析》，《四川建筑科学研究》2013 年第 1 期。

［340］王黎梦：《两汉时期河南画像砖上的乳钉纹初探》，《河南科技大学学报（社会科学版）》2021 年第 4 期。

［341］王玉清：《陕西省三原县双盛村隋李和墓清理简报》，《文物》1966 年第 1 期。

［342］汪受宽：《五凉史家刘昞与实录史体》，《敦煌学辑刊》1995 年第 2 期。

［343］汪受宽：《实录史体起源于〈敦煌实录〉说》，《史学史研究》1996 年第 3 期。

［344］旺堆次仁：《后藏首次发现吐蕃时期古墓群》，《西藏研究》1991 年第 3 期。

［345］魏健鹏：《敦煌壁画中吐蕃赞普像的几个问题》，《西藏研究》2011 年第 1 期。

［346］魏迎春：《敦煌莫高窟第 103 窟维摩诘像与吴道子画风》，《艺术百家》2016 年第 2 期。

［347］吴曼公：《敦煌石窟腊八燃灯分配窟龛名数》，《文物》1959 年第 5 期。

［348］吴玉贵：《关于李轨河西政权的若干问题》，《敦煌学辑刊》1990 年第 1 期。

［349］吴玉贵：《凉州粟特胡人安氏家族研究》，《唐研究》第三卷，北京大学出版社，1997 年。

［350］吴泽：《王国维唐尺研究综论》，载《唐史研究会论文集》，陕西人民出版社，1983 年。

［351］吴震：《阿斯塔那—哈拉和卓古墓群考古资料中所见的胡人》，《敦煌吐鲁番研究》第四卷，北京大学出版社，1999 年。

［352］吴震：《唐代丝绸之路与胡奴婢买卖》，载敦煌研究院编：《1994 年敦煌学国际研讨会文集·宗教文史卷》，甘肃民族出版社，2000 年。

［353］吴玉贵：《内蒙古赤峰宝山辽墓壁画〈寄锦图〉考》，《文物》2001 年第 3 期。

［354］吴晟：《中国古代诗人骑驴的文化解读》，《文学与文化》2014 年第 3 期。

［355］武敏：《新疆出土汉—唐丝织品初探》，《文物》1962 年第 7、8 期。

［356］温玉成：《公元 1 至 3 世纪中国的仙佛模式》，《敦煌研究》1999 年第 1 期。

［357］西安市文物保护考古所，程林泉、张小丽、张翔宇：《谈谈对北周李诞墓的几点认识》，《中国文物报》2005 年 10 月 21 日。

［358］西安市文物保护考古所：《西安北周凉州萨保史君墓发掘简报》，《文物》2005 年第 3 期。

［359］西安市文物保护考古所：《西安市南郊唐墓（M31）发掘简报》，《文物》2004 年第 1 期。

［360］西安市文物保护考古所：《西安北周康业墓发掘简报》，《文物》2008 年第 6 期。

［361］夏鼐：《新疆新发现的古代丝织品——绮、锦和刺绣》，《考古学报》1963 年第 1 期。

［362］夏鼐：《综述中国出土的波斯萨珊朝银币》，《考古学报》1974 年第 1 期。

［363］夏名采：《益都北齐石室墓线刻画像》，《文物》1985 年第 10 期。

［364］夏名采：《青州傅家北齐线刻画像补遗》，《文物》2001 年第 5 期。

［365］肖雨：《敦煌莫高窟第 61 窟中的〈五台山图〉研究》，《五台山研究》2008 年第 4 期。

［366］谢涛、谢静：《敦煌图像服饰上的联珠纹初探》，《敦煌学辑刊》2016 年第 2 期。

［367］谢继胜、黄维忠：《榆林窟第 25 窟壁画藏文题记释读》，《文物》2007 年第 4 期。

[368] 谢继胜、于硕:《"八塔经变画"与宋初中印文化交流——莫高窟七六窟八塔变图像的原型》,《法音》2011 年第 5 期。

[369] 谢继胜:《10—14 世纪中国多民族艺术史的重构——以西藏石窟与寺院个案为例》,李淞主编:《"宋代的视觉景象与历史情境"会议实录》,广西师范大学出版社,2017 年。

[370] 谢继胜:《伏虎罗汉、行脚僧、宝胜如来与达摩多罗:11 至 13 世纪中国多民族美术关系史个案分析》,《故宫博物院院刊》2009 年第 1 期。

[371] 解梅:《敦煌壁画中的联珠纹》,《社科纵横》2005 年第 6 期。

[372] 新疆维吾尔自治区博物馆:《新疆吐鲁番阿斯塔那北区墓葬发掘简报》,《文物》1960 年第 6 期。

[373] 新疆吐鲁番学研究院、新疆文物考古研究所:《新疆鄯善洋海墓地发掘报告》,《考古学报》2011 年第 1 期。

[374] 熊培庚:《唐苏思勖墓壁画舞乐图》,《文物》1960 年第 8、9 期合刊。

[375] 许栋、许敏:《新样文殊中的于阗王及其相关问题研究——以敦煌发现的新样文殊图像为中心》,《吐鲁番学研究》2016 年第 1 期。

[376] 许新国:《郭里木乡吐蕃墓葬棺板画研究》,《中国藏学》2005 年第 1 期。

[377] 项鸿强:《蹇驴驮诗天一涯》,《古典文学知识》2015 年第 3 期。

[378] 严耀中:《关于敦煌壁画中来自婆罗门教神祇形象的诠释》,《敦煌学辑刊》2012 年第 2 期。

[379] 颜娟英:《从凉州瑞像思考敦煌莫高窟 323 窟、332 窟》,载《东亚考古学的再思——张光直先生逝世十周年纪念论文集》,台北中研院历史语言研究所,2013 年。

[380] 颜廷亮:《敦煌文化的灵魂论纲》,《甘肃社会科学》2000 年第 4 期。

[381] 杨宝玉:《清泰元年曹氏归义军入奏活动考索》,《敦煌学辑刊》2011 年第 3 期。

[382] 杨富学:《敦煌与中外关系史研究三十年——纪念中国中外关系史学会

成立三十周年》，载敦煌研究院信息资料中心编印：《信息与参考》总第 15 期，2011 年。

［383］杨泓：《敦煌莫高窟壁画中军事装备的研究之二——鲜卑骑兵和受突厥影响的唐骑兵》，载敦煌研究院编：《1990 年敦煌学国际研讨会文集·石窟考古编》，辽宁美术出版社，1995 年。

［384］杨泓：《敦煌莫高窟壁画中军事装备的研究之一——北朝壁画中的具装铠》，载敦煌研究院编：《1983 年全国敦煌学术讨论会文集·石窟·艺术编》（上），甘肃人民出版社，1985 年。

［385］杨瑾：《考古资料所见的唐代胡人女性》，《文博》2010 年第 3 期。

［386］杨清凡：《从服饰图例试析吐蕃与粟特关系》（上），《西藏研究》2001 年第 3 期。

［387］杨清凡：《吐蕃时期密教五方佛图像的传入及流布考》，敦煌研究院编：《敦煌吐蕃文化学术研讨会论文集》，甘肃民族出版社，2009 年。

［388］杨清凡：《五方佛及其图像考察》，《西藏研究》2007 年第 2 期。

［389］杨希义：《唐代丝绸织染业概说》，《西北大学学报》（自然科学版）1990 年第 3 期。

［390］杨希义：《唐代丝绸织染业述论》，《中国社会经济史研究》1990 年第 3 期。

［391］杨效俊：《临潼庆山寺舍利地宫壁画试析》，《文博》2011 年第 3 期。

［392］阳达、李梦雅：《交通视野下的驴诗与唐宋文人》，《重庆三峡学院学报》2019 年第 1 期。

［393］姚崇新：《净土的向往还是现世的希冀？——中古中国药师信仰内涵再考察》，饶宗颐主编：《敦煌吐鲁番研究》第十五卷，上海古籍出版社，2015 年。

［394］姚草鲜：《从彩陶纹饰看中国史前晚期的太阳崇拜》，《洛阳考古》2014 年第 4 期。

［395］叶文：《从〈胡旋舞〉与〈康国乐〉的关系看〈胡旋舞〉传入中国的时

间》，《华章》2012 年第 19 期。

［396］叶万松、瓯燕：《略论中国古代城垣上的附属建筑》，《考古学研究》第六辑，科学出版社，2006 年。

［397］尹夏清：《陕西靖边出土彩绘贴金浮雕石墓门及其相关问题探讨》，《考古与文物》2005 年第 1 期。

［398］叶舒宪：《引魂升天——灵宝西坡大墓随葬玉钺与陶灶的二元结构及宗教功能》，《民族艺术》2017 年第 6 期。

［399］余太山：《罽宾考》，《西域研究》1992 年第 1 期。

［400］俞伟超：《东汉佛教图像考》，《文物》1980 年第 5 期。

［401］袁德领：《归义军时期莫高窟与敦煌寺院的关系》，《敦煌研究》2000 年第 3 期。

［402］袁頔：《莫高窟第 363 窟壁画组合与丝路元素探析》，《西夏研究》2019 年第 1 期。

［403］袁頔：《莫高窟行脚僧壁画主题思想与绘制原因探析》，《丝绸之路研究集刊》第四辑，商务印书馆，2019 年。

［404］于向东：《唐代"行道僧"图像考》，《民族艺术》2011 年第 3 期。

［405］湛如：《论敦煌佛寺禅窟兰若的组织及其他》，敦煌研究院编：《段文杰敦煌研究五十年纪念文集》，世界图书出版公司，1996 年。

［406］张晶：《安阳修定寺塔模印砖图像及年代考》，《中原文物》2013 年第 6 期。

［407］张之：《修定寺方塔始建年代考》，《中原文物》1981 年第 2 期。

［408］张达宏、王长启：《西安市文管会收藏的几件珍贵文物》，《考古与文物》1984 年第 4 期。

［409］张德芳：《从出土汉简看汉王朝对丝绸之路的开拓与经营》，《中国社会科学》2021 年第 1 期。

［410］张德芳：《西北汉简中的丝绸之路》，《中原文化研究》2014 年第 5 期。

［411］张广达：《论隋唐时期中原与西域文化交流的几个特点》，《北京大学

学报》（哲学社会科学版）1985 年第 4 期。

［412］张广达：《袄教对唐代中国之影响三例》，《法国汉学》第一辑，清华
大学出版社，1996 年。

［413］张广达：《唐代袄教图像再考》，《唐研究》第三卷，北京大学出版社，
1997 年。

［414］张鸿勋、张臻：《敦煌本"祭驴文"发微》，《敦煌研究》2008 年第
4 期。

［415］张建林、史考：《唐昭陵十四国蕃君长石像及题名石像座疏证》，《碑
林集刊》第十辑，三秦出版社，2004 年。

［416］张建林、王小蒙：《对唐昭陵北司马门遗址考古新发现的几点认识》，
《考古与文物》2006 年第 6 期。

［417］张建林：《唐代丧葬习俗中佛教因素的考古学考察》，《西部考古》第
一辑，三秦出版社，2006 年。

［418］张建林：《唐昭陵考古的重要收获及几点认识》，《周秦汉唐文化研究》
第三辑，三秦出版社，2004 年。

［419］张景峰：《敦煌莫高窟的影窟及影像——由新发现的第 476 窟谈起》，
《敦煌学辑刊》2006 年第 3 期。

［420］张丽香：《从印度到克孜尔与敦煌—佛传中降魔的图像细节研究》，
《西域研究》2010 年第 1 期。

［421］张培君：《唐宋时期敦煌社人修建莫高窟的活动——以供养人图像和题
记为中心》，《敦煌学辑刊》2008 年第 4 期。

［422］张善庆：《高僧写真传统钩沉及相关问题研究》，《敦煌学辑刊》2006
年第 3 期。

［423］张善庆：《中晚唐五代时期敦煌降魔变地神图像研究》，《西域研究》
2010 年第 1 期。

［424］张善庆：《河西石窟阙形龛溯源刍议》，《考古与文物》2012 年第 3 期。

［425］张先堂：《莫高窟供养人画像的发展演变——以佛教史考察为中心》，

《敦煌学辑刊》2008 年第 4 期。

［426］张小刚、郭俊叶:《敦煌所见于阗公主画像及其相关问题》,《石河子大学学报》(哲学社会科学版) 2016 年第 4 期。

［427］张小刚:《再论敦煌石窟中的于阗国王与皇后及公主画像——从莫高窟第 4 窟于阗供养人像谈起》,《敦煌研究》2018 年第 1 期。

［428］张延清(华青道尔杰)、张子鹏:《莫高窟第 158 窟建窟年代新探》,《藏学学刊》第十二辑,中国藏学出版社,2015 年。

［429］张元林、夏生平:《"观音救难"的形象图示——莫高窟第 359 窟西壁龛内屏风画内容释读》,《敦煌研究》2010 年第 5 期。

［430］张元林:《也谈莫高窟第 217 窟南壁壁画的定名——兼论与唐前期敦煌法华图像相关的两个问题》,《敦煌学辑刊》2011 年第 4 期。

［431］张元林:《论莫高窟第 285 窟日天图像的粟特艺术源流》,《敦煌学辑刊》2007 年第 3 期。

［432］张元林:《观念与图像的交融—莫高窟 285 窟摩醯首罗天图像研究》,《敦煌学辑刊》2007 年第 4 期。

［433］张元林:《来自西亚的"神圣性"象征——莫高窟第 249 窟凸形雉堞的图像探源》,《敦煌研究》2023 年第 4 期。

［434］张元林:《粟特人与莫高窟第 285 窟的营建——粟特人及其艺术对敦煌艺术贡献》,《2005 年云冈国际学术研讨会论文集·研究卷》,文物出版社,2006 年。

［435］张元林:《跨越洲际的旅程——敦煌壁画中日神、月神和风神图像上的希腊艺术元素》,《丝绸之路研究集刊》第一辑,商务印书馆,2017 年。

［436］张元林:《从〈法华经〉的角度解读莫高窟第 285 窟》,《敦煌研究》2019 年第 2 期。

［437］张振新:《谈莫高窟初唐壁画〈张骞出使西域〉》,《中国历史博物馆馆刊》1981 年第 3 期。

［438］张春佳、赵声良:《莫高窟北朝忍冬纹样的艺术特征》,《敦煌研究》2021 年第 6 期。

［439］张宝玺:《唐〈凉州大云寺古刹功德碑〉所载壁画考究——兼与敦煌石窟壁画之对比研究》,敦煌研究院编:《2004 年石窟研究国际学术会议论文集》,上海古籍出版社,2006 年。

［440］张庆捷:《北魏石堂棺床与附属壁画文字—以新发现解兴石堂为例探讨葬俗文化的变迁》,载北京大学中国考古学研究中心编:《两个世界的徘徊:中古时期丧葬观念风俗与礼仪制度学术研讨会论文集》,科学出版社,2016 年。

［441］张卉英:《天水市发现隋唐屏风石棺床墓》,《考古》1992 年第 1 期。

［442］张南南:《莫高窟第 275 窟与戒法关系推测》,载敦煌研究院编:《理论·方法·前景——敦煌十六国北朝石窟研究论坛论文集》,莫高窟,2022 年。

［443］赵娜、杨富学:《晚唐五代禅僧行脚问题考析》,《中南民族大学学报》2011 年第 3 期。

［444］赵声良:《莫高窟第 61 窟五台山图研究》,《敦煌研究》1993 年第 4 期。

［445］赵声良、张春佳:《莫高窟早期忍冬纹样的源流》,《敦煌研究》2022 年第 1 期。

［446］赵燕林:《敦煌早期石窟中的"三圆三方"宇宙模型》,《自然辩证法研究》2019 年第 7 期。

［447］赵晓星:《敦煌莫高窟第 154 窟主尊考察》,载《第五届西藏艺术与考古国际学术研讨会论文集》,首都师范大学,2012 年。

［448］赵晓星:《莫高窟第 361 窟的文殊显现与五台山图——莫高窟第 361 窟研究之二》,《五台山研究》2010 年第 4 期。

［449］赵晓星:《莫高窟第 361 窟的中唐供养人——莫高窟第 361 窟研究之三》,《艺术设计研究》2010 年第 3 期。

［450］赵晓星:《莫高窟第 361 窟主室窟顶藻井坛城辨识——莫高窟第 361 窟研究之八》,《敦煌吐鲁番研究》第 15 卷,2015 年。

［451］赵晓星:《吐蕃统治敦煌时期的落蕃官初探》,《中国藏学》2003 年第 2 期。

［452］赵晓星:《榆林窟第 2 窟正壁文殊图像解析——西夏石窟考古与艺术研究之三》,《敦煌研究》2018 年第 5 期。

［453］赵谨:《细雨骑驴入剑门——浅谈巴蜀地域文化对宋代部分作家的影响》,《汉字文化》2018 年第 11 期。

［454］赵超:《介绍胡客翟门生墓门志铭及石屏风》,载荣新江、罗丰主编:《粟特人在中国:考古发现与出土文献的新印证》,科学出版社,2016 年。

［455］哲里木盟博物馆等:《库伦旗第五、六号辽墓》,《内蒙古文物考古》总第 2 期,1982 年。

［456］翟晓兰:《舞筵与胡旋·胡腾·柘枝舞关系之初探》,《文博》2010 年第 3 期。

［457］曾武秀:《中国历代尺度概述》,《历史研究》1964 年第 3 期。

［458］郑隆:《库伦旗辽墓壁画浅谈》,《内蒙古文物考古》总第 2 期,1982 年。

［459］郑阿财:《敦煌文献中〈张骞乘槎〉故事之探讨》,《中兴法商学报》第 21 期,1986 年。

［460］郑炳林、梁志胜:《〈梁幸德邈真赞〉与梁愿清〈莫高窟功德记〉》,《敦煌研究》1992 年第 2 期。

［461］郑炳林、徐晓丽:《论晚唐五代敦煌贸易市场的国际化程度》,《中国经济史研究》2003 年第 2 期。

［462］郑炳林、王尚达:《吐蕃统治下的敦煌粟特人》,《中国藏学》1996 年第 4 期。

［463］郑炳林:《晚唐五代敦煌贸易市场的物价》,《敦煌研究》1997 年第 3 期。

[464] 郑炳林、张静怡:《西汉敦煌郡的设置和敦煌城的修筑》,《敦煌学辑刊》2021 年第 2 期。

[465] 郑炳林:《敦煌写本相书理论与敦煌石窟供养人画像——关于敦煌莫高窟供养人像研究之二》,《敦煌学辑刊》2006 年第 4 期。

[466] 郑炳林:《晚唐五代敦煌地区人口变化研究》,《江西社会科学》2004 年第 12 期。

[467] 郑雨:《莫高窟第九十八窟的历史背景与时代精神》,《九州学刊》1992 年第 2 卷第 4 期。

[468] 周伟洲:《唐韩休墓"乐舞图"探析》,《考古与文物》2015 年第 6 期。

[469] 周伟洲:《唐"都管七个国"六瓣银盒考》,《唐研究》第三卷,北京大学出版社,1997 年。

[470] 周伟洲:《万国来朝岁 五服远朝王》,《中国文化遗产》2009 年第 4 期。

[471] 周伟洲:《西安地区部分出土文物中所见的唐代乐舞形象》,《文物》1978 年第 4 期。

[472] 周晓萍:《敦煌画中的回鹘神祇——对 P.4518（24）纸本的再讨论》,《兰州大学学报》(社会科学版) 2020 年第 6 期。

[473] 朱生云:《敦煌莫高窟第 217 窟壁画中的唐长安因素》,《丝绸之路研究集刊》第二辑,商务印书馆,2018 年。

[474] 中国社会科学院考古研究所新疆队:《新疆和田地区策勒县达玛沟佛寺遗址发掘报告》,《考古学报》2007 年第 4 期。

[475] [日]池田温:《8 世紀中葉における敦煌のソダド人聚落》,《ユーラッア文化研究》1965 年第 1 号。

[476] [日]广中智之:《和田约特干出土猴子骑马俑与猴子骑驼俑源流考》,《西域研究》2003 年第 1 期。

[477] [日]广中智之:《古代中国猴与马故事的源流——中外文化交流之一例》,《中国典籍与文化》2003 年第 3 期。

［478］［日］秋山光文：《インドにおける魔の表現》，《宗教美术研究》，
　　　　1994 年。

［479］［日］上岛亮：《敦煌的猴子》，《敦煌研究》1997 年第 4 期。

［480］［日］松本文三郎著，金申译：《兜跋毗沙门天考》，《敦煌研究》2003
　　　　年第 5 期。

［481］［日］下野玲子著，牛源译，刘永增审校：《莫高窟第 217 窟南壁经变
　　　　新解》，《敦煌研究》2011 年第 2 期。

［482］［日］森安孝夫：《唐代における胡と佛教的世界地理》，《东洋史研
　　　　究》第 66 卷第 3 号，2007 年。

［483］［日］石田干之助：《胡旋舞小考》，载《长安之春》，创元社，
　　　　1941 年。

［484］［日］山口瑞凤：《吐蕃支配时代》，《讲座敦煌·敦煌の历史》，东京
　　　　大东出版社，1980 年。

［485］［日］山﨑淑子：《敦煌莫高窟における初唐から盛唐への过渡期の一
　　　　样式——莫高窟二一七窟试论》，《成城文艺》第 174 号，东京，2001
　　　　年 3 月。

［486］［日］Moriyasu, T.（森安孝夫），"Japanese Research on the History of
　　　　the Sogdians along the Silk Road, Mainly from Sogdiana to China", *Acta
　　　　Asiatica: Bulletin of the Institute of Eastern Culture*, 94, 2008.

［487］［日］森安孝夫著、高然译：《回鹘与敦煌》，《西北史地》1984 年第
　　　　1 期。

［488］［日］藤枝晃：《吐蕃支配时期的敦煌》，《东方学报》（31），京都，
　　　　1961 年。

［489］［日］田中裕子：《敦煌天马图像研究》，《朝日敦煌研究员派遣制度纪
　　　　念志》，朝日新闻社，2008 年。

［490］［日］土肥义和著，李永宁译：《归义军时期（晚唐、五代、宋）的敦
　　　　煌》（一），《敦煌研究》1986 年第 4 期

［491］［日］下野玲子:《敦煌莫高窟第二一七窟南壁经变の新解释》,《美术史》第 157 册,2004 年 10 月。

［492］［日］下野玲子:《唐代佛顶尊胜陀罗尼经变图像的异同与演变》,《朝日敦煌研究员派遣制度纪念志》,朝日新闻社,2008 年。

［493］［日］影山悦子:《敦煌莫高窟维摩诘经变相图中の外国使节について》,《神户市外国大学研究科论集》。

［494］［日］佐藤有希子:《敦煌吐蕃时期毗沙门天王像考察》,牛源译,《敦煌研究》2013 年第 4 期。

［495］［韩］金理那:《唐朝美术所见的戴鸟羽冠饰的高句丽人》,《韩国史学论丛:李基白先生古稀纪念》,首尔一潮阁,1994 年。

［496］［韩］梁银景:《莫高窟隋代联珠纹与隋王朝的西域经营》,《唐研究》第九卷,2003 年。

［497］［韩］朴鲁俊:《韩·中·日五台山信仰의전개과정》,《岭东文化》6,1995 年。

［498］［韩］朴鲁俊:《新罗五台山信仰의구조》,《人文科学研究》3,1997 年。

［499］［韩］权宁弼:《从河西走廊到敦煌》,《中亚研究》vol. 6,2001 年。

［500］［韩］权宁弼:《敦煌壁画研究办法试探》,《美术史学》vol. 4,1992 年。

［501］［韩］文明大:《丝绸之路上的新罗使节像》,《丝绸之路和韩国文化探究》,中央人文社,2001 年。

［502］［新加坡］古正美:《于阗与敦煌的毗沙门天王信仰》,《2000 年敦煌学国际学术讨论会文集·历史文化卷》(上),甘肃民族出版社,2003 年。

［503］［俄］阿米·海勒著,杨清凡译:《拉萨大昭寺藏银瓶——吐蕃帝国(7世纪至 9 世纪)银器及服饰考察》,《藏学学刊》第三辑,四川大学出版社,2007 年。

［504］［俄］马尔沙克、拉斯波波娃:《粟特地区的公众崇拜和私家崇拜》,《伊斯兰以前中亚史的文字史料与考古资料》,法国国家科研中心出版

社，1991 年。

［505］［俄］索罗宁:《西夏佛教之"系统性"初探》,《世界宗教研究》2013
年第 4 期。

［506］［美］梁庄爱伦著, 宁强译:《绘于公元 642 年敦煌壁画中的两件可能
是萨珊地毯的罕见资料》,《敦煌研究》1991 年第 2 期。

［507］［美］Janet Baker, "Dunhuang Cave 427: Evidence of Imperial
Iconography", 载敦煌研究院编:《段文杰敦煌研究五十年纪念文集》,
世界图书出版公司, 1996 年。

［508］［美］巫鸿:《敦煌 323 窟与道宣》, 载胡素馨主编:《佛教物质文化:
寺院财富与世俗供养国际学术研讨会论文集》, 上海书画出版社,
2003 年。

［509］［法］雷奈·格鲁塞著:《近东与中东的文明》, 常任侠等译, 上海人
民美术出版社, 1981 年。

［510］［英］杰西卡·罗森:《祖先与永恒: 杰西卡·罗森中国考古艺术
文集》, 邓菲、黄洋、吴晓筠等译, 生活·读书·新知三联书店,
2011 年。

［511］［英］休·黎吉生:《再论古代吐蕃人的服饰》,《西藏评论》1975 年
5—6 月号。

［512］［意］Matteo Compareti, "The Wild Boar Head Motif among the
Paintings in Cave 420 at Dunhuang",《丝绸之路研究集刊》第 6 辑,
商务印书馆, 2021 年。

［513］Amy Heller, "Preliminary Remarks on Painted Coffin Panels from Tibetan
Tombs", in B. Dotson, K. Iwao, T. Takeuchi (Eds.), *Scribes, Texts, and
Rituals in Early Tibet and Dunhuang*. Wiesbaden, 2013.

［514］De-nin D. Lee, "Fragments for Constructing a History of Southern Tang
Painting," *Journal of Song Yuan Studies*, No. 34, 2004.

［515］Elfriede R. Knauer, *The Camel's Load in Life and Death: Iconography and*

Ideology of Chinese Pottery Figurines from Han to Tang and their Relevance to Trade along the Silk Routes. Zurich: Akanthus Verlag für Archaologie, 1998.

[516] F. Grenet, Zhang Guangda, "The Last Refuge of the Sogdian Religion: Dunhuang in the Ninth and Tenth Centuries", *Bulletin of the Asia Institute (New Series)*, 10 (Studies in Honor of Vladimir A. Livshits), 1996.

[517] Guitty Azarpay, *Sogdian Painting, The pictorial Epic in oriental Art. DGO-Digital original, 1*. Berkeley: University of California Press, 1981.

[518] Karmay Heather, "Tibetan Clothes: Seventh to Eleventh Centuries", in A. Macdonald and Y. Imadea (eds.), *Art du Tibet*. Paris: Éditions de la Réunion des Musées Nationaux, 1977.

[519] Kwong Lum, "The Recovery of the Tang Dynasty Painting: Master Wang Wei's Ink–Wash Creation 'On the Wangchuan River'", *International Journal of Politics, Culture and Society*, Vol. 11, No. 3, 1998.

[520] M. Aurel Stein, *Serindia: Detailed Report of Explorations in Central Asia and Westernmost China*. First Edition: Oxford, 1921. Reprint: Delhi, 1980.

[521] Matthew T. Kapstein, *The Treaty Temple of the Turquoise Grove: Buddhism Between Tibet and China*. Edited by Matthew T. Kapstein. Boston: Wisdom Publications, 2009.

[522] Mary H. Fong, "Tang Tomb Murals Reviewed in the Light of Tang Texts on Painting", *Artibus Asiae*, Vol. 45, No. 1, 1984.

[523] N. Vandier, M.Maillard, *Grottes de Touen-houang: Carnet de notes de Paul Pelliot, Inscriptions et Peintures Murales*, I–VI. Paris: Imprimerie Nationale, 1920–1924.

[524] Ning Qiang, *Art, Religion, and Politics in Medieval China: The Dunhuang Cave of the Zhai Family*. Honolulu: University of Hawai'i Press, 2004.

[525] Peter C. Sturman, "The Donkey Rider as Icon: Li Cheng and Early Chinese Landscape Painting", *Artibus Asiae*, Vol. 55, No. 1/2 (1995).

［526］Sarah E. Fraser, *The Artist's Practice in Tang DynastyChina, 8th–10th Centuries*. PhD Dissertation, University of California, Berkeley, 1996.

［527］Valerie Hansen, *The Silk Road: A New History*. Oxford: Oxford University Press, 2012.

［528］Victor Mair, *Tang Transformation Texts, A study of the Buddhist Contribution to the Rise of Vernacular Fiction and Drama in China*. Cambridge: Harvard University Press, 1989.

［529］Victor Mair, *Painting and Performance: Chinese Picture Recitation and Its Indian Genesis*. Honolulu: University of Hawai'i Press, 1988.

［530］Zhang Guangda, "Une représentation iconographique de la Daena et de la Daeva ? Quelques pistes de réflexion sur les religions venues d'Asie centrale en Chine", in *La Serinde-Terre d'Échanges: Art, Religion, Commerce du Premier au Dixième Siècle*. École du Louvre, 1996.

［531］Zhang Yuanlin, "Images of Sun and Moon Gods in Dunhuang Grottoes between the Sixth and Tenth Centuries", in *China and Beyond in the Medieval Period: Cultural Crossing and Inter-Regional Connections*, Manohar Publishers & Distributors (Ajay Kumar) in association with Cambria Press, 2014.

五、学位论文

［1］程旭:《唐墓壁画中周边民族文化因素及其反映的民族关系》, 兰州大学博士学位论文, 2012 年。

［2］常红红:《瓜州东千佛洞第 2 窟壁画研究》, 首都师范大学博士学位论文, 2015 年。

［3］杜海:《敦煌曹氏归义军史研究》, 兰州大学博士学位论文, 2015 年。

［4］高秀军:《敦煌莫高窟第 55 窟研究》, 兰州大学博士学位论文, 2016 年。

［5］焦盼:《隋唐乐舞的舞蹈图像研究》, 山西大学硕士学位论文, 2010 年。

［6］孔艺冰:《骑驴——唐宋时期文人思想变迁的图像表达》,陕西师范大学硕士学位论文,2019年。

［7］刘晓伟:《北朝墓葬音乐文化研究》,中央民族大学博士学位论文,2016年。

［8］罗玲:《唐代四川佛教造像中的"菩萨装佛像"研究》,四川大学硕士学位论文,2005年。

［9］李旋翠:《唐宋小说中驴叙事研究》,云南师范大学硕士学位论文,2020年。

［10］吕德廷:《佛教艺术中的外道形象——以敦煌石窟为中心》,兰州大学博士学位论文,2015年。

［11］唐祥凤:《唐代货币问题研究》,河北经贸大学硕士学位论文,2014年。

［12］王中旭:《阴嘉政窟》,中央美术学院博士学位论文,2009年。

［13］王惠民:《敦煌净土图像研究》,中山大学博士学位论文,2000年。

［14］汪雪:《敦煌莫高窟壁画乐舞图式研究》,兰州大学博士学位论文,2021年。

［15］余霞:《晚唐五代贾岛接受史研究》,陕西师范大学硕士学位论文,2004年。

［16］余红芳:《唐诗动物骑乘意象研究》,西南大学硕士学位论文,2016年。

［17］杨咏:《古长安唐墓壁画中乐舞伎服饰研究》,天津师范大学硕士学位论文,2012年。

［18］颜双爽:《联珠纹图像研究——以唐代丝织品为例》,中国美术学院硕士学位论文,2021年。

［19］尹夏清:《北朝隋唐石墓门及其相关问题研究》,四川大学博士学位论文,2006年。

［20］张欢欢:《唐代文献中驴文化研究》,东北师范大学硕士学位论文,2017年。

［21］朱津:《汉墓出土陶灶研究》,郑州大学硕士学位论文,2010年。

插图目录

第二章　敦煌画商人遇盗图与丝绸之路交通贸易图像

第四章　莫高窟第 220 窟经变画胡旋乐舞图与丝路胡风

第五章　胡旋女在胡旋舞考古遗存中的缺失现象
——再谈敦煌壁画中的胡旋舞图像

第六章　恶道取宝化城还是佛陀波利传法图
　　——莫高窟第 217、103 窟主室南壁经变画研读

第七章 敦煌壁画丝路传法旅行图

第八章　敦煌壁画中的罽宾人形象

第九章　由敦煌石窟朝鲜半岛人物形象看丝绸之路图像记忆

第十章　敦煌壁画外道女性表现手法的丝路文化属性

第十三章　敦煌老人入墓雉堞形顶坟墓的丝路文化属性

第十四章　丝路上行僧神化与图像重构

第十六章　融合波斯风的敦煌隋代洞窟联珠纹之传统思想义涵

结　语——敦煌石窟丝路图像研究的问题与前景

后　记

　　对敦煌石窟中涉及丝绸之路相关壁画图像的关注与思考，是我从事敦煌学研究的第一块试验田。我大学本科的毕业论文是对唐睿宗桥陵石刻翼马图像的研究，这篇本科的习作，在我到敦煌报到工作不久拜见时任院长的段文杰先生时，受到了先生小小的鼓励，却大大地提升了我研究的信心。因为有对唐陵翼马的关注，所以到敦煌工作以后，我最先关注的就是壁画中的翼马图像，写的第一篇论文即是《敦煌壁画翼马图像试论》，这篇文章写得很稚嫩，但是先后经过敦煌研究院前辈学者孙修身、谭蝉雪、庄壮、刘玉权、马德几位先生的指导修订，参加了2000年"纪念敦煌藏经洞发现一百周年国际学术研讨会"，并被收入会议论文集。在思考并写作这篇文章的同时，考古所分配我到北区洞窟考古课题组工作，主要是整理之前考古清理发掘的资料，但很快又让我参与协助编写考古简报的工作，课题组同时安排我尝试撰写针对北区出土的一枚波斯银币的研究文章（发表在1998年《文物》第10期）。有了这两篇读壁画、看文物小札记的练手和鼓励，我对壁画中那些同丝绸之路有关的图像开始变得敏感起来。现在回想起来，真是机缘巧合，就这样不经意间为自己的学术研究之路延伸出一个有趣的方向，但惭愧的是，从事敦煌石窟丝路图像的研究快三十个年头了，进度显然堪比蜗牛。

在敦煌工作，总是能够听到与丝绸之路相关的话题讨论，也经常会读到与丝绸之路相关的文章、著作，甚至经常可以现场近距离聆听到一些赫赫有名的丝路研究专家学者的高谈阔论，耳濡目染，对于敦煌与丝绸之路关系的思考，总是如影随形，挥之不去。即使先后在不同的研究课题之间游离，但这个主题一直没有放下，时断时续地进行着。

敦煌与丝绸之路的密切关系，古人在典籍文献中已有诸多精辟的总结，如"华戎所交一都会"（《耆旧记》），从长安出发通往西域的三道"总凑敦煌"，敦煌则是"咽喉"所在（《隋书·裴矩传》），等等；这一史实也是现今学术界的共识，甚至普通感兴趣者提到敦煌似乎也会马上和丝绸之路相联系，以至于在当下国家"一带一路"倡议的推动下，丝绸之路成为热点话题，敦煌也成为我们今天认识历史时期人类文明交流互鉴情况的重要依托和深厚的学术支撑。从某种程度上来讲，敦煌成了丝绸之路的代名词。

作为世界文化遗产，以莫高窟为代表的敦煌石窟群规模之大、延续时间之长、体系之完整、历史信息之丰富、保存之完好，再加上藏经洞七万余件的写本文献，是世界上任何其他遗产所无法比拟的。所以丝路交通要冲和丝路符号性地理坐标两关阳关、玉门关所在地敦煌所具有的丝路属性的厚重感与真实性，确实是独一无二的。

传统典籍文献与藏经洞写本文献中所记录的敦煌与丝绸之路的关系问题，是敦煌学、历史学、写本文献学、民族学、语言文字学、宗教学等领域长期关注的研究课题，成果可谓汗牛充栋。但出于保护的需要，洞窟的管理有严格的要求，因此实地洞窟考察存在诸多不便，加之大量壁画图版未公开，在这些客观因素的限制下，散落于洞窟壁画中星星点点的丝路图像往往不易被观察到，或容易被忽视，所以相对而言成果就没那么丰富了。我在莫高窟工作期间，看窟便利，更重要的是，我一直认为能够在敦煌看窟是我人生中最幸运和最幸福的事情之一。看窟和读书一样，贵在熟悉，当你对洞窟壁画内容熟悉了之后，就会发现问题总是层出不穷。当然要达到对洞窟壁画真正意义上的熟悉，诚非易事，甚至可以说穷其一生也只是皮毛。

虽然从历史的正常逻辑而言，敦煌壁画中应该有丰富的丝路属性的图像，但要辨识出其中真正意义上能够反映丝路文化交流的内容，现实告诉我们并非如想象中容易，涉及复杂的对相应图像丝路文化属性的深入解析。所以经过近三十年时间的看窟读壁画，我最后能呈现出来的也就是这些非常有限的图像。这一方面是个人能力和水平的问题，如果再找个冠冕堂皇的理由的话，似乎也反映了洞窟壁画图像辨识、理解、释读、阐释的难度。

无论如何，对洞窟壁画丝路图像的研究成果，要归功于我从事敦煌石窟艺术与考古研究的近三十年时间内敦煌研究院提供的所有便利条件，如果没有敦煌研究院方方面面的支持，是不可能取得这些成绩的。要特别感谢在本课题研究过程中提供过各种帮助的敦煌研究院的各届领导以及前辈、老师、同事、朋友，他们是：樊锦诗、贺世哲、关友惠、施萍婷、刘玉权、梁尉英、马德、王旭东、赵声良、张先堂、苏伯民、张元林、廖士俊、汪万福、程亮、张小刚、郭青林、赵林毅、党燕妮、李国、孙志军、张伟文、乔兆福、杨韬、王慧慧、吴军、赵燕林、宋焰朋、朱生云、汪雪、魏健鹏、杨文博、闫文曦……这个名单太长了，恕不能全部列出。

从 2015 年开始，随着陕师大丝路中心的成立和《丝绸之路研究集刊》的创办，我又有了名正言顺从事丝绸之路研究的理由、平台和动力，进一步加强丝绸之路的研究也势在必行，当然我的特长仍然是敦煌石窟考古与艺术，继续在之前洞窟壁画丝路图像研究的基础上努力，慢慢地释读出越来越多的壁画内容，认识也在逐步深化。2022 年陕师大"一带一路"文化研究院把我的《敦煌石窟丝路图像研究》列为"'一带一路'高水平成果资助计划"，一方面给我莫大的鼓励，另一方面也督促我尽快完成这一研究任务。以上这些工作，都要归功于先后任历史文化学院院长与"一带一路"文化研究院院长的何志龙教授的大力支持和无私帮助！

在本专题研究过程中，受到大学本科期间给我们讲授过隋唐史的葛承雍先生的深刻影响，葛先生近二十多年来一直走在解读丝路考古文物的前沿，成果之丰硕，研究之深入，属于本领域的代表。幸运的是因为工作关系，近十多年来，我可以经常当面向先生请教，先生也时时耳提面命，我每每如醍醐灌顶，但愚笨如我，也只能学到先生一二，无论如何先生对我从事丝路图像研究影响之深，非简单一两句感谢可表达。

感谢荣新江先生百忙中赐序鼓励！荣先生是学界榜样，他在丝绸之路研究上的杰出成就，是我研究路上的另一座灯塔。

感谢依托于陕西师范大学的 111 引智基地"长安与丝路学科创新引智基地"（B18032）在本课题研究过程中提供的资助！感谢好朋友李胜振先生从高研院到引智基地对我和我的团队的大力支持！

感谢中华书局罗华彤编审在成果文库申请方面给予的大力支持！感谢责任编辑李碧玉女史认真负责的编校，保证本书的高质量出版。

感谢陕西师范大学社科处围绕本成果出版给予的各种支持！

感谢"国家哲学社会科学成果文库"匿名评审专家提供的宝贵修改意见。

要特别说明的是，本成果个别章节是在指导研究生过程中和学生共同完成的，其中第十二章对老人入墓图塔墓属性的研究是和现为西安美术学院博士生的郭子睿共同完成的，第十四章对榆林窟第 21 窟新释读行脚僧图像的研究是和现为复旦大学文史研究院博士后的袁顿博士共同完成的，第十六章对联珠纹反映出来的传统思想的探讨是和现为兰州大学敦煌学研究所博士生的史文文共同完成的。

我的研究生史文文全程协助我参与到成果文库申请、书稿整理、全书校对、文献核对、图版删减等工作，事无巨细，功莫大焉！其他在读的硕博士生吴雪梅、朱晓兰、陈凯源、乔梓桐、刘慧娟、白日、包明杰等均以不同方式参与了书稿校对，大大减轻了我的工作量，蔡艺源、朱顺顺帮忙核对史料文献，郜鹏飞翻译了英文目录，董梦真帮助我处理优化了大量的图版，在此一并致谢！这些青年学子的帮助，让我深感教学相长的意义。

最后要说的是，我取得的所有成绩都有妻子梁红女史的莫大功劳，儿子木一和女儿牧时是我生命中的天使，他们是我学术道路上最大的动力！

学海无涯，敦煌学路漫漫兮，莫高窟和藏经洞宝藏光芒无限，我会在前辈、亲友、学生的激励、帮助下砥砺前行，继续在学术海洋中探寻生命的快乐与真谛！

伟岸而肃穆的九层楼，大泉东岸的塔林，被人遗忘了的成城湾华塔，窟前笔挺的老柏杨，傍晚鸣沙山残阳如血、三危山上金光万道，连同洞窟中的千佛万菩萨，都是无法忘却的时光留声机，同时也是我个人写作思想深处的精神驱动。

感恩敦煌！

2025 年 6 月 5 日于陕师大图书馆